[MIRROR]
理想国译丛
imaginist
027

想象另一种可能

理
想
国

imaginist

理想国译丛序

“如果没有翻译，”批评家乔治·斯坦纳（George Steiner）曾写道，“我们无异于住在彼此沉默、言语不通的省份。”而作家安东尼·伯吉斯（Anthony Burgess）回应说：“翻译不仅仅是言词之事，它让整个文化变得可以理解。”

这两句话或许比任何复杂的阐述都更清晰地定义了理想国译丛的初衷。

自从严复与林琴南缔造中国近代翻译传统以来，译介就被两种趋势支配。

它是开放的，中国必须向外部学习，它又有某种封闭性，被一种强烈的功利主义所影响。严复期望赫伯特·斯宾塞、孟德斯鸠的思想能帮助中国获得富强之道，林琴南则希望茶花女的故事能改变国人的情感世界。他人的思想与故事，必须以我们期待的视角来呈现。

在很大程度上，这套译丛仍延续着这个传统。此刻的中国与一个世纪前不同，但她仍面临诸多崭新的挑战，我们迫切需要他人的经验来帮助我们应对难题，保持思想的开放性是面对复杂与高速变化的时代的唯一方案。但更重要的是，我们希望保持一种非功利的兴趣：对世界的丰富性、复杂性本身充满兴趣，真诚地渴望理解他人的经验。

理想国译丛主编

梁文道　刘瑜　熊培云　许知远

[美] 大卫 · I. 科泽 著　　陶泽慧 译

教宗与墨索里尼：

庇护十一世与法西斯崛起秘史

DAVID I. KERTZER

THE POPE AND MUSSOLINI:
THE SECRET HISTORY OF PIUS XI
AND THE RISE OF FASCISM IN EUROPE

上海三联书店

图书在版编目（CIP）数据

教宗与墨索里尼：庇护十一世与法西斯崛起秘史/
(美)大卫·I.科泽(David I. Kertzer)著；陶泽慧译.
—上海：上海三联书店，2018.5（2021.3重印）（理想国译丛）

ISBN 978-7-5426-6277-4

Ⅰ.①教… Ⅱ.①大… ②陶… Ⅲ.①意大利－历史 Ⅳ.①K546

中国版本图书馆CIP数据核字（2018）第097329号

教宗与墨索里尼：
庇护十一世与法西斯崛起秘史

[美]大卫·I.科泽 著 陶泽慧 译

责任编辑：殷亚平
特邀编辑：王燕秋 刘广宇
装帧设计：陆智昌
内文制作：李丹华
监　　制：姚 军
责任校对：张大伟

出版发行 / 上海三联书店
（200030）上海市徐汇区漕溪北路331号A座6楼
邮购电话 / 021-22895540
印　　刷 / 山东临沂新华印刷物流集团有限责任公司
版　　次 / 2018 年 5 月第 1 版
印　　次 / 2021 年 3 月第 4 次印刷
开　　本 / 965mm × 635mm 1/16
字　　数 / 514千字
印　　张 / 38
书　　号 / ISBN 978-7-5426-6277-4/K·460
定　　价 / 108.00元

如发现印装质量问题，影响阅读，请与印刷厂联系：0539-2925659

扎伊德

献给三只小熊

萨姆、杰克和查理

我了不起的孙儿们

目　录

第二部分　共同的敌人

第三部分　墨索里尼、希特勒与犹太人

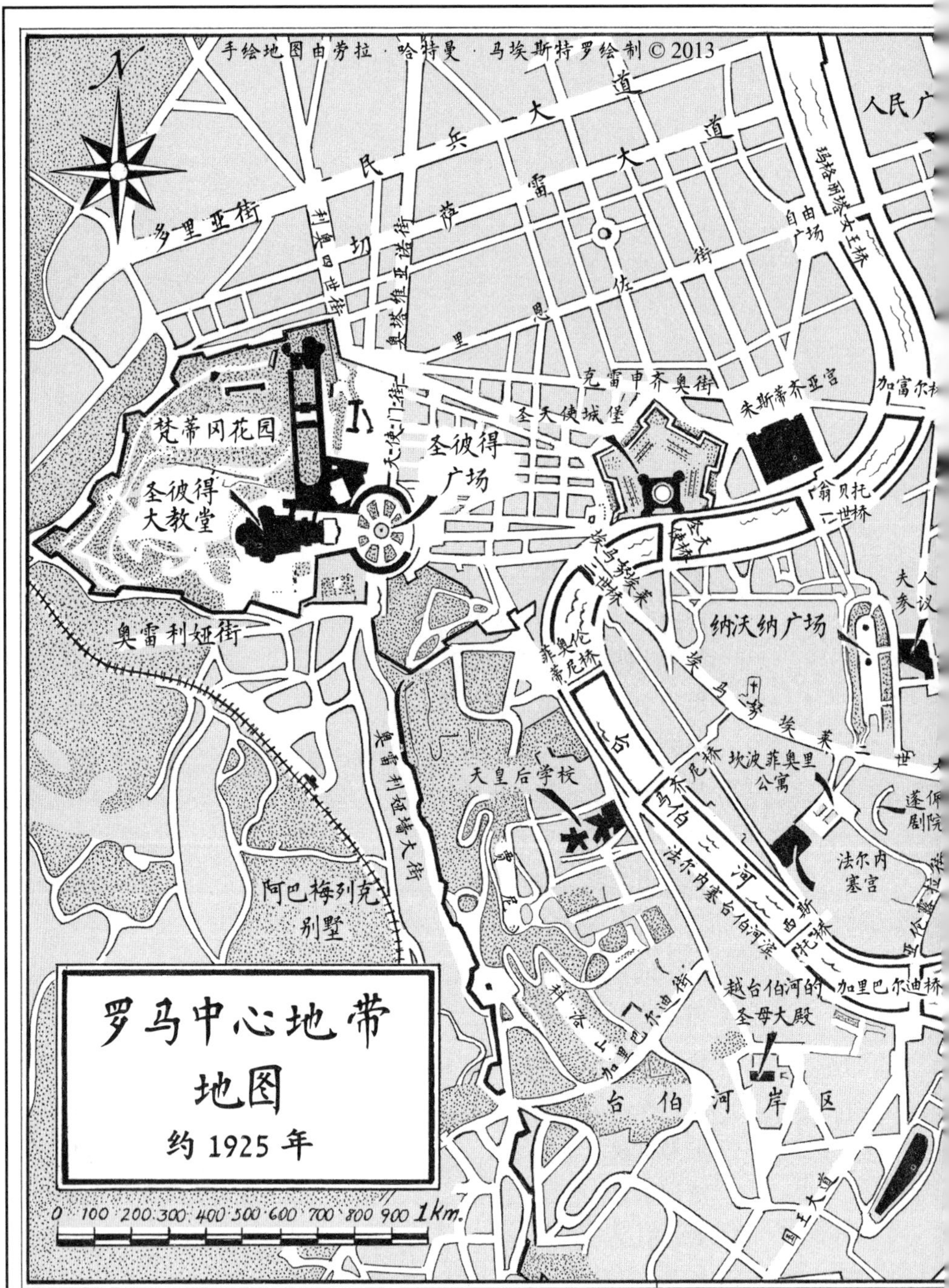

手绘地图由劳拉·哈特曼·马埃斯特罗绘制 © 2013
N
民兵大道
雷大道
多里亚街
利奥四世街
圣天使城堡
克雷申齐奥街
朱斯蒂齐亚宫
加富尔桥
玛格丽塔女王桥
自由广场
人民广
梵蒂冈花园
圣彼得大教堂
圣彼得广场
翁贝托一世桥
圣天使桥
埃马努埃莱二世桥
纳沃纳广场
奥雷利娅街
菲奥伦蒂尼桥
台伯河
天皇后学校
坎波菲奥里公寓
法尔内塞宫
马齐尼桥
法尔内塞台伯河滨
西斯托桥
加里巴尔迪桥
越台伯河的圣母大殿
台伯河岸区
阿巴梅列克别墅
奥雷利娅墙大街
加里巴尔迪街
罗马中心地带
地图
约 1925 年
0 100 200 300 400 500 600 700 800 900 1km.

鲍格才别墅
托洛尼亚别墅
约1公里
诺曼塔纳街
平乔山
跑马场
意大利大道
美第奇别墅道
卡斯特罗
比勒陀里奥区
财政部
国家博物馆
巴尔贝里尼街
国防部
众议院（蒙特奇特利欧宫）
特里同街
中央车站站台
奎里纳尔宫
基吉宫
圆柱广场
奎里纳尔街
民族街
内务部
罗马中央车站
神殿
威尼斯宫
威尼斯广场
圣母大殿
兰扎街
耶稣教堂
埃马努埃莱二世纪念碑
犹太会堂
古罗马市集
古罗马竞技场
图拉真浴场
但丁广场
帕拉蒂诺山
拉比卡纳街
拉特朗圣约翰街
拉特朗圣约翰广场
帕拉蒂诺桥
马西莫跑马场
伽利蒙塔纳别墅
圣格里高利街
冈多菲堡（教宗的避暑宫殿），约24公里
拉特朗圣约翰大教堂

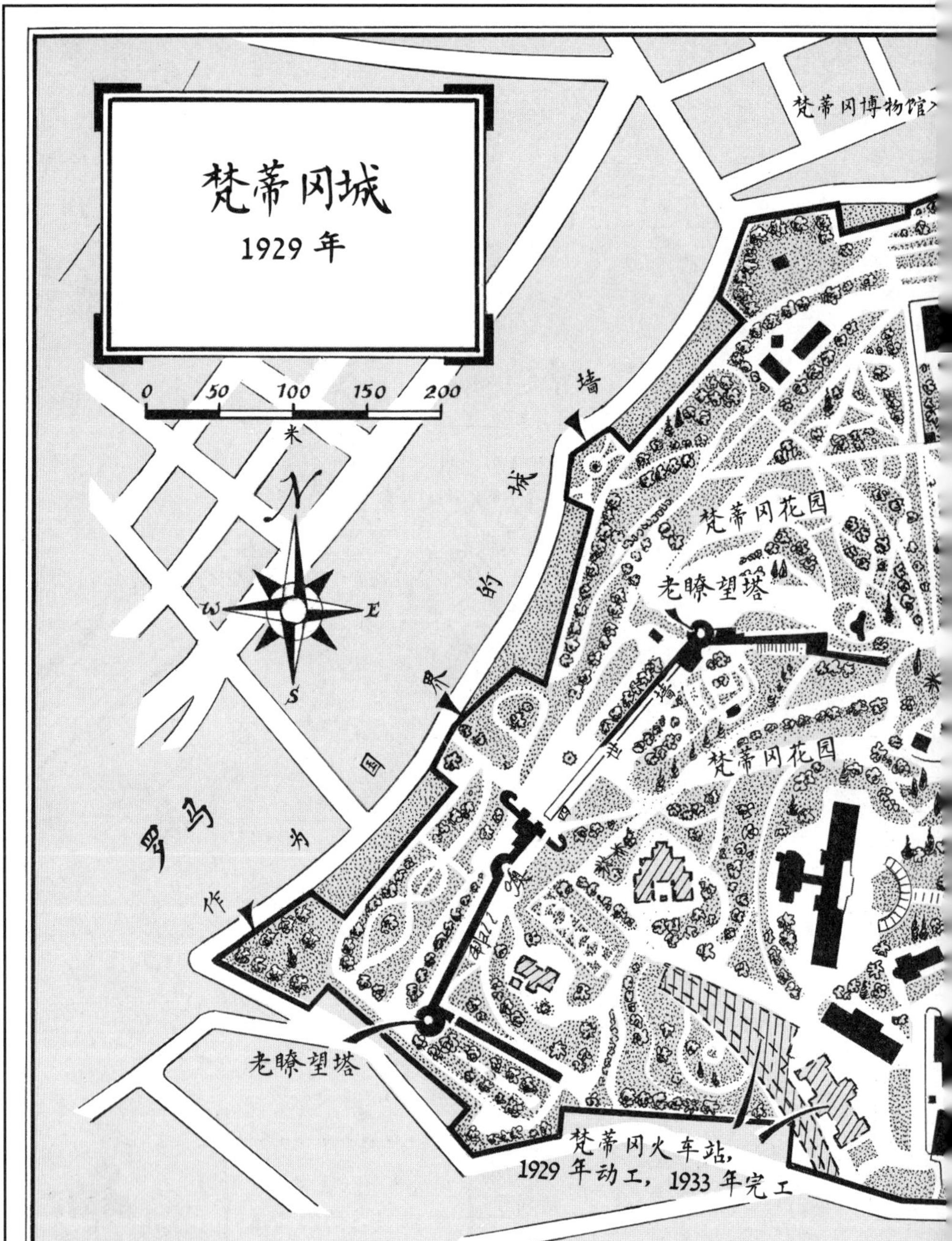

梵蒂冈城
1929 年
0 50 100 150 200
米
N
W
E
S
梵蒂冈博物馆
梵蒂冈花园
老瞭望塔
梵蒂冈花园
罗马
作为国界的城墙
老瞭望塔
梵蒂冈火车站，
1929 年动工，1933 年完工

手绘地图由劳拉·哈特曼·马埃斯特罗绘制 © 2014
博物馆
梵蒂冈图书馆与秘密档案
邮局
天使门街
圣安娜栅栏门
八角庭院
瑞士侍卫队军营
圣达马索庭院
斯廷教堂
进入梵蒂冈宫殿的铜门
圣彼得大教堂
圣彼得广场
罗马
器收藏室
宗教裁判所

登场人物

伊塔洛·巴尔博（Italo Balbo，1896—1940）：恃强凌弱，是费拉拉市的法西斯首领，也是1922年“进军罗马事件”（March on Rome）的领导人之一。1933年，他带领二十四架水上飞机长途跋涉来到美国，被罗斯福（Franklin D. Roosevelt）总统授予飞行优异十字勋章。他英雄般的空军事业令他在大西洋两岸享有盛誉，却在墨索里尼心中点燃了嫉恨之火。 xvii

教宗本笃十五世（Pope Benedict XV）［贾科莫·德拉·基耶萨（Giacomo Della Chiesa），1854—1922］：贾科莫·德拉·基耶萨生于热那亚的一个贵族家庭，并在1913年晋升博洛尼亚大主教。尽管样貌并不合宜，他还是在1914年被推举为教宗，接替庇护十世的位置。他改弦更张，撤销了前任教宗的反现代主义改革运动，解散了教会的神父间谍组织；在第一次世界大战期间及之后，他试图出面调解局势，带来和平，却品尝到了失败的滋味。

阿尔弗雷德·博德里亚（Alfred Baudrillart，1859—1942）：天

主教学者，长期担任巴黎天主教大学校长，他在 1921 年晋升主教，并在 1935 年晋升枢机。随着墨索里尼日益巩固与希特勒的结盟，博德里亚担心日渐体衰的教宗庇护十一世会被阴谋诡计所缚；博德里亚留下了一份非常珍贵的日记。

弗朗切斯科 · 博尔贡吉尼—杜卡（Francesco Borgongini-Duca，1884—1954）：生于罗马，1921 年被任命为非常教务部部长，此乃梵蒂冈国务院里最关键的两个职位之一。尽管他一生从未离开罗马，却处理着各种国际事务。1929 年，教宗将他任命为首任梵蒂冈驻意大利大使，此后他担任这一职务长达二十年。虔诚的博尔贡吉尼天 xviii
真而不通世事，免不了要受到墨索里尼的欺侮。

圭多 · 布法里尼 · 圭迪（Guido Buffarini Guidi，1895—1945）：法西斯党人，年仅二十八岁便当选比萨市市长，并在十年后成为墨索里尼手下的内务部副部长，负责管理国家警察系统。大腹便便、腐败成性、横行霸道的布法里尼在 20 世纪 30 年代后期捞取到更大的权力，使得墨索里尼有更多余裕专心于扩张他新近收入囊中的意大利帝国。

卡米洛 · 卡恰 · 多米尼奥尼（Camillo Caccia Dominioni，1877—1946）：1921 年，本笃十五世命卡恰领导教廷内务管理处；早在 20 世纪初，他就已经与下任教宗阿契尔 · 拉蒂在米兰相识。庇护十一世继续任用他，他每日都立于教宗身边，安排教宗的日程，并决定谁能够晋见教宗。卡恰有个非常可怕的秘密，在梵蒂冈和法西斯警察局尽人皆知，这个秘密威胁着他，要令他尊严扫地。

博纳文图拉 · 切雷蒂（Bonaventura Cerretti，1872—1933）：名列梵蒂冈最为显赫的外交官行列，当庇护十一世在 1926 年将他晋升为枢机时，他时任教宗驻法国大使。他对教宗与墨索里尼的合作关系持批评意见，因此，在 1930 年，教宗直接略过他，将他的竞争对手任命为国务卿，这使得他对教宗的怒火愈演愈烈。

加莱亚佐 · 齐亚诺（Galeazzo Ciano，1903—1944）：政府高官之子，并在 1930 年与墨索里尼的长女埃达结为连理。墨索里尼的妻子极其厌恶这位自封为大众情人的女婿，他却很快成了岳父的法定继位人，这令其他法西斯领导人心灰意冷。在担任媒体和宣传部部长一小段时间后，墨索里尼竟在 1936 年将其任命为外交部部长，令整个外交界颇为震动。

查尔斯 · 考夫林（Charles Coughlin，1891—1979）：生于加拿大，并在此晋铎。在 20 世纪 30 年代，他身居底特律教区，却通过广播节目影响了数千万美国人。他一开始支持富兰克林 · 罗斯福和社会改革，后来突然转向右翼，将总统指控为共产党特工。考夫林不仅为希特勒残忍的反犹行径辩护，还非常渴望能够为意大利独裁者效劳。

切萨雷 · 德 · 维基（Cesare De Vecchi，1884—1959）：一位生 xix
于都灵的君主主义者，也是“进军罗马事件”的四位领导人之一。1929 年至 1935 年，他出任意大利首位驻圣座（Holy See）大使。德 · 维基自命不凡、小肚鸡肠，却又蠢笨不堪，嘴上怪异的髭须令他十分显眼；他受到百般嘲弄，其中以墨索里尼为甚。尽管庇护十一世多次对德 · 维基拍桌大怒，最后反倒对他青眼有加。

彼得罗 · 加斯帕里（Pietro Gasparri，1852—1934）：生于意大利中部一户贫穷的山区牧民之家，长大后却变成了一位研习教会法规的学者，并且名列梵蒂冈最具影响力的外交官行列。作为梵蒂冈国务卿，他先后服务了本笃十五世和庇护十一世；矮胖的加斯帕里将他敏锐的政治直觉隐藏在社交场合的谈笑风生中。

赫尔曼 · 戈林（Hermann Göring，1893—1946）：与希特勒关系最亲密的纳粹领导人之一，他组建了盖世太保（Gestapo），并且占据着纳粹德国政府的许多高级职位。他一开始被墨索里尼视作疯子。

迪诺 · 格兰迪（Dino Grandi，1895—1988）：本是内务部副部长，后在 1929 年至 1932 年间担任了墨索里尼的外交部部长。一脸山羊胡子的格兰迪一开始位列最为激进的法西斯党人行列，然而担任意大利驻伦敦大使的生涯（1932—1939）更符合他的心意，并改变了他对墨索里尼投奔纳粹德国的看法。

阿道夫 · 希特勒（Adolf Hitler，1889—1945）：多年以来，贝尼托 · 墨索里尼都是希特勒心目中的英雄，他将一尊巨大的墨索里尼半身像放在慕尼黑的办公室里。1933 年 1 月当选德国总理之后，他向梵蒂冈抛出橄榄枝，试图获得天主教会的支持。尽管对他抱有疑虑，教宗一开始还是被他强烈的反共立场所蒙蔽。

沃齐米日 · 莱多霍夫斯基（Włodzimierz Ledóchowski，1866—1942）：波兰伯爵之子，枢机之侄，他在 1915 年当选耶稣会总会长，任职二十七年，直到寿终为止。他是一位恶毒的反犹分子，对法西斯主义抱有好感，墨索里尼将在后来向他寻求帮助。

乔瓦尼 · 蒙蒂尼（Giovanni Montini，1897—1978）：1922 年，身为神父的他加入了国务院，在此任职多年。1933 年，庇护十一 xx
世免除了他作为意大利公教进行会国家司铎的副业，但又在 1937 年将他任命为副国务卿。1963 年，他登上圣彼得宝座，号教宗保禄六世。

乔治·芒德莱恩（George Mundelein，1872—1939）：先于1915年晋升芝加哥大主教，后于1924年晋升枢机，在他的主持之下，天主教会得以不断扩张；他同富兰克林·罗斯福成为好友，并在政治上对他予以支持。1937年，他对阿道夫·希特勒的言语攻击激怒了元首。

阿纳尔多·墨索里尼（Arnaldo Mussolini，1885—1931）：他同贝尼托一起长大，两人同睡过一张玉米壳铺成的床；1922年，贝尼托成为总理，阿纳尔多则成为兄长手下《意大利人民报》的主编。每天晚上，贝尼托都会跟他通电话，讨论第二天报纸的内容以及他担心的事情。阿纳尔多尽管与兄长不同，自认为是个虔诚的天主教徒，却得到了兄长完全的信任。

贝尼托·墨索里尼（Benito Mussolini，1883—1945）：生于罗马涅（意大利无政府主义和社会主义的中心）一座小镇上的中等家庭，并在20世纪初期跻身本国最杰出的激进社会党人行列。1912年，他被任命为社会党党报《前进！》（*Avanti!*，总部设在米兰）编辑。第一次世界大战促使他同社会党人决裂，并在1919年发起法西斯运动。他原本是天主教会的激烈反对者，但后来他认识到，和教会达成妥协能够为他的政治野心谋求利益。

埃达·墨索里尼（Edda Mussolini，1910—1995）：墨索里尼的长女，也是他最疼爱的孩子。埃达任性、冲动、喜怒无常，喜欢骑马和开快车，很像她的父亲。1930年嫁给加莱亚佐·齐亚诺后，她才稍微安定下来。

雷切尔·墨索里尼（Rachele Mussolini，1890—1979）：雷切尔的老家同墨索里尼一家相距不远，父母却是贫苦的农民；她八岁便辍学，干起了女仆的行当。雷切尔的母亲是贝尼托父亲的情妇，而贝尼托自己也被金发蓝眼的雷切尔所吸引。两人的女儿埃达曾表示雷切尔才是“家里真正的独裁者”，这位意志坚定的半文盲女性从未在名门望族和商贾巨富的交际圈里感到过自在，而且她也从未 xxi
放弃过对教会和神父的深刻厌恶。

切萨雷·奥尔塞尼戈（Cesare Orsenigo，1873—1946）：才智有限，眼界更是有限，他原本是位神父，却在 1922 年被庇护十一世任命为教宗驻荷兰大使，又在 1925 年被任命为教宗驻匈牙利大使。1930 年，教宗绕过了梵蒂冈外交使节团许多更有资质的前辈，将他任命为教宗驻德国大使，取代了欧金尼奥·帕切利的位置。

欧金尼奥·帕切利（Eugenio Pacelli，1876—1958）：天资聪颖但体弱多病，出生于一个罗马家族，与世代教宗有着非常紧密的联系；晋铎不久后，他便加入梵蒂冈国务院。1917 年他先是作为教宗大使常驻慕尼黑，其后又被派往柏林，前后在德国居住了十二载。1929 年，教宗将他召回，并将他晋升为枢机，1930 年初，教宗又将他任命为国务卿，取代了彼得罗·加斯帕里的位置。小心翼翼、细声软语的帕切利和大权独揽、喜怒无常的庇护十一世发展出一种特别的关系。当教宗在 1939 年过世后，他被推举为教宗，号庇护十二世。

弗朗切斯科·帕切利（Francesco Pacelli，1872—1935）：欧金尼奥的兄长，他遵从其父的脚步，跻身梵蒂冈最杰出的律师行列。1926 年，为了结束意大利王国自 1861 年建国以来便与圣座保持的敌对关系，庇护十一世与法西斯政府进行了秘密协商，并向他征求意见。

克拉拉·佩塔奇（Clara Petacci，1912—1945）：魅力非凡、卷发碧眼，是梵蒂冈一位医生的女儿，当同已经五十三岁的墨索里尼发生风流韵事时，她年方二十四岁。她生活的全部便是等候墨索里尼的电话，召唤她前往他们的爱巢，也即墨索里尼位于罗马中心威尼斯宫的办公室。她洋洋洒洒数千页的日记非常宝贵，使我们得以洞悉墨索里尼的诸多方面。

博尼法乔·皮尼亚蒂（Bonifacio Pignatti，1877—1957）：一位伯爵之子，也是一位颇受当局看重的职业外交家；他原先是意大利驻法国大使，在 1935 年代替切萨雷·德·维基担任驻圣座大使。正如前任政府的大多数外交使节团成员那样，法西斯独裁者前脚刚把持住政权，皮尼亚蒂后脚就开始为他们效劳。

教宗庇护十一世（Pope Pius XI）[阿契尔·拉蒂（Achille xxii
Ratti），1857—1939]：生于米兰北部的一个小镇，父亲是一位丝绸厂的主管；自小便立志要成为一名神父。他年仅二十五岁便任教于米兰大修院，并很快就在米兰著名的安波罗修图书馆求得一席职位，最终成为这座图书馆的馆长。1914 年，拉蒂被任命为梵蒂冈图书馆馆长，他本以为自己会在这个职位上终老，可在 1918 年，本笃十五世出人意表地将他选作教宗大使出使波兰，他在那里遭遇了紧随俄国革命而来的苏俄红军，由此对共产主义生出一股终生的憎恨。1921 年被召回罗马后，他晋升为枢机和米兰大主教。他还没在新的位置上把屁股坐热，本笃十五世就匆匆过世，他的枢机同侪便在 1922 年 2 月的第十四轮投票中，将他推举为新任教宗。

教宗庇护十二世（Pope Pius XII）（参见欧金尼奥·帕切利）

朱塞佩·皮扎尔多（Giuseppe Pizzardo，1877—1970）：生于

热那亚附近，晋铎之后加入梵蒂冈的国务院。1909 年至 1912 年间，他前往慕尼黑的梵蒂冈大使馆任职，这是他仅有的离开罗马的岁月。皮扎尔多在 1921 年被任命为替补国务卿，并在 1929 年接替博尔贡吉尼成为非常教务部部长，此后他一直担任这个职务，直到 1937 年晋升枢机。从 1923 年到 1939 年（直到教宗庇护十二世找人代替了他），他还担任意大利公教进行会国家司铎，这使他常常落在法西斯运动反教会派系的准星上。皮扎尔多深受庇护十一世的喜爱，在梵蒂冈却不得人心，人们认为他的影响力源于他对美国天主教会资金的掌控。

阿契尔 · 拉蒂（Achille Ratti）（参见庇护十一世）

恩里科 · 罗萨，耶稣会士（Enrico Rosa，S.J.，1870—1938）：自 1905 年起，罗萨便是耶稣会半月刊《公教文明》编辑委员会的成员，并在 1915 年成为该刊主编。他是庇护十一世的亲信顾问，曾被教宗召去解释教会在犹太问题上的立场。尽管一开始罗萨对法西斯主义持敌对立场，但在接受梵蒂冈上层指示后，他竟通过手下的刊物警告天主教徒不要背离独裁者。

玛格丽塔 · 萨尔法蒂（Margherita Sarfatti，1880—1961）：生 xxiii
于威尼斯一户富裕的犹太家庭，对文学和艺术都抱有极大的热情。她在十八岁时嫁给一位犹太律师，同丈夫一起搬至米兰，被牵涉进社会党运动，并在那里邂逅了刚刚抵达米兰的墨索里尼。1917 年，待到墨索里尼卸下戎装时，他们已经难舍难分。她不仅是墨索里尼的亲密爱人，还在长达十年的时间里一直为他排忧解难。到 20 世纪 20 年代后期，她的魅力开始渐渐消退。

弗朗西斯 · 斯佩尔曼（Francis Spellman，1889—1967）：斯佩

尔曼的父亲是马萨诸塞州的爱尔兰移民，1925 年，他成为第一位进驻梵蒂冈国务院的美国神父。他在那里同弗朗切斯科 · 博尔贡吉尼成为密友，后来又成了欧金尼奥 · 帕切利的朋友。1939 年，他晋升为纽约大主教。

阿契尔 · 斯塔拉切（Achille Starace，1889—1945）：法西斯领导人中少有的南方人，他在 1931 年成为意大利法西斯党总书记。脑袋不灵光又缺乏教养的斯塔拉切在品位败坏方面可谓大师，他阿谀奉承的本事，把对墨索里尼的个人崇拜推至令人惊恐的新高度。

彼得罗·塔基·文图里，耶稣会士（Pietro Tacchi Venturi，S.J.，1861—1956）：生于意大利中部一个望族，他在罗马研习司铎之道，并在此地加入耶稣会。1923 年初，当庇护十一世和墨索里尼需要一个人来穿针引线时，他们选择了他。在接下来的十六年里，他将携带教宗的要求，私底下与墨索里尼会面多达一百余次。

多梅尼科 · 塔尔迪尼（Domenico Tardini，1881—1961）：身为一名罗马神职人员之子，塔尔迪尼在 1921 年加入梵蒂冈国务院，并把自己的半生奉献给了国务院。他在 1929 年被任命为非常教务部副部长，接受皮扎尔多的领导，然后在 1935 年成为替补国务卿，接着在 1937 年接掌了非常教务部部长的职务。塔尔迪尼是一个中间派，他把教会与法西斯政权的摩擦怪罪到墨索里尼周围的反教会分子头上，而没有怪罪领袖本人。

维托里奥 · 埃马努埃莱三世（Victor Emmanuel III，1869—
1947）：1900 年，维托里奥 · 埃马努埃莱三世的父亲遇刺，三十岁 xxiv
的他登上了意大利的王座，可是自登基起他就没有坐稳过王位。他博学聪颖，身体却十分孱弱，他的五短身材广受嘲弄。每周两次，墨索里尼都要头戴礼帽，前往罗马的奎里纳尔宫晋见国王，为所有新颁法律向他索取必要的御准。尽管他们的勾结乃是出于便利的需求，嚣张的墨索里尼却能够与矮小的国王沆瀣一气。他们对人性都非常悲观，对神职人员都有着本能的厌恶。

报刊与组织名录

报刊

《意大利未来报》（*L'Avvenire D'Italia*）：19 世纪晚期，《意大利未来报》在利奥十三世（Pope Leo XIII）的降福下创办于博洛尼亚；在法西斯时代，它将成为意大利唯一一份真正全国性质的天主教报纸。 xxv

《公教文明》（*La Civiltà Cattolica*）：在欧洲自由主义革命（1848—1849）结束后，教宗庇护九世重返罗马，收复政权，在他的要求下，《公教文明》得以在 1850 年创办，并由意大利的耶稣会士负责编辑工作。这份半月刊的主编由教宗直接委任。每期刊物出版前都须经过梵蒂冈国务院的审查和许可。在天主教界，这份刊物代表了教宗对各类事件的观点。

《罗马观察报》（*L'Osservatore Romano*）：首次出版于 1861 年的《罗马观察报》是梵蒂冈的日报，创办之初的意图乃是帮助教宗保卫余下领土，抵御新成立的意大利王国的蚕食。尽管报纸内容受到教宗的密切审查，其正式立场却抗辩说《罗马观察报》并非梵蒂冈的官方喉舌。当墨索里尼在20世纪20年代中期巩固独裁统治时，它成了意大利境内唯一一份不受法西斯审查的报纸，然而一旦它刊登的文章为墨索里尼所不喜，所有在梵蒂冈城墙外贩卖的该报都会被没收。作为梵蒂冈的一份半官方报纸，《罗马观察报》通过报道 xxvi
教宗的重要会晤，刊登全球教会活动的新闻和评论，来履行它的职责。《公教文明》则与之有别，主要刊登时政问题的长篇社论、常规书评以及教会关切的意大利本国和国际重大政治事件的文摘。

《意大利人民报》（*Il Popolo D'Italia*）：1914年，在贝尼托·墨索里尼被逐出社会党不久后，他在米兰创办了这份日报。五年后，《意大利人民报》成为他发起法西斯运动的言论喉舌。当他在1922年成为总理时，他将这份报纸的编辑工作移交给其弟阿纳尔多。阿纳尔多在1931年过世后，阿纳尔多的儿子维托又从父亲手里接过了主编的职务。

组织

公教进行会（Catholic Action）：由庇护十世创建于1905年，初衷是为天主教平信徒提供一个组织活动的平台。及至20世纪20年代，这个组织已经在意大利境内划分出成年男女、男孩女孩乃至大学生的不同团体。公教进行会的领导层包括由教宗委任的平信徒主席，以及坐镇梵蒂冈的神职监管人员，其组织形式上达主教管区，下至地方教区。墨索里尼始终对这一组织抱有疑虑，因为这是意大利国内唯一不受他控制的群众性团体。在号称“公教进行会教宗”的庇护十一世眼里，这个组织是他令意大利社会皈依天主教的关键所在。

法西斯党（Fascist Party）：建立于 1921 年的意大利国家法西斯党（PNF）是贝尼托 · 墨索里尼的智慧结晶。为了将原本松散的政治运动和暴力团伙的乌合之众转变成正式的政党，墨索里尼抛弃了早期法西斯运动中的反教会和反君主的因素，毅然决然地转向右翼。在执政早期，他仍需费力地约束地方法西斯头目。到 1928 年，法西斯党已然成为意大利唯一的合法政党。

罗马宗教裁判所（Holy Office）：前身为教宗保禄三世成立于 1542 年的罗马异端裁判所，成立之初旨在抵御宗教改革运动。1908 年更名为至圣圣部。它以教宗为首脑，成员包括数位枢机以及从事
辅助工作的各类高级教士。担当其秘书长的枢机经常会在开庭前同 xxvii
教宗讨论案情。罗马宗教裁判所的职责在于主张正统教义和铲除异端邪说。

国家巴利拉组织（Opera Nazionale Balilla），又名国家青年组织，成立于 1926 年，旨在向意大利青年灌输全新的法西斯意识形态。组织下分两个年龄组，不同年龄组又下分不同性别。年幼男孩（8—13 岁）组织名唤"巴利拉"，年长男孩（14—18 岁）组织名唤"前卫军"，相应年龄的女孩组织则分别名唤"意大利女孩"和"意大利女青年"。这些法西斯青年团体威胁着教会的青年组织；成立之初，政府便解散了天主教童子军。不过一个庞大的教士网络也应运而生，给所有地方巴利拉组织都配备了天主教司铎，使得他们在接受法西斯教导和准军事训练的同时，不忘宗教崇拜。

人民党（Popular Party）：1919 年，西西里神父路易吉 · 斯图尔佐（Luigi Sturzo）得到教宗本笃十五世的首肯，成立了这个全国性质的天主教政党，名为意大利人民党。在 1921 年的议会选举中，人民党获得了超过 20% 的席位。人民党是阻止法西斯独裁上位的

最大绊脚石，可是当庇护十一世明确支持墨索里尼时，它受到了重创。该党最终于 1926 年 11 月解散，然而墨索里尼一直都怀疑，人民党的某些残余分子仍然隐秘地在公教进行会中重新集结。

社会党（Socialist Party）：意大利社会党成立于 1892 年，势力范围包括意大利北部和中部，是意大利最主要的左翼力量。由于内部分化成改良主义分支和支持彻底革命的分支（墨索里尼乃后一分支的领导人），该党在 1912 年清洗改良主义分子时分裂为两党。社会党在 1919 年的议会选举中达到巅峰，赢得近三分之一的选票，并且控制了许多城镇。1921 年，一个政见相左的派系独立出来，组成了共产党。1922 年，改良主义分子再次出走，成立联合社会党，使得社会党再次分裂。1924 年，几名法西斯暴徒在一位意裔美国人的带领下，谋杀了该党党魁贾科莫·马泰奥蒂（Giacomo Matteotti）。1926 年，墨索里尼宣布社会党及其诸多派生政党均为非法组织。

序言

罗马，1939年

教宗庇护十一世年事已高、疾病缠身，上一年差点因为循环衰竭而作古，如今他只求天主能够再给他些许时日。他身穿白袍，坐在梵蒂冈三楼办公室的书桌前，手杖倚在就近的墙上。旁边还有锈迹斑斑的指南针和气压计，都是他攀登阿尔卑斯各座山峰时用过的旧物，令他回想起那些遥远的岁月。抽屉里有一支老旧的音叉，可是上一次取出已经是多年以前的事情了。他对自己的歌喉非常自豪，深信音准没有弃他而去，他曾一有机会就练习，不过总要先确定没人能听见他的声音。如今，知道自己大限将至，他查看了每一个抽屉，确保所有文件秩序井然。 xxix

多年以来，教宗都身体安康，而旁人则惊叹于他繁重的日程。他曾经坚持过问梵蒂冈事务的所有细节，对或大或小的事务都亲自裁断，可如今每一天都犹如挑战，每一步都会招致疼痛。到了夜晚，他每每无法入眠，双腿因静脉曲张而颤动，哮喘则令呼吸费力，最糟糕的是，他的心头总是弥漫着一种感受，觉得有什么重要的事情出了差错。

白天的时候，日光会从俯瞰圣彼得广场的三扇窗户涌入他的办 xxx
公室。可现在正值夜晚，他那盏小小的台灯正将黄色的灯光投射在面前的纸张上。他思索着，天主让他活着，一定是有原因的。他是天主在这世间的代理人，在把应当说的话说出口之前，他还不能死。

教宗将意大利所有的主教都召集到罗马，聆听他最后的话语。集会将于一周半后（即 1939 年 2 月 11 日）在圣彼得大教堂举行。这个日子正好也是《拉特兰条约》(Lateran Accords）签订十周年纪念日。这项由庇护十一世与意大利独裁者墨索里尼达成的历史性条约，结束了意大利和罗马天主教会长达数十年的敌对关系。在六十八年前，意大利王国建国时曾实行政教分离，这标志着意大利正式成为一个现代国家，这项条约却意味着这个现代国家已然寿终正寝。一个新的时代已经到来，教会积极地与墨索里尼的法西斯政府开展合作。

在十七年前的 1922 年，刚刚晋升枢机的阿契尔 · 拉蒂出乎所有人的意料，接掌了教宗本笃十五世的宝座，取名号为庇护十一世。下半年，各地暴乱四起，三十九岁的法西斯领导人贝尼托 · 墨索里尼当选意大利总理。从那个时候开始，这两人就相互依靠。独裁者依靠教宗，为政权谋求教会的支持，由此获取他们亟须的道德正统。而教宗也要指望墨索里尼的帮助，才能够恢复教会在意大利的权势。现如今，手中执笔的庇护回想那些年，心中感到深深的悔恨。他竟然听信谗言、误入歧途。墨索里尼似乎视自己为天主，而且还和希特勒勾结在一起，希特勒则深受教宗鄙夷，他不仅破坏教会在德国的势力，而且还自立一门异端宗教。在去年春天，罗马见证的那幅惨痛景象还萦绕在他的脑海里：德国元首在凯旋游行中穿过这座城市历史悠久的街道，红黑的纳粹旗帜犹如海洋覆盖了整个罗马。

希特勒造访梵蒂冈两个月后，墨索里尼发表的声明震惊了世界，他宣称意大利人是纯正高贵的种族。尽管犹太人早在耶稣之前就已经定居罗马，如今却被官方认定为一个道德败坏的异族。教宗震惊了。他在一处公众场合质问，意大利领导人为何要对德国元首这般 xxxi
亦步亦趋？这个问题令墨索里尼怒不可遏，因为最令他愤懑的事情，莫过于被喊作希特勒的跟班。教宗核心集团的成员赶忙出来修复这段受损的关系。相比起民主社会，他们显然在独裁体制中更为自在，而且他们也害怕失去墨索里尼许给教会的各项特权，由此，他们觉得教宗肯定是老糊涂了。他已经疏远了纳粹领导人，而他们担心，现在他又要将梵蒂冈和法西斯政权的和睦关系置于险境。

在罗马台伯河另一侧的总部，墨索里尼正对教宗的言论发火。意大利人现在还去参加弥撒，完全是因为他告诉他们要去，要不是因为他，那些反教会分子早就失控了，他们会穿梭在意大利的街巷里，洗劫教堂，把蓖麻油灌到那些畏首畏尾的教士喉咙里。意大利法庭和学校教室的墙上还挂着耶稣受难像，教士们还在意大利的公立学校布道，这一切完全是因为得到了墨索里尼的命令。而国家之所以还慷慨地拨出资金支持教会，那也是出于他的授意，所有这些都是为了在法西斯政府和梵蒂冈之间达成互惠互助的关系。

1 月 31 日晚上，庇护熬到很晚，一直在起草他将于主教集会上发表的讲话。教宗原本也算是个登山家，曾经精神饱满，体格健壮，可如今已经憔悴而瘦弱，原先饱满的面容已经消沉下去，布满了深深的皱纹。但无论是谁见到他，都能明显地感受到，他有极大的决心要发表这番演讲。法西斯的密探无处不在，甚至包括教会的厅堂。在警醒各位主教之前，他还不想死。这是他最后的机会，他一定要谴责墨索里尼对纳粹种族主义的皈依。

在演讲前的最后一周里，教宗剩余的生命力逐渐离他远去。他站不住了，只好躺在床上。欧金尼奥 · 帕切利枢机在梵蒂冈是一人之下万人之上的国务卿，他恳求教宗将集会推迟举行。教宗拒不听从，并且命令梵蒂冈的日报报道他健康状况良好的消息。2 月 8 日，他担心自己在三天后可能没有足够的力气发表演讲，便命令梵蒂冈

印刷厂为每一位主教打印了一份演讲稿。第二天晚上，他的健康状 xxxii
况愈发堪忧，午夜过后，他的呼吸变得越来越吃力。服侍人员小心翼翼地将氧气面罩系到他的嘴上，以免碰歪头上的白色小瓜帽。凌晨 4 点，他们叫醒了帕切利枢机。枢机赶到教宗床边，双膝跪地开始祈祷。他红肿的双眼里噙着眼泪。

庇护十一世躺在那张简易铁床上，生命力迅速地枯竭下去，很快就咽下了最后一口微弱的气息。天主没能允诺他最后的请求。明天，主教们晋见他的地点将不再是圣彼得大教堂，而是近旁的西斯廷教堂。2 月 10 日的下午，他枯槁的遗体摆在西斯廷教堂高高的平台上。那些曾在他全盛时期见过其风采的人，现在已经无法辨认他的遗体，仿佛躺在米开朗基罗穹顶画下、身穿教宗丝质白色教士服、头戴红绒帽的，是其他什么人。

台伯河对岸，墨索里尼听到教宗死讯时，吐出一声安慰的叹息，不过他也非常不愿意让教宗的守灵仪式干扰他和克拉拉 · 佩塔奇的下一次幽会，这位拥有碧绿眼眸的年轻女子乃是他的情妇。不过除此之外还有最后一件要紧事。多年以来，他在梵蒂冈安插了一个无孔不入的密探网络，并且密切地关注他们提供的报告。近几天来，他们提醒他说，教宗准备要做一场极具煽动性的周年演讲以谴责墨索里尼的反犹运动以及他和德国元首愈发紧密的关系。他担心，如果这份讲稿现在泄露出去，仍将有可能对自己造成伤害，这将是教宗来自坟墓的控诉。

独裁者思索着，还有一个人能够帮得上忙。他联系了帕切利枢机，身为教宗名誉侍从的他如今将负责处理庇护遗留下来的一切事务，包括堆积在他书桌上的手写文件，以及刚刚印刷出来、准备发放给各位主教的那叠演讲稿小册子。墨索里尼要把所有的演讲稿都销毁掉。

他有充分的理由相信帕切利会顺从他。帕切利生于罗马一个显赫的家族，世世代代都和历任教宗有着密切的联系，在过去几个月里，他一直都活得胆战心惊，害怕教宗会与墨索里尼为敌。他思索着，这状况真是危机四伏，不确定的因素实在是太多了。是的，他亏欠教宗很多，教宗将他提拔至国务卿的位置，在很多方面都帮助过他，但他感觉自己肩负着更大的责任，他要保护教会。于是他下令清理教宗的书桌，把所有演讲稿小册子都收缴起来。 xxxiii

三天后，大批民众在圣彼得广场不耐烦地等候着，而枢机们则在进行教宗选举会议。当使徒宫飘出一道白色的烟雾时，人群中爆发出欢呼声。枢机执事站在高居圣彼得教堂大门上方的阳台上宣布："教宗诞生（Habemus papam）。"很快，一位高大瘦削、戴着眼镜、身着教宗白长袍、头戴镶满宝石的三重冕的人物，大步流星地走了出来，降福众人。欧金尼奥·帕切利取名号为庇护十二世，以此向那个他近来陪侍床边、为之抹泪的人致敬。

第一部分

教宗与独裁者

第一章

新任教宗

梵蒂冈城门外聚集着一小群人，他们向驶来的黑色轿车鼓掌示意，直到它们缓慢地驶进中世纪的城墙。为表回应或致意，又或是习惯使然，每一位抵达的枢机都在轿车后排挥手祝福众人。城门两旁各站着一位衣着犹如小丑的瑞士侍卫兵（Swiss Guards），他们将戴着白手套的手掌举到闪亮的头盔处，向枢机致敬。没过多久，当最后一位枢机抵达使徒宫时，六位官员小跑着穿过狭长阴冷的大厅，每个人手里都摇着一枚铃铛，一个声音喊着：“闲杂人等速速离开（Extra omnes）！”直到所有无关人员都离开教堂。教宗选举会议的典礼官是来自基吉家族的亲王，他手里攥着一串巨大的古旧钥匙，从门外锁住了沉重的大门。身为教宗名誉侍从的彼得罗·加斯帕里枢机则从里面把门锁上。窗户也一扇扇紧闭起来。这一天是 1922 年 2 月 2 日，周四。直到新任教宗诞生，大门才会重新打开。

* * * * *

教宗本笃十五世开始久咳不止，不过是两周前的事情。尽管教宗个头不高、身体虚弱，从小走路就有点跛（梵蒂冈的闲话中他被喊作“小矮子”），但他并不显老，而且在他端坐圣彼得宝座的七年 4
间，身体一直都很健康。然而一开始的支气管炎很快就恶化成肺结核，六十八岁的本笃接受了临终圣礼，第二天下午，躺在简易铁床上的他失去了意识。次日上午，他与世长辞。[1]

当为人和蔼可亲、反对现代主义的庇护十世在 1914 年过世时，第一次世界大战刚刚打响，而彼时的贾科莫 · 德拉 · 基耶萨是个不太寻常的教宗人选。因为在五十二位枢机共聚梵蒂冈推举教宗继任人的时候，德拉 · 基耶萨才当了三个月的枢机。他出身贵族，家庭却一点都不富裕，他极高的天资和明辨是非的能力受到人们的尊敬，但他的外表和教宗的形象相去甚远。尽管仪态雍容、举止文雅，但他身材矮小、肤色灰黄，一头乌黑浓密的头发，牙齿还翘露出来。从鼻子、嘴巴、眼睛到肩膀，他外形的方方面面都显得有点扭曲。[2]

当德拉 · 基耶萨还是一位年轻的神父时，他曾供职于梵蒂冈国务院，这个机构负责处理教宗与世界各国政府的关系。他在国务院里逐步高升，并于 1913 年被派往博洛尼亚担任大主教。

有些人认为，德拉·基耶萨之所以被调离梵蒂冈，是拉斐尔·梅里 · 德尔瓦尔（Rafael Merry del Val）枢机在从中作梗。他是庇护十世的国务卿，也是教宗在教士中铲除一切“现代主义”迹象的得力助手。庇护十世担心现代主义观念会取代教会传承数百年的教义。在他看来，最为道德沦丧的莫过于个人权利和宗教自由的信念，此外还有一些异端邪说非常可憎，比如政教分离，比如信仰应当与科学达成妥协。梅里 · 德尔瓦尔认为德拉 · 基耶萨为人过于温和，就想要远远地将他排挤到教会权力的宝座之外。[3]

在第十轮投票中，德拉 · 基耶萨勉强达到了当选教宗所需的三分之二票数。梅里·德尔瓦尔阵线的一位强硬分子，加埃塔诺·德·拉伊（Gaetano De Lai）枢机试图羞辱新任教宗，要求检查他的选票，看看德拉 · 基耶萨有没有投给自己。

庇护十世过世时，意大利已然人人自危，可当他的继任者在
1922 年过世时，意大利则陷入了更为深重的动荡之中。许多人害怕 5
革命随时会爆发，尽管在点燃革命的是社会党人还是法西斯党人的问题上，他们可能存在分歧。精英阶层原本希望第一次世界大战能够将分裂无助的意大利人团结起来，将民众紧密地团结在政府周围，但是这两个希望都落空了。意大利阵亡人数超过五十万，伤员数目则更加庞大。这些复员的军人卸甲还乡，可是工作机会却少得可怜。这个国家的政界领袖似已无力走出这场危机。

此时的社会党经历了长达几十年的扩张期，他们希望借众怒的东风，登上权力的宝座。工人们占领了都灵、米兰和热那亚的工厂。农业劳作者则发起了罢工，威胁到守旧的农村地主阶级。仅仅在两年前，也就是 1917 年，布尔什维克党通过一场共产主义革命推翻了沙皇的统治，夺取了俄国的政权。受到苏共榜样的激励，意大利的抗议者梦想未来有一天，工人和农民也会在意大利夺得统治地位。[4]

然而社会党人还需面对从自身分裂出来的武装威胁。战后不久，时年三十九岁、曾经位列意大利最杰出社会党人的贝尼托 · 墨索里尼，发起了一项全新的法西斯运动。这项运动借重那些愤愤不平的第一次世界大战老兵，开始在全国上下各个城市萌芽壮大。它最先招募的成员与墨索里尼本人类似，都是些左翼分子，而且跟他一样敌视教会和教士。但墨索里尼很快就转变方向，不再诋毁教士和那些发战争财的资本家，转而谴责社会党人是反对意大利参战的罪人，此后流入的成员便都是极端的右翼分子。

在位于意大利中部和北部城市的总部，这些身着黑衫的法西斯分子钻进车辆，横扫乡村，烧毁工会大厅、社会党会议室以及左翼报纸的办公场所。墨索里尼并不直接控制这些黑衫军（Squadrismo），他们的行动受到地方法西斯头目的指使。这些团体从 1919 年开始
攻击社会党官员和活跃分子，对他们实施殴打，并把蓖麻油灌到他 6
们的喉咙里，这样的暴力行径在接下来的三年里愈演愈烈，无论是

在规模上还是频率上都不断升级。黑衫军喜欢用蓖麻油施虐，因为它不仅令受虐者恶心，还会导致无法控制的腹泻，给受虐者带来极端的羞辱。社会党市长和市议员们都给吓怕了，全都跑路了，令意大利的大片领土落入了法西斯恶棍的掌控之中。[5]

这些“施虐暴行”还瞄准了意大利天主教政党的成员。新成立的人民党是意大利天主教徒试图对政界施加影响的创举。此外，梵蒂冈竟然喜闻意大利天主教政党的创建，这本身也是一种新事态。多年以前，维托里奥·埃马努埃莱二世（Victor Emmanuel II）原本是意大利西北部撒丁王国的君主，首都定在都灵，1861 年，当他吞并了意大利半岛的多数领土后，他宣布意大利王国从此建国。那些凭借策动叛乱和武力征服打下的领土中，绝大多数是历任教宗的领土，如今却仅余罗马及其腹地仍然归属于教宗国（Papal States）。1870 年，意大利军队攻占罗马，宣布意大利王国从此定都罗马。庇护九世只得撤退到梵蒂冈，发誓除非教宗国能够复国，否则他一辈子都不会踏出梵蒂冈城墙一步。

教宗将国王逐出教会，禁止天主教徒参与全国大选投票，也禁止他们去竞选议员；他希望获得国际社会的支持，重返罗马，恢复教宗的统治地位。然而随着 19 世纪渐渐步入尾声，这一希望越来越渺茫，反倒是社会党运动的急剧扩张，给教会带来了新的威胁。从 19 世纪中期的庇护九世开始，历任教宗都曾出言谴责社会主义。1891 年，利奥十三世在其著名的《劳工通谕》（*Rerum novarum*）中控诉社会党人，认为他们“将穷人教唆出仇富心理”。他还言辞激烈地批评了他们废除私有财产的提议。待到 19、20 世纪之交，梵蒂冈已然明确表态，社会主义乃是教会不共戴天的敌人。

20 世纪初，当选举权在意大利逐渐普及开来，梵蒂冈对于选举投票的禁令变得愈发难以维系。除非教会采取实际行动，否则社会党人很有可能就会上台掌权。1918 年 11 月，西西里神父路易吉·斯图尔佐会见了梵蒂冈国务卿彼得罗·加斯帕里枢机，同他讨论筹备 7

天主教政党的计划。他们把这个政党称作意大利人民党，它要跟社会党人拼抢农民和工人，给他们一个能够不断得到进步的平台。第二年初，在本笃十五世的降福下，政党正式成立。待到1922年，它已经成为全国最大的政党之一。[6]

* * * * *

1922年的教宗选举会议变成了两大派系间的一决雌雄。一派枢机拒绝同现代社会妥协，因而号称“狂热派”（zelanti）。他们对庇护十世的年代怀有乡愁，希望教会能够重拾对现代之恶的征战。另一派则较为温和，他们号称“政治家派”（politicians），希望能够继续本笃十五世相对中庸的路线，并且延续外向的政策。领导狂热派的是庇护十世的国务卿拉斐尔·梅里·德尔瓦尔，而本笃十五世的国务卿彼得罗·加斯帕里则是温和派的拥护者。教宗选举会议逐渐变成一场史诗大战，交战的核心在于天主教会在20世纪应当采取什么样的路线，而结果的不确定性更为这场大战增添了不少戏剧性。双方都很难获得当选所需的三分之二选票，而且也没有哪个候选人能够令双方达成妥协。[7]

加斯帕里枢机有时被称作牧羊人（pecoraio），然而这个绰号并没有宗教的意味。时年六十九岁的他出生于意大利中部亚平宁山脉的一个小村落，家里是实实在在的牧民。这个绰号在意大利语中包含乡巴佬的含义，他自己倒是非常中意，因为这意味着，在那些梵蒂冈枢机团的老油条里，他是个冉冉升起的新贵。在他尚且年幼的时候，每个春天全家人都要跟随羊群进山，然后在秋天返回山谷，每当这个时候，他们就会把彼得罗送到当地的教区神父那里修习课业。他非常聪明，后来进入教会的神学院深造，和梵蒂冈外交系统的其他官员不同，他没有上过罗马久负盛名的宗座外交学院（Pontifical Academy of Noble Ecclesiastics），因为这所学校通常只招收贵族子嗣。

加斯帕里长大后成了一位又矮又胖的神父，挪动步履时双足似
乎从不离开地面。他的着装“展现出对整洁的毫不在意”。然而他 8
用和蔼可亲填补了仪表上的不足，并深受外交使节团的喜爱。他比划起手势时手舞足蹈，眼睛闪烁着光芒，常常笑得前俯后仰，需要用手把笑翻的红色小瓜帽推回原位。无论在他自己眼里，还是在其他人眼里，加斯帕里有着山区牧民的精明、直觉、韧性和吃苦耐劳。“他那双乌黑聪敏的眼睛，”一位观察者记述道，“将他的巧智显露无遗。”[8]

教宗选举会议于2月2日晚上在西斯廷教堂开幕，五十三位枢机各有一张小桌和一个席位。两位美国枢机仍旧航行在大西洋上，因而缺席了这场会议。三十一位意大利枢机占据了大半席位，因而只有得到意大利人的强烈支持，才有可能当选。教堂前厅的祭坛上立有一根巨大的十字架和六根燃烧的蜡烛。每次递交选票的时候，枢机们就会依据资历一个个向祭坛靠近。每一位都会跪在祭坛的底部位置，祷告上片刻，然后以拉丁文发誓，自己所投之人乃是他相信天主希望当选之人，之后把叠好的选票投入票箱，向十字架鞠躬，再退回到自己的席位上。

每天上午和下午各进行两轮投票。通过抓阄选出的三位枢机负责清点票数。在接下来的几天里，这一庄重的仪式重复了十四次，只出过一次洋相，一位道明会枢机从椅子起身时不小心撞到了桌子，碰翻了一瓶墨水，弄脏了他白色的教士服。[9]

总共有十二位枢机获得选票。第二天，梅里·德尔瓦尔达到他最高的十七票。加斯帕里则在第六轮获得了二十四票，可这一票数在第七轮和第八轮都裹足不前。梵蒂冈城外，一大群既好奇又虔诚的罗马人焦躁地等候着。“我们能够确定的只有一件事情，”法国报纸《费加罗报》（*Le Figaro*）报道说，“那就是大家都对结果一无所知。”[10] 第八轮投票后，加斯帕里枢机躺在床上夜不能寐，他意识

到自己这辈子都不可能成为教宗了。次日，在第三天的投票开始前，
他前去拜访了教宗选举会议最年轻的成员阿契尔·拉蒂。拉蒂在几 9
个月前刚刚晋升枢机，而加斯帕里的一番话语令他十分惊讶，加斯
帕里说，他会敦促他的支持者把票都投给拉蒂。

*****

1857 年，在米兰北部的布里安扎区（Brianza），拉蒂降生在代西奥（Desio）的一座小镇上，当地有着很深的天主教信仰，他的父亲在此地管理着一座丝绸厂。他的母亲是一位虔诚的天主教徒，做事井井有条，令人望而生畏，经营家庭似乎有点大材小用。晚年的时候，拉蒂常常提起她，口吻中带着深深的爱意和敬意，却从来不曾谈论自己的父亲。代西奥和米兰都下辖于奥匈帝国，而拉蒂最早的记忆，是他父亲在他两岁的时候曾告诉他，法国和撒丁王国的部队正在附近同奥地利人作战。[11] 几周后，意大利半岛长期分治的各个公国和王国悉数消失，变成了一个全新的意大利联合王国。

由于代西奥当地没有学校，阿契尔在十岁的时候被送到叔叔家生活，此人是一位教区神父，在科莫湖旁一座名唤阿索的小镇上布道。他叔叔家算是个社交场所，近旁的神父们常常过来聚会，给这里带来了特别温馨的氛围。这让阿契尔决定以后也要成为一名神父，于是很快就前去神学院读书。他每个夏天都要回到叔叔家，却从来不回父母家。那所神学院的纪律严苛至极，学生必须无条件地服从神父，规章制度必须一字一句得到遵守，然而这些都没有令这位刻苦的男孩感到困扰。[12] 他的同学把他叫作“小老头”，因为阿契尔宁愿独自思索，也不愿和其他孩子一起玩耍。[13]

1875 年，阿契尔进入米兰神学院，准备晋铎。他的阅读涉猎广泛，不仅嗜好但丁等意大利经典作家之作，还阅读英国文学和美国文学。他关注吉姆（出自马克·吐温笔下，哈克贝利·费恩的黑

奴伙伴）在人生中面临的挑战，他的同学因此把他叫作非洲人。尽管这个绰号并没有流传开来，但是阿契尔对它颇为自得，还告诉同学说，以后要前往非洲传教。拉蒂最喜欢的是伟大的米兰作家亚历 10
山德罗 · 曼佐尼（Alessandro Manzoni）。多年以后的一天，当他已经贵为教宗，他的典礼官来到他的书房，按照惯例双膝跪下等待指示。教宗则在房间里来回踱步，沉醉地念诵着曼佐尼小说《约婚夫妇》（*The Betrothed*）中的一个段落。过了二十分钟，直到停下来时，他才注意到这位双膝跪地的下属。教宗为自己的耽误而致歉，不过微笑着补充道："蒙席，这些文字难道不值得跪地聆听么！"[14]

在米兰求学四年之后，拉蒂奔赴罗马，在刚刚建校的伦巴第神学院继续他的学业。罗马被历任教宗统治了一千多年，然而九年前，它却被攻陷了，如今成了新建的意大利联合王国的都城。

拉蒂身高五英尺八英寸*，胸膛宽阔，一头金发越来越稀疏，此时的他已经戴上了标志性的圆框眼镜，看起来像是一位青年学者。1879 年 11 月，他在罗马恢宏的拉特兰圣约翰大教堂晋铎，然后又在这座不朽之城待了三年，继续在宗座额我略大学进修，这里的耶稣会教师用拉丁文授课。

1882 年，拉蒂回到米兰，很快被任命为米兰大修院圣语与神学教师。尽管带有圣语的头衔，他本人却没有很好的口才。他决心要把自己的意思表达到无比清晰的程度，所以讲话速度非常缓慢，总是奋力寻找着恰切的词语；每当他觉得自己说得不对时，就常常自我纠正。[15] 他从来都不爱好社交，从某种程度上来说，拉蒂待在书堆里要比待在人堆里显得更为自在。执教六年后，他在米兰安波罗修图书馆谋得馆员一职，这座图书馆在古董手稿收藏方面无可匹敌，藏品中珍宝甚多，其中就包括列奥纳多·达·芬奇的《大西洋古抄本》

---

* 约等于 1.73 米。——除特殊说明外，本书脚注均为译注

（*Codice atlantico*）。他不仅懂得拉丁语，还掌握了希腊语、法语和德语。

然而拉蒂绝不仅仅是个书呆子。作为一位米兰小伙，他还发展
出登山的爱好，并且加入了意大利阿尔卑斯俱乐部设在当地的分部。
每到冬天，他就会同登山伙伴（一位神父同侪）一起研究登山材料，
探索登山路径，以便第二年夏天能够予以攀登。他坚信成功完全可 11
以通过细致的规划达成。从 1885 年到 1911 年，他攀登阿尔卑斯山
脉达一百次，每次跋涉超过八千英尺。[16] 冷空气的冲击、阿尔卑斯
山脉悬崖的力度以及一览众山小的风景，都向他展现了天主造物的
荣耀。[17]

* * * * *

安波罗修图书馆馆长于 1907 年过世，五十岁的拉蒂接替了他的岗位。四年后，梵蒂冈图书馆馆长决心要寻找一位继任者。由于阿契尔·拉蒂领导的安波罗修图书馆在声誉上仅次于梵蒂冈图书馆，所以他便成了顺理成章的人选。米兰报纸在报道这一委任新闻时配了一幅照片，照片里的高级教士头发正渐渐稀疏，然而拉蒂最令人印象深刻的外貌特征仍然是他那副小小的圆框眼镜。这些特征令他显得严肃（有些人会说是忧郁），让他看起来像是一位阴沉的教会学者，然而图书馆的工作人员却体会到他慈父般的关怀。为了帮助馆员，令他们的家人不至挨饿，他得到本笃十五世的许可，在梵蒂冈图书馆辟出一片菜园供他们耕种。而每当有人生病时，他都会亲自送去糖果礼物，或是一瓶好酒。[18]

拉蒂原以为自己会在梵蒂冈图书馆的职位上退休，要真是如此，那他也就不会在 1922 年成为教宗了。然而在 1918 年 3 月，他却收到了一份出人意料的委任：本笃十五世命他以教宗大使的身份奔赴华沙。我们现在还不清楚教宗为什么要选择他来完成这项棘手的任

务。他没有外交经验，对波兰也谈不上任何独到的见解，不过奇怪的是，当非常教务部的枢机谈论他的任命时，他们都错以为他懂波兰语。[19] 拉蒂时年六十一岁，对自己的新使命感到非常焦躁，但他顺从了教宗的命令，并在5月出发。他错以为自己的出使使命只有短短几个月，他还错以为自己的任务不过是准备好材料，向教宗报告波兰的处境。

当拉蒂抵达华沙时，第一次世界大战的屠戮才刚刚结束。波兰
人正在筹备国家的独立，在过去的一个世纪里，波兰的多数领土受 12
到俄国人的统治，余下领土则落入德国人和奥地利人的掌控之中。拉蒂的使命非常棘手，因为新波兰的国界还没有确定下来，各方都剑拔弩张。

在波兰境内四处游历时，这位梵蒂冈图书馆馆长最常听闻的便是当地教士对犹太人的仇恨情绪，将他们视作波兰天主教的敌人。意大利人口中犹太人的比例非常低，只有千分之一，而波兰人口中的犹太人却占到了十分之一。早在十年前，拉蒂曾向米兰的首席拉比（rabbi）学习希伯来语，而他也从未关心过那些基本上被这座城市同化的犹太人口。[20] 可是当他和米兰的犹太群体变得越来越熟络时，他意识到梵蒂冈实际上对犹太人抱有相当负面的看法。

天主教将犹太人妖魔化的历史非常悠长，可以一直追溯到基督教的源头，那时候它仍然是犹太人的一个教派。1555年，教宗保禄四世颁布一纸教宗诏书《因为如此荒谬》（*Cum nimis absurdum*），命令但凡他国土上的犹太人都必须生活在犹太人区（ghetto）。犹太人和基督教徒的联络须受到严格的限制，而且他们只能从事最低微的职业。教宗认为，犹太人谋害耶稣，拒绝他的教诲，因而应受到天主的惩罚，"永世为奴"。直到1870年，意大利人攻陷罗马，才将犹太人从这座城市的犹太人区彻底解放出来。[21]

在19世纪的最后二十载，受到梵蒂冈密切审查的耶稣会半月刊《公教文明》对犹太人展开了无情的谴责。这份刊物的读者并非

广大天主教徒，它的格调要远远高过他们；它实际上是一个上层窗口，读者群体乃是天主教意见领袖、报纸编辑以及高级教士，方便他们了解梵蒂冈对于各种时事的看法。如果一个人像阿契尔·拉蒂那样，担任过安波罗修图书馆馆长，那么他就会及时地阅读每期刊物。

“犹太人，”这份刊物的一篇檄文这样写道，“是永远粗野的孩子，他们顽固、肮脏，全都是些盗贼、骗子、无知的蠢人，对周边远近的人来说简直是害虫和灾祸……他们想方设法染指……所有公共财产……他们不仅会控制所有的金钱……一旦允许他们担任公 13
职，他们还会掌控国家的法律。”这份接受梵蒂冈审查的杂志坚称，教会长久以来都教导基督徒要远离那些犹太人，否则他们就会令基督徒沦为他们的奴隶：“那些认为犹太教不过是一门宗教的人，错得多么离谱，受到了多大的欺瞒……它实际上是一个种族、一类人民乃至一个民族！”《公教文明》控诉道，犹太人是道德败坏的异族，他们永远都不会向居住的国家效忠，而只会利用他人的慷慨。那些人也真够蠢的，竟然把同等的权利赋予犹太人。[22] 在拉蒂当选教宗几个月后，这份刊物又向犹太人发起进攻，刊登了一系列文章，不仅把俄国革命怪罪到犹太人头上，还警告读者，犹太人已经布下密谋的天罗地网，志在统治整个世界。[23]

浸淫在一个对犹太人抱有如此成见的教会里，拉蒂在波兰遭遇的深入骨髓的反犹主义必然会对他造成影响。波兰天主教精英阶层递交给他的书面报告都在向他诉说，他们对犹太人的威胁有多么忧心忡忡。他们控诉犹太人在最近一次战争中和德国入侵者苟合，而且在全国上下的乡镇里化身为贪得无厌的放贷人。他们还将传播布尔什维克运动的罪状盖在了犹太人头上，这尤其令拉蒂感到震惊。[24]1918 年 10 月，他将波兰最近的动乱归结给“那些决心引发骚乱的极端政党：社会主义无政府主义者、布尔什维克党人……以及犹太人”[25]。当时的波兰发生了一系列有组织的屠杀惨案，许多犹太人遇难，他们的家被焚毁。本笃十五世（相较于他的前任而言，对反犹阴谋论不那么赞同）向他求证这些屠杀惨案是否确有其事，拉蒂回答说事件真相难以判断。不过他坚称犹太人是一个危险因素：尽管波兰人民都是善良忠诚的天主教徒，可是他担心“邪恶影响正布下陷阱，威胁着他们，甚至有可能将他们摄住”。这些敌人到底是谁，拉蒂一点都不含糊，他补充道：“这里最邪恶、最强大的影响之一，恐怕就是最强大、最邪恶的影响，正是来自犹太人。”[26] 14

1919 年秋，梵蒂冈对新成立的波兰予以官方认可。拉蒂的使命继续延续，并被任命为教宗驻波兰大使。第二年夏天，红军在波罗的海和乌克兰同波兰部队多次交锋之后，进军波兰，直捣华沙。男人、女人和小孩都武装起来，准备保卫他们的城市。很多外国人都遁走了，然而拉蒂却要镇守此地。8 月 15 日，全副武装的居民们焦虑地等候着，波兰的反击总算击退了布尔什维克部队。对拉蒂来说，这次经历是一种创伤。西方民主国家都没有认真体会共产主义的威胁，在他的余生里，他将一直秉持这份信念。[27]

1921 年，本笃十五世将拉蒂召回到意大利，并将他晋升为米兰大主教。拉蒂大半辈子都待在图书馆里，几乎没有担任教士的经验，所以教宗的这个选择非常出人意料，然而拉蒂的能力、对教会的无私奉献以及他的大公无私似乎感染了本笃。[28] 而拉蒂的大半生都生活在米兰，毫无疑问，这肯定也对任命起到了作用。这一任命之后，枢机之冠也随之而来，对于意大利这块最庞大、最富庶的大主教管区而言，这一荣耀乃是惯例使然。[29]

* * * * *

在教宗选举会议中途，狂热派意识到，无论是梅里·德尔瓦尔，还是他们其他的候选人都不可能当选了，于是他们也决定同阿契尔·拉蒂进行秘密会谈。他们的想法似乎是，拉蒂跟两方派系都不

阿契尔·拉蒂，米兰大主教，1921 年

沾边，有可能成为折中的人选。他们还认为，拉蒂是教会高层中资历比较浅的一位，尤其是如果他把自己当选的功劳归到他们头上时，他们就能轻易对他施加影响。德·拉伊枢机是梵蒂冈负责遴选主教的圣会负责人，他代表他那个团体的十二位枢机，带着这项提议去找了拉蒂。

“我们会把票投给阁下，”德·拉伊告诉他说，“只要阁下答应您不将加斯帕里枢机任命为您的国务卿。” 15

“我希望并为此祈祷，”拉蒂回答说，“圣灵能够在这么多实至名归的枢机中选择其他人。”不过他补充道：“如果它选择了我，那么我确实会将加斯帕里枢机任命为我的国务卿。”[30] 我们并不清楚

拉蒂是否已经对加斯帕里做出承诺，不过这种可能性很高。由于他
在梵蒂冈的事务上缺乏经验，他可能无论如何都要把这位经验丰富 16
的外交官留在身边。或者他可能远比他们想象的明智，明白这位国务卿具有很大的价值，能够帮他推挡狂热派的要求。

“阁下有可能犯下了一个严重的错误。”德 · 拉伊枢机警告道。

“如果我坐上圣彼得宝座的话，那肯定不会是我犯下的唯一一个错误，但必将是第一个。”

待到第十二轮投票，也即第三天的最后一轮投票时，有二十七位枢机将他们赞同的一票投给了米兰大主教。[31] 第二天一早，枢机们再度聚集在西斯廷教堂。上午 10 点钟，他们开始投出第十三轮选票，最后同样没有取得有效结果。而在下一轮投票中，阿契尔·拉蒂获得的票数将会超过三分之二的基准线。

这位不知所措的枢机笔直地坐在座椅上，头向下斜，仿佛肩膀上承担了新的重量，其他五十二位枢机围成一圈将他包围在中心。枢机执事开口问出了那个必要的问题，他的声音洪亮，即便是耳朵再背的人也能够听清："选举依据教规，将你选为至高教宗，你是否接受这一结果？"拉蒂没有马上回答，个别枢机开始紧张起来。过去整整两分钟，他才抬起头，用拉丁语做出回答。他的声音因情绪激动而颤动着："我深刻地意识到自己和这一高位并不相称。"枢机们明白新任教宗已然诞生。[32]

随着教宗选举尘埃落定，一辆从那不勒斯驶来的火车停在了台伯河对岸的罗马火车站。两位美国枢机，即波士顿的威廉 · 奥康奈尔（William O'Connell）以及费城的丹尼斯 · 多尔蒂（Dennis Dougherty）从火车上走了下来。他们乘坐“伍德罗 · 威尔逊号”远渡重洋，又从那不勒斯匆忙赶到罗马，却发现自己已经来迟了，这令他们非常不快。奥康奈尔的不悦有其特殊的缘由，他一路晋升至枢机，很大程度上有赖梅里 · 德尔瓦尔的提携。如果他能够及时

到场，将他和多尔蒂的选票投给他，那么结局也许会大为不同。更
令他怒火中烧的是，同样的事情在七年半前庇护十世过世时已经发 17
生过一次：他们根本不给美国人足够的时间赶来罗马。那一次也是直到新任教宗已经选举出来，奥康奈尔才抵达罗马。[33]

拉蒂被护送着从西斯廷教堂来到了近旁的更衣室，他在那里第一次穿上了教宗的白色长袍。更衣室里一共备有三件长袍，一件小号、一件中号、一件大号，足以应对任何选举结果。中号穿在他身上非常合适。他现在穿着一件白色的教士服、一双丝质的白色长袜，脚穿红色丝质拖鞋，肩披红色绒布披风，边上镶着白鼬皮。他在白色小瓜帽上还戴着一顶红绒帽，下边沿是教宗特有的白鼬皮边，一直盖到耳朵的位置。当他回到西斯廷教堂，走向祭坛前面的宝座时，枢机们纷纷双膝跪地，随后每个人都走上前去，亲吻他的足，恳求他的降福。那个曾经热爱漫步群山的人，如果要遵从四位先人的惯例，那么他就永远都不会离开梵蒂冈这座令人感到逼仄的围城。[34]

全世界都在密切关注，到底谁会从选举会议中脱颖而出。意大利的四千万人口中 99% 都是天主教徒，他们的关注最为密切，不过意大利境外的两亿六千万罗马天主教徒也同样企盼着最终消息的到来。[35]

自从教宗选举会议开始，人群便在圣彼得广场等候，他们眼睛盯着烟囱，那里出现的烟是用选票烧出来的，它会告诉民众教宗何时诞生。[36] 在那四天里，烟囱喷出了十三次黑烟，在第四天临近中午的时候，当落雨的天空下复又积着潮湿的云时，几只手臂开始指向使徒宫里飘荡出来的一缕白烟。五十四分钟后，一位枢机出现在圣彼得大教堂的中央阳台，面朝广场，缓缓地举起了他的右臂：“教宗诞生。”阿契尔 · 拉蒂自号庇护十一世，他解释说这是因为庇护九世是他年轻时的教宗，而庇护十世将他召来罗马，担任梵蒂冈图
书馆馆长。[37] 几年之前，这位只负责领导几位图书馆馆员的人，如 18
今肩负起引领全球三亿天主教徒的责任。

欢呼的人群开始挤向圣彼得大教堂的大门。自从1879年意大利部队攻占罗马，而教宗们开始自称“梵蒂冈囚徒”起，就再也没有哪位教宗向外界展示过他的面容，哪怕只是通过面向圣彼得广场的那几扇窗户。自从庇护九世过世后，三位当选的教宗都在教堂里面降福信徒。

可是这一次，人们被一件不寻常的事情摄住了目光。圣彼得教堂中央巨门正上方的阳台出现了几位贵族卫兵（Noble Guards），他们面朝广场，将缝有教宗牧徽的红色挂毯悬挂到阳台的扶手上。当身穿白袍的教宗出现在阳台上降福众人时，庞大的广场上弥漫着一片肃穆，人们纷纷跪倒在地。没有人会忘记那些意大利士兵的身影，当时他们被安置在广场上维持秩序，也站在教宗的瑞士侍卫队旁举枪致敬。所有人一同向教宗敬礼。[38] 在这座愈发被恐慌摄住的城市里，这是少有的一个平和时刻。是时，暴力和混乱弥漫全国，政府陷入瘫痪。在这一年结束之前，教宗将面临一个抉择，他的决定将具有无比重大的意义。

第二章

进军罗马

贝尼托 · 墨索里尼生于普雷达皮奥（Predappio），这个小镇位于罗马涅（Romagna），与阿契尔 · 拉蒂位于伦巴第大区的家乡相隔不到两百英里，然而他们的童年经历却有着天壤之别。差别并不体现在拉蒂的家境更为优渥，而是这家人保守而又虔诚，另一家人则浸淫在罗马涅暴动的氛围之中。拉蒂家族崇拜圣人和教宗，墨索里尼的家人却崇拜煽动暴民的政客和革命分子。

当墨索里尼于 1883 年出生时，阿契尔 · 拉蒂已是一位二十六岁的神父。罗马涅是意大利无政府主义和社会主义运动的中心，而贝尼托的父亲亚历山德罗 · 墨索里尼（Alessandro Mussolini）则是个话多的铁匠，总是热情地向旁人抒发他的革命信仰。他用贝尼托 · 胡亚雷斯（Benito Juárez）的名字给自己的孩子命名，出身贫寒的胡亚雷斯是第一位担任墨西哥总统的印第安人，他是欧洲殖民者的梦魇，也是教会的敌人。他还用布雷西亚的阿纳尔多（Arnaldo of Brescia）给贝尼托的弟弟命名，布雷西亚的阿纳尔多是一位神父，1146 年，他领导起义将教宗赶出罗马，后来被处以绞刑。两位男孩吃苦耐劳的母亲罗莎（Rosa Mussolini）则没有丈夫那份革命热忱，

她是个虔诚的教徒，在当地小学教书育人。每天晚上，当两个孩子 20
躺下睡觉时，她都会在他们的头上划一个十字。[1]

墨索里尼一家住在一栋三层高的住宅里，他们的公寓只有两个房间。贝尼托和阿纳尔多睡在厨房里，父亲给他们打了一张铁床，上面铺了一大袋谷壳。父亲、母亲和姐姐埃德维杰（Edvige Mussolini）则睡在另一个房间。要进入这间公寓，他们必须先穿过母亲的教室，它占据了这层楼的余下空间。

亚历山德罗和罗莎的婚姻争吵不断。亚历山德罗不仅有外遇，晚上还常常在当地酒吧醉酒后回家，同他的妻子斗气打架。不过她总算是吵赢了一次，随后就把十岁的贝尼托送到邻近由慈幼会修士主持的寄宿学校上学，但他没有在那里待上多久。在与同学的一次口角中，贝尼托从口袋里抽出一把刀，捅穿了那个男孩的手掌，慈幼会于是将他驱逐出校。虽然贝尼托依旧痞性不改，不过他是个聪明的孩子，所以还是升上了中学。1901 年，他和一位已婚女性有染的丑事曝光，丢掉了第一份工作，之后他又找到一份代课教师的兼职。

由于无法谋得新的岗位，他远赴瑞士求职。在那里，他加入了当地社会党人和无政府主义者的圈子，被他们激昂的革命话语所吸引。瑞士警察很快就撰写了关于他的报告，为我们描述了青年时期的墨索里尼：身高五英尺半，健壮结实，头发和胡须呈棕色，脸庞瘦长苍白，黑色的双眼，一道鹰钩鼻以及一张大嘴巴。[2]

在 1904 年的洛桑，墨索里尼同意就天主是否存在的问题与当地一位新教牧师进行辩论。为了说服听众，他上引伽利略，下引罗伯斯庇尔，之后又爬到桌子上去掏出一块怀表，大声喊叫，如果天主真的存在，那么祂就应该在接下来的五分钟里将他击毙。贝尼托在同一年发表了第一篇文章《天主并不存在》（“God Does Not Exist”）。他坚持不懈地攻击教会，将神父贬作“黑色的细菌，他们给人类带来的灾难堪比结核杆菌”。[3]

墨索里尼热心于争论和政治，很快就把全部时间投入到这两件事情中去。1910 年，他回到靠近罗马涅老家的弗利（Forli），在那
担任当地社会党周刊的编辑以及该镇社会党的秘书长。同一年，他 21
又在虚构作品方面试手，出版了一本色情小说《枢机的情人》（*The Cardinal's Mistress*）。[4]

在从政生涯的最初几年，墨索里尼崭露头角、出尽风头，一半因为他是极端左翼分子，一半则犹如唐璜。他脸上的髭须将伴随他度过接下来的十年，他似乎总是知道怎样成为公众关注的焦点。像他这种违法乱纪的斗殴分子和煽动者，你宁愿让他做你的同伙，也不乐意让他做你的对手。此时，他最令人印象深刻的特点已经显现出来：钢铁般坚定的凝视。墨索里尼的凝视能够穿透听众，既令人生畏，又令人着迷。他的双眼仿佛要凸出来。1910 年，当地的一位工会组织者谈到自己的体会："他注视我的时候眉毛挑起，露出了大片眼白，仿佛要捕捉远方一幕短暂的景色，令他的双眼和面容都呈现出使徒正在深思的神色。"[5]

1912 年，只有二十多岁的墨索里尼开始担任社会党最重要的职位之一：设在米兰、全国发行的《前进！》党报主编，令他从外省边陲之地弗利来到了意大利欣欣向荣的经济和文化之都。

作为主编，墨索里尼带领《前进！》站到了社会党革命派的一边。他坚称，只有革命运动才能带来新的秩序，议会政治在这方面则一无是处。1913 年，当罗马南区的警察在一场抗议游行中杀害了七名农场工人时，他号召大家为他们复仇。他在米兰的一场集会上大声疾呼："屠杀人民之人必死！革命万岁！"在他主管的报纸中，他写道："人民的声音是战吼。那些屠杀者心里明白，他们也有可能遭到屠杀。"[6]

当 1914 年第一次世界大战在欧洲打响时，社会党人出言谴责，直斥这场战争的幕后黑手是好战的帝国主义分子和资本家，他们乐于将无产阶级视作炮灰。全世界的工人要联合起来，不要以天主之

名或国家之名相互屠杀。可是在战争爆发两个月后，墨索里尼发表的一篇文章却令他的同仁大吃一惊，他竟然质问意大利保持中立是否明智。党内分子认为意大利应该袖手旁观，任由欧洲战火纷飞，墨索里尼对此非常愤慨，因为和平主义并非他的风格。我们并不清 22
楚墨索里尼是否自觉能够说服社会党同仁跟从他的领导。如果他真的这么认为，那么很快就会发现自己大错特错：不到一个月，他不仅被逐出《前进！》，还被社会党除了名。

在接下来的几年里，这位曾经的社会党领导者摇身一变，成为社会党最大的敌人，这其中的变故在他过去的同仁眼里完全无法解释，简直就是一种背叛。他保留了革命思想中对议会民主的鄙夷，深信暴力运动具有无比强大的潜能，然而他摒弃了马克思主义意识形态的其他内容。他意识到，第一次世界大战尾声的混乱留出了一大片空白，而他将填补这片空白。他始终都把自己摆在首要的位置，始终相信自己有能力攀上权力的巅峰。如今他开始看到一条新的通衢，能够令他实现这些梦想。

四年前，也就是 1910 年，墨索里尼同故乡的恋人同时也是未来的妻子雷切尔·圭迪生下了长女埃达。他们当时仍然待在弗利，公寓只有两个房间，而且到处都是跳蚤。贝尼托早年的爱情生活便是如此惨淡，但关于雷切尔并非埃达生母的谣言却流传了几十年。埃达后来恼火地写道，谣言说她真正的母亲应该是安杰莉卡·巴拉巴诺夫（Angelica Balabanoff，一位俄国犹太社会党人，后来担任共产国际的秘书），她当时就在意大利，乃是墨索里尼的情妇和他政治决策的良师益友。“我非常了解我的母亲，”埃达在她的回忆录里写道，“我很清楚如果我是巴拉巴诺夫的女儿的话，那她连五分钟都忍受不了我。”[7]

雷切尔生于一个贫寒的农家，第一次邂逅贝尼托时还只有七岁，而当时的贝尼托代替母亲成了当地的小学老师。雷切尔没有正经读过书，况且她父亲在她八岁时就过世了，因此她很快就被送到弗利，干起了女佣的行当。尽管她后来极具母仪，但年轻时的她金发蓝眼、小巧纤细，具有非常迷人的气质。

雷切尔以为埃达是墨索里尼的第一个孩子，可早在埃达出生的几个月前，一位咖啡馆侍女就替他诞下了一个名叫贝尼托的男婴。这个小贝尼托很小就夭折了，但除此之外墨索里尼还有其他私生子，其中就至少包括另一个小贝尼托。[8] 墨索里尼风流韵事缠身，怎么 23
还有时间兼顾他的新闻和政治生涯呢，任何人这么想都不奇怪，而他的那些女人多半也是这么想的。1913 年，他和几年前邂逅的另一位俄国犹太人生下一名婴儿，尽管他从来没有承认过那是自己的子嗣。[9] 同一年，谁也没想到，他竟然对莱达 · 拉法内利（Leda Rafanelli）着了迷：拉法内利时年三十二岁，是米兰一位挺出名的无政府主义作家，几年前在埃及住了几个月，因此皈依了伊斯兰教，这令她颇有些与众不同。贝尼托常常溜出办公室，拜访拉法内利那间烟熏雾绕的公寓。他们的幽会一直持续到 1914 年秋。几十年后，已是一位老妇的拉法内利，把年轻的墨索里尼在那几个热烈的月份里写给她的四十封情书出版成册。[10]

1915 年 11 月，第二位小贝尼托诞生了，生母是墨索里尼的另一位情妇伊达 · 达尔塞（Ida Dalser），她对墨索里尼怀有深深的崇拜之情。达尔塞越来越坚持自己才是墨索里尼真正的妻子，也许墨索里尼就是为了回绝她，才同雷切尔结婚的。这场世俗婚礼在小贝尼托（Benito Dalser）诞生一个月后就匆匆举行，尽管墨索里尼当时身体不适，还住在伤寒病房里。当他拒绝给达尔塞回信时，她通过法院命令扣押了他的全部家具。她于愤恨中将他为数不多的桌椅收拢在她的酒店房间里，并将它们付之一炬。[11]

早在 1914 年 11 月，当刚刚被撤去《前进！》的主编职务时，他宣布要创办自己的报纸《意大利人民报》。[12] 这份报纸最先从意大利工业党手中得到资助，这些人想要发意大利的战争财，从此以后的三十年里，它便一直是墨索里尼手中的喉舌。[13]

在他创办报纸的同时，墨索里尼还拉扯出一个名叫“革命运动法西斯”（Fasci d’azione rivoluzionaria）的组织，他称这个组织是“颠覆分子的自由联盟”，他们支持意大利参战，并且呼吁推翻君主制。[14]1915 年 1 月这个组织举行了第一次会议，此时离意大利参战并加入英法阵营还有四个月。很快，墨索里尼就被征召入伍，并被派往意大利东北部的山区前线。1917 年 2 月 23 日，他的军旅生涯 24
提前结束，因为他试射迫击炮时，引发炮管爆炸，炸死了五位战友，而他自己也被弹片打伤。虽然经过手术，或许正是因为手术，他的伤口发生感染，进而发起了高烧，不过他活了下来，返回米兰，他最重要的情人和从政密友正在那里等候他归来。

1880 年，玛格丽塔 · 萨尔法蒂生于威尼斯一户富裕的犹太家庭，并在家里跟从家庭教师学习知识。十四岁时，她已经掌握了法语、德语和英语。她阅读哲学著作，背诵雪莱的诗歌，研习艺术批评，并且培养出对文学的爱好。她有一双绿色的眼眸，一头赭红色的头发，模样十分迷人；十八岁时，她嫁给了一位大她十四岁的犹太律师。

这对新婚夫妇很快迁至米兰，玛格丽塔被社会党理念所吸引，开始为该党报纸撰写文化文章。当墨索里尼于 1912 年末抵达米兰时，他邂逅了玛格丽塔。她立即被他的双眼摄住心魂。那双大大的眼睛非常明亮，在他演说时似乎更显热忱。当她后来有机会观摩他组织社会党集会时，他凭借精炼辩才吸引听众的才能更令她叹为观止。在她心里，墨索里尼就是一位旧时的传奇英雄，身穿锈迹斑斑、凹凸不平的铠甲，一次又一次将宫廷里衣着光鲜的骑士刺翻于马下。他还令她联想起 15 世纪的道明会修士萨伏那洛拉（Savonarola）。墨索里尼和这位昂扬的修士一样，“眼睛里闪烁着奇异、狂热的光彩，鼻子划出一道孤傲的曲线”。[15]

他们在 1913 年开始交往。当墨索里尼在 1917 年卸下戎装、返回米兰时，他们变得如胶似漆，不肯分离。[16] 1918 年 11 月，贝尼托的姐姐埃德维杰来到米兰参加停战庆祝仪式，惊讶地发现弟弟已经将髭须给剃掉了。他身穿高档西装，翻着洁白无瑕的高领，甚至在西装的翻领上别了一朵鲜花。她思忖，他这样衣冠楚楚，肯定是陷入爱河了。[17]

不过墨索里尼爱情生活的大背景，却是意大利战后残酷的动荡年代。在几个北方城市，工人们占领了工厂。近来的俄国革命牵动
人心，向全世界倡议推翻“资本主义”民主政权，到处都在讨论要 25
建立工人阶级的国家。在意大利乡村，左翼农民社团发起罢工。那些习惯对农民颐指气使的地主，发现自己只能负隅顽抗。数十万退伍军人没法找到工作。政府财政危急，并且因为政治争端和个人不和而陷入了瘫痪。社会党人正在这个国家广大的北部地区组建国中国，取代地方市政府，建立工人合作社，从西北部阿尔卑斯山脚一直延伸到东边的亚得里亚海。

墨索里尼在返乡的退伍军人里找到了天然的拥趸，他们有激昂的民族主义情绪，觉得国家亏欠自己，不愿意抛弃从军队里收获的战友情谊，墨索里尼将这些特性统统利用起来。他把矛头指向了发战争财的人、鼓吹失败主义的人、无能的将军以及腐败的政客，这一罪人的名单令人醍醐灌顶。1919 年 3 月 23 日，他召集了法西斯运动的第一场会议。

罗马教会跟其他机构一样，是法西斯党早期的攻击目标。墨索里尼呼吁没收教会财产，呼吁国家停止给教会发放补贴。1919 年 11 月，他在《意大利人民报》上发表文章，戏邀教宗离开罗马，一个月后，他又表达了对各类基督教的厌恶之情。[18]

同一个月，法西斯党人第一次获得了竞选国会议员的机会，结果却是自取其辱。[19] 在米兰，他们只争取了不到 2% 的选票，没能让任何党员当选。在全国范围，他们最终只选上了一位议员。[20]

尽管运动暂时还没有得到很多选票，但墨索里尼吸引到了警方的极大关注。在选举不久前，官方为他准备了一份机密档案，将其描绘作一个仪表堂堂却患有梅毒的人。梅毒在当时是一种常见疾病，

考虑到他为数众多的性伴侣，这一描述并不令我们感到奇怪。直到他去世，人们一直都对此窃窃私语，有的人认为正是梅毒导致他后 26 期智力下降。不过他的尸检报告显示他没有染上过这种疾病。

墨索里尼每天很晚起床，临近中午才出发前往报社，但每天要直到午夜之后才会回家。警察还描述道，墨索里尼情感丰富、性格冲动，他感性的一面解释了为什么那么多人都觉得他魅力非凡。他天资聪颖、足智多谋，看人的眼光非常独到，能够利用他人的弱点。他是一个良好的组织者，能够迅速做出决定，忠于盟友，对那些轻视自己的人怀恨在心。他并不遵奉任何信念，随时准备抛弃过时的想法，拥抱时新的观念。最重要的是，他极具野心，深信自己命中注定要改变意大利的未来。[21]

到 1920 年初，墨索里尼已经基本上将他过去大力鼓吹的社会主义意识形态摒弃掉了。他意识到，要想走上成功的道路，必须把握时机，利用好这个国家目前混乱的状况，于是他改头换面，转而支持法律、秩序以及民族自豪感。

1920 年春，社会党联会在波河河谷举行了一次农业罢工。当政府完全不作为也不出手调停的时候，地主转向了法西斯党。秋天，武装法西斯团伙穿着标志性的黑衫袭击了社会党劳工会以及其他左翼目标。现代意大利从未耳闻目睹过此等事件。墨索里尼对这些法西斯暴徒组织的管理方式非常松散，他并不直接出手组织行动，而是让地方法西斯头目来替他操办肮脏的事情。11 月 21 日，当新近当选的社会党市政府在博洛尼亚宣誓就职时，法西斯团伙攻入了市政大厅。十人在争斗中丧生，而国家政府也延后了新一届市政府的上台。随着法西斯团伙对左翼市政府、社会党总部以及工会大厅发起进攻，暴力不断地蔓延开来。

墨索里尼名下的这场新运动几乎没有组织结构可言，而且随着地方法西斯头目开始确立各自的大本营，每人控制住一座城市，墨索里尼也在尽力控制这些好斗的徒子徒孙。他面前的战役是要将一系列没有规矩、基于地方的暴力封地转变成一个遍及全国、自上而下、运作良好的政治组织，而这场战役将要耗费他余下几年的时间。[22] 27

* * * * *

由于政府已经瘫痪，国王解散了旧议会，并且安排在 1921 年 5 月 15 日进行新一轮选举，它离上一轮仅仅隔了一年半。法西斯暴力的狂欢裹挟着竞选活动，吞没了意大利北部和中部区域以及南部零散的几个地区。这些团伙如今配备了农场地主提供给他们的卡车，他们烧毁社会党俱乐部和工会大厅，并且攻击社会党领导人。[23]

在 1921 年议会选举前的五周里，共有一百人遇害，数百人受伤。然而社会党人保住了他们绝大多数席位，当选一百二十二席，此外还要算上共产党的十六席，他们原先是社会党的一个派系，年初刚刚从社会党分裂出去。法西斯党的另一攻击对象，即天主教人民党，获得了一百零七席。墨索里尼及其法西斯党人则和守旧的精英阶层结成同盟，其中最显赫的莫过于当时的总理乔瓦尼·乔利蒂（Giovanni Giolitti），他把法西斯党人看作是一根大棒，用来控制社会党人，与他们相互制衡。他们赢得了多数席位，一共当选二百七十五席，其中包括法西斯党的三十五席。[24]

新一届议会的第一次会议刚刚开幕，墨索里尼便起身发表演讲，它将被与会众人铭记在心间。他说道，全世界数亿天主教徒都将罗马视为精神家园，这一力量的源泉是意大利所不能忽视的。他的一番宣誓令那些了解他的人大为震惊，他表示法西斯党将会为恢复基督教社会而贡献一份力量。它会建设一个适合天主教民族的天主教国度。[25]

墨索里尼出人意料地转投教会怀抱，可他事先并未同梵蒂冈高层有过任何接触。如果他要将自己塑造成这个国家最有希望扫清社会党的人选，那么天主教人民党就是他面前的主要障碍。想要让教宗抛弃人民党，他必须要向教宗证明，他能给教会提供的帮助是人民党无法匹敌的。11 月，法西斯运动正式转变成法西斯政党，并且 28
采取了一套全新的方针。没收教会财产、实行政教分离的口号从此一去不复返。[26]

为了获取梵蒂冈的支持，墨索里尼既准备了胡萝卜（结束自由民主政权，建立天主教专制国家），也准备了大棒。他确确实实有一根大棒，即黑衫军手中飞扬跋扈、令人闻风丧胆的木棍（manganello）。在法西斯党人眼里，人民党是天主教体系的一部分，这一庞大的网络遍布乡村，可以阻碍他们的行动。而在地方层面，教会方面的绊脚石还包括公教进行会团体（这些天主教平信徒团体在教士的监督下进行宗教活动）以及各种天主教福利会。所有这些团体，在残忍的黑衫军眼里都是夜袭的狩猎对象。

1922 年 3 月，意大利北部曼托瓦（Mantua）地区的神父给政府当局发去一封抗议信，谴责法西斯党人殴打当地神父和公教进行会成员。4 月，博洛尼亚的法西斯党人袭击了人民党的两位市议员。刚刚担任教宗才几个月的拉蒂，听闻家乡布里安扎的公教进行会总部被法西斯恶棍劫掠，感到尤为震怒。[27] 由此在 5 月，《公教文明》（这份设在罗马的耶稣会刊物刊登过许多披露法西斯暴力的文章）报道了一起法西斯暴力事件：一天晚上，在阿雷佐（Arezzo）的天主教青年会会议结束后，一帮年轻人起身打算离开，一队法西斯分子现身用棍棒和皮鞭对他们施以殴打。在接下来的几个月里，梵蒂冈日报《罗马观察报》将连篇累牍地刊登类似新闻，均是法西斯党人对人民党活动分子、地方天主教会以及神父的肆意攻击。然而所有报道均未提及墨索里尼，深谋远虑的他刻意在公众场合同暴力行动保持距离。[28]

在充当法西斯大棒和威慑教会方面，没有人比罗伯托·法里纳奇（Roberto Farinacci）更称职。他出身中产阶级下层，曾经是一位社会党人，也是一位年轻的退伍军人，现在担任意大利北部城市克雷莫纳（Cremona）的法西斯头目，正是这些人主导了早期的法西斯运动。人们称他是“最法西斯的法西斯党人”，而法里纳奇欣然接受了这一头衔，他随身携带手枪，用皮带绑在裤腿里面。他不仅体现了法西斯运动的躁动、暴力、褊狭和独裁，还表现出它反教会的本质。后来，当墨索里尼需要约束梵蒂冈时，他就倚仗法里纳奇。同时，墨索里尼传达的信息也非常明确：在这个国家，只有他能够将法里纳奇这等反教会暴力分子牢牢控制住。[29] 29

肆虐的法西斯团体放火烧了社会党的地方总部，殴打其领导人，而警察却坐视不管，于是社会党人决定采取行动。7 月 29 日，他们发起了一场全国性质的罢工，以此要挟政府，如果不阻止暴力的蔓延，他们就不回到工作岗位上去。然而这场罢工却自食其果。法西斯团体烧毁了工会大厅，强迫工人们返回到工作岗位上去。8 月 3 日，黑衫军占领了米兰的市政大厅。墨索里尼宣称，只有法西斯党能够帮助意大利避免重蹈俄国的覆辙。[30]

由于国家骚乱四起、政府陷入瘫痪，警察和军队系统开始向法西斯党人抛出橄榄枝，而新任教宗和他最亲密的顾问开始怀疑，如果他们反对墨索里尼的改革运动，可能并非明智之举。庇护十一世其实从不认可人民党，尽管它在本笃的降福下组建起来，却骄傲地公开宣称自己是个独立政党，并没有受到梵蒂冈的控制。此外，无论是从意识形态还是从性格方面来说，庇护十一世都对议会政府没有任何热情。他相信意大利需要由一个强人来引领，这位强人能够摒除多党议政的杂音。如果墨索里尼能够保证恢复教会在意大利的影响力，那么他就不会揪着墨索里尼反教会的黑历史不放。除了这份审慎的愿景，教宗心中其实还藏着一份恐惧：如果他反对法西斯党，并让教会支持人民党，那么一旦墨索里尼上台，他是否有可能施行恐怖统治，放任法西斯党的反教会分子和教会作对？教宗担心墨索里尼身后还有许许多多法里纳奇。教宗从来不曾抱有幻想，他不认为墨索里尼会认同天主教的价值观，也不认为他会关心任何与他的大权独揽无关的事情，不过只要墨索里尼能够兑现他的承诺，那么教宗就愿意考虑和他签订一项务实的协议。[31]

1922 年 10 月 2 日，梵蒂冈国务卿加斯帕里枢机向意大利所有 30
主教发出一份通知，告知他们神职人员不得与任何政党有瓜葛。随着法西斯党一步步铺平通往权力的道路，教宗开始让教会疏远天主教政党。

也就是在 10 月份，意大利发生了一起重大的历史事件。10 月 16 日，墨索里尼召开会议，同法西斯黑衫军头目进行协商，最终确定了暴动的计划。黑衫军将占领大城市的政府大楼，而其他法西斯部队则会在不同的地点集结起来，分别进军罗马，意在夺取中央政府的各个部门。

作为意大利政府的未来领导人，墨索里尼此时藏在一个安全的地方，不仅能够跟进来自全国各地的报告，还能在罗马沦陷后大张旗鼓地进城。四位法西斯领导人（他们注定要成为法西斯神话的“四人组”）：切萨雷·德·维基、伊塔洛·巴尔博、米凯莱·比昂基（Michele Bianchi）、埃米利奥·德·博诺（Emilio De Bono）负责带领部队进军首都。其他法西斯头领将回到各自的城市，组织暴动，占领当 31
地的政府大楼。

法西斯暴乱四起之时，墨索里尼究竟身在何处，做些什么，这两个问题始终存在争议。在法西斯官方公布的版本中，10 月 27 日当晚，他同妻子在米兰歌剧院观摩演出，给当局造成假象，让他们误以为自身处境尚且安全。在另一个稍许不同的版本里，陪伴墨索里尼现身歌剧院的并非雷切尔，而是萨尔法蒂。在另一个不那么光彩的版本里，墨索里尼躲藏在萨尔法蒂位于科莫湖的避暑别墅里，一旦暴动失败，他就准备穿越邻近的瑞士边境，抵达安全的场所。[32]

如果说墨索里尼在当时有点分心旁骛的话，那么这一状况是可以得到谅解的，因为仅仅在一周前，他又多了一个女儿，名唤埃莱娜（Elena Curti）。他与埃莱娜的母亲安杰拉·库尔蒂·库奇亚蒂

墨索里尼和法西斯四人组，那不勒斯，1922 年 10 月 24 日
前排从左到右：埃米利奥 · 德 · 博诺、米凯莱 · 比昂基、伊塔洛 · 巴尔博、贝尼托 · 墨索里尼、切萨雷 · 德 · 维基

（Angela Curti Cucciati）的风流韵事始于一年前，尽管当时他也正和玛格丽塔 · 萨尔法蒂打得火热。埃莱娜深受墨索里尼的疼爱，这令她在其私生子女中鹤立鸡群。多年以后，当墨索里尼迎来悲惨的结局时，埃莱娜将会陪伴在他的身边。[33]

无论他当时是否担心降生不久的女儿，墨索里尼确实在进军罗马的紧要关头，对这场军事行动产生了疑虑，因为他意识到，一旦意大利军队受命狙击这帮由流氓恶棍组成的乌合之众，那么他们将不堪一击。就在几周前，意大利的一位最高将领就曾自信满满地预测说，只要军队一声枪响，“一切的法西斯都将土崩瓦解”。[34]

有可能是玛格丽塔 · 萨尔法蒂打消了墨索里尼的疑虑。传言说她曾告诉墨索里尼，“要么进军，要么坐以待毙”。无论如何，现在放弃都已经为时过晚。法西斯部队已经在意大利北部和中部的城市里展开行动。[35]

尽管后来法西斯党煞费苦心地把 10 月 28 日的“进军罗马事件”打造成一个神话，然而前一夜里对地方政府的进攻，在局势上其实具有更加重要的地位。佩鲁贾省（Perugia）省督已经向法西斯部队屈膝投降。法里纳奇的部队切断了克雷莫纳的供电线路，占领了警察局、市政府以及其他战略要地。[36] 在其他地区，法西斯黑衫军占 32
领阵地，包围了警局总部、火车站以及通讯中心。意大利军人和黑衫军形成对峙，却没有向他们开火，这些军人等候着来自罗马的军令。

抵达罗马外围的法西斯部队不超过两万六千人，他们装备着老式军用步枪，有些人甚至只配备了棍棒，而且此时已经被瓢泼大雨浇得心灰意冷。法西斯党后来宣称他们集结了三十万人。对抗这些法西斯暴徒的是两万八千名意大利军人，他们的机关枪和装甲车都已经准备就绪。

总理路易吉 · 法克塔（Luigi Facta）意识到只有军事行动才能阻止这群法西斯暴徒，于是他起草了一份紧急状态公告。全国上下的军队将收到指令，驱散黑衫军，逮捕法西斯领导人。28 日上午 6 点，法克塔紧急召开内阁会议，提出了这项军事命令。在得到各位部长的一致通过后，各省省督将在上午 7 点 45 分接到通知，国家即将进入紧急状态。上午 8 点 30 分，通告紧急状态的海报已经贴上了罗马的城墙。法克塔在接近 9 点时赶到奎里纳尔宫，将命令呈给国王让他签字。然而维托里奥 · 埃马努埃莱三世却拒绝签字。法克塔惊呆了。他们刚刚在前一天讨论过应对措施，而国王当时似乎下定决心要保卫罗马，抵御法西斯党的进攻。[37]

国王是个性情古怪的人物。他的祖父维托里奥 · 埃马努埃莱二世是他名号的源头，这位现代意大利的开国元勋名声卓著。他的撒丁王国部队协助法国人在北方击败了奥地利人，又在意大利半岛中部击溃了保卫教宗国的军队。由于夺走了教宗的领土，这位意大利国父被逐出教会。他的儿子翁贝托一世在 1900 年遇刺，凶手是来自新泽西的意裔美籍无政府主义者，这使得维托里奥 · 埃马努埃莱三世年仅三十岁便登上了王座。他矮小的身材总是受人嘲弄，这位一把大胡子的君主身高只有五英尺多一点*，他从来都觉得自己的王位并不安稳。博学聪颖的他厌恶同政党和议会打交道。他对教宗和梵蒂冈也没有任何好感可言。他认为神职人员最应该服侍的对象是 33
国王。这座都城明明就是他的，竟然有另一个人宣称罗马为其所有，这番滋味令国王感到深深厌恶。

正如美国记者安妮·麦考密克（Anne McCormick）所言，国王是整个意大利最懂得韬光养晦的人，他回避一切媒体宣传和曝光，不干涉政府的运作，只有在别无选择时才会在公众场合露面。必须有他到场的议会开幕式是少数几个他在罗马露面的场合。麦考密克便是通过这样的契机在1921年见到了他。他乘坐着水晶战车，前头是几匹披挂着珠宝马具的白马，还有一群喇叭手开道。他进入议会大厅落座后，“被巨大的王座衬得特别矮小……而当他踢开红丝绒脚凳时……他简直就像一个闷闷不乐的男孩在一张过于庞大的椅子上晃荡着双腿”。[38]

国王有着很强烈的责任感，可又十分谨慎、忧虑重重。当他在10月28日上午审视自己手头的选项时，他担心同法西斯分子作战会令杀戮愈演愈烈。他心里明白，自己的声望是靠不住的，因为他既没有不可一世的自信，令臣民对他敬畏有加，也没有仁慈温暖的一面，令臣民对他抱有好感。作为一个彻头彻尾的悲观主义者，他还担心军队的忠诚也靠不住。他认为，与其跟墨索里尼在罗马城外鏖战，不如让他进驻政府，恐怕还更为谨慎一些。经历过多年社会动荡的军队高层以及各个产业的领头人物里，已经有很多人开始认为，墨索里尼最有可能终结社会党人的威胁，恢复意大利的社会秩序。[39]

不堪羞辱的法克塔辞去了总理职务。国王先是试图将政府首脑的职务托付给一位保守派前总理，并将几个内阁职务分配给墨索里

---

* 五英尺相当于1.524米。

尼及其法西斯同仁，然而法西斯部队已经占领了意大利中部和北部绝大多数战略要地，况且国王还决定不启用军队，于是墨索里尼毫不犹豫地回绝了这项提议。国王别无选择，只好向墨索里尼屈服。最终他邀请这位法西斯领导人莅临罗马，组建新一届政府。

墨索里尼搭乘火车从米兰南下，于 30 日的上午步下卧铺车厢， 34
来到了首都。他穿着黑色衬衫来到皇宫，据说他告诉国王："陛下，我从战场赶来，幸而滴血不沾。" 直到领导人抵达罗马，那些又湿又乏的黑衫军才被允许入城。他们昂首阔步地走过街道，一路高歌庆祝，时或洗劫道旁出现的社会党总部。

在接下来的几天里，墨索里尼组建了内阁，将最重要的两个职务（管辖省督和警察系统的内务部部长以及外交部部长）留给了自己。内阁包含两名人民党人士、三名法西斯党人士以及一批老自由党精英分子。自他将内阁方案呈递给国王起，他们两人便开启了一段长达二十多年的复杂关系。温文尔雅的国王看似跟这位暴力的拥趸，这位自称"缺乏社会教养"[40] 的法西斯领导人没有多少共同点，况且这位鼓动暴民的铁匠之子多年以来都鼓吹推翻君主制，这也令国王感到极度不安。然而，墨索里尼的魄力、他结束国家混乱无序的能力、绝不收受贿赂以及复兴意大利的梦想，却渐渐地令国王对他生出一份敬佩之情。[41]

担任总理后，墨索里尼最先做出的几项举措里，有一项是带领内阁成员到罗马维托里奥纪念碑的无名战士祭坛参加弥撒。在那里，他命令所有人跪下做一分钟的祷告。梵蒂冈国务卿加斯帕里讥讽道，对其中许多人来说，这一分钟"必定无比漫长"。墨索里尼迫切地想要向教宗证明，他将积极地恢复教会的特权。"墨索里尼想要告诉我们，他是一个虔诚的天主教徒"，加斯帕里向比利时大使解释道。[42]

11 月中旬，墨索里尼在众议院接受了信任投票。尽管当时的众议院只有三十五名法西斯代表，然而却有三百一十六名议员给他投了信任票。前总理乔瓦尼 · 乔利蒂以及政府其他成员仍旧相信，他

贝尼托 · 墨索里尼，新任意大利总理，1922 年 11 月

们可以一边利用墨索里尼摧毁社会党的势力，一边又将最终的控制 35
权牢牢掌握在自己手里。人民党成员也投了信任票，尽管有许多人是不情不愿的。这便是墨索里尼掌权的经过，自由选举产生的议会用合法的投票程序将他送上了意大利权力的巅峰。

他呈现给众人的形象多少有些古怪，散发出强大的能量。尽管他后来喜欢在相机前显露他厚实的胸膛——要么是站在一个高高的平台上，要么是跨坐在马匹上，要么手里握着一把锄头，不过现在的他胸膛还没有变得那么厚实。他的发际线已经后退，露出了大片额头，他将稀疏的头发都往后梳理；他的髭须早已不见，鬓角剪得干干净净，从太阳穴到耳朵上方修成了一条直线。但是最令旁人印象深刻的，是他超凡的生气和那双锐利的眼睛。

在担任政府首脑的最初几个月里，墨索里尼穿着一件黑色短西 36
服，一条紧身裤，膝盖正下方有一道深深的折痕。“他肯定是个穷鬼，”总理府基吉宫的一位门房评论道，“都没有专人给他熨裤子。”他跟那些自由党精英出身的前政府首脑（这些远为年长、胡须灰白的绅士身穿剪裁讲究的深色西服，过着考究精致的生活）有着鸿沟一般的差距。“墨索里尼是个不同寻常的总理，”他的长期助理昆托·纳瓦拉（Quinto Navarra）回忆道，“你会以为面前站着的是一位流浪汉，一位袖管沾着墨渍、鞋跟已然磨平的记者。”[43]

前总理安东尼奥·萨兰德拉（Antonio Salandra）如是评价墨索里尼的神秘形象：亲切与粗俗的怪异混杂；诚挚地表露出高贵情操后，紧跟着便是报复仇杀的卑劣本能；直率而又乖张；坚持己见又善于改变路线；口才惊人，效果斐然，还引经据典，结果又用底层的粗俗话语吐出一番放肆无知的言论。然而最令这位前总理印象深刻的，同时也是在他眼里墨索里尼的首要动机，是后者对个人崇拜全心全意的追求。他展现了超出常人的能量和钢铁般的意志，而且出于直觉地弥补自身在运作政府上的经验不足。他犹如“一股来自大自然的无穷力量”。[44]

成为总理不久后，墨索里尼出席了西班牙皇室的官方接待仪式，他自己其实很讨厌这种场合。像往常一样，他到场时脸上留着两天没刮的胡须，维托里奥·埃马努埃莱的妻子海伦王后（Queen Helen）非常注重仪表，因此对他怒目而视。此后，她还将多次注意到，墨索里尼在很多场合都不修边幅。而墨索里尼本人也从来都适应不了上层阶级每天洗澡的习惯，于是他频繁地喷洒廉价香水，过犹不及地弥补自己差劲的卫生习惯。

任职之初他也参加了许多外交宴会，其中有一场安排在英国大
使馆，他赴宴前参考了鲁索男爵（Baron Russo）的意见，这位总 37

理助理乃是上届政府的旧人。

“非常简单，阁下，”男爵解释道，“您只需坐在英国大使夫人边上。留心观察她的每一个举动。跟她使用相同的汤勺、相同的餐刀和相同的叉子。无论她做什么，你照做即可。”

墨索里尼到达大使馆的礼堂时，立即成了众人的焦点，可他感到十分拘束。他的怒容和鼓起的双眼在法西斯集会前具有极佳的效果，可是一对上这些身着燕尾服的外交官，它们的效用就大打折扣。这场晚宴的主人是英国大使罗纳德·格雷厄姆爵士（Sir Ronald Graham），他很早就注意到墨索里尼这人有点装模作样。向伦敦汇报他对这位意大利新任总理的第一印象时，格雷厄姆承认自己一开始有些反感墨索里尼，因为他“在姿态和礼仪方面讲究得太过了，简直老套到拿破仑时代去了”。他还详细说道：“他四处走动时，双手抱在胸前，插在外套的翻领下面；他的目光过分凝重；他从来都不笑，整个人好像包裹在一层浓厚的阴郁之中。”[45]

在格雷厄姆的晚宴上，墨索里尼留心观察大使夫人西比尔（Sybil）女士，小心翼翼地吃完了宴席上的八道菜。夫人很快意识到墨索里尼在干什么，因为他运用刀叉的每一个动作都紧紧跟随着她。喝汤时，她举起了小小的汤杯，没有使用手边不计其数的汤匙，墨索里尼吃了一惊，不过他还是原样照做了。

终于要告辞了，墨索里尼向她表示了谢意，而她也将自己提供的帮助隐含带过。

“我只有一件事情比较困惑。”墨索里尼说道。

“那么是什么事情呢？”她问道。

“我从来都不知道，英国人喝汤竟然跟喝啤酒一样。”[46]

* * * * *

当选国会议员还不满一年，被社会党开除党籍已有八年，这位

三十九岁的铁匠之子如今已成为意大利最具权势的人物。在过去的 38
一年里，最具标志性的莫过于令人揪心的暴力事件和令人惊恐的不确定性。对有些人来说，法西斯领导人意味着复归常态的可能性。对其他人来说，他却可能引发另一种社会斗争。在那个时候，谁也无法想象，墨索里尼究竟要将意大利人民带向何方。

第三章

命运攸关的结盟

无论是加斯帕里枢机，还是德·拉伊枢机，如果他们以为能轻易摆布新任教宗，那么都将大失所望。庇护十一世绝不是一个孱弱的教宗。他对秩序的热爱以及对服从权威的深刻直觉，很快就为其统治定下了基调。“他连睡觉的时候都戴着三重冕”，梵蒂冈的一位神父这么开他的玩笑。教宗喜欢说，他的指令“不仅要立即得到执行，而且要比立即更立即”。曾有几位教士恳求他能解除教会法规中的一条禁令，然而他拒不同意。“制定法规就是为了让人服从”，他这么告诉他们。早在拉蒂还是米兰的图书馆馆长时，法国高级教士欧仁·蒂斯朗（Eugène Tisserant）便和他结识了，蒂斯朗发现拉蒂前后简直判若两人。他们曾经十分亲密，蒂斯朗见过拉蒂亲切可人的一面。1918 年，在法国军队任职的蒂斯朗休假出游，来到梵蒂冈图书馆拜访拉蒂，拉蒂将他带到本笃十五世面前，介绍道：“圣父，这位是我部署在军队的专员。”可如今，他已不再是曾经的他。他“已经被身上全新的使命彻底淹没”，蒂斯朗评论道，“这使得他在我们眼里显得特别遥远”。[1] 39

当选两周后，新任教宗请来各国驻圣座大使，在这场会谈中，

教宗第一次表现出对尊卑礼仪的重视。当大使、代表以及众多助手 40
抵达时，他们发现圣彼得宝座远远地坐落于宽阔大厅的另一头，宝座前只摆放了六张椅子。只有那些具有完全外交身份的大使才被允许落座；其他所有人都只能站着。[2]

拉蒂对教宗宝座的尊严感，甚至强烈到把自己的家庭成员都疏远了。当谦逊的庇护十世在1903年成为教宗时，他将两位未婚的姐姐接到罗马，安置在圣彼得广场一爿商店上方的小公寓里。她们常常拜访他，一同谈天、饮酒，念诵玫瑰经。拉蒂也曾和他的胞亲十分亲密，可如今他已经贵为教宗，他们必须先跟他的秘书预约见面时间，并在接待室里耐心等候，才能见到拉蒂。在这些场合下，他还坚持让哥哥们称呼他为“圣父”或者“教宗陛下”。而且他还明确地告诉他们，自己不想要频繁地接见他们，因为他已是一个更大家庭的圣父，这些人都需要他的关注。多年以后，当教宗身患绝症躺在病榻上，他的姐姐恳求去他的床边陪侍，却被拉蒂拒绝了。[3]

拉蒂信守承诺，将加斯帕里任命为国务卿，令狂热派十分愤怒，然而教会的现代派并不抱持乐观态度。事实上，他选择了一个纪念庇护九世和庇护十世的名号，这本身便是不祥之兆。罗马的一位评论员写道，在一个国际态势如此紧张的年代，教会需要一个能够审时度势的领袖，而不是“一个极端保守，将一生都奉献给古文书，几十年来只知道躲在安波罗修和梵蒂冈阅览室里的人”。英国驻梵蒂冈大使也对拉蒂印象不佳。他写道，新任教宗给人的印象就像一个迂腐的老学究：“只需将他的小瓜帽和教士袍替换成中世纪的四角帽和长袍，马上就会变成维多利亚时代校园故事里的校长。”大使还补充道，教宗为人非常诚恳，此话不假，但他好像把所有的平信徒都当作需要教导的孩子，而不是他也能够虚心向其学习的人。
革命正时时威胁着欧洲，而意大利旧日的秩序已岌岌可危，这个人 41
真的有办法应对前路上的挑战吗？[4]

新任教宗为了把自己信任的人布置在周围，于是把他担任米兰大主教时任用的助手都召到了罗马。他还指定泰奥多林达·班菲（Teodolinda Banfi，或者简称作林达）打理他的房间，替他做饭：她已经照顾他三十六年，在此之前还服侍他母亲十四年。[5] 他还将年轻的米兰教士卡洛·孔法洛涅里（Carlo Confalonieri）调到罗马，担任他的私人秘书。除他以外还有其他几位米兰时期的助手，包括迭戈·韦尼尼（Diego Venini）以及姓氏特别不相称的乔瓦尼·马尔韦斯蒂蒂（Giovanni Malvestiti，该姓氏的字面意义是“衣衫破烂”），他们负责教宗的衣着仪表。[6] 尽管拉蒂吃得很简单，但他偏好林达的厨艺。1926 年，当他决定林达退休的时候，他告诉接替她的德国方济会修士：“尽管我不想多说，但我还是得提醒你，可以有德国人的精确、德国人的沉默，但不能有德国人的菜肴。” [7]

每天早上 6 点，闹钟会将他叫醒。在做完最早的祷告之后，他会在私人的礼拜堂里做弥撒，然后吃一顿清淡的早餐。他位于四楼 [8] 的公寓一共有三个房间，位于 U 型使徒宫的左翼，整栋楼包裹着圣达马索庭院。居于贝尼尼设计的柱廊之上，这座公寓可以将圣彼得广场纳入眼底。拉蒂的卧室十分简洁，和普通乡村神父的卧室无甚区别，只有一张黄铜床、一个老式五斗柜，上面盖着白色的桌布，墙上挂着他父母、他哥哥的照片以及一些宗教画。

早餐之后，教宗会下一层楼来到他的办公室（或者用他的话来说，是他的“书房”），开始阅读每天的书信，以及意大利、德国、法国、英国和美国的报纸。这间办公室十分宽敞，家具倒是很少，地板上只铺了一张不大的地毯，压在他的办公桌下面。墙上挂着几幅古老的画作。教宗坐在一张路易十五风格的华丽座椅上，书桌上摆放着成堆的图书和一个大十字架，还有指南针和气压计，诉说着他对阿尔卑斯登山往事的怀念。他背后的三扇窗户对着圣彼得广场，白天
时会把窗帘拉开，好让阳光进来。拜访者进来时，会在书桌后面看 42
到一个背靠阳光的白色身影。他的书桌前摆着三张座椅。办公室里具有教宗个人风格的东西并不多，其中一件便是阅览架，上面总是

书桌前的庇护十一世，1922 年

打开着一本他喜欢的书。[9]

庇护十一世每天上午 9 点开始例行的会面，通常先会见他的国务卿。拜访者进入办公室时，总会屈膝跪地，其实很多人进来的时候，膝盖已经开始颤抖了，既因为教宗威权的本质，他庄严的举止，
也因为教宗坚持要求自己的命令得到百分之百的服从，所以他的访 43
客很少能感到轻松自在。这些访客站起身，向前走几步，再次行礼，向前再走最后两步，然后第三次行跪拜礼。由于办公室的狭窄以及访客的紧张程度，他们有时候会弄错礼节。名列最高等级枢机的路易吉 · 辛塞罗（Luigi Sincero）评论道，准备晋见教宗就好比学生准备考试。其他高级教士也承认自己在穿过教宗的办公室房门时，

会因为紧张而念诵一段祷文。当访客离开时，他们会再度屈膝跪地，将进来时行的三次跪拜礼反着再做一遍。[10]

直到最后一个访客离开（常常要持续到下午 2 点），教宗才会去吃午餐。他喜欢吃米兰风味的调味饭，搭配上藏红花，或者是熟菜肉排，搭配上一碗浓稠的意大利蔬菜汤，然后再吃点水果。除了几杯水之外，他还会再喝半杯葡萄酒。他总是坚持一个人吃饭，大概没有什么别的事情比这更能反映出教宗对于自身威严的重视程度了。无论是庇护十世还是本笃十五世，都会跟助手一起吃饭，或者邀请贵宾同他们一起进餐，然而庇护十一世不允许别人在他面前吃饭，尽管他吃饭的时候总会有助手站在他的身边，为他诵读报告，并记下他的命令。在他当选几周后的一天，疲惫的助手不想要在未来的几年里都只能站着看他吃饭，却又不敢开口请求，于是就偷偷地把小凳子带了进来，放到墙边。当读完报告后，他们就会坐在小凳子上。从餐盘前抬起头的教宗尽管面露惊讶的神色，却没说什么，于是这些凳子就保留了下来。[11]

短暂的午觉后，教宗会在下午 4 点来到外面的庭院，瑞士侍卫队正在那里等候着他，见到他时，他们会屈膝跪地，右手放在贝雷帽上，左手攥着他们的瑞士长戟。[12] 最开始的几周里，有一位马车夫右手举着长鞭，高高地坐在两匹神气的黑马上方。几个月后，马车就换成了教宗的第一辆汽车。短短一程之后，教宗会在梵蒂冈花园里散一个多小时的步，他的双手反握在身后，头顶的小瓜帽上还要再扣上一顶黑色软呢帽。当天气更为凉爽时，他会穿上一件白色的双排扣外套，长度一直盖到他的双足。教宗会一直环绕着公园行走，这种散步可一点都不闲情逸致，它具有很强的目的性，强度正 44
适合这位“登山家教宗”。一位身穿褐色长袍、脖颈处露出硬白领的助手会努力跟住他，通常落在几步之后。

散步结束之后，教宗会花一个小时进行个人祷告，然后才会返回办公室。晚上 6 点或者 7 点，他又要开始新一轮的会面，对象主

在梵蒂冈花园散步的庇护十一世，身后跟随的是卡洛·孔法洛涅里蒙席

要是教廷（即圣座的中央政府）成员。会见完最后一位后，他会同秘书一起念诵玫瑰经，然后在晚上 10 点吃晚餐。他每晚最后一项事务便是返回办公室，取出一本带封皮的巨大登记册。他会把当天 45
收到的所有礼物以及当天产生的所有开销都登记在上面。直到午夜时分，他才上床睡觉。[13]

* * * * *

由于新生事物的周围仍然遍布古代、中世纪和早期现代的建筑，所以那些年月的罗马犹如一锅大杂烩。自从意大利军队在 1870 年

攻占这座城市，整个社会景观已经彻底改变。修道院被改造成政府大楼和学校。北方人蜂拥而至，在新首都谋求政府职务，而贫穷的农民则把全部家当装上牛车，从中部和南部赶来。欣欣向荣的建筑行业以及膨胀的公务员人口，创造了许多工作机会。

尽管教会不再管理这座城市，罗马的每一个街区似乎仍然有一座教堂。身穿黑色教士服的神父，身穿修女服的修女，头顶削发、身穿白袍的道明会修士，身穿深栗色袍的方济会修士，身穿蓝色教士服、腰缠红色腰带的希腊正教神学院学生，以及各色其他修士和神学院学生，在街头熙熙攘攘。教宗宪兵(Papal Gendarmes)头戴“拿破仑”帽，下穿红边纹裤子，混在士兵和警察之间。而奶妈（雇佣她们的都是中产阶级）则怀抱小孩，尽其所能地在拥挤的大街上穿梭。

尽管许多罗马人对新生事物感到好奇（尤其是电车，其轨道在卵石街道上交错往来，还有越来越多的汽车，虽然只能行驶在狭窄、蜿蜒、颠簸的道路上），但是这里遍布的迹象表明，这个国家的国民多半是半文盲的农民。马拉的运酒车从农村驶来，将货物运往城市里繁多的旅店和客栈。较为豪华的食肆外悬挂着广告牌，承诺店里供应高级葡萄酒和高档菜肴。在它们周边，更为普通的店铺则仅仅宣传它们供应面包和面条。果蔬小店遍布路边，被店里摆放的水果和蔬菜渲染出缤纷的色彩，而这种小店同时也是店主的住处。早春时，葡萄般大小的圣女果会从南方运达罗马。果蔬商人巧妙地将 46
胡萝卜、大白萝卜和西兰花摆在门市上。罗马人还习惯在这座城市每天清晨涌现的小市场上采购食品。食品商用橙子、苹果和无花果垒出壮观的金字塔。面条商则将刚做出来的通心粉和细面条成堆地摆放出来。脱了毛的鸡，双爪倒挂在货摊的遮雨棚下。一排排满满当当、闪闪发光的鱼则吸引着那些买得起的顾客。

更庞大的露天市场（他们的货摊靠宽大的伞来遮阳挡雨）则吸引着更多样的顾客。亲王府的管家穿着毛皮大衣，从披着编织围巾的贫苦农妇身边挤过。经过讨价还价之后，妇女将买到的便宜货包进宽大的方格手帕里。花贩将巨大的篮子顶在头上，里面装满了水仙花、含羞草、康乃馨以及紫罗兰。其他商贩则大声吹嘘着他们贩卖的衣物、折叠刀和洋葱，他们把携带的器皿扛在肩头，或者把商品放在托盘上再挂在脖子下面。

小市场中央的桌子边上，时而会出现一名与众不同、衣着精致的人物。他四周的板凳上坐着顾客（主要是些老汉和老妇），等着什么时候轮到自己。他的桌上摆着墨水瓶、几张书写纸以及一张吸墨纸。他帮文盲撰写书信、填写表格。神父们知道哪条街上有商店贩卖教士服饰。神学院学生知道哪里有二手书报摊。游客们倚仗旅行手册，寻找贩卖古董和珠宝的商铺，也不是每一家都卖假货。时而有老妇人在街旁朴素的神龛前停步，对着灰泥墙上褪色的圣母玛利亚像和幼年耶稣像吐露一番祷告。

骡子和驴载着砖块和木桶，头上的挽具挂下红缨，背上则搭着
红布。洗好的衣物挂在晾衣绳上，穿过狭窄的街道上空。补鞋匠敲
打着鞋子，石匠在狭小阴暗的店铺里凿着石块。窗户里的女人高声
叫喊，和下方的商贩讨价还价。她们把钱款装在篮子里，并用绳索
放下去。商贩把钱款换成货物，女人们再把篮子收回去。当灼人的 47
烈日被雨和云遮蔽，罗马就激荡出雨伞的海洋，从清道夫破烂的绿
色雨伞到身穿制服的仆人们撑在城市精英头上闪亮的黑色雨伞，不
一而足。汽车自是不需要雨伞，除它们之外，几乎所有交通工具上
也都撑起一把伞。“马车车夫，疲惫而又颈部塌陷的马匹，还有摇
摇晃晃的马车，就像老蘑菇一样缩在雨伞下面，”20 世纪初的一位
评论员写道，“整个罗马也找不出几处比这更怪的景象了。”[14]

教宗完全看不到这些生活场景，因为他拒绝踏出梵蒂冈的城墙。几十年来，每一任教宗都只能忍辱负重，活在这片狭小的天地里，而包裹住它的正是那个当年抢夺教会领土、极大缩减教宗国政治力量的国度。梵蒂冈城外邻近的区域是一条条破败拥挤的小街小巷，夹在梵蒂冈宫殿和台伯河之间，仍然保留着旧政权的气味、声

音和感觉。只有当游客绕过售卖宗教纪念品的成群小贩，向西穿过拥挤的街道，圣彼得大教堂和贝尼尼柱廊的宏伟景象才会突然显现在眼前。[15]

* * * * *

教宗考虑要支持墨索里尼，这一决定令许多教会人士感到吃惊。最难堪的莫过于《公教文明》的主编恩里科·罗萨神父，直到墨索里尼上台的时候，他还在用这份刊物谴责法西斯主义，认为它是教会最可怕的敌人之一。“进军罗马事件”的几天前，罗萨曾发出警告，表示法西斯运动“是一场与教会作对的暴力事件，领导人都是恶徒……是老自由党、共济会、农村地主、富有工厂主、记者和徒有虚名的政客，这场运动是他们失败后试图卷土重来的阴谋诡计”。[16]

1848 年的自由主义革命将庇护九世驱逐出罗马，他复归罗马不久后就于 1850 年授意创办了《公教文明》。每月两次，主编会带着即将付梓的校样来到梵蒂冈国务院，获取出版的许可。[17] 48

年高五十二岁的罗萨在十七年前加入了耶稣会的这个编辑委员会，并在 1915 年被教宗本笃十五世任命为该杂志的主编。尽管他从业经验丰富，却没有察觉教宗已然改变了路线。当耶稣会总会长（此人同法西斯主义臭味相投）读到罗萨最新的反法西斯檄文时，他非常愤怒。他指示罗萨要改变报道方向。[18] 更糟糕的是，罗萨后知后觉地发现，庇护十一世竟然也改变了心意。教宗似乎和墨索里尼产生了共鸣。尽管他们有着如此巨大的差异，但似乎在许多重要的价值观问题上达成了共识。他们都不认同议会民主制。他们都不相信言论自由和结社自由。他们都认为共产主义将带来极大的威胁。[19] 他们都认为意大利正深陷泥淖之中，而当前的政治制度已经无药可救。

教宗与阿戈斯蒂诺·杰梅利（Agostino Gemelli，教宗心腹，圣心天主教大学创始人）的谈话，为我们披露了新政府成立之初的几周内，庇护十一世对墨索里尼有了怎样的改观。“赞赏肯定不行”，教宗对他说道。但是，“公开组织反对意见也不是个好办法，因为我们有多方利益需要保护”。必须小心谨慎。“睁大眼睛看仔细了！”他告诫道。[20]

在即将付梓的那一期刊物中，教宗命罗萨撤掉那篇批判法西斯的文章，转而刊登一篇更为友好的社论。[21]“当政府以合法的程序建立时，”罗萨改头换面的文章这么写道，“即便它一开始在很多方面存在缺陷，甚至非常可疑……如今我们也有义务去支持它，因为这是公共秩序和公共利益的诉求。任何个人或政党都不可以用非正义的手段，谋划颠覆政权、改朝换代的诡计。”[22]

尽管《公教文明》仍然会继续谴责个别针对天主教组织的法西斯暴行，但它再也不会将矛头直接指向墨索里尼或者法西斯主义了。它实则扮演了完全相反的角色，将代表梵蒂冈帮助法西斯主义在意大利国内外的天主教界取得合法地位。[23]

* * * * * 49

当墨索里尼第一次以总理身份在国会上发表讲话时，他恳求天主的帮助，并以此结束了演讲，这一举动进一步提升了教宗对这位总理新生出来的希冀。自从现代意大利建国以来，从来没有哪位政府首脑让“天主”一词出现在讲话中。国务卿加斯帕里也为这份希冀找到了根据。他告诉比利时大使，“天主利用奇怪的器皿将顺境带给意大利”，而墨索里尼不仅仅是一位“出色的组织者”，还是一位“伟大的人物”。尽管我们得承认，新任总理对宗教一无所知，加斯帕里笑着补充道，墨索里尼以为所有天主教节庆日都定在周日。[24]

1922 年 12 月，庇护十一世在他题为《奥秘何在》（*Ubi Arcano*）的第一则通谕中为自己的任期制定了目标。[25] 这个世界正试图将耶稣基督赶出学校，赶出政府大厅，他对此扼腕叹息。他悲悼妇女的“衣着和谈吐越来越不端庄，参加不体面的舞会”，这是礼仪的崩坏。有观念认为，社会将教会推开，就能取得进步，他警告说这绝对大错特错：“面对广受赞誉的进步时，我们悲伤地发现，这个社会正缓慢但确定地退回到蛮夷状态之中。”他强调了服从恰当权威的重要性，并且搬出庇护十世与“现代主义”作斗争的事业。他轻视新成立的国际联盟*，这个组织寄托了许多欧洲人对和平的希望：“在当今世界，没有任何世俗机构能够成功制定国际法，使世界达到和谐；真正的和谐只在中世纪存在过，那个时候的基督教才是主宰世界的国际联盟。”教宗的规划是让基督国降临到这个世界上。这种观念本质上已是中世纪的迂腐思想。[26]

与此同时，墨索里尼也在草拟自己的独裁计划。“我认为革命有理，”他在国会的开幕致辞里说道，“在这里，我要为黑衫军的革命辩护，并允许它扩张到最大的限度……我有三十万具备武装的年轻人，部署在这个国家的每个角落，准备好执行任何行动，以某种 50
近乎神秘的方式准备好执行我的命令，只要有任何人胆敢中伤法西斯之名，我就能予以惩罚。”[27]

12月下旬，墨索里尼召开了第一届法西斯大议会（Fascist Grand Council），这一会议负责商讨政策，处理政党组织最重要的议题。1月，大议会通过决议，将各色法西斯民兵组织改编为国家安全志愿民兵（Milizia Volontaria per la Sicurezza Nazionale）。这些民兵部队原先是各地法西斯头目的武装力量，如今的墨索里尼急于从他们手中夺取这些部队的控制权。他们不像常规部队那样宣誓向国王效忠，志愿民兵的效忠对象是墨索里尼。[28]

他迅速地行动起来，兑现他对梵蒂冈的承诺，迫切地想要表明，

---

* League of Nations，《凡尔赛条约》签订后组成的国际组织，在第二次世界大战后被联合国所取代。

很多人民党做不到的事情，他全都能办妥。他能够帮助教会，重获意大利统一前所享有的特权。他命令将十字架挂在意大利所有教室的墙上，然后又把它挂进了法庭和医院病房。他将辱骂神父和诋毁天主教定为犯罪。他重新给军队配备了随军神父，提高了发给神父和主教的国家津贴。最令梵蒂冈高兴的是，他要求小学必须包含天主教课程。他给教会划拨了大量经费，三百万里拉用于修复因战争而受损的教堂，还给教堂设在国外的意大利人学校发放补贴。当墨索里尼以胜利的姿态巡视全国上下的城市和乡镇时，他鼓励各地主教和教区神父积极申请经费，用于修复教堂。为了进一步凸显对天主教的支持，他还同雷切尔以及三个孩子（埃达、维托里奥和布鲁诺）于 1923 年正式受洗。比起丈夫，雷切尔的反教会信念更为坚定，但在此等形势之下，她也只能不情不愿地受洗。她生长于罗马涅中部的乡村，年幼时就对教会的神父、财富和权力投去鄙夷的目光。[29]

由于当时意大利国内外的许多媒体评论员还不确定该怎么评价 51
意大利这位新任领袖以及他暴力的法西斯运动，所以梵蒂冈的认可举足轻重，能帮助新政权取得合法地位。枢机团团长温琴佐 · 万努泰利（Vincenzo Vannutelli）对墨索里尼的评语传布甚广，他夸奖墨索里尼“已是意大利人人喝彩的人物，因为他根据意大利的宗教和民间传统，重塑了这个国家的命运”。[30]

墨索里尼想要快马加鞭，进一步巩固与梵蒂冈的关系，于是他会见了梵蒂冈国务卿加斯帕里枢机。加斯帕里和他一样出身贫寒。“我在 1852 年 5 月生于乌西塔镇（Ussita）的一个小村卡波瓦拉萨（Capovallazza），”加斯帕里在回忆录里写道，“村子位于锡比利尼山（Sibillini）中，海拔约七百五十米。清新的空气，迷人的景色，人民健壮、勤奋、诚实，都生在大家族里，而加斯帕里家族人丁最为兴旺。”他的父母育有十个孩子，最年幼的他自然也就成了最受人疼爱的孩子。他的九个哥哥姐姐都“特别健康活泼”，他回忆道，“我却很虚弱，病怏怏的，所以有人预测，也可能是做了占卜，说

彼得罗·加斯帕里枢机，梵蒂冈国务卿，1914—1930

我会短命，令妈妈特别难过”。他的父亲常常要跟随羊群在牧场过夜，小彼得罗则给家族带来了欢乐。当他们都挤在温暖的壁炉旁取暖时，他便给大家朗读圣徒的故事。当他讲到教会的殉道者面临可怕的磨难时，他们一起痛苦。“母亲是个爱哭鬼，这种性格传给了所有子女，尤其是我。”[31]

加斯帕里必须谨慎安排与墨索里尼的会面，因为梵蒂冈国务卿和政府首脑进行会面的事情还不能曝光——圣座尚未承认意大利的合法性。这一秘密会面由加斯帕里的老朋友卡洛·圣图奇（Carlo Santucci）出面安排。圣图奇乃是贵族出身，家族同历任教宗来往密切，他也是人民党中最先审时度势的人，很快就转而支持法西斯党。他的寓所是一座街角楼，朝两条不同的街道开有两扇不同的门，特别适合这种秘密会面。

1 月 19 日，墨索里尼和他的首席幕僚乘坐汽车抵达会面地点，总理进屋会面时，幕僚便在寓所外面等候。墨索里尼从一扇门进屋
后，迎接他的是圣图奇的父亲；枢机则从另一扇门进屋，圣图奇的 52
母亲正恭候他的光临。

那一天，萦绕在加斯帕里枢机心头的关键问题，并非梵蒂冈愿不愿意帮助墨索里尼结束意大利的民主体制，因为梵蒂冈本身便对民主政府无甚好感，而是墨索里尼是否值得信任，是否会兑现他的承诺，帮助教会恢复在意大利的影响力，以及如果教会予以他支持，他有多大的可能坐稳政权。[32]

虽然早年的墨索里尼曾是个出名的“食神父者”(mangiaprete)，但是对于现在的他来说，和教会合作将带来极为丰厚的回报。如果他能够重建教会和政府之间的和谐关系，为政府赢得教宗的降福，结束双方之间的冲突，那么他就能在所有前任倒下的地方成功突围。他就会成为整个天主教界的英雄。

两人的单独会面持续了一个半小时。加斯帕里离开时，告诉圣 53
图奇他对这场会面十分满意，并称赞墨索里尼是“第一等的人物”。墨索里尼快步出门时则一言不发。回到车里后，他的幕僚很想知道会面的经过。“我们必须非常谨慎，”墨索里尼告诉他说，“因为这些教会高层都非常精明。他们先要确定我们政府的稳定性，才肯在初步探讨中进一步推进下去。”[33]

当天两人确实达成了一项决议：他们选定了一位秘密的中间人，一个教宗和墨索里尼都能信任的人，两人都能够把各自关于最敏感事宜的意见嘱托给他。

我们现在还不完全清楚，为什么他们会把这个人选定为六十一岁的耶稣会士彼得罗 · 塔基 · 文图里。[34] 他在 1861 年生于意大利

耶稣会士彼得罗 · 塔基 · 文图里

中部一个兴盛的家庭；他的父亲是一位律师，拥有一件令他自己感到骄傲的收藏品，那是一把他在 1849 年用过的步枪，当时他拿着这把枪帮助教宗击败了朱塞佩 · 加里巴尔迪（Giuseppe Garibaldi）的部队，最终收复了罗马。彼得罗年幼时就开始在罗马研习司铎之道，当时这个城市刚刚被纳入意大利王国的版图。1896 年，他开始为耶稣会撰史，在接下来的二十年间，他把绝大多数时间都花在调研上，走遍了欧洲各地的图书馆、档案馆和修道院。他在 1910 年出版了第一卷。第一次世界大战期间，出生于奥匈帝国的波兰裔耶稣会总会长沃齐米日 · 莱多霍夫斯基被当作敌国子嗣赶出了意大利。

塔基·文图里在1914年被任命为耶稣会秘书长，莱多霍夫斯基走后便由他来负责耶稣会在罗马的各项活动和事宜。[35]

“瘦削且严肃”，塔基·文图里的一位同仁这么形容他的外貌。他长着一副简朴的耶稣会士的面容。谢顶给他造成了圆脸的效果，尖尖的耳朵兜起头部两侧的白发。他身穿黑色教士袍，脖颈处露出硬白领，浑身散发出严厉肃穆的气息。[36]

阿契尔·拉蒂和这位耶稣会学者相识于1899年，当时塔基·文图里的一趟调研之旅将他带到了安波罗修图书馆。[37] 墨索里尼显然是从弟弟阿纳尔多那里听说了此人，第一次世界大战期间，阿纳尔多曾在罗马逗留过几个月，他正是在那时和这位耶稣会士成为朋友的。[38] 在这场秘密会面之前，墨索里尼还亲自见过塔基·文图里。 54
掌权几周后，墨索里尼意识到他通过一件简单的事情就可讨好教宗，这件事便是把基吉图书馆送给梵蒂冈。政府在1918年买下了基吉宫，作为总理府一直沿用至今。随基吉宫买下的还有里面的私人图书馆，收藏始于17世纪教宗亚历山大七世，包含三千部古旧手稿和三万本藏书。当阿契尔·拉蒂还在担任梵蒂冈图书馆馆长的时候，他听说政府要买下基吉宫，就试图通过图书馆的力量强买，却没能成功。墨索里尼把这个图书馆捐给教会，拉蒂便派出塔基·文图里来评估藏书的价值。有一天，墨索里尼听说这位耶稣会士正好也在基吉宫，大概是想起了他弟弟对塔基·文图里的美誉，便派人传话，让塔基·文图里前来见他。此后的历史表明，1922年末的初次会面后，这位耶稣会士还将在余下的二十年间同墨索里尼进行许多次会面。[39] 55

* * * * *

然而，初期的探讨没能阻止法西斯分子继续使用暴力对付神职人员以及被怀疑和人民党有瓜葛的天主教活动分子。墨索里尼当选总理三周后，意大利东北部城市维琴察（Vicenza）的主教公开谴责他们对当地神父的袭击，并声称行凶者将被驱逐出教会。[40] 在罗马以东的阿斯科利皮切诺省（Ascoli Piceno）山区，一群法西斯分子对负责编辑一份当地报纸的神父进行拷问，并强迫他喝下一升蓖麻油。[41]

12 月，在西北部的奥斯塔镇（Aosta），四十名挥舞棍棒的法西斯分子冲入教会场所，打断了正在进行的天主教青年会会议。他们砸坏了门窗，损毁了台球桌，用棍棒破坏了墙上的十字架和圣像。当一个愤怒的旁观者试图出手阻止时，他们殴打了他。[42] 同一周，帕多瓦（Padua）的几名法西斯暴徒命令一位年轻人摘下身上的天主教青年会徽章，当他勇敢地拒绝时，一名暴徒拿枪顶着他的头，而另一名则扯下了那枚徽章。[43] 此外，12 月的一个夜晚，在维琴察附近，一辆汽车停在当地天主教青年会总部门外。七名黑衫军拿着步枪从车上下来。三人冲入屋内，而其他同党则守在外面。这些人以步枪威胁屋内二十名受惊的青年，并命令他们保持安静，然后他们把枪指向了主持会议的两位神父，强迫他们喝下了几瓶蓖麻油。[44] 这样的暴行持续不断，贯穿了整个 1923 年，天主教日报予以充分的报道，并表达了惋惜之情。然而，尽管此后暴行依然时有发生，天主教媒体却开始对批评尺度有所克制：这些暴行是个别极端分子的行为，并没有得到墨索里尼的授意。[45]

各个地方的公教进行会团体（由庇护十世在 1905 年组建，旨在为组织天主教平信徒提供平台）是这些破坏行动最频繁的目标。[46] 它是庇护十一世最为珍视的团体,他因此也被称作“公教进行会教宗”。56
成年男女以及男孩女孩都有各自的团体。大学生也有团体，在各所大学设有分会。公教进行会的活动本是出于宗教和教育的目的，然而实际上远远不止这些，因为其成员在教宗眼里是天主教的地面部队，负责重新教化意大利社会，而这种目的要求他们更加激进，不只是祷告和上课那么简单。为了密切关注这个组织，教宗委任加斯帕里的两位副国务卿之一兼替补国务卿朱塞佩 · 皮扎尔多蒙席，担任其国家司铎。组织受到了教会高层的掌控。“你只需听从来自上层的建议和指令即可”，教宗曾这么向公教进行会领导人解释过。[47]

那些针对地方教区神父以及公教进行会的暴行，令教宗非常不满、愤怒，但墨索里尼非常善于利用这些暴行，他令教宗相信，他是意大利唯一能够约束这些暴徒的人。《罗马观察报》尽管常常报道法西斯暴徒挥舞大棒以及强灌蓖麻油的恶行，结尾处却总是毕恭毕敬地恳求墨索里尼，希望他确保这些罪人受到惩罚。有时候，地方情绪会特别高涨，墨索里尼便逮捕几个人，但是罪犯很少会接受审讯，被判刑的更是少之又少。

及至1923年初，墨索里尼完全有理由相信，他的策略已经取得成功。他和教宗的协议正在酝酿之中。然而他绝不会放弃自己的暴力手段，因为它能够行之有效地震慑敌人，不过他也不想过分激怒教宗。他将继续帮助教会，恢复失却了几十年的特权；而作为交换，教宗须铲除教会内部反对墨索里尼的势力，为领袖的统治扫清障碍。

第四章

天生教宗

1923 年春，人民党发觉自己已经身陷穷途末路。这个政党主 57
要倚仗的教会支持，现在教宗却决定要予以收回。4 月，梵蒂冈报
纸在教宗的授意下告诉读者，鉴于墨索里尼已经在为教会争取权
益，天主教政党已经没有存在的必要了。当月晚些时候，《公教文
明》也紧跟教宗的最新姿态，开始歌颂法西斯政府。“墨索里尼部
队的口号：‘打倒布尔什维克主义！’”这份期刊慷慨激昂道，“正
吸引着来自意大利东南西北的支持者和赞同声……法西斯的一切思
想、情感和行动都是对社会主义的抗议和反抗。”它还赞扬了墨索
里尼为重建秩序、等级制度以及纪律而做出的努力。这份期刊宣
称：“法西斯主义试图令精神价值重返它们曾经占据的高位，它们对
反击自由主义至关重要，在法西斯主义试图复兴的精神价值中，最
显著的莫过于宗教教养以及这个国家的天主教情怀。”[1] 教宗显然认
为人民党已经可有可无，在这些迹象的鼓舞之下，墨索里尼发出了一
封最后通牒：除非该党毫无保留地支持他，否则他将撤除该党的两
位政府部长，并将该党逐出他的政党联盟。人民党创始人路易吉·斯 58
图尔佐神父及其同仁拒绝了这一要求，于是两位部长便被撤职了。[2]

到这个时候，教宗已经无法再忍受让斯图尔佐神父担任人民党的负责人了。教宗手下的国内教长在罗马的一份天主教报纸《意大利邮报》（*Corriere d' Italia*）上刊登文章，要求斯图尔佐立即引退，而读者都认为这一吁求代表的是教宗本人的意志。[3]

在幕后，庇护确实提出要求斯图尔佐引退，这位神父则磨磨蹭蹭，不肯顺从。教宗对这种拖延很不耐烦，于是便将他和墨索里尼之间的特使塔基·文图里派去充当说客。[4] 斯图尔佐抱怨说，这般让他下台，教宗实际上摧毁了唯一一个"真正受到基督教教义感召……并且能够限制……独裁者专横统治"的政党。这番辩解完全无法动摇庇护十一世。[5]

斯图尔佐神父只好不情不愿地顺从了教宗的命令。教宗派遣塔基·文图里和墨索里尼商议公开这一消息的时机，并让墨索里尼示意媒体低调处理这则消息。教宗表示，政府绝不能将这件事"吹嘘成一场胜利"。[6] 在接下来的二十四小时里，这位耶稣会士和墨索里尼密切合作，详细安排了斯图尔佐的引退。[7]

庇护原本希望以此缓和人民党和墨索里尼之间的冲突，有助于止息当前针对人民党活动分子和神职人员的暴行，但是他的这番行动造成了完全相反的效果。人民党党员发现，当教宗清楚明白地收回教会对人民党的支持之后，他们就越发受到孤立，越发容易受到地方黑衫军的迫害。8 月末，一份法西斯报纸宣称，政府最大的敌人不再是社会主义，而是人民党。法西斯分子很快就会出门狩猎。

费拉拉市（Ferrara）郊外的一座小镇上，有一位名唤乔瓦尼·明佐尼（Giovanni Minzoni）的年轻教区神父。他曾经担任随军神父，因为英勇地奋战在前线，在当地非常出名；他深受当地青年爱戴，并且忠于人民党，这些都给当地法西斯党招募新人造成了阻碍。有一天晚上，当这位神父走在一条黑暗的小巷里前往教区的活动室时，他意识到自己被人跟踪了。他还没来得及转身，就被两个人扑倒在 59
地，他们用棍棒猛击他的头部后逃走了。神父头上的伤口鲜血直流，挣扎着爬起来又倒下去。后来他勉强站起身，跌跌撞撞地向教堂走去，却没能坚持到底，倒在离教堂不远的地方，失去了意识。惊恐的教区居民发现他倒在那里，脑袋开了瓢却还活着，就把他抬了进去，但他还是没有挨过午夜就死掉了。

墨索里尼按照惯例，将这次袭击怪罪到身份不明的“暗杀者”头上，表示将毫不留情地追捕他们，并将他们绳之以法。但结果是，虽然袭击者被找到了，却没有受到惩罚。[8] 费拉拉的大主教决定不去参加明佐尼的葬礼，而是派了一位法西斯神父代他前往。梵蒂冈的报纸对这起谋杀作了简短的报道，评论说这则新闻令墨索里尼感到痛心。[9] 庇护则不予置评，他接受了墨索里尼的说辞，把这场暴行当作是“白痴”和“毫无纪律的同志”的所作所为。[10]

8 月中旬，最近的暴力风波还没有过去，比利时驻圣座大使欧仁 · 贝恩（Eugène Beyens）晋见了教宗，他发现教宗对共产主义威胁的关心程度，远胜于法西斯暴行所带来的威胁。“人类文明之中，”庇护告诉他说，“再也没有比共产主义更致命的东西了。它只需花去几天时间，就能摧毁几个世纪的文化传承。”只有让法国、比利时和德国组成联军（尽管他们近些年来恩怨不断）才能阻止共产主义的前进。“墨索里尼可不是拿破仑，他的功勋可能连加富尔（Cavour）* 都比不上，”教宗评论道，“不过只有他懂得如何将国家从混乱无序中挽救下来，而这一切都是孱弱的议会体系和三年战争导致的。”他还补充道 ：“你看看他是如何让整个国家追随他的脚步的。愿他能振兴意大利！只有命中注定成就伟业的人，才能够为我们带来如此稀缺的和平。愿天主能够尽快为我们带来几座这样的灯塔，好让他们为人类引领前路、启迪智慧 !”[11]

---

* 意大利王国首任总理，开国三杰之一，他是意大利独立和推行君主立宪制的一大功臣。

* * * * *

即便在墨索里尼执政早期，还在担任联合政府总理时，他就试
图搞个人崇拜。他现身公众场合时，开始愈发频繁地身穿法西斯民 60
兵首长的制服，里面穿着黑色的衬衫，脚下踩着骑兵靴。[12] 他从小的成长环境让他觉得，体育运动是精英阶层的消遣，不适合像他这样的人，可如今他却玩起了滑雪、击剑、赛车、划船、骑马和网球。他还曾学习驾驶飞机，只不过因为在 1920 年坠机而受挫中断；他仅仅受了一些轻伤，算是非常侥幸。他的击剑技术不错，但他怎么也学不好网球，尽管他的私人教练是一位世界冠军。他在滑雪场拍过不少照片，照片上的他握着滑雪杖，上身光着膀子，脚下也没有滑雪板，显示出他对这项运动多么自信。[13]

随着家人逐渐发胖，墨索里尼也开始担心自己的体重。他只吃少量的肉，不喝酒，每天都要称重。他姐姐日渐增长的腰围令他担心，于是他强硬地要求她节食，但显然没能取得任何效果。“我看过你最近的照片了，”他在 1925 年给她写信道，“你简直胖得有点吓人。你必须马上开始减肥。我现在每天只补充基本的营养，你也得跟我一样，因为肥胖不止有害，还能要了你的命。”[14] 日渐稀疏的头发和逐渐后退的发际线也令他烦恼，于是他开始往头上涂抹各种药膏，每个早晨都要焦急地查看它们有没有生效。几年后，他放弃了这场战役，给自己剃了个光头，好让自己看起来像是一位罗马皇帝。[15]

他习惯每天早上往脸上和身体上喷大量的古龙香水，当雷切尔拿他的这个习惯开玩笑时，他回答说，对女人没有吸引力的男人一文不值。[16] 雷切尔和他们的三个孩子（埃达、维托里奥以及布鲁诺）并没有随他来到罗马，而且墨索里尼也不急着让他们过来。他一开始住在萨沃亚酒店，然后又搬到了罗马大酒店，因为玛格丽塔 · 萨尔法蒂就住在离这不远的欧陆酒店。当墨索里尼第一次溜出酒店去

和萨尔法蒂幽会时，他的司机便通知了安全部门。很快，欧陆酒店的大厅里出现了形似便衣警察的侍者，他们要对墨索里尼的暗中出访进行监视。[17]

“我的挚爱，深深的挚爱！”1923年1月1日，也就是墨索里 61
尼上台的两个月后，萨尔法蒂摊开旅馆信纸，在开头这么写道，“我想把你的名字写在纸上，以此开始我的新年：贝尼托，我的爱，我的爱人，我的挚爱。我属于你，我要对屋顶大喊，我热切地、全然地、忠诚地、无可救药地属于你，我以此为荣。”只要能抽出时间，墨索里尼就会和萨尔法蒂一起来到她位于米兰北部科莫湖旁山间的避暑别墅，他们会在那里散步、骑马，而保镖会在足够远的地方跟随他们。墨索里尼还喜欢飙车，常常开着他的阿尔法罗密欧带玛格丽塔和她十四岁的女儿出去兜风，这种情况会令他的警卫更加头疼。[18]

玛格丽塔很快在罗马给墨索里尼找了一间公寓，他们在那里可以拥有更多私密空间。她还给他找了一名女管家，名叫切西拉·卡罗奇（Cesira Carocci），她是个很能吃苦的短发女人，身材高挑细瘦，基本上没什么社会教养，人们很快就给她取了个绰号叫老鸨（la ruffiana）。她对墨索里尼非常忠诚，不仅帮他安排和玛格丽塔的幽会，后来还帮他和其他女人牵线搭桥。

墨索里尼对奢华毫无兴趣，他朴素的公寓连厨房都没有。访客都说他的客厅总是弥漫着一股廉价古龙香水恶心的香甜气味，客厅里最显眼的是一张桌子，墨索里尼将好几把小提琴都摆在上面。当埃达还在襁褓里的时候，他总是站在她的摇篮边上陪她玩耍，直到她睡着。在后来的年月里，当他在公寓里等候司机载他前往办公室的时候，他有时会打开自动钢琴，然后拉一曲小提琴伴奏曲。[19]

考虑到墨索里尼一边有那么多长期的情妇，一边还时不时地搞搞一夜情（一下午情或许更准确一些），我们不得不佩服他不仅能找出时间执掌政府，还坚持过问哪怕最为琐碎的细节。他只信任一个人，那就是他的弟弟阿纳尔多。如今阿尔纳多主管着《意大利人民报》。他每天都要跟阿纳尔多通电话，跟萨尔法蒂的联络倒要少一些。他每天都要查看一大堆警察报告和政府报告，同许多人会面，并且浏览一大堆报纸。他告诉一位副官："我习惯于浏览意大利所有的报纸，甚至包括那些根本不值得一读的东西。"[20]

过去的总理要么出身贵族，要么是职业精英，他们并没有群众 62
基础，也没有真正的政党背景，并且对民意支持毫不关心。要让他们去到全国各地组织公众集会，肯定会令他们感到厌恶，他们很可能从来没有想过要做这种事情。

如今坐上这个位置的却是一位来自米兰的铁匠之子，他是一个煽动暴民的前社会党人，他炫耀着自己卑微的出身，浑身散发着男子气概，深受大众欢迎。很快，墨索里尼就开始前往各个城镇，去到那些从来都没有人见过国家元首的地方，用他蛊惑人心的长篇大论，忠告那些出于好奇心而前来听讲的民众。他很快就要成为集体催眠的大师。他深谙一个所有前任都不明白的道理，那就是民众首先受到情感的驱使，而他们对现实的认知很容易被他塑造的象征世界所歪曲，反倒和真实的外部世界没有太多关联。

在克雷莫纳，他用一套近乎仪式的方法呼唤大众的回应，这将成为他最具力量的演讲技巧。

"胜利属于谁？"他大声呼喊道。

"属于我们！"他们大声回应。

"荣耀属于谁？"

"属于我们！"

"意大利属于谁？"

"属于我们！"[21]

1923年5月到10月，墨索里尼走访了意大利的许多乡镇和城市，从北部的威尼斯、伦巴第和皮埃蒙特（Piedmont），到中部的艾米利亚（Emilia）、托斯卡纳（Tuscany）和阿布鲁佐（Abruzzo），再到南部的那不勒斯（Naples），以及意大利的两大岛屿：西西里岛和撒丁岛。撒丁岛成为意大利领土的六十年以来，从来没有哪位意大利总理正式访问过那里。第二年，墨索里尼又将行程重复了一遍。人们都非常渴求强势的领导人，一个能够带来稳定、秩序和美好未来的救世主。社会上层认为他消除了共产主义的威胁，而在其他人眼里，他是人民之子（figlio del popolo），是普罗大众的一员。[22]

罗马的各国使节认为墨索里尼是一个颇为有趣又高深莫测的人物。比利时驻圣座大使在参加过一场外交接待会之后，记录下自 63
己的观察：墨索里尼稳稳地站在房间中央，下巴高高抬起，对于那些上前问好的人，他只是简短地回答几句。“他严肃、傲慢的脸庞，他的沉默寡言，让人完全看不透。从他这副青铜面具上，从他坚毅的双眼中，我们只能读出一种少见的精气神。”大使回忆道，他给人留下了深刻的印象，“那天晚上，他留给我的印象是一个面若寒冰之人，完全不受恐惧的侵扰，完全不受情感的支配”。[23]

墨索里尼还继续通过施压和回报并用的方式，拿捏得当地处理他和教宗的关系。由于法西斯暴徒仍然在攻击人民党地方领袖，入侵他们的总部，墨索里尼便把自己塑造成唯一能够控制这些狂热法西斯分子的人。同时他还慷慨解囊，拨给教会大量经费，给予其很多特权。他还推动国会通过了一项新法律，如果有任何一家报纸的编辑敢于贬损教宗抑或天主教，那么警察就可以依据这条法律将其解雇。他还顺应梵蒂冈的请求，规定只有经过教会许可的图书，才能用于学校的宗教课程。他还同意关闭赌场。他令圣心天主教大学得到国家的认可。他发表声明反对离婚。他出手挽救了罗马银行，这家濒临倒闭的银行与梵蒂冈有着千丝万缕的关系。十字架又回到了这个国家的教室，宗教节日也被纳入民历之中。他还拿出丰厚的资金，用来修复那些在战争中损毁的教堂。这份清单还有很长很长。[24]

教宗自己也很清楚，教会回报给墨索里尼的支持是无价的。1923 年 9 月，梵蒂冈在《天主教与墨索里尼政府合作项目》(Program

of Collaboration of the Catholics with the Mussolini Government）中将这一玄机道明了，这份文件指出，墨索里尼已经意识到，尽管法西斯党将他推上权力的顶峰，但他如今最好不要过分依赖它。这些人混乱无纪，连墨索里尼也没法完全控制住他们。他需要得到“一群新民众”的支持，而这些人最好是天主教徒，因为他们已经习惯了自上而下的统治。教会高层中，一开始曾有人对墨索里尼抱有疑心，如今却坦言他们之前判断失误了。“他们不得不承认，没有哪 64
届意大利政府，可能整个世界都不会有这样的政府，可以在一年之内给天主教会带来这么多好处。”

这也不是梵蒂冈支持墨索里尼的唯一缘由：“如果颠覆分子通过暴动推翻了墨索里尼阁下的政府，那接下来可能会发生什么样的事情，天主教徒能够想到的只有恐惧，所以他们与墨索里尼休戚相关，必须要支持他。”总而言之，梵蒂冈的文件在结尾处写道：“从任何方面来说，让天主教众支持墨索里尼阁下的政府，将会是整个意大利能够想象得到的最可靠、最令人安心的组合。”[25]

* * * * *

11 月，在墨索里尼的指使下，法西斯党洗劫了前总理弗朗切斯科·尼蒂（Francesco Nitti）位于罗马中心的住宅。教宗没有出手阻止，而那些抢夺者则耀武扬威地穿过城市街道。12 月的一个上午，内阁前任部长、广受尊敬的国会自由党反对派乔瓦尼·阿门多拉（Giovanni Amendola），也在他位于罗马市区的住宅附近遭人殴打。四名法西斯分子用棍棒殴打他的脖颈和面部，施暴完毕就跳进在旁等候的汽车，扬长而去。墨索里尼手下的报纸《意大利人民报》在报道这起事件时评论说，阿门多拉不过是罪有应得。我们并不清楚这起攻击是否由墨索里尼亲自下令，然而它显然是法西斯党威慑策略的一部分，而这种策略受到墨索里尼的大力鼓动。[26]

意大利北方是巴伐利亚的首府慕尼黑，这里也有墨索里尼的信徒在法西斯革命的激励下发起暴动。11 月 8 日，阿道夫 · 希特勒试图模仿墨索里尼去年进军罗马的事迹，在当地一家大型啤酒酒肆宣布要发起革命，时年三十四岁的他唇上已经留起了髭须，一直想通过煽动群情帮助自己上位。此次纳粹革命运动已经采取了意大利法西斯党的罗马式直臂军礼。希特勒的信徒嘴里声嘶力竭地喊着“胜利万岁（Sieg Heil）！”，成功占据了地方警察局，却在攻打巴伐利亚陆军部队时遭遇了失利。最终，十人丧命，希特勒则遭到逮捕。他在监狱里蹲了一年，并利用这段时间写出了《我的奋斗》（*Mein* 65
Kampf），这本书后来成了他所向披靡的动员令。当时，墨索里尼可想不到，有一天他的命运会跟这个锒铛入狱的德国极端分子连到一起。

意大利将在 1924 年 4 月进行新一轮全国大选，这是墨索里尼掌权后的第一次大选。法西斯暴行在全国肆虐开来。墨索里尼一边指挥法西斯党人对政敌进行殴打乃至动用更加恶劣的手段，却一边又继续引入各种措施为教会谋求利益。新一批官方节日中包括了好几个天主教节日，在此之前，它们从未受到政府的认可。墨索里尼还开始将矛头指向新教组织，因为他知道这样能够讨好教宗：墨索里尼不仅否决了卫理公会在罗马修建大教堂的请求，还驳回了基督教青年会在意大利修建活动中心的提案。天主教神学院的学生不必服兵役。大选三天前，他还大幅增加了国家发给主教和神父的酬金，令他们十分高兴。[27]

4 月初，梵蒂冈半官方刊物《公教文明》发行了大选之前的最后一期，它为墨索里尼辩护，认为法西斯党内尽管有个别反教会成员行为不端，但这种现象不应该模糊以下事实，即墨索里尼总是不知疲倦地改善政府和教会的关系。杂志提醒读者，法西斯党为教会带来了如此多的利益，相形之下人民党做成的事情简直少得可怜。[28]

选举安排在 4 月 6 日。“进军罗马事件”四人组之一的伊塔洛·巴尔博，在位于费拉拉市的总部给黑衫军下达命令。他们到每一个投票站抓住第一个上前投票的人，一边殴打他，一边叫道，“混账东西，你竟然给社会党人投票”。当然了，这个可怜的家伙可能原本打算把票投给法西斯党人，要是真是如此，“那也只能算他倒霉了”，巴尔博说道。[29]

通过殴打反对党候选人，烧毁反对党报社以及破坏反对党的拉票活动，法西斯一派（包括支持他们的法西斯党外人士）一共赢得了三分之二的选票；法西斯党人赢得了二百七十五席，即便不算他们的同盟，也已经占据了绝对的多数。在反对党中，人民党占得 66
三十九席，社会党占得四十六席，而共产党占得十九席。余下的少量席位则被共和党、自由党以及其他小党派瓜分了。墨索里尼尝到了胜利的滋味。“以后再也不会有这样的选举了。下一次，我的选票将代表所有人的意志。”[30]

次日，那些在大选中表现出色的人民党活动家和地方神职人员就遭到了法西斯党人的攻击。在威尼斯城外的一座小镇上，武装的法西斯党在夜里来到了一位教区神父的家中。家里只有他的姐姐，法西斯党对她进行一番殴打后，感觉还不过瘾，又殴打了助理神父。

此番对神职人员和天主教组织的攻击激怒了梵蒂冈国务院的某位人士，于是他印制了一批传单，准备寄给意大利的所有主教，告诉他们不要参加法西斯胜利庆典，并尤其禁止他们为了向法西斯党表示感谢而举行特殊的弥撒。然而尽管这些传单都印出来了，但它们还是没能离开梵蒂冈。传单原稿（如今收于档案之中）的边缘写有一行批示：“这份传单不能寄送出去。奉国务卿蒙席之命。”毫无疑问，加斯帕里显然跟教宗商讨过这件事情，决定最好不要做任何可能激怒墨索里尼的事情。[31]

* * * * *

庇护十一世如今已经形成了固定的行为习惯。他的下属担心受他责骂，天天都活在紧张害怕之中。他粗暴地对待那些令他不快的人，而即便是最位高权重的国家首脑，也无法威吓他分毫。当西班牙国王阿方索十三世（Alfonso XIII）来梵蒂冈拜访教宗时，他犯了一个错误，要求教宗给南美任命更多枢机。当时整个南美大陆只有一名枢机。教宗不满国王的这番请求，认为他试图以不当的方式对自己施加影响，于是一怒之下决定不再按照原计划提拔管家里卡多·桑斯·德·桑佩尔（Ricardo Sanz de Samper）蒙席，就因为他来自哥伦比亚。教宗不想显露出任何向国王屈服的姿态。[32]

然而，一些特别的访客却能令他重新焕发早年热情的光彩。庇护曾邀请法国知识分子让·卡雷尔（Jean Carrère）私下会谈，询问 67
他对诸多法国和意大利文人有何见解。在他回答教宗的问题时，教宗（据卡雷尔描述）面带“礼貌的优越感”注视着他。然后卡雷尔提到了曼佐尼，并把《约婚夫妇》称为一本世界级名著。当他说出这些话时，“在我看来，”这位法国人回忆道，“这位令人敬畏的谈话人神情完全改变。他脸上原本带着礼貌的仁慈，却突然变得笑意满面、和蔼可亲。”教宗告诉他说，曼佐尼不仅是一位伟大的小说家，还是一位伟大的诗人，而卡雷尔高兴地看到，这位身穿白袍的教宗开始凭借记忆背诵曼佐尼的诗句，声音轻柔而抑扬顿挫。[33]

本笃十五世似乎被教宗繁重的事务所压垮，庇护十一世却表现出登山者的充沛精力。“他天生就是个王者”，孔法洛涅里说道，此人乃是教宗从米兰调到梵蒂冈的私人秘书。法国大使后来也观察到，他浑身散发出当权者的气息。[34] 教宗还在遵循正当程序方面颇为偏执。一天下午，在梵蒂冈花园里散步时，他看到面前的道路上躺着一封信，上面用大写字母写着“致教宗陛下”。当天陪他散步的是博洛尼亚大主教，大主教不假思索地弯下腰捡起了那封信，把信递给了教宗。

“在哪里看到的，就放回到哪里去，”教宗厉声说道，“这不是正确的送信方式。”

大主教于是便把信放回到路上，然后他们继续散步。[35]

尽管教宗在图书馆工作了许多年，但在孔法洛涅里蒙席眼中，他的性格与其说像是一位图书馆馆员，倒不如说更像是一位小商贩。这位年轻的神父将教宗的性格归于他的出身，因为他的家乡是工业区，那里的人正是以这种性格闻名的。庇护十一世总是用确切的语言思考，而对即席演说感到不适应。他坚持对一切事物进行理性思考，并事无巨细地考察所有呈递给他的报告。他一旦做出决定，就会非常坚持，批评只能令他越发固执己见。前任国务卿梅里·德尔瓦尔枢机抱怨道，教宗简直“固执得像一头骡子”。[36] 68

尽管教宗和墨索里尼在表面上相差甚远，实际上却有很多相同点。两人都没有真正的朋友，因为友谊意味着平等。两人都坚持要别人顺从自己，而他们身边的人一想到自己可能说错话，惹得他们不高兴，都要胆战心惊。他们是一对奇怪的组合，但教宗很快就知道，和这位曾经的“食神父者”共进退能给他带来很多好处。结果，在“进军罗马事件”一年后，法西斯革命转变成了教会法西斯革命。一对新的合作关系已然成形。不过这对关系马上就要面临一场意料之外的威胁，很快就要发生一件事情，差点让墨索里尼下台。

第五章

置之死地而后生

1924 年 5 月 30 日，新一届国会会议进行到第三天，贾科莫·马泰奥蒂在法西斯代表的嘲讽和要挟声中大步走向众议院的主席台。两年前，社会党清洗温和派，马泰奥蒂因此被驱逐出党，此后他创建了秉持改良主义的统一社会党。今天他将向众人传达一个信息：刚刚结束的国会选举掺杂了太多暴力因素，其结果应该被推翻。他详细地讲述着发生在全国各地的选民恐吓事件，而法西斯代表则不断地出言打断他。“说谎！”他们喊道，“滚回俄罗斯去！”一位法西斯党人大叫道：“已经够了！我们还待在这里干什么？难道我们还要忍受这番侮辱？”一排怒不可遏的法西斯代表以胁迫的姿态逼近会议厅前部。“你这种人怎么能进国会！”一人叫道，“你这种人应该被软禁起来！”[1] 在被打断了几十次后，他只好放弃演说，而法西斯党喝倒彩的声音盖过了反对党的鼓掌声。“现在你们得准备帮我写讣告了”，马泰奥蒂在走出会议厅后，对他的一位同仁说道。

墨索里尼也出席了这场会议，他的愤怒有如雷霆。他对新闻秘书切萨雷·罗西（Cesare Rossi）说道：“我们不能再让这个人在社会上活动。”

贾科莫·马泰奥蒂（左三）

6 月 10 日，马泰奥蒂将再度在国会会议上发言，这一次，他要 70
谴责墨索里尼政府的贪污腐败。他家住在人民广场附近，午餐过后，
他动身向众议院走去，路上突然冒出两个人，一把抓住他，想要将
他拽进旁边的一辆轿车。尽管三十九岁的马泰奥蒂并不高大也不魁
梧，但勇敢而敏捷，他将一位来袭者摔倒在地，正要挣脱另一位来
袭者时，出现了一个戴着指节铜环的人，一拳正中他的面部。三人 71
将半昏过去的议员拖到汽车里，他又起身挣扎，双拳砸在两排座位
间的玻璃隔板上，而那些绑架者则残酷地对他拳脚相加。

汽车驶过罗马的街道，司机不断按响喇叭以便盖过马泰奥蒂求救的呼喊。呼救声很快就停止了，因为马泰奥蒂死掉了。他们是否受命将他杀死，这个问题还有待讨论，然而现在倒在他们膝盖上的，已经是一具尸体。这些人立即动身寻找抛尸的地点。他们驶到罗马城外约十五英里处，在离公路不远的一片树林里将他草草埋下。[2]

当天傍晚，马泰奥蒂的妻子没等到丈夫回家吃晚饭，经过一番问询，她才发现马泰奥蒂根本没有出现在国会。她很快报了警。次日晚上，便有目击证人声称，目睹了这位前社会党人被粗暴地劫持，塞进汽车，然后疯狂逃逸的场景。

一位杰出的国会议员，只因批评了法西斯党，就在次日遭受暴力劫持，除了那些铁石心肠的法西斯分子外，这一事件令所有人都感到震惊。群情激昂之下，墨索里尼试图和这起谋杀案撇清关系。6 月 14 日，他解除了警察部门负责人以及内务部副部长的职务。众人的疑心又落到了切萨雷 · 罗西头上，他不仅仅是墨索里尼的新闻秘书，手下还有一帮法西斯秘密打手。罗西只好躲藏起来。其他法西斯高层也很快落入了调查的大网。

从劫持用车取得的证据，帮助警方瞄准了杀害社会党议员的凶手。他们的首领阿梅里戈 · 杜米尼（Amerigo Dumini）曾向同党夸口，说自己已经根据政府最高层的指令，取了十几个人的性命。杜米尼是个美国人，1894 年生于圣路易斯，他的父亲是一位意大利移民，母亲则是个英国人。他十几岁时回迁至意大利，在第一次世界大战期间参军入伍，后来成了墨索里尼最信任的心腹之一，在罗西的门下做事。

五个月前，墨索里尼曾和罗西以及数位法西斯巨头碰面，商议创建一支秘密队伍用于执行各种暴力使命，杜米尼便受托组建这支队 72
伍。6 月，他很可能是受到罗西的指使，劫持了马泰奥蒂。[3]

整个国家顿时陷入了骚乱。因为殴打煽动群情的社会党人、把蓖麻油灌进他们嘴里是一回事，而谋杀国会反对党领导人且所有证据表明幕后黑手来自法西斯政权最高层则是另一回事，两者不能同日而语。而且这起凶案于光天化日之下发生在罗马中心地带，这种肆无忌惮令公众怒不可遏。一年半前，墨索里尼从一场暴力革命的首领一跃成为广受尊敬的政府首脑，他的许多拥趸都以为（或至少希望），他已经将残忍的过往抛在身后。然而马泰奥蒂惨案表明，这种想法显然太过天真。墨索里尼小心翼翼地从各方（老一辈民族主义者和自由党，以及大量的实业家和小商店主）获得支持，所有这些即将土崩瓦解。[4]

6 月底，马泰奥蒂的尸首依然下落不明。反对党议员经过会面后宣誓，除非墨索里尼解散法西斯民兵以及其他用于恐吓反对党的秘密组织，否则他们就不参加下一次会议。

保守派的报纸开始转变方向，将矛头指向了墨索里尼。原先还支持他的《意大利日报》（*Il Giornale d'Italia*）表示，犯下谋杀罪行的凶手必须被彻底曝光。那些支持墨索里尼的中产阶级多数派也开始转变观念：他们想要的是保守的民族主义政府，而不是一个嗜血的独裁者。人们开始撕毁法西斯党员证，而当议会反对派走过罗马街头时，路人开始向他们致以掌声。在部分地区，法西斯民兵曾骄傲地走过街头，如今他们却不敢身穿制服在公众场合露面。[5] 政府已到了危急存亡的时刻，它的垮台似乎已经难以挽回。

曾经的一连串成功令墨索里尼自我膨胀，可如今他忧心忡忡，更加让人不敢接近。他的心情极度抑郁，即便最亲近的助理也不敢 73
前去见他。“基吉宫里弥漫着一股墓穴的气息”，他的助理昆托·纳瓦拉说道。[6]

这里的寂静尤其刺耳。过去，每当这位喧闹的暴君教训或者威吓下属时，他的叫喊声通常会穿透办公室的大门，可如今门板的另一头连一点声音都没有。在危机最深重的那天，纳瓦拉来到总理的办公室：“说起那天的墨索里尼，我早上打开门时，有点吓到他，他只是显得有些心烦，跟平日简直判若两人。”这个沮丧的人坐在那里不停地左右摇头，来回撞着高靠背椅的镀金木边框的两侧，睁圆了双眼，又是鼻子里哼气，又是嘴里喃喃自语。[7]

窃听装置（他显然命令警察窃听他情妇的电话）捕捉到墨索里尼在电话里跟玛格丽塔·萨尔法蒂诉苦。

“你怎么样？”她问道。

“你指望我能怎么样？”

“有没有什么进展？”

“什么也没有……到这个地步，任何事情都不会让我吃惊了……我那些所谓的朋友都背叛了我，最令我不快的是，我甚至不知道这些家伙都在想些什么。”

玛格丽塔警醒他，不要让怒火蒙蔽了他的判断力。

“根本就不是发火的问题，”墨索里尼回答道，“很不幸的是，命运显然把好牌发到了敌人手里。如果我输了，那么基本可以确定的是，我没有机会保住自己的颜面！”[8]

尽管墨索里尼试图和这起谋杀案撇清干系，那些罪犯的身份却将他暴露了出来，因为其中包含他最亲近的人。法西斯政权似乎要走到尽头了。

参议院（其成员由国王选择，而非通过选举产生）在谋杀案两周后重新开幕。墨索里尼在会议上发表了演说。他表示自己跟所有人一样，迫切地想要将这起案件查个水落石出，他表明一定要将杀人犯绳之以法。他还说对某些政府高层官员非常失望。他所说的这一切都是为了表明自己的诚挚与清白。[9] 尽管大部分人都认为，这 74
番演说没法替他开脱，却有一个人称赞了他。教宗特使塔基·文图里神父给墨索里尼写了一封言辞华丽的信，告诉墨索里尼，这番演讲令他深受触动。他毫不吝惜溢美之词，称赞墨索里尼出色的工作，并祈求天主保佑他在将来取得成功。[10]

法西斯领导人深受打击。这消息传出去后，各地法西斯头目都非常担心，从各省赶到罗马，希望他能振奋起来，然而他迷茫的状态令他们感到害怕。墨索里尼犹如感染热病的样貌令博洛尼亚的法西斯头目莱安德罗·阿尔皮纳蒂（Leandro Arpinati）心有余悸，“他双眼通红，仿佛刚刚哭过”。阿尔皮纳蒂评论说，墨索里尼就像一个即将宣布破产的商人。[11]

马泰奥蒂遇害，对教宗来说也是一桩灾难。梵蒂冈原以为墨索里尼的出现，让他们找到了可以合作的意大利领导人，然而现在反对力量正联合起来抵制国会，呼吁让宪法权利回归民众，墨索里尼对权力的把持已经岌岌可危。教宗决定倾尽全力挽救他。他首先从人民党入手，因为该党决定加入反对党联盟，呼吁选举新一届政府。尽管在官方层面上，人民党并不依赖教会高层，但如果教宗公开谴责它，它就不能宣称自己是天主教政党了。[12]

6 月末，意大利人已经民心涣散，墨索里尼也前途未卜，于是梵蒂冈日报《罗马观察报》针对这场危机刊登了一则社论，提醒天主教徒牢记教会的谆谆教导，要服从政府当局，并且警醒他们不要“跃入黑暗之中”。受梵蒂冈监督的耶稣会刊物《公教文明》则紧跟着刊登了一则由主编罗萨神父撰写的文章，提醒读者牢记教会的教诲，要服从政府当局。他认为任何颠覆当前政府的行为，都可能让整个社会堕入无政府状态。他还特别将矛头指向了人民党反对派，警告说虔诚的天主教徒绝不会和社会党人合作。[13]

梵蒂冈向天主教政党领导人明确表示，他们试图颠覆法西斯政权的各种举措为教宗所不喜，然而他们依然和其他反对党合作，试图将意大利重新带回到议会民主制的道路上。[14]

庇护也试图振奋墨索里尼日渐低落的精神。7 月 20 日，这个周 75
日上午，教宗让塔基 · 文图里向这位沮丧的领导人转达，教宗依然支持他。那天下午，这位耶稣会士交给墨索里尼一张纸条：“阁下，今天上午，教宗陛下似乎心情愉悦，他跟我谈起阁下的语气，令我确信这些话语必然会令您高兴、宽慰。”他给最后几个词加了下划线，并告诉墨索里尼，最好能跟他聊聊教宗的想法，希望能尽快同他会面。两天后，心烦意乱的政府首脑才打开这张纸条，他直接用彩色铅笔把答复写在上面，“周四上午 12 点”。这些时日是墨索里尼上台后最为灰暗的时日，教宗特使正是在这个时候向他传达了教宗对他的支持。[15]

庇护十一世向墨索里尼提供的帮助，不仅限于宽慰的话语，他还让罗萨神父给予帮忙。教宗在书房里会见了耶稣会主编，命他再准备一篇论述当前危机的文章。两天后，也就是在7月末，加斯帕里枢机亲自来到《公教文明》罗马总部，取走了罗萨的稿件。在接下来的几天里，这份稿件会在梵蒂冈和期刊办公室之间来来去去，上面出现了庇护十一世的黑色铅笔字迹。在得到教宗的最终首肯后，这篇不署名的文章将刊登在这份刊物上。[16]

在褒奖墨索里尼为教会所做的一切，并且暗示他和马泰奥蒂遇害没有关系之后，这篇文章警告说，任何针对政府的暴力行动都是不正当的。即便是合法手段（比如通过新一轮选举推翻政府）也应该避免，因为它将带来“严重的灾祸”。最重要的是，人民党永远不得和社会党结盟。[17]

马泰奥蒂的妻子和母亲不断地要求同教宗会面，这令庇护感到尴尬。教宗怀疑她们的目的是让墨索里尼进一步失势，于是拒绝了她们的请求。但是他也不想让自己显得铁石心肠，于是安排加斯帕里接待了两位妇女，给她们各送了一串受庇护降福的念珠。[18]

教宗对墨索里尼的支持从始至终，就算任何人对此抱有疑虑， 76
教宗在9月初给一群大学生做的演讲也足以打消它。庇护告诉他们，意大利天主教徒永远都不可以和社会党人合作。[19]

* * * * *

墨索里尼非常清楚，在这场生死攸关的战役中，教宗的支持有多么关键。在危机中，他安排孩子们学习宗教课程。十二岁的埃达、八岁的维托里奥以及六岁的布鲁诺都在同一天举行了首次圣餐礼和坚信礼。[20]

当教宗听闻这条喜讯时，另一个问题找上门来。尽管斯图尔佐神父辞去了人民党首脑的职务，他却仍然撰写文章批评政府。这件事令墨索里尼颇为烦恼，因为它意味着斯图尔佐仍然是反对派一个有头有脸的人物。于是，庇护十一世命令斯图尔佐停止对政府的攻击。[21]

这位西西里神父回答说，他可以离开这个国家，而教宗对这项提议感到满意。这不仅能让他离开意大利的政治舞台，还能为教会免去一桩麻烦事。因为只要他还待在意大利，法西斯暴徒就可能将他列入谋杀清单，一旦发生这种事情，教宗就更加难以支持法西斯政府了。10 月末，斯图尔佐离开了意大利，他原以为这将是一趟短暂的出国旅行，可这次流放整整持续了二十二年。[22]

与此同时，墨索里尼也另有几桩头疼的事情，各省的法西斯头目越发质疑他的决心和意志力。1924 年末，一篇题作《法西斯与墨索里尼反目》（Fascism Against Mussolini）的文章认为，只有地方法西斯党人才真正支持墨索里尼，并且谴责他搜捕杀害马泰奥蒂凶手的决定。三天后，由切萨雷·罗西筹备的一篇文章刊登在法国的刊物上，详细描述了谋杀的经过，直接暗示了墨索里尼和凶杀案的关系。米兰的《晚邮报》（*Corriere della Sera*）是意大利最有威望的报纸，它建议墨索里尼引咎辞职。各种各样的流言也传布开来，一面说意大利有可能发生军事政变，一面又猜测国王有可能任命一位新的总理。[23]

墨索里尼最后没有因为马泰奥蒂危机被免职，主要原因在于， 77
反对派的解决方案也无法服众，而教宗不断地出手破坏反对派结盟，阻止他们颠覆法西斯统治，也起了尤为突出的效果。在缺乏合适出路的情况下，无论是国王还是军方都不愿意采取行动。[24]

墨索里尼把握到这番现实情况后，慢慢恢复了自信。如今他确信，法西斯垮台的可能性已经不复存在。1925 年 1 月 3 日，在法西斯暴徒杀害马泰奥蒂不到七个月后，墨索里尼又在国会发表演说。这将会是他从政生涯最具戏剧性的一场演讲。

“在全体众议员和所有意大利人民面前，我要宣布，”墨索里尼说道，“对于过去发生的一切，我将独自承担所有政治责任、道德责任和历史责任。”

“我们与你同在！”法西斯代表叫嚷道。

“如果所有这些暴力事件，是特定历史、政治和道德气候的产物，”墨索里尼说道，“那么我将承担起这一份责任，因为正是我造成了这种历史、政治和道德气候。”

“各位先生！你们在自欺欺人！你们以为法西斯气数已尽……但是你会发现……各位先生，意大利需要和平，需要安定，需要平稳。我们会给意大利带来这份安定和平稳，必要时不惜动用武力。”

这番宣言之下，法西斯党对意大利残存的民主势力发动了最后的进攻。

第六章

独裁统治

墨索里尼在国会发表演说的当天，法西斯民兵部队攻占了余下 78
反对派及其报纸的总部。[1] 反对派领导人遭到围捕，被投入监狱[2]，而对他们的殴打也卷土重来。及至夏天，这一事态发展到顶峰，法西斯党人毒打了国会自由党领导人乔瓦尼·阿门多拉，而此前他就曾经遭受法西斯党的殴打。几个月后他因伤去世。[3]

墨索里尼明白，梵蒂冈持续不断的强力支持对自己具有不可估量的价值，所以他继续寻找途径，巩固和教宗的盟友关系。他已经安排孩子和妻子受洗，还给孩子举行了首次圣餐礼和坚信礼，现在他已经快要没有仪式可以用来证明自己心向天主教了。不过他实际上还有一项仪式可办。7 月，他告诉塔基·文图里，他要和雷切尔办一场宗教婚礼，时间大概定在 9 月。

耶稣会士非常高兴，因为他知道这个消息能够取悦庇护十一世。可是当 9 月过半，仍然没有听到任何风吹草动时，他询问墨索里尼到底出了什么状况。“我绝非怀疑您真诚的善意，”他在写给墨索里尼的纸条上解释道，但如果婚礼能够安排在之后的几周里，他建议道，“那么它肯定能给圣父以及许多真心投靠阁下的杰出人物带来 79

特别的宽慰。”

延迟的原因很可能出在雷切尔身上，因为她对教会的厌恶深入骨髓。几年前，墨索里尼坚持让雷切尔受洗，就几乎是拖着她来到仪式现场的。墨索里尼在任何地方都主宰大权，唯独在家里是个例外，于是墨索里尼决定先斩后奏。1925 年 12 月 29 日，雷切尔正在米兰寓所的厨房里烹制干面条，女佣告诉她，贝尼托将弟弟阿纳尔多以及一位神父带到家中。他们希望她能去客厅聊一聊。她丈夫通常不和神职人员共进出，这一反常现象使雷切尔提高了警惕，她说待她忙完的时候，自会去客厅。墨索里尼等到不耐烦，终于冲进了厨房。“我们要出发了，雷切尔。你已经折腾够了。别逼我用强力。”雷切尔可不会轻易受人胁迫，她选择无视丈夫的话语。墨索里尼只好鼓起勇气走到她身后，脱掉她的围裙，把她架到水槽前洗了手，然后又将她领进客厅。趁她逃跑之前，神父赶紧为他们举行了婚礼仪式。[4]

局势的进展再一次回到墨索里尼的掌控之中。他又开始巡视全国，所到之处均受到民众热情的欢迎。墨索里尼的演讲总是强劲有力，充满军事隐喻，洋溢着牺牲和信仰的感触。[5] 他有一种神秘的天赋，懂得在恰当的时机提高音量，而且有人指出，他演讲时音域很广，“小到蟒蛇的嘶嘶声，大到狮子的咆哮声”。[6]

可是墨索里尼很快就要处理自身队伍的问题。那个号称“最法西斯的法西斯党人”罗伯托·法里纳奇正在给他制造麻烦。一年前，当墨索里尼宣布独裁不久后，他曾打过一个老谋深算的赌，为了监视法里纳奇，墨索里尼将他任命为法西斯党总书记。

法里纳奇可不是一个易于驯服的人。1926 年 3 月，当杀害马泰奥蒂的凶手接受审判时，法里纳奇执意要高调处理这起案件，使 80
得两人之间的角力达到了顶峰。此时离这起凶杀案已经过去两年，墨索里尼绝对不想提醒人们，这起暴行曾经发生过。为了最大限度地减少新闻报道，他将审判安排在罗马东北方的一座小镇基耶蒂

(Chieti)。在审判几天前，墨索里尼在一份指示中写道："审判期间，我们必须避免任何戏剧性的因素，因为它可能会引起国内外舆情的波动，所以不可以吵闹，也不可以有任何政治引申。"

令墨索里尼颇为惊慌的是，法里纳奇决定加入辩护律师团队，并且命令基耶蒂的法西斯党头目给自己安排一场盛大的接待仪式。他这番哗众取宠的姿态令墨索里尼愤怒，因而随即给他发了一封措辞严厉的信："在我看来，你抛开了曾经的所有承诺，令这场审判……变成一个政治事件。我要非常严肃地批判你，而且党内正弥漫着极大的不安情绪……我警告你，审判结束后，不能有任何集会和庆祝活动，我绝不会容忍这种行为。" [7]

这场审判的法官是个法西斯党人，而辩护律师中又有法西斯党总书记，在他们的帮助下，五名被告中有两名被无罪释放。杜米尼(墨索里尼的亲信)和两位同仁被判过失杀人，不出两个月便重获自由。墨索里尼尽管对判决结果感到满意，却对法里纳奇非常愤怒，很快就撤掉了他党总书记的职务。[8]

墨索里尼想要提升自己的公众形象，越发将自己打造成新时代的恺撒大帝，似乎注定要让意大利重返古代的荣光。在这番宣传行动中，他的情妇玛格丽塔·萨尔法蒂充当了重要的搭档。她帮墨索里尼撰写的准官方传记在1926年出版，书名毫不避讳地用拉丁文题作《领袖》(*Dux*)。[9] 这个拉丁词的意大利文变体"Duce"意思也是领袖，它会越发频繁地在媒体和公众场合中同墨索里尼联系在一起。[10]

墨索里尼还混合了法西斯和天主教的形象，把自己塑造成一个近似于基督的人物。在突尼斯(法国殖民地)的意大利学校，学生们念诵的祷告词将会以各种形式回响在意大利半岛上：

> 我相信伟大的领袖，他是黑衫军创始者，我相信耶稣基督是他唯一的守护人，我们的救世主由一位善良的教师和一位勤劳的 81

铁匠所哺育……他已经降临罗马……[11]

墨索里尼尽管沐浴在阿谀奉承之中，却仍然保持着警惕心理。朱塞佩·博塔伊（Giuseppe Bottai）长期担任法西斯大议会的议员，曾经谈及墨索里尼的两副面目。一副面目下的墨索里尼豪爽而冲动，听凭本能的指引，另一副面目下的他则“卑鄙而小气，跟常人一样有嫉妒心，很会撒谎和欺骗，随意做出根本无意信守的承诺，为人卑劣，奸诈不忠，情感冷漠，无法对他人保持忠诚和爱意，会轻而易举地抛弃最忠诚的追随者”。[12] 事实上，在整个政府里，博塔伊是少数没有被墨索里尼撤换的要员。即便是在执政早期，墨索里尼也不能容忍任何人对他构成威胁，与他形成竞争关系；一旦他身边的大臣出现受民众欢迎的迹象，他们便会很快被委派他职，远赴非洲或者巴尔干半岛。

* * * * *

对于墨索里尼而言，1925 年是凯旋之年，它对教宗来说也是一段值得骄傲的时日。为了将天主教徒更加紧密地团结在教会四周，他宣布 1925 年为圣年；自从教宗博义八世（Boniface VIII）宣布 1300 年为首个圣年以来，这已是第二十三个圣年了。圣年期间，教会鼓励天主教徒向罗马的圣地朝圣；教区神父和主教（无论是来自美洲抑或欧洲中部）也会带领信徒来到梵蒂冈和不朽之城的各座教堂。庇护十一世对这个圣年的成果十分满意，以致后来他又宣布了两个圣年：分别是 1929 年和 1933 年至 1934 年，前者是为了庆祝他晋铎五十周年，后者则是纪念耶稣复活一千九百周年。

1924 年圣诞夜，教宗出现在圣彼得广场上，取下了圣门上的封条，令其在接下来的一年里向四方敞开，这一举措具有很重要的象征意义。在接下来的十二个月里，超过百万的天主教朝圣者从世界

庇护十一世，1925 年

各地赶来，而教宗也进行了三百八十次演讲。他演讲时通常都不带稿件，有时候会大致写下演讲的主题，却鲜少会将演讲的具体内容写下来。他独具特色的演讲依然语速缓慢、用词审慎，时不时地停 82
下来，从右到左俯视面前的教众。考虑好接下来要说的话时，他又会抬起头，稍稍偏向右侧，然后继续演讲，通常都会重复刚刚说过的最后一句话，仿佛是要确认那句话确实说得很好。[13]

这一繁重的日程确实令教宗不堪重负。圣年才开始几周，罗马的警察局局长便收到一份机密报告。报告表示，尽管教宗现在健康状况良好，但是教宗的生活令他感到窒息。他曾经是一个沉醉于户外项目、热爱体育运动的人，如今却只能困守于梵蒂冈狭小的天地里，而每天频繁的会面、接见以及仪式都给他施加了沉重的负担。教宗尤其想念山林间新鲜的空气，所以即便在冬日里，也坚持让卧室的窗户敞开着。教宗助手韦尼尼神父认为教宗常常面露疲惫的神色。也许他晚上总是睡不好觉，因为他常常跟韦尼尼说，夜里有老 83
鼠在他的卧室里横冲直撞。[14]

庇护认为，罗马朝圣之行是天主教徒最虔诚的一种表现。[15] 使徒宫的大厅里，每天都有数百人双膝跪地等候着，希望能够在教宗走过时亲吻到他的戒指，如果特别幸运的话，还能够从他手中获赠一枚纪念章。[16] 身穿红袍的枢机、各色教宗侍从，以及颈戴轮状皱领、肩披披风、下穿及膝短裤、手持长剑的宪兵队，将身穿白袍的教宗簇拥在中间，这番景象很容易令人生出敬畏之心。[17] 巨大无比的房间上方是绘有穹顶壁画的天花板，四周的墙面装裱着文艺复兴时期的绘画作品，此外还有衣着古雅的教宗侍从，令访客感到仿佛时光倒流，回到了几个世纪以前。

教宗通常每天都要接见几百位朝圣者，他们之中既有神职人员，也有平信徒。男性穿着礼服，没有礼服的人则穿着朴素的深色西装。女性穿着黑色带袖长裙，头上包着黑色的蕾丝纱巾。教宗在贵族卫队、教宗侍从以及典礼长卡恰·多米尼奥尼蒙席的护送下进入大厅，走到高出地面的宝座前，面对人群坐下来。朝圣者的领头人首先开口，发表一番奉献赞美之辞。教宗用他缓慢、审慎、精确的方式予以回应，通常都会提及朝圣者美丽的故乡以及当地天主教众的虔诚。然后他又称赞一番领导朝圣队伍的高级神职人员。最后，当他以降福收尾时，所有朝圣者都会双膝跪地。

英国通俗作家爱德华·卢卡斯(Edward Lucas)是贵格会的教徒，曾于1925年的圣诞夜在圣彼得广场经历了圣年的闭幕仪式，他的一番描述记录了这个圣年在情感上给人们带来的震撼。他写道，梵蒂冈城的宗教仪式在世上绝无仅有，最壮观的莫过于跟随教宗的队列。教宗的贵族卫兵穿着中世纪的服饰，腰上的剑柄光彩夺目，他们就像引座员一样忙前忙后。卢卡斯感觉自己穿越回中世纪，不仅 84
仅是因为枢机、高级教士、神父和修士的服装，更是因为他们的面容和表情。他感到这些事物似乎都没有改变。

“有些神父穿着紫衣，有的穿着黑衣，有的穿着带帽的修士服；有那么一两个人蓄有胡须；有些人则身裹朴素的白衣……很多人老得让人难以置信；几乎没有人面露欢快、无忧无虑的神色；许多人都显得很焦虑。然后是枢机……然后是高高在上的圣父，他的座椅由两名红衣仆人抬着，两旁还跟着两位手执高级羽毛扇的仆从，教宗尊贵的头上戴着一顶华丽的教宗冠，他动作轻柔、从右到左地挥着手，将福祉赐给众人。”[18]

教宗发布通谕《那些首先的》(*Quas primas*)，为这个圣年完成了收尾工作。他讲道，只有皈依罗马天主教这一唯一真正的宗教，人类才能得救。就像所有在他之前的教宗一样，他谴责了法国大革命，认为它是诸恶之源，散播了“人权”这一极为有害的观念。[19] 他以如下忠告结束了这篇通谕：“统治者与君主一定要将公众的荣耀与服从供奉给基督。”任何不遵从这句话的人都将面临可怕的结局，因为基督“将会对这些渎神的无礼行为予以最严厉的报复”。[20]

教宗还通过这篇通谕宣布了一个新的天主教节日“基督君王日”，意在与不断传播的世俗主义作斗争，这种思想在他看来是现代社会的一大瘟疫。天主教徒以极大的热忱接纳了这篇通谕以及由它带来的这个新节日，新教徒却对此做出了不同的反应。美国路德会（Lutheran Council）对这篇通谕大加鞭挞，认为它是“最糟糕的宗派主义”，并且“与相当多的基督徒群体为敌”。该会呼吁世界各地的新教徒抵制教宗的新节日。[21]

* * * * *

教宗对自身职责的威严有着独特的理解，他拒绝用电话同人交谈，也拒绝跟任何宾客合影。他非常频繁地接见公众，日程非常紧凑，却不总是愿意接受私人的会面请求。有一次，当国务卿告诉他，有一位重要的人物希望得到他的接见，他直言自己并不乐意。当时他心情还算愉悦，便补充了一句：“不过有一个大家常用的借口我 85

没法用，你总不能跟他说我不在家吧。”[22]

在罗马的神职人员眼里，与庇护十世和本笃十五世相比，庇护十一世为人冷漠而又粗率。[23]在教宗的一次日常散步中，离他不远的地方，一位年事已高的园丁因心脏病发作跌倒在地，其他园丁和教宗的一位护卫都赶忙上前帮忙。有人告诉庇护到底发生了什么事情，然而庇护却自顾自地继续散步。这一事件使得梵蒂冈各界都对教宗议论纷纷。[24]

秘密警察的线人从梵蒂冈发来了卷帙浩繁的报告，为围绕教宗的诸多暗斗提供了珍贵的洞见。自掌权以来，墨索里尼便组建起一个庞大的线人网络。由于线人们各怀私心，所以他们提供的报告必须谨慎阅读；即便如此，他们的报告仍然为那些年间梵蒂冈城内的事务提供了无可比拟的深刻见解。[25]

庇护十一世大发雷霆的情况越来越频繁。一位蒙席曾向一位线人透露，每当必须要去晋见教宗时，他都会颤抖，“他要遭受的屈辱如此深重”，以至于不得不始终双膝跪地。这位线人还写道，教宗对加斯帕里的态度也十分恶劣，不过幸运的是，这位枢机“脸皮很厚，总是假装没有注意到教宗对他的羞辱”。[26]

比利时大使道出了他对教宗的看法，在各国驻梵蒂冈大使之间差不多算是一种共识。庇护十一世是一位学术渊博的人，但比起因为间谍活动而臭名昭著的庇护十世，他并没有那么痴迷于教理和戒律。不过他在固执方面却完完整整地继承了庇护十世，连一点外交手腕都欠奉：“他这人做事总是一以贯之。他致力于最崇高、最恢宏的理念，却不理会那些规劝他更为耐心的意见。”这位大使记述道，庇护十一世最为突出的个人特质便是，他坚持要求别人绝对服从自己。[27]

梵蒂冈官方报纸近几年曾报道过一封发现不久的信函，它对教宗坚韧性格的印证如果说不上令人瞠目结舌，也足够让人惊讶了。1919 年，当他作为本笃十五世的大使被外派华沙时，阿契尔·拉蒂

曾经写信给梵蒂冈图书馆的助理，要求助理派人将他遗忘在书桌上 86
的文件带给他，“顺便捎上放在那里的小型左轮手枪和子弹”。当米兰陷入混乱之中，革命的威胁迫在眉睫之时，拉蒂买来了这把枪，并放在安波罗修图书馆的书桌里。当他升任梵蒂冈图书馆馆长之时，这把枪也跟随他来到罗马。当华沙面临红军入侵的威胁时，他不希望自己手无寸铁。[28]

* * * * *

在一场国际外科医生大会上发表过欢迎辞之后，墨索里尼现身于罗马的阳光下。一群激动的法西斯党人看到他们的领袖如此出人意表地现身，便举起他们的臂膀行法西斯礼，而墨索里尼也不假思索地将头稍稍后倾，举臂回应。突然间，人群中传来一声枪响。一位精神异常的爱尔兰中年妇女维奥莱特 · 吉布森（Violet Gibson）举着手枪向他头部射击。幸亏他向党人回礼，没有将额头前倾，才让子弹只是擦过了他的鼻子，流了些鲜血而已。

这一事件之后，墨索里尼仍然坚持要按原计划，于当天（1926年4月7日）晚些时候在一场法西斯党集会上发表讲话，于是他出现时鼻梁上便绑着厚厚的白色绷带。他在结束语中影射了这次刺杀事件，成就了他的传奇语录：“假如我向前，你们要跟随我；假如我后退，你们就杀死我；假如我被刺身亡，你们就替我报仇。”[29] 第二天，他飞赴意大利的非洲殖民地。据说动身离开时，他开玩笑说自己去非洲之前就已经给鼻子打过孔了。[30]

意大利全国各地的神职人员引领着信徒做感恩祷告，他们告诉这些信徒，天主会保护他们国家领导人的安危。在这起刺杀事件几天之前，庇护十世的姐姐曾将她弟弟的小瓜帽当作礼物送给领袖。很多人都相信，这位后来位列圣品的教宗再度创造了一个奇迹。[31]

墨索里尼需要许多个奇迹才能够熬过那一年，因为他巩固了独

裁统治，使得反法西斯人士心灰意冷，认为只有置他于死地才有希
望结束这种局面。9 月时，一位二十六岁的意大利无政府主义者将
一枚自制的炸弹抛向了墨索里尼的汽车，而这位领袖又一次如有神 87
助，保全了自身的平安。炸弹被右侧车门弹开后引爆，炸伤了几人，
而它的袭击目标却毫发无损。[32]

最具有戏剧性的刺杀事件发生在 10 月 31 日，当时墨索里尼正在博洛尼亚为一座新建的体育馆主持落成典礼，当他乘坐汽车驶过市内人潮涌动的街道时，突然响起了一声枪响。这发子弹差一点点就打中它的目标，它击中了领袖为了仪式而专门挂在胸前的饰带。人群中好几人扑向杀手，并当场将这位十六岁的男孩杀死。意大利全国上下的法西斯党人十分愤慨，他们将余下的反对派媒体夷为平地，并且殴打那些支持反法西斯派的人士。[33]

得知墨索里尼没有受伤，教宗算是松了口气，他马上告知墨索里尼，领袖“由于耶稣基督的特殊保护而安然无恙”的消息给他带来了“极大的喜悦”。[34] 独裁统治的时机现在已然成熟。11 月 5 日，一项新的法律规定，批评政府的人士将被流放到国内偏远地区。许多人将离开他们位于城市的家，被流放到偏远的小岛和山村，受到警察的监视。这条新法颁布四天后，余下的反对派代表都被逐出了国会，只有法西斯党成员能够继续持有政府职务。到 1926 年末，只有法西斯党工会见容于意大利法律，而任何性质的罢工都遭到了禁止。市长不再由选举产生，而是直接由中央政府委任；媒体审查愈发严格；政府专门设立了一处特别法庭，用于根除余下的反对力量，死刑也得到了恢复。[35] 意大利王国从教宗手中抢走罗马时废除了死刑，半个多世纪后，这一刑法再度回到了这座城市。[36]

第七章

刺客、娈童者与间谍

作为教宗和墨索里尼之间的特使，整个罗马城几乎没有几人能 88
在影响力上超过塔基·文图里。他是政府各大厅的常客，常常在各部办公地点间往来穿梭，犹如一位非凡的权力掮客。那些年里，他造访各个政府部长及其下属达数百次，不仅代表教宗向他们寻求援助，还代表了许许多多其他人，这些人都懂得，想要获取法西斯政府的援助，最佳途径便是将事情托付给塔基·文图里。[1]

这位耶稣会士行事十分谨慎，但是他和墨索里尼的密切关系还是被人注意到了。罗马人戏称他是“墨索里尼的告解神父”，并认为这位在幕后掌握实权的人每天都要同墨索里尼会面[2]，一份德国报纸则将他称作是墨索里尼的拉斯普京*。[3]

虽然在庇护十一世眼里，塔基·文图里不过是将他的请求和关切传达给墨索里尼的一个角色，这位耶稣会士对自己的使命却有着更为宽阔的视野。就像梵蒂冈其他人士一样，他认为教宗不够关心
意大利犹太人所带来的威胁，于是他便自作主张，多年以来反复警 89

* Rasputin，东正教神父，神秘主义者，沙皇尼古拉二世的宠臣。

告墨索里尼这一所谓的隐患。

在他于 1926 年夏天起草的一份档案里，塔基·文图里认为，“遍及全球的犹太—共济会财阀”是教会面临的最强大的敌人。[4] 他呼吁政府采取严厉措施，包括组建“秘密警察”，用于监视意大利的犹太银行家。政府还应当禁止证券交易，因为在他眼里，证券交易是“神秘主义帝国最强力的手段”。此外，由于全世界的媒体几乎都掌握在犹太人和共济会手里，政府也就需要在所有牵涉商业和金融的话题上限制媒体的自由。他们必须意识到犹太—共济会财阀是全世界所有经济和政治问题的根源所在。[5]

尽管教宗和梵蒂冈的普遍观点是站在同一阵线上，认为中欧和东欧的大量犹太人对基督教社会造成了威胁，但他总是将意大利稀少的犹太人口排除在这份担忧之外。然而他的耶稣会特使却对这三个地区的犹太人一视同仁。1926 年，塔基 · 文图里将一本别人题献给他的手册送给了领袖，这本近期出版的十五页手册题作《犹太复国运动和天主教》(*Zionism and Catholicism*)。这本手册先是回顾了基督教对待犹太人的历史态度：犹太人背叛了基督，于是天主惩罚他们，令他们永世流浪，还对他们施加了诅咒；接着这本手册谈起了犹太人带来的更直接的威胁，其作者警告道：“没有人能够怀疑，犹太教徒在全世界开展可怕、邪恶和毁灭性的运动。”犹太人试图掀起激进的革命，“摧毁当前的社会，并由他们自己主宰世界，这一行径正是出于《塔木德》(*Talmud*) 的教导”。[6] 墨索里尼收下了这本手册，不过我们并不清楚他有没有阅读它。

基本上，每个月塔基 · 文图里都会单独面见领袖，这一状况定然会引人嫉妒，乃至引人愤恨。1927 年的一个周六，他进入了罗马的耶稣教堂，这个他每周聆听教徒告解的地方。这栋庞大的 16 世纪巴洛克建筑矗立在城市的中央，是罗马最重要的耶稣会教堂。那
天，当他走过光线昏暗的教堂走进他的告解室时，被一块宽大的写 90
字板吓了一跳。他查看了写字板上的印刷字体：

文图里，文图里，文图里——
如果他们干掉了你的贝尼托——
你的帝国也将彻底陷落
赶紧向天主祷告，愿他们不着急动手。[7]

这位耶稣会神父并非第一次见到这样的匿名警告，可他不会轻易被吓到。然而出人意料的是，刺客的刀下一轮对准的竟然不是墨索里尼，而是塔基 · 文图里。

* * * * *

消息很快就散布开来。六十七岁的彼得罗 · 塔基 · 文图里神父，那个同时深受教宗与墨索里尼信任的人，险象环生，逃过一劫。根据他后来的讲述，当听到一位小伙子想要见他时，他正在耶稣教堂近旁一栋建筑的办公桌前办公。他告诉门房让小伙子进来。这个小伙子进门后从外套里抽出一把刀，一言不发地举刀刺向这位耶稣会士的脖颈。这位神父本能地向后一缩，并全靠这番条件反射才得救，伤口差一点就开在颈静脉上。这位刺客随即逃了出去。满身是血的耶稣会士不知所措，跌跌撞撞地走到门厅，他的同仁赶忙上前对其进行救助，刺刀仍旧插在他的脖子里。

第二天，也就是 1928 年 2 月 29 日，《纽约时报》(*The New York Times*) 报道了这则新闻 ："塔基 · 文图里神父是一位耶稣会学者，也是教宗与墨索里尼总理之间为'罗马问题'寻求解决方案而安排的联络人，昨日一位小伙子出于未知的缘由试图伤害他的性命，最终导致他受伤。这位小伙子行刺的原因尚不明确，他进入神父的宅邸，用裁纸刀刺入了神父的脖颈。"报纸还补充道 ："梵蒂冈圈内不乐于谈论这起事件。"[8]

这个刺杀塔基 · 文图里的人到底是谁？这一行动背后又有什么 91

样的原因？米兰的《晚邮报》猜测这一阴谋的背后人物试图打击法西斯党的耶稣会一翼，而塔基·文图里曾任耶稣会总会长，人们猜测他正是这股势力的实际领导人。其他人则认为，这番暴力的背后人物是耶稣会异见人士，他们对塔基·文图里以及他不断巩固梵蒂冈—法西斯联盟的活动感到不满。

在接下来的几周里，塔基·文图里竭尽全力说服警方，让他们相信自己已经成为国际刺杀行动的刺杀对象。当警方提出疑虑时，他出示了自己的证据，而这一证据也很快被媒体捕捉到。3月1日，《华盛顿邮报》(*Washington Post*)刊出一则新闻，题作《罗马刺杀事件暴露反墨索里尼阴谋》(Anti-Mussolini Plot Seen in Rome Stabbing)，报道指出，这一阴谋中包含一份“黑名单”，列出了计划刺杀的对象，而这位耶稣会士在其中名列前茅。[9]

塔基·文图里告诉警方，他最近从一个信息灵通、非常可靠的来源处收到了一份机密报告，这份报告显示，流亡巴黎的著名反法西斯人士加埃塔诺·萨尔韦米尼（Gaetano Salvemini）列出了一张法西斯政府的领导人名单，准备对他们进行刺杀。名单上位列第一的是墨索里尼，而位列第二的便是塔基·文图里。塔基·文图里所指控的幕后黑手足以引起警察的警惕，因为在那些批评墨索里尼的人士当中，萨尔韦米尼具有非常强大的影响力。萨尔韦米尼是一位受人尊敬的学者，曾在佛罗伦萨大学历史系担任教授一职，第一次世界大战后，他作为社会党代表进入国会。他撰写了许多著作，谴责独裁统治，并在1925年短暂入狱，随后逃离出境。[10]

警方对塔基·文图里的断言持有疑虑，他们不认为像加埃塔诺·萨尔韦米尼这样享誉国际的学者会组织一系列刺杀行动。这种事情令人难以置信。即便这样的阴谋确实存在，那么它将塔基·文图里列为墨索里尼之后第一重要的刺杀对象，也让人觉得牵强。

警方并没有将塔基·文图里的说法当真，反而想要调查他的私人生活，这令他十分焦躁。为了阻止这一进展，他试图让墨索里尼介入调停。3 月 19 日，他前去同领袖会面，迫切地想向墨索里尼证明，自己已经成了反法西斯阴谋的刺杀对象。他把这份阴谋的介绍 92
材料交给墨索里尼，而后者早已从线人手里获知了这一情报。

罗马的警察局局长在后来的一份报告中写道，即便只是粗略地浏览一番，也能看出这份材料的可信度不高。消息来源声称，他曾在巴黎安排与萨尔韦米尼见面，提出为这位流亡教授提供援助。这位五十四岁的教授不仅在不清楚对方身份的情况下答应同他见面，而且还直截了当地将刺杀阴谋的所有细节透露给他。[11] 警察局局长认为，像塔基·文图里这样聪明且深具城府的人，竟然会相信这种东西，真让人觉得难以置信，更别说他居然认为自己能说服别人相信，更是让人觉得匪夷所思。对于警察局局长来说，唯一的问题在于，到底是别人给他准备的这番说辞，还是他自己捏造出来的。[12]

警方不停地要求这位耶稣会士透露这份报告的原作者身份，然而塔基 · 文图里拒绝了这个要求。警方最终还是查明了原作者的身份：他确实是一位臭名昭著的阴谋家，曾经因散布荒诞不经的传闻而触犯法律。[13]

警察局局长认为，塔基 · 文图里的实际动机是想要摆脱警方的调查。3 月 20 日，一位警方线人的报告证实了他的怀疑。“我们从梵蒂冈得到确认，”这位线人写道，“不想查明袭击者（他很清楚这人是谁，所以也很清楚受袭的原因）身份的正是塔基 · 文图里本人。”[14]

十天后，秘密警察负责人在一份机密备忘录中写道，本案件的最新情报解释了塔基 · 文图里的怪异行为。这同样解释了，为什么耶稣教堂的耶稣会士没有声援塔基 · 文图里，而是选择对这一切缄口不言，因为他们并不打算配合塔基 · 文图里的行动：那个袭击塔基 · 文图里的小伙子之所以这么做，是因为他们发生了“不正当的关系”。[15] 这便是塔基 · 文图里拼命想要保守的秘密。

6 月，警察局局长给出了他的最终报告，给这项调查画上了句号。

塔基·文图里本人对事件的描述前后矛盾。如果他当真遭到刺客的
刺杀，那他为什么不出声呼救，反而让刺客逃走了？为什么没有一 93
个耶稣会士向警方报告这起袭击？受伤的神父去医院包扎伤口，而
警方是从医院获知了袭击的事情。

那个袭击塔基·文图里的小伙子在接待室里坐了很久，久到已经被人记住了样貌。据事发隔壁房间的一位神父说，他进入塔基·文图里房间不久后，里面传出了怒吼声。塔基·文图里却说，那位身份不明的访客刚刚进来就发动攻击，并且从头到尾一言不发。

此外，刺客使用的武器也存疑。那把武器是一把沉重的开信刀，设计别致，由黑色的木手柄和锋利的金属刀刃构成。警察检视这把不同寻常的武器时，惊讶地发现它和塔基·文图里自己使用的开信刀一模一样，而这位耶稣会士则声称武器是刺客随身携带的。警察认为，一个国际政治刺杀队伍竟然会将开信刀选作他们的武器，就算它很沉重、很锋利，也实在是太奇怪了。

此外，伤口的状况也引发了疑问。据塔基·文图里所言，这位所谓的刺客持开信刀的方式类似使用匕首的方式，并且试图刺入他的脖颈。尽管它没有刺中颈静脉，却还是扎进了脖子，流出了大量血液。但是医生的检查报告却显示塔基·文图里的脖子上并没有很深的刺伤，反而有一道又浅又长的伤口。举刀刺杀的动作不太可能造成这样的伤口，更别提一把刺入脖颈的刀。对耶稣会士当天服装的检查也得出了类似的结论，尽管衣服上沾有血迹，但是出血量并不大。虽然塔基·文图里声称耶稣会同仁们看见了刺入脖颈的那把开信刀，但是没有任何人确认这一情况。

2 月的那一天到底发生了什么事情？警察局局长能够确认的就
是，这起袭击肯定跟反法西斯阴谋没有任何关系。神父之所以受伤，
是因为他和某人发生了口角，而且这个某人跟他非常熟络，盛怒之
下从塔基·文图里的书桌上捡起一把开信刀，将它抛向了神父。这
场袭击完全出于个人原因，并不牵涉政治因素，而这也正是这位耶 94

稣会士想尽一切办法阻止警方找出袭击者的原因。[16]

在这起案件中，有一条调查路径是警察局局长没有深究的。在最终报告中，他承认自己没有探究神父和这位小伙子有不正当关系的可能性。警方并不愿意深究这位耶稣会士的私生活，更别提他同这位男孩或者小伙子之间的不正当关系了，毕竟他同教宗和墨索里尼都有着密切的关系。[17] 一旦排除掉政治刺杀阴谋的可能性，他们就乐于给案件画上一个句号。袭击者最后也没有被逮捕归案。[18]

警方线人称，塔基·文图里干扰警方调查的诸多举动，教宗其实是心知肚明的，但这一事件丝毫没有影响教宗和墨索里尼对耶稣会士的重视。不久之后，他又将代表教宗同领袖会面。也许，这一事件引发的猜疑反倒使得塔基·文图里做出了过度的补救，因为他急于赢回领袖的信任。5 月，在一封写给墨索里尼的信中，他向领袖保证自己“既是称职的耶稣会士，又是称职的法西斯党人”。[19]

* * * * *

警方线人从梵蒂冈源源不断地发来报告，表明教宗当时正在处理好几起娈童指控，受到指控的乃是他最亲近的几位神职人员。[20] 在教宗年轻的时候，卡恰·多米尼奥尼蒙席就在米兰同他相识了，此人如今主掌教宗平日的各种仪式，经常伴随在庇护左右。政府当局安插在梵蒂冈的线人呈递过许多报告，详细描述了这位蒙席遭到的指控，他同许多男孩和小伙子保持着不正当关系。

在 1926 年的一份报告中，线人称教宗曾下令对这些指控进行秘密调查。在梵蒂冈调查员的审问下，一位小伙子透露卡恰曾经将自己诱骗到梵蒂冈的一个房间里，发生了性行为。当这起事件在梵蒂冈传开时，教宗命令任何人都不得谈论。然而此事并非教宗处理 95
的第一批类似事件。教宗管家里卡多·桑斯·德·桑佩尔蒙席也曾被指控同少年发生性关系。梵蒂冈内部人士会在教宗背后开他玩笑，说当教宗在公众场合露面时，他的“身边跟着两个变童者，分别就是卡恰和桑佩尔”。庇护接待公众时，卡恰和桑佩尔确确实实站在他的两侧。[21]

虽然两人都遭到指控，他们各自的命运却走向了完全不同的方向。来自南美的桑佩尔不像米兰人卡恰那样，早年就和教宗攀上了交情。到最后，他将因为丑闻身败名裂。庇护十一世不但没有将桑佩尔晋升为枢机，还突然于 1928 年末在没有给出任何公开解释的情形下解除了他的职务。由此往后，这个曾经在梵蒂冈最惹人瞩目的桑佩尔，便从公众的视线中彻底消失了。[22]

而在接下来的许多年里，卡恰将面临满城的流言，风传他喜欢将男孩带进卧室。数位警方线人也就此问题提供了源源不断的秘密报告，详细地描述了其中肮脏的细节。[23]

如果没有墨索里尼布下的间谍网络，这些梵蒂冈的秘密就永远不会曝光。即便是今天，圣座已经向学者开放了藏于梵蒂冈秘密档案馆的部分历史资料，教会官员仍旧收走了那些涉及敏感“人物”的资料。所幸，墨索里尼布置在梵蒂冈的间谍网络实在是太扎实了。这些间谍不仅包括三到四位德高望重的神职人员，还包括梵蒂冈平信徒，以及能够获取梵蒂冈高层资料的天主教徒，比如埃马努埃利 · 布鲁纳托（Emanuele Brunatto），这位实业家同加斯帕里枢机来往密切，布鲁纳托也确实曾向墨索里尼报告过卡恰的不端行为。[24]

1926 年，墨索里尼的性命屡屡遭到威胁，于是他撤掉了国家警察总长，让时年四十六岁的阿尔图罗 · 博基尼（Arturo Bocchini）取而代之。博基尼一生参政，上位之前担任过地方省督。他原本并不是一个法西斯狂热分子，但像很多其他人一样，他审时度势，很快就向新政府投诚。在接下来的年岁里，他悄无声息却非常娴熟地组织起一个庞大的监视网络，既为警方提供情报，也为墨索里尼提 96
供情报，很快就成了领袖麾下最有价值的人物。

博基尼每天上午都会同墨索里尼会面，向他展示自己认为最有价值的线人报告。博基尼聪颖、高效，并且将所有精力都献给了他的职业，然而他生性并不残忍，只是做事求全责备罢了。[25] 到1927年底，他已经将警方所有的监视力量都集中到自己手里，长期监视对象超过十万人。他的工作并非监视个别人物，而是时刻掌握全体意大利人的脉搏。他的报告使得领袖能够获知社会公众的情绪，没有他，领袖身边就全是一堆溜须拍马的人。[26]

博基尼组织间谍网络的方法是选拔线人头目，由他们负责管理各自的情报子网络，而这些子网络头目也会频繁地发展下线。博基尼有位高挑、迷人的情妇，名叫比切 · 普佩斯基（Bice Pupeschi），便掌管着最为重要的一个子网络，这位已婚但和丈夫分居的少妇足足比博基尼小了十四岁。博基尼将她安排在罗马的一间公寓里，这里不仅是他们两人的爱巢，也是她同几位重要线人交接的地点。[27]

恩里科 · 普奇（Enrico Pucci）蒙席于1927年被这位警察总长收买，算得上他手下最有价值的情报来源之一。[28] 普奇从庇护十世任期开始在梵蒂冈供职，后来他负责主持特拉斯提弗列（Trastevere）的圣玛利亚教堂，离梵蒂冈并不太远。1919年，他返回梵蒂冈，在教宗手下担任国内教长以及罗马天主教报纸《意大利邮报》的主编。1923年，正是普奇撰写文章，公开了教宗希望斯图尔佐神父从人民党主席位置上引退的意愿。普奇会定期发表时事通讯，报道梵蒂冈的各种新闻。他有着非常广的人脉关系，于是到20世纪20年代中期，人们普遍认为他就是梵蒂冈的首席新闻官。普奇虽然没有太多机会晋见教宗，却常常同加斯帕里枢机会面；此外他同枢机和地方主教共饮咖啡或者共进晚餐的身影，也常常能在罗马的餐厅和咖啡馆里见到。[29]

墨索里尼正是通过这个情报网络，获知了卡恰那些见不得人的秘密。1928年，墨索里尼的线人发现有两个男孩从这位蒙席的房间
里出来。当他们被这位线人逮住并遭受质问时，两人详细地讲出了 97

他们与卡恰的不正当关系，乃至细致地描述了他的卧室。墨索里尼获知这一情报最初便是通过一个特殊人物，他在警方文件中被标识为“梵蒂冈出名的线人”。此人显然在梵蒂冈位高权重，但是其真实身份至今无法探明。在1925年至1934年间，他提交了大量机密报告，许多都直接送到墨索里尼的私人秘书处，而领袖则以极大的热忱翻阅了这些报告。[30]

1928年，在报告卡恰近期的不端行为时，这位“梵蒂冈出名的线人”补充道，博尔格（负责梵蒂冈的罗马警察片区）的警察局局长和梵蒂冈官员相互勾结，阻止这些指控传到外界。[31] 而这绝不会是罗马警察最后一次帮助梵蒂冈隐瞒卡恰蒙席同小伙子们的不正当关系。

第八章

《拉特兰条约》

1861 年，意大利王国建立在教宗国的亡国之土上，九年后，它 98
又将罗马收入囊中；从此以后，“罗马问题”便一直是这个国家领导人的心头大患。千年以来，历任教宗统治着意大利半岛的大片领土，从罗马向北通向翁布里亚（Umbria），一直延伸到费拉拉和博洛尼亚。1860 年，教宗国一点点被蚕食，庇护九世将意大利国王驱逐出教，宣布任何天主教徒都不能承认他的政府。

在接下来的三十年里，庇护九世和他的继任者利奥十三世想方设法重新夺回这座不朽之城。到 19 世纪末，即便是教宗最狂热的支持者也已经意识到这些努力完全是徒劳的。在国际政治方面，这一延绵不绝的冲突也给新成立的意大利王国带来了麻烦，天主教国家的领导人都不愿意访问意大利的首都。因为如果他们和意大利领导人会面，教宗就不会接见他们。这样一来，访问罗马就不能晋见教宗，这种局面将有可能在本国引发负面结果。

待到 19、20 世纪之交，这一状况终于出现了变局。社会主义
运动飞速发展，对此警觉的庇护十世解除禁令，允许天主教徒参加 99
选举及进驻国家政府机构，但圣座仍然拒绝承认意大利政府，而梵

蒂冈的法定地位仍旧模糊不清。[1]

1924年夏，马泰奥蒂谋杀案所引发的危机正值最深重的时刻，墨索里尼组建了一个特别委员会，重新审视那些和教会相关的法律，其目的在于减少教会和国家之间的矛盾冲突。由于圣座依然没有正式认可意大利，所以教宗不能表现出同意大利政府合作的迹象，但是通过塔基·文图里的沟通工作，庇护在幕后将三位高级教士安插在这个特别委员会中。[2]

这个委员会在1925年召开了三十五次会议。1926年2月，当它准备宣布新修的征兵法时，教宗手写了一封长长的公开信，发表了自己对这个委员会的看法。这封公开信刊登在梵蒂冈的报纸上，收信人是梵蒂冈国务卿。

教宗写道，在教会权利的事宜上，任何由国会投票达成的一致意见，都是教会无法苟同的。只有经过政府和圣座的直接协商，新的共识才有可能达成。[3]

墨索里尼对此非常激动。他告诉司法部部长和宗教部部长，教宗的这封公开信“至关重要”。领袖解释道，法西斯政府抛却了“自由主义的偏见”，“批判了政府对宗教持不可知论的原则与政教分离的原则”，法西斯政府正努力“将意大利恢复成一个天主教国家，将其人民恢复成一个天主教民族”。现在，两边进行协商的时机已经成熟。墨索里尼非常敏锐地捕捉到了庇护十一世的意思，教宗正向他抛出橄榄枝，要跟他签订一项具有重大历史意义的协约，而这将极大地巩固教会对法西斯政府的支持，其力度将是此前完全无法想象的。[4]

教宗难道真的会终止梵蒂冈和意大利的敌对状态吗？一些外交官对此表示怀疑。梵蒂冈正是通过和意大利政府势不两立，才避开了它几乎完全受制于意大利的尴尬问题。美国驻意大利使节思索道，
教宗几乎完全被意大利人围困在梵蒂冈孤岛上，他难道会冒着被人 100
们视作专事国王之神父的风险，同意和意大利和解吗？这么做的话，

这个普世的宗教机构将染上浓重的意大利色彩。大使向华盛顿报告道："教会认为，如果同奎里纳尔宫（意大利王宫）正式和解，不仅不会减弱自身影响力，反倒会增强它；要说这一和解要花上数个世纪，也未必见得，但若只需几年时间，倒真的会让我吃上一惊。"[5]

各方疑虑并没有令墨索里尼感到气馁，他竭尽全力协助意大利王国和天主教会达成共识。[6]他先是宣布亚西西的圣方济各（Saint Francis of Assisi）是"所有意大利人中最圣洁的一位，也是所有圣人中最具有意大利人风骨的一位"，然后为了纪念这位圣人，他宣布将 10 月 4 日列为国家法定假日。他还为代表教宗出席亚西西仪式的梅里·德尔瓦尔枢机准备了一辆专列，沿途配备了军方的仪仗队；此等殊荣在"进军罗马事件"之前是绝对无法想象的。枢机也报答了他的好意：他告诉亚西西的群众，墨索里尼"显然受到了天主的保佑"。[7]在这位独裁者看来，这个国家不仅要在粮食生产上自给自足，还要在奇迹生产上自给自足。许多意大利人都被位于法国卢尔德（Lourdes）的朝圣地所吸引，这令墨索里尼非常不快，于是他安排建造了洛雷托圣母像，引起了不小的轰动。[8]

1926 年 8 月，教宗启动了这一系列谈判，并将平信徒弗朗切斯科·帕切利选作他的个人代表。他没有将这一任务委派给国务卿或任何一位神职人员，最大的原因在于梵蒂冈仍然没有正式承认意大利王国的合法性。1872 年，弗朗切斯科·帕切利生于一个世世代代都和历任教宗关系密切的罗马家族，比名气更大、后来成为教宗庇护十二世的弟弟欧金尼奥·帕切利年长四岁。当意大利军队于 1870 年攻陷罗马的时候，这座城市的精英阶层分裂成两个派系：那些欢迎新王国的派系被称作白色贵族，而那个仍旧忠于教宗的派系则被称作黑色贵族。帕切利家族便属于黑色贵族。[9]弗朗切斯科追随其父的脚步，成为梵蒂冈一位杰出的律师。

墨索里尼则派政府律师多梅尼科·巴罗内（Domenico Barone）代表自己出席协商会谈。尽管教宗和墨索里尼都希望能够对协商事 101

宜保密，但纸是包不住火的。消息甚至传到了芝加哥，当地一份报纸刊出报道，称领袖非常愿意建立“一座教宗之城”。对这些流言非常敏感的罗马人开始调查房地产的销售情况，因为有传言称教宗正悄悄地购买房地产，目标是要建立一个从圣彼得广场一直延伸到海边的教宗国。[10]

整个协商谈判的过程非常曲折，其中最大的障碍便是教宗保护公教进行会的强硬态度。这样一个无法控制的群体令墨索里尼感到极不舒服。由于墨索里尼无法掌控这个群众性组织，所以公教进行会常常引起他的怀疑。他非常确信这个组织是人民党残党的庇护所，但是庇护十一世认为，这个组织是他向意大利人民传播天主教福音的主要媒介。

当法西斯分子将暴力行动对准公教进行会团体时，这样的新闻报道常常引起教宗的怒火。1925 年 6 月，当帕多瓦的公教进行会总部遭到黑衫军的洗劫时，教宗派出塔基 · 文图里对该案进行调查和处理。此案的警方调查则详细地揭示出，该市的公教进行会和人民党有着非常紧密的联系。[11] 在本案以及类似案件中，教宗的这位耶稣会特使都尽其所能地平息教宗的怒火。他提醒教宗说，公教进行会的领导人反复受到劝诫，要求他们在做活动时和人民党保持距离。这些公教进行会团体的行为在本质上是惹火上身。他还提出疑问，梵蒂冈怎么能允许一个教会组织批评法西斯政府？这可是一届“非常亲天主教的政府”。[12]

1926 年初，公教进行会总部遭遇暴行的最新报告（这一次发生在北方城市布雷西亚）再度令教宗震怒，他嘱咐塔基 · 文图里向法西斯党人提出抗议。在同政府官员会面后，这位耶稣会士又一次试图让教宗和加斯帕里站在墨索里尼的立场看待这起事件。塔基 · 文图里的报告指出，布雷西亚公教进行会的多数活跃分子同时也是名声在外的人民党活动家：“这令政府感到非常迷惑，一经鉴定，发现两边的人员相当吻合。”他继续说道：“[布雷西亚的] 公教进行会 102

及其半官方报纸《公民报》（*Il Cittadino*）均是反政府政党避人耳目的伪装，政府在这方面有确凿的证据。”[13]

尽管地方法西斯党人对准的都是成年公教进行会团体，但是墨索里尼更关心青年团体的作用。在巩固独裁统治的过程中，他意识到，将孩子们塑造成忠诚的法西斯分子乃是重中之重。在同梵蒂冈开启协商的几个月前，他宣布成立了国家巴利拉组织，下辖四个分部：由八至十四岁男孩组成的“巴利拉”，由十四至十八岁男孩组成的“前卫军”，而相应年龄的女孩组织则分别叫作“意大利女孩”和“意大利女青年”。组织成员的制服都类似军装。[14]

在墨索里尼看来，教会遍布全国的青年团体网络（从天主教童子军到各种由大孩子组成的公教进行会组织）给他带来了恶性的竞争。控制青年的重要性如此迫切，为此他不惜冒险激怒教宗。他首先宣布童子军团体是非法组织。教宗被这个消息激怒了，派塔基·文图里向他提出警告，让他不要得寸进尺。

1927 年初，不仅天主教童子军遭解散，这一禁令似乎还要扩展到公教进行会的青年团体，对此感到气愤的教宗命令中止双方的协商。新的管理办法规定非法西斯青年团体“只能进行宗教活动”，而教宗要求这一管理办法对公教进行会网开一面。毕竟吸引年轻人参加这些天主教团体的乃是其娱乐活动。教宗担心如果这些团体只能提供祷告活动和宗教训导，那么它的成员数量将很快减少。他派塔基·文图里给墨索里尼发去了最后通牒：除非他在这个管理办法上松口，否则罗马问题就不会再有解决之道。墨索里尼意识到自己做得有点过火了，于是在 1927 年 2 月末给各位省督传达了消息，让他们放过公教进行会的青年团体。心满意足之后，教宗便让弗朗 103
切斯科·帕切利将协商继续进行下去。[15]

在接下来的几个月中，随着协商的进行，教宗每周都会同帕切利见几次面。地方天主教团体遭受法西斯暴行的最新报道时不时会传入梵蒂冈，而教宗则会再度要挟中止协商谈判。然而到这个时候，他在这些协商谈判以及对墨索里尼和法西斯政府的支持上，已经投入了太多筹码，承受不起失败的风险。他将这些暴力怪罪于墨索里尼周围的反教会人士，他们的这些行为旨在挫败这位独裁者的意志。其他方面的冲突也显现出来。1928 年 4 月，教宗抱怨政府在近期成立了法西斯女孩组织。她们列队齐步时把步枪扛在肩膀上的做法尤其令他不快。但这一次，错又不出在墨索里尼身上。教宗说道："墨索里尼对这个国家发生的许多事情都不知情。"[16]

早些时候，教宗曾经告诉教廷的诸位枢机，教会与政府的协商正在按部就班地进行，但是他担心遭到这些人的反对，于是决定直到达成最初的协议，才将具体消息知会他们。他尤其担心博纳文图拉·切雷蒂枢机提出反对意见，他有着鲜明的反法西斯立场，而且在国际事务方面发表的观点具有很强的影响力。1928 年，当协商进入到最关键的几个月，教宗为了支开切雷蒂，将他派往澳大利亚的悉尼，作为教宗特使出席国际圣体大会。直到双方达成最后协议，这位枢机才会从悉尼返回罗马。[17]

1928 年 10 月，最终的协议已经近在眼前，教宗却再度听闻令他不快的消息：国王改变了主意，可能不会签署这份条约。维托里奥·埃马努埃莱三世的名号源自那个夺走教宗领土的人，教宗很清楚，他绝对不是天主教会的朋友。国王母后素有善行和敬奉天主教会之名，两年前，当她过世时，庇护十一世曾进一步疏远过国王。国王想让教宗主持母亲的葬礼，或者至少以公开的形式悼念她，可是教宗什么都没有做。梵蒂冈日报主编达拉·托雷（Dalla Torre）伯爵曾为国王母后准备了一篇充满溢美之词的讣告，却因没有得到
教宗的首肯最终没有刊发。[18] 104

庇护如今担心，这么多年的艰苦协商有可能全部化为乌有。他拼命地想要找到出路，赢取国王的同意，于是他找出了自己所知的国王最担忧的问题：他担心实际受教宗控制的领土可能会逐渐扩张。于是庇护放弃了早先提出的一个要求，不再要求将梵蒂冈以南贾尼科洛山

（Janiculum Hill）上多里亚 · 潘菲利别墅（Villa Doria Pamphili）的广袤花园纳入梵蒂冈的版图。[19]

“如果这样的条件他们都不接受，”墨索里尼的协商代表多梅尼科·巴罗内在听闻这一消息后，告诉帕切利，“那他们就是傻子了。”[20]

* * * * *

墨索里尼和国王在性格和成长环境上都有着天壤之别，却在20世纪20年代末形成了一段怪异而稳定的关系。墨索里尼甚至说过，他们两人仿佛在一间卧室分床同住。只要周围有神父在场，他们都会感到不自在，而除此之外，他们还有不少别的共同点。国王曾经评价过意大利总参谋长彼得罗 · 巴多格里奥（Pietro Badoglio）的为人，说他是“一副大象皮囊里裹了一个麻雀的大脑”。墨索里尼也常常在私下里讽刺国王。他会发牢骚说，个头矮小的国王给人印象不佳，没法代表这个伟大的国度。他是个“尖酸、狡诈的小矮个”。他还多次将维托里奥·埃马努埃莱称作是“一辆空荡荡的马车”、一颗“枯树”以及一头“应该拔光毛的老母鸡”。但他不允许别人嘲笑国王，其中也包括他的妻子。雷切尔同她的丈夫一样出身于反君主环境之中，不喜欢同富有和教养良好的人相处，王亲贵族更是令她感到不自在。墨索里尼无疑明白这一点，所以每当她提起自己最喜欢的那个笑话，说国王得要个梯子才能爬上他的马匹时，墨索里尼总会让她闭嘴。[21]

每到周一和周四上午10点，领袖都会穿上礼服大衣，戴起高 105
高的礼帽，前去宏伟壮观的奎里纳尔宫，晋见维托里奥 · 埃马努埃莱三世殿下；而国王总是在这里签署大量政令，安排各种人员会面。据昆托 · 纳瓦拉观察，在这些早晨，墨索里尼就像变了个人一样。在一周余下的时间里，这位至高无上、独揽大权的领袖常常身穿法西斯民兵制服，不停歇地组织着各种阅兵和集会，超绝地领导着整个政体复杂的权力运作，令各位部长都对他十分忌惮。唯独在这些奔赴王宫的早晨，墨索里尼却扮演着毕恭毕敬的总理角色，他懂得尊重国王的各项特权，毕竟在台面上，意大利仍然是一个君主立宪制国家。[22]

* * * * *

1929 年 2 月 7 日，加斯帕里枢机召集了所有驻圣座大使，告诉他们有一项具有重要历史意义的条约即将公布，它会结束教会和意大利政府之间持续了数十年的争议。这位枢机将出席签署这份条约，一经公布，他会受到全世界教会人士的称赞。但对他本人来说，这个时刻喜忧参半。近些年来，加斯帕里越来越清楚地感受到，教宗不再看重他的工作，尽管他相当现实，他也有他的尊严。1927 年，在加斯帕里晋铎五十周年的典礼上，他受到了教宗的冷落，令他整个心都凉了。当时，他的手下为他准备了一场庆祝晚宴，并以他的名义在西斯廷教堂举行了一场由教宗主持的弥撒。教廷的所有枢机以及所有驻梵蒂冈使节都将到场，教宗却没有出席，而这些高层人士也确实对这出人意料的缺席议论纷纷。[23]

1928 年初，加斯帕里已经不再年轻。他患有糖尿病和心脏病，晚上总是睡不好觉。这位曾经慈眉善目的国务卿变得越发忧郁，越发容易伤感。当别人指出他面色苍白，而且他的双手也确实开始颤抖时，他却告诉别人自己身体感觉良好。教宗敦促他休息一段时间，可是加斯帕里担心教宗会趁自己休息之机，让别人取代他的地位，于是只好坚称自己不需要休息。[24] 他并不知道自己还能坚持多久，106
然而意大利很快就要和圣座结束长达七十年的敌对关系，他希望自己能够在场，沐浴这一历史性时刻的荣光。

在加斯帕里召集各国驻梵蒂冈大使并向他们宣布消息的第二天，墨索里尼用电报给所有驻意大利大使发去了同样的消息。国外报纸纷纷刊出消息，表示双方即将举行签约仪式，但意大利本土的报纸却对此只字不提，也很少有意大利人意识到即将会发生什么。[25]

“现下真是美好的时日，”2 月 8 日，弗朗西斯 · 斯佩尔曼蒙席从罗马给身在波士顿的母亲写信，他是国务院中唯一一位美国人，“能活在这样的日子里真是太美好了，能在这样的日子活在罗马真是太美好了！”他还继续写道：“这里的每一个人都散发出幸福的光芒，而他们的幸福也确确实实。圣父、加斯帕里枢机以及博尔贡吉尼必将名留青史。当然了，墨索里尼也必定如此。”[26]

梵蒂冈和意大利签订《拉特兰条约》的最终细节，由墨索里尼和帕切利在 1929 年 2 月 9 日周六晚上最终敲定。[27] 条约的第一条规定，天主教乃是“意大利唯一的宗教”。整份条约一共包含三个文件，其中第一个文件为政治条约，它将梵蒂冈城确立为一个由教宗统治的主权国家，意大利政府无权对其进行干涉。（在此之前，尽管梵蒂冈的宫殿、园林以及圣彼得大教堂都由教宗实际控制，但是意大利政府始终都认为它们坐落于意大利的领土上，因此它们的法定地位十分模糊。[28]）梵蒂冈城的国界大致便是现存的中世纪城墙；圣彼得广场并没有被包裹在城墙内，但它也是这个城邦国家的一部分，此外它还将向公众开放，并且受到意大利警察的监管。梵蒂冈国的总领土面积为一百零九英亩。冒犯教宗的尊严等同于冒犯国王的尊严，将是非常严重的一项罪名。所有驻圣座大使将和驻意大利大使一样享有各种特权和豁免权。除了对梵蒂冈城拥有主权外，圣座还拥有特权，掌管罗马的众多教堂以及邻近的阿尔巴诺山（Alban Hills）上冈多菲堡（Castel Gandolfo）的避暑宫殿。罗马的所有枢机都将被视作这个新国家的国民。[29] 107

《拉特兰条约》的第二个文件是宗教事务协约（concordat），它规定了圣座和意大利的法定关系。意大利政府不允许罗马的任何事务危害到梵蒂冈作为天主教界神圣中心的地位。这个文件还将一系列天主教节日列为国家法定假日，而意大利也首次认可了宗教婚礼。

（在此之前，如果一对夫妻只在教堂举行过婚礼，他们并不算是缔结了法定的婚姻关系。）宗教事务协约还将原先便在小学强制教授的宗教课程扩展到所有中学。尽管在当时的意大利，只有五分之一的儿童在小学毕业后继续进修，然而这些人将是下一代精英分子，给他们灌输宗教思想对教会来说非常重要。[30] 在另外一条教宗看重的条款中，意大利政府认可了公教进行会的合法地位，允许它在意大利自由活动。

条约的第三个文件也即最后一个文件乃是一份金融公约。意大利将向圣座支付 7.4 亿里拉以及 10 亿里拉的意大利债券（换算成 2013 年的货币价值，总共相当于 10 亿美元），作为交换，圣座则同意放弃追究教宗国的所有损失问题。[31]

2 月 11 日周一上午 9 点，外交部副部长迪诺 · 格兰迪抵达墨索里尼家中。这一天，领袖的情绪非常激昂。在赶赴签约仪式的路上，他在车里唱起了一首罗马涅民歌。与领袖的高兴形成对比的是，格兰迪现下却非常紧张。

“我应该亲吻枢机的戒指么？”他问道。

加斯帕里枢机肯定希望如此，墨索里尼回答道。他兴致高昂地告诉格兰迪，他知道该怎么解决这个问题。他把手伸进口袋，掏出了一枚硬币，用手指把它弹了起来。这位独裁者看了一眼结果后宣布道：“我们待会儿要亲吻戒指！”[32]

那天清晨的梵蒂冈，加斯帕里和他手下的副国务卿博尔贡吉尼 108
蒙席一同前往教宗的私人书房向教宗禀报，签约仪式的所有准备工作都已经就绪。他们把刚刚从梵蒂冈印刷厂印出来的条约文件以及反映最终改变的地图呈交给教宗。在细致查看文件之后，教宗点头许可。加斯帕里和博尔贡吉尼必须马上动身了，不过在离开之前，他们还是要跪下祈求教宗的降福。他们都感觉到即将发生的事情将具有重大的历史意义。离开房间时，泪水模糊了加斯帕里枢机的双眼。[33]

签署《拉特兰条约》，1929 年 2 月 11 日。从左到右：弗朗切斯科·博尔贡吉尼–杜卡蒙席、彼得罗·加斯帕里枢机、弗朗切斯科·帕切利、贝尼托 · 墨索里尼、迪诺 · 格兰迪

签署条约之后，拉特兰宫，1929 年 2 月 11 日。前排中央，加斯帕里枢机和墨索里尼；最左，皮扎尔多蒙席；加斯帕里左侧是戴着礼帽的弗朗切斯科 · 帕切利；墨索里尼右侧是博尔贡吉尼蒙席，再右边是迪诺 · 格兰迪

签约仪式的举行地点安排在拉特兰宫的教宗厅，位于罗马城的另一侧，和梵蒂冈城遥相呼应。教宗同时身兼罗马主教一职，然而这个职位的驻地并非圣彼得大教堂，而是拉特朗圣约翰大教堂。从4世纪[此地原本建有君士坦丁大帝(Emperor Constantine)的宫殿，但被大帝送给了教宗]起，历任教宗便一直居住在拉特朗圣约翰大教堂，前后延续了千年之久。[34]它曾在5世纪时被汪达尔人(Vandals)摧毁，并在14世纪毁于大火，但它总会得到重建，变得愈发宏伟。不过，自从意大利的部队在1870年攻下罗马，令教宗变成“梵蒂冈的囚徒”之后，便再也没有哪位教宗曾踏足此处。

当墨索里尼的汽车停靠在门口时，加斯帕里和博尔贡吉尼已经乘坐一辆崭新的克莱斯勒（由一位富有的美国教友捐赠）抵达拉特兰宫了。当时的天空正下着小雨。[35]领袖从车里出来，左手攥着他的白色手套。他身穿一套晨礼服，从燕尾服到高筒礼帽一应俱全。[36]枢机上前向墨索里尼和格兰迪问好，两人身边还跟着司法部部长阿尔弗雷多·罗科（Alfredo Rocco）以及墨索里尼手下的副总理弗朗切斯科·琼塔（Francesco Giunta），枢机邀请他们沿着宫殿门口壮观的阶梯一同拾级而上。他们缓缓地走过展示教会在世界各地传教的展厅，在格兰迪看来，这些装饰华丽的展厅多到没有尽头。热情洋溢的加斯帕里每认出一个国家就要招手示意，从新几内亚和斐济群岛到蒙古、印度以及尼加拉瓜。“全都是些奇怪的名字和遥远的土地，”格兰迪回忆道，“枢机面带笑容地说出这些地名，仿佛想要向我们强调天主教会在这个世界上有着多么强大的力量，有着多么广阔的势力范围。”

110

最后他们到达了目的地。这个宽大房间的尽头摆放着一张十六英尺长四英尺宽的玫瑰红桌子；八张沉重的黑色木雕扶手椅在桌子另一侧摆成一排。[37]墨索里尼和加斯帕里在长桌的中央位置落座。在他们准备签署文件的时候，原先看起来如此放松的独裁者，突然变得面色苍白，颇有些不自在的神色，反倒是枢机显得轻松自如，脸上保持着微笑。[38]

当墨索里尼和加斯帕里从拉特兰宫出来的时候，不断聚集的人群爆发出热烈的掌声。这场签约仪式并没有提前公布信息，然而教堂外布置的众多警察和民兵以及领袖的到场引发了人们的猜测，记者和摄影师纷纷赶到现场。尽管当时下着小雨，但是人群的心情却非常明媚。神父和神学院的学生们一齐念诵着感恩祷告，其中夹杂着“庇护万岁，我们的教宗和国王”的呼喊声，而聚集在教堂前方广场上的人群则高喊“墨索里尼万岁！意大利万岁！”，其中还掺杂着法西斯党人的吼声。皮扎尔多蒙席在离开的时候，受到群情感染，竟然举手行法西斯礼，回应人群的呼喊声。[39]

墨索里尼的情绪则相对克制，他在回办公室的路上保持着沉默。尽管这个条约是他政治生涯中最大的胜利，但只要身边有神父或者身处教堂之中，他就会感到不自在。[40]

教宗对这份条约的重视，可能再怎么夸张都不为过。意大利最重要的教会历史学家之一雷纳托·莫罗（Renato Moro）认为，尽管意大利政府在 19 世纪组建时致力于政教分离和自由民主制，然而教宗从未抛弃过自家的理念。教会眼中理想的意大利社会应当采取独裁统治，具有森严的等级结构，并且根据教会原则运作。多年以来，回归教宗一度拥有的威权地位仿佛变成了一场不切实际的白日梦，然而法西斯党的出现却带来了新的希望。[41]

在条约签订之前，那些不满独裁统治的天主教徒还可以辩称说，教宗对法西斯政府并不热心，可如今这种借口已经无法成立。意大利天主教徒都非常清楚，如果他们要遵从教宗的意愿，就必须支持墨索里尼。仅在条约签订两天后，教宗在向一群大学生发表讲话时，111
就亲自解释了这一历史性条约是如何成为现实的。他告诉这些学生，一边的领导人是位图书馆馆长，在梳理历史文档方面堪称专家，这也许促成了条约的签订，而“神意让另一边的领导人并不苟同自由党的观点，恐怕也对这份条约有所帮助”。教宗将墨索里尼称作是由天主派来的人，这番说辞将在接下来的一年里，被主教、神父以及天主教平信徒重复千千万万遍。[42]

在博洛尼亚，当地日报的特刊很快就销售一空。当地的大主教宣布将于第二天举行一场特别的感恩弥撒，并邀请了政府和军方的官员。基耶蒂大主教都没法把仪式拖到第二天，激动的群众在签约仪式当晚便聚集到教堂里，要求举行特别的感恩弥撒。当地的法西斯官员举着旗帜，骄傲地参加了这些仪式，丝毫没有受到教堂外暴风雪的阻挠。[43] 全国上下的报纸（其中包括梵蒂冈的报纸）都在重复如下主题：如果意大利仍旧采纳民主体制，那么这一历史事件就绝无可能发生。只有墨索里尼和法西斯党，才使它成为可能。[44]

罗马的政府建筑和私人住宅上出现了此前完全无法想象的组合：黄白双色的梵蒂冈旗帜同意大利三色国旗并排悬挂在一起。碰巧的是，当时正值教宗加冕七周年，教宗本人在圣彼得大教堂主持一场庆祝弥撒。十二名身穿红色制服的侍从分两列将教宗御座(sedia gestatoria）抬进了宏伟的大教堂。数万名虔诚的信徒，在肩并肩地等候了几个小时之后，终于见到了教宗的真容。罗马的法西斯党部号召法西斯党员前往圣彼得广场，表达他们对天主教会的热忱。瓢泼大雨中，共有二十多万人伫立在大教堂外。后来，当教宗走上阳台向他们降福时，人群爆发出喜悦的欢呼声。教宗的身下站着罗马各支法西斯民兵队伍的代表，手里高举着旗帜，而无穷无尽的信徒以及看热闹的人则一直延伸到广场的远端。那天傍晚，在法西斯党 112
和民兵官员的指挥下，这些参与庆典的人士又聚集在奎里纳尔宫外，国王出现在宫殿的阳台上，右边站着王后，左边则站着法西斯党总书记。[45]

全世界都称赞领袖是一位伟大的政治家。[46] 梵蒂冈高层的一位助手就描述过这一事件引发的轰动效应。甚至连第一次世界大战的胜利庆祝都无法与意大利当天的狂喜相媲美：“这份喜悦彻头彻尾，连一片遮蔽的云彩都没有。每个人都感觉到，意大利即将在伟大和荣耀上达到新的高度。”从都灵到西西里，全国上下的主教和神父都下令撞响教堂的钟声，庆祝这一伟大的时刻，向那个终于为教会和国家带来和谐的伟人致敬。[47] 对绝大多数意大利人来说，这段维系了数十年的敌对关系终于结束，给他们带来了巨大的解脱。忠诚的意大利国民和虔诚的天主教徒之间总算不再有任何矛盾。

美国驻罗马代办向美国国务院报告说，这份条约“对墨索里尼而言是一场胜利，因为他结束了争端，为法西斯党赢得了神职人员的支持”。恩里科 · 卡维利亚（Enrico Caviglia）将军是第一次世界大战中的英雄，也是国王的亲信，他当天的日记为这一事件提供了一个不同的视角 :“这些通过政变执掌政权的人，需要通过梵蒂冈来取得合法地位。”他问道，如果二十年后，人们开始仇视这种夺取人民自由的独裁统治，那将会怎么样？他思索道 :“梵蒂冈对这种政权给予道德上的支持，人们会怎么看待它？”[48]

墨索里尼遍布全国的间谍网络只给他传来了一条负面情报。罗马线人在 2 月 13 日的报告开头都是好话 :“和解的消息给几乎所有人都带来了喜悦和不可言表的热忱……人们说这一历史事件所取得的成功无可匹敌，多亏了领袖的天才创举……极大地提升了法西斯党的声望和权势。”但也有一些不满的声音，“零星地来自一些尖酸 113
的老自由党人，以及共济会和犹太人的残党”。对于意大利境内的犹太人来说，《拉特兰条约》只能带来恐惧和紧张情绪。半个多世纪之前，教宗国寿终正寝，他们终于得到解放，离开了教宗规定的犹太人区。政教分离和意大利统一曾经令他们得到拯救。可如今，他们开始担忧未来的生活。[49]

第二部分

共同的敌人

第九章

救世主

电报如潮水般涌来，恭贺庇护十一世达成了这一历史性的条约。117 在条约签订不久后，一位美国记者晋见教宗时，发现他笑容满面、浑身散发着活力，“像他当选教宗那天一样如沐新生、活力四射”。[1]2月17日，教宗的贵族卫队在梵蒂冈城内组织了一场盛大的招待会，让罗马的黑色贵族和教廷的高级教士得以互通感情。他们关掉灯光，围坐在电影银幕前，观看了纪念签约仪式的新闻影片。当领袖出现时，掌声和欢呼声响彻整个房间。[2]

独裁者也急于达成这桩买卖，因为他即将面临一场重要的选举。如今的意大利仅剩下一个政党，也就需要以全新的方式选举国会议员。墨索里尼曾在1924年不经意间说过的话，竟然在多年之后成为现实：那年的选举将是他最后一次忍受和他人竞选的侮辱。在全新的体制下，众议院四百个席位的候选人将全部由法西斯大议会推选。投票人只能对整个推选结果表示赞成或反对。墨索里尼自己便不把这种形式叫作国会选举，而是针对整个政府的公民表决。[3]

梵蒂冈几乎倾尽全力，帮助墨索里尼顺利度过这次选举。1929 118
年3月17日，即选举日的一周前，《罗马观察报》刊登文章，呼吁所有的天主教徒投赞成票。这篇文章对墨索里尼来说可不只是帮个小忙，因为 99% 的意大利人都是天主教徒。其他天主教媒体以及全国上下的神父也都积极地帮助墨索里尼赢得这次选举。[4]

对大部分旁观者来说，教宗感激墨索里尼为他做的一切，所以便毫不犹豫地发动整个教会支持这份全部由忠诚的法西斯党人构成的议员名单，但是幕后的故事实则没有那么简单。教宗并不愿意直截了当地同意墨索里尼的人选。[5] 在这份由各个法西斯组织与政府组织提交给大议会的千人名单中，教宗认为有四分之三的人选都称不上是虔诚的天主教徒。教宗认为宗教事务协约规定意大利如今已是一个“懂得忏悔的国度”，那么国会议员就应该反映出这一新的现实。

教宗要求领袖撕毁他的名单，替换成一个“隔绝共济会，隔绝犹太人，简而言之，隔绝任何反教会组织”的名单。那封表达教宗意愿的信件在结尾处写道：“这样，领袖才能将……最美丽、最必要的皇冠戴在这份伟大条约和宗教事务协约的头上。他将再一次显示出，他乃是天主派来的人（与圣父近来对他的称呼相一致）。”[6]

几天后，塔基 · 文图里给墨索里尼送去了一份新名单，在教宗看来，上面的人物“足以代表这个忏悔的国度”。[7] 历任教宗都持之以恒地谴责共济会。为了讨好梵蒂冈，墨索里尼曾经宣布共济会成员不得加入法西斯党，这是他上台后做出的第一批举措之一。[8] 如今，教宗要求墨索里尼清除候选人名单里的犹太人和共济会成员，并且将具有坚定天主教信仰的法西斯党人添入其中。直到墨索里尼调整过名单之后，梵蒂冈才开始大面积动员天主教徒为墨索里尼投赞成票。[9] 选举当天恰逢周日，全国上下的教区神父直接带领教区居民来到投票箱前。[10] 墨索里尼大获全胜，支持率高达 98.3%。[11] 119

公民表决后的第二天，教宗过去的一名学生前来拜见他。斯特凡诺 · 亚奇尼（Stefano Jacini）出身于米兰贵族，拉蒂早年曾经担任过他的精神导师。亚奇尼穿过圣彼得大教堂右侧贝尼尼柱廊的一扇黄铜大门，迎面便看见那些身穿亮色条纹制服的瑞士侍卫兵。他们检查了他的邀请函，允许他踏上通往梵蒂冈宫殿的长长阶梯，接着，从意大利贵族家庭选拔出来的贵族卫队成员护送亚奇尼穿过一个个庞大而奢华的大厅。他途经的一切仿佛是一场文艺复兴古装剧。当穿过那些富丽堂皇的大厅时，他看到一列列教宗宪兵（这些意大利人的穿着严格地复制了拿破仑麾下掷弹兵的制服）站岗守望。最后，教宗的国内教长将四十二岁的亚奇尼带到了教宗的办公室，而在亚奇尼的记忆中，过去的教宗只不过是一名普普通通的神父而已。

他进门时，庇护十一世微笑着迎接他的到来。在前后七十分钟的谈话中，教宗常常从他惯用的“我们”主语，变换成第一人称单数的“我”。他们还用了很长时间来谈论《拉特兰条约》。

“问题终于解决了！”教宗开心地告诉他，“是的，我很满意，不过如今也到了最困难的阶段，我们要确保这些条款全部得到实施。如今，我们比以往任何时候都需要祈祷，然而未来会怎样，完全要看天主的旨意。我可没有办法预测未来的走向。”他提醒亚奇尼领会 18 世纪意大利诗人梅塔斯塔西奥（Metastasio）的诗句。“‘从来没有过去，过去来自记忆的描绘，’”教宗朗诵道，“‘从来没有未来，未来来自希望的塑造。我们拥有的只有现在，而它却始终离我们远去。’”[12]

教宗知道亚奇尼曾是人民党的一个小领导，所以他非常急切地想要证明自己和领袖的交易是正当合理的。他表示自己没法眼睁睁地看着这个机会溜走，如果他真这么做了，那么历史可能会给予他非常苛刻的评价。“天主帮我完成了这一切。”有些人因为他和法西斯政府的密切关系而对他提出了批评，教宗抱怨说这些批评并不公平。“这就好比说，如果你身处的房间空气受到了污染，那么你就 120
应该停止呼吸。”他解释道，“对于教会来说，世界上总是无休止地发生革命，它摧毁权威，破坏现存的秩序，令其彻底改变。意大利的这场革命获得了国王和首相的首肯，我们没法要求更多。”

教宗试图令这位年轻人相信他决策的正当性，继续说道：“这也许并非一场真正的革命，而应该说是一场动乱。我们需要审视它将带来的结果。”他的脑海中又浮现出他最爱的作家曼佐尼的话语：“‘昏沉的天色既非光明亦非黑暗。接下来的将是什么？白天抑或黑夜？稍稍等候你就会知道结果。’”

随着谈话的深入，教宗越发富有生气，不停地在座位上变换着坐姿，把手肘撑在书桌上，不时地把他的白色小瓜帽推回原位。亚奇尼回忆道：“他的头发依旧金黄，金边眼镜下是笑容满溢的脸庞，他的表情十分生动，话语中常常穿插着咯咯的笑声，仿佛又回到了过去还是阿契尔神父的时候。”[13]

* * * * *

对于墨索里尼来说，他同教宗达成的交易，尽管在公共关系方面是一项巨大的成功，但是也有其负面效应。最令他感到愤怒的莫过于被称作是一个被教宗骗得团团转的人，而现在就有人这么指控他。墨索里尼是个骄傲乃至傲慢的人，他的自负与日俱增，所以当有人窃窃私语，说他背叛了自己的原则且一手创造了一个由神父而非法西斯党统治的国家时，他实际上是非常敏感的。此外，当《公教文明》赞扬墨索里尼，说公民表决的大获全胜将意大利“社会引领至一个复兴基督教的时代”时，它几乎是在火上浇油。

对于墨索里尼来说，这段时间同样非常微妙。那些一度进入国会名单，最后又被替换掉的人有着很强烈的不满情绪。那些最早的法西斯党人（他们从法西斯运动初期就加入进来了）把这项条约看作是对真正的法西斯主义的背叛，他们不愿意便宜教宗，白白给他增添影响力。而领袖废止政教分离的原则，也令一些老自由党人感到非常失望。

墨索里尼和加斯帕里，批准《拉特兰条约》之后，梵蒂冈，1929 年 7 月 7 日。加斯帕里枢机（前排五）和墨索里尼（前排中）坐在座位上；博尔贡吉尼蒙席站在两人中间，他的右侧是弗朗切斯科·帕切利和皮扎尔多蒙席

5 月 13 日，墨索里尼在众议院起身讲话，终结了众议院在批准《拉特兰条约》一事上存在的争执。这次演讲将成为他最著名的演讲之一。 121

“尊敬的各位同志”，他对人头攒动的听众席发起了演讲。近来的条约引发了诸多困惑和不解。他向各位保证，“教会既没有独立，也没有自由”。它依然受到这片土地上的法律的管辖。意大利作为一门普世宗教的故乡，占据了极大的便利。天主教会的成就要归功于意大利：“这门宗教诞生于巴勒斯坦，却在罗马变成了如今的天主教。”他接着补充道（这番话语必然会激怒教宗），如果早期的基督教群体留在了巴勒斯坦，“那么它可能跟那个炎热环境中兴盛起来的其他教派没有多大区别……它很有可能会中途夭折，留不下哪怕一点点踪影”。[14] 他总结道，意大利“既是一个天主教国，也是一个法西斯国，不过它首先是一个法西斯国，本质上也是一个法西斯国”。[15]

第二天，庇护派遣律师弗朗西斯科·帕切利前去面见独裁者。他带去了一份要挟：教宗怒气冲天，有可能会中止有关实施《拉特兰条约》的谈话。墨索里尼试图令教宗冷静下来。他表示，他会利用即将到来的参议院讲话，消除双方之间的所有误解。

三天后，参议院也启动议程批准《拉特兰条约》。帕切利坐在听众席里，打算听听墨索里尼的演讲，然而他听到的内容却和他之前在众议院中听到的演讲大同小异。他在日记中写道："我感觉 [那番演讲] 没法令圣父感到满意。"

尽管公众对此几乎一无所知，但在接下来的两周里，墨索里尼和教宗都轮番威胁对方，要撕毁他们之前谨慎谈妥的《拉特兰条约》。帕切利来回活动，拼命想要避免这场灾难的发生。最终，双方都意识到他们所要付出的代价太过沉重了，于是 7 月 7 日，墨索里尼前往梵蒂冈，来到加斯帕里枢机的房间，两人坐下来签署了最后的文件。[16]

正式批准《拉特兰条约》后，教宗和领袖便结成了一对奇特的合作关系。他们分享了一个共同的原则，即都把自己视作是一 122
个"极权"组织的头领。然而真正的头领只能有一个，他势必要求绝对的忠诚。教宗迫切地想要利用法西斯党的权力来复兴天主教国，但他也不至于愚蠢到认为他能够令墨索里尼"皈依天主教"。领袖也迫切地想要利用教会的权力巩固自身的统治，然而在他看来，天主教教士以后要成为法西斯政府的仆役，成为确保公众支持政权的工具。

双方都能从这桩交易中获得许多好处，然而无论墨索里尼还是教宗都没法对这份条约完全满意。教宗并不满意，除非墨索里尼能够尊重由天主授予教会的神圣特权。而只要教宗不和墨索里尼的独裁统治以及光荣之梦发生冲突，领袖也愿意把教宗想要的一切都送给他。从今往后，教宗会发现，即便他态度强硬，也无法过分左右墨索里尼。双方都小心戒备地保护着自身的权力。他们两人都很容易大发雷霆。我们有充足的理由怀疑，这对合作伙伴走不了太远。123

* * * * *

圣座同意大利建立了外交关系，墨索里尼委任时年四十四岁的切萨雷·德·维基担任意大利首任驻圣座大使。德·维基出身于皮埃蒙特的一个中产家庭，曾经修习律师之道，并在第一次世界大战中指挥过一支突击部队。后来，他成了都灵黑衫军的头领，并于1921年代表法西斯党当选议员，而位列法西斯四人组，引领一众党人进军罗马，则是他一生中最巅峰的胜利时刻。

为什么领袖唯独选中了德·维基来出任这一微妙的外交职务，这其中的缘由始终是一个谜团。墨索里尼常常拿德·维基的愚蠢和自负行为开玩笑，并且指责他一点政治意识都没有。1923年5月，他解除了德·维基财政部副部长的职务，表示这家伙除了当兵打仗外简直一无是处。[17] 他把德·维基派到意大利殖民地索马里，负责统领当地事务，德·维基一共在那里待了五年时间。然而德·维基具备一些优秀的品质，能够令他脱颖而出。他是一个虔诚的天主教徒，他同王室家族以及军队高层都有深厚的关系，这两个圈子一直都抵制法西斯党的控制。国王为了奖赏德·维基对王室的忠诚，授予他瓦尔西斯蒙伯爵（Count of Val Cismon）爵位，他对此非常自豪。据迪诺·格兰迪称，每当有人向德·维基提及国王的名号时，他的身体都会不自觉地一阵颤抖，仿佛一位士兵被长官命令立正。[18] 然而他的傲慢自大、糟糕的判断力、大嗓门、剃光的脑袋、小眼睛、大鼻子以及古怪的髭须（有点像松鼠），令他频频受到本国国民的嘲笑。[19]

6月25日上午，两匹装饰富丽的骏马拉着一辆皇家御用马车，将新任大使送到了梵蒂冈城。马车车夫以及马车后部的三位侍从都衣着华丽，仿佛要出席路易十六的宫廷典礼。德·维基身上穿着的

切萨雷·德·维基，意大利驻圣座大使，1929-1935

外交制服，令人想起喜歌剧《皮纳福号军舰》（*H.M.S. Pinafore*）* 里的海军上将，他要将自己的委任状呈交给教宗。他被引入了那个布置着小型宝座的房间，教宗被一众教廷人员包围在中间。这位 124
新任大使根据习俗鞠了三次躬，在双方正式相互问候之后，庇护十一世邀请德·维基去书房进行私下谈话。德·维基并没有说太多话，也许是因为这位新任大使来自意大利北部，教宗便高兴地回忆起了自己在阿尔卑斯山的登山经历。然后他又回忆起，自己还

* 吉尔伯特（W. S. Gilbert）与萨利文（Arthur Sullivan）合作编排的音乐剧，他们改变了歌剧一贯的严肃风格，容纳了许多现实的荒诞元素，在 19 世纪末取得了巨大的成功。

是一位年轻神父时，在这座不朽之城经历的那几年时光，这个时候，庇护的情绪有一些低落。他告诉德·维基，那个时候的年轻人会在罗马的大街上追着他跑，一边向他扔石头，一边嘲讽地把他喊作“蟑螂！”

德·维基向他保证，这样的日子已经成为历史。法西斯党掌权 125
之后，人们都非常尊重神父。[20]

一个月之后，德·维基再一次晋见教宗，然而这一次会面却远没有上一次那么愉快。他心中怀着胆怯，踏入了教宗的书房，他知道墨索里尼最近发表的国会讲话多么令教宗感到震怒。他走进书房时，从窗户透进来的一缕阳光仿佛教宗眼镜里射出的一道光线。教宗用来责骂这位大使的话语，在后者看来“非常严厉、充满愤恨，常常粗鲁并且刻薄”。“事情不能这样下去，”他一边摇头一边警告道，“事情绝对不能这样下去。你们的行为，”教宗意指政府发表这两次演讲，“冒犯了教会及其首脑。我敞开心扉同意大利畅谈未来，而我们忠诚的墨索里尼先生却朝着我们后背开了一枪。”教宗快速地翻阅着书桌上的文件，从中抽出了公教进行会地方分会成员近来遭受虐待的报告。在一些地区，分会的人员甚至遭到了殴打，而意大利人民被告知，善良的意大利人不应该加入公教进行会。

德·维基试图为政府辩护。他说反法西斯分子仍然潜藏在天主教团体背后，法西斯党人对此无法袖手旁观。

教宗的反应仿佛被黄蜂蜇了一下，手掌大力地拍在桌子上。“我不想听到这种说辞！”他已经下达明确的指令，禁止公教进行会从事政治活动，而政府没有权力骚扰其成员。

那当然没错，德·维基回答道，但是下达命令是一回事，遵守命令却是另一回事。

在他们长达两个半小时的会面结束后，夜幕已然降临。在德·维基准备离开的时候，冷静下来的教宗说道：“以我的名义告诉墨索里尼先生，不要将朋友与敌人混淆，反之亦然，因为如此这般的混淆将会限制他在历史上能够拥有的地位……以及……”教宗补充道：“请告诉他，在我每一天的祷告中，我都请求主保佑他。”[21]

9月中旬，教宗向一大群意大利青年天主教徒发表了演讲。公 126
教进行会遭受的不公正对待仍然令他愤懑，他在演讲中哀叹了他们的“殉难”。不久之后，德·维基便告诉教宗，墨索里尼听到这番言论非常生气。他建议，教宗最好能对公教进行会的问题保持沉默，这样一来，德·维基与其他人才能通过外交手段解决这些问题。

这位大使应该要有点自知之明才对。教宗用手大力地拍了一下桌子，愤怒地质问道：“所以你是不想让我开口说话了？说出这些言论是我的职责所在，你还不想让我说话了？”

“这绝对不是我想表达的意思，圣父，”德·维基回答道，“我对我那一头的人非常了解，而我的建议只是为了促成双方的共同利益。”

“为了双方的共同利益，”教宗重复了德·维基的话语，“我来告诉你，今后再碰到这样的状况，我会怎么做好让你满意。我会打开这扇窗户。”说到这里，教宗抬高了他的嗓门，用手指指着他书桌后面的那扇窗户，“然后我会大声说话，好让圣彼得广场的每一个人都能听到我的声音！”

德·维基一时失语，不知道该怎么回答。“到时候我就这么做，”教宗重复道，“不管你喜不喜欢，大使先生！”[22]

那年秋天晚些时候，教宗又一次对这位倒霉的德·维基大发雷霆。国王的儿子兼继承人翁贝托亲王想要在罗马的大教堂里举行婚礼，要么在拉特兰圣约翰大教堂，要么在圣母大殿，然而教宗却拒绝了这番请求。他表示，这么多年来，撒丁王国的国王将历任教宗变成了梵蒂冈的囚徒，这两座教堂连他自己都没去过，让那个夺走教宗领土之人的曾孙在任何一座教堂里结婚，都不合适。[23]

德·维基前往梵蒂冈，请求教宗再做考量。在他进去之前，加斯帕里警告大使说：“他现在心情非常糟糕。”[24]不过这位留着髭须的君主主义者的肩头有着来自王室家族的压力，他还是向教宗提出了这个请求。

德·维基回忆道，教宗答复时“勃然大怒，声音提得很高，在我想要开口说话时常常打断我”。德·维基根本插不进一句话，只 127
好笔直坐着一动不动，等待这番长篇大论的结束。他尽全力让自己面无表情，却发现很难收起自己脸上紧张的笑容。

教宗的手势非常夸张。“我很生气，我非常生气，”他不断地重复着这些话，他气得一直摇头，坐在座椅里的身体都扭曲了，“你张开嘴，你的呼吸就会冒犯教宗；你动一动，你就会让我蒙羞；你一开动你那阴险的大脑，你就在搞阴谋诡计试图羞辱教会……够了！够了！”

然后教宗又回头继续控诉公教进行会成员受到的不公正对待。已然完败的大使再次试图为他的领袖辩护，然而教宗怒气更盛，气得站了起来。他脸上的肌肉抽动着，嘴唇紧闭。教宗伸拳狠狠地砸在他的办公桌上，上面沉重的耶稣受难像也随之晃动。“谎言！谎言！”他大声呵斥道。

庇护在房间里来回踱步，他愤怒的声音仿佛在自言自语。他时而停下脚步，伸拳砸向他的办公桌。“这就是你们做出来的事情，”他呼喊道，声音再次拔高，“你们欺骗了教宗！每个人都这么说，每个人都心知肚明，他们到处都在写这件事情，不仅是意大利国内，还有国外！”

德·维基默默忍受了所有气话，可是当教宗说“罗马是我的”，这位大使再也无法自控。

“罗马，”他急切地说道，“是意大利的首都，是国王殿下的家，是政府所在地。”

“罗马，”教宗回答道，“是我的教区。”

“当然了，”大使赞同道，“从宗教的角度来说……”

“当然了，”教宗打断他说道，“除了宗教，其他的事务不过是保持街道整洁而已。”[25]

* * * * *

教廷的枢机被排挤在重要的教会事务之外，而且他们也对教宗的怒火感到厌倦，于是便开始对他窃窃私语。不过最令他们生气的，还是教宗在与墨索里尼协商的两年半里从来都不觉得有必要咨询各位枢机的意见。[26]1928 年下半年，在教宗的指示下，加斯帕里告诉 128
自己片区的所有枢机，他们即将与墨索里尼达成一项条约。他们纷纷要求加斯帕里透露更多细节，他回答说教宗会在适当的时机告诉他们。结果，直到 1929 年 2 月 11 日，双方签署《拉特兰条约》并且公之于众，他们才读到了这份条约的具体条款。当时正坐船从澳大利亚返航的切雷蒂枢机完全没有掩饰他的怒火，他讥讽道，墨索里尼令教宗唯他马首是瞻。[27]

在那些对这桩交易感到不满的枢机里，最直言不讳的莫过于从 1916 年起便担任罗马枢机副主教（Cardinal Vicar）的巴西利奥·蓬皮利（Basilio Pompili）。就像罗马的许多枢机一样，七十岁的蓬皮利认为墨索里尼算不上是一名基督徒，也不比他的各位前任更值得信任。自意大利军队在 1870 年攻下罗马后，教会就一直坚称这座不朽之城只能接受教宗的统治。在这位枢机看来，庇护十一世放弃这一宣言而只获得了如此寒酸的回报，简直就是一桩丑闻。他不仅将这番态度告诉了他的核心圈子，还告诉了很多熟人。尤其令他愤愤不平的是，教宗从来没有想过要咨询他，毕竟他是罗马的枢机副主教。[28]“他们放弃了罗马，放弃了它的威望、历史重要性、不朽的功业和无数教堂，”他控诉道，“仿佛他们放手的是阿比西尼亚的（Abyssinian）* 一个小村庄。”[29]教宗“无能、孱弱，是教会的灾难

* 埃塞俄比亚旧称。1935 年秋，墨索里尼率领的意大利军队入侵阿比西尼亚。——编注

和毁灭，他背叛了教会，任由政府摆布，这个政府根本配不上天主的名号”。

教宗屡次要求蓬皮利尊重他作为教宗的权力，然而蓬皮利严词谴责的消息仍然不断地传来，教宗失去了耐心，要求他引退。[30] 这位枢机副主教出身罗马最显赫的贵族家庭，完全没有被教宗恐吓住。蓬皮利回应道：“圣父，你有权力解除我的职务，如果你乐意的话，只管这么做就是了。然而直到我死去的那一天，我都不会心甘情愿地放弃这个职位，我坚守这个岗位这么多年，从来没有过配不上它的作为。”[31]

几个月后，当教宗再度要求他引退时，蓬皮利还是不肯妥协。
“我会反复大声地给予你同样的回答，直到你再也没法忍受：‘我不 129
会动摇，我不会动摇，我不会动摇！’”[32] 结果有趣的是，教宗的这个问题被一个自然因素解决了。蓬皮利在 1931 年过世了。[33]

* * * * *

墨索里尼将德·维基任命为意大利首任驻梵蒂冈大使，庇护十一世则将加斯帕里的门徒弗朗切斯科·博尔贡吉尼–杜卡任命为圣座首任驻意大利大使。博尔贡吉尼本是非常教务部部长，也是加斯帕里手下的两位副国务卿之一。

在博尔贡吉尼的任命仪式上，教宗让另一位副国务卿，即时年 130
五十一岁的替补国务卿朱塞佩·皮扎尔多接替博尔贡吉尼，担任非常教务部部长一职。皮扎尔多出身于热那亚的一个普通家庭，却通过努力进入了罗马的宗座外交学院，这个学校向来是上层阶级将子嗣训练成梵蒂冈外交官的传统院校。在晋铎之后不久，他就加入了梵蒂冈国务院。1909 年，他被派往德国，担任教宗驻慕尼黑大使的秘书，但他很快便发现，这一职务并不利于自己的发展，于是便想方设法在三年之后返回了梵蒂冈。在同警方线人的交谈中，皮扎尔

朱塞佩·皮扎尔多蒙席

多的朋友认为他如此迫切想要回归罗马，源自他“对权力和官僚职务病态且强烈的渴求”。[34]

待到《拉特兰条约》签订后，皮扎尔多已是国务院最核心的成员，与教宗有着非常密切的关系。1929 年夏天，曾有一位警方线人称他是最有可能在未来取代加斯帕里的人物。这份报告写道，皮扎尔多矮小瘦弱，黑色的双眼里迸发出强大的能量，他是“教宗心仪的真正仲裁人，能够掌控梵蒂冈的所有局面”。梵蒂冈有很多人都嫉妒他巨大的影响力。他的对手将他称作变色龙，一个没有个性和尊严的人，他在下属面前作威作福，却在上司面前胆小懦弱。人们怀疑他中饱私囊，怀有阴谋诡计，所以并不爱戴他，尤其是那些在他手下做事的人。[35] 根据这些描述，皮扎尔多最受教宗看重的品质，便是他的谄媚，他在教宗频繁的责骂下“像头小狗一样卑躬屈膝”。[36]

作为哥伦布骑士会的国家司铎，皮扎尔多能够从美国获取大量资金。1924 年，庇护十一世意识到教会在美国的分支已变得越来越重要，于是增加了美国枢机的数量，多出的两人分别为纽约大主教帕特里克 · 约瑟夫 · 海耶斯（Patrick Joseph Hayes）和芝加哥大主教乔治 · 芒德莱恩。英国驻圣座大使奥多 · 罗素（Odo Russell）当时发表评论说：“从美国而来的黄金同这两位大主教晋牧有着很大的关联。” [37]

晋牧之后，两位美国大主教完全不避讳罗素的指责。1927 年，芒德莱恩在芝加哥举办了国际圣体大会，其奢华与铺张的程度，即便是那些坐拥梵蒂冈荣华的人也忍不住要感慨。为了接送那些远渡 131
大洋前来赴会的枢机，他安排了一辆从纽约城出发的专列，这辆专列不仅被他涂上了枢机的红色，还以教宗的名号命名。6 月 11 日，这辆专列抵达芝加哥站，送来了十位枢机、众多主教与大主教，还有为这次大会提供赞助的捐助人。两位资历更深的美国枢机都不愿意搭乘芒德莱恩的“庇护十一世专列”。费城的多尔蒂枢机搭乘他自己的有轨电车抵达芝加哥，而波士顿的奥康奈尔枢机则同五百名朝圣者一起搭乘一艘私人游艇登陆芝加哥。一众仪式之后，芒德莱恩枢机还赠送了教宗一百万美元，作为整个大会的压轴大礼。[38]

皮扎尔多便成了教宗获取这些美国资金的主要渠道。当有人通过他将一辆豪华汽车送给教宗时，有谣言称皮扎尔多从美国汽车商处收受了五万里拉的好处费。皮扎尔多的两个妹妹同他一起住在梵蒂冈，她们坐着自己的凯迪拉克穿越罗马的街巷，这辆汽车也是美国人送的礼物。一位不是特别敢说话的线人报告说：“这辆汽车载着两位丑陋的未婚女性，她们的脸上敷着浓重的化妆品，到处寻找如意郎君。” [39]

五十四岁的博尔贡吉尼一辈子都待在罗马，他和切萨雷 · 德 · 维

墨索里尼（右三）会见首任教宗大使弗朗切斯科·博尔贡吉尼–杜卡蒙席（右二），1929 年 8 月

基有一个共同点，即两人对这个世界都所知有限。教宗将这个职位委派给他，很有可能是因为教宗赏识他的正统、顺从，不老于世故。至于更为复杂微妙的问题，教宗则会嘱托给他的特使塔基·文图里，如今的特使已经挺过了去年的刺杀丑闻。[40] 其他国家的大使欣赏博尔贡吉尼的礼貌与助人为乐，然而他却难以适应外交界的各种社交场合。他拒绝参加外交晚宴，解释说这些活动持续时间太长，会让他错过自己的睡觉时间。[41] 这位颇为壮硕、虔诚、刚强的博尔贡吉尼和短小精悍、曾经担任过炮兵指挥官的法西斯党大使相映成趣，不过他们后来却颇为相惜。教宗大使评价德·维基说："他本质上是个好人。他到哪里都要佩戴着自己的荣誉标志和大奖章，只要别 132
人不在这方面干涉他，他就挺好的！" [42]

8 月初，这位新大使第一次同墨索里尼会面，而这也恰巧是墨索里尼议会演讲刚刚发表，并令教宗大为火光的那段时间。墨索里尼接见他时面带微笑，并且礼貌地询问他最近如何。

“不好不坏”，他回答道，并且解释说教宗对领袖的行为非常生气，暗示他很可能会“做出一些严厉的举措”。

“他可能会做出什么事情？”墨索里尼问道。

“如果状况没有任何改变，我们最终可能会以决裂收尾，这样的后果将非常严重，它离双方建立外交关系才几周时间，离条约的批准也没过去多久。”

墨索里尼很不开心：“天主呀！这个国家明明才认可了宗教婚礼，引进了宗教教育，在司法上认可了教会制度……”

本来所有事情都进展得非常平稳，博尔贡吉尼解释道，直到领袖在众议院发表了他的演讲：“每一个人都震惊了。圣父质问到底 133
是什么人导致领袖做出了这样的演说。可是没有人明白阁下为什么说那样的话。”大使表示，教宗非常生气，差点就召集枢机团宣布自己不会批准条约的消息。领袖的这两次演讲令教宗非常不快，而就在这份记忆快要淡去的时候，教宗得知墨索里尼还会将这两次演讲出版成册，他简直怒不可遏。

墨索里尼回答道：“啊，可是教宗并不知道我面临的困难有多么严峻。很多评论家都对我提出了批评，说加富尔、马志尼(Mazzini)* 和加里巴尔迪（统一意大利的英雄以及政教分离的支持者）都死不瞑目。”墨索里尼告诉博尔贡吉尼说，他别无选择，只能表明自己不会让国家听凭教会的控制。

他还补充说，在条约签订的最初几天里，大家总会沉浸在愉悦之中，之后便会出现争论。“就好像新婚夫妇度完蜜月之后，最开始的那几次吵架一样。”[43]

* 意大利革命家，民族解放运动领袖，是意大利建国三杰之一。——编注

第十章

步步紧逼

罗马最重要的爱国节日莫过于9月20日，1870年的意大利部队正是在这一天攻克罗马的。然而当爱国者们欢庆这个节日的时候，梵蒂冈的忠诚拥护者则会举行特别的哀悼弥撒。1929年9月初，教宗派遣他的大使面见墨索里尼。他希望能够取消这个节日，并将2月11日增设为一个全新的节日，用来纪念《拉特兰条约》的签署。[1] 134

墨索里尼并不赞同这个建议。“坦白地说，”他回答道，“我必须告诉你，意大利人不能放弃欢庆9月20日的传统。”宗教事务协约并没有约定要废除这个节日。历史已经证明，这个节日所代表的事件对所有人都具有重大的意义，其中也包括教会。它是天主旨意的一部分。[2]

墨索里尼竟然在天主的旨意方面对教宗说教，庇护十一世被他的这番傲慢所惹恼，几天之后通过他的大使回答说：如果说宗教事务协约没有非常明确地提及要废除这个节日，那只是因为这一要求“再明显不过了”。[3]

双方的协商几乎进行到9月19日的最后一分钟，然而那一年，意大利依然庆祝了这个节日，尽管没有往年那么喧闹。然而，教宗不想他的努力全部白费，他仍然想要一个结果。领袖为了同教宗和解，便向他承诺意大利以后再也不会庆祝这个节日了。

* * * * *

七年以来，墨索里尼一直劝阻雷切尔和他的几个孩子，不让他 135
们来到罗马，然而1929年11月，他的妻子还是带着五个孩子抵达首都，其中还包括两个月前刚刚出生的安娜·玛丽亚（Anna Maria）。他们搬进了宏伟的托洛尼亚别墅，这座建于19世纪早期的豪华建筑有着宽敞的庭院，刚好坐落在老城墙的外面。[4]

墨索里尼一直同玛格丽塔·萨尔法蒂维系着关系，而她在罗马的寓所已然成为艺术界和作家同法西斯要员社交的场所，这些因素使得墨索里尼的家庭生活变得格外复杂。在玛格丽塔眼里，雷切尔是一个大字不识几个的农妇。她不涂口红，不敷脂粉，也从来不上美容院。她平日总是换穿她仅有的两件体面外衣：一件短海豹皮衣和一件银狐皮衣，有观察者称，后者“乃是她在女性奢侈品上花费最高的物件”。她坚持要在用餐后洗刷盘碟，并且拒绝参加国家典礼，这对她丈夫来说无疑是一种宽慰。她在豪宅花园的一角搭起了一间鸡舍、一座猪栏（养着两头猪）和一座炉子（用来烤面包）。

尽管雷切尔一心只管家务，但她却一点都没有放松对丈夫和孩子的管束。埃达表示：“我家中真正的独裁者乃是我的母亲。”在她孩提时代，当她犯错的时候，她需要躲的人是她的母亲，因为她害怕母亲挥舞的手背。她指望父亲回到家中来拯救她。父亲是她的偶像，和母亲不同，他具有诗意、宽容溺爱且充满深情。然而为这个家庭带来稳定的却是雷切尔。埃达回忆道：“即便在我最早的记忆中，她在我眼里都显得非常固执，不为他人所动摇。”雷切尔还是一个非常记仇的人。几十年来她坚决不跟她的姐姐说话，因为她曾经想要利用自己跟独裁者的关系。只要这位母亲在场，墨索里尼的几个

墨索里尼与妻儿，1930 年

孩子便没有一个敢提起这位姨妈的名字。

在他女儿半开玩笑的话语中，墨索里尼投身政治，乃是为了尽可能少地待在妻子身边。在还年轻的时候，他“宁愿身受警察和政敌棍棒的殴打，也不愿耳闻他妻子的刻薄言语”。墨索里尼自己的 136
房间在托洛尼亚别墅的另一侧。他偶尔会在这里同情人幽会，但在他眼里，办公室才是更为安全的爱巢。[5]

* * * * *

1929 年 12 月，维托里奥 · 埃马努埃莱三世和海伦王后以非常壮观的排场来到梵蒂冈，拜访教宗以示王室的敬意。意大利王国成立六十八年后，教宗终于和王室会面。士兵们在街上排成一字长龙，将围观的人群挡在身后。瑞士侍卫队身穿中世纪华丽的护身铠甲和新月冠银盔，排成两行供这对王室夫妇通过。当随行人员也进入梵

国王维托里奥·埃马努埃莱三世和海伦王后拜访教宗，1929 年 12 月

蒂冈城的中心时，教廷仪队（Palatine Guards）也紧跟这一王室队伍前进。国王身穿军服，他身边的王后则身穿白色蕾丝长裙，戴着白色面纱，披着白色王室披风，被簇拥着，沿着阶梯一直向使徒宫行进。他们穿过几个富丽堂皇的接待大厅，来到那个布置着小型宝座的房间，教宗正坐在紫色的华盖下等候他们的光临。

在二十分钟的交谈以及礼物交换之后，国王与王后又前去加斯 137
帕里枢机的住处拜访。在那里这些访客才拍了合照，因为庇护十一世认为跟访客合影是有失威严的事情，即便是王室也不例外；而他也不会向意大利政府的施压屈服，绝不亲自拜访奎里纳尔宫。统治者必须上门晋见他。拍完合照之后，国务卿将王室夫妇护送到圣彼得大教堂，他们在使徒墓前屈膝行礼。[6] 那一天对这位反教会国王来说，是异常难熬的一天，这一点被讨厌国王的埃德维杰（墨索里尼的姐姐）记录了下来。她评论道，在拜访梵蒂冈的整个过程中，国王“脸上的表情比平常严厉，更为恶意”。[7]

这段时间对庇护十一世来说也有诸多变化。那个月稍晚几天，身为教宗的他第一次走出了圣彼得广场。12 月 20 日 6 点过后，在没有任何公告的情况下，一个车队从梵蒂冈出发，前往罗马另一头的拉特兰圣约翰大教堂。这个教堂是五十年前教宗晋铎的地方，他现在非常迫切地想要在这里举行一场弥撒。自从庇护九世 1870 年宣布自己已是梵蒂冈的囚徒之后，这是罗马主教第一次踏入他的主教教座。[8]

一位法国主教认为，庇护十一世是“天底下最神秘的人，他不信任任何人，哪怕是他最亲密的顾问。他非常敏感，有点情绪化，但是他通过坚强的意志控制自己，不向任何人屈服。任何人都不可能预测他接下来将做出什么决定”。[9]

* * * * *

几个月后，墨索里尼的爱女埃达举行了婚礼。他希望她成婚之后能够令他稍感轻松。尽管他非常溺爱这个女儿，但是她却似乎喜欢折磨自己的父亲。在所有的孩子里，就数她与自己最相像：任性、冲动、喜怒无常、喜欢冒险、容易激动，并且固执己见，嘴里随时会冒出尖酸的话语，脸上总摆出一副讽刺的神色。此外，她也很喜欢骑马和游泳。她完全忽视习俗，衣着暴露，抽烟，还喜欢飙车。她棱角分明，体格强健，跟她那些胖乎乎的弟弟形成了鲜明的对比，这些弟弟反倒更像母亲。[10]

尽管埃达才十九岁，却已经有了颇为丰富的情史，这令她父亲 138
感到十分恼怒。1929 年 7 月，她宣布自己同一位犹太人坠入爱河，这令她的父亲非常惶恐。他刚刚因为同教会达成协约，从天主教界赢得首肯，如今他的女儿竟然要嫁给一个犹太人，这实在太可怕了，令人不敢细想。他妻子对这对情侣大加责骂，然而没有什么效果，于是墨索里尼请求他姐姐埃德维杰来晓之以理。埃达后来表示，父亲为了惩罚她，决定要收走她的汽车，这一举动最令她忌惮。不过墨索里尼本不必担心，因为轻浮、任性的埃达很快就会甩掉这个犹太男朋友，转投他人的怀抱。她的新男友是个实业家的儿子，这位放荡子不仅沉迷于可卡因，还感染了梅毒。[11] 几个月后，“这头疯狂的小母马”（家人背地里这么叫她）终于走上正途，宣布自己已经和二十七岁的加莱亚佐·齐亚诺结下了婚约。[12]

加莱亚佐的父亲科斯坦佐·齐亚诺（Costanzo Ciano）是墨索 139
里尼核心集团的成员，担任邮政与电报部部长。第一次世界大战期间，他是海军的一名船长；1925 年，由于墨索里尼意欲组建一个全新的法西斯贵族阶层，迫于他的意愿，国王只好授予科斯坦佐伯爵爵位。人们都怀疑齐亚诺从自己掌管的大型合同中收受回扣，而他也确实发家致富，他的儿子加莱亚佐因此从小在优渥的环境中长大。加莱亚佐温文尔雅，深受女性青睐（或者只是他自视如此），一头背头黑发打理得非常精致。雷切尔抱怨说：“我不喜欢他，他跟我们不是一路人。他是个上流社会的绅士。”

加莱亚佐来到墨索里尼家中，正式向埃达求婚，而墨索里尼则领着他走出书房，向全家人宣布了这个消息。雷切尔尽可能地想要劝阻加莱亚佐。“你可要知道，”她告诉他说，“埃达什么都不会。她不会做饭，连鸡蛋都不会煎，也不懂得怎么打理房子。至于她的品格，最好是提都不要去提。我是她的母亲，我必须严正地警告你。”[13]

1930 年 4 月，他们在邻近教区的教堂里举行了婚礼。婚礼之后，数百名宾客（身穿毛领大衣的女士和身着黑色西装的男士）聚集到托洛尼亚别墅中参加宴会。别墅的前门是一排宽阔的长阶梯，在一张摄于此地的新闻照片上，教宗大使博尔贡吉尼正同法西斯权贵迪诺·格兰迪亲切交谈。待会儿在花园举行的宴会上，这位教宗大使将荣幸地与几近秃顶的墨索里尼一同坐在一张圆形餐桌上。身穿白色长裙、脖子上佩戴白色大蝴蝶结的罗马女学生将为他们表演齐声合唱。埃达的几个弟弟也都出席了婚礼，他们穿着黑色短裤和白色开领衬衫，头发也都梳成背头。在演唱完毕后，女学生们从新婚夫妇身边踏步走过。埃达高举右手行法西斯礼，而加莱亚佐则双手在背后反扣，抓着他的黑色礼帽。

之后，这对新婚夫妇和他们的父母来到了圣彼得大教堂。加莱亚佐和埃达（她身穿白色婚纱，头上戴着白色蕾丝头饰，这番打扮令人觉得她就是个二十多岁的轻佻女子）踏上了教堂威风凛凛的阶梯，两个小孩捧着她又长又飘逸的裙摆末端。墨索里尼和他的新女 140
婿相仿，穿着燕尾服，头上戴着礼帽。教堂外，情绪激昂的人群纷纷举起手臂行法西斯礼。教堂里面，博尔贡吉尼向这对新人传达了庇护十一世的降福，并将教宗的礼物送给埃达，那是一串用黄金和孔雀石打造的极品念珠。[14] 然后，这对新人又来到加莱亚佐双亲的家中，不过他们没有待很久，因为从来都不受拘束的埃达没法忍受她那个非常肥胖的婆婆，后来埃达习惯将她称作“la bertuccia”，即猿猴。[15]

* * * * *

随着 1930 年的秋天逐渐迫近，教宗通过他的大使不断地提醒墨索里尼，他在去年承诺过要取消意大利的爱国节日。然而领袖已经改变了主意，因为他担心废除这个节日会给人以孱弱的印象。教宗显然不会做出任何让步。他警告道，如果意大利再度欢庆 9 月 20 日，那么他就会将自己的反对意见公之于众。[16]

领袖无法忽略这番威胁。于是，他将教宗大使召至威尼斯宫（他在一年前将自己的办公室搬到了这座宏伟的中世纪宫殿）。威尼斯宫由教宗保禄二世（Pope Paul II）建于 15 世纪，坐落在威尼斯广场上，同维托里奥·埃马努埃莱二世的纪念碑（人们讥讽它状如一个硕大畸形的白色婚礼蛋糕）呈对角线遥相呼应。1924 年，墨索里尼发起了复兴古罗马城的项目，拆除了占据图拉真市场和古罗马城市广场的房屋和教堂，其中有很多都建于文艺复兴时期。接下来，他将拆毁更多建筑，疏通出一条壮观的通衢大道，路面和人行道总共三十米宽，从威尼斯广场经过一些历史遗迹直通到古罗马竞技场。[17]

这位教宗大使脸上架着一副眼镜，黑色的教士服下显出微微隆起的肚腩。当他在 9 月 1 日踏入墨索里尼的办公室时，领袖以其惯常的粗糙笑意接待了他的光临。他的办公室安排在庞大的世界地图厅。这个房间足足有六十英尺长五十英尺宽，画满壁画的天花板则有四十英尺高，整面西墙上装饰着一幅巨大的世界地图。墨索里尼 141
心情正好，面色也不错，然而他被太阳晒黑的皮肤和白色的羊毛西装并不是十分协调。

当大使问及他晒黑的皮肤时，墨索里尼表示自己每天都会去海滩游泳，并且接受他所谓的葡萄疗法。墨索里尼向一头雾水的大使解释道："葡萄是大自然赋予人类的良药，尽管大部分人并没有意识到它宝贵的价值。空腹吃下一串葡萄能够激活肝脏，令人排便通畅，并且一整天都有饱腹之感。"

独裁者的胃一直都不太好。在压力较大的状况下，难忍的疼痛通常会加倍袭来，令他不得不上床休息。好几年前，刚刚宣布要独裁统治之后，他便胃疼发作，咳出一口鲜血。尽管好多位医疗专家对他进行过会诊，然而没人能够做出确切的诊断。所以这位曾经喜欢双份浓缩咖啡的人，现在的食谱主要是甘菊茶、水果和蔬菜。在深夜的法西斯大议会会议上，与会人员为了保持清醒一杯又一杯地灌下浓缩咖啡，领袖却只能喝鲜榨橙汁。他要杜绝所有咖啡和酒精饮品。[18]

"您知道我为何而来"，博尔贡吉尼说道。墨索里尼抽出大使最近给他寄来的信件，其中包含教宗对他的威胁，接着他指着自己用蓝色铅笔划出的那个段落。墨索里尼总是不厌其烦地用红色铅笔或蓝色铅笔在自己浏览的文档页边做笔记，并且一直用到它们被削成铅笔头时才换新的铅笔。[19]

领袖摇了摇头。9 月 20 日的节日由法律规定，他说道，只有通过国会投票才能做出更改。“所以今年我们可以进一步压缩节庆的活动和规模，”他试图同教宗达成妥协，“往年我们会在公共建筑上张灯结彩，悬挂国旗，今年我们可以把这些安排都取消掉。下一轮内阁会议中，我们将做出决定，是否要取消这个节日，而我会在国会中投赞成票。”[20]

“不行，阁下，”坚忍不拔的博尔贡吉尼回答道，“这些可算不
上解决方案。官方必须在 9 月 20 日之前禁止这个节日，否则圣父 142
的良知将迫使他公开发表抗议……而整个世界都会嘲笑我们：‘他们真是签署了一份伟大的条约！’”他提出，《拉特兰条约》第六条规定，但凡此前立下并且和条约相违背的法案，政府必须全部废除，所以墨索里尼完全可以根据条约条款，宣布废除这个节日。

墨索里尼思考了一会儿，同意说这也不失为一个解决问题的办法，不过他得先跟法律顾问谈一谈，很快就能给大使一个答复。

博尔贡吉尼起身离开的时候，向墨索里尼表达了他的悼念之情，因为墨索里尼的侄子（阿纳尔多的儿子）最近英年早逝。这番话令领袖陷入了忧思，因为他想起了这个男孩临终前的苦痛以及他弟弟深切的天主教信仰。

“我也是一个信徒，”领袖仿佛言之凿凿，“别以为我不是！”

“只是，”他补充道，“人类令我堕落。”[21]

* * * * *

领袖很快就召集大使再次会面。他表示，尽管正式废除 9 月 20 日的节日得先通过一项法案，不过这样的提案将会被提上下一届内阁会议的日程。它将被一个新的节日所取代，而这个新的节日定在 10 月 28 日，用来纪念“进军罗马事件”。

博尔贡吉尼回答道，教宗也许能够接受这样的折中处理，但是用纪念“进军罗马事件”的节日，而不是纪念条约签订的2月11日来替换旧的节日，这样的提案可能会令教宗感到不满。

“这件事不要再继续说下去了，”墨索里尼提高嗓门说道，“你想让我废除9月20日的节日，我给你办妥了。已经够了！我不想听到你现在又让我变更九二零大街的名字，又或者抱怨小学课本上写着意大利人在9月20日进入罗马城。”

墨索里尼站起身来。“我还有更重要的事情要担心”，他这样说着，让大使回去了。[22]

教宗可不是一个能够被吓倒的人，他对墨索里尼步步紧逼。尽 143
管博尔贡吉尼已经告诉过他，墨索里尼拒绝变更街道的名字，然而他依然坚持墨索里尼应该给九二零大街换个新名字，它毕竟是罗马的一条主干道。教宗提议道，这条街道应该叫作二一一大道，以纪念《拉特兰条约》的签订日期。

当墨索里尼听闻教宗的最新要求时，他叫来了大使。“你们肯定是想招致一轮凶残的反教会行动，”愤怒的领袖告诉他说，“我已经后悔在节日上做出的妥协了……我刚刚答应一件事情，新的要求就紧跟而来，内阁会议都还没召开，法案甚至都还没通过，更何况我还特地跟你说过，更改街名的事情不准跟我提。”

领袖说道，上次会面他提及更改街名是有原因的。“我很了解你们，我也预料到你们让我废除节日后，还会要求废除街名；废除街名后，谁知道你们又会要求什么别的事情呢？”你们接下来还想要什么？他问道。意大利总共有九千个镇，谁知道有多少街道名会令教宗不满呢？

送大使出门的时候，墨索里尼稍微冷静了一点。“政策制定有既定的程序，你们不能步步紧逼，”他解释道，“我有自己的做事风格。不节外生枝，不做任何不必要的事情。而且我必须尊重法律条文。我不想坏了规矩。”[23]

* * * * *

历史学家认为，在《拉特兰条约》签订之后，墨索里尼进入了一段共识期，再也没有人对他提出反对意见，于是他对个人崇拜的渴求与日俱增。[24] 他不仅要求新闻报纸称呼他为领袖，而且坚持 DUCE 这四个字母必须大写。[25] 无论是公共建筑、人民家中或者商店，到处都挂着他的肖像。报纸和杂志上刊登着他英气勃发的照片，出版之前都必须经过他细致的审查。他深信修女、修士和神父会给他带来坏运气，所以不允许刊登和此类人物的合照。[26]

墨索里尼还很注重培养他在荧幕上的形象。罗马有许多电影院 144
（其中一家甚至有用于通风的可移动屋顶），人们也热衷于观看新近上映的影片。[27] 领袖同新成立的国家电影机构密切合作，1927 年，一项法案要求意大利的所有影院都必须播放领袖的宣传短片。

于是影院便充斥着有关领袖的各种新闻电影——他在新项目上的致辞、向法西斯青年团体发表的讲话、给法西斯烈士献花圈，以及将奖章授给衣着亮丽的农夫。在有些短片里，他还身穿白色西服，视察市政工程项目，或者是在托洛尼亚别墅的庭院里，穿着开领衬衫，骑着一匹栗色大马跳过临时摆放的障碍物。有些新闻影片的内容则相对轻松随意，拍摄的是意大利民众的日常生活。有的影片则记录意大利著名拳击手和自行车运动员夺取胜利的场景。有一部影片记录了在罗马的特拉斯提弗列举行的大众节庆，此处离梵蒂冈很近，在这部电影中，观影人将看到人们扛着粗麻袋，把袋口攥在胸前，一蹦一跳地冲向街道另一头的终点线。紧接着还有一场汤匙盛蛋赛跑，每一位参赛者（其中没有女性）在街道上跑动时，都要努力地将鸡蛋平衡在一把汤匙上，赛跑结束之后，摄像头又对准了那些砸在鹅卵石路面上的鸡蛋，表明有许多参赛者并没能成功抵达终点。当墨索里尼出现在荧幕上时，影院里的笑声很快就平息下去，人们纷纷起立。

并不是每一个人都心甘情愿地接受这种强迫向独裁者致意的形式。曾有一个四处流传的故事，说有一天墨索里尼决定乔装打扮去电影院看电影，当他的身影出现在荧幕上时，每个人都起立了，只有他一人坐在座位上。在这间昏暗的电影院里，他身后的一个男人拍了拍他的肩膀，对着他的耳朵悄声说道："先生，虽然我跟您有同样的感受，但是我会建议您最好站起来，否则这些暴徒有可能把你脑袋打开瓢。"[28]

在公众场合露面时，领袖的助手们会确保围在领袖身边的都是那些爱戴他的人，即便有时候这意味着必须出动便衣警察来假扮群众。墨索里尼的私人助理纳瓦拉回忆往事时提及，曾有一张刊登在媒体上的照片，拍摄了领袖和一位农妇跳华尔兹的场景，而到处疯 145
传的流言则称他的舞伴实际上是一个乔装打扮的警察。

墨索里尼有时候自己都会忘记，那些跟他合影的工人、农民和工匠实际上是他自己麾下的警察，然而在为一栋新建筑的落成仪式致辞的时候，他确实意识到了这件事情。当时他转向站在他身边的一名"砌砖匠"悄声地问，他是不是一位警察。

"不是的，领袖！"那人回答道。

"啊，太棒了！"墨索里尼高兴地回复道，"所以你到底是干什么的呢，熟练的石匠？"

"不是的，领袖，"他回答道，"我是一名陆军中士。"[29]

第十一章

土生子归来

待到《拉特兰条约》最终获批时，年高七十七岁的加斯帕里枢 146
机已经服侍两任教宗，担任国务卿长达十五年了。1922 年，在帮助拉蒂当选教宗之后，他还能倚仗教宗的支持，因为庇护非常看重他作为国务卿的经验。随着时间的流逝，两人之间必定会出现冲突，因为教宗绝不能容忍梵蒂冈有人另起炉灶，跟他分庭抗礼。[1]

除了回山区老家（在首都东北方向）避暑以外，加斯帕里很少离开罗马。在家乡，整个大家族视他为社会名流，是山沟里飞出的金凤凰。在罗马时，他每天都在办公室里跟下属打交道——他坐在一张宽大的圆桌旁，桌上摆着一堆又一堆的文档，每位下属进来时，加斯帕里都会让他领走一叠。当他回老家度假时，助手则轮流给他送去文件。在这里，身材短小精悍的枢机坐在一棵大树下，身穿简
易的黑色教士袍，大大的圆边黑色布帽躺在他的身边，享受着阴凉、 147
新鲜空气和美景。[2]

加斯帕里颇具乡土气息的幽默感总是能令别人放松，然而各国驻圣座大使却觉得他说话不太坦诚。英国大使在报告中表示，他“一点都不坦诚……直说的话，他是个撒谎的好手”。有一天，法国大

使指责他没有道出真相，加斯帕里回答说，他只不过是做了外交官必须做的事情，随后还两眼放光地补充道，如果有必要的话教宗会赦免他的谎言。[3]

美国记者托马斯 · 摩根（Thomas Morgan）曾讲述自己在 20 世纪 20 年代拜访加斯帕里办公室的情景。当时，基督战争正处于危机最为深重的阶段，墨西哥政府关闭了大量教堂和神学院。摩根发现加斯帕里非常冷静，谈话时“就像一位伟大的圣贤”。他说道，教会存续了这么多个世纪，也经历过更为严重的危机，必然会挺过这个阶段，比敌人走得更远。

“他们不会得胜（Non prevalebunt）”，他重复着这句拉丁文。

枢机将记者领至门口，房间里的几只鹦鹉学舌道：“他们不会得胜！他们不会得胜！”显然国务卿花了好些工夫，将教会的历史经验教给它们。[4]

早在 1926 年，就有传闻表示教宗对国务卿感到不满。据说为了迫使他引退，教宗曾经在接见他之前命他在前厅等候，并用非常恶劣的言语羞辱他。用一位警方线人的话来说，即便是仆人也绝对无法忍受。[5]

1929 年签订的《拉特兰条约》乃是加斯帕里最广为人知的成就。他最出名的照片莫过于手里握着钢笔和墨索里尼并排而坐的那一张，然而这份条约给他带来的结果却喜忧参半。尽管墨索里尼在国会上发表的讲话令庇护十分愤怒，但教宗毕竟希望建立教宗国，所以他很担心独裁者会拒绝继续合作，于是决定替换人选，提拔一个新的国务卿。首先，他在 7 月将国务卿换届的消息告知加斯帕里，148
并让他好好想想这件事情。加斯帕里从山区避暑地回信给教宗说：“我并没有忘记（我怎么可能忘记）教宗陛下曾在 7 月份告诉过我，如果我没有弄错的话，尤其考虑到教会为了保护公教进行会，很有可能跟法西斯政府发生冲突，因此教宗陛下认为让别人取代我的职务的时机已经成熟。”他补充道，他自己也考虑过放下这个他担任了多年的职务，“尽管我考虑的缘由跟教宗陛下提出的不尽相同”。他表示，到了这个年纪，他已经没有当年的记忆力和精气神了。[6]

教宗又等了好几个月才换掉了国务卿。他同加斯帕里的会面越来越少，转而倚仗他人，尤其是副国务卿皮扎尔多蒙席。[7] 离职之前漫长的等待十分煎熬，它消磨了这位国务卿余下的策略和手腕。有一次，在同教宗会面之后，加斯帕里叹道：“我这一辈子真是不容易。”他告诉意大利大使，庇护十一世有许多优点，但他常常“冰冷得犹如一块大理石”。[8]

国务卿换届的事情成了人们关注的焦点。[9] 加斯帕里希望教宗能够将这一职务委任给他的弟子博纳文图拉 · 切雷蒂，并且他有充足的理由相信教宗会采纳这个建议。早在 1925 年，当切雷蒂刚刚从驻巴黎大使一职卸任，并且晋升为枢机时，教宗曾暗示过，有一天他将会提拔切雷蒂，让他接任加斯帕里的职务。切雷蒂名列梵蒂冈最出色的外交家行列，曾经出使过墨西哥、美国和澳大利亚，并且代表教宗本笃十五世参加了第一次世界大战之后的巴黎和会，但是在 1929 年秋，切雷蒂告诉一位记者，他并不想要这个职位。“如果教宗是庇护十一世的话，”他解释道，“国务卿能够发挥的余地就很小，基本上就是个摆设，并没有实权，也没有独立性可言。他无法承担任何直接、严肃的责任，也没有办法自作主张，签署任何教廷文件。换句话说，你可以认为他就是一个上层命令的执行者。”[10]

切雷蒂这番评论的真实性存疑，因为很多人都认为他是最可能的人选，他有理由担心教宗会略过他，转而将其他人任命为国务卿。切 149
雷蒂支持那些民主制国家和意大利人民党，他的这些倾向众所周知，而且教宗也很清楚地意识到，切雷蒂反对庇护和墨索里尼达成的条约。[11] 12 月，教宗最终将驻德国大使欧金尼奥 · 帕切利提拔为新任国务卿。切雷蒂对此非常愤怒。他确信，一定是弗朗切斯科 · 帕切利这个平信徒，利用他和庇护十一世频繁的会面为他的弟弟说了好话。

“我为他做了这么多事情，对他有着如此坚定的忠心，我有三十年的外交经验，庇护十一世竟然看不到，反倒偏爱帕切利……想到这些我就怒火中烧，简直没法接受这个现实。”切雷蒂愤怒地说道，“帕切利和他的兄长不过是法西斯党的奴仆，是被墨索里尼收买的共谋犯，终将令圣座蒙羞。他们会令教宗受辱，削弱其力量，降低他在天主教国家眼中的道德水准和教育权威。”[12]

相比之下，墨索里尼麾下的驻德国大使路易吉·阿尔德罗万迪（Luigi Aldrovandi）则更赞同这一委任结果。他表示欧金尼奥·帕切利是个水平极高的人，不仅有高深的智慧，还能够随时保持镇静。他身上既有庄严高贵，也有深切的宗教信仰。大使思索着，也许最重要的是，他能够同法西斯政府成为朋友。“早在《拉特兰条约》之前，”他在报告中写道，“帕切利蒙席就表达过对墨索里尼阁下的景仰之情。”[13]

帕切利在许多方面都跟加斯帕里大相径庭。他的祖父曾在庇护九世的教廷中担任部长。当 1848 年革命将教宗驱逐出罗马时，他也追随教宗，并在回归罗马后，协助创办了《罗马观察报》。帕切利的父亲是梵蒂冈资历最老的律师，并于 1886 年至 1905 年在罗马市议会任职。欧金尼奥 1876 年出生于罗马，儿时的他腼腆而体弱，很小就戴起了眼镜，并且喜欢拉小提琴，对体育运动和儿童游戏都没有任何兴趣。[14]

18 岁时，帕切利进入了罗马最古老的神学院卡普拉尼卡公学（Almo Collegio Capranica），几个世纪以来，这所学校都是梵蒂冈外交高官职业生涯的踏脚石。尽管帕切利在学业方面非常出色，但 150
他不喜欢宿舍生活，并且非常思念家人，由于他巨大的家庭势力，学校便开了特例，允许他在余下的学生生涯中住在家里。[15]

在晋铎两年后的 1901 年，帕切利取得了教会法及民法博士学位，并且在梵蒂冈国务院的非常教务部谋得了一个职位。如果不是因为参加了反现代主义运动（这在教宗庇护十世治下是升职的必备条件），接下来的几年中，他的仕途绝不可能这么顺畅。[16] 不过帕切利的言谈谨慎有度，在国务院任职的时候，他还热情地帮助过同事贾科莫·德拉·基耶萨。1914 年，德拉·基耶萨成为教宗本笃十五世的时候，便将帕切利提拔为副国务卿。

三年后，教宗将帕切利任命为驻巴伐利亚大使。对于这位四十一岁的神父来说，这是他第一次离开母亲，离开父母家。几年后，他又被任命为驻德国大使，于是便从慕尼黑搬到了柏林。

第一次前往慕尼黑时，帕切利一个人就占了两节火车车厢，一节给他自己，另一节放着六十箱食物。[17] 抵达目的地后，他立即要求安排修女照顾他的起居。在这些修女中，时年二十四岁的帕斯卡利娜·莱纳特（Pascalina Lehnert）注定要在他的人生中扮演极为重要的角色。她被这位大使迷得神魂颠倒。“他个头高大、身形单薄，他的脸庞特别瘦削和苍白，”她写下了自己对他的第一印象，“他的双眼映出他的灵魂，赋予他一种独特的美。”后来她觉得，帕切利一旦离开了她，就会在日常生活中束手无策。

1919 年，帕切利经历的一场精神创伤，影响了他此后的人生。那年 4 月，第一次世界大战之后的混乱还没有过去，巴伐利亚苏维埃共和国在慕尼黑宣布建国。一位共产党司令官带领着一队仓促之下武装起来配有步枪、手枪和手榴弹的民兵，敲响了教宗大使宅邸的大门。当受到惊吓的工作人员打开大门的时候，指挥官表示他这次上门是要征用大使的豪华轿车。帕切利被喊下楼来应对这些闯入者。这次闯入已经令他受到惊吓，而他们还要求征用汽车，这令他
尤为难受，因为那辆梅赛德斯—奔驰是他的心头肉，他将其爱称为 151
一辆“配有教宗徽章的华丽四轮马车”。帕切利拒绝了指挥官的要求，表示这种行为乃是对国际法的公然冒犯，他还试图向他们出示外交豁免权证书，然而这位指挥官（被帕切利形容为“那可怕的违法者”）不以为然，他带领的一名民兵还用步枪对准了他的胸口。这些入侵者推开大使进入车库，然而司机对汽车动了手脚，令其不能发动。受挫之后，他们告诉帕切利，如果他不能在明天修好这辆豪华轿车，他

们就会逮捕大使馆的所有人，并且炸掉这栋建筑。

关于接下来的二十四小时各方描述有极大的差异。在帕切利发给加斯帕里的报告中，他表示在这些人离开之后，他立即感染了极为严重的流感，而“肠胃不适”更是令他的身体状况雪上加霜，于是他离开慕尼黑到一座疗养院修养。但是事实似乎是，在这队人马离开之后，帕切利失去了镇定，精神彻底崩溃。他急匆匆地离开了慕尼黑，在一百多公里外的一家疗养院里等待康复。第二天，当这队人马卷土重来的时候，他已经不在那里了。[18]

出使德国期间，帕切利尽全力想要贯彻梵蒂冈自上而下的统治，然而这个国家的主教非常重视自身的权威，所以帕切利想要实现的绝非一件简单的事情。胡贝特·沃尔夫（Hubert Wolf）神父是研究帕切利出使德国岁月最权威的学者之一，他曾这么形容帕切利在德国的大使生涯：“对于帕切利来说，这些主教简直就是些戴着主教冠的辅祭，只有收到教宗的指令时才肯行动……罗马想要的是那种唯唯诺诺、对圣父怀着孩童般虔诚的人。这也是帕切利眼中优秀主教的核心标准，他也尽最大的努力任命这样的人物，并尽量扑灭德国教会的独立意志。”[19]

德国人的准时、可靠和职业道德都令帕切利印象深刻。尽管他到最后也没能克服对飞行的恐惧，但是他对德国的技术实力非常称道。

他在德国学到了许多经验，其中影响他最深的便是德国人对犹太人不断加深的敌视。在刚到慕尼黑的那段时间里，他曾记述过“严峻的沙俄—犹太革命暴行”，在驻守德国的十多年里，他经常提到那些社会党人和共产党人有犹太背景。[20] 在 1919 年的一份报告中，
他将慕尼黑昙花一现的革命委员会的共产党头目描述为一个“来自 152
俄国的年轻犹太人……苍白而肮脏，双眼毫无神采，声音嘶哑而粗犷：是令人反感的那类人，却有一副聪明狡猾的面容”。[21]

* * * * *

1929 年 12 月，教宗将帕切利从柏林召回，并且将其晋升为枢机。两个月后，帕切利又晋升国务卿。法国大使对他的形容如下："高个头、瘦身材、肤色暗沉、头发灰白，一副苦行者的面容，却有着生动的五官和仁慈的表情，他尊贵的小脑袋上戴着一顶红色小瓜帽，肩头披着紫色绸缎披肩，同色腰带绑住的教士袍上挂着饰带，钉着闪闪发光的纽扣，胸前挂着一个金色的十字架。"那位身材矮小、健壮、自称是"牧羊人"的前国务卿，如今被一位又高又瘦、戴着眼镜的罗马贵族所代替。想象帕切利像前任那样坐在山边的树荫下，显然非常困难了。[22] 帕切利在罗马上流社会中颇受欢迎，而他体贴周到的做事方式也为他在驻梵蒂冈的外交官圈子中赢得了众人的称赞。他们尤其赞赏他总是能用对方的语言进行沟通的能力，帕切利精通法语、德语、英语和意大利语。[23]

与鲜少在公开场合讲话的加斯帕里不同，帕切利拥有出色的演讲能力，并且代表庇护十一世出席了许多教会高层的国际集会。他的记忆能力也非常惊人。"只要我写过或者用打字机打过一篇布道或者演讲稿，"他曾经说过，"在演讲的时候，那些文字就能从我的眼前掠过，仿佛我是照着文字朗读一样。"[24] 他坚持过问一切事务，即便是最微小的细节也要谨慎地查看，比如等待寄送的信封上的地址。每天晚上，他的副国务卿都要给他准备一叠需要他签名的文件和书信，有时候甚至有一百多份。第二天早晨，他会把这些文件装进两个文件夹返回给他们。一个文件夹里是他签过字的文档，而另一个文件夹里的文档都被他找出了错误，必须全部重打一遍。后来，助手们将第二个文件夹称作"医务室"，并且每天早晨都要祈祷里面不要有太多病号。[25]

《纽约时报》的一位通讯员写道，教宗庇护十一世"与其说严苛， 153

不如说是习惯性地严肃……他很少笑，也很少放松”。[26] 其他人则认为教宗显得很“忧郁”。他之所以选择帕切利，是因为他同样是一个缄默冷淡的人，他和教宗一样体现出自身职责的沉重。然而帕切利是个很懂得自控的人，他并没有教宗的易怒，也不像他那样容易激动。他还是一个特别念旧的人，他把帕斯卡利娜修女带回了罗马，打理他的梵蒂冈公寓。这一行为引得某些人侧目，毕竟她年龄很轻，然而她一直陪伴他到他过世那一天。说他们两人有点不清不白，恐怕有点无的放矢，更准确地说，她代替了他母亲的角色，照顾他的起居。她确实跟很多母亲一样，对他有着过分的保护欲，而梵蒂冈将会有很多人嫉妒她对帕切利的影响力。[27]

这位新国务卿在上午 6 点 15 分起床，早餐前，他会同一群修女和神父一起做弥撒。然后，他将等候教宗的召唤，例行在上午同他会面。学究气十足但不擅外交的教宗（他毕竟出身于小镇的普通家庭）和具有国际视野、在政坛人脉很广的罗马人帕切利之间，渐渐发展出一段虽然正式却又十分密切的关系。在他们上午的会面中，这位新国务卿会带来一份日程表、一叠大使报告以及需要教宗查看的其他材料。

会面结束时，这位枢机的手里会捏着厚厚的一叠方形卡片，卡片上是他用微小、端正的字迹记下的教宗指令。[28] 国务卿那间巨大的办公室位于使徒宫的二楼。帕切利先要路过建筑外面站岗的宪兵，彩色的制服和黑色毛皮高帽显得他们仿佛是拿破仑时代的人。当帕切利接近自己的办公室时，他会碰到身穿黑色教士服的私人秘书以及在门口站岗的贵族卫兵。然后，帕切利会喊来两位副国务卿，让他们查看教宗的指令，并安排一天的工作。

这位枢机每周会留出两个上午，接见来自各国的三十名驻圣座大使。他们在一间富丽堂皇、墙面玫红的大房间里等候，轮流同国
务卿会面。在这样的上午，国务卿办公室隔壁的豪华房间里，时或 154
能见到返回罗马的教宗大使，出使东方尚未建交国家、留有长须却

身穿教士服饰的宗座代表以及其他教会高层人士。他们坐在十一张镶金扶手椅上，中间是一张盖着大红色桌布的沉重议事桌。职位较低的神职人员（神父、修士和修女）则坐在相对简易的扶手椅上，他们的位置被安排在通往国务卿办公室的入口通道上。在同国务卿谈话的时候，如果有领导哪个教廷分部的枢机不期而至，那么他们就必须先行退出。[29]

在下午 1 点钟用半个小时吃过午饭之后，帕切利会抽出一个小时的时间散步，有时候会去鲍格才别墅的花园，有时候则会去台伯河畔。他的身边常常伴有一位助手，手里拿着一叠需要国务卿查看的文件，像警察一样跟在身后，保持着毕恭毕敬的距离。[30] 回到梵蒂冈后，国务卿还需接见许多人士，然后才有时间独自查看当天的文件。晚上 8 点 30 分，他停下手头的工作去吃晚饭，晚饭后去礼拜堂念诵玫瑰经，然后再度投入工作之中，直到深夜。[31]

帕切利出任国务卿之初，梵蒂冈外交界普遍的感受是，他同和蔼而又自信的加斯帕里相反。后者十分呆板，不愿意表达自己的想法，而前者总是彬彬有礼。不过每当有疑难问题出现时，帕切利总会回答说，他需要询问教宗的意见。[32] 英国大使在 1930 年的年度报告中写道："这位国务卿的职责已经差不多被削减成一个办事员了。"[33]

法国主教兼学者阿尔弗雷德 · 博德里亚也记录下了类似的印象，他认为加斯帕里枢机"病怏怏的，不太有影响力"。博德里亚回忆起 1931 年 4 月他同帕切利和教宗之间的一场尴尬会面，当时的庇护十一世正因为墨索里尼对公教进行会的攻击而生气。他最近听闻有一位意大利枢机为一面法西斯旗帜祝福，愤怒的庇护问帕切利是否知情。当不安的帕切利回答说他知道这件事情时，教宗质问他是不是预先许可这位枢机做出此等行为。这番提问正中要害，帕
切利只好承认他确实许可过，然后补充道："圣父，我告诉过您， 155
我没法称职地履行国务卿的职责。"[34]

然而教宗非常赞赏帕切利的聪明才智和外交手腕，在他任职初

期，教宗对他的忠心也没有丝毫怀疑。“我们的国务卿啊，”教宗曾经说过，“工作出色、努力、高效。”[35] 帕切利的脾气很能够化解教宗冲动的性格，当教宗因为教会原则遭受攻击而打算发火时，帕切利总是能够为他踩下刹车。[36]

至于加斯帕里，他可没打算让帕切利轻易接过他的职务。“你竟然夺走了我的职位！”他向抵达罗马不久的帕切利咆哮道，“你不应该接受的！他们利用了我，如今却要赶我走！你会看明白，教宗是什么样的人！”帕切利心里很烦，但还是尽全力让加斯帕里冷静下来，不过这番对话还是在他心里留下了印记。[37]

这位前国务卿向一位枢机同侪抱怨说，在他和教宗最后一次会面中，教宗连一句感谢的话都没有说。他不断地重复道：“他们像轰一条狗一样把我赶走了。”[38] 当他和另一位朋友谈话时，他愤怒地质问教宗为什么对他如此恶劣。“让这个图书馆馆长成为教宗和最高统治者的人是我，而他就这样把我赶走了，还不如一条癞皮狗！他要为此付出代价！相信我，他要为此付出代价！”[39]

加斯帕里还将矛头对准了副国务卿皮扎尔多蒙席，控诉他在教宗面前说自己坏话，以此推销欧金尼奥·帕切利。错失晋升机会的切雷蒂枢机也责怪皮扎尔多，他认为帕切利奴颜婢膝、没有决断力，“不过是皮扎尔多的奴仆，像木偶一样受他操控”。[40]

* * * * *

帕切利拍马上任正值《拉特兰条约》签订一周年，他新官上任的喜悦马上便被各种庆祝活动所淹没。墨索里尼将大量礼物与荣誉赠予教宗以及他身边的人，一度缓和了由其国会讲话导致的紧张关系。周年庆当天，意大利大使送给教宗一件用白色布鲁诺（Bruno）
蕾丝织成的华美教士袍。教宗龙颜大悦，告诉德·维基，第二天 156
他将身穿这件长袍在西斯廷教堂参加自己加冕教宗八周年的庆祝

仪式。与此同时，国王将意大利最高奖章“圣天使报喜最高勋章”(Supreme Order of the Most Holy Annunciation)授予加斯帕里。[41]

意大利驻梵蒂冈大使切萨雷·德·维基认为，帕切利是个容易合作的对象。德·维基在他的日记里写道：“在我看来，这位枢机国务卿基本上是个好人，假以时日，我们将会达成完全的和谐，赢得双方的真正支持。如果教宗不是那么焦虑，事情完全可以进展得更顺利。”[42]一周半后，德·维基又抱怨教宗这人是多么难对付，他发现蓬皮利枢机也持有相同的观点。“我不清楚他是不是真的博览群书，”罗马枢机副主教这么评价这位前任图书馆长，“但他显然不懂得如何与人相处。”德·维基记录下这番评语，并且补充道：“我每一天都亲眼看到，即便是教宗身边最亲近的人，对他的感情也十分淡薄。”[43]

一个月后，在周五惯常的会面中，德·维基和帕切利讨论了欧洲当下剑拔弩张的形势。德·维基观察说：“我再次发现，他显然偏向德国，而不喜欢法国。”这位意大利大使显然清楚帕切利和德国保守派有着千丝万缕的关系，他表示正是自己帮助法西斯政府和德国右翼势力建立了良好关系。“我非常肯定，”德·维基写道，“加斯帕里枢机在这个方面会给我们帮上大忙。而我希望，一方面通过诉诸他的爱国心，一方面通过利用他对德国的好感，我们最终能够说服他。他对德国的情感真的非常深刻。”[44]

德国很快就会进入每一个人的视野，因为在1930年9月的全国大选中，希特勒领导的纳粹党收获了超过六百万张选票，成了这个国家的第二大政党。德国处于严重的经济萧条之中，民众大量失业，政府陷入瘫痪，社会党和共产党发起了强有力的社会运动，使得之前完全不可想象的事情（纳粹党当权）成了当前的现实。教宗将纳粹运动视作德国天主教会面临的异教威胁，他密切地关注着德 157
国政坛的进展。

很快，各种迹象表明欧洲即将陷入深重的灾难之中。但是令教宗对墨索里尼感到失望的并不是希特勒，而是发生在国内的事件。德·维基曾相信新任国务卿能够约束情绪化的教宗，他的这份信念将受到极大的考验。教宗可能已经后悔同意大利独裁者做出的交易，在如今的形势下，他甚至可能出言谴责墨索里尼和法西斯政府。

第十二章

帕切利苦苦支撑

1931 年 5 月末的一期《纽约时报》在头版刊登了如下新闻:《教宗肖像遭法西斯党人践踏》，称“暴民将教宗贬作叛徒，并且烧毁图书，而《罗马观察报》的销售也遭到暴民的阻止”。[1] 158

公教进行会乃是教宗令意大利民众再度皈依大公教的关键组织，而近几个月来，它所面临的压力变得越来越大。公教进行会设有全国性质的领导机构，其平信徒主席由教宗委任。根据其组织结构，皮扎尔多蒙席是公教进行会的“教会助理”，但由于他是教宗的亲信，于是教宗便通过他紧密地控制了这个组织。国家层面的指令会下达到每一个主教教区，而地方公教进行会组织通常由当地主教管辖,其委员会则包含平信徒。在教会影响力最为深厚的地区(主要集中在意大利中部和北部)，地方教区为成年男性、成年女性、男孩、女孩分别设立了不同的公教进行会组织。

墨索里尼清楚公教进行会对庇护十一世来说有多么珍贵，但他决定要让教宗看清自己的处境，好有点自知之明。意大利的报纸上开始连篇累牍地刊登控诉文章，指责公教进行会藏纳人民党活动分 159
子以及政府的其他敌人，数百名法西斯党大学生受到这些文章的煽动，砸坏了罗马大学公教进行会中心的窗户。还有人用石头砸开《公教文明》所在大楼的窗户，破窗而入，将书本从窗户里抛掷出来。他们一边高喊着“打倒神父！打倒教宗！”，一边将庇护十一世的肖像丢到大马路上。[2]

教宗无比愤怒，命令帕切利暂停同意大利大使的例行会晤。[3] 然而墨索里尼的自负和火气有过之而无不及，他已经受够了来自教宗的压力，于是下令关停意大利境内所有的公教进行会青年团体。[4]

当庇护十一世接见罗马尼亚大使时，后者犯了一个错误，他建议教宗安排一位值得信赖的调停人，来处理他和墨索里尼之间的分歧问题，由此向全世界示范该如何和平地解决争端。教宗毫不客气地反驳说，他的权能由天主授予，俗世的临时统治者是不能够和他相比的。“我已经做好应对任何情况的准备，”他说道，“我相信我的事业乃是我的使命，我永远都不会放弃，永远，永远，永远都不会放弃！”

大使回忆道，庇护十一世“变得越来越激动，用双手拍着桌子。最后他站起身来，几乎用他最大的声音喊出了对墨索里尼的不满。当时的他气喘吁吁，愤怒的神情溢于言表，可是突然，他大约是意识到自己这番激动的讲话给我留下了不好的印象，于是他开始控制言行，又坐了下来。尽管仍旧气喘吁吁，他还是补充道，‘但是大使先生，如你所见，我仍旧保持冷静’”。[5]

《纽约时报》6 月 1 日的头条新闻报道了墨索里尼关停公教进行会青年团体的决定，并认为墨索里尼和教宗的关系已经到了崩溃的边缘。意大利共有一万五千多个这样的团体，涉及的成员超过五十万人，而它们都将在接下来的一天里遭到关停。[6]6 月 4 日即将迎来基督圣体圣血节，为了表示抗议，庇护十一世禁止意大利教会为大众举行传统的游行活动。[7]

诸位枢机担心冲突会走向失控。他们认为新任国务卿太过孱弱，无法阻止灾难结局的到来，于是他们联络了彼得罗 · 加斯帕里，提 160

议由他出面同墨索里尼进行会晤。自危机伊始，教廷中便滋生出不满情绪，因为教宗完全没有征求他们的意见；与此同时，他们认为帕切利已经手足无措了，这种不满情绪也就愈演愈烈。加斯帕里认为教宗缺乏外交意识，庇护以为自己能够用对待各位大主教的方法（“责骂比讨论更有效”）对待墨索里尼。[8] 加斯帕里还没有从退位的失落中走出来，如今当然愿意出面调停，不过他告诉诸位枢机，只有得到教宗的许可，他才会答应这份差事。然而教宗拒绝了。[9]

4 月就已经有谣言称帕切利将要引退。[10]5 月下旬，法西斯日报《罗马人报》（*Il Popolo di Roma*）的报道称教宗计划解除他的职务。[11]6 月初，领导宗教裁判所的多纳托 · 斯巴雷蒂（Donato Sbarretti）枢机告诉教宗，裁判所的枢机一致认为代表教廷与政府展开协商的人应该是加斯帕里，而不是帕切利。帕切利受到了孤立。那些亲法西斯党的枢机认为他太过孱弱，没法让固执的教宗退让；而反法西斯派系又认为他过于迫切地想要保护梵蒂冈与墨索里尼的同盟关系。[12]

6 月 9 日，切萨雷 · 德 · 维基面见帕切利，并且心满意足地发现他“完全站在我们这边”。[13] 教宗曾告诫帕切利，不要同意大利大使谈论这场危机，然而帕切利沮丧地将教宗的这番指示透露给法国驻圣座大使，并表示教宗的不信任令他感到深深的失望。教宗在应对这场危机时如此彻底地将国务卿排除在外，这番做派也令法国大使感到讶异。帕切利大约意识到自己不应该这么多嘴，于是便恳求法国大使替他保守秘密。[14]

梵蒂冈内部的意见分裂也传到了意大利外交部部长迪诺 · 格兰迪的耳中，他希望对此加以利用，于是敦促墨索里尼进一步施加压力。他建议领袖召回意大利大使，并威胁废除宗教事务协约。“我坚信，”他写道，“如果我们把矛头仅仅对准教宗，一面宣称我们是大公教最为热忱的支持者，一面指出教宗作为大公教的首脑有颇多 161
失职之处，我们就能令圣座陷入尴尬难堪的境地。”[15]

6 月晚些时候，德 · 维基的副手、意大利驻圣座代办朱塞佩 · 塔拉莫（Guiseppe Talamo）前往帕切利的办公室与他会面。塔拉莫形容道，这位国务卿“既油腔滑调又有些尴尬”地告诉他，教宗正准备就这场冲突发表声明。帕切利还补充道，他希望这番声明不致让情况继续恶化下去。[16]

实际上，教宗决定要用更为严厉的话语谴责法西斯党，并且准备了长篇通谕，目标直指领袖。他担心法西斯党审查官会阻碍其传播，于是便将复件交给美国神父弗朗西斯·斯佩尔曼，由他偷偷地带过法国边境。这篇题作《我们不需要》(Non abbiamo bisogno)的通谕先是刊登在国外的报纸上，然后才在7月初登上《罗马观察报》的。[17]

教宗在这篇通谕中否认意大利公教进行会同反法西斯运动有任何瓜葛，并且在青年教育方面，他反对将教会的正当职责局限于提供宗教指导。“对于一位天主教徒而言，遵奉教条意味着教会以及教宗不能佯装给自己设限，使得我们仅仅从事宗教的外在实践（弥撒和圣礼），而将余下的教育拱手让给国家。”

尽管教宗发起猛攻，但仍然小心翼翼地将好法西斯（承认教会的权能并且遵从教会的训诫）区别于坏法西斯。教宗一边对国内天主教会受到的迫害提出抗议，一边又表示：“我们相信，我们既为[法西斯]党，也为政府做了一件好事。”[18]他先是谴责了那些坏法西斯党人，这些人将法西斯引入歧途，变成了崇拜国家的异教，最后他又以和解的话语收尾：“尽管说了这么多，但我们从未说过要谴责党和政府。我们的目的是指出党的程序和活动中所有背离天主教教义和天主教实践的内容，并且对其提出谴责。”[19]

教宗还有其他手段，可以进一步给墨索里尼施加压力。米兰新 162
火车站盛大的落成仪式原定于7月1日举行，国王将出面主持这场仪式。由于近来的冲突，米兰大主教向公众透露消息，表示自己不会参加仪式。国王不肯忍受由低阶神职人员陪侍的窘境，于是也退出了这场仪式。近些年来，法西斯政府主持活动却没有受到高阶神职人员的祝福，这算是第一次。[20]

不过令人惊奇的是，教宗的这篇通谕并没有令冲突愈演愈烈，反倒标志着冲突开始落幕。发布通谕之后，教宗已然发泄完怒火。如今的他似乎已经做好准备，把所有的不愉快都抛到脑后。也许是他的顾问终于将他说服，令他明白需要同墨索里尼和解，又或许是他们不断的游说终于令他筋疲力尽。这场冲突不能再继续下去了，因为双方的利害关系已经太深了。[21]

在 7 月中旬的一场仪式上，教宗祈祷奇迹降临，“帮助那些盲目的人”。[22] 他命塔基 · 文图里互通有无，帮助双方走出僵局。墨索里尼告诉这位耶稣会特使，他也迫切想要结束这场冲突。[23] 塔基 · 文图里赶忙将这些振奋人心的话语报告给梵蒂冈。“如果我没有领会错的话，”他向帕切利写道，“圣父上周日做的祈祷已经开始应验了。天主点亮了圣光，令盲目的人得以看见！”[24]

教宗倚仗这位耶稣会特使，同独裁者谈妥了解决冲突的办法。7 月 25 日，他明确地提出了解决争端的两个条件。[25] 首先，他希望墨索里尼承认，教会在儿童教育方面占据重要的地位，并且有权为了“正当的宗教目标和神圣目标”组建公教进行会团体。当天晚些时候，当耶稣会士面见领袖的时候，墨索里尼表示可以答应这项请求。带来分歧的是教宗的第二个条件。庇护十一世不仅要求墨索里尼重新开放公教进行会青年团体，而且要求他承认，关停这些团体的命令违背了法律。对于这样的要求，领袖不愿意做出让步。他表示要求他道歉等同于羞辱他。

塔基 · 文图里深信除非教宗做出让步，否则这场危机就无法结束，于是他向加斯帕里寻求帮助。这两人向来走得不太近，如今却 163
背负起共同的使命。

在这场会面之后，加斯帕里致信帕切利。“我现在怀着极端忧虑的心情给你写这封信”，他这么告诉帕切利，还给自己的这行话加了下划线。加斯帕里认为，墨索里尼对教宗做出的让步已经“非常巨大”。仅仅为了“程序”（即要求领袖做出道歉）问题，教宗“要继续谴责法西斯，并且终止双方的宗教事务协约”，这简直荒谬透顶。身为国务卿，帕切利现在应该站出来说服教宗改变主意。[26]

“根据最近几周到处疯传的谣言，”法国驻梵蒂冈代办在报告里写道，“教会正准备同意大利政府继续商谈，而帕切利枢机则被教宗排挤在外……本次商谈将仅仅遵从教宗的意志，他不会采纳任何人的建议。”[27]

最后教宗做出了让步。8 月中旬，在教宗和墨索里尼之间反复奔波后，塔基·文图里开始起草双方的协约，并由双方在 9 月 2 日签署。[28]这份协约规定公教进行会的组织形式须以主教教区为基础，由当地主教直接管辖。任何公开批评政府的人都不得担任该组织的领导人，并且公教进行会的活动只能限定在宗教领域内。[29]

教宗不得不做出让步。他虽已发表了一篇出人意料的通谕，希望将意大利的天主教徒召至他的麾下，然而这些年来，无论是教宗抑或教区神父，都教导这些天主教信徒：墨索里尼是天主派来的人。在这场纷争中，教徒已经失去了方向，他们希望一切能够尽快尘埃落定。教宗发现自己陷入孤立无援的境地，如今的他只好收回部分要求。[30]

并非所有的意大利神父和主教都对这份协约感到满意。流放到伦敦的人民党创始人斯图尔佐神父认为，教宗想要维系与政府的同盟关系，这一点并未令他吃惊，但是教宗签订的协约却为墨索里尼带来了一场彻底的胜利，此情此景令人不忍直视。另一位流亡海 164
外的人民党前主席更直言不讳：“教宗屈服了，他退却了，害怕了。他向法西斯摩洛神*的祭坛弯腰鞠躬……自从 9 月 2 日签订不祥的协约后，意大利国内外便风行这样的说法。”[31]

---

* 古代迦南人所祭拜的神。父母把子女作为祭品献上，放到火里焚烧，祈求神明保佑。——编注

一些枢机也发出怨言，抱怨教会进一步受限。据法国代办所言，他们认为“是帕切利枢机的绥靖倾向掌控了整个协商的过程”。法国大使猜测教宗年事已高，一开始的怒火平息后，最终被帕切利和周围的其他人消磨了最初的斗志。[32] 这种看法包含一定的真实性，尽管在这个过程中起重大作用的人是塔基 · 文图里，而非帕切利。

一向固执且坚守原则的教宗突然就向压力屈服，这令各国驻圣座大使感到惊讶。那篇既谴责法西斯政府垄断青年教育，又对国家崇拜提出警告的通谕才发表了两个月，这份协约却对此只字不提；此外它也不包括教宗长久以来就想从墨索里尼那里求得的东西，即为天主教团体遭受的暴行以及教宗受到的侮辱做出道歉。[33]

* * * * *

在墨索里尼和塔基 · 文图里签署最终协约的第二天，庇护十一世召来大使，为没有让他参与这轮协商表示道歉。他令博尔贡吉尼做好同领袖会面的安排，如今是时候令双方的关系重回正常的轨道了。

“你最近过得怎么样？”几天之后，墨索里尼微笑着和他打招呼，“暴风雨过后总是特别平静。”

“这也是我前来拜访的原因，”大使回答道，“我以为，既然两 165
边已经复归和平，那么现在正应该同阁下重新建立联系。”

“请拭目以待，”独裁者说完又补充了一句解释，“一段漫长的平静期将从现在开始。”

“赞美天主！”

“来，我们把所有的问题都解决清楚。”领袖指着桌上一堆由塔基 · 文图里递交的纸条，上面写着教宗提出的要求。有很多书要禁，还有新教徒的传教活动要扑灭。“我会立即下达命令，执行你们想要得到的一切。”

大使另有一事相求。尽管领袖已经主持政府长达十年，但他仍未晋见教宗。博尔贡吉尼说：“教宗想让我告诉您，您是梵蒂冈最受欢迎的客人。”自双方签订《拉特兰条约》之后，教宗就一直希望领袖能够来晋见他，但是这位独裁者却始终拖延了事，不断找借口推迟行程。梵蒂冈到处都是神父，他肯定会不自在，而其富丽堂皇定会让他显得渺小，也就愈发令他不自在。赢得最近的胜利之后，墨索里尼感到自己的优势地位已经稳固，在教宗面前也不会显得俯首帖耳。如今，危机已经过去，他深信伟大的事业即将来临。[34]

第十三章

墨索里尼永远正确

公教进行会危机解除之后，教会与法西斯政府之间的联系变得愈发紧密，双方的合作也更加深入和广泛。墨索里尼如今受到意大利天主教神父的热忱支持，拥有了一副几近神明的形象。 166

许多历史学家认为，1931 年的公教进行会纷争代表了教宗对法西斯的反抗，但如果我们细查这个组织在 20 世纪 30 年代的实际作为，就会明白这种观点有多么荒谬。教宗试图通过公教进行会令意大利人民全部皈依天主教，在这个过程中，法西斯政府并不是拦路虎，而是不可或缺的盟友。如果公教进行会不和法西斯当局密切合作，那么它就不可能取得成功。该组织的平信徒主席奥古斯托 · 奇里亚奇(Augusto Ciriaci)是领袖的狂热拥趸；德·维基告诉墨索里尼，此人“差不多算是我安插在梵蒂冈的卧底，因此也是您的卧底”。[1]

庇护十一世将公教进行会的成员看作士兵，为他发起的“道德战役”冲锋陷阵。在每一个主教教区，公教进行会都设立了“道德 167
秘书处”，用于鉴定一切不道德活动的迹象，并予以揭发。它列出了许多应当被抵制的戏剧和电影清单，而其成员则不断地骚扰警方，令他们叫停这些戏剧和电影的演出和播放。公教进行会成员还被告知，要彻底探访乡镇的每个角落，寻找那些冒犯教会的事物和活动，并向当局检举揭发。[2]

在道德衰退的诸多迹象中，最令教宗感到心烦的莫过于女性的大胆着装。从 1926 年起，塔基·文图里便开始与警方高层频繁接触，试图让他们禁止意大利女性着装露腿、露背以及胸部半露。[3] 那年 6 月，内务部部长对教会的施压做出反馈，命令各省省督禁止女性穿着过分暴露的泳衣。部长还下达命令，禁止人们在跳舞时穿着泳衣（这一行为尤其令教宗反感）。[4]

教宗对禁止女性在公众场合裸露身体一事关心到什么程度呢？即便在签署《拉特兰条约》之前最为紧张的那几日，当教宗听闻有几位衣着暴露的舞者现身罗马，他也立即派遣塔基·文图里前去敦促领袖处理这起“伤风败俗”的事情。

在这一历史性条约签署的八天前，塔基·文图里面见了墨索里尼。他首先告诉领袖，教宗对他禁止罗马一切艳舞表演的举措感到满意，但是这些糟粕刚刚被从前门清扫出去，就又从窗户溜了回来。电影院业主发现，如果他们雇佣女孩子在幕间休息时搞点跳舞表演，就能吸引到更多顾客。耶稣会士告诉墨索里尼，这些年轻女性的“穿着就像夏天时的夏娃，除了私处上缠着一条薄薄的布条或腰带外，几乎一丝不挂；她们只会刺激色欲的肮脏念想，而没有任何抑制作用”。他希望有一天，政府能够下令取缔这一可怕的表演，而他就能够向教宗传达这一喜讯。[5]

教宗反对女性以任何形式在公众场合裸露肉体，而其中有一种形式尤其令他头疼，那便是女孩子们参加体育竞赛。1928 年，当他 168
得知法西斯党计划在罗马举办这样的赛事时，梵蒂冈日报以及《公教文明》都刊登了他谴责此事的公开信。他批评道，即便是在异教时代的罗马，这等败坏女性优雅的荒谬事都闻所未闻。[6]

1930 年初，国家法西斯青年组织主席回应了教宗一方施加的压力，发布了女生体育教育的全新指导方针。这一群体的目标不再是锻炼体育技能，而是确保“这些未来的母亲学会指导她们的孩子接受体育教育所需的必要知识”。《公教文明》赞扬了这一指导方针，将其树立为楷模，表明法西斯政府能够多么高效地与梵蒂冈通力合作，一同提高国家的精神福祉。[7]

然而教宗从未放松过警惕。第二年，有消息称国际女生体育竞赛计划在威尼斯举行，令教宗感到非常不安。这一次他派出博尔贡吉尼游说墨索里尼取缔这一活动。

墨索里尼没有教宗的这些顾虑，他解释道，组织这些体育竞赛的乃是国际体育组织，并非意大利政府。为了表明这些女生体育竞赛对他个人来说没有任何好处，这位独裁者还进一步表示（或者他说这些话，只是因为他总是喜欢让这位拘谨的大使难堪）：“女人就两种用途,生儿育女和挨打挨揍。”博尔贡吉尼的尴尬令他更加兴奋，在这个话题上更加起劲。“女人就像毛皮大衣，”他解释道，“你时不时就要掸掉上面的灰尘。”[8]

地方公教进行会团体在向地方政府官员提出类似请求时，也常常面临类似的冷遇。在这种情况下，受挫的主教只好转而向梵蒂冈求助。

1932 年，教宗收到了一封不同寻常的来信，其中包含一组模糊的快照。写信的主教谴责了卡普里岛（Capri）女性暴露肉体的现象。许多女性的“后背基本上完全裸露，而胸部也常常只是勉强盖住，有些人上身泳衣的材质甚至是透明的”。他进一步说道，这番景象主要是由外地人导致的，这座岛上的大部分良民都对其表示厌
恶。他要求梵蒂冈去游说警方，让他们对这种现象采取行动。他随 169
信附上的四张照片都是从背后拍摄，照片上那些裸露后背的女性都穿着非常时髦的晚礼服。[9]

欧金尼奥·帕切利代教宗回复了这封信。他向这位主教保证，宣扬女性端庄的运动一向都是公教进行会的核心项目。这一组织“不会放过任何敦促当局的恰当机会，让他们提高警惕并且更为严格地

运用法律”。[10]

在这里，我们有必要停下来考虑一下帕切利这封信的日期：1932年9月16日。塔基·文图里和墨索里尼达成协议，结束公教进行会冲突，是不到一年之前的事情。[11]现如今，全国上下的地方公教进行会团体已经在和法西斯警察密切合作了。[12]

教宗不断推进自己的行动，反对女性在意大利的海滩上袒露身体。教会也不断地敦促墨索里尼，然而这种行为有时候会逾越界限，1934年3月便有这样一个事例。那个月，佛罗伦萨大主教埃利亚·达拉·科斯塔（Elia Dalla Costa）炮轰法西斯青年组织，因为它支持成员去沙滩游玩。墨索里尼被这番批评惹怒，给帕切利写了一封信。

“那位名头不小（也许名头太盛）的埃利亚·达拉·科斯塔蒙席向教区教众发去一封信，”领袖说道，“他和蔼地将我们称作异教徒和野蛮人。请告诉他上头的人，我们既不是异教徒，也不是野蛮人；我们也不想成为此等货色，尽管达拉·科斯塔写给教众的信里是这么称呼我们的。”

意大利大使德·维基亲手将领袖的信转交给帕切利。他告诉帕切利，这样的言语攻击最后只能事与愿违。德·维基接着提起了一个禁忌话题，他表示这位大主教谴责法西斯党人都是野蛮人，而政府却要对天主教神父非常普遍的不道德行为保持沉默，这会越来越难办。大使警告道，如果有一天教宗做得太过火了，最后的结果恐怕会令他不高兴。[13]

教宗还给当局施加压力，令其禁止那些教会认为有悖道德的图 170
书。比如一本在性方面提供指导意见的书，在欧洲颇为畅销，这本由荷兰妇科医生所著的《理想婚姻》（*Ideal Marriage*）囊括了生殖方面的生理学知识，鼓吹性快感，并且在节育方面提供了有用的信息。1930年，梵蒂冈将其列入了“禁书名录”。一段时间后，当这本书即将出意大利语版时，教宗得知消息后让墨索里尼禁止该书的销售，领袖向他保证他会予以禁止。[14]

庇护还给墨索里尼施加压力，让他禁止那些为教会所不喜的电影和戏剧。早在双方签署《拉特兰条约》之前，教宗就曾派遣塔基·文图里同墨索里尼商讨双方该如何在这个方面进行合作。在 1929 年的一次会面中，两人讨论了美国电影。塔基 · 文图里认为它们是罪恶和猥亵的粪坑；墨索里尼表示赞同，并将美国影院贬作是一所“堕落的学校，如果不予以阻止，最终会毁掉这个国家”。塔基 · 文图里非常满意，于是便要求这位独裁者“研究一下如何让审查系统高效地运作”。[15]

1931 年 3 月 20 日的《洛杉矶时报》头版刊登文章《意大利禁止包含性意味的电影……电影审查规则因教宗抗议而愈发严格》，报道了墨索里尼对教宗怨言的回应。[16]

教宗对墨索里尼提出的诸多要求，有时候会多到让人觉得难以应付。他向领袖提出各种各样的抱怨，从惹人厌恶的女性着装、书籍、新教传教到电影和戏剧。他还常常要求墨索里尼解决离教神父*的问题。在教宗国被攻陷之前，教会尚且能阻止这些异端分子在公众场合露面，然而意大利王国建国之后，它就无力再控制这些人了。在他们所行的事迹之中，最令梵蒂冈愤慨的是他们会在公立学校中担任教职，在教宗看来，这简直是一种可耻的行径。[17]

早在双方签订宗教事务协约之前，庇护就开始敦促领袖采取各种行动。1925 年 1 月，教宗要求墨索里尼解除罗马大学知名教会历史学家和离教神父埃内斯托 · 博纳尤蒂（Ernesto Buonaiuti）的教授职务。长久以来，博纳尤蒂都是梵蒂冈的眼中钉肉中刺。这位现 171
代主义者鼓吹政教分离，早年任教于罗马最好的一所神学院，后来离开了这个岗位。1921 年，他质疑圣餐中是否真的包含耶稣的圣体，导致被教会驱逐出教。[18]

对于教宗的这一诉求，墨索里尼的回应是对这位教授做停职处

---

* 指曾经担任神父一职，后因各种原因脱离教会或被教会驱逐出教的人。

理，然而博纳尤蒂的同事到处游说，帮他恢复了教职。[19]1927年初，教宗旧事重提，这次他派出塔基·文图里敦促领袖解雇这位大学教授。墨索里尼回答说，尽管他很想事事令教宗满意，但也不能为了令教宗满意而让自己陷入蔑视法律的不义之境。他建议另找办法，让博纳尤蒂不能再教书育人。[20]三天之后，塔基·文图里想要碰碰运气，便拜访了教育部部长彼得罗·费代莱（Pietro Fedele）。费代莱见到教宗的这位特使并不开心，但他深知此人和领袖有着不同寻常的关系。“从今往后，”他第二天给墨索里尼写信道，“只要塔基·文图里神父前来拜访我或者我手下的人员，我觉得最好还是将谈话的内容报告给你。”

费代莱向特使保证，教育部会勒令博纳尤蒂停止教学。塔基·文图里对这番承诺表示满意，但仍然代表教宗提出了警告。如果政府再次允许这位离教神父走上讲坛，那么庇护将禁止天主教徒进入罗马大学深造。[21]

博纳尤蒂在罗马大学的教职工队伍中一直待到了1931年，而讽刺的是，最终和他发生冲突的并非教宗，而是墨索里尼。当时出台了一项新法律，规定意大利所有大学教授都必须发誓向法西斯政府效忠。意大利总共有一千两百多名大学老师，拒绝效忠的只有十几个人，其中便有离教神父埃内斯托·博纳尤蒂。政府于是将这些人全部解雇。[22]

宗教事务协约签订之后，也曾发生过一起类似事件。教宗要求政府开除朱塞佩·萨伊塔（Giuseppe Saitta），这位离教神父当时是比萨大学的中世纪哲学教授。墨索里尼对这一请求特别敏感，因为萨伊塔在离开神父一职后变成了一名热忱的法西斯党人。他还是《新生活》（*Vita Nuova*）的主编，而这份杂志是法西斯党博洛尼亚党 172
部的刊物。他还是墨索里尼御用哲学家乔瓦尼·秦梯利（Giovanni Gentile）的门徒，萨伊塔也确实曾在巴勒莫大学师从秦梯利。

1930年6月2日，教宗大使博尔贡吉尼面见墨索里尼，向他提出了教宗的要求。他认为教宗的要求受到了宗教事务协约第五条款的支持，它明确规定："离教神父不得被委任教职，不得持有教职，不得担任任何与公众有直接接触的政府职务。"

"对您来说，把萨伊塔随便打发到一所博物馆去，简直易如反掌。"教宗大使建议道。

"要不就打发到古生物博物馆好了！"独裁者戏谑地回答道。当领袖情绪不错的时候，他很少会放过机会，一定要戏弄这位总是一板一眼的教宗大使。但是他对这次的要求不太热心。"Vedreme（等着瞧吧）。"他说道。

几个月后，萨伊塔仍然安稳地待在岗位上。1931 年 4 月，教宗再次提醒墨索里尼，却依然没见到任何进展。墨索里尼表示，萨伊塔早在宗教事务协约签订之前就被委以大学教职，而协约条款并不具有追溯效力。两年后，萨伊塔不仅没有被打发到偏远的古生物博物馆，反而高升到博洛尼亚大学担任哲学系教授。这是一场教宗没能打赢的战役。[23]

* * * * *

当教宗特使向墨索里尼投诉美国电影时，墨索里尼曾表示自己同意他们的观点。可实际上，墨索里尼非常喜欢美国电影，尽管他偏好的是查理 · 卓别林（Charlie Chaplin）、劳雷尔和哈代（Laurel and Hardy）、巴斯特·基顿（Buster Keaton），而不是珍·哈露（Jean Harlow）或者梅 · 韦斯特（Mae West）。独裁者甚至还在托洛尼亚别墅搭建了一个小电影院，晚餐过后，他们一家子就可以在荧幕前看电影了。"它可以让我放松身心。"他解释道。不过就算电影能够予以他宽慰，这种宽慰也非常短暂：家人都能看到电影的结尾，而这位一家之长却很少能看二十分钟以上。[24]

这些在家里一起看电影的夜晚是墨索里尼一家最快乐的时光。

独裁者讨厌家庭聚餐，即便他很少参加。那少数几次聚餐也被深深的沉默所笼罩，他总是紧张地摆弄着餐叉，用手指将面包屑碾成粉末。[25] 雷切尔的统治范围不仅包括厨房，还包括餐桌。孩子要是吃不完食物，就会惹她发火。 173

尽管家里有雷切尔与他抗衡，但是在这座别墅的围墙之外，墨索里尼就不同于其他凡人了。“Mussolini ha sempre ragione”（“墨索里尼永远正确”）的口号被无休止地重复着。全国上下，各种建筑的墙面上都刷有这行巨大的字母，政府还用这个句子教儿童识字。[26]

为了令自己的美名远播海外，墨索里尼还找时间同络绎不绝赶来的国外记者会面。那些年里，但凡采访过领袖的记者，鲜少有人不为他粗犷的魅力所折服。一位法国记者在休息时间说道，墨索里尼就像是一尊出自米开朗基罗之手的大理石雕像。他敏锐的黑色双眼能够夺人心魂，他宽大的嘴巴里装点着整齐的牙齿。[27] 另一位法国记者评论道，但凡经受领袖双眼凝视的人，都无法忘记那种感觉：“一双具有洞见和明判的双眼，从高高在上的位置洞察，从置身事外的立场判断。”就像其他人一样，这个法国人对墨索里尼在公众场合和私下会面之间的反差印象深刻：在广场上，他总是向敬仰他的群众慷慨陈词，而私下接受采访时，孑然一身的墨索里尼总是显得那么深思熟虑，他的回答充满了历史和哲学的典故。[28]

曾有一位杰出的德国犹太记者采访过这位意大利独裁者，他所发表的采访不仅篇幅最长，也得到最广泛的阅读。[29]1933 年 *，埃米尔 · 路德维希（Emil Ludwig）在墨索里尼宽敞的办公室中对他进行了数次采访。在思考问题的时候，墨索里尼会十指并拢，或者用手托着下巴，手肘撑在桌子上。他会先低头看看桌子，然后一边抬头直视路德维希，一边回答问题。他特别喜欢引用统计数字，并且精确到小数点后三位。路德维希还注意到，领袖不喜欢浪费，他并

---

* 注释中说是 1932 年 3 月，不知道是有两次还是作者笔误了。

不用笔记本，而是将笔记写在日程卡片的背后。

路德维希也曾亲眼见过领袖公开演讲的场景，他军旅式的嗓音 174
令路德维希想起苏俄革命家列昂 · 托洛茨基（Leon Trotsky）向人群慷慨陈词的景象。可是在这几次采访中，墨索里尼从未抬高他的嗓音。路德维希观察到，尽管他好像听不懂笑话，却自有一种冷酷的幽默感。他说，自己祖先里只有一人令他感到骄傲，此人住在威尼斯，因为妻子的不忠而将其杀害。他之所以令墨索里尼感到骄傲，是因为在出逃之前，他豪气地将两枚威尼斯金币放在她的胸膛前，算作是她的丧葬费。

尽管路德维希是个左派人士，但领袖的魅力令他折服。当墨索里尼表达自己对恺撒的敬仰时，路德维希问道，独裁者有没有可能受到人民的爱戴？

“当然可以，”墨索里尼回答道，“不过他同时也要令人民感到恐惧。群众热爱强人。群众就像女人。”[30]

后来，领袖阐释说：“于我而言，只要是没有组织的群众，就不过是羊群而已。”他们没有办法自治。他们不过是些情感和情绪的动物，没有理智可言，理性的观点无法令他们折服。“只有信念才能移动山峦，理性办不到。群众的动机永远都不能是……理性。现代人在信念方面具有无限的潜能。群众就如我手中的蜡，当我搅动他们的信仰，或者当我和他们相交融几乎被他们淹没时，我就感到自己成了他们的一部分。”

墨索里尼说到这里稍稍停顿了一会儿。他告诉路德维希，那些被他煽动的群众有时候令他感到恶心。“雕塑家不也会因为没法将大理石塑造成原先设想的模样，而想将它砸个粉碎么？”归根结底，意思就是：“一切的一切，都要看我们有没有能力像艺术家一样操控大众。”[31]

到这个阶段，墨索里尼已经在不断地疏远玛格丽塔 · 萨尔法蒂了，因此他也就失去了和高雅文化的最大枢纽。他不再需要她的政治建议和鼓励，而且她已经年过五十，身体发福，身患痛风，再也无法燃起他的激情了。[32] 那些情报滞后的美国人还将她看作是领袖最亲的亲信。1934 年，尽管萨尔法蒂在意大利的影响力已经日渐衰弱，罗斯福夫妇还是在白宫接见了她。她曾给墨索里尼写过一本题 175
为《领袖》的传记，而加莱亚佐 · 齐亚诺担任媒体和宣传部副部长时曾将其收缴，禁止它在市面上流通。也许齐亚诺是被妻子埃达·墨索里尼逼迫的。她鄙视父亲昔日的情人。在许多情况下，无论是《拉特兰条约》之后，还是墨索里尼试图给希特勒留下好印象的时候，这位不断衰老的犹太女人都愈发令领袖感到难堪。1935 年，他下令意大利媒体不得对她有任何提及。三年后，意大利颁布了反犹种族法案，她只好离开意大利，设法逃到了南美洲。直到第二次世界大战结束之后，她才返回意大利。[33]

墨索里尼变得愈发孤独。他告诉路德维希："我在根本上始终是独自一人。而如今，虽然我并没有身陷囹圄，却像是一名囚徒。"[34] 也是在那时，他告诉一位崇拜者："我只能接受孤独……首领不可能与别人平起平坐。他注定没有朋友。他得不到与人交心所带来的卑微慰藉。他没法敞开内心。永远都不行。"[35]

墨索里尼的一位早期传记作者写道，1932 年对领袖来说是完成转型的一年，从人转型为面具，从现实转型为神话。他清楚该怎么显得比实际身材（五英尺六英寸）高大，他模仿中世纪军阀的形象。他的腰围越来越宽；尽管已经吃得很少，却还要与家族的肥胖基因战斗，他每天都会称量体重。不过愈发宽大的身形也令他的面部更为饱满，让他更像是晚期的恺撒大帝。[36]

在打造领袖的个人崇拜上，政府与法西斯党都耗费了巨大的精力。1929 年，一位身居意大利的法国人惊叹于领袖肖像的无处不在，他那副坚毅的面容"挂在新闻编辑室、面包糕点店、美容院、公共电话亭、香烟店……简直就是一种执迷。你会不禁自问，他是不是连睡觉也摆出这样一副面容"？[37]

庇护十一世对这番企图有所警觉。有一天，在接见切萨雷·德·维基的时候，教宗提出了一个问题，令大使大为惊讶，他问能否请大使代劳，给墨索里尼带去一些个人建议。德 · 维基有点不安又十分好奇，便答应了下来。

“请以我的名义告诉墨索里尼先生，”教宗开口说道，“我不喜 176
欢这番造神运动，而且对他自己而言，这也没有任何好处，反倒会造成截然相反的后果。他不应该试图让自己高于凡世……希望他能以我的名义反思，天主是唯一的神。”否则，墨索里尼也“只能沦落为一尊偶像、一位伪神，至多也就是一名假先知”。教宗表示，他应该要意识到，“人们迟早会砸烂他的偶像。请告诉他，如果不改变行为，他将不得善终”。

德 · 维基匆忙赶到威尼斯宫，然而依然身穿晨礼服的领袖打量了他一番，开口大笑。尴尬的大使解释说，他从梵蒂冈直奔过来，要向他传达一份教宗的私人讯息。

“镇定点，”领袖说道，“把他的话都告诉我。”当德 · 维基尽最大努力复述教宗的话语时，一道介乎讽刺与不敢相信的笑容爬上了墨索里尼的脸庞。

“你确定这些话出自教宗之口？”独裁者问道，“你有没有添油加醋？”

德 · 维基非常激动，向领袖保证自己绝对没有歪曲。

“那么你告诉我，”墨索里尼说道，“你怎么看？”

“我的想法和教宗如出一辙。”德 · 维基回答道，至少在他后来的回忆录中他是这么声称的。[38]

尽管教宗担心领袖正逐渐被树立为偶像，然而意大利的大部分神职人员却没有这种担忧。1933 年，在意大利东北部的贝加莫（Bergamo）发生过一起极端事例，令我们明白墨索里尼的个人崇拜有着多么强大的力量。当地的一位神父因其行为彰显了对法西斯党的忠诚，而收到了一张墨索里尼的亲笔签名照，他在回信致谢时写道："我亲吻了您沉思的脸庞以及您手写的文字……您的形象……对我来说十分神圣，在天主的帮助下，我绝不会做任何坏事，要令自己始终配得上它……领袖，我每天都会向万能的天主祈祷，为您的双亲和阿纳尔多的在天之灵祈祷……也为您和祖国祈祷。"[39]

这位神父谄媚地为墨索里尼弟弟的在天之灵祈祷，可这些话语触碰了领袖心中一道未曾愈合的伤口。1931 年的一个大雾天，身在 177
米兰的阿纳尔多从火车站赶回家中，却在路上突发心脏病倒地不起，过世时年仅四十六岁。他的辞世给墨索里尼造成了沉重的打击，他们童年时曾同睡一张床，他是墨索里尼最亲近的人，也是领袖最信任的人。[40]

墨索里尼每晚 10 点都要同阿纳尔多通电话，他们不仅谈论第二天见报的内容，还谈论领袖每天思索的事情。阿纳尔多常常来罗马看望贝尼托，而贝尼托时或也会发起火来，对他的弟弟大喊大叫。纳瓦拉写道，曾有一次，也许是为了避过怒火正旺的贝尼托，阿纳尔多来到基吉宫，却只跟哥哥的私人秘书谈了谈。当纳瓦拉跟墨索里尼提及他的弟弟也在基吉宫却没有要求同他见面时，领袖十分生气，要求阿纳尔多立即到他的办公室来。弟弟只好应允。纳瓦拉从房间外面听到墨索里尼对阿纳尔多大骂不已。当弟弟从办公室里出来的时候，纳瓦拉上前向他道歉，表示自己不该提及他。

"不用担心，"阿纳尔多回答道，"只要像我那么了解他，任何人都不会太生气。他只是叫得厉害，但他不咬人。"[41]

在有些人看来，阿纳尔多的病逝是墨索里尼一生的转折点。这么突然、这么意外地失去自己唯一信任的人，他变得愈发封闭自己，愈发不相信身边的人。在弟弟葬礼的那一天，他说道："如今，任何事情都只能靠我自己了。"几天后，他给姐姐埃德维杰写信："这打击太出乎意料，又如此沉重，我需要花许多时间才能让自己的精神复归平静。我哭了又哭。"[42]

群众的崇拜也令墨索里尼的自信水涨船高。这样的场合为数不少，其中一次发生在阿纳尔多过世三个月后，一场在罗马举办的仪式令墨索里尼愈发相信自己命中注定要带领意大利建成伟业。那是法西斯运动十三周年纪念日。源源不断的黑衫军队伍中既有儿童又有老人，他们组成方阵向威尼斯宫进发。一队飞机从头顶飞过，地 178
上为数众多的乐队则奏响法西斯党歌。法西斯党人的战吼声震彻云霄。到傍晚 6 点时，飞机已经返航，广场上却仍然挤满了几万名摇旗呐喊、欣喜若狂的法西斯党人。第一次世界大战的老兵、“进军罗马事件”的老兵、法西斯青年组织成员、工人、大学生，各个年龄和各种行业的人都挤向墨索里尼即将发表讲话的那座阳台。欢腾的群众通过窗户看到了独裁者的身影，他举起右臂向群众行罗马式直臂军礼，乐队奏起了法西斯党歌《青年》（*Giovinezza*），数千人伴着音乐一同高歌。

他们高喊着“领—袖！领—袖！”，墨索里尼的报纸《意大利人民报》用热情洋溢的文字报道了这一庆祝活动，并且评论说游行队伍犹如“一场盛大的宗教信仰仪式”。当“立正”的口令响起，广场中犹如雷鸣的喧闹声彻底止息，随之而来的是一片诡异而又满怀期待的沉默。墨索里尼没有戴军帽，只穿着法西斯民兵制服，向群众发表了演讲。像往常一样，他用那句标志性的喊话收尾：“谁是意大利的主人？”“是我们！”几万道声音拧成一股回答道。他要离开的时候，群众两次三番地让他又回到阳台上，他于是高举手臂，用罗马式直臂军礼向群众赐福，这些耗尽了情绪却洋溢着能量和自豪感的法西斯老少才终于心满意足地回家去了。在接下来的年岁里，全国各地的意大利人将不断地重复这一仪式。[43]

领袖的个人崇拜之所以具有宗教意味，天主教神职人员起到了关键的作用，他们轻率地将法西斯仪式和天主教仪式掺杂在一起。法西斯青年团体中都配备了神父。人数超过四百万的青年团体成员受到两千五百名专职神父的指导，而主持这些专职神父工作的则是一位全身心投入法西斯青年事业的主教。他们的职责是确保意大利未来的主人就像硬币一样具有两面，一面效忠天主教会，另一面则效忠墨索里尼和法西斯党。[44]

1933 年 10 月便发生了这样的一件事，一百五十二名法西斯民兵的专职神父被召集到威尼斯宫。在领袖的观看下，他们演唱了一首专门为墨索里尼准备的颂歌，题作《为领袖欢呼》： 179

向不可战胜的领袖欢呼
您是我们祖国的救世主
无论身处和平抑或征战
我们都时刻准备跟从您的信号
您的指示和力量，您的指引和光芒
献给意大利的新英雄，您是领导人
是我们的领袖，是我们的领袖。[45]

主要的法西斯仪式都从清晨弥撒开始，由小镇里的神父或者城市里的主教主持。弥撒之后举行游行或者集会，并且朗读领袖发来的指示。大大小小的教堂是这些仪式的重要场所，同时也为它们增添了感性的力量。1933 年，在“进军罗马事件”的周年纪念日的夜晚，领袖的肖像被直接投影到米兰主教座堂的正中央；这副幽灵般的面容矗立在群众的头顶。欧洲历史学家皮尔斯·布伦登（Piers Brendon）认为：“教宗给人的印象是，意大利天主教会不过是一群做祷告的法西斯党人；而且他似乎在暗示，市民应该像信徒一样，最好屈膝跪地履行自己的职责。”[46]

只有少数神父敢于提出反对意见，然而，无论他们对法西斯政府的批评多么委婉，都会立即被当地法西斯党人举报。许多批评意见在当地得到处理，这些不守规矩的神父会受到主教的管教，可是当主教包庇下属时，事情就会闹到罗马。在意大利驻圣座大使的诸多职责中，有一项便是根据提交上来的这类报告敦促梵蒂冈采取行动。1932 年便有一起典型事例，梵蒂冈收到投诉，犯事的是克雷莫纳主教教区的一位教区神父。当局要求地方主教进行调查，而这位主教表示神父的冒犯之语不过是小事一桩，皮扎尔多蒙席告诉他这样的回应没法解决问题。“这位神父在 11 月 4 日发表的演说造成了 180
不好的影响”，这位主教必须安排他利用最近的机会，“发表一番与原先相反的演讲”。[47]

几个月后，有人指控乔瓦尼·蒙蒂尼（公教进行会大学组织的专职神父）是反法西斯分子，于是教宗采取行动，解除了他的职务。蒙蒂尼的父亲曾是人民党的议会代表。他没有将怒火瞄准教宗，而是指向了皮扎尔多，因为教宗的决议是由他传达的。他抗议说，皮扎尔多没有说“一句宽慰、尊重或赞扬的话”，就解除了他的职务。几年后，当教宗和墨索里尼的蜜月期已然过去，庇护恢复了蒙蒂尼的职务。蒙蒂尼走过的这些弯路完全无损于他的前途，因为三十年后，他将登上圣彼得宝座，取名号为教宗保禄六世。[48]

1932 年，墨索里尼宣布，握手动作（此乃资产阶级风俗）将被更具男子气概的罗马式直臂军礼所取代。他不仅要求大学教授宣誓向法西斯效忠，还坚持让他们在毕业典礼时身穿黑色衬衫。到 1934 年底，所有的小学老师在校期间都必须身着黑色衬衫和法西斯党制服。[49]

那年早些时候，意大利再度举行全民公投。都灵教区周刊的文章代表了所有意大利神父和主教向天主教徒传达的教诲：“都灵的天主教徒！请将你们的赞成票投给贝尼托·墨索里尼的政府……反法西斯时代已然结束。”[50] 这是墨索里尼操办的最后一届选举。一千万意大利人投了赞成票，只有一万五千人投了反对票。[51]

第十四章

新教敌人与犹太人

1932年2月11日的清晨迎来了《拉特兰条约》的三周年纪念日，181
一列由四辆黑色豪华轿车组成的车队行进至梵蒂冈，衣着喜庆的意大利宪兵骑马穿插其间。车队进入梵蒂冈城时接受了瑞士宪兵队的致意，最终停在了圣达马索（San Damaso）庭院，在那里迎接他们的是高举教宗旗帜的教宗宪兵和教廷仪队。身穿外交燕尾服的墨索里尼从车里下来。他的袖子上装饰着奢华的金边，两条宽宽的金带沿着裤管一直延伸到脚踝。他手里拿着一顶羽毛帽，腰间别着一柄仪仗剑。[1]

几个月来，各大媒体对这次访问都提出了各自的猜测。1931年9月，在墨索里尼同塔基·文图里签订协约并结束公教进行会纷争后的第三天，《纽约时报》在头版刊出文章，宣称“墨索里尼将在下周访问教宗”。[2] 从此以后，新闻报道和外交官报告也接连不断地猜测：182
经过多年的等待，领袖终于要拜访教宗了。然而每一次猜测都没能带来实际的会面[3]，最终墨索里尼将访问日期定在了次年2月。[4]

在访问的准备阶段，教宗给墨索里尼颁发了一枚特殊的教宗勋章。1月的一个上午，博尔贡吉尼将勋章送到了威尼斯宫。得意洋洋的领袖身穿正式的晨礼服，以骄傲的姿态迎接他的到来。教宗大使将教宗文书交给墨索里尼，而领袖则认真地阅读了这份卷轴。他吹牛说："能看懂拉丁文的意大利人可不多，我就是其中一个。"然后教宗大使将教宗的礼物金军领环（the Collar of Golden Militia，中间挂着黄金十字架的金色领环）呈送给独裁者。这位煽动暴民的反教会人士，如今竟成了教宗廷前的爵士。[5]

访问教宗的这一天必将载入史册。墨索里尼抵达梵蒂冈时胸前佩戴着教宗授予的十字架。他早到了十几分钟，而且令人尴尬的是，负责接待他的皮扎尔多蒙席完全不见身影。教廷仪队不知所措，只好立正行礼。教宗的姐姐有幸站在门边，最早见到了领袖的到来，可是她显然不会出面说任何话。后来，皮扎尔多终于急匆匆地跑下阶梯，他之所以迟到是因为教宗把他扣在自己的书房，给他下达最后的指示。在双方宪兵、瑞士侍卫队和教廷仪队的护卫下，他们登上了阶梯。

墨索里尼沿着宽阔、蜿蜒的阶梯向克莱孟大厅走去。这座富丽的大厅有着高耸的墙壁，天花板和上三分之二的四壁都覆盖着文艺复兴时期的壁画。一面墙上的雕带刻画的是四枢德，对面墙上的雕带刻画了神学三德，天花板上装饰的则是莱昂·巴蒂斯塔·阿尔伯蒂（Leon Battista Alberti）的壁画《圣克莱孟的神化》（*The Apotheosis of St. Clement*）。这座四方形大厅的地板和墙壁的下三分之一则覆盖着五彩斑斓的镶嵌图案。大厅中有二十名受邀宾客，他们前来见证领袖到访的历史性时刻，此刻似乎都迷失在这座大厅的壮丽之中。

不过当负责将领袖引导至教宗书房的典礼长卡恰·多米尼奥尼 183
蒙席走进大厅准备迎接墨索里尼时，他突然大吃一惊。在这群衣着正式的男性中间，竟然有一名女性，她是一名外国记者。梵蒂冈的大门绝不能向她敞开，因为这样的场合不允许任何女性的出现。而此时墨索里尼已经爬了大半截阶梯了。

墨索里尼访问教宗，他抵达梵蒂冈时，迎接他的是皮扎尔多蒙席，1932 年 2 月 11 日

“小姐，”卡恰恳请道，“烦请您立即离开。”

尴尬的红晕爬上了这位金发女子的脸庞，可是她坚决不让步。“我完全有权利待在这里，蒙席。”她回答道。

“此地的决定权在我，”他答道，“您没有权利待在这里，我的行为乃是出于圣父的命令。”

这位女性挥了挥邀请函，以示抗议。墨索里尼一行人越爬越高，卡恰越来越着急。“小姐，除了温和的话语外，我不想采取任何其他手段。”他瞄了一眼在一旁站岗的宪兵，“但是如果您不立即离开，您将迫使我采取行动。”

这位女性尽管又气又恼，却也只得松口，由一名高级教士将她 184
带到后门出口。就在此时，墨索里尼进到大厅，卡恰热情地迎了上去。瑞士侍卫队将佩剑高高举起，以示敬意。

卡恰带领墨索里尼穿过一座又一座大厅，每一座都配备教宗宪兵、贵族卫队和教会高层官员。他们来到小宝座室，领袖经由此处进入了教宗的书房，庇护正在那里等他。[6] 根据惯例，天主教国家

墨索里尼和教宗，教宗书房，1932 年 2 月 11 日

首脑觐见教宗时须向他鞠躬并亲吻他的戒指，然而领袖态度坚决地拒绝了这等安排。教宗拒绝任何人给他照相，然而在一份颇受欢迎的新闻周刊上，一位插画师为公众描绘了双方会面的场景。插画上的教宗身穿白袍，头戴教宗帽，脚踏红鞋子，与墨索里尼面对面地坐在风格繁复的红色扶手椅上，而墨索里尼则上穿刺绣外交官上衣，下穿黄色条纹裤，脖子上挂着教宗授予他的十字架领环。[7] 185

全世界的媒体争相报道了这一历史性的会面。《芝加哥论坛版》的头版头条是《教宗与领袖在友好条约下紧握双手》。《纽约时报》的头版头条则是《教宗与墨索里尼在梵蒂冈会面，双方气氛友好》。[8] 然而对这场仅此一次的会面，最好的描述出自墨索里尼本人，他亲笔写下自己的感受，并且上交给国王。

教宗邀请他坐下，询问了他女儿埃达的近况，她的丈夫出任意大利驻中国大使，而她则随夫去了上海。

在尽可能简短的寒暄之后，庇护提到了他认为最为要紧的事宜。他的话语令墨索里尼颇为惊讶，他完全没有想到这件事会是此次会面的第一项议程：新教人士正劝说意大利民众改宗，“并且在意大利所有主教教区取得了进展，这是我命各位主教所做的研究得出的结论。新教徒变得越来越大胆，他们还想在意大利组织‘布道会’”。宗教事务协约的用语有漏洞，将非天主教信仰称作是“受到承认的”教派，他们正是利用了这一漏洞。教宗曾经反对过这种用语，更希望将它们称作是“得到容忍的”教派。

墨索里尼指出意大利境内只有十三万五千名新教徒，其中有三万七千人是外国人，这一数字跟四千二百万天主教徒相比几乎微不足道。

教宗承认新教徒人数不多，但辩称他们带来的威胁很大。他把这一问题的长篇报告递给领袖。他希望遏制新教徒数量的发展，接下来的几年里，他会不断地用这个要求对独裁者进行轰炸。

然后话题一转，他们又谈论起最近的公教进行会纷争。在这里，我们必须小心谨慎地看待那些经由墨索里尼转述的教宗话语。教宗先表示，这一问题最终得到友好解决，令他非常高兴，接着他又进一步说道（经由领袖转述）：“整套法西斯信条强调秩序、权威和纪律的原则，在我看来它同天主教会的教导没有任何冲突之处。”

教宗还进一步说道，他能够领会“集权法西斯主义”的原则， 186
但这只能限定在物质范围内。他表示人们还有精神需求，在这方面就需要“天主教的极权主义”了。

“我同意圣父您的观点，”墨索里尼评论道，“国家和教会各擅其长，所以一旦两者确立了互惠互助的原则，即可通力合作。”

与教宗会面之后，墨索里尼在梵蒂冈，1932 年 2 月 11 日
前排左起：卡恰 · 多米尼奥尼、切萨雷 · 德 · 维基、墨索里尼

最后，教宗对俄国发生的事情表达了悲痛，他说苏俄共产党人决心要摧毁基督教。“在这一事件背后，”庇护说道，“还有反基督教的犹太仇恨情结在作祟。”他回忆起自己作为教宗大使驻守波兰的岁月，“我发现，在布尔什维克政权中，所有人民委员都是犹太人”。在教宗眼中，意大利的犹太人显然是个例外。他慈祥地跟领袖提起，米兰的一位犹太人曾给天主教会捐了一大笔钱，而米兰也曾有一位拉比，为他讲解了“希伯来语的一些微妙之处”，给他提供了很大的帮助。

会面就要结束时，教宗又赠予领袖三枚教宗勋章。[9] 然后，墨索里尼来到国务卿办公室，与加斯帕里枢机聊了二十分钟。之后他被护送到圣彼得大教堂，在圣母玛利亚祭坛前跪地做祷告。当新闻摄影师想要给他拍照时，他突然起身，嘘声喝止住他们。他说道："不可以拍照，不可以给做祷告的人拍照。"[10] 任何照片中都不可以出现跪在地上的领袖。

墨索里尼回到家中时情绪高涨。孩子们都想听听这场会面的细节，于是围坐在父亲的四周。雷切尔对此不太感冒，他正讲得眉飞色舞时，她尖刻地提问道："你有没有亲吻教宗的脚？"领袖被这么一呛，讲述也就戛然而止。[11]

在接下来的那个月，墨索里尼和国王也用溢美的褒奖将勋章回赠给梵蒂冈。他们将意大利最高奖章"圣天使报喜最高勋章"授给帕切利枢机，并将他列为国王的"堂亲"。他们还将圣莫里斯和圣拉撒路大十字勋章（Grand Cross of Saint Maurice and Lazarus）授给帕切利手下的两位副国务卿皮扎尔多蒙席和奥塔维亚尼（Alfredo Ottaviani）蒙席。然而最令教会人士感到惊愕的是，国王竟然还给 187
一位在梵蒂冈没有任何官职的人士颁发了大十字勋章，这个人就是塔基·文图里神父。[12]

如今的教宗进入了一段与意大利独裁者通力合作的时期。当时，尼斯主教恰好来到罗马，教宗向他表示，多亏了墨索里尼，天主教会在意大利的核心地位才得以收复。当主教提醒他注意，教会才刚刚就公教进行会和法西斯党恶战了一场时，教宗却将这一事件怪罪给墨索里尼身边的反教会人士。教宗说道："那一天的会面景象浮现在我的眼前，他当时就坐在你现在坐的位置，告诉我说，'我承认我们犯下了一些错误，但为了此事，我必须与手下全部人员抗争，才能遏制住他们'。"[13]

＊＊＊＊＊ 188

这一年也是教宗的七十五岁大寿，世界各地的媒体纷纷借此机会向他表达景仰之情。《纽约时报杂志》（*The New York Times Magazine*）刊登了一篇长文，大谈“他们的重大发现”，“在这位梵蒂冈图书馆馆长文静的学者派头背后，竟然现出天生统治者的品质”。（《纽约时报杂志》的这番评论令我们不自觉地回想起切萨雷·德·维基三年前面见教宗后做出的评价：“在圣父的意愿面前，任何其他意愿只能靠边让路。”他还补充道，他可以很轻易地就把庇护十一世想象成一位政府首脑或军队领袖。“任何诡计碰上这块冷酷的花岗岩都要彻底粉碎。”[14]）庇护走起路来仍然轻快得像个年轻人，《纽约时报杂志》断言他醒着的时候几乎把所有时间都用在工作上。[15]

教宗的日程自然十分繁忙。此次圣年（1933年至1934年）共有两百万朝圣者抵达罗马，而他接见了其中许多人，做了无数次演讲，举行了无数次弥撒。此次圣年是为了纪念耶稣受难一千九百周年，要从1933年的复活节一直持续到下一年的复活节。[16]

庇护十一世并不擅长演讲。接见公众时，他总是一边构思一边讲话，语速缓慢，并且常常停下来思索接下来要讲的内容。他常常谈论“圣父之所”或者“信徒共有的圣父”。其他时候，他会利用圣节或者朝圣者的特征（比如国籍或者职业）来组织演讲话题。他的演讲出了名的冗长，考虑到这一点，再加上庞大的听众数量，现场令人窒息的闷热时常让人挨不到他讲话结束就晕过去，也就不是什么稀奇古怪的事情了。1934年的大斋节，他教导一群神父，布道要尽量简短，可是他自己却足足讲了四十五分钟才把话说完。[17]

教廷的枢机以及其他高级教士在他面前依然担惊受怕。巴黎大主教观察到，教宗永远都不会承认错误，并且习惯使用精炼有力的措辞表达自己认为不容置疑的真理。受人尊敬的加埃塔诺·比斯莱蒂（Gaetano Bisleti）枢机曾在1922年为拉蒂戴上了教宗的三重冕，他准备演讲时都要前往自己钟爱的那个梵蒂冈礼拜堂，双膝跪在大理石地板上，祈祷教宗不会在他的演讲内容中挑出错误。阿尔贝托·梅拉（Alberto Mella）蒙席在卡恰之后被任命为典礼长，他在进入教宗的书房前总要对天堂里的圣徒祈祷，希望教宗不至于觉得他不够尽职尽责。许多枢机都害怕接近教宗，担心引起他的怒火，于是便委托帕切利，希望他能够运用外交手腕说服教宗达到他们的目的。[18] 189

可是面对平信徒的时候，教宗却懂得用话语去打动他们。通常来说，当拜访者进入教宗所在的使徒宫时，需要行三次跪拜礼，非天主教徒和天主教徒一样需要向教宗屈膝，但并不是每个人都会轻易接受这种规矩。有一天，教宗接见了一群新教徒。所有人都单膝跪地，只有一人挑衅地（却有点不太稳当地）站在那里。教宗的助手们都紧张起来，互相交换眼色，决定该由谁出面去解决这个问题。然而就在他们互使眼色的时候，教宗却走向这位不肯屈膝的人，询问他："你是否愿意接受一位老人的降福？"这番关照已经令这位富有反抗精神的新教徒彻底折服，于是他也屈膝跪了下来。[19]

按照欧洲皇室的习俗，教宗在书房抽屉里放着几袋钱币，用来打赏那些合情合理的请愿人。皮扎尔多手下的副国务卿、非常教务部副部长多梅尼科·塔尔迪尼负责协调援助苏俄的事宜，并且常常申请资金。这位身材矮小、留着一头又粗又黑的凌乱头发的罗马高级教士长着一张方脸，对教宗的情绪非常敏感。"9点时，我跟随教宗又听了一个小时的请愿，"塔尔迪尼在1934年4月9日的日记中这么写道，"今天，他兴致高涨；我有一把绝不会出错的标尺，那就是他批准的资助数额。"当塔尔迪尼详细地讲述他的请求时，教宗心不在焉，从抽屉里拿出金币，按照大小重新分类，在书桌上码出了整齐的几堆。

尽管教宗的幽默感不为人知，但是当他心情好的时候，确实会 190
说一些诙谐的话。那年早些时候，他曾急切地召来法国大使，讨论一些他想到的问题。大使抵达时并没有穿着正式的服装，他就此向教宗表示歉意。教宗只是笑了笑。“我懂的，”他说道，“平常你来的时候，都是皮面精装本，今天你却是个平装本。”[20]

但是教宗心情不好的时候极易发怒。“今天，”塔尔迪尼在10月5日写道，“教宗比以往任何时候更倾向于提出异议。这完全倚仗他的情绪，倚仗过去痛苦的经历，倚仗……他是否消化不良，我真是不懂。但可以肯定的是，教宗总是疑心很重，他的行为倾向于同别人的建议相左。”塔尔迪尼很了解教宗，于是想出了一个解决办法。当教宗心情不好的时候，他定然会拒绝任何请求，所以在这种日子，塔尔迪尼提出的请求就会跟他实际想要达成的效果相反，这样他就能确保达成自己的目的，至少他自己是这么声称的。“我今天就是这么办事的，”塔尔迪尼在某一天的日记中写道，“并且取得了非常良好的效果。”[21]

尽管教宗的日程十分繁重，但他也会适度消遣。他热爱秩序井然，所以谨慎地将书桌里的每一样东西都放在恰当的位置，并且从不浪费任何东西。他甚至有一堆摆放整齐的绑带，都来自他打开的包裹。他是丝绸厂总管的儿子，所以喜欢小巧的机械制品。多年来，他的书桌抽屉里都放着一柄小螺丝刀，用来修理闹钟等物件。当他的白背心被油污或者墨迹弄脏时，他会趁没人注意的时候想办法把它擦干净。[22]

如今，教宗没有必要再自称“梵蒂冈囚徒”了，他已经有了新的消遣可以享受。1933年7月10日，他坐上了一辆拉着布帘的马车，第一次离开罗马，前往位于阿尔巴诺山冈多菲堡的教宗府邸。这个地区凉爽沁人的空气、驰名的葡萄酒与自然风光，自古以来便吸引着地位崇高的罗马人。那里的教宗府邸自1869年起便荒废不用。庇护十一世第一次前往时，审视了仍在进行的修复工作。从下一年

开始，他将在那里避暑。1934 年和 1935 年，他在那里待了两个月，191
后来还会待更久。在避暑山庄的每一天，他的助手都会呈上文件供他审阅，他也在那里接见民众。但在那里，他的生活步调不再那么紧凑。当教宗在宽阔的花园中漫步时，他可以向下俯瞰一百多米，欣赏那个在死火山口积水而成的湖泊。呼吸新鲜的空气并且感受自然的亲近令教宗感到非常愉悦，他不由得回想起那段被他远远抛在身后的小镇生活。[23]

*****

庇护自然希望墨索里尼能够帮他对抗新教带来的威胁，领袖本不该对此感到惊讶。[24] 在签订宗教事务协约之后，政府发布了一些指示，明确了政府对非天主教宗教的态度，而这些指示令教宗颇为不快。“我曾经告诉政府首脑，”教宗大使回忆道，正是他向墨索里尼转达了教宗的不满，“新教这等异教信仰不过是天主教的寄生虫，它通过破坏真正的教会才得以生存，你们让两者平起平坐的意图不仅完全不公平，而且是对我方莫大的侮辱。”[25] 在接下来的那一年，也即 1931 年，教宗又派大使重提了他的要求。他告诉墨索里尼，新教的传教活动给这个国家造成了极大的危险。政府必须更严厉地管束他们。[26]

为了敦促政府镇压新教徒，教宗也动用了在他看来能令墨索里尼受益的理由，其中最有希望达成他目的的，莫过于如下理由：对天主教会的忠诚与对法西斯的忠诚是一致的。教宗坚称新教是一股反意大利的外族势力，对教会和墨索里尼都造成了极大的威胁。

公教进行会的成员时刻戒备着，留心观察周围有没有新教活动的迹象。在 1931 年 5 月的一个典型案例中，意大利中部一个城镇的公教进行会负责人致信墨索里尼，谴责当地发放新教传教材料。他们要求领袖确保“禁止任何形式的新教传教活动”。[27]

就墨索里尼而言，他并不情愿解散新教徒的集会，也不乐意没 192
收他们的传教材料。1932 年 11 月，当教宗再次派遣大使要求政府采取行动时，领袖突然就翻脸了。“最好不要这么夸大事实。”独裁者不耐烦地回答道。这些政府行为给新教国家的领导人带来了负面印象，他还补充说，梵蒂冈的报纸歇斯底里地刊登长文抨击新教，这样的宣传令他们感到惊恐。[28]

然而教宗根本不惧怕这番说辞，几个月后他又旧事重提，表示意大利的新教徒乃是他背上“最为沉重的十字架”。从教宗大使嘴里听到这番话，墨索里尼再度指出意大利的新教人口是多么微不足道，然而这番解释还是没能给教宗造成任何影响。[29]

尽管这些诉求主要由教宗大使博尔贡吉尼负责传达，但塔基·文图里也起到了一定作用。多年以来，他一直尝试说服墨索里尼，新教徒和犹太人正策划一个庞大且邪恶的阴谋，而瞄准的目标不仅有天主教会，还有法西斯独裁者。[30] 耶稣会士倚仗一套情报网络来获取邪教阴谋的最新消息。1933 年 6 月，他给帕切利枢机送去了一份报告。

“我相信我所递交的这份报告，绝对会令您感兴趣。”塔基·文图里在报告的封面写道。至于这份报告的准确性，他告诉帕切利说：“我不认为这份报告存有任何可疑之处，其作者不仅诚实地记录了内容，而且他具有相当的地位，很清楚自己记录的东西具有怎样的意义。”

塔基·文图里的秘密情报人表示，他最近看到了一份出自内务部的通知，下达给意大利所有省督，要他们留意神父的政治活动。他觉得这件事情非常奇怪，因为“整个世界都知道，所有教会人士、所有意大利天主教组织以及所有意大利天主教徒都以极大的热忱爱戴领袖和法西斯政权”。

政府在这样的监视活动上浪费资源，其原因只可能有一个：“在政府的核心，即各大部委之中，有一些高级官员要么是犹太人，要么是共济会成员，他们希望各地省督永远将神职人员和天主教徒看作……敌人！！！”[31] 他表示，与其浪费时间调查神父，政府当局 193
应该探查“犹太人、共济会成员和新教徒组织可怕而卑鄙的颠覆性活动，他们假扮成法西斯的拥护者，实际上是意大利的封建地主”。墨索里尼必须被警醒。[32]

* * * * *

犹太人是一股邪恶的力量，是幕后黑手，推动着一场反对基督教、反对欧洲文明的阴谋，波及整个世界——这番说辞对梵蒂冈而言可谓老生常谈，而《公教文明》的那些耶稣会士是这类言论最狂热的支持者。

一篇题为《世界革命和犹太人》的专题文章曾于 1922 年 10 月下旬刊登在这本受到梵蒂冈监督的期刊上，而当时的法西斯党人正“进军罗马”。文中的世界混乱四起，神秘力量组织工人罢工和动乱，希望能发动共产主义革命。参加这些反叛运动的盲信民众不过是些棋子，而透露出来的迹象显示，操纵这些民众的隐秘力量源自“犹太区”。

这篇文章发出警告，当下发生在俄国的战争将会决定这个世界的未来走向。实施恐怖统治的布尔什维克党领导人并非“俄国本土人”，而是“犹太入侵者”，他们非常狡猾，用斯拉夫人的假名掩盖了自己的真实身份。该文作者声称，布尔什维克政权最高官员的名单显示，这五百四十五位官员中只有三十位是真正的俄国人。“犹太民族足足占据了四百四十七个职位”，其他民族则占据了余下的席位。简而言之，尽管犹太人口的比例不到俄国总人口的 5%，“如今这个少数族裔却侵占了所有权力渠道，并在这个国家形成了独裁统治”。[33]

1922 年的这篇文章影响深远，因为它的观点后来为纳粹党所用，为他们的反犹行径提供了最核心的辩护。意大利国内外的天主教出版物都开始宣扬这一阴谋理论（俄国革命领导人基本上都是犹太人，而不是真正的“俄国人”），而这种宣传也为政府反对欧洲犹太人提供了最重要、最致命的理论弹药。[34] 194

接下来的那期《公教文明》是墨索里尼上台后的第一期，它从奥地利带回了一则新闻，题作《犹太—共济会社会主义在奥地利施行暴政》。这份刊物的报道指出，在第一次世界大战之后，维也纳的十九个共济会分会合并成一个总会。“其高层官员无一例外都是犹太人。”他们的目标是将这个世界“纳入共济会的统治，而共济会则受到犹太人的主宰”。这份刊物发出警告，如果他们取得成功，“维也纳就会成为一座犹太城市，所有房屋和财产都会归属他们，犹太人将成为主人，而基督徒则被贬作奴仆”。《公教文明》最后总结道，奥地利“毫无疑问将受到犹太人的统治和奴役，总之这便是秉持社会主义的犹太—共济会领导人的指导思想”。[35]

在那个时候，墨索里尼并不相信犹太人、共济会成员以及新教徒在策划一个联动全世界的阴谋，然而在接下来的几年里，教宗的耶稣会特使塔基·文图里会倾尽全力，说服他用这个理论去看待这个世界。[36]

1925年，在墨索里尼的老家罗马涅，公教进行会官方杂志《觉醒者》（*La Risveglia*）刊登了一系列文章，提醒读者警惕犹太人带来的威胁。这份刊物表示，犹太人和共济会秘密地控制了国际金融，并且“怀着魔鬼的贪婪从基督精神吸取能量”。除非基督教徒反抗这些魔鬼的代言人，否则他们会继续为非作歹。还有一篇文章很可能基于《公教文明》1922年那篇文章，将俄国革命和共产主义怪罪到犹太人头上。它警醒道：“犹太人都是拜金狂，他们做梦都想要粉碎基督不屈不挠的灵魂。”《觉醒者》还援引中世纪的指控，认为犹太人是“疯狂地吮吸基督圣血”的谋杀犯。[37] 那一年登载的其他文章也重复了官方的虚假指控，称苏俄政府的绝大部分“委员”都是犹太人，并将他们形容为一个寄生虫“种族”，其目标就是要折磨并奴役基督徒。[38]

启蒙运动早已被妖魔化，但凡在这一运动中受益的人群，这几十年来也都遭到了梵蒂冈的妖魔化，其中就有自由党人、共济会成员、犹太人以及新教徒。它斥责这些人在行魔鬼之业，千方百计要破坏人们对唯一真正宗教的信仰。意大利上下所有天主教媒体都在给这种恐惧煽风点火。[39] 庇护十一世大体上也持有这种世界观。在1928年的通谕《现世可死亡的心灵》（*Mortalium animos*）中，他禁止天主教徒参加任何宣扬跨信仰交流的团体。 195

1928年3月，由教宗领导的宗教裁判所发出命令，要求名叫“以色列之友”的国际天主教组织立即解散。这一组织始于两年前，其宗旨是帮助犹太人皈依基督教，这也是天主教会公认的一大使命。这一组织的成员不仅包括数千名神父，还包括二百七十八名主教和十九名枢机。

然而这一组织的领导人很快就逾越了界限，超出了梵蒂冈能够容忍的范围。他们相信，尊重犹太人是令他们皈依天主教的重要手段。所以无论对教会官方的训导（犹太人是杀害基督的凶手，受到天主的诅咒），抑或对公众的信念（犹太人受命喝下信仰基督教的儿童的血液，这是逾越节仪式的一部分），他们都有所批判。

前国务卿、宗教裁判所所长梅里·德尔瓦尔枢机代表梵蒂冈训斥了“以色列之友”。他们竟要求把“背信弃义的犹太人”从耶稣受难日祷告词中删掉，梅里·德尔瓦尔对此表达了出离的愤怒。1928年2月，他通知这一组织的官员，如果希望“以色列之友”继续存续下去，就必须将活动局限于为犹太人的皈依做祷告。他警告说，他们已经上了犹太人的当，不自觉地成了犹太人的工具，帮助他们实施邪恶的阴谋，“渗透到现代社会的所有领域”，并且试图“重建以色列国，反抗基督及其教会”。梅里·德尔瓦尔在3月初拜见教宗时，发现庇护与自己达成了共识，认为“在‘以色列之友’背后，可以看出犹太人的干涉和诡计”。[40]

教宗对采取行动的重要性表示了认同，但是他也有所顾虑。封禁一个名叫“以色列之友”的教会组织，可能会给他招致反犹的指控。他坚持要在解散该组织的教令中添加一个段落，表明教会反对任何 196
反犹主义的立场。[41] 为了确保信徒正确理解这份教令的含义，他要求亲信顾问以及《公教文明》前主编恩里科 · 罗萨在这份刊物中发表文章，解释这份教令的义理。

罗萨在《犹太人的威胁与“以色列之友”》中写道，这份要求该组织解散的教令谴责了反犹主义的“反基督教形式和精神”。他解释说：“在艰苦卓绝地抵御犹太威胁的过程中，《公教文明》始终如履薄冰地平衡着宽容与正义，避免……放任无度的反犹行径，并且立场鲜明地同它作斗争。”然而，教会也必须“用同样的警惕保护自身，避免走向同样危险的另一种极端”。天主教徒不能忽视犹太人带来的重大威胁。在 19 世纪，尽管教会长久以来都反对如此，犹太人却被赋予平等的权利；从那以后，他们就变得“大胆而强势，利用平等的借口为自己取得了支配和特权地位，尤其是在经济领域”。

罗萨的文章还将法国大革命和俄国革命怪罪到犹太人头上。他警告说，如今犹太人带来的威胁已迫在眉睫，欧洲各国政府的松懈令人感到费解，结果是，犹太人已经在“公共生活的诸多领域形成霸权，尤其是经济和工业领域以及高端金融领域，据说在这方面他们已经大权独揽。他们能够命令各国及其政府在政治以及金融方面制定法律，没有任何人胆敢与他们为敌”。他最后说道，欧洲各地的犹太人都在通力合作，“密谋在全世界达成霸权统治”。[42]

* * * * *

意大利的犹太人和新教徒有一种感受，他们感到自己不断被边缘化。墨索里尼情妇玛格丽塔 · 萨尔法蒂的处境便是这一情况的晴雨表：她发觉政府已经紧密地同天主教会团结在一起，于是决定受洗。塔基·文图里在 1928 年主持了这场仪式，并且她的两个孩子也很快随母亲受洗。[43]

到了 1933 年，法西斯媒体已经同天主教媒体达成共识，认为犹太阴谋同时针对天主教会和法西斯政权。一份热那亚报纸首先声明自己并非针对任何犹太人个体，进而宣称意大利需要“同犹太复国主义—共济会—布尔什维克主义—国际宗派主义作斗争，他们已经形成了一个庞大且强有力的实体，其目标是要破坏基督教文明”。[44] 197

塔基·文图里的忧患意识主要投射在犹太人身上，教宗则更关注共产主义传播所造成的威胁。[45]1932 年，在新任法国大使弗朗索瓦·夏尔-鲁（François Charles-Roux）向法国外交部提交的报告中，他写道，教宗不断地警告众人注意共产主义的威胁，显得“十分狂热”。在最近的德国选举中，纳粹党（此时它已是德国最大的政党）大获成功，所以这位法国人迫切地想要讨论希特勒给欧洲各国造成的威胁，然而庇护却坚称法国应该担忧的是共产主义的威胁，而非纳粹党的崛起。[46]

那年下半年，富兰克林·罗斯福当选美国总统。教宗听闻这位新任总统准备在外交上承认苏联的合法地位，担心此举会极大地促进共产主义在美国的传播，于是让帕切利联络了华盛顿的宗座代表。他表示最好由美国教会而非梵蒂冈来施加压力，并授意纽约大主教帕特里克·约瑟夫·海耶斯枢机代表美国教会高层同罗斯福协商此事。[47]

与此同时，教宗还不断给法西斯政府施压，要求他们限制新教徒在意大利的权利。此前，意大利警方禁止他们举行公开集会，但允许新教徒举行非公开集会（多半是在家中），1934 年，在教宗不断的施压下，政府最终答应禁止新教徒举行以传教为目标的非公开集会。

不过令教宗感到不悦的是，法官们并不愿意执行这道新禁令。

他们认为这道禁令不仅违背了意大利宪法，也违背了宗教事务协约有关“得到容忍的”教派的条款。教宗派出大使向司法部部长提出抗议。部长对这一状况深表同情，却明言自己也无能为力。他解释道，不幸的是，法官断案有时候完全倚仗自己的判断。[48] 198

*****

在另一条前线上，庇护取得了更为辉煌的战果。正如我们所见，墨索里尼上台不久后，就决定将天主教的宗教教导普及到所有小学；而1929年的宗教事务协约则要求将之普及到中学。然而当教宗得知，政府计划允许高中录取一定数量的非天主教学生，并且给他们提供相应的宗教教导时，他非常不悦。1933年3月，都灵的学校负责人准备批准该市的首席拉比向犹太高中生传授宗教课程。教宗将不满之情转达给墨索里尼。他的矛头不仅针对犹太人，还指向了新教徒。“阁下必定能看明白这一事件的严重性，”帕切利枢机在教宗的命令下致信意大利大使，“您只要仔细想想这件事，允许这样的先例出现，我们就会面临如下风险：新教徒有可能会提出相同的要求。”[49]

收到教会的抗议后，政府撤销了这份批给都灵拉比的许可，并且中止了另外一份打算批给米兰拉比的许可。[50]教宗告诉墨索里尼，听闻这些消息，他感到“非常高兴”。[51]

第十五章

希特勒、墨索里尼与教宗

墨索里尼的书房里摆着一尊拿破仑的半身像，而于1933年1 199
月登上德国总理宝座的希特勒，则早早地在他的书房里摆上了一尊贝尼托 · 墨索里尼的半身像。[1] 这位意大利领袖是他的榜样。希特勒宣誓就职不久后，就给墨索里尼发去一封公文：法西斯主义和纳粹主义之间有很多共同点，他希望能增进两国之间的关系。[2]

这些奉承虽然令墨索里尼十分受用，但他却对这位跟班抱有疑虑。希特勒是一位“梦想家”，比起统辖一个国家，他更适合做鼓动人心的演讲。至于赫尔曼 · 戈林，则是个“曾经住过疯人院的精神病患者”。而且墨索里尼相信，这两人都有自卑情结。[3]

“希特勒是个煽动群情的天才，”帕切利枢机说道，“但要在管理政府方面给他下个定论，还为时过早。”[4]

德国的教会领袖长久以来都对希特勒极端的国家主义保持警惕，他们认为这种思想和异端邪说相去不远[5]，然而三分之一的德国人口都是天主教徒，所以这位纳粹领袖迫切想要获得梵蒂冈的支
持。正如意大利的天主教人民党曾经妨碍到墨索里尼掌权，德国的 200
天主教中央党如今也成了希特勒面前的拦路虎。希特勒掌权还不到

一个月，德国大使就向帕切利保证，新任总理意欲和圣座结成良好的关系。大使明说道，毕竟嘛，希特勒本人便是个天主教徒。[6]

教宗也对纳粹分子抱有疑虑。在希特勒上台之前的那个春天，庇护十一世曾经发出疑问："希特勒一派要是大权在握，我们还能有什么指望？"[7]可希特勒担任总理还没过几周，他就开始看到希望了。"我对希特勒的态度改观了，"他在3月初时对法国大使说道，令大使颇为惊讶，"第一次有政府敢于如此坚定地谴责布尔什维克主义，它与我们站在了同一战线上。"

"这些话语态度坚定，颇有些鲁莽，"法国大使夏尔-鲁回忆道，"却向我证实，这位新任德国总理，已然通过宣布同共产主义决一死战而令庇护十一世对他青眼有加。"[8]英国驻梵蒂冈大使也同样记述了教宗对于共产主义的威胁有多么心忧。他认为，不认识到这一点，就根本理解不了庇护的行为。[9]

教宗出人意表地开始对希特勒持正面观点，这令德国教会领袖感到惊愕和不解。在1933年3月的竞选活动中，德国天主教会的各位主教纷纷谴责纳粹党，并对中央党予以大力支持。然而在3月12日，教宗会见了慕尼黑大主教，即米夏埃尔·冯·法乌尔哈贝尔(Michael von Faulhaber)枢机，告知他注意调整路线。返回德国之后，大主教知会了他的同仁。"我们需要深思圣父的话语，"法乌尔哈贝尔说道，"他在召开枢机会议时，尽管没有提及那人的姓名，却已经向全世界指明，阿道夫·希特勒乃是继教宗本人之后，第一位出声反对布尔什维克主义的政治家。"3月23日，希特勒便报答了教宗的好意，他宣布基督教会"是维系本国国民凝聚力的重要因素"。他发誓要保护"教会告解在学校和教育中理应享有的影响力"。两天后，教宗与帕切利枢机谈话，表达了他对希特勒发言的赏识，赞 201
扬了他的"好意"。及至月底，德国各位主教宣布他们不再反对纳粹领导人。[10]

5月，夏尔-鲁再度言及教宗对希特勒的好感。"教宗天性冲动，且执迷于对共产主义的憎恶，”这位法国大使观察道，“竟一时间对纳粹领导人产生了热忱。”意大利政府的要员明白教会支持的重要意义，他们将自己赢取教会认可的成功“秘诀”分享给纳粹友人。[11]

教宗也迫切地想要同纳粹政府达成共识，以便确保教会在德国的影响力。帕切利枢机是一位磋商谈判的能人，他将中央党看作是圣座的一大谈判筹码。他相信，如果教会承诺收回对中央党的支持，梵蒂冈就能够令当局做出保证，保障天主教组织在德国的权利，但是他没有预料到，诸位主教收回支持后，将给中央党本身造成多么严峻的后果。在他同希特勒达成协约之前，中央党就宣布自行瓦解了。[12]

7 月，帕切利枢机陪同德国副总理弗朗茨 · 冯 · 巴本（Franz von Papen）来到国务卿位于梵蒂冈的公寓。他们签订的宗教事务协约保证德国教会有权利管理自身事务，还为牧师、宗教团体以及教会财产提供了诸多保护措施，但其中大部分用语含混，尤其是涉及天主教组织和学校的那些部分。[13]

中央党领导人海因里希 · 布吕宁（Heinrich Brüning）曾在 1930 年至 1932 年担任过德国总理一职，此时的他已经出离愤怒。他愤怒的原因在于，梵蒂冈出卖了天主教党派，并同希特勒共进退。他责难帕切利枢机，指控他误解了纳粹主义的本质。布吕宁后来在回忆录里写道，帕切利对“宗教事务协约体系”的信心，“令他和梵蒂冈走上了轻视民主、轻视议会体系的道路”。[14]

＊＊＊＊＊ 202

教宗很快就意识到，他“同恶魔的协约”（语出教会历史学家胡贝特 · 沃尔夫）将不会结出他所希望的果实。[15] 就在他们签署宗教事务协约的同时，纳粹党引入了《遗传病病患后代防止法》，这一法律将对特定的遗传病患者进行强制的绝育手术，而这显然与教会的教义相悖。希特勒还采取措施，侵蚀密集的教区学校网络。纳粹党想要的是一个完全受他们掌控的教会。初秋时，梵蒂冈国务院分析了这些举措，并得出了一份令人担忧的报告，其中提到希特勒青年团里传唱的一首歌曲，其歌词将希特勒称作他们的“救世主”。[16]意大利最具影响力的天主教报纸是《意大利未来报》，10月，这份报纸的编辑向读者发出警告，指出纳粹党正在致力组建“德国国家教会，要将新教徒和天主教徒混到一起”。[17]12月，在教宗的圣诞节讲话中，庇护十一世向各位枢机表达了他对纳粹政府的失望，而帕切利和冯·巴本签署宗教事务协约不过是五个月前的事情。[18]

尽管教宗对希特勒的疑虑在一步步加深，他身边最亲近的人却在尽可能地维系这段关系的和谐与平稳。1934年初，帕切利枢机和圣座驻德国大使切萨雷·奥尔塞尼戈蒙席都曾敦促教宗谨慎发言，不要激怒希特勒，进而动摇教会的地位。[19]在柏林，德国神父爱德华·耶尔曼（Eduard Gehrmann）能够继续担任教宗大使（在奥尔塞尼戈之前担任这一职务的是帕切利）的私人助理，也有赖奥尔塞尼戈出手相助。梵蒂冈的一位观察者指出，耶尔曼“对希特勒的信仰胜过了他对基督的信仰”。[20]

庇护十一世将切萨雷·奥尔塞尼戈选为梵蒂冈驻纳粹德国大使，这一选择可谓意味深长。尽管梵蒂冈其他外交岗位（除了驻意大利大使）都没有那么复杂、那么关键，但奥尔塞尼戈是才智有限、眼界更有限的人。奥尔塞尼戈生于米兰北部的科莫湖区（靠近教宗的
家乡），他跟教宗一样，父亲是一家丝绸厂的总管。他父亲的两个 203
兄弟迎娶了他母亲的两个姐妹，她们也都是附近镇上丝绸厂总管的女儿。这三对夫妇各育有一子，其中一位将成为神父。奥尔塞尼戈1896年晋铎，在米兰的一个教区担任神父；1912年，他在米兰主教座堂获得诵经神父头衔。

从此往后，奥尔塞尼戈的生活就围绕着米兰及周边的教会。他没有任何外交经验，对国际事务也没有明显的兴趣，然而仅仅在庇

护成为教宗四个月后，他就被晋升为大主教，并被任命为梵蒂冈驻荷兰大使。这一委任在教会高层引发了大量闲言碎语，他们认为这是教宗任人唯亲的最新例证，因为他并没有选择教会高层最为专业的人士，而是从米兰调人过来。加斯帕里枢机主持了奥尔塞尼戈的主教祝圣仪式。这位米兰神父骄傲地将庇护送给他的十字架戴在胸前，来迎接这一光荣的时刻，但是除了几位担任祭坛侍者的罗马伦巴第神学院学生外，教堂里几乎空无一人。

在荷兰待了两年后，奥尔塞尼戈又成了圣座驻匈牙利大使。1928 年，当奥尔塞尼戈回到罗马时，墨索里尼的一位线人猜测，教宗可能会让他代替加斯帕里枢机出任梵蒂冈国务卿一职。这位线人认为，教宗最看重的品质乃是不容置疑的忠诚。这样的举措对于政府来说是个好消息，线人补充道，因为奥尔塞尼戈比起狡猾的加斯帕里来说，没有那么足智多谋，更容易被人牵着鼻子走。[21]

尽管教宗并没有将奥尔塞尼戈任命为国务卿，却让他代替帕切利担任梵蒂冈驻德国大使。无论是在希特勒还是在帕切利枢机眼里，奥尔塞尼戈都是个无足轻重的人物。帕切利原本便是驻德国大使，所以在处理与柏林的关系时，他从来都不觉得有必要向他咨询建议。奥尔塞尼戈处事小心、尽职尽责，他一直都担心惹怒希特勒。后来，当梵蒂冈与纳粹德国的关系成为教宗面前的核心议题时，他更不会替换掉奥尔塞尼戈。教宗想要的正是一个既没有独立思考能力，又
不会咄咄逼人的大使，来搭建他和希特勒之间的桥梁。待到教宗过 204
世，庇护十二世执掌圣座，中庸的奥尔塞尼戈也依然坚守在他的岗位，熬过了第二次世界大战的那些多事之秋。[22]

教宗担心纳粹运动中包含反天主教的元素。当纳粹思想领袖阿尔弗雷德·罗森堡（Alfred Rosenberg）撰写的《20 世纪的神话》（*The Myth of the Twentieth Century*）出版时，教宗感到尤其恼火。罗森堡认为，天主将人类创造成不同的种族，高等的雅利安人注定要统治其他种族。耶稣便是雅利安人，那些犹太使徒却玷污了他的教

导。天主教并非正宗的宗教，它源自犹太人施加的影响。1934 年初，宗教裁判所将这本德国畅销书列入了“禁书名录”。[23] 希特勒倒是同这种观点保持了距离，所以有一段时间，梵蒂冈部分人士将纳粹党的反天主教倾向怪罪给这个政党的反教会派系，并认为希特勒与此无关。梵蒂冈对这种观点并不陌生，因为意大利的反教会行动就不怪墨索里尼，而要怪他身边的反教会人士。

为了让希特勒遵守宗教事务协约，庇护反复求助于墨索里尼。[24]1934 年春，领袖正在为他与希特勒的第一次会面做准备，教宗派人传达了他的指示。[25] 他希望墨索里尼能够让希特勒保证遵守宗教事务协约。尽管这份协约生效还不到一年，但是纳粹党人已经开始无视它的存在了。所以墨索里尼还须向对方提出警告：如果希特勒令德国主教过分难堪的话，这将不是一个明智之举，因为“他们一方面能够给他带来很多好处，另一方面尽管不愿意诉诸这样的手段，却也能够给他造成很大的困难，因为天主教徒将会站在他们一边”。

庇护还要求墨索里尼去游说希特勒，让他“摆脱那些给他抹黑的党羽”，尤其是阿尔弗雷德·罗森堡和宣传部部长约瑟夫·戈培尔（Joseph Goebbels）。教宗认为这两位都在鼓吹与天主教会作对。慕尼黑大主教法乌尔哈贝尔枢机近来在报告里指出了戈培尔的斑斑劣迹，他有一本写于 20 世纪 20 年代的小说，其中抒发了对天主和耶稣基督的坚定信仰，却对教会和神职人员十分鄙夷。“我与基督促膝长谈，”戈培尔在书中写道，“我相信我已经克服了他，但我只 205
是克服了他底下那些崇拜偶像的神父和虚假的仆人。基督为人严苛且无情。”更糟糕的是，依据大主教的报告，身为天主教徒的戈培尔最近还娶了一位离过婚的新教徒，并且对方还是个“臭名昭著的同性恋”。得知教宗的要求之后，领袖表示他很乐意担当贤明政治家的角色，并且承诺一切都照教宗要求的去办。[26]

墨索里尼对这场会面并不抱有美好的期待。纳粹党人的目标是要建立日耳曼帝国，将所有日耳曼人团结在一起，这番野心令他们不可避免要吞并奥地利。然而这与意大利的外交政策相悖，因为意大利认为奥地利处于自己的势力范围内，并且它还是一个缓冲区，可以用来对抗侵略性极强的德国。[27] 墨索里尼是基督社会党人、奥地利总理恩格尔贝特·陶尔斐斯（Engelbert Dollfuss）的坚强后盾；1933 年 3 月，为了应对纳粹党人引发的动荡局面，陶尔斐斯暂停了议会政府的工作。那一年夏天，陶尔斐斯领着他的妻儿来到罗马涅的亚德里亚海岸，在位于里乔内（Riccione）的避暑别墅里拜访了墨索里尼，向他寻求帮助。[28] 陶尔斐斯返回维也纳不久后，遭到一名奥地利纳粹党的刺杀，手臂和肋骨中弹受伤。[29]

元首坐机在 1934 年 6 月 14 日上午降落威尼斯机场，而晒得很黑的领袖在那里迎接他的到来。墨索里尼身穿一套气宇轩昂的制服，胸膛上挂着一排勋章，头戴一顶黑色法西斯毡帽，皮带上挂着一把匕首，脚上穿着及膝高的黑色皮靴。希特勒则外面套着一件黄色军用风衣，头戴一顶松软的棕色丝绒礼帽，里面穿着一套黑色的西装，脚踩一双简约的黑色鞋子。一位目击者评论说，他像是“一个已经把最好的衣服穿在身上的工人”。墨索里尼喜欢用各种各样的姿势摆出一副昂首挺胸的模样，而此后很久，那位面色苍白的德国人都要被人拿来跟男子气概十足的领袖相比较。希特勒绝不允许别人见到自己衣着不整的形象，即便是 20 世纪 20 年代蹲监狱的那段岁月，他都坚持每天打领带。墨索里尼陶醉于飙车和开飞机，希特勒则喜欢坐在那辆超大的梅赛德斯后座，周围环绕着一堆保镖，用他的传记作者伊恩·克肖（Ian Kershaw）的话来说，就像一个“古怪的黑帮分子”。[30]

当元首从飞机里出来时，他遭遇了一件特别难堪的事情。自信满满的领袖大步向他走来，举起手臂行法西斯直臂礼。后来有传言 206
说，希特勒也伸出手臂予以回应，而墨索里尼轻轻地说了声：“Ave imitatore（欢迎你，模仿者）！”希特勒留给墨索里尼的印象增长了他的自信，让他觉得自己不过是在接待一个仿制品，然而这种错觉会在往后给他带来危机。[31]

领袖对自己的德语水平非常自信，坚持要单独同希特勒会面。在会面即将来临的那几周里，他甚至还专门上课学习，提高德语水平。然而墨索里尼发现，要听懂希特勒冗长的话语有点费劲，一方面是因为他语言水平有限，另一方面也是因为他们的谈话空洞无物。[32]在他的印象里，希特勒有点疯疯癫癫的，而在接下来的两天里，这种印象变得愈发强烈。他们的会面地点有很多蚊虫,有人说它们“大得就跟鹌鹑一样”，而希特勒还喜欢自夸，说相比南欧人的“黑人”血统，日耳曼民族具有先天的优越性，这些桥段都让会面的双方不太愉快。然而最令双方气氛紧张的仍然是奥地利问题，因为希特勒对自己的野心毫不隐瞒，他要把奥地利纳入德国的版图。

“真是个小丑！”当希特勒的飞机起飞时，墨索里尼讥讽道。[33]此人总是大谈日耳曼民族的优越性。所以墨索里尼喜欢对意大利民众说,当恺撒、西塞罗(Cicero)、维吉尔(Virgil)和奥古斯都(Augustus)等先辈建造起罗马的宏伟宫殿时，纳粹党的野人祖先还目不识丁，住在森林中那些污秽不堪的茅屋里。[34]

在威尼斯的会面之后，墨索里尼给驻圣座大使切萨雷·德·维基写了封信，将会面的详情向他一一道出。“希特勒说了好多蠢话，比如耶稣基督出身犹太种族,诸如此类,这些我就不跟你细说了。”[35]墨索里尼在几天后告诉德·维基，每当希特勒谈起天主教会，“就好比他为这个话题准备了一张唱片，每逢这种场合就从头到尾播放十分钟”。希特勒责骂教会不过是犹太人的故弄玄虚。“这个犹太人[耶稣基督]”，希特勒说道，用这种方法愚弄了整个西方世界。“谢天谢地,”他跟墨索里尼说道,“你们[意大利人]成功地[给天主教会]注入了不少异教信念，让它把大本营设在罗马，并且受到你们的掌 207
控。”尽管自己是个天主教徒，希特勒进一步说道，但是他认为天主教在德国派不上任何用场。[36]

所有这些言论，墨索里尼都没有转达给教宗，而只是含糊地提及希特勒把耶稣基督当作犹太人的无稽之谈。如果教宗得知希特勒的实际想法，局面肯定会变得更糟，于是对此感到担心的墨索里尼便将面谈概况的删节版本交给德·维基，让他向梵蒂冈交差。他想让教宗知道，他已经倾尽全力，未来某一天，他也许可以让这位纳粹领导人接纳更为折中的观点。[37]

一个月后，伪装成奥地利军人的武装纳粹党人冲进了陶尔斐斯总理的办公室，开枪将他射杀。那天早些时候，他的妻儿来到墨索里尼位于亚德里亚海岸的避暑别墅，而陶尔斐斯本也准备晚些时候前去和他们团聚。结果领袖却落得要把这个噩耗告诉他们。[38]

庇护对此也非常失望。陶尔斐斯来到罗马，签订奥地利和圣座的宗教事务协约，才不过是一年前的事情。教宗见过他，并且认为他是个虔诚的天主教徒。“骇人听闻！骇人听闻！”他不断重复着这句话。他坐在书桌前，手托着低垂的脑袋。当他最终抬起头时，他问道：“我们能做些什么？我们能做些什么？”[39]

帕切利枢机对这位奥地利领导人倒是没有那么上心。1933 年 7 月，陶尔斐斯得知梵蒂冈将同希特勒签订宗教事务协约时非常生气，认为这损害了奥地利的利益，令它更加难以抵御纳粹德国的侵吞企图。在得知陶尔斐斯写下一份文件表达了这种观点之后，帕切利寻求奥地利驻圣座大使的帮助。帕切利说道，如果陶尔斐斯的这番话能够从奥地利外交档案中删除掉，就再好不过了。[40]

* * * * *

在这几个月里，教宗常常收到各种报告，详述纳粹的反犹运动。1933 年 3 月初，就在德国大选之前，希特勒向各位主教保证，他会
保护教会以及各种教会学校和组织在德国的权利。希特勒显然是想 208
要争取他们的选票，他进一步说道，双方是同一场战役中的同盟，

共同的敌人乃是犹太人。“我对待犹太人的方式也曾遭到指责，”希特勒告诉他们，“一千五百年来，教会都将犹太人看作是有害的民族，并将他们驱逐到犹太人区……我的一切行动都是为基督教效劳。”[41]

4 月，教宗收到了埃迪特 · 施泰因（Edith Stein）的一封来信，这位居住在慕尼黑、时年四十一岁的德国哲学家在十一年前从犹太教改宗到天主教。施泰因乞求教宗帮犹太人发声，反对纳粹的反犹运动（这一由政府发起的运动用上了“基督教”的名头，并以此为其正名）。她写道 ：“几周以来，不仅仅是犹太人，连那些虔诚的德国天主教徒，我相信甚至还有全世界的天主教徒，都在翘首企盼，希望天主教会能够出言阻止他们这般滥用基督之名。广播电台每天都把这样的种族崇拜和国家权力理念塞进民众的脑袋，如果这还不是异端邪说，它能是什么？”她在信件末尾一语成谶地写道 ：“我们所有人都是教会真正的孩子，我们都密切地观察着德国的状况，我们担心如果教会继续保持沉默，它的声誉将会跌至谷底。”

帕切利枢机代表教宗答复了这封信，然而他没有回给施泰因，而是回给了那位将她的信转寄到梵蒂冈的大院牧。帕切利请他转告施泰因，自己已经将她的信交给教宗过目。帕切利还附上一段祈祷，祷告天主会保佑教会度过艰难的时刻。仅此而已。[42]

也许令人感到惊讶的是，经过此事之后，埃迪特 · 施泰因的信仰仍然十分坚定。在这一年年末，她宣誓成为加尔默罗修会的修女。20 世纪 30 年代末，她为了避难远赴荷兰。1942 年 8 月 2 日，纳粹党人抓住了她和她的姊妹罗莎，毕竟她们在纳粹党人眼里都只是犹太人而已。她们最终被送去了奥斯维辛。她们咽下的最后一口气是毒气室里的毒气。[43]

大约在施泰因向教宗写请愿书的那段时间，奥尔塞尼戈也给帕
切利枢机发了一封电报。纳粹党已经将反犹主义列为政府的官方政 209
策。犹太人因此发起了抵制运动。犹太人名下的店铺都停止营业，所有犹太人医生、律师以及各类专业人士也都发起了罢工。4 月 7 日，

一项新通过的法律禁止犹太人持有任何公职。奥尔塞尼戈在报告中提及了所有这些事情，却建议教宗谨慎行事，不要出手干涉。这位教宗大使提醒道："圣座代表的任何干涉行为都等同于向政府发起抗议。"

教宗听取了大使的建议，对这一切保持沉默。[44] 所以令我们感到震惊的是，在纳粹统治的最初几个月，敦促希特勒停止迫害犹太人的并不是庇护十一世，反倒是墨索里尼。3 月 30 日，墨索里尼给意大利驻柏林大使发去了一份机密文件，命令他立即面见希特勒，告诉他这场反犹运动是个彻头彻尾的错误：它会"增加道德压力，并使得国际上的犹太人采取经济报复行为"。他希望希特勒能够明白，他的这个建议是为了给元首帮忙。他表示："每一个政权不仅仅有权力而且有责任将那些不足以取信的人从他们的岗位上驱走，但是如果将这样的行为立基于犹太人和雅利安人的种族对立之上，只会带来一场灾难。"墨索里尼提醒道，不仅犹太人会反对纳粹政府，如果这场运动愈演愈烈，"那么反犹问题将成为一声集结号，令基督教的政敌都站出来反对希特勒"。第二天，意大利大使面见元首，并将领袖的忠告转达给他。[45] 教宗知道这件事情。梵蒂冈国务院文件的一张字条记录道，墨索里尼给希特勒的忠告"被大使带去，并向希特勒和戈培尔宣读。半个小时后，纳粹政府的部长会议通过了前述法律，开除了所有带有犹太血统的政府职员"。[46]

希特勒没有理会墨索里尼的建议，继续踏上了这条反人类的道路。1935 年，《纽伦堡法案》禁止犹太人与非犹太人通婚，并且剥夺了德国犹太人的公民身份。奥尔塞尼戈在报告中谈到了那一年纳粹党的全国代表大会，他告诉梵蒂冈，纳粹党人把共产主义怪罪到犹太人头上，由此为自己的迫害正名。"我并不清楚俄国共产党的事迹是否全部出自犹太人之手，"大使在报告里写道，"但是他们想办法让民众相信了这套理论，并且据此采取反犹行动。"他在结 210

尾怀着不祥的预感写道："现状表明，如果纳粹政府长期把持政权，那么犹太人就注定要从这个国家里消失掉。"[47]

德国的天主教众对于犹太阴谋的理论照单全收，这种现象一点都不令人感到意外。因为多年以来，受梵蒂冈审查的《公教文明》以及诸多教会出版物都在提出类似的警告，认为犹太人是一股邪恶力量，他们正在进行一场极为危险的阴谋活动。在这番说辞中，他们同时是共产主义和资本主义的幕后黑手，两者的主旨都是要奴役基督徒。[48] 除开纳粹的伪种族优势论，其反犹理论和天主教只有一处显著区别，即没有提及新教徒。

在位高权重的梵蒂冈人士中，最不遗余力推广这一阴谋理论的是耶稣会总会长沃齐米日·莱多霍夫斯基。在 1936 年的一封亲笔信中，莱多霍夫斯基敦促教宗向全世界发出警告，"可怕的危机正与日俱增"。这一危机来自莫斯科共产主义的无神论宣传（他认为这一运动完全是犹太人的产物），而"全世界绝大多数媒体都受到犹太人的控制，他们对此鲜少提及……"他建议教宗"在这一事宜上发表一篇通谕，不仅能够给天主教徒提供指引，还能引发一场更为活跃、更有组织纪律的抵制运动"。[49]

庇护十一世同意莱多霍夫斯基的观点，认为共产主义正极大地威胁着西方文明，他答应就此事发表一篇通谕，并在接下来的几个月中准备了讲话稿，多次将它寄给莱多霍夫斯基，征求他的意见与建议。但是这一讲话稿没有提及犹太人，莱多霍夫斯基对此感到不满，不断地敦促教宗将犹太人同共产主义威胁联系起来。他在审读过其中一篇演讲稿后建议道："在我们看来，这篇通谕有必要提及犹太人的影响，我们已经可以确定，所有共产主义理论作者（马克思、拉萨尔[50] 等）都是犹太人，而且俄国的共产主义革命也是犹太人发动的。如今尽管不是每一个地区都那么明显，但只要你深入查看，那些共产主义宣传的主要拥趸都是犹太人。"

在莱多霍夫斯基认为犹太人应当为俄国共产主义运动负责的这 211

段文字旁边，教宗写下了一个单词：Verificare（待核实）。一个月后，他会发表题作《赎世主》（*Divini redemptoris*）的通谕，谴责了共产主义，但是令耶稣会领导人感到失望的是，这篇通谕依然没有提及犹太人。[51]

《公教文明》就不像教宗通谕那样有所顾忌了，它用尽一切办法警醒天主教徒，让他们留意犹太人的阴谋诡计。在教宗发表反共产主义通谕的几个月后，这份刊物又刊登了一篇警世文，题作《犹太问题》。这篇文章开篇就直达主题，“两种看似相互矛盾的事实已经在遍布现代世界的犹太人中确立起来：其一是对金钱的主宰，其二是他们在社会主义和共产主义运动中的人数优势”。不仅共产党的创始人都是犹太人，这份耶稣会期刊这么写道，而且“近来发动现代社会主义和布尔什维克主义革命的都是犹太人”。[52]

当希特勒循着自己的计划路线解决犹太威胁的时候，这份耶稣会期刊也考量了基督教应该对这种威胁做出怎样的回应。它列出了三种可能性。最好是能令所有犹太人都皈依基督教，但很显然这种事情绝对不会发生，因为犹太人固执地要求保留自己的宗教信仰。第二种可能性是将欧洲的犹太人转移到巴勒斯坦。然而这片土地却没法容纳这一千六百万人口，即便可以，犹太人也绝不会花费力气做好必要的工作，因为他们“全是天生的寄生虫和破坏者，全然没有体力劳动的天资和品性”。

所以只剩下第三种可能性，这一方法已经为教会所用，且几个世纪以来都效果卓著，那便是剥夺犹太人的公民权利。[53]

同一期的《公教文明》还报道了近期（1936年9月）在纽伦堡召开的纳粹全国代表大会。希特勒向与会群众讲道：“犹太人的革命大本营以不屈不挠的顽强精神准备在全世界发起革命。”在引用这些言辞之后，这份期刊还引用了希特勒的一句断言，却对其真实性不置可否：俄国政府的高层职务有98%都“掌握在犹太人的手里”。
在犹太大屠杀之前的这些年间，纳粹党和耶稣会期刊都不断地提出 212

这项指控。[54] 然而实际情况是，在 20 世纪 20 年代中期，苏联最高领导层的四百一十七人中，仅有 6% 出身犹太家庭，而且这一数字在 30 年代急剧下降，特别是在斯大林的肃反运动以后，因为这场运动具有很强的反犹意味。1938 年，《公教文明》和纳粹政府依然在发出警告，称苏联政府的领导人几乎都是犹太人；可是实际上苏联政府最高权力机构中央政治局的九名成员中只有一人出身犹太家庭，而苏联主席团的三十七名成员中，也只有一人拥有犹太背景。[55]

教宗在 1932 年与墨索里尼会面时，就提到过自己对俄国共产主义威胁的担忧，并且将它同“犹太人对基督教的敌视”联系起来。但是在此之后还发生了许多事情。希特勒上台后，不仅限制了德国天主教会的影响力，而且还传播了一种与教会理念背道而驰的异端思想。庇护十一世越发清醒地认识到，基督教面临的最大威胁实际上来自纳粹党。但是他的智囊却提出了反对意见，认为如果要阻止共产主义的前进步伐，希特勒是最好的筹码。他们敦促教宗不要出言冒犯希特勒。

第十六章

逾越雷池

墨索里尼的野心和自负都在与日俱增。他希望公众能够视他为伟人，令罗马重获古代的荣光，但是想要达成这个目标，他就必须缔造一个帝国。他的目光转向了埃塞俄比亚，整个非洲只有它和利比里亚还没有落入欧洲的掌控之中，而且意大利还有区域优势，它的两块殖民地——意属索马里兰和厄立特里亚分别同它接壤。

领袖其实早已暗示过他的意图。早在1934年末，埃塞俄比亚的武装力量曾经在瓦尔瓦尔（Wal Wal）开枪袭击一群越过边境、从意属索马里兰深入到埃塞俄比亚境内的意大利士兵。意大利的媒体称这起事件是对意大利国家荣誉的挑衅。墨索里尼威胁道，除非埃塞俄比亚做出道歉和赔偿，否则意大利将发起战争。[1] 墨索里尼大张旗鼓地将几个师的部队派遣到意属索马里兰，并且将一支舰队开进了红海，嘱咐他们听候进一步的指示。[2] 庇护十一世对此非常不满，他担心意大利如果入侵埃塞俄比亚，会使得整个非洲的传教士都陷入险境。

与此同时，教宗也越发感到自己年事已高。身体力行地主持刚刚过去的那个圣年（于1934年复活节结束）令他筋疲力尽。他已经不再去梵蒂冈花园散步了，甚至简单的穿越大厅都令他喘不过气

来。炎热的天气也开始困扰他。[3] 在老城较为贫困的区域以及外围 214
不断扩张的棚屋区，电力和自来水仍然十分少见，而肺结核病和沙眼病却十分猖獗。[4] 在过去的一年里，罗马爆发了斑疹伤寒症的疫情。1934 年夏天，老去的教宗期盼着回到位于阿尔巴诺山的避暑宫殿。“你能看得出来他有多高兴，”在教宗出发的那一天，皮扎尔多的助手多梅尼科·塔尔迪尼观察道，“他就像一个马上要出门度假的男孩。”塔尔迪尼抓住教宗心情愉悦的机会，为救济俄国人争取到了三万四千里拉的资金。塔尔迪尼写道：“啊，要是教宗能常常出门度假就好了！”[5]

一位线人报告说，如今的教宗“变得更加易怒、阴沉和多疑”。[6] 在执行公共职能的时候，身穿华丽白袍的他犹如帝王般岿然不动，令周围所有人感到紧张和不安。他的发际点缀着丝丝白发，然而他的声音依旧坚定且洪亮，至于厚镜片背后的那双眼睛，则比以往任何时候都更为警觉。尽管他行动已经有所迟缓，但是他仍然坚持过问一切事务，并亲自做出决定。[7]

墨索里尼威胁要入侵埃塞俄比亚，这件事令教宗十分烦恼，但是其他教会人士对此却有完全不同的感受。博洛尼亚的《意大利未来报》是意大利最具影响力的天主教报纸，它回应了法西斯媒体的主张，表示埃塞俄比亚人都是些信仰异教的野蛮人，战争能将文明（以及天主教）带给他们。[8]

这场即将爆发的战争令教宗陷入了左右为难的境地。它有可能带来灾难性的后果，不仅波及意大利和埃塞俄比亚，还会贻害整个欧洲。许多人认为，只有教宗能够阻止这场战争，来自世界各地的意见都敦促他警醒墨索里尼，让他放弃入侵计划。然而庇护心里明白，在这么重要的事情上违抗意大利独裁者，将会给他们的盟约招致巨大的风险。

1935 年 8 月 27 日，来自二十个国家的两千名天主教护士登上了梵蒂冈的巴士。她们正赶赴会议的最后一幕，在冈多菲堡聆听教宗的教诲。庇护在讲话中褒奖了她们所做的工作，讲话时长超过一个小时。然后他为这些护士送上了祝福。负责组织这场会议的皮扎 215
尔多满面光彩地站在教宗身边。然而出人意料的是，教宗并没有就此离开，而是打开话匣子，突然提起了一个全新的话题。他告诉护士们，人民永远都不会容忍侵略战争。那将是“一场不正义的战争，超出了所有想象……它的恐怖令人无法言说”。[9] 皮扎尔多脸上的笑容消失了。

塔尔迪尼蒙席在日记里写道：“这些护士多半是外国人，她们兴致盎然、饶有趣味地听着。然而皮扎尔多蒙席胆战心惊，一点都高兴不起来。这简直是一场灾难！”在返程巴士上，为了防止护士们讨论教宗最后的话语，皮扎尔多坚持要求她们念诵玫瑰经。当他回到梵蒂冈时，已然涕泪俱下，他看起来“垂头丧气、面色惨白、神情绝望”。他嘴里喃喃念叨着教宗的话语，这是“一场不正义的战争，一场不正义的战争”。[10]

第二天上午，当教宗的演讲传进意大利驻梵蒂冈代理大使朱塞佩·塔拉莫的耳朵时，他急急忙忙来到梵蒂冈。[11] 这位意大利外交官回忆道：“皮扎尔多蒙席的脸上满是惊慌失措的神色，他告诉我，教宗突然决定发表这番敏感言论之前，没有表现出任何可疑迹象，他甚至没有征求过国务卿的建议。”

塔拉莫向皮扎尔多提出了他的要求，梵蒂冈报纸在报道教宗的这番讲话时，要尽量缓和其中的针锋相对。皮扎尔多向他保证，他和他的同仁已经“竭尽全力，尽量弱化教宗这番评论的语气”。记录讲话内容的《罗马观察报》记者在那天傍晚将教宗的演讲打字稿提交到梵蒂冈，而塔尔迪尼则对其“动了一场手术”。塔尔迪尼回忆道：“我在这里删去一个词，在那里又增补一个。我在这里调整了一个句子，在那里又抹掉一句。简而言之，通过细微而富有技巧的改动，我们成功地软化了教宗演讲中特别粗砺的内容。”[12] 他们最后修改出来的文章和护士们听到的那篇谴责侵略的檄文相差甚远。最终版本只是一系列语义含混的话语，可以对其作出各种解读。

第二天早上，棘手的问题出现了。塔尔迪尼必须让教宗同意这篇大肆删改的文章。当把打字稿递给庇护时，他尽量让自己显得波澜不惊，方正的脸庞上露出十分诚挚的表情。他解释道，那位《罗马观察报》记者担心自己没能记录下教宗的每一句话，希望能够得到教宗的原谅，教宗整整讲了一小时二十分钟，到最后这位记者已经筋疲力尽了。他当时牙疼得厉害，所以也稍稍有些分心。而且在演讲的最后，夕阳（这场接见安排在外面的院子里）的光芒逐渐消退，他也就更加难以准确地记录下教宗最后的话语。 216

教宗开始阅读文稿时，塔尔迪尼试图告退，然而庇护抬手阻止了他。教宗把所有的文字都放到一边，直奔最后的那几段话。他一边阅读，嘴里一边发出哼哼声。教宗每次抬头看他的时候，塔尔迪尼都试图隐藏自己紧张的神情。那段关于战争的文字已经被改得面目全非，教宗把它大声朗读出来，而塔尔迪尼仍然假装自己不知道问题出在哪里："我摆出的那副姿态，就好像是一个人在关心他毫不知情的事情。"他又在括号里写道："其实那部分被改成什么样子，我完全心知肚明！"教宗不断地低头看看文稿，又抬头看看塔尔迪尼。他每读到一句被塔尔迪尼篡改的文字时都会重复道，"我真的没有这样说过"。每一次教宗提出异议，塔尔迪尼都会谦卑地表示要修正这些错误。不过到最后，教宗只是说道，"算了，这件事就这样吧"。这个结果正是塔尔迪尼和他的上级（皮扎尔多和帕切利）所希望的。[13]

即便这份文稿的言辞已经大为缓和，然而代理大使仍然对它感到不满。尽管法西斯媒体断章取义地引用它的内容，证明教宗支持这场战争，但是在意大利国外，经过删改的评论还是被用来证明教宗是反对这场战争的。[14] 法西斯媒体的歪曲（它们声称教宗的这番话语明白无误地支持意大利发动战争）令教宗感到气愤，于是他命令梵蒂冈报纸在头版刊登专文，就其歪曲表示不满。塔拉莫非常不高兴，他告诉墨索里尼：“教宗真是一个固执的老人，也许这番话有点冒犯，却离真实情况相差不远。”

在周五与帕切利的例行会面中，塔拉莫发现这位国务卿与他看 217
法一致。他向墨索里尼报告说：“国务卿枢机也向我吐露了他的惊慌失措。”[15]

事实上，尽管欧金尼奥·帕切利已经担任国务卿达数年之久，但是他同教宗的关系仍然非常正式，在情感上保持了距离。那年早些时候，当巴黎大主教让·韦迪耶（Jean Verdier）到访罗马，帕切利曾同他会面。帕切利得知，一场盛大的仪式将于 4 月在法国卢尔德的朝圣地举行，这位国务卿很想参加这场仪式，但只有经过庇护首肯他才能够参加，而他不敢开口提出这个请求。这位国务卿只好难为情地请求韦迪耶向教宗提起这一事宜。而教宗最后答应这次出行，正是通过这条间接的渠道。[16] 在韦迪耶眼里，这些年间，帕切利和教宗的关系还算是“友善，至少是这位老教宗的脾气所能够允许的友善”。[17]

* * * * *

9 月初，国际联盟召开会议，就意大利入侵埃塞俄比亚（国际联盟成员国）的可能性进行了探讨。国际联盟声称，如果墨索里尼敢这么做，那么它将对意大利施以严厉的经济制裁。[18]

自从公教进行会纷争在四年前得到解决之后，教宗越来越公开地表达自己对法西斯政权的支持。1932 年 9 月，数千名加入法西斯党的海外青年来到罗马朝圣，教宗在圣彼得大教堂为他们举行了一场特殊的弥撒。同一个月，数万名意大利法西斯青年团体成员在罗马附近进行演习，大量神父陪同了这次演习，他们帽子的十字架下方是一个法西斯党标志。教宗在梵蒂冈接见了数百名这类神父，并为他们的重要工作施以祝福。[19]

梵蒂冈对领袖的热忱在“进军罗马事件”十周年时也大放光彩。《罗马观察报》对领袖的热爱已经到了无以复加的程度。墨索里尼在“所有公共管理领域都取得了巨大、深刻和卓有成效的改进”， 218
这份梵蒂冈日报报道说。从 1921 年第一次在国会发表演说起，他“就极力在全世界弘扬无比美妙的公教理念和教会使命”。这份报纸提醒读者，让十字架回到这个国家教室和法庭的人正是墨索里尼，也正是他将宗教教导重新引入学校，并且通过《拉特兰条约》为教会和国家带来了和谐友好的关系。[20]

* * * * *

在教宗向护士们发表脱稿演讲之后的那几周里，帕切利枢机和皮扎尔多蒙席试图说服教宗，让他不要宣扬反对墨索里尼发动埃塞俄比亚战争的意见。9 月 13 日，帕切利给墨索里尼发去消息，表示教宗将不会对侵略提出反对意见。[21]

但是教宗仍然希望自己能够说服墨索里尼，放弃这项入侵计划。9 月 20 日，他口述了一封寄给墨索里尼的书信，列举了诸多理由表明这场战争何以是一个错误。他认为，尽管意大利在军事力量上占据优势，但是埃塞俄比亚部队却拥有地利，毕竟那边的地形十分复杂。教宗未卜先知地预言道，即便意大利攻下这个国家，意军也将面临无止境的游击战，更别提高温和疾病了。[22]

帕切利担心反战言论若出现在教宗的正式书信中，很可能会惹怒墨索里尼，于是他说服教宗派遣塔基 · 文图里以非正式的方式传达了他的想法。庇护喊来了耶稣会士，递给他一份文本，告诫他不要被墨索里尼拿去了。由帕切利准备的这份打字稿首先对侵略计划的目标表示理解，意大利需要扩张，也需要行使自卫的权利；然后它列举了教宗关心的几件事情，并着重强调了其中最可能触动领袖的一件：如果战事进展得不顺利，那么墨索里尼就很有可能受到指责。[23]

然而这些话语丝毫无法动摇墨索里尼。10 月 2 日晚，他来到威
尼斯宫的阳台上，将激动人心的消息传达给公众，他已经命令意大 219
利军队向埃塞俄比亚进军。四周的建筑随着数十万人富有节奏的口号声而颤抖："领袖！领袖！领袖！"

在广场的另一端，玛格丽塔 · 萨尔法蒂透过宽大的窗户注视着这个场景。尽管她已经失去了情妇的光环，尽管近几年来墨索里尼愈发疏远她，但她仍然是他最忠诚、最得力的宣传人员，尤其是在海外。但是近来，纳粹在德国的崛起愈发令她感到恐惧，而无视埃塞俄比亚的国际联盟成员国身份向其发动战争，并且挑衅英法的行为，她明白这只会让意大利落入希特勒的掌控。这场侵略战争绝对是下下策。

萨尔法蒂转向身旁的一位朋友，评论说："这将是终结的序曲。"

"为什么这么说呢？"他问道，"你觉得我们会输掉这场战争吗？"

"不……我的意思是我们将不幸地赢得这场战争……而他将丢掉他的脑袋。"[24]

第二天，愈发热心于维护庇护和领袖之间和睦关系的塔基 · 文图里向墨索里尼保证教宗不会妨碍他的战争计划。"在这个最为危急的时段，"他写道，"圣父对于我传达的消息都非常满意，而且他告诉我要第一时间向您转达他的意愿。"[25]

教宗其实也担心这场战争会让意大利遭到孤立，于是他特意给英国国王乔治五世（George V）发去了一封请求信。这其实也不是头一回，早在 8 月份，他就通过威斯敏斯特大主教给国王发去了一份消息，而国王在得知大主教的会面请求包含怎样的实际意味后，找个借口推掉了。[26]

帕切利枢机专门给国王准备了一封英文信。"国王陛下，"这封信如是开头道，"圣父将这一非常特殊、非常个人的命令委托于我，要以非常机密的方式向陛下陈述如下事宜。"教宗"认为已经无法

避免同埃塞俄比亚发生冲突，因为意大利拒绝仅仅将埃塞俄比亚帝国的周边区域纳为托管地区（而非保护地区，教宗认为根据条约意大利有权至少对其进行托管）”。帕切利表示，墨索里尼的要求合情合理，并解释说此次牵涉到的埃塞俄比亚区域都被“奴隶制和混乱”所统治，而尼格斯［埃塞俄比亚统治者的尊称，即海尔·塞拉西一世（Haile Selassie）］在这些区域并没有多少影响力。 220

英国大使震惊地从帕切利手里接过信封，并用电报传回伦敦等候指示。英国外交部部长拒绝接收此信。教宗的请求信被原封不动地退了回来。[27]

* * * * *

10 月 3 日凌晨，十一万名士兵在埃米利奥·德·博诺将军（“进军罗马事件”中那位蓄着山羊胡的领导人）的带领下，从南边穿过厄立特里亚进入埃塞俄比亚。这支军队不全是本国军人，还包括意大利麾下的索马里军人和厄立特里亚军人。参加这次侵略行动的还有各式各样的法西斯民兵，他们训练不精，却异常骄傲和激动，因为他们终于有机会为领袖和祖国做一些实实在在的事情。这支军队的前阵宽达七十公里，配备两千三百挺机关枪，两百三十门大炮和一百五十六辆坦克。一百二十六架飞机在厄立特里亚机场随时待命，为这支部队提供空军掩护。几小时之内，便有一支部队遭遇一处小型堡垒，而意大利第一位士兵阵亡也发生在这里。此前还兴高采烈地高唱爱国主义歌曲的意大利人用恐惧的眼神看着医疗兵用布盖住战友鲜血淋漓的身体。“谁也没有料想到死亡会如此之快地到来。”其中一人表示。很快，意大利飞机就开始用燃烧弹轰炸邻近的阿多瓦镇。墨索里尼的两个儿子布鲁诺和维托里奥分别驾驶一架卡普罗尼 Ca.101 轰炸机参与了这次空袭；意大利部队将这座城镇的绝大多数区域（包括医院）夷为废墟。数百名城镇居民被炸死。意大利人继续向前进军。[28]

侵略发起的几天后，国际联盟以五十四票对四票通过对意大利的制裁行动，所有进口活动和有助于战事的出口活动（尽管排除了石油）都被纳入了制裁范围。[29]

那周晚些时候，新任意大利驻圣座大使博尼法乔·皮尼亚蒂伯 221
爵将他的委任书呈递给教宗。那年早些时候，当意大利政府宣布切萨雷·德·维基将从大使一职卸任转而担任教育部部长时，梵蒂冈曾对此表示关切，因为他被看作梵蒂冈的友人。[30]

五十七岁的皮尼亚蒂曾经担任过驻法国大使，并且在外交界拥有三十年的丰富经验，他和他的前任形成了非常鲜明的反差。德·维基担任大使一职时完全没有外交经验，而他的名声来自都灵法西斯头目和“进军罗马事件”领头人这两项履历。皮尼亚蒂则与他大为不同，他驻守过意大利位于欧洲和南美各国的领事馆，身高中等，头发已灰白了大片，穿上正式的大使西服显得非常合身。简而言之，皮尼亚蒂和蛮横无理的德·维基很不一样，他看起来就是一副外交官的派头。[31]

新任大使初次拜见庇护十一世时，教宗看起来有些疲劳和倦怠，可是当话题转向战争时，他的谈吐开始变得富有活力。当教宗表示他对法国的调停工作非常乐观时，皮尼亚蒂则对此持怀疑态度。教宗并没有出言反对最近发起的侵略行动，反而谴责了国际联盟，这两个方面都令皮尼亚蒂感到满意。[32]

英国驻梵蒂冈大使也注意到教宗的态度有所转变，他对此提出了自己的解释。教宗一度强烈反对这场近在咫尺的战争，并试图劝阻墨索里尼，让他放弃这个打算。不过在领袖发动侵略之后，他也不想破坏战局，“因为他害怕战事不利会导致法西斯党失势，而共产党或反教会力量会趁此机会夺取大权，而这将会给教宗国带来灾难性的后果”。法国大使则看出教宗的处境也自有其苦楚：在意大利神职人员力主战争的狂热面前，这位一度骄横无比的教宗感到有心无力，而且对侵略行为的选择性沉默也令他在国外遭受非议。[33]

意大利的天主教神职人员尽其所能地煽动大众对战争的热望。10月28日，一场庆典在米兰那座美丽的教堂中举行，庆祝“进军罗马事件”十三周年；伊尔德方索·舒斯特（Ildefonso Schuster）发表了一通蛊惑人心的布道，吸引了世界各国媒体的注意。舒斯特出自本笃会，其严苛的苦行生活为众人所知。他于1929年晋升米兰大主教。舒斯特与教宗持有相同的观点，认为西方文明永远都身陷善与恶、神性与魔鬼的史诗般的战争之中。他将墨索里尼和法西斯政权看作是天主教会的核心盟友。切萨雷·德·维基曾经评论道：“舒斯特枢机离我党只差一件黑衫，因为他在各个方面都与我党路线紧密结合，犹如一名最为勤奋的党员。”[34] 222

在为纪念“进军罗马事件”而举行弥撒的几个月前，舒斯特枢机曾经在祭坛上摆放一束鲜花，祭奠牺牲的法西斯党人，并且为他们的灵魂祈祷。米兰的一位线人写道：“枢机的行为受到诸多团体的好评，他们认为这是神职人员愈发法西斯化的一种表现。”[35] 在举行庆祝弥撒的当天，米兰主教座堂里的法西斯政府官员、民兵和党内权贵包围在枢机周围，而枢机则向公众解释“进军罗马事件”的纪念活动并不仅仅是政治庆典，“本质上它还是一个天主教节日”。法西斯党重焕天主教意大利国的荣光，而我们应当从这个角度看待埃塞俄比亚战争。此时此刻，“意大利国旗正胜利地将基督十字带到埃塞俄比亚的土地上，砸烂奴隶制的镣铐，并且为福音的传布铺平了道路”，因此天主教会和法西斯国家共同肩负着神圣的“国家使命和大公教使命”。[36]

墨索里尼将这番演讲转播到意大利电台，而这位枢机的照片也登上了畅销周刊的封面。[37] 他的法国同仁则对此不太高兴。阿尔弗雷德·博德里亚（他在1935年才晋升枢机）写道：“舒斯特枢机就是个虔诚的法西斯。”[38]

在进行战事那几个紧张的月份里，领袖不仅在国内倚仗教会

的支持，而且还需要它为政府寻求国际援助。政府需要阻止国际联 223
盟经济制裁行动的扩散，在这一方面，墨索里尼尤其需要教宗的应援。[39]

皮尼亚蒂在11月中旬频频与帕切利枢机促膝长谈，敦促梵蒂冈号召各位教宗大使为战事提供帮助。如今最关键的事情是说服世界各地的主教和天主教徒，让他们认同意大利在这场战争中秉持正义的目标。枢机回答说，各位教宗大使已经发起这番努力，而梵蒂冈在这方面已经小有所成。帕切利甚至还进一步提出了一些建议。他告诉墨索里尼，赢取美国的支持至关重要。墨索里尼应当“用最符合北美民众心态的方法和形式，在美国的报纸、杂志和大学中为意大利发起一场迅猛而精准的宣传攻势”。[40]

据帕切利所知，尽管美国并非国际联盟的成员，但是墨索里尼还是担心它可能会加入到国际抵制运动中。在此之前，无论是民主党政府还是共和党政府都以正面的心态看待墨索里尼，他们认为漫无目的、举止散漫的意大利人正好需要他这种强势的领导人。罗斯福总统尽管私底下并不认同墨索里尼，却曾经表示他相信领袖为意大利人民做了很多好事。美国媒体也发表过很多支持领袖的言论。但是这场侵略战争使得舆论形势急转直下。美国报纸愈发注意到法西斯意大利和纳粹德国具有颇多相似之处。“无论他如何理性说教，无论他摆出怎样一副笑容，专制者就是专制者。”《纽约时报》在社评中如是说道。罗斯福对此更不乐观，早在1936年初，他就开始公开谴责意大利的法西斯主义了。[41]

法西斯政府和梵蒂冈通力合作，在意裔美国人群体中取得了不小的成功。意裔美国人把持的媒体依然支持墨索里尼。在费城，二十万意裔美国人走上街头，抗议国际联盟的制裁行动。[42] 在其他拥有大量意大利移民的城市也发生了类似集会，请愿书犹如潮水
一般涌向国会。其中最具影响力的莫过于每周日通过广播电台向数 224
千万美国人布道的查尔斯·考夫林神父，他接连几周都在节目中炮

轰制裁行动。[43]

考夫林于1891年生于安大略省哈密尔顿市的一户爱尔兰移民家庭，之后在多伦多市晋铎，并于20世纪20年代早期移居底特律，建立起一座简易的教堂在此布道。他很快就建立起一座小型广播电台，致力于各种宗教话题。到1930年，这位年轻的神父开始拓展话题，关注贫苦大众的悲惨处境。罗斯福在1932年初次竞选总统时，他先是表示支持，但很快转向反对，并在1934年成立了自己的政党——全国社会正义联盟。当时间流转到眼下这个时期，他开始谴责“犹太银行家”，并且对墨索里尼投怀送抱。随着教众的捐款源源不断地到来，考夫林（如今已是这个国家最显赫的宗教人士）将原先简易的木结构教堂推倒，重建了一座非常现代化的教堂。它最为夺目的标志性建筑要数那尊高高竖起的石塔，顶部有一台强大的无线电广播发射机。他的声名鹊起令好多教会高层人士产生了警惕心理。[44]

呼吁美国加入制裁行动的皮特曼—麦克雷诺兹法案（Pittman-McReynolds Bill），在意裔美国人群体中引发了广泛的抗议声。意裔美国人用数千封抗议信淹没了国会议员，用美国军备控制机构负责人的话来说，他们“无法掩饰自己惧怕的心情”。这一法案最终惨败。[45]

每一位赶赴埃塞俄比亚前线的意大利军人都收到了一本全新的祷告合集《祷告吧！军人》(*Soldier, Pray!*)。在这本手册的引言中，不知疲倦的圣心天主教大学校长阿戈斯蒂诺·杰梅利敦促年轻的意大利人要英勇作战：

> 听从祖国的派遣，顺从天主的召唤，去往你职责所在，准备好执行一切任务……
>
> 请相信，即便天主要求你牺牲生命……
>
> 意大利军人，你的牺牲与凡人之间的天主耶稣基督的牺牲联合在一起，将会达成救赎和祖国的伟业。[46]

在接下来的几个月中，意大利的各位主教竞相热忱地信奉法西斯信仰，并且传布这场战争的背后有神圣的旨意在支持。位于罗马附近的泰拉奇纳（Terracina）主教纳瓦拉蒙席便捕捉到了这一情绪："哦，领袖！……如今的意大利乃是法西斯的国土，所有意大利人的心都化作一个节拍与您一同跳动……天主保佑您，噢，领袖！在您日常繁重的工作中，祂将维系您，并且确保……意大利军队取得胜利。"[47] 225

* * * * *

随着意大利愈发被国际社会孤立，阴谋理论也就获得了更加强大的能量。其中最为猖獗的便是教会责难已久的新教—犹太—共济会—共产主义阴谋。11 月初，阿马尔菲（Amalfi）大主教给他麾下的各位主教发去通知，其中附有一份在周日布道中与教区教众分享的信息："国际联盟的行为受到神秘力量的操控。"他进而给出了神秘力量的名单："共济会、布尔什维克党、安立甘宗。"他们之所以与意大利作对，是因为他们不能容忍法西斯政权"与天主教会达成完美的合作关系"。[48]

英国和法国都出言谴责这场侵略战争，这惹怒了领袖，然而他也害怕经济制裁可能带来的负面影响。这就为塔基 · 文图里打开了一扇新的窗口，多年以来他一直在向领袖兜售他的阴谋理论。

11 月 30 日，这位耶稣会士受到庇护派遣，来到威尼斯宫商讨尽快结束战争的可能性。他很快就跳转到自己最为关心的那个话题。

"阁下有没有读过登在 [法国]《每周评论》（*La Revue hebdomadaire*）11 月 16 日和 11 月 30 日那两期上的文章：《谁想要打仗？埃塞俄比亚事件的幕后黑手是谁？》？"

"我读过，而且读得很用心。"

"那么您已经清楚这位匿名作者是怎么清楚地证明，共济会和共产党人以及布尔什维克党人勾结在一起，建立了共同战线，其目标是要击败法西斯，击败墨索里尼，给意大利带来一场革命。在他们看来，想要在意大利建立一个布尔什维克帝国，这样一场革命是 226
不可或缺的手段，而事实也确实如此。”

墨索里尼还没来得及回答，塔基·文图里便把他的理论全盘托出。

“阁下请相信我，我们的面前是一个可怕的陷阱，国际联盟是受到犹太人和共济会成员操纵的共谋犯。”

这位教宗特使接着又大谈意图摧毁领袖的犹太—共济会—布尔什维克阴谋，而墨索里尼则聆听着他的话语。等到他说完的时候，激动的独裁者大喊说，英国和法国正引领着全世界与他为敌。他断言说，这些国家想要发起一场欧洲大战。[49]

墨索里尼并没有过多地提及犹太人，但他却愈发用阴谋理论看待埃塞俄比亚战争的反对力量。两周后，当他再度同塔基·文图里会面时，反倒是他提起了国际阴谋的幽灵。领袖告诉耶稣会士，第三国际、共济会和自由党人组成了对抗意大利的统一战线，他们的目标是“不惜任何代价地摧毁统治意大利的那个政权”。

“大家都对此深信不疑，没人可以质疑它。”教宗特使如是回答。[50]

第十七章

共同的敌人

11月初，博洛尼亚大主教在本市巨大的中心教堂向一群妇女发 227
表演讲，言辞中夹杂了颂扬墨索里尼的谄媚之言："他是意大利人民天佑的领导人，他是圣徒，是英雄，是奇才，是殖民开拓者，他有着独特的直觉，在当下的历史时刻超越一切，他想要感召诸位意大利天主教女性，命你们奔赴一项伟大的使命。"阿马尔菲大主教的言论重述了全国各地主教都在言说的主题，他斥责制裁行动之恶，认为它是共济会和安立甘教会的阴谋，并宣告领袖是摩西再世："意大利在此世注定要成就伟业，我为此感到高兴。意大利乃圣徒和英雄的故土。意大利与天主教会达成和解，并受到教宗降福。法西斯政府令意大利成为一个具备道德并且尊奉基督教律法的国家。"[1]

然而意大利神职人员对这场不义战争的热忱却受到了各国的谴责，教宗只能独力应对这些批评。英国驻梵蒂冈大使休·蒙哥马利（Hugh Montgomery）从各位主教付诸铅字的煽动性演讲中选出段落，用它们质问梵蒂冈并恳求庇护喝止这种行为。教宗回答说，他
已经派人与这些言语冒犯的主教进行沟通，要求他们缓和演讲的措 228
辞。[2] 然而无论是此类演讲或是英国的抗议，都将继续下去。

当时的英法两国也在筹备一项提议，想要结束这场危机，而教宗对此抱有极大的希望。这一提案将分裂埃塞俄比亚，把意大利最想得到的部分领土直接割让给它。12 月中旬，由于这份提议的条款被媒体捅了出去，英法双方都遭遇了不同程度的政治压力，这份提议只好中途流产。英国外交部部长为此引咎辞职。[3]

墨索里尼则坚称自己不会做出任何让步，谁也无法阻挡他攻陷埃塞俄比亚全境。[4]

11 月下旬，领袖决定组织一个 Giornata della Fede，字面意思即信念之日或者婚戒之日（fede 既有信念的意思，也有婚戒的意思）。这个宣传手法可谓聪明之极，因为它将令意大利民众（尤其是意大利妇女）更为紧密地同战事结合在一起。为了表明他们的爱国心以及对战事的支持，意大利人要把自己的金婚戒捐赠给祖国。

在这个节日里，意大利主教需要敦促天主教徒上交他们的金婚戒，而且为这些捐赠人从国家换回来的铁婚戒施以祝福。当各位主教得知自己的职责时，他们纷纷向梵蒂冈寻求指导意见。教宗并不希望让意大利的高级神职人员如此公开地为战事摇旗呐喊，尤其国外的天主教徒不断地来信控诉，指责梵蒂冈支持法西斯政府的立场，令埃塞俄比亚生灵涂炭，然而他也不想惹怒墨索里尼。他担心白纸黑字的通知文件会被泄露出去，于是决定派专人口头传达他的指令："行事要小心谨慎……不要在埃塞俄比亚一事的对错或正义与否上给出裁断，最重要的是言辞用语要格外小心，不要冒犯另一边，不要令他们感到不快。"[5]

尽管有部分高阶神职人员与教宗一样对此感到不安，但绝大多 229
数人都不可能克制向法西斯政府献媚的冲动。[6] 即便收到教宗的通知，他们也会选择性地无视。天主教媒体登满了各种谄媚的文章，赞扬这场圣战为野蛮人带来了基督教和文明。许多教会要员（比如米兰大主教和圣心天主教大学校长）都对战争表示支持，而教宗也从未在神职人员面前直接表露过对战争的疑虑，所以各地主教在各自教区的公报中敦促所有虔诚的天主教徒，为这一神圣事业捐出自己的婚戒。神父们甚至建立起教区委员会，确保教众能够尽可能地参与到这项事业中，而当那一天来临的时候，他们也捐出了自己胸前的十字架。[7]

在米兰，舒斯特枢机在他的私人礼拜堂中亲自为换回来的两万五千枚铁戒指施以祝福。[8] 墨西拿（Messina，西西里一个贫困的主教教区）大主教告诉手下的神父，他希望虔诚的天主教徒至少要捐献三十克黄金。在这座岛屿的另一边，蒙雷阿莱（Monreale）主教则要求神父熔化多年以来信徒奉献的供品。在托斯卡纳大区的格罗塞托省（Grosseto），一位教区神父征求主教的许可，想要熔化教堂楼顶的钟，好为领袖和战争提供支援。[9]

12 月 18 日终于迎来了信念之日，这个国家陷入了狂迷。[10] 墨索里尼正在罗马城外的蓬蒂尼亚（Pontinia），为这座新建小镇的落成仪式发表演说。这些地方原先都是沼泽地，开发成城镇全赖领袖的创举。当地大主教在仪式之初发表了开幕词："噢，领袖！那些认为意大利人民会最终屈服的人不过是在自欺欺人……如今的意大利是法西斯，所有意大利人的心都同您一起搏动，而无论和平的胜利以及罗马基督教文明的胜利需要我们做出怎样的牺牲，整个国家都已经做好准备。"说完这些话，这位大主教取下了胸前的十字架和手指上的牧师戒指，将它们放入当日收集的献礼中。[11]

自从教宗国陷落以来，天主教会从未同政府如此步调一致。而自从十字军东征结束之后，它也从未在鼓励天主教徒攻陷外域方面起到如此核心的作用。

战争的狂热滋养了最为阴暗的阴谋理论，而神父和主教警醒信徒，那些国家之所以反对侵略，是因为他们不仅憎恨法西斯意大利，230
也憎恨罗马天主教。[12]

梵蒂冈也鼓励这些观点。圣诞节后的第二天，皮扎尔多蒙席告诉梵蒂冈驻加拿大领事，他正在驳斥那些反对埃塞俄比亚战争的意见。[13] 他解释说，这些反对意见不仅针对教会也针对法西斯党。他补充说："对于一个像意大利这样与圣座保持良好关系的伟大天主教国来说,这样的仇视可谓自然而然。"这些言论攻击的动机出自"教会敌人的仇视，他们希望通过打击意大利，而给天主教会和圣座带来打击"。

这位领事在他的回答中指出，反对埃塞俄比亚的声音在加拿大非常普遍。他写道，虽然不幸的是，新教徒、共产党人以及"那些深信民主原则的人"一直都反对法西斯党，然而"正直的民众以及那些更为冷静的政治家都对法西斯党达成的成就感到惊讶"。皮扎尔多敲响了教会神秘敌人的警钟，他补充道，他会竭尽所能地传布这些话语。[14]

* * * * *

在墨索里尼举办信念之日的当月，庇护十一世宣布了二十位新任枢机的任命情况。其中有十四人是意大利人。这一状况引发了许多评论，许多观察者称，梵蒂冈国务院里几乎每一位员工都是意大利人，而所有的教宗大使也都是意大利人。在德国，报端文章和政圈都认为教宗的枢机人选与法西斯政权对梵蒂冈日益深远的影响力有关。一份德国报纸还悲叹地提到德意两国的巨大反差，意大利主教都狂热地支持墨索里尼对埃塞俄比亚发动的侵略战争，而德国主教却没有对纳粹政权展现出类似的心态。[15]

令大多数人感到吃惊的是，新任威斯敏斯特大主教阿瑟 · 欣
斯利（Arthur Hinsley）并没有从教宗手里接过枢机帽。两个月前， 231
这位大主教曾出言为教宗辩护，表示庇护无力阻止这场战争。"他是一位无助的可怜老者，"他解释道，"只有一支小小的警备部队用来自卫，用来保护梵蒂冈的无价珍宝，用来守卫这片方寸之国，保护他应得的独立自主。"大主教的这番辩护之辞为教宗所不喜，此外

他谴责法西斯政府是个残暴专横的政权（“时至今日还将专制理念奉若神明”）的话也惹怒了墨索里尼。教宗最终没有将欣斯利晋升为枢机，人们认为他做出这个决定是因为他不想冒犯领袖。[16]

意大利政府非常欣喜地接受了教宗对教廷成员的任命。他不仅仅令意大利人再次占据多数，据警方的一位线人所说，“任何人都可以确切地指出，当选的十四名 [意大利] 枢机或多或少都与政府有暧昧关系”。[17]

威斯敏斯特大主教并非唯一一个受到漠视的教会人员。1 月 9 日，教宗将塔基 · 文图里招至面前，告诉他尽管自己想将他晋升为枢机，但是时机尚未成熟。教宗对这位垂头丧气的特使说道 ：“可怜的神父，总有一天你会戴上枢机帽！可是现在我确实无能为力。”考虑到当前微妙的国际形势，如果他将自己和墨索里尼之间的特使任命为枢机，将有可能遭到有心人的过度解读。教宗问道，英国人会作何感想？他告诉耶稣会士，当前最要紧的是让他继续行使特使的职责，而晋升枢机将使他不得不卸下这个职务。[18]

在 12 月晋升枢机的那二十人中，便有常被指责喜好男风的卡米洛 · 卡恰，教宗的这位典礼长反倒认为，这一提拔还是来得太晚了。当教宗在 1929 年宣布新晋枢机名单而其中没有他的名字时，卡恰非常愤怒。[19]1930 年 10 月，都灵的一份报纸称，有传言说他即将担任这座城市的大主教。据梵蒂冈的一位警方线人称，这些传言“引发了许多流言蜚语”。[20]1931 年 3 月，另一位线人透露说，卡恰对教宗宪兵队的长官非常生气，因为他揭发卡恰近来同一位年轻神父过从甚密。教宗得知了这个消息，对此非常不高兴。早些时 232
候，这位线人曾表示过，卡恰之所以没有因为同样的原因，像德·桑佩尔蒙席那样受到教宗的处罚，不过是因为他和教宗有着多年的交情。[21]

尽管卡恰流言缠身，但是关于他即将晋升为枢机的传闻却愈演愈烈。1933 年，一轮新的指控又爆发了，其他梵蒂冈人士也站了出来，声称自己曾亲眼见过卡恰跟男孩或青年男子干着有失体面的勾当。其中有一名出身黑色贵族（这些罗马精英家族数十年来都坚守在教宗身边，同新成立的意大利王国作对）的伯爵，他说卡恰曾在梵蒂冈的自家公寓里一边给两位学生灌葡萄酒和烈酒，一边调戏他们，结果被抓个正着。经过审问，这两位还没醒酒的男孩表示是卡恰将他们引诱到房间里，承诺会给他们一大笔钱。一位线人表示，罗马的神职人员其实很反感教宗，认为他是个脾气暴躁的独裁者，如果他不顾忌卡恰好色成性的恶名而将卡恰晋升为枢机，那么他的声望将会跌至谷底（至少这位线人这么认为）。[22]

1934 年 8 月，教宗要求卡恰加入宗座代表团，前往布宜诺斯艾利斯参加圣体大会，卡恰由此得到了一个明确的信息：教宗对他心有偏爱，他相信自己总有一天会晋升枢机。[23] 然而就在同一时间，另一位警方线人对教宗的意图提出了疑虑。卡恰的一位拥趸曾在拜见教宗的过程中替卡恰美言，赞扬他以教宗的名义做的那些善事。卡恰的这位友人表示，考虑到他日渐宽大的腰围，他已经越来越难以保持这狂热的步速，也许是时候该给予他奖赏了。教宗听了有些恼怒，并没有理睬这位来访者的请求。“让他少吃点就是了！”他低声说道。[24]

然而教宗仍然对卡恰存有一份情谊，毕竟自孩提时起，他便在米兰同卡恰相识，所以在最后关头，他还是将卡恰纳入了 1935 年新晋枢机的名单里。尽管那些针对卡恰的指控在梵蒂冈尽人皆知，但是它们似乎没有阻碍他的新同仁热情地接纳他。英国驻圣座大使在 1938 年年中观察到，“个头矮胖的卡恰枢机和蔼而又幽默，他也 233
许是整个教廷最受欢迎的人物”。[25]

* * * * *

埃塞俄比亚战争是否会影响到美国一方的态度，教宗的这层忧虑始终无法打消。1 月 4 日，他重复了帕切利曾经提过的建议，希望领袖能够在美国加强主战宣传。[26] 墨索里尼让教宗不要担心，多亏了那位“爱尔兰神父”（即通过广播电台布道的查尔斯 · 考夫林神父）“用对美国人特别奏效的美式手段和那些反对意见作斗争”，意大利如今的处境已经大为改善。[27] 自从国际联盟宣布对意大利实施制裁后，考夫林便通过每周日半小时的全国广播节目对这一行为进行谴责。他在 11 月底向数百万听众广播道：“国际联盟及其制裁行动的背后只有一种动机——每当英国的利益遭到威胁时，它就会出来行动。”[28]

每当美国方面出现问题的时候，墨索里尼知道他可以向梵蒂冈人士寻求帮助。1936 年初，极具影响力的美国耶稣会杂志《美国》（*America*）发表了一篇批判战争的文章。[29] 领袖便派遣大使找耶稣会首脑谈话，希望他出手相助。

耶稣会成立于 16 世纪中叶，被视作天主教会的知识分子团体，而庇护十一世也依从传统，让他们充当智囊团的角色。沃齐米日·莱多霍夫斯基出身波兰贵族家庭，在 1915 年当选耶稣会总会长（他担任这一职务直至过世，任期长达二十七年）。幼年时，他在奥地利王室担任侍从。他的父亲是一名伯爵，曾在奥地利军队担任骑兵军官。他父亲的兄弟是天主教会的枢机，在教廷中声名显赫，并曾担任传信部部长。[30] 莱多霍夫斯基的办公室（耶稣会全球总部）实则是梵蒂冈的一个分舵。

20 世纪初担任德意志帝国总理的伯恩哈特·冯·比洛（Bernhard von Bülow）亲王曾在他的回忆录里谈到莱多霍夫斯基：“总会长个 234
头中等，眼睛透露出不同寻常的智慧光芒，他的面容像智者般布满皱纹、棱角分明，他举止优雅，显然是贵族出身。”当比洛于 1924 年在罗马拜访这位耶稣会领导人时，他对其房间的简朴布置印象深刻，里面除了一尊圣母玛利亚像和几幅教宗肖像外别无其他装饰物。他也很快得知为何历任耶稣会总会长都不愿意接受枢机一职的委

沃齐米日 · 莱多霍夫斯基，耶稣会总会长

任：因为他们自身的职务具有更大的影响力。[31]

在莱多霍夫斯基的主持下，耶稣会迅速扩张，不仅巩固了自身在美洲的地位，还成倍增加了派往亚洲的传教士。尽管他极其苦行且在某些方面有些专制，却也是个具有幽默感的人。有一天，他最亲密的一位共事者来到办公室探访他，正好撞见一位很胖的耶稣会士从他的办公室出来。“你认识他吗？”耶稣会总会长问道，“他就 235
是 B 神父，我们最优秀的一分子。你知道他有多肥吗？他坐下起码要占三个人的位置。所以每次有官方仪式我都会派他去。因为媒体可以报道说：耶稣会派出了庞大的代表团。”[32]

这位耶稣会领导人对法西斯政权非常热忱，并且他对此毫不掩饰。自从墨索里尼掌权以来，他便尽全力铲除教会内部反对领袖的声音。[33]

在 1936 年初的会面中，意大利大使告诉莱多霍夫斯基，墨索里尼希望他能解雇《美国》的反法西斯主编，并用亲法西斯人选填补这个职位。莱多霍夫斯基立即答应了他的要求。皮尼亚蒂写道："总会长毫不犹豫，立即答应由我来做主，安排这份北美耶稣会杂志总负责人的人选。"很快，一位对法西斯事业非常热心的新主编就已安排就绪。[34]

莱多霍夫斯基这么支持他的工作，皮尼亚蒂感到非常满意，还表示意大利的敌人就是教会的敌人。莱多霍夫斯基则对此表示同意。他回答说，那些攻击墨索里尼发动埃塞俄比亚战争的言论不过是"一个借口，国际犹太阴谋将从中获利，他们的目的是要进一步向西方文明发起进攻"。[35]

*****

领袖正身处巨大的压力之下。他后来告诉希特勒："如果国际联盟听从英国外交部部长安东尼·艾登（Anthony Eden）的建议，将石油纳入对意大利的制裁行动之中，那我就不得不在一周内撤出埃塞俄比亚。于我而言，这将是一场彻彻底底的灾难。"[36] 意大利的经济已经因为制裁行动和战争开支蒙受损失。教宗的首席金融顾问告诉他说，墨索里尼平静的公开形象下隐藏着"严重的躯体抑郁症状"。[37]

在法西斯的宣传中，这场战争将是一次短暂而胜利的行军，一支欧洲的现代部队将横穿这片由持矛野人包围的荒芜乡野；但是实际上，法西斯部队却一次又一次受挫。12 月 6 日（此时离侵略战打响已过去两个月），当意大利人开始轰炸德塞（Dessie）镇时，一位 236

摄影师抓拍到一张照片，画面上的埃塞俄比亚国王海尔·塞拉西一世正亲自操纵机关枪，向头顶飞过的意大利飞机开火。糟糕的是，这位摄影师还捕捉到意大利飞机轰炸当地美国医院的画面，建筑上的红十字标志非常显眼。当月晚些时候，埃塞俄比亚聚集起上万兵力，暂时拖住了意大利军队继续前进的步伐。1月初，意大利人行军至坦宾（Tembien），全然不知有十万多名埃塞俄比亚军人部署在当地准备对他们进行伏击。遇袭之后，黑衫军（法西斯民兵）带头予以还击，一天之内就有半数民兵与军官阵亡。直到意大利飞机在最后关头抵达，投下致命的毒气弹，那些惊慌失措的幸存者才得以仓皇撤退。[38]

受到阻挠的意方攻势能够在1936年2月卷土重来，在很大程度上得益于他们使用了被国际公约所禁止的武器。埃塞俄比亚并没有空军，所以当意大利飞机将燃烧弹丢向他们的村庄，将毒气弹丢向逃亡的住民时，他们毫无反击之力。“这种任务非常好玩，悲剧感十足却又非常漂亮。”墨索里尼之子维托里奥这么描写那些空袭，他和布鲁诺以及埃达的丈夫加莱亚佐·齐亚诺都参加了空袭行动。当受毒气攻击的受害者照片被国外媒体披露出来时，意大利报纸坚称这些奇形怪状的埃塞俄比亚人都是麻风病患者。[39]

“墨索里尼真的是好运占尽，好运占尽。”庇护十一世观察道。当时是1936年3月中旬，就在一周前，希特勒将德国部队调往莱茵兰，转移了国际社会对埃塞俄比亚战争的关注。[40] 一系列战事的胜利令领袖重新受到鼓舞，他明确指出战争将会在战场上结束。意大利5月初占领了亚的斯亚贝巴(Addis Ababa)，而在此前的几周里，埃塞俄比亚一方的溃败几乎已变成意大利一方的种族屠杀。法西斯党主席阿契尔·斯塔拉切的麾下有一支机动化部队，他们所到之处，村庄皆被焚为平地。口干舌燥的伤者跌跌撞撞地来到湖边饮水，却因不知水里已经溶解了芥子气，最后痛苦地死去。埃塞俄比亚一方的死亡人数就算没有几十万人也起码有几万人。[41]

随着意大利军队愈发逼近亚的斯亚贝巴，海尔·塞拉西一世意 237
识到他已经彻底败北。5 月 2 日，他带着随从乘坐火车逃离了这座城市，这一举动激怒了一些骄傲的国民。在他抛下的那座首都里，群龙无首的武士开始到处搜索枪支和钱财，洗劫了民居、商店和办公场所。有些人试图烧毁这座城市，因为他们觉得那至少好过被意大利人占领。欧洲人在领事馆里挤作一团，可是连这些地方都开始遭到攻击。这场混乱尽管令人胆寒，却非常短暂。5 月 5 日，巴多格里奥元帅率领两千辆意大利车辆开进了城市，在前面开路的车辆上坐满了意大利记者，他们的任务是前来记录意大利胜利的时刻。[42]

第二天，塔基·文图里给墨索里尼发来一封贺信。[43] 他写道："阁下，在感谢天主赐予罗马胜利与和平之后，请允许我向阁下致以最真挚热情的喜悦之词！天主向您施以援手，没有在最困难、最不确定的时刻放弃您。所有虔诚的意大利天主教徒都诚心祈求天主继续为您提供神助，确保胜利的果实真真确确便是凯旋宗座罗马天主教国有权期望的胜利结果。"[44]

5 月 9 日，十万罗马人聚集到威尼斯广场，他们高举法西斯旗帜，挥舞着手绢，目光都聚焦在墨索里尼的阳台上。此外，还有数千人将周边的街道挤得水泄不通。雷鸣般富有节奏的喊声（"领—袖！领—袖！"）摇撼着四周古老的墙壁。

无论是在城镇还是农村，无论多么偏远或者人丁稀少，全国上下的教堂钟声都在召唤全体居民前往当地的中央广场。扩音器发出噼啪的声响，随时准备播放墨索里尼的讲话。在罗马，领袖的宫殿里吹响三声小号，但是外面几乎没有人听到。他马上就要现身，人们的期待所营造的紧张气氛已经到了无以复加的地步。最后，这位伟人大步走上阳台，笔直站立、一动不动，他的双手撑在大理石栏杆上，他挺着宽阔的肩膀，那张国字脸上表情镇定，仿佛他是个由大理石打造的人物。领袖皱起眉头，身躯微微后仰，举起右臂行罗马式直臂军礼。人群中爆发出来的欢呼声淹没了整个广场。直到此

时，他才舒展面容，露出了慈祥的微笑，仿佛是要报答人群中满溢 238
的爱戴和信任。

“意大利，”领袖宣告，“终于成为帝国。”

人群再次欢声雷动。一位亲历者称，广场就像是一座以天为穹顶的教堂。墨索里尼挥手致意，然后示意人群安静下来，他还有话要说。

埃塞俄比亚人将臣服于意大利王国，他解释道。意大利国王如今又增添了新的头衔：埃塞俄比亚国王。“高举你们的徽章、你们的手臂和你们的一颗红心，”领袖高喊道，“向罗马帝国致敬！在十五个世纪之后，帝国再现于罗马的命运之山上。”

“你们配得上这份荣耀吗？”他向人群发问道。

“配得上！”他们大声咆哮道。

“你们的呼喊，”墨索里尼告诉他们，“就像是神圣的誓言，将你们和天主、和同胞联系在一起，生死与共。向国王致敬！”这时候，他又举臂行法西斯礼，而威尼斯广场以及意大利各个城镇中央广场上的群众都伸出手臂，发出喜悦的呼号声。

第二天，数百万意大利人在全国各地的大小教堂里举行了特殊的感恩弥撒。[45]

* * * * *

战争的结束令庇护十一世总算松了口气。他从头到尾都不想打这场战争，而它也给梵蒂冈带来了巨大的压力，然而国际局势的重担依然停留在他的肩头不肯离去。他担心这场战争令墨索里尼愈发投向希特勒的怀抱；他也担心墨索里尼被非洲的胜利冲昏头脑，转而打起亚得里亚海的主意。教宗在 6 月初告诉法国代办，领袖下一个目标很有可能是阿尔巴尼亚。[46]

教宗的身体也日渐衰弱。4 月，他没能在圣彼得大教堂参加复

活节的弥撒活动。他已经放弃了日常的散步，只是偶尔乘坐那辆巨
大的美国轿车绕着梵蒂冈花园兜兜圈。使徒宫安装了电梯，教宗在 239
房间和办公室之间来往也不用上下楼梯了。[47]

墨索里尼几乎大获全胜，唯一令他烦恼的事情便是尽管战争已经结束，国际联盟的制裁行动却依然生效。他再度向梵蒂冈寻求帮助。[48] 帕切利枢机想尽办法帮忙。与英国大使会面时，他坚称只有解除制裁行动才能给欧洲带来和平[49]；而在每周与欧洲其他各国大使的会面中，帕切利也始终重复这一观点。教宗也出了一部分力，他告诉法国大使制裁行动再也没有什么实际的用处。[50]7 月 7 日，国际联盟通过投票终止了制裁行动。[51]

有趣的是，意大利驻圣座大使博尼法乔 · 皮尼亚蒂认为墨索里尼对于教宗给予的支持过分感恩戴德了。他告诉领袖，教宗的这些行为不过是出于自利的动机。每一天，梵蒂冈的使者都在政府的部门里徘徊，依靠政府官员帮助他们完成使命；如果法西斯政权遭遇任何不测，那么教宗就会遭受无法承受的损失。

皮尼亚蒂进一步说道，诚然，意大利教会人士和梵蒂冈高层为战事提供了全面且热烈的支持，这对我们来说非常宝贵，但是“不要忘记，在埃塞俄比亚战争中，教宗迎战的乃是犹太—共济会—布尔什维克联盟”，他们还有新教在背后支持。就算梵蒂冈支持墨索里尼的战争，他说道，那也是因为教会也在经历自身的圣战，和我们有着相同的敌人。[52] 由此看来，皮尼亚蒂也已经皈依塔基 · 文图里的阴谋理论门下。

至少在墨索里尼自己看来，攻下埃塞俄比亚是一项伟大的成就。战争进行中的每一天，他都要紧跟战报，移动办公室那幅巨大地图上的意大利旗帜，由此跟进意大利军队的行军状况。[53] 在他上台之前，大家都不把意大利当回事，如今，世界各国首脑一刻也不停歇地谈论着领袖下一步会采取什么行动。主教和神父已经将金质十字架和珍贵的圣物都捐给了他。维托里奥 · 埃马努埃莱三世给他颁发

了最高军功勋章萨伏依大十字勋章（the Grand Cross of the Order of Savoy）。国王还提出要将他立为亲王，但是被他婉拒了。“陛下，我过去是墨索里尼，如今也只能是墨索里尼，”他这么告诉国王，“墨索里尼家族世世代代都是农民，而我对此感到格外骄傲。”[54] 240

玛格丽塔·萨尔法蒂在一年前眺望威尼斯广场时做出的预言已经得到彻底的应验。她曾经的情人已经自负到无以复加的程度。他对自身直觉的迷信程度已经彻底膨胀，他似乎认为在这座不朽之城里，教宗已经不是唯一一个永远正确的人。在谄媚的斯塔拉切的推波助澜之下，他很快就会将个人崇拜推向一个新的高度。他的雕塑、肖像画和照片会布满意大利的每一个角落，他的口号会用巨大的字母覆盖在居民楼和谷仓的墙面上：“信仰、服从、战斗”，“墨索里尼永远正确”，“敌人越多，荣耀越高”。[55] 中学生开始背诵“领袖祷告词”，感谢天主让墨索里尼来到人世，“他是我在这个世上最敬爱的人”。这首祷告词的结尾是一句誓言：“我谦卑地将我的生命献给您，噢，领袖！”[56]

从今往后，数十万法西斯青年和民兵将在每周六下午（号称“法西斯周六”）练习新的罗马步（passo romano）。尽管墨索里尼坚称它的原型是古罗马军团的行军步伐，但是大家依然注意到它跟纳粹德国的正步非常相似。萨尔法蒂在这方面的判断也极为准确。墨索里尼正带领意大利投向纳粹德国的怀抱，这将是一场早已被人预言的灾难。

第十八章

光荣之梦

当德国大使迭戈·冯·柏尔根（Diego von Bergen）于1936 241
年初踏入教宗的书房时，他担心这场会面会进行得很不愉快。对于庇护十一世来说，在新年接见各国大使是一项惯例。在分配给每个人的十分钟里，他会送出祝福，对各国政府近期的作为提出赞扬或者谴责。结果是，柏尔根与教宗的会面比他担心的更不愉快。

教宗不满的事情有许多。1933年（希特勒刚刚上台的时候），德国最大的天主教州巴伐利亚的首府慕尼黑，三分之二的学生在天主教区学校上学，可是到了1935年，这一数字已经腰斩，再过两年，它将缩减至3%。[1]

这些“所谓的对话”，柏尔根回忆道，“实际上是教宗的独角戏，他认为别人对他毫无怨言的聆听和毕恭毕敬的接受都是天经地义的事情”。

教宗大声呵斥、手舞足蹈，情绪变得越来越激动，他悲愤地控诉第三帝国迫害教会的种种行径。柏尔根试图插话的时候，愤怒的
教宗便进一步抬高嗓音。分配给柏尔根的十分钟早已过去，然而教 242
宗继续慷慨陈词。“总有些人说天主教会注定要灭亡，”他警告这位

大使,“但是最后灭亡的永远都不是教会,而是他们。”说完这句话后,教宗按下了书桌上的电铃,示意书房外的侍从把门打开,好让这位大使离去。[2]

气愤的柏尔根径直来到帕切利枢机的办公室表达自己的不满。在他眼里,这位前任教宗驻德国大使是他的老朋友。他问道,庇护说过的这些话里,有多少应该传达给他的上级?他指出,教宗严苛的话语肯定会激怒他们。帕切利建议他只在报告中点出教宗讲话的主旨,不要提及那些过激的言论。

之后,柏尔根告诉德国外交部部长:“这次的事情再次证明帕切利枢机怎样经常性地起到缓和作用,教宗这人太难对付、太难被影响,只有帕切利能够从中调停。”他接着说,我们最好不要把教宗的气话当真。墨索里尼和教宗有过长期的交锋经验,据说他曾建议:“不要为此激动。最佳的处理办法就是随便他,这位老绅士有什么想说的话,只管让他说就是了。”[3]

领袖跟希特勒越走越近,这一倾向令教宗十分愤怒。德国不断壮大军事力量,英法两国却完全袖手旁观,这一点也令教宗不满。1936年3月7日,希特勒派遣军队进入了莱茵兰(Rhineland)地区,而根据1919年的《凡尔赛条约》,这片处于法国、比利时和荷兰交界处的地区应当去武装化。德国部队接到命令,一旦法国人出现反击迹象就要立即撤退,但是法国人什么也没做。教宗在接下来的那周告诉法国大使:“如果你们及时向该地区派出二十万兵力,就对整个世界做出了重大贡献。”[4]然而,欧洲离战争更近了一步。

西班牙的政局动向也为德意双方的合作提供了助力。1936年春天,西班牙左翼人民阵线(Popular Front)* 在国会选举中获胜,由此引发了军事叛变。长久以来,教会都与老派精英站在一起,如今则与那些叛变的军官保持统一战线,它很快就在这场叛变中成为众 243

* 西班牙第二共和国时期的一个左翼政治联盟,具有反法西斯统一战线组织的性质。

矢之的。[5]

早在五年前，当西班牙国王退位之时，这个国家就一直牵动着教宗的神经。1933年，教宗发表通谕，批评西班牙政府限制教会影响力的举措[6]，然而庇护实际上倾向于同政府中更为温和的力量合作，找出解决问题的方案。然而他的努力却遭遇了两大阻力，一方是政府中极端的反教会分子，另一方则是西班牙教会高层，后者反对向左翼分子做出任何妥协。[7]

1936年7月爆发的内战令西班牙人民陷入难以言说的苦难之中。七百名神父、修士和修女遇害。神父的耳朵被人割下，四处流通，仿佛它们是斗牛场上的战利品。修女腐烂的遗骸被从坟墓里挖出来，暴尸于白日之下，其照片登上了法国的报纸。修道院变成了社会党总部，宗教仪式遭到禁止，巴塞罗那几乎所有教堂都被付之一炬。8月12日，帕切利枢机来到西班牙大使馆提出抗议。[8]

尽管西班牙叛军领导人弗朗西斯科·佛朗哥（Francisco Franco）常被拿来同墨索里尼相比，但是领袖却对他没什么好感。在他看来，佛朗哥可算不上一个将军，因为他像个懦夫一样总是待在离前线很远的地方。此外，西班牙军队的残忍也令人瞠目结舌。墨索里尼评价道："对他们来说，处死一千个人就好比吃一盘通心粉那样稀松平常。"[9]

然而墨索里尼还是很快就同纳粹党人协商该以怎样的方式帮助叛军，不过他这么做的动机，与其说是因为同佛朗哥有着意识形态上的兄弟情义，倒不如说是为了限制法国左翼政府的国际影响力。10月，苏俄的飞机、坦克和其他补给品开始陆续抵达，帮助西班牙政府渡过难关。意大利天主教媒体力劝墨索里尼派兵支援叛军。[10]年底，他派遣了数千名黑衫民兵和军人援助佛朗哥。[11]

对于这场内战，教宗不像墨索里尼那样热切关注。尽管那些令人毛骨悚然的反天主教暴行的见闻令他感到恐惧，然而他不愿支持与民选政府作对的叛军。他也不愿意看到墨索里尼卷入这场内战，244

因为它只会进一步将他推向希特勒的怀抱。[12]

* * * * *

当教宗收到西班牙内战的初步报告时，也从德国收到了一些令他不安的情报：纳粹党人计划将数百名德国修士和修女送上法庭，罪名是性变态。在接下来的那一年里，这些引起公众高度注意的审讯案件将会登上德国媒体的头版头条。一则头条新闻宣称《那些玷污青年的家伙身穿教士服》，另一则声称《修道院里窝藏没有底线的堕落行为》。神父被指控的罪名有引诱由他们负责看管的儿童且与他们发生性行为，以及诱奸柔弱的女青年。更糟糕的是，德国当局旧事重提，再次指控耶稣会士，认为他们非法向海外转移资金。[13]

坏消息不断，教宗又听闻墨索里尼将他的女婿加莱亚佐·齐亚诺派往柏林，就加强两国关系与对方展开谈话。齐亚诺在政府中节节高升，1935 年（时年三十二岁）便升任媒体和宣传部部长。次年，墨索里尼将齐亚诺任命为威望仅次于总理的外交部部长，震动了整个外交界。齐亚诺也渐渐（即便是无意识地）学会了岳父的习惯动作，然而他尖锐的鼻音却无法重现领袖雄浑、断断续续的演讲方式。罗马人戏谑地将他称作“小领袖”（“il Ducellino”）或是“女婿大元帅”[“generissimo”，这是一个由女婿（genero）和大元帅（generalissimo，意大利最高军阶）拼凑出来的词]。一位美国外交官讥讽道：“女婿也跟着鸡犬升天了。”齐亚诺畏惧权威、难当大局，还喜欢别人拍他马屁，简直被希特勒玩弄于股掌之间。[14] 那年 10 月，也即西班牙内战爆发三个月后，齐亚诺与第三帝国签署了一项秘密合作协议，罗马—柏林“轴心国”由此诞生。[15]

与此同时，新任美国驻意大利大使威廉·菲利普斯（William
Phillips）抵达罗马。在双方初次会面中，齐亚诺给他留下了一个好 245
印象——他和蔼可亲、笑口常开，并且英语极为流畅。然而菲利普斯很快就开始对年轻的意大利外交部部长产生疑虑。他写道："尽管他有点胖乎乎的，但整体外形特别小孩子气。"[16] 中等身材的齐亚诺有一张圆脸，留着"一头光亮的黑发"，梳成"典型的意大利式"背头。他毫不掩盖自己的野心，却"不具备任何道德标准和政治准则"。身为领袖的女婿，法西斯党中一人之下万人之上的角色，齐亚诺对自己的地位颇为醉心。然而其他法西斯领导人都厌恶他，嫉恨他毫无功劳就高升，嫉恨他享受甜蜜生活和荣华富贵。令他们尤为愤怒的是，墨索里尼完全没有征求他们的意见，就将他选作自己的政治接班人。[17]

菲利普斯大使对墨索里尼有着与他人截然不同的印象。当他首次与领袖会面，进入那座"巨大、空旷、地面光洁的大厅"时，他看到远方的桌旁坐着一位人物。"一位身材短小精壮、孔武有力的男人走上前来接见了我，"他回忆道，"彻底的秃顶似乎让他的脑袋显得更加庞大。"最令大使印象深刻的是领袖的双眼，每当他表达看法时，这双眼睛"仿佛会突然放大，眼白则凸出来"。他们用英语交谈，墨索里尼近来的语言课程令他大有长进。菲利普斯后来还记录道，当领袖身穿法西斯制服时，更像是一位发号施令的人物，可是在个别其他场合，当大使看到身着便装的墨索里尼时，他觉得领袖更像是一位"壮实的农民"或"一位粗鲁的顾客"。[18]

墨索里尼麾下的驻西班牙大使罗伯托·坎塔卢波（Roberto Cantalupo）于多月之后再次面见领袖，见到的是一位自埃塞俄比亚胜利后彻底改变了的人。他的身形显得更为魁梧，脖颈更为粗壮，面庞也更为宽大；他的皮肤因为夏日海滩上的炙烤而泛着鲜红色。齐亚诺站在他的身边，他的每一句话都显得不那么真切，仿佛是讲给一群更为庞大的听众听的。尽管坎塔卢波已和领袖相识多年，如今他却显得无比遥远。在颇为尴尬的几分钟之后，坎塔卢波告退了，然而在他离开威尼斯宫前，齐亚诺追了上来。

"你觉得他现在如何？"齐亚诺问道。

“过去的他已经不在了，我觉得他已经变成了另外一个人。”坎塔卢波回答道。

齐亚诺笑了笑。“你知道的，他品尝了至高的荣耀，如今高高 246
在上的他，眼里的我们都很渺小。他活在自己的世界里……也许我们最好就这么让他待在奥林波斯山 * 上，他在那里能够成就伟业。至于我们这些人……我们会打理好底下世界的事务。”[19]

墨索里尼的一大心腹、法西斯党领导人朱塞佩·博塔伊 † 从埃塞俄比亚凯旋之后也有类似的体会。“站在我面前的仿佛不再是个活生生的人，而是一尊雕像，”他在日记里写道，“一尊坚若磐石的雕像，里面传出冰冷的声音。”[20]

当领袖最年幼的孩子，七岁的安娜·玛丽亚感染脊髓灰质炎时，他曾因这份意外的打击而短暂地失去他一贯的镇静。她在生与死的边缘挣扎着，墨索里尼只能束手无策地守护在一旁。最终她病情好转，但是后遗症伴随了她的余生。在她生病期间的一场媒体发布会上，当一位外国记者将一个送给她的娃娃交给墨索里尼时，他那出了名的假面一般的脸庞滚下了热泪。[21]

但是女儿的疾病完全没有让他变得软弱。他鲜少采纳他人的建议。接见部长和官员时，他坚持让下属快步走过巨大的办公室，来到他的办公桌前，行罗马式直臂军礼，然后将他要求的文件呈递给他。他们不得擅自提出任何意见，并在回答领袖的提问之后须再次行军礼、转身、快步离去。[22] 如果没惹得他发火就能告退，那算他们运气不错。在墨索里尼办公室外等候的助理纳瓦拉对领袖雷霆般的呵斥声已经司空见惯。他生气的时候会用拳头砸桌子，双腿犹如痉挛一般屈伸，脚后跟则在桌子底下的搁脚凳上刮擦。纳瓦拉写道，没过多久，那个搁脚凳就彻底磨坏了。[23]

---

* 在希腊神话中，奥林波斯山是众神的居所。

† 原书在这里将博塔伊的名字误写为乔瓦尼（Giovanni）。

在墨索里尼看来，只要他下定决心，就没有办不成的事情。[24]只要国人听从他的命令，意大利就能够成为世上最伟大的国家。尽管他做着光荣与凯旋之梦，但他也担心意大利人天性孱弱，无法胜任他的军事谋划。在 12 月的法西斯大议会上，他略带沉思地说道，总有一天他将不得不“把军队开进那不勒斯，将所有的吉他手、曼陀林琴师、小提琴师和街头手风琴师都扫荡干净”。[25]

墨索里尼愈发将日常事务交给下属处理，不仅仅是因为他有更重大的事务需要处理，还因为他有了一位新情妇。他们于 1936 年坠入情网时，克拉拉 · 佩塔奇才二十四岁，而墨索里尼已经五十三岁了。她的家人住在一间宽敞的公寓中，离墨索里尼的托洛尼亚别墅不远。她的父亲是梵蒂冈的一位外科医生，为各色蒙席、官员和教宗卫兵诊疗疾病。不到两年前，她曾有一段婚姻，婚礼上有许多梵蒂冈要员现身，并且由加斯帕里枢机亲自主持，然而这段婚姻却没能维系多久。

克拉拉是一位体态丰满、富有生气的女子，她有一双绿色的眼眸，留着一头卷发（为此她不得不每晚夹几十个卷发夹子睡觉），牙齿细小，低沉的嗓音予人温暖的感受。她指望着领袖的呼唤过活，每天下午被召至威尼斯宫幽会。为了尽量避免闲言碎语，她会搭乘出租车来到事先约定好的地点，一位驾驶偏三轮摩托车的警察会在那里等候，而她则迅速地跳进遮蔽严实的侧车里。来到威尼斯宫门口，深受墨索里尼信任的助理昆托 · 纳瓦拉会在那里接待她，将她护送到领袖专门为她预留的公寓里。进到公寓后，她便躺在黄道十二宫（这个房间因绘有金色图案的天蓝色穹顶而得名）的沙发上。在等待领袖的这段时间里（领袖通常在下午 6 点现身），她有许 247
多打发时间的办法：阅读，听唱片，给自己的衣服做设计，用日记把一本本笔记本填满，用含情脉脉的细节讲述她与伟人的每一次相遇。[26]她的衣橱里挂着十几件色彩亮丽、饰边繁复的连衣裙以及各色华丽的帽子。为她送茶水的纳瓦拉偶尔也会过来陪她聊会儿天。[27]

克拉拉·佩塔奇

尽管墨索里尼的情妇名单有一长串，克拉拉·佩塔奇对他而言却是一种全新的经验。其中的缘由不在于之前的情妇同他年龄相近，也同她们或惊艳或平庸的容貌无关，而是因为他在情感上对佩塔奇有着不同寻常的依赖。这倒不是说墨索里尼认为佩塔奇能同他平起平坐（领袖从未对她的观点表现出哪怕一点点兴趣），而她付梓出版的几百页日记里也没有任何证据显示，除了她对领袖的热爱以外，248
墨索里尼何时曾在乎过她的意见。但是他发现，自己的生活已经不能没有这位迷人的年轻女郎，他既离不开她宠溺的热爱，也离不开她方便他随时泄欲的身体。当衰老的恐惧在他心头肆虐时，佩塔奇令他重获年轻的感受；此外，在女儿与死神擦身而过之后，以及在经历过埃塞俄比亚战争的孤立无援后，她也帮助墨索里尼从重压之下解脱出来，不用时刻扮演意大利超人的角色。[28]

* * * * *

《纽约时报》1936 年 10 月 1 日的头版上刊登了一条令人意外的消息：欧金尼奥·帕切利将于次日从那不勒斯出发前往纽约，对美国进行一次长期的访问。在此之前，从未有哪位在梵蒂冈位高权重 249
到如此地步的人访问过美国。[29]各种推测传遍了全世界各国的首都，人们都好奇教宗为什么要派遣国务卿访问美国。尽管梵蒂冈声称这场访问纯粹是“私人性质的”，但是没有人把这番说辞当真。

大家的注意力都落在了电台神父查尔斯·考夫林身上。1936 年，正值富兰克林·罗斯福为连任总统而参加竞选的年份，考夫林对罗斯福的批评愈发尖酸刻薄，使得美国天主教群体产生了分歧，令梵蒂冈颇为难堪。《纽约时报》猜测，帕切利此次出人意料地访问美国，是因为教宗试图向罗斯福总统表明，自己同考夫林的言语攻击没有任何瓜葛。其他报纸则预测，帕切利会给这家尖酸刻薄的电台画上一个句号。至于罗马方面，意大利驻圣座大使则对此次出访另有解释：帕切利是出门活动，想要以后接替庇护十一世的位置，他想通过此行赢得四位美国枢机的支持。[30]

负责此次访问的是波士顿主教斯佩尔曼。两人将旅行八千英里，中途停靠无数站点，从美国的一头飞到另一头去。帕切利被几所天主教大学授予名誉学位，几乎同美国的所有主教会面，并在从波士顿到加利福尼亚的一路上向大批神父和信徒发表演说。[31]

这次访问的消息一经公布，各家媒体纷纷猜测枢机是否会和美国总统会面。考夫林神父通过名下的电台节目警醒梵蒂冈国务卿，不要举行这样的会面，因为它将暗示梵蒂冈支持罗斯福总统连任。[32]

帕切利枢机访问纽约期间，1936 年 10 月

节目播出之后，他的听众用义愤填膺的信件淹没了华盛顿的宗座代表，用自己的话语对他提出警告。（由于梵蒂冈并未同美国正式建立外交关系，所以驻扎美国首都的并不是一位教宗大使，而是一位宗座代表。[33]）迫于这种舆论压力，帕切利直到大选两天之后，才同罗斯福会面。

他们的会面地点定在罗斯福位于纽约海德公园*的宅邸。双方会谈的唯一记录来自罗斯福多年之后出版的回忆录。罗斯福表示，帕

* 英国著名的海德公园是皇家花园，而纽约的海德公园则是一个城镇，也是罗斯福的出生地。

切利给自己留下的印象中，最为深刻的莫过于他非常强调美国面临 250
着共产主义的威胁。总统认为，他的口径和考夫林神父非常相似。这位枢机不断地重复道，“美国面前最严峻的危机在于它即将走上共产主义道路”。罗斯福反驳说，美国真正的危机在于法西斯意识形态的侵袭。

“总统先生，”帕切利枢机回答道，“您根本就不了解共产主义运动有多么可怕，它是我们应当面对的当务之急。”

“可是你根本就不了解美国民众。”罗斯福总统回话道。[34]

两天后，帕切利在纽约港登上了“萨伏依伯爵号”远洋轮船，返回家乡。[35]

* * * * *

10月的一个夜晚，帕切利枢机还远在美国，教宗在房间里晕倒， 251
摔倒时脑袋撞在了木质床柱上。这一事故预示了教宗堪忧的健康状况。11月，教宗已经不再像过去那样精力充沛，他接见公众时，得靠几位侍从用椅子把他抬出来。12月初，他的心脏显现出虚弱的危急迹象，七十九岁的教宗只能够卧床休息。[36]

教宗的静脉曲张给他带来严重的疼痛，他的侍从每天花一个小时帮他按摩双腿也只能稍稍缓解疼痛的症状。他大部分时间都躺在床上，而医生则每天过来探访四次。[37]到了夜里，身体不适令他难以入睡，两位来自米兰的教宗副手便轮流陪侍在床边。到现在，只有同帕切利枢机的例行会面还照常进行，国务卿来到教宗床前，向他报告每天发生的事情。[38]

教宗的病痛如此深重，帕切利要强行忍耐，才不至于在他面前抹泪。庇护常常逼迫医生，要求他告诉自己病情要多久才能好转。“我不希望你隐瞒真相。”他告诉那位紧张得说不出话的医生，后者结结巴巴地表示自己也不能确定。教宗每天早上喝点牛奶，下午则一边收听古典音乐，一边喝点清汤。随着圣诞节的临近，他坚持依据传统，要在床头为所有枢机降福。与此同时，他们也开始谨慎地讨论继任人选。自某个时间点后，教宗不再询问自己是否能恢复健康，他只希望天主能够允许他有尊严地死去。[39]

为了解释教宗的卧床不起，梵蒂冈给出过许多遮遮掩掩的故事版本，可是当新年到来，教宗依然没有现身，关于他健康状况堪忧的传闻便再也挥之不去了。1937 年 1 月初，《罗马观察报》的报道指出教宗罹患动脉硬化，血液循环不畅。据这份梵蒂冈报纸所言，教宗仍有康复的希望，但考虑到这一疾病的性质以及教宗的年纪，我们需要对此“特别谨慎”。[40]

教宗的精气神也越来越差。每天夜里，他的秘书会在他的要求下为他朗读历任教宗临终时日的历史记述。“是时候要回家了，”他
疲惫地说道，“我们该收拾行囊了。”[41] 休息的时候，他便看着床对 252
面的绘画。画里的人物是安德烈亚 · 阿韦利诺（Andrea Avellino），他是善终的守护圣徒。年高体虚、疼痛不堪的庇护对自己的无助非常恼火。过去，这位曾经强壮、自信、苛刻的教宗总是让身边人充满畏惧，如今他迅速地消沉下去。然而正如庇护十一世曾经说过的，天主的安排总是奇怪而神秘。对教宗而言，最艰苦卓绝的战役还没有到来。

第三部分

墨索里尼、希特勒与犹太人

第十九章

讨伐希特勒

没人料到，教宗选举会议其实还离得很远。各位枢机在暗中较量。美国记者花费大量金钱在梵蒂冈寻找眼线，想要第一时间获取教宗的死讯。[1] 255

墨索里尼的大使博尼法乔·皮尼亚蒂对各类幕后最新情况十分熟稔。他在报告里写道，意大利的“教会高层与神职人员对领袖具有不容置疑的绝对信仰”，庇护十一世的继任者“除非是个疯子”，否则绝不会破坏教会与法西斯政府之间的良好关系。但在意大利国外，形势就有所不同，他提醒道:第三帝国对天主教神职人员的“不道德审判”，令全世界的枢机都联合起来反对纳粹。此外，纳粹还攻击天主教区学校，近来关闭了几家天主教日报社，这些行径都令教会人士感到不满。此外，对希特勒的个人崇拜和对日耳曼血统的推崇，以及牺牲天主教青年团体来发展希特勒青年团，也让双方的关系越来越差。皮尼亚蒂担心，枢机对希特勒怀有的敌意会影响他们对墨索里尼的态度。即便意大利籍枢机希望新任教宗能够继续支持梵蒂冈和墨索里尼的盟友关系，但那些非意大利籍枢机也许会尝试推选一位疏远法西斯党的教宗。[2]

出乎所有人意料的是，教宗开始从病痛中恢复过来。那些准备好行囊打算奔赴罗马的枢机，如今只好把行囊都解开。尽管庇护再也享受不到健康的体魄，但他渐渐恢复到能够承担最重要的职责，能够同教廷的各位负责人见面，并最后又得以接见公众，尽管频率已经较以往降低了许多。1937 年 3 月下旬，博德里亚枢机几个月来第一次见到教宗，他观察到，教宗“在我看来变化很大，瘦了很多，面庞上更多皱纹，也显得更为憔悴。他脸上的表情要比过去柔和”。 256

复活节那天，教宗突然回归公众的视野，他高坐在教宗御座上，侍从包围在他身边，列队蜿蜒穿过人头攒动的圣彼得大教堂。他面色虚弱、苍白。许多人原以为再也见不到他，因此喜极而泣。当教宗穿过宛如巨大洞穴的大教堂时，他的双眼也湿润了。举行过弥撒之后，侍从将他抬到外面的阳台上，他看着圣彼得广场上的人群，他们都在等候他的降福。博德里亚回忆道：“当这个时刻到来，教宗的声音依然坚定、清澈。这个世界，这个悲伤的世界得到了祝福！”[3]

几天后，病愈的教宗第一次进入书房，他的双眼禁不住又要流出热泪。有好几个难眠的夜晚，他都怀疑自己能否再次见到这个房间。在接下来的几周里，他双腿的疼痛将被橡皮袜和定期按摩部分缓解，教宗开始乘坐有两根支柱的教宗御座，赶赴接见公众的场合。至于在公寓里，他则使用轮椅。每当有短暂且宝贵的机会来到花园中，他会拄着拐杖一步一停地散步。现在，他每天的第一场会面安排在上午 10 点，接着在午餐后打一个长长的盹。每到周一，他会整天卧床休息，到了晚上，则用电台音乐放松自己。[4]

* * * * *

梵蒂冈与希特勒的关系几乎每况愈下。对德国神父的审判其实早已注定了结局，它们引发的媒体报道耸人听闻，而天主教学校里

的学生数量也已经濒临消失的临界值。然而梵蒂冈与墨索里尼的盟 257
友关系依然牢固。在亚的斯亚贝巴被意大利部队长驱直入后的几个月里，意大利人的爱国自豪感无比膨胀。“墨索里尼的笑容犹如太阳神的闪现，”一位阿谀奉承的意大利记者写道，“人们期待它、渴求它，是因为它带来安康和生命。”[5] 意大利最具影响力的天主教报纸《意大利未来报》和梵蒂冈的《罗马观察报》也都热切地支持政权。[6]

墨索里尼与希特勒的瓜葛几乎没有影响到梵蒂冈对他的支持，但是在意大利国外，独裁者的光辉形象则逐渐黯淡。2 月，意大利驻美国大使在报告中对这番变化表示担忧：美国人逐渐认为，法西斯和纳粹是同一枚极权主义硬币的两面，而美国人非常看不起纳粹党。[7]

然而墨索里尼依然享有意裔美国人的热烈支持。因此，那些拥有大量意裔美国人群体的区域，其政客都不太愿意指责领袖。1937 年，纽约市长菲奥雷洛 · 拉瓜迪亚（Fiorello La Guardia）告诉一个犹太群体，希特勒的雕像应该摆在世界博览会的恐怖屋里；一年之后，他将元首称作“可鄙的懦夫”。然而，即便意大利在 1938 年制定了反犹法案，拉瓜迪亚（他的意裔母亲出身于一个犹太家庭）也不敢对领袖提出任何批评，这一状况一直持续到 1940 年才结束，而那时的意大利已经入侵法国，并且与纳粹结为盟友，进入了第二次世界大战的战场。[8]

1937 年初，一位德国记者来到威尼斯宫采访墨索里尼。宫殿主人的座位位于世界地图厅的尽头，他的身后有一个巨大的大理石壁炉。领袖站起身来，身躯笔直，伸出右手行罗马式直臂军礼。他询问自德国远道而来的访客，元首近来如何。“非常好。”这位记者回答道，并对墨索里尼旺盛的精力印象深刻。他那“形如恺撒的面庞”似乎显得更为年轻，并且双眼四周的皱纹也消失了。

领袖告诉记者，一场史诗般的战争即将打响。共产主义正威胁着欧洲的存亡。那些民主国家已经成为疫区，“被共产主义杆菌所感染”。欧洲已经迎来了历史的转折点。“这个时代属于能人和强人，”墨索里尼解释道，“民主政体犹如一盘散沙。我们拥有相同的政治理念，国家应该像一块岩石，一座花岗岩山峦。”只有法西斯意大利和纳粹德国能够挽救欧洲于危急存亡之秋。[9] 258

* * * * *

随着教宗逐渐恢复体力，他开始要求墨索里尼帮自己对付希特勒，但他的希望注定要落空。墨索里尼告诉塔基 · 文图里，当事情涉及宗教问题时，他既没有办法也没有人脉去影响元首。在把这番答复转达给教宗时，塔基 · 文图里指出，领袖已经尽力而为。为了避免让教宗对墨索里尼失望，他还迫切地补充道，“出于同样的仁慈”，独裁者答应了教宗的其他所有请求。他会审查教宗持有异议的一份报纸，并且没收美国新教徒弟兄近来在意大利派发的所有宣传手册。[10]

1936 年夏天，德国主教已经要求教宗准备一篇通谕，敦促纳粹政府遵守它于 1933 年同教会签订的宗教事务协约。1937 年初，教宗在病床上接见了德国的三位枢机与两位主教，他们此行就是为了讨论这一事宜。帕切利并不希望与希特勒正面对抗，他建议教宗不要用通谕的形式提出批评意见，而是应该给希特勒发去一封教宗牧函，内容最多只能透露给那些德国主教。然而教宗将帕切利的建议一脚踢开。他希望发布一篇通谕，令所有德国民众，乃至全世界人民都能够读到。由此引发的结果非常具有戏剧性。1937 年 3 月 21 日的棕枝主日，所有德国主教和神父都读到了这篇题作《极度关切》（*Mit brennender Sorge*）的通谕，无论是布道台上的神职人员还是普通民众，都从未听过教宗对纳粹政府发表如此公开的批评。[11]

“对 [德国] 教会审判案的长期关注给我们带来了深切的焦虑，

而事实的真相也愈发令我们感到惊讶，那些在内心和行动中都依然保持忠诚的人士对纳粹政府的行径也愈发恼怒。”这篇通谕的开头如是写道。教宗表示：“教会怀着诚挚的心同德国政府签订了宗教事务协约，然而任何人都必须承认，另一缔约方竟擅自无视协约条款，扭曲其内涵，并最终将其近乎官方的违约行径当作一种常规策 259
略。这种行为应当受到谴责。”他为天主教区学校的沦陷感到悲痛，尽管它们理应受到协约条款的保护；他对种族崇拜和国家崇拜的行为表示谴责，认为它们是一种罪行，扭曲并滥用了“由天主规划并创造的世界秩序”。他把矛头对准那些试图将基督教和种族崇拜混为一谈的行径：“只有极其肤浅的头脑才会错以为，这个世界存在国家之神和国家宗教的概念；也只有极其肤浅的头脑才会将天主，这个宇宙的创造者，限定到单个人或是单个种族身上。”尽管教宗从头到尾没有对纳粹指名道姓，但是他向那些“坚守基督徒职责、保卫天主权利、与咄咄逼人的异教信仰作斗争的”神父和平信徒表示谢意，其中的指涉已经不言而喻。

尽管这篇通谕非常强硬，但它其实还可以更为严厉。几个月来，罗马宗教裁判所都在进行一项研究，它最终给出一份清单，罗列了教会眼里犯了严重错误的纳粹基本教条，其中有好几段显然是直接引自希特勒的《我的奋斗》。

然而教宗担心将纳粹意识形态和基督教彻底对立起来会使希特勒宣布废除宗教事务协约，所以他才决定采取相对间接的攻势。支持他这么做的不仅有帕切利，还有慕尼黑（德国最重要的大主教区）大主教米夏埃尔·冯·法乌尔哈贝尔枢机。在整个起草过程中，耶稣会总会长莱多霍夫斯基尽其所能地阻止教宗直接谴责希特勒，他让教宗“别在太过困难和敏感的问题上过分深究”。所以，“纳粹”一词从草稿中删掉了；此外，它也没有提及犹太人遭受的迫害。这篇通谕原本还附有一份清单，罗列了诸多受到教会谴责的错误，其中包括许多纳粹基本教条，但是这份清单却从未出过梵蒂冈。[12]

尽管这篇通谕的言辞已经大为缓和，希特勒依然大为恼火，不仅仅因为这等公开的谴责史无前例，还因为教宗没有取得他的许可，就这般大肆散布这篇通谕。他命令警方关闭天主教出版机构，并派 260
遣工作人员前往全国各地的主教区总部和修道院，没收他们手中的文件。“我会让天主教会品尝羞辱的滋味，”他这么告诉一位来访者，“我会开放保密的修道院档案，让其中不为大众所知的污秽之事付梓出版！”[13] 希特勒深信自己知道教会的弱点所在，他威胁要披露天主教神父牵涉性虐待的丑闻，并且迅速搜集定罪证据。当警方展开搜捕行动的消息传出来之后，柏林主教和布雷斯劳大主教下令销毁所有处理神父受控案件的文件，而教宗则号召所有德国主教向他们二人学习。[14]

教宗担心意大利报纸不会将这篇通谕报道成要求德国遵守宗教事务协约的请求，而是将其夸张成谴责纳粹的檄文，于是他告知领袖，他的意图不是后者。[15] 而帕切利本人也迫切想要避免同纳粹政府决裂，害怕这种结局会让当地的教会组织失去防备的能力。[16]

5 月，墨索里尼又向德国外交部部长康斯坦丁 · 冯 · 纽赖特（Konstantin von Neurath）提起教宗一直关心的问题。墨索里尼告诉他，与教会的争端正在影响第三帝国的声誉。依据他自身的经验，他建议纳粹党人允许公立学校设置宗教课程，他本人便借此获得了巨大的利益。墨索里尼建议，“只要给高级神职人员一些蝇头小利”（比方说免费火车票和税务减免），就能赢得这些人的支持，“甚至令他们宣称，那场发生在埃塞俄比亚的战争乃是一场圣战”。[17]

领袖总是会以这样或那样的形式，给纳粹高层领导人提供各种各样的建议。1936 年秋天，德国司法部部长访问罗马，向墨索里尼请教意大利何以同教会建立了如此良好的关系。墨索里尼吹嘘说，在 1931 年一阵短暂的困难期后，他已经将梵蒂冈收编为自己的人马。不过他建议：永远都不要放松警惕。他解释道，天主教会好比一只橡皮球，如果你不对它持续施压，它就会恢复原初的形状。[18]

* * * * *

1937 年 5 月下旬的芝加哥，五百名神父聚集在当地的神学院， 261
参加每年举行四次的主教管区会议。[19] 当大主教乔治 · 芒德莱恩起身发表讲话时，没有任何迹象表明他接下来的讲话内容会辐射到芝加哥城外。然而事实是，他的话语将会引发轰动性的国际事件。[20] 芒德莱恩因纳粹政府对教会的迫害而对其大加挞伐，他告诉诸位神父："你们也许会感到疑惑，一个拥有六千万智慧人民的国家，何以会出于恐惧和奴性，向一个外国人臣服，他明明是个只会开空头支票的奥地利人，而且还做得笨手笨脚，加上几个像戈培尔和戈林那样的副手，他们对人民生活的每一个举动都施行独裁统治。"[21]

愤怒的德国政府要求梵蒂冈道歉。代表教宗作出答复的帕切利枢机拒绝了这一要求。他表示，梵蒂冈不可能会考虑道歉，除非德国政府以身作则，阻止德国报纸源源不断对教会发动的攻击。

柏林召回了德国驻圣座大使迭戈 · 冯 · 柏尔根。"圣座将会意识到，"他提醒道，"它在这件事情上的行为既难以预料且无法理解，如果不做出任何弥补，那么德国政府和教廷维系正常关系的必要条件将不复存在。事态发展到这等地步，责任将全部落在教廷身上。"[22]

如果说帕切利枢机在这场危机中起到了带头作用，那么部分原因在于此时的教宗仍然健康状况不佳。日渐衰竭的心脏令他愈发孱弱，而哮喘也常常令他喘不过气来，教宗再也没有过去那么旺盛的精力了。一位来访者表示，教宗仿佛"面庞上有一道永恒之光"。帕切利观察道，庇护十一世的疾病令他"极度情绪化"。他在 4 月告诉一位枢机同侪，他见到虚弱的教宗时总是忍不住要哭泣。当下属要求教宗采取行动时，庇护愈发频繁地回答说，"那将会是继任者的职责"。[23]

5月，教宗来到冈多菲堡休憩，那里安装了扩音器，方便广大听众听到他微弱的声音。八十周岁生日那天，他本该主持宗座科学 262
院的落成典礼，却在最后关头取消了这个安排。[24]

圣座与德国之间剑拔弩张的关系引发了许多流言，有人认为生病的教宗可能很快就会将希特勒驱逐出教。[25] 教宗对纳粹党人的厌恶还可能影响他对西班牙内战的态度，因为他怀疑佛朗哥同希特勒保持着密切的关系。墨索里尼派遣人手和军火帮助佛朗哥抵御“共产主义”，但是他抱怨道，虽然教宗曾在通谕中谴责共产主义，却完全没有对叛军伸出援手。[26]5月，佛朗哥与西班牙首席主教伊斯德罗·戈马（Isdro Gomá）枢机进行会面，并告诉他获得教宗的公开支持对自己具有多么重要的意义。戈马对此表示同意，并告知梵蒂冈国务卿西班牙各位主教将发表一封联名信，宣布他们对佛朗哥的支持。帕切利敦促教宗将这份文件刊登在《宗座公报》（*Acta Apostolicae Sedis*）上，纳入梵蒂冈的官方立场，但是体弱的教宗拒绝了这一请求。他简单明了地说：“枢机，这件事不行。”[27]

对于意大利国外的天主教徒来说，圣座对意大利法西斯政权的鼎力支持开始变得愈发令人不安。梵蒂冈在6月9日再次遭遇窘境，法国法西斯暴徒刺杀了卡洛·罗塞利（Carlo Rosselli，当时流亡海外的他是意大利最重要的反法西斯组织的创始人）。先是马泰奥蒂和阿门多拉，如今又轮到罗塞利，墨索里尼的喽啰已经杀害了三位杰出且道德高尚的反对派领导人。[28]

与此同时，塔基·文图里也在不知疲倦地清除教会内部针对意大利独裁者的批评意见。6月12日，大众文化部*部长迪诺·阿尔菲耶里（Dino Alfieri）要求他处理近期发生的状况。英国最重要的天主教杂志近来刊登了一封公开信，对纳粹德国和法西斯意大利发

* 大众文化部（1937—1944）是意大利政府的下属部门，它的前身是媒体和宣传秘书处，组建之初意在效仿纳粹德国的国民教育与宣传部。

起猛攻。公开信作者是一位道明会修士，他表示英国法西斯分子声称获得了梵蒂冈的支持，这一情况令他感到非常不安。他援引庇护十一世在 1931 年发表的通谕《我们不需要》，认为教宗是反对法西斯主义的。

获知这一状况之后，梵蒂冈副国务卿皮扎尔多蒙席起草了一封信，寄送给威斯敏斯特大主教（英格兰和威尔士的天主教会领袖）。[29] 皮扎 263
尔多抱怨道，英国杂志上那篇令人不快的文章“将意大利法西斯和德国种族主义相提并论，仿佛它们都与天主教会关系密切，并且应当受到同样的非难和谴责”。该文作者应当更加明确地将两国政府区分开来。尽管教会曾谴责意大利出现“过度的国家社会主义倾向”，然而彼时的意大利公教进行会争端很快就被解决了。“自那以后，”皮扎尔多在结尾写道，“教会高层和意大利政府之间不仅再也没有什么显著的摩擦，甚至还常常进行成果丰硕的合作，这一点毫无疑问。”

皮扎尔多将这封信的草稿交给塔基·文图里，后者返回时附上了一些建议，要求以更大的力度赞美法西斯政权。[30] 他还建议将草稿的复本寄给道明会总会长，好让他也增添些“恰当的提醒”。皮扎尔多遵从了所有修改意见后，才把信寄送出去。冒犯法西斯的作者因此受到了斥责，很快这本杂志上便发表了一篇令他颜面尽失的文章撤回公告。[31]

* * * * *

西班牙内战给欧洲带来了威胁，似乎要将整片大陆卷入更加巨大的战争冲突之中。8 月，意大利潜水艇开始击沉那些向受共和派控制的港口驶去的船只，而希特勒则加快了重整军备 * 的进度。尽管

* 第一次世界大战结束后，根据协约国提出的《凡尔赛条约》，德国仅保有一支规模极小的军队，且在装备上有极为严格的限制。

世界局势愈发紧张，墨索里尼依然能每天都腾出时间，同他年轻的情妇克拉拉·佩塔奇会面，并间或同其他女人发展风流韵事。

在此之前，墨索里尼的许多情史细节都没有被媒体所掌握，但是到了 1937 年初，这种状况因为一位魅力十足的二十九岁法国记者发生了改变。在玛格达·丰唐热（Magda Fontanges）开枪打伤了法国驻意大利大使后，她的臭名传遍了世界。她表示自己想要杀掉他，因为她认为是他害得自己同墨索里尼分手。当她走上法庭，世界各地的媒体都在刊登她与墨索里尼幽会的桃色新闻。丰唐热后来在一家美国杂志刊登了由她亲自撰写的情色自述，题作《我是墨索里尼的情妇》。[32] 这篇耸人听闻的文章分为三个部分，以令人屏 264
息的细节讲述了墨索里尼如何将她勾引到手。第二部分的开篇是一幅满版的插图，描绘了丰唐热与墨索里尼拥吻的场景。该部分的题词写道：“他紧紧地将我拥入怀里，第一次吻上了我的嘴唇。我已然迷醉其中。”文章后面她还描写了独裁者位于威尼斯宫的爱巢，墨索里尼领着她穿过昏暗的房间向沙发走去。

“他再度抱住我，愈发摄住我的心魂，”她回忆道，“然后他被某种狂暴所席卷，突然变得野蛮，他说道：‘你已经了解我身为领袖的一面——如今你该了解我身为男人的一面了！’”

“他脱下外套，身穿运动衫的他显得分外年轻。他的头脑里已经只剩下本能，如饿虎一般向我扑来。我还没来得及发出惊呼，就已经被他强壮的臂膀攫住。”[33]

这起法国丑闻一石激起千层浪，国外媒体纷纷对领袖不知餍足的性需求进行报道。墨索里尼表示，这些报道过分夸大了事实。他告诉一位记者：“他们给我编排了那么多情妇，如果我要同她们所有人行苟且之事，那么我显然就不是人了，而是一匹种马。”两年后，当逗弄一名女性时，他开玩笑说，他的肉体不允许他成为圣人。尽管他欲望很少（他基本上只吃水果和蔬菜，并且对金钱兴趣寥寥），但女人是他的弱点，他也承认过，这份欲望总是会阻碍虔诚的渴望。

“在这个世界上，你又不是唯一一个这样的人，”她指出，“我总是会想，当人老去的时候，道德高尚又有什么用处呢？”

“在罗马涅，”墨索里尼答道，“我们有一句俗话……年轻时，把肉体奉献给魔鬼，年老时，将骨头奉献给天主。”[34]

大众情人的属性在墨索里尼的个人崇拜中始终占有一席之地，而丰唐热事件并没有改变这一状况。9 月初，西西里岛的沙滩上举行节日庆典仪式，墨索里尼跟着乐队的伴奏与当地女性共舞，她们有的年轻，有的已经老去，有的细瘦，有的肥胖，有的迷人，有的平庸。“在罗马涅，舞蹈是一种宗教，”他说道，“它取代了天主教的地位。”

当墨索里尼随着音乐摇摆时，他的秘书冲进舞池，手里攥着一 265
张电报。部署在西西里岛海岸以外的一艘意大利潜水艇刚刚发射鱼雷，攻击了一艘为西班牙第二共和国提供物资的苏俄货船。这起攻击是近期执行的海域封锁的一部分，本身就有可能引发波及更远的欧陆战争。在查看过电报后，领袖又换了一位舞伴。当音乐结束时，他问道：“还有其他电报吗？如果每在舞池里转一圈，他们就宣布发射一枚鱼雷，那么我就跳到永远。”[35]

第二十章

领袖万岁！

1937 年 8 月，报纸开始报道墨索里尼访问德国的计划。[1] 这将 266
是一次举足轻重的访问。在 9 月下旬的五天里，希特勒会作陪领袖，周到地为他安排一系列游行、阅兵和视察，令墨索里尼感受纳粹政府的强大以及德国人民对元首的热爱。这次访问的高潮发生在 9 月 28 日。那天，新奥林匹克运动场附近的一片场地聚集了八十万人，在通向那片场地的道路上，两位独裁者受到近三百万德国人的夹道欢迎，这些民众从帝国各地搭乘巴士和火车来到此地。当两位领导人在场地上现身时，人群欢声雷动。希特勒极尽溢美之词，称赞墨索里尼是“稀世少有的天才，他们不为历史所塑造，而是亲自创造历史”。后来，希特勒又称呼他是“世界一流的政治家，任何人都无法望其项背”。[2]

希特勒做完热情洋溢的介绍之后，墨索里尼拿出精心准备的德文讲稿，起身开始讲话。他宣称，当法西斯意大利找到盟友，就会同它并肩前行，“一直到最后”。然而一场突降的倾盆大雨破坏了演讲的效果，这位夸夸其谈的大师只能对着湿透的讲稿，勉强地念出 267
上面模糊的字迹。人群根本听不清他在讲什么。[3]

一位目睹了这场活动的意大利人表示："与希特勒的示威集会相比，意大利法西斯党搞的那些活动就像是一帮人在乱跑乱叫。墨索里尼的演讲实际上有点散漫，但是他懂得用夸张的方式包装老生常谈，用庄严的形式道出不言自明的真理。他向着无知的群众讲话，为他们代言，调动他的面部表情、肢体和双眼，动作就像一个吹牛成性的人。希特勒永远沉着冷静，当墨索里尼现身时……他双手搭在屁股上，看起来就像是马戏团的老板。希特勒则与之形成鲜明的对照，他状如一名使徒、一名政治家、一名宗教领袖。"[4]

德国的排场给领袖留下了深刻的印象。当准备离开的时候，他在 268
电话里告诉妻子雷切尔："我在这里看到的一切简直超乎想象。"[5]

尽管墨索里尼答应教宗帮他转达怨言，可实际上领袖从未向希特勒提及这些事情。[6] 在谄媚的庞大公众面前，在如此强力的军备展示面前，他没有办法提起如此令人不快的话题。[7]

墨索里尼发誓要接待希特勒来不朽之城做客，而且排场一定要超过他在德国受到的接待。博德里亚枢机在日记里写道，他不确定衰弱的教宗会不会被这番场景活活气死。[8]

对梵蒂冈而言，如何区分这两个极权国家变得愈发重要。在墨索里尼访问德国之后，《公教文明》立即刊登文章，对两国做出区分。这份刊物认为，那些给纳粹德国和法西斯意大利画等号的人，"极大地冤枉了法西斯政权"。希特勒试图将德国人民团结在一门全新的异端宗教名下，其口号乃是血统和国土的神圣性。墨索里尼则与之相反，他将意大利人民团结在天主教名下。两者之间有着云泥之别。[9]

领袖没能向希特勒提出教会关心的问题，这件事情令教宗极为恼火，可是即便如此，当墨索里尼从德国归来之后，庇护还是让他帮忙对付元首。教宗表示，阻止希特勒进一步迫害教会，这件事本身也顾及了墨索里尼的利益。考虑到意大利与第三帝国的交往，纳粹的反教会行径势必将玷污意大利法西斯党的美名。[10]

墨索里尼（左）与希特勒，慕尼黑，1937 年 9 月

还有别的迹象显示，墨索里尼已经投靠纳粹德国：12 月，墨索里尼宣布意大利将退出国际联盟，而希特勒在 1933 年上台不久后就让德国退出了联盟。教宗对事态的发展愈发感到不安。此外，许多非意裔枢机认为教宗过于天真，竟然指望墨索里尼能够居中调停，对希特勒施加影响，这也令庇护十分难堪。[11]“领袖哪里能影响元首，”法国枢机欧仁·蒂斯朗评论道，“应该是元首影响领袖才对。”[12] 269
教宗在圣诞节向各位枢机发表讲话时，也对德国教会受到的迫害表示悲痛。[13] 庇护将这个信息传达给所有有心聆听的人。

庇护十一世自觉时日无多，然而天主命他继续活下去，他相信这肯定是有理由的。“他孱弱的健康状况，”法国大使观察道，“不幸地每况愈下，他的智慧倒不曾减退，减退的只是身体的力量。”巴黎大主教让·韦迪耶枢机在圣诞节前后见过教宗两次。在第一次 270
会面中，枢机高兴地看到教宗生气勃勃、注意力集中，然而在第二次会面中，教宗十分虚弱，几乎没法开口说话，也没法浏览摆在他面前的文件。有时候，教宗十分警觉并且口齿清楚。其他时候，他则脆弱不堪、垂头丧气。然而，在那些无眠的夜里，他感到天主降临到身边，给他传达了一条神圣的旨意，而他有责任在死前将它传达出去。[14]

博德里亚枢机在日记中记录了这番变化。“教宗依然神志清楚，但是他的意志力却越来越游移不定。”法国枢机则认为，国务卿完全无法取代教宗行使其职责。“尽管帕切利枢机有许多出众的品质，”他观察道，“但是他既没有坚定的心，也没有强大的意志。”[15] 当月晚些时候，博德里亚在电报里写道：“如今这个政权已经弥漫起大难临头的气息：秘密的阴谋诡计。”

墨索里尼也十分恼火。尽管他手里掌握着庞大的宣传机器，但是煽动意大利人热爱德国仍然是一桩难事。仅在二十年前，意大利人才同德国人打过一仗，此外纳粹党人总是喋喋不休地宣称北欧人 271
种有多么优越，这只会让他的任务变得愈发艰难。而墨索里尼最不想看到的事情便是，由教宗出面告诉意大利人，希特勒乃是天主教会的敌人。

墨索里尼思索道，是时候施加一些压力了。于是他通过圭多·布法里尼传达了自己的意思。1923 年，年仅二十八岁的布法里尼当选为比萨市市长，十年后，他晋升为墨索里尼麾下的内务部副部长。布法里尼肤色红润、眼神哀伤，他有一具肥胖的身躯，头脑聪明狡诈，没有任何道德原则。他不仅仅是一个吹牛大王，而且擅长威吓他人，总是借机中饱私囊。[16]

12 月 30 日，布法里尼喊来了教宗大使。他说，自己手里掌握的证据表明公教进行会团体再度涉足政治。他警告道，如果这种态

墨索里尼主持新镇圭多尼亚的落成仪式，当地主教与法西斯党人一同行礼，1937 年 11 月

势继续下去，必将招致暴力的公众反响。大使被吓得目瞪口呆，连忙否认了这种指控，却没有任何用处。[17]

获知墨索里尼的新一轮威胁后，庇护十一世派遣大使前去游说墨索里尼的女婿。齐亚诺的答复唐突且无礼。他说，如果墨索里尼对梵蒂冈感到不满，那只能是教宗在咎由自取，他明明知道领袖反感他对德国的不断攻伐，然而他没有一点停下来的意思。[18]

* * * * *

不过，在意大利，鲜有人察觉到这些剑拔弩张的关系。大多数天主教神职人员依然认为墨索里尼是天主派来挽救这个国家的圣人，并且教区神父也常常同教区居民分享这种信念。

墨索里尼在威尼斯宫宣布意大利退出国际联盟，1937 年 12 月

为了凸显教会大众对自己的支持，墨索里尼决定在威尼斯宫，为主教和神父组织一场盛大的集会。他声称这场庆典是为了给在“谷物之战”* 中表现出色的神职人员颁发荣誉。由一名信仰天主教的法西斯期刊主编签发的邀请函在 12 月中旬刊登了出来。通过参加 1 月 9 日的盛会，神父和主教将“令领袖这位帝国创始人深感荣幸，也由此为其增添基督教的意涵”。乌迪内（Udine）大主教朱塞佩·诺加拉（Giuseppe Nogara）将代表全体神职人员向领袖致辞。[19] 272

梵蒂冈国务院被各地主教的信函所淹没，他们纷纷询问自己该怎么办。一位托斯卡纳主教写道：“一份期刊这样动员主教和神父

* 谷物之战是法西斯意大利时期的一项农业经济政策，旨在使意大利能够自给自足，此时这项政策已经实施了十几年。

向帝国创始人致敬，实在是一件颜面尽失的事情。”但是“我不想做唯一缺席的那个人”。[20]

主教部秘书长拉法埃莱·罗西（Raffaele Rossi）枢机负责处理会对神职人员产生影响的事务，他选择向国务卿寻求意见。帕切利回答说，他不认为教会会反对神职人员参加这种活动。然而，在收到帕切利的答复之前，罗西枢机又转达了另一位主教就法西斯节日提出的问题，他还附上了自己的意见，认为神职人员不应当接受这份邀请。

这位枢机令帕切利陷入了难堪的处境，因为允许一位新闻工作者来召集意大利的这么多主教，必然是一件极不合适的事情。帕切利于是询问了教宗的意见，而教宗也认为这样一封邀请函“不应当被接受”。可是无论是教宗还是帕切利，都不想因此冒犯领袖。[21]

接下来的两周里，国务院可谓是一片混乱。[22] 意大利大使同塔尔迪尼蒙席（他顶替近来升职的皮扎尔多，成为非常教务部副部长）兜起了圈子。12 月 30 日，塔尔迪尼告诉皮尼亚蒂，这场牵涉神职人员（尤其是主教）的公开集会令他感到不安。皮尼亚蒂回答说，如果蒙席希望他将这一意见传达给墨索里尼，他应当将梵蒂冈的反对意见诉诸书面。几天后，塔尔迪尼再次见到皮尼亚蒂，又向他重复了这一请求。皮尼亚蒂的回答则如出一辙。梵蒂冈自始至终没有提出正式要求。塔尔迪尼起草了信件，但是教宗最终决定将它扣留了下来。[23]

1938 年 1 月 9 日周日早晨，两千名神父和六十名主教排成庄严的队列，行进在罗马的街道上，而好奇的民众和铁杆法西斯分子则在道旁鼓掌致意。队列前头是身穿制服的宪兵、军乐队，以及身穿黑色教士服、高举意大利国旗的神父护旗队。法西斯党主席阿契尔·斯塔拉切在威尼斯广场的维托里奥·埃马努埃莱二世纪念碑处等候他们的到来。他的身边站着罗马的法西斯党头领。两人陪着诸 273
位主教走上大理石阶梯，他们将月桂花环放在无名烈士以及法西斯

谷物之战庆祝活动现场的神职人员，1938 年 1 月

革命英雄的墓前。

仪式过后，队伍又重新排列起来，向邻近的威尼斯宫行去。他们经过墨索里尼办公室外的阳台，满面笑容的领袖举臂回应了众人的法西斯礼。到了中午，他们将皇家大厅挤得水泄不通。在这个巨大的团体念诵过祈祷之后，领袖走进大厅，引发了大家的欢呼声。诺加拉大主教站起身来，请求天主保佑这位对基督教贡献良多的人。接着，一位教区神父大步来到前面，念诵起得到两千名神父一致通过的发言稿："意大利的神父祈求并继续祈求天主保佑您，保佑您复兴意大利并建立帝国的伟业，保佑法西斯政府。"他最后说道："领袖万岁！"神父和主教也集体高喊着"领袖！领袖！"令整个房间都为之震动。[24]

意大利的报纸大肆报道了这一活动。都灵的《新闻报》（*La Stampa*）为神职人员表现出来的对法西斯政府的热爱而大唱赞歌："法西斯的敌人也是教会的敌人。法西斯为之奋斗的理想也是天主 274

墨索里尼发表讲话，最右侧是法西斯党主席斯塔拉切

教文明几个世纪以来赞扬的理想。”德国媒体则另有角度，它将意大利神父和主教对法西斯政权的爱国支援，同“我们从德国神职人员那里体会的惨痛经验”进行了比较。[25]

*****

墨索里尼愈发强烈地想要证明意大利的伟大，乃至失去了所有分寸。他落实了一系列措施，旨在向全世界展示这个国家的法西斯热忱。这些措施从正步行军一直到禁止寒暄时握手。这些改弦更张饱受嘲笑，它们的首席设计师是自 1931 年起担任法西斯党主席的阿契尔 · 斯塔拉切。斯塔拉切是低级趣味的大师[26]，智力水平相当于陆军训练官，他没有任何常识，在政治方面也缺乏任何城府，只

知道全心全意地将墨索里尼供上神坛。这些年间，但凡有领袖公开 275
露面的场合，忠实的斯塔拉切几乎总是身穿制服，跟在墨索里尼身后一步之遥的位置，一头黑发上涂抹了大量的润发油。有一次，墨索里尼在解释自己如何忍受他时笑着说：“斯塔拉切确实是我的比特犬。”斯特拉切听闻这句评语时喜形于色。[27]

这一路过来，教宗仍然在给墨索里尼施压，要求他帮助自己抗衡希特勒，但是墨索里尼显然希望缓和教宗和德国独裁者之间剑拔弩张的关系：毕竟，如果教宗出言谴责纳粹，并将希特勒驱逐出教，他就无法说服意大利人将自身命运和第三帝国绑缚在一起。

1938 年 3 月，墨索里尼向教宗报告了自己近期努力的成果，他将纳粹近来暂停公开审判天主教神职人员的举措归功到自己名下。在过去的两年里，数百名神父和修士被关进监狱，其中许多人的罪名是诱奸男孩。这些“道德败坏案”受到了媒体的大量关注。戈培尔曾在一次全国广播节目讲话中，指控“圣器收藏室已然成为妓院，而修道院则成了同性恋肮脏的温床”。[28] 教宗对墨索里尼的帮助表示感谢并补充道，如果墨索里尼希望梵蒂冈和第三帝国恢复正常关系，他就必须说服希特勒，允许天主教学校和公教进行会团体在德国自由运作。[29]

意大利神职人员和教宗一样，对希特勒无甚好感，然而他们对墨索里尼的态度截然不同。他们最大的忧虑在于，在这个愈发不确定的世界里，可能会有什么事件威胁到墨索里尼的统治。有一天，罗马枢机副主教马尔凯蒂 · 塞尔瓦加尼（Marchetti Selvaggiani）在圣彼得广场散步时，将这一想法告诉了皮扎尔多枢机。“如果墨索里尼失势，”他说着指了指近旁的街灯，“你就会看到我被挂到路灯上。”[30]

第二十一章

希特勒访问罗马

1938年3月12日清晨，德国军队穿过边界进入奥地利。第二天，276
得意洋洋的希特勒宣布该国成为第三帝国的一个州。3月14日，他抵达维也纳，迎接他的是大面积庆祝活动和响亮的教堂钟声。[1]《纽约时报》的头条标题是《维也纳民众羞辱犹太人：犹太家庭被迫清扫街道》，其社论评述道："一个曾经与命运抗争过的小国家自昨天起正式消亡。"伦敦《泰晤士报》的头条则画面感更强：《强奸奥地利》。[2]第二天，希特勒同维也纳大主教、奥地利天主教领袖特奥多尔·因尼策（Theodor Innitzer）枢机进行了会面。枢机声称："信徒以及具有灵魂的人都应当无条件地支持伟大的德国与元首，因为天命必将保佑与布尔什维克信仰所做的历史斗争，保佑为德国人民的生命安危、为工作和面包、为帝国的力量与荣耀、为德意志民族的统一而付出的艰苦奋斗。"因尼策命令麾下神父在所有教堂中宣读这一声明，而这份声明的复本（加上他最后亲笔题写的一句话："向希特勒致敬！"）贴
遍了维也纳和奥地利全国上下的墙壁。[3] 277

纳粹党人安排在次月进行全民公投，以令他们的统治地位合法化，而奥地利的主教纷纷加入因尼策的行列，令这份声明在奥地利

所有的布道台上得到宣讲。他们告诉奥地利天主教徒："我们欣然承认，国家社会主义运动在国家与经济重建领域，以及社会方针方面有着出色的业绩，并正做着出色的工作。"他们继续说："我们还深信，通过纳粹运动的举措，我们将避免秉持无神论、极具破坏性的布尔什维克危险。"他们敦促信徒投赞成票，让奥地利加入到第三帝国的麾下。[4]

希特勒接管奥地利，给墨索里尼的威望造成了重大打击，因为长久以来，领袖都支持奥地利在意大利的影响下独立自主。而他也同许多意大利人一样，对北部边疆突然出现一个强大且具有侵略性的德国感到不快。[5]几个月前，当他访问德国的时候，纳粹领导人曾向他承诺，他们对奥地利采取任何行动之前一定会征求他的许可。[6]然而这所谓的征求许可，不过是在入侵两天前由希特勒发来一封信函，将德国方面即将采取的行动告诉墨索里尼。[7]

墨索里尼竟然这么温顺地接受了纳粹对奥地利的接管，这令庇护十一世感到震惊、心寒和难堪。他说道："我感到非常难过，不仅仅是作为教宗，更是作为一名意大利人。"至于维也纳大主教，教宗对他也十分气愤。"他们给他什么文件，他就签署什么文件，无论他们想要什么……然后他还没有任何征兆地表示'向希特勒致敬！'"萨尔茨堡（Salzburg）大主教和格拉茨（Graz）大主教也很快唯因尼策马首是瞻。教宗就奥地利人民的性格缺陷说了一些刻薄的话，并且悲叹道，很不幸的是，当地的神职人员也具有这些性格缺陷。[8]

4月1日晚，梵蒂冈的电台节目严厉批判了奥地利主教对纳粹侵略行为的支持。第二天，梵蒂冈日报又对这番批评进行了补充，认为这些主教的声明并没有得到梵蒂冈的首肯。帕切利在与意大利
大使的会面中，表示因尼策枢机的行为令教会难堪。通常在紧张状 278
况下也能镇静自若的帕切利，如今显得愤怒异常。他表示，不幸的是，他的工作常常要求他对付一些"缺乏品格的人"。[9]

可是后来，当帕切利同德国大使进行谈话时，他的用语却更为谨慎。柏尔根对梵蒂冈电台播放的“不合时宜的内容”提出抗议。帕切利则试图说服他，这些电台言论“并不是官方立场，甚至不是半官方立场，它们没有得到梵蒂冈的授意，教宗与这些言论没有半点瓜葛”。在这番言论里，帕切利将推诿自己毫不知情的原则演绎到极致，而德国大使则清楚他不过是在撒谎。梵蒂冈电台是教宗底下的一个项目，教宗还专门请来诺贝尔奖得主伽利尔摩·马可尼*（Guglielmo Marconi）帮忙设计这座电台。有了马可尼的助力，教宗在 1931 年开通了这座电台，这样一来他半小时的拉丁文演讲得以传播至大西洋两岸。[10]

德国大使认为，帕切利应该是他的盟友。“枢机自信地补充道，”柏尔根在发给柏林的报告中写道，“在发生这次令人不快的意外后，他会试着给梵蒂冈电台施加一些控制。枢机反复重申，他迫切地希望能够同德国和平共处。”[11]

教宗传唤因尼策来梵蒂冈会面。维也纳大主教表示自己会在 4 月 5 日下午抵达，但必须在第二日清晨离开，因为他同希特勒有约，而他不想错失那场约见。[12] 教宗怒不可遏，他传话表示，他绝不能容忍自己的日程由一位枢机来安排，因尼策返回奥地利的时间，必须得到教宗的首肯。[13]

会面中，庇护告诉因尼策，他的行为有辱教会名誉，命令他撤回那份歌颂新政府的声明。于是撤回声明的开头如是写道：“奥地利主教在 3 月 18 日做出的庄重声明，其意图显然不是对不符合天主律法的事物表示赞同，也不是对不符合天主教会自由和权利的事物表示赞同。”它强调奥地利与梵蒂冈的宗教事务协约必须得到尊重，奥地利儿童必须享有接受天主教教育的自由。德国大使在报告里写道：“因尼策枢机写下这样的文本显然受到了强迫，此等行为 279

* 意大利工程师，专门从事无线电设备的研制和改进；1909 年诺贝尔物理学奖得主。

维也纳大主教特奥多尔·因尼策枢机在纳粹全民公投中投出自己的一票，1938 年 4 月 10 日

只能被称为勒索。”柏尔根写道，因尼策“做出了最大的抵抗，却只能争取到一点点妥协”。第二天，这位大主教的声明登上了《罗马观察报》。[14]

庇护对墨索里尼十分生气，领袖明明承诺要保护奥地利的独立自主，却对纳粹的接管袖手旁观。教宗告诉他的老朋友欧仁·蒂斯朗：“领袖已经失去理智了。”

“至圣的圣父，”法国枢机回应道，“我认为他在访问柏林时就已失去了理智。”

“比那还要早得多。”教宗回答道。[15]

法国人愈发将墨索里尼和希特勒视作一对狼狈为奸的同党，他们同属一类极权政府，威胁着世界的和平。教宗对意大利独裁者的支持使得法国人对他的怒火愈演愈烈，也使他受到了许多尖刻的批评。博德里亚枢机在日记里写道：“一方面，极端主义报纸谴责他没能担负起道德使命，却向法西斯俯首投降。另一方面，有些人也考虑过，他应该临时搬到别的什么地方（不能是阿维尼翁），这样就不至于被意大利玩弄于股掌之间（或者成为它的共犯）。”他总结道：280

“帕切利枢机该多么尴尬！庇护十一世任期的尾声竟如此惨淡！”[16]

*****

纳粹接管奥地利，令墨索里尼感觉自己被利用了。很久以前，他就发誓要阻止德国入侵奥地利，如今受辱的他喊来塔基·文图里，告诉他是时候该终结希特勒统治世界的梦想了。他提醒道，折中的办法不会有任何效用，希望纳粹能够和平地退出政治舞台，则是一种非常幼稚的想法。惊天大事必将发生，而且很快就要来到。

到底谁能够对此采取行动？领袖告诉目瞪口呆的耶稣会士，唯一能够阻止希特勒的人就是教宗。只要将希特勒驱逐出教，他就能孤立元首，挫败纳粹党人。[17]

他的提议实在是耸人听闻，塔基·文图里绝不会将其付诸书面。他要求立即面见教宗，并将墨索里尼的言论告诉了庇护。[18]墨索里尼是个反复无常的人，并且在任何情况下都不会倾向于采取这样大胆的行动，对此心知肚明的教宗也就从未认真考虑听从这一建言。

有趣的是，梵蒂冈官方确实曾经考虑要将希特勒驱逐出教，尽管没有任何证据显示教宗对此事知情。那是在1932年1月，希特勒上台的前一年。将他驱逐出教的根据既不是他的异端意识形态，也不是他煽动种族仇恨的行径，而是因为他曾经见证过一场受到教会反对的婚礼。那个月，德国教会的一位高级官员告诉意大利驻德国大使，希特勒得罪了天主教会，惹了大麻烦。希特勒的助手约瑟夫·戈培尔刚刚举行了婚礼，而希特勒则担任了这场婚礼的见证人。戈培尔和希特勒都是天主教徒，然而戈培尔的妻子不仅曾经离婚，还是个新教徒，而这场婚礼的主持人也是一位新教牧师。这位德国高级教士报告说，对于这样的罪孽，教会正讨论是否要将其驱逐出教。就算德国教会决定要将其驱逐出教，这一决议最终也遭到了梵蒂冈的否决。[19]

281

* * * * *

墨索里尼很快就冷静下来，并告诉自己德国接管奥地利是大势所趋、不可避免。墨索里尼多番考量，德国的示威反而令他更加坚定了要与纳粹保持盟友关系的决心。现如今，他愈发不希望教宗出言讨伐希特勒，甚至担心教宗会令意大利人与德国盟友反目成仇。元首访问罗马的日程已近在眼前，领袖特别担心在最后关头遭遇惨败。

随着元首即将访问罗马的新闻愈发频繁地见诸报端，人们也愈发关心希特勒是否会去拜见教宗。[20] 尽管庇护看不起希特勒，但是从原则上来说，他并不会拒绝接见元首。德国拥有大量天主教人口，并且德国政府与梵蒂冈有着正式的外交关系。但是教宗也明白，让希特勒出现在梵蒂冈，会让许多国外人士感到不快。这样做肯定会激怒法国人，而从美国发回的报告则提醒他，美国人也同样会因此大为恼火。[21]

领袖一开始希望，希特勒与庇护十一世的历史性会面，会成为元首这趟不朽之城胜利之旅的亮点所在。[22] 他担心如果希特勒来到 282
罗马却刻意回避梵蒂冈，那么将会有数百万意大利人深受冒犯。近年来，凡是同圣座有着正式外交关系的国家领导人，只要访问罗马就必定会前去拜见教宗。[23]

尽管庇护对近在眼前的访问感到不快，墨索里尼却依然可以倚仗他来做出一些安排。罗马的神学院里住了许多外国人（《拉特兰条约》赋予他们治外法权），墨索里尼担心他们会替梵蒂冈发声谴责希特勒。3 月 26 日，齐亚诺联络了帕切利枢机，希望得到教宗的帮助。法西斯政府希望将全部反纳粹的外国人都找出来，并在访问期间对他们进行监视，要完成这项工作，宗座警力的配合至关重要。一周后，帕切利对此做出答复：“国务院秘书处对此十分关切，因此荣幸地告知［意大利］大使馆，圣父愿意赐予贵方希望获得的权

墨索里尼主持新建筑卢切大楼的落成仪式，身旁是彼得罗·塔基·文图里神父和阿契尔·斯塔拉切，1937 年 11 月 10 日

限。”于是意大利警方便可以联络梵蒂冈警方，做好监视事宜的安排。[24]

尽管教宗希望同墨索里尼保持密切的关系，但是元首此次来访，竟然安排了如此高规格的庆典仪式，还是令庇护感到非常不满。他告诉意大利大使，低调的访问更合乎情理。政府准备的活动怎么能“将希特勒先生推上神坛？这个人是基督和教会当今最大的敌人”。他已经向天主祷告，让祂提早收回他的灵魂，好不必忍受这令人不快的场景。教宗一边同皮尼亚蒂谈话，一边思索着这番景象，几乎郁闷得说不出话来。他深爱的这个国家实在不应当承受这样的屈辱。[25]

元首抵达罗马的三天前，教宗离开梵蒂冈前往冈多菲堡避暑。他下令梵蒂冈的几家博物馆在希特勒访问期间闭馆，并指示希特勒沿途城市的主教不要参加元首的接待活动。面对教宗的抗议，政府只好放弃原先的计划，不再架设巨大的聚光灯照亮圣彼得大教堂。[26]《罗马观察报》刊登了教宗离开梵蒂冈的消息，但否认它与元首的

来访有任何关系。[27] 283

至于教宗，这趟冈多菲堡之旅对他而言喜忧参半。无论在身体上还是精神上，这都是一段艰难的时光，教宗感到这将是他在阿尔巴诺山度过的最后一个夏天。他在抵达冈多菲堡后举行了一些不大寻常的接见仪式，从中或许可以读出他的一些思绪。祝福过聚集到广场上迎接他到来的人群之后，教宗邀请下属参加了一场小型庆祝仪式。在绘满壁画的大厅里，所有蒙席都加入到谈话中，教宗下令给每个人倒上威末酒*。[28]

* * * * *

5 月 3 日晚，希特勒抵达罗马火车站，随行的有约阿希姆·冯·里宾特洛甫（Joachim von Ribbentrop）、约瑟夫·戈培尔、鲁道夫·赫斯（Rudolf Hess）、海因里希·希姆莱（Heinrich Himmler），其他纳粹领导人和外交官，一群身穿军装、十分嘈杂的德国记者，以及避过公众耳目的元首情人爱娃·布劳恩（Eva Braun）。[29] 由于希特勒是德国最高领导人，所以按照外交礼仪，接待他的应当是国王而不是墨索里尼。元首步下火车，这个时刻已经在领袖脑海中盘桓了好几个月，他却只能站在一旁当个配角，生着闷气。希特勒也非常惊讶，迎接他的竟然不是被自己赞誉为罗马皇帝的墨索里尼，而是个头矮小、留着一把白色髭须的国王。

国王和元首一起乘坐华丽的马车，穿过人头攒动的街道；意大利士兵排成两列面朝人群，将他们挡在木栅栏后面。探照灯点亮了罗马古老的历史遗迹。烟雾从巨大的罗马瓷瓶中升腾而起，瓷瓶里装满了燃烧的镁粉，为古罗马广场的遗迹和帕拉蒂诺山带来了一种

* 也称味美思酒或苦艾酒，是一种使用各种干料调制的加强葡萄酒。最初于 18 世纪末和 19 世纪初在意大利和法国出现。

超脱尘世的质感。

宾客和主人抵达宏伟的王室居所奎里纳尔宫。但是双方的会面并不愉快。国王向他的小圈子透露道，他认为希特勒是个道德低下的瘾君子。而希特勒想知道为什么接待他的不是他那位法西斯盟友，他还认为皇宫“阴郁且令人不适，犹如一个古董商店”。元首的老 284
朋友约瑟夫·戈培尔在见到王座时评论说，那应当是墨索里尼的位子。至于那个人，他指着国王低声道，他的五短身材实在是配不上宝座。[30]

次日，当教宗在冈多菲堡向数百对新婚夫妇发表讲话时，他悲叹道，“令人伤心的事情”正在罗马城里上演，那里出现了“另一枚十字架,那并不是耶稣的十字架”。“很明显,”皮尼亚蒂观察道,“教宗想要发泄情绪，如果考虑到他的脾气，你可以说他这轮发火还算是温和。但他就不能适可而止吗？”他自问自答说：“我怀疑他不会。”[31]

墨索里尼筹备了好几个月，确保法西斯意大利给希特勒留下深刻的印象。除开罗马，他们还会前往那不勒斯和佛罗伦萨。希特勒抵达每一座城市的日期，都会成为该市的法定节日。每一座城市都搭建了凯旋门，并装饰以别致的灯饰。横幅和旗帜四处飘扬。[32]

在罗马的几处圣所举办各种仪式之后，这支大部队移师那不勒 285
斯。整个队伍在国王的护送下，一路大张旗鼓地向码头行去，而墨索里尼则在“加富尔号”战舰上等候他们，准备进行为期一天的海军演习，然后在晚上观赏歌剧。对于元首而言，这段旅程最糟糕的时刻就出现在那个晚上。歌剧结束之后，他身穿晚礼服，同身穿全套皇室礼服的国王来到室外，检视一支仪仗队。当举起右臂行纳粹礼时，他慌忙用左手抓住背心，试图压住翘起的礼服后摆。在他的副手看来，他的这番模样就像是一位慌张的餐厅领班。[33]

在返回罗马参加为期三天的军事演习、歌剧、接待以及演说之后，这支大部队又前往佛罗伦萨，为这次访问画上一个句号。为了

墨索里尼、希特勒、国王维托里奥·埃马努埃莱三世，1938 年 5 月

迎接希特勒，佛罗伦萨城内建筑的屋顶和窗户上悬挂了超过十万面（意大利和纳粹的）横幅和旗帜；到处都是鲜花般的彩饰。新安装的灯具令这座城市比从前亮了两倍。街道两旁簇拥着一万八千名法西斯民兵，三个步兵团，来自佛罗伦萨和罗马的数百名警察，以及从全国各地召集而来的一千五百名宪兵。在过去的三周里，警察检查了所有搭乘汽车来到这座城市的旅人的文件。但凡忠诚度存疑的人，都会被预先拘捕。据美国总领事所言，“许多犹太人都在访问期间离开了佛罗伦萨，要么是被强迫，要么是‘被建议’，要么就是他们自己觉得这是明智之举”。[34]

希特勒在前，墨索里尼在后，他们分别乘坐轿车以凯旋的姿态穿过饰满卐字符号的城市街道。在壮观的领主广场*上，庞大的人群向两位独裁者发出震耳欲聋的欢呼声；然后希特勒非要让不情不愿的领袖带他游览了乌菲兹美术馆。[35] 最后在火车站，当希特勒准备动身返程时，两人温情地告别。领袖宣称："如今没有任何力量能够离间我们。" 元首的眼中噙满了泪水。[36]

意大利人对于元首的来访到底抱有多大的热忱，这一问题尚有争议。美国驻罗马大使威廉·菲利普斯认为，墨索里尼受到德国民众的热烈欢迎，而"迎接希特勒的欢呼声则有点不温不火"。不过 286
他总结道，墨索里尼达成了他的目标，因为希特勒对这次访问感到满意，并且对罗马的历史遗迹印象深刻。[37]

墨索里尼和希特勒在数十万欢欣鼓舞的意大利人面前宣布他们对彼此国家的崇敬之情，教宗对此火冒三丈。在访问的几天后，他告诉法国大使夏尔–鲁，最令他恼火的是领袖本人，墨索里尼对希特勒的赞颂达到如此无以复加的程度，这是意大利向元首臣服的最新明证。[38]《罗马观察家》尽可能地忽略了这次访问。《公教文明》用一段阴郁的话结束了它冷冰冰的描述：官方庆祝仪式的夸张与宏大无法掩饰天主教信徒的失望之情，一个拥有两千七百万天主教徒的国家，当其领导人访问罗马，却没有向"犹如父亲一样受到这几千万天主教徒爱戴的人、他们灵魂的至高神父、被尊奉为耶稣基督代理人的人致以他的敬意"。在《公教文明》看来，这样做的结果导致了"一个巨大的缺陷"，令这次访问大为失色。[39]

然而这种观点在天主教神职人员间并不普遍。很多人不顾教宗的警告，无法抑制对两位独裁者胜利游行的热忱。在奥尔泰（Orte）主教管区连接罗马和佛罗伦萨的铁路沿线，教区神父积极参加了庆祝活动，他们拿出在第一次世界大战时获得的军功勋章，用它们装

* 领主广场是意大利佛罗伦萨旧宫前的"L"形广场，得名于旧宫。这里是佛罗伦萨共和国起源与历史的焦点，至今仍享有该市政治中心的名声。

点了自己黑色的教士服。奥尔泰主教深知当地方济各会成员笃信法西斯主义，于是警告他们不要参加庆祝活动。然而在希特勒路过的当天，他们把整个修道院都插满了意大利旗帜和纳粹旗帜，甚至用卐字符号装点了钟楼。更糟糕的是，修道士安排教会学校的数百名儿童站在铁路沿线，当火车经过时，修道士带领着孩子们一边奔跑一边欢呼："墨索里尼万岁！希特勒万岁！"[40]

第二十二章

惊人的任务

1938 年 6 月，时年五十八岁的美国耶稣会神父约翰·拉法奇（John Lafarge）访问罗马，他颇为诧异地从庇护十一世处收到消息，要求在冈多菲堡同他会面。 287

抵达教宗的避暑别墅之后，拉法奇被带到中庭，教宗刚刚散完步回来。他的白色手杖摆在他身后的窗台上。教宗告诉拉法奇，他想要跟神父谈一桩种族主义的问题。教宗之所以唯独挑选了他，是因为他最近的一本著作《跨种族正义》（*Interracial Justice*）是庇护在这一话题上读过的最上乘之作。

尽管拉法奇在梵蒂冈几乎无籍籍名，但他在美国教会算得上是一位知识分子。他生于罗得岛的纽波特（Newport），父亲是一位杰出的画家，母亲则是本杰明·富兰克林（Benjamin Franklin）的后裔。拉法奇于 1901 年毕业于哈佛大学，并在四年后晋铎。此后，他在马里兰州执牧师一职达十五年之久，其信徒主要是非裔美国人群体。1926 年，他加入了《美国》杂志的编辑部，并于 1934 年成立了天主教跨种族委员会（Catholic Interracial Council），旨在帮助不同种族增进彼此的理解。三年后，他出版了那本引起教宗注意的专著。[1]

当他们促膝长谈时，庇护十一世委托给这位美国神父一项令人震惊的任务。他需要秘密起草一篇通谕，内容涉及教宗眼中最炙手可热的话题：种族主义与反犹主义。希特勒上个月对罗马进行的访问还横亘在他的脑海中，尽管教宗早在 1937 年就发表通谕谴责纳粹独尊日耳曼民族，但是他认为现如今这些言辞已远远不够。当得知这位恰当的人选到访罗马时，他就开始酝酿一篇新的通谕。庇护告诉这位惶惑的美国人，他此行是受到了天主的派遣。 288

拉法奇提出了自己的担心，他害怕不能胜任这个任务。但是教宗坚称："你只需把自己当作教宗，把你想说的话说出来即可。"接着他大致描述了自己想要谈论的话题，并且交代了一些拉法奇应当谨记的指导原则。

教宗进一步说道："其实在跟你谈话之前，我应当先向莱多霍夫斯基神父提起这一事宜，但我想应当没什么问题。"

然而，教宗的这番话其实并不坦诚，因为他知道耶稣会总会长并不会赞同他的观点。教宗还将此事瞒过了帕切利枢机和全体国务院人员，此中深意更是不言自明。此外，他也没有咨询任何梵蒂冈的机构，而通常教宗通谕是由这些机构的专家撰写的。

莱多霍夫斯基在周日面见教宗。当他得知教宗交给美国耶稣会士的任务后，他用英语说道："教宗疯了。"[2]

次日，莱多霍夫斯基召见了拉法奇。莱多霍夫斯基利用了这位美国人的焦虑情绪（"我真的受了惊吓……圣彼得的岩石砸中了我的脑袋。"拉法奇向一位朋友透露道），建议派两位更有经验的耶稣会士协助他。

几天后，拉法奇与这些同仁同行，一起抵达了巴黎。那年夏天，他们一直在筹备这篇后来题作《统一的人类》（*Humani generis unitas*）的通谕。如果说教宗选择拉法奇，是因为他在美国卓有成效地开展了反种族主义的工作，那么莱多霍夫斯基选择那两位同仁——分别是四十六岁的德国人古斯塔夫·贡德拉赫（Gustav

Gundlach）和六十九岁的法国耶稣会士古斯塔夫·德比夸（Gustave Desbuquois）——则是出于完全不同的缘由。莱多霍夫斯基认为犹太人是教会和欧洲文明的敌人，他会尽一切努力，阻止教宗抵挡当今横扫欧洲的反犹大潮。贡德拉赫和德比夸都有起草教宗通谕的经验，并且与梵蒂冈的关系更为密切。他们将负责约束拉法奇，毕竟后者深切地感到自己经验不足。 289

古斯塔夫·贡德拉赫是罗马宗座额我略大学的道德哲学系教授，也是耶稣会在犹太事宜上最重要的专家之一。1930年，他为权威的德国天主教神学百科全书《神学与教会词典》（*Lexikon für Theologie und Kirche*）编写了反犹主义的条目。贡德拉赫在这个条目中对两种反犹主义进行了区分。第一种反犹主义有悖教会的教导，“只因犹太人在种族和民族方面的外族特性”而反对他们。第二种反犹主义则得到教会的支持，“因为犹太人口过度且有害的影响”而反对他们。[3]

9月，三人完成初稿并寄给莱多霍夫斯基，以为他会直接将其寄给教宗，但是莱多霍夫斯基实际上将“阉割版本”寄给了恩里科·罗萨。十年前，教宗找人帮忙解释解散“以色列之友”的原因时，找的正是如今担任《公教文明》主管的罗萨。但现如今，庇护对犹太人的态度已经变得和罗萨大不相同。教宗找来拉法奇，正是要避过罗萨，可如今，这份通谕的初稿却摆在了罗萨的书桌上。

尽管教宗在犹太问题上彻底改变了他的看法，但是罗萨主管的那份期刊依然大肆刊登着散播反犹流毒的文章，而庇护对此没有做出任何管束。当时，希特勒对德国犹太人施行恐怖统治，奥地利、匈牙利、波兰以及其他欧洲国家也纷纷引入了限制犹太人权利的法案，这份期刊（其内容在出版前须获得梵蒂冈国务院的许可）也敦促意大利采取这种法案。1937年5月，《公教文明》刊登了一篇评论，表彰了“著名的英国天主教作家希莱尔·贝洛克（Hilaire Belloc，一位臭名昭著的反犹分子）”所写的《犹太问题与复国运动》。这篇

评论开宗明义：“犹太人的支配欲以及他们在革命运动中的人数优 290
势，已经令他们成为破坏分子，这一事实我们有目共睹。”这份刊物以赞同的口吻表示，贝洛克将犹太人比作“一种侵入有机生命体、造成刺激和反应的异物”。耶稣会期刊的这篇文章深得乔瓦尼·普雷齐奥西（Giovanni Preziosi，著名的法西斯分子，曾经是一位神父）的赏识。长久以来，他都在向墨索里尼争取发动反犹运动，保护意大利免受犹太人的威胁。他曾滔滔不绝地讲道，《公教文明》的这篇文章“非常完美，我希望将它呈现给所有意大利人，他们被犹太黄金蒙蔽了双眼，否认犹太危机的真实存在”。[4]

这份期刊满腔热情地支持贝洛克提出的主张，认为政府应该对犹太人进行种族隔离，将他们与广大的基督徒人口分隔开来。[5]它控诉道，犹太人正施展“两面手法”，控制住高端金融和共产主义，试图煽动革命，“将全世界都收归至犹太人的统治之下”。因为统治世界的欲望刻在了犹太人的天性里，他们永远都不会忠于自己居住的国度。这也是他们比其他任何人都更支持共济会和国际联盟的原因。简而言之，这份受到梵蒂冈监督的期刊写道，犹太人誓要让基督徒沦为他们的奴仆。[6]

在墨索里尼即将讨伐意大利犹太人（他们将在7月受到制裁）的那几个月里，《公教文明》用大量文章警醒人们注意犹太威胁以及引入反犹举措的必要性，为反犹运动铺好了道路。这份期刊还大肆赞扬了近期出版的一系列反犹著作。1938年2月，《公教文明》的一篇文章纠正了《以色列的面具之下》作者吉诺·索托基耶萨（Gino Sottochiesa，据称他具有“坚定的天主教信仰”）的错误印象，后者认为《公教文明》在应对犹太威胁时，始终呼吁“宽容，帮助犹太人皈依基督教”；实际上，这份期刊长久以来一直敦促政府采取对付犹太人的保护性措施。[7]

《公教文明》绝不形单影只。在反犹运动发起前的那几个月里，许多意大利天主教媒体都敦促政府采取行动。《教士之友》（*L'Amico del clero*）的影响力尤为巨大，因为它是意大利罗马天主教神职人员全国协会的官方出版物，这一组织的成员包含两万名神父。 291

1938年春，纳扎雷诺·奥兰迪（Nazareno Orlandi）蒙席的文章《犹太人也入侵了意大利》，也同样在开篇否认了自己的反犹倾向："我们不是反犹分子，基督徒绝不会是反犹分子。"蒙席继续解释道，尽管我们必须拒斥纳粹以血统纯洁论为根据的反犹"种族主义"，但是"防御性的反犹主义"不仅具有合法性，而且在抵挡"犹太人入侵政治、经济、新闻、影院、道德以及所有公共生活领域时"是非常必要的。多亏了政府的警觉性，意大利的状况不像其他地方那么糟糕，"但是毫无疑问，我们手头一些执掌大局的职位仍然落到了犹太人手里，他们只要抓住机会，可能就会将他们在其他国家施行的恶移植到我们国家来"。尽管我们手头资料有限，无法确切知道在那几个月里，数百万参加周日弥撒的意大利人到底从布道坛上习得了什么样的观点，尽管这方面的研究几乎是一片空白，但如果神父没有将这番可怕的警示重新包装并兜售给他们，那么这结论就会令我们大为惊讶。[8]

7月中旬，当拉法奇及其同仁在巴黎秘密起草通谕时，《公教文明》又刊登了一篇热情洋溢的长文，谈论匈牙利最近制定的反犹法律。这份期刊解释道："尽管匈牙利犹太人并没有任何机构负责系统地组织集体活动，但是该民族出于本能且遏制不住的团结就足以使他们奔赴共同的事业，实行他们统治世界的颠覆性渴望。"匈牙利天主教徒的反犹主义并非"粗鄙盲信"的行为，更不是"种族主义"，而是"一种保卫民族传统、保卫真正的自由、保卫匈牙利人民独立自主的运动"。[9]

* * * * *

7月14日，墨索里尼在《意大利日报》（意大利最重要的报纸之一）上发表了一份种族声明，发起了意大利的反犹运动。这篇在墨索里尼指导下撰写的《种族科学家宣言》（Manifesto of Racial Scientists）提出了一系列主张，其作者是一位年方二十五岁、无人知晓的人类学家圭多·兰德拉（Guido Landra），但文章得到了许多意大利学者的签名，有的声名显赫，有的默默无闻。[10] 该文提出了法西斯政府的新版种族理论。它表示，意大利人的“祖先是雅利安人，其文明属于雅利安文明”，“纯洁的意大利种族确确实实存在”。它甚至令人难堪地宣布，意大利人是时候“坦言自己是种族主义者了，这届政府目前为止所做的一切，本质上都是种族主义行为”。它一边解释道，“意大利的种族主义问题应该仅仅从生物学的角度去看待”，一边又语无伦次地补充，“然而这并不意味着，意大利将把德国的种族主义纳入自身的理论体系”。[11] 292

墨索里尼为什么要对意大利犹太人发起进攻，历史学家们对此争论不休。多年以来，犹太女人玛格丽塔·萨尔法蒂一直都是受他信任的参谋兼情人。[12] 墨索里尼的好几位家庭医生也是犹太人，并且在宣布“种族运动”之后，他还不得不另找了一位牙医。[13] 况且，此前他也从未将纳粹的种族优越性当真。1932 年，在接受埃米尔·路德维希的采访时，他曾说过一段著名的话：“我绝不相信当今的世界上存在什么纯洁的种族。”[14]

对于许多历史学家而言，墨索里尼发起运动的时机（希特勒访问罗马的两个月后）绝非偶然事件。他们认为，希特勒在访问期间告诉墨索里尼，如果领袖真的想要令双方更为紧密地团结在一起，他就应该排除两国之间最为显著的区别，即向犹太人宣战。时任意大利驻英国大使的迪诺·格兰迪对此做出了描述。在这番重构中，希特勒还试图拉拢墨索里尼，加入对抗天主教会的战斗，领袖拒绝了这一要求，但同意跟从纳粹党发动反犹运动。[15]

我们有理由质疑格兰迪的描述，尤其是因为这本书写于第二次世界大战之后，当时的格兰迪（他从来不赞成意大利同纳粹结盟）

急于将法西斯做过的坏事都怪罪到纳粹头上，但这并不意味着墨索里尼发动反犹运动的时机和希特勒的访问就没有关系。墨索里尼急 293
于讨好纳粹领导人，他定然认为将矛头对准意大利犹太人，最能讨德国人开心。[16]

《公教文明》7月末转载了《种族科学家宣言》，并欣慰地接受了其中关于意大利人的种族主义应当具有“强烈的意大利特色”的言论。然而这份期刊仍然有所担忧，它担心这份宣言的主张有所含糊。有些人也许会认为它支持血统崇拜，这是纳粹秉持的观念，与天主教会关于人具有普遍性的教导相悖。此外，宣言还称“犹太人不属于意大利民族”，这份期刊对此不置可否。[17]《罗马观察报》在报道这一新闻时引用了其中的词句，但没有对其提出任何批评。与此同时，许多报纸都部分或全文转载了《公教文明》一位笔杆子于7月17日发表的一篇文章，集体对宣言做出了正面评价。[18]意大利最大的天主教日报《意大利未来报》便是其中之一。四天后，该报主编雷蒙多·曼齐尼（Raimondo Manzini）刊文表达了他对“意大利种族主义”的支持。此后，曼齐尼还将担任《罗马观察报》主编达十八年之久。[19]

7月14日晚7点15分，宣言仅仅发表一个小时之后，纳粹党报纸《人民观察家报》（*Völkischer Beobachter*）的罗马记者便将这一激动人心的消息发回德国。“发布这番种族问题宣言后，法西斯主义和国家社会主义在这一方面紧密联合。从今往后，”这位德国记者激动地说道，“一亿四千万人将持有相同的weltanschauung（世界观）。”[20]次日，德国报纸以高度赞许的口吻报道了这一新闻，它们相信意大利很快就会效仿纳粹的榜样，颁布本国的反犹法案。[21]

在大量幕后工作之后，反犹运动来势汹汹。墨索里尼对其密切关注，并将这项任务交代给负责政府宣传的大众文化部。那些赞同法西斯观念的大学教授，都受邀为这一运动背书。图书馆开始整理种族主义文献，而一份包含两万张种族主义照片的档案也在紧锣

密鼓的规划之中。政府召集了一群法西斯学者，撰文谈论不同种族 294
的实质，意在笼络广大民众。其中最重要的一项举措便是创办了一份全新的配图通俗杂志，这份叫作《捍卫种族》(*La difesa della razza*)的杂志大肆宣扬了种族主义理论。[22]

墨索里尼也许总算听取了各位教宗信使(尤其是塔基·文图里神父)反复提出的警示，才放手对付危险的犹太威胁，但是教宗本人并没有任何担心犹太威胁的表现，纳粹党人的威胁才是他的心头大患。

领袖这般迎合德国的种族主义，有理由担心教宗会反对他，但也有理由相信，他有办法让教宗对此缄口不言。他认为，如果他能坚定自身立场，并且让意大利的种族主义区别于纳粹，那么教宗最终会做出让步。种族宣言里的文字游戏便是出于这番缘由，墨索里尼试图让法西斯种族主义与纳粹种族主义泾渭分明。此外，这种差异性之所以对墨索里尼而言非常重要，还因为他最憎恨别人说他模仿希特勒。

墨索里尼同样明白，虽则教宗反对德国的种族主义意识形态，但对于限制犹太人权利的国家政策，他的态度就没有那么鲜明了。事实上，领袖也确实在利用教会对犹太威胁的警示，激发大众支持他的反犹运动。

最关键的是，墨索里尼清楚教宗很依赖他，得靠他为教会争取福利。其中一些福利(比如让墨索里尼代表教会对希特勒施加影响)关涉重大，其他福利(例如依靠政府禁止那些教宗认为冒犯教会的图书出版)尽管相对次要，却仍然举足轻重。当时的一个案例仍然令教宗感觉历历在目。

5月下旬，庇护得知，切萨雷·波吉亚(Cesare Borgia)的新版传记将以廉价的多卷插图本形式在报刊亭面世。当时的梵蒂冈并不希望深究波吉亚的话题。波吉亚生于1475年，十八岁便晋升枢机，其父乃是教宗亚历山大六世。波吉亚在二十多岁时放弃了枢机帽，

加莱亚佐 · 齐亚诺

成为了军事领袖。他与妻子育有两个孩子，并同其他女人生下了许 295
多私生子女。[23] 教宗带话给齐亚诺，要求将这一传记全部销毁。[24]

墨索里尼的女婿于是对这本由报亭寄售的图书下了禁令。政府只允许传记以单卷本的形式出版发行，其厚重的形式将大幅度减少潜在读者的数量。[25] 但是梵蒂冈很快便获知，尽管齐亚诺已经下达一纸禁令，但本书的通俗多卷本依然在售。在教宗的指示下，博尔贡吉尼大使于 6 月 13 日再度约见了齐亚诺。

发现自己的禁令不过是一纸空文时，齐亚诺怒不可遏，他拿起电话打给大众文化部的二把手（一把手当时正因公出差）。

“里佐利（Angelo Rizzoli，传记出版商），”齐亚诺告诉他，“是你能想象的最反意大利、最反法西斯、最反天主教的人。”他控诉道，这本书“不过是耸人听闻的无端猜测，出自犹太人的阴谋”。博尔贡吉尼早先已经向齐亚诺指出，这本传记的作者古斯塔夫·萨切尔多特(Gustave Sacerdote)就是犹太人。里佐利必须被教训一顿。“制 296
服他，用你的膝盖顶住他的喉咙，”齐亚诺指示道，“用耳光扇得他找不着北，让他永远都忘不了这顿教训。”[26]

这次会面一周后，齐亚诺通知大使，不仅切萨雷·波尔吉的通俗多卷本传记已经被禁，整本书都已经被封停。又过了一周，帕切利枢机去信表达了谢意。[27]

* * * * *

在阿契尔·斯塔拉切的高压手段下，墨索里尼的反犹运动全面展现了政府的铁腕。6 月 30 日至 7 月 2 日，独裁者主持了一场高调的运动会，旨在展示法西斯党领导层的刚强与大无畏精神。各省党魁应召来到罗马，参加了一系列“竞赛”。这些竞赛或滑稽（肥硕的法西斯首领尝试跳过木马）或危险（他们还要跳过一排排竖立的刺刀）。美国大使描述了这场怪异的盛会，提及墨索里尼观看“两名参赛选手在刺刀阵上落败，导致了令人不适的后果”。意大利报纸的新闻都配上了一副阿契尔·斯塔拉切的照片，画面上英勇的他带头跳过了火圈。[28]

当时，墨索里尼遭遇了一桩令他不快的私事，多少分散了他对意大利霸业的规划。克拉拉·佩塔奇变得越来越容易吃醋。她的疑心有着非常确凿的理由，因为即便在她暂住威尼斯宫公寓的那段时间里，墨索里尼依然同一些老情人幽会。佩塔奇大发脾气；为了安抚她，墨索里尼每天要给她打好多个电话。7 月的多数日子里，他每天要在上午九十点钟同她偷偷溜到奥斯蒂亚的海滩游玩，并在下午三四点钟返回。[29]

这段时间里，领袖安排女婿来处理种族主义运动所引发的余波。7 月 20 日，他派遣意大利大使皮尼亚蒂去梵蒂冈试探教宗的反应，

因为仅仅两天前，教宗向一群修女发表讲话时，又一次悲叹“过分 297
的民族主义”。

皮尼亚蒂询问帕切利枢机：“教宗是否真的要采取行动，与皇室政府规划的反犹运动相抗衡？”

帕切利对此不置可否：他表示自己并未听到教宗有反对这一事宜的安排。帕切利本人不会反对反犹运动。

那么当教宗谈及“过分的民族主义”时，他到底有何指涉？皮尼亚蒂问道。他指出，人们会认为，这样的评论是在批判新近的种族政策。

帕切利立即向他保证，教宗绝对没有这样的意图，他的这番话主要是针对国外的天主教徒，提醒他们与本国的民族主义意识形态保持距离。

皮尼亚蒂表示，天主教教条必须承认不同种族的存在。

帕切利枢机跟他绕起了圈子。他表示，教会法规对此非常明确：受洗之人即是天主教徒。无论墨索里尼采取怎样的反犹政策，问题的关键在于，他必须将斗争对象局限于那些真正的犹太人。[30]

六天后，皮尼亚蒂前往冈多菲堡拜见教宗，直接与他讨论种族运动的问题。教宗尽管显得更为瘦削，但已恢复了大半体力。他仍然穿着橡皮袜，用来遏制腿部的疼痛，但已经不再需要每日按摩了。每天上午，他的私人医生会驱车从罗马赶来，为他检查身体状况，但医生觉得已经不需要像去年夏天那样，夜夜守候在教宗身边。长寿的希望破灭之后，如今的教宗只想死在办公桌上。[31]

皮尼亚蒂对这次会面十分满意。他温和地向教宗提出异议，表示庇护不应该用“过分的民族主义”这一措辞，因为它会遭人误解。而教宗的回答与帕切利如出一辙：他指的并不是意大利。

教宗也有事要抱怨。他收到了许多令人不安的报告，这些报告 298
表明，意大利政府给意大利北非地区的新教徒以特权待遇。他告诉皮尼亚蒂，此举不仅有害于天主教会，也有害于意大利，因为这些新教徒都是英国安插在北非的特务。[32] 此外，公教进行会近来被控涉足政治，教宗对此也表示了关心。“我每天都向天主祷告，”教宗说道，“祈求墨索里尼先生不要对公教进行会下手。”他进一步说道：“只要放过公教进行会，教宗什么都答应你们。”[33]

会面一周后，教宗不顾皮尼亚蒂的警告，又对“过分的民族主义”发起了口头攻击。在向罗马宗座传信大学（College for the Propagation of Faith）的两百名学生发表讲话时，他将批判又推进了一步。他告诉所有学生，人类只有一个种族；进而，他又说出了一番会激怒墨索里尼的话：“也许人们会问，意大利怎么会如此不幸，竟然想要模仿德国。”[34]

然而这还不是教宗这番讲话的最强音，他把它留给了心爱的公教进行会。“我警告你，”教宗明显是在对墨索里尼说话，“不要讨伐公教进行会，我这么祈求是为了你好，因为讨伐公教进行会就是讨伐教宗，而讨伐教宗的人必将灭亡。”

这番演讲彻底激怒了墨索里尼，最令他生气的莫过于指控他对希特勒亦步亦趋。领袖于是下达一条命令，任何意大利报纸都不得刊登教宗的演讲。[35] 齐亚诺告诉博尔贡吉尼大使，如果教宗继续发动这样的攻击，将令双方的关系彻底破裂。“我向博尔贡吉尼明确了我的意思，”齐亚诺回忆道，“我解释了我方种族主义的承诺与目标。”大使又一次试图替教宗的言论开脱。庇护只是想确保意大利种族主义能够严守恰当的界限。齐亚诺对此感到满意：“在我看来，博尔贡吉尼与我们达成了共识。并且他透露，自己便具有非常强烈的反犹倾向。”[36]

7 月 31 日，意大利大使前来与帕切利枢机会面，对教宗最近的发言提出抗议。教宗不可以继续这样批评政府，领袖希望教会能继续与政府维持富有成效的合作关系。帕切利承诺会将墨索里尼的关 299
切转达给教宗。皮尼亚蒂认为帕切利是自己这边的盟友，但他怀疑教宗不会理会这些建议。[37]

博尼法乔·皮尼亚蒂大使（右）与加莱亚佐·齐亚诺，1939 年 5 月

“有时候，合作是非常困难的。”后来，当帕切利解释自己同庇护十一世的关系时，这么告诉巴黎大主教韦迪耶枢机。教宗听不进任何人的建议，即便那个人是国务卿（至少在帕切利看来是这样）。“可怜了我深情款款的天性，”帕切利透露道，“但我也明白他对我是有爱的，这种想法予以我安慰。”后来他又给韦迪耶举了一个例子，说明两者之间的关系有时会多么紧张。有一次，他被这种感受所吞没，毫无意识并且“近乎大力地”用拳头敲起了教宗的书桌。他没法继续担任国务卿了，他告诉教宗。“这份工作令我不满，我承受的实在太多了。”

“教宗冷冷地看着我，然后缓慢地说了那几句我永远无法忘怀的话语，”帕切利回忆道，“‘我们眼前只有一项任务，那就是你和我，一起施行善的事业！’”帕切利深受感动：“多么高尚的回答！我精神的孱弱令我羞愧难当，我跪倒在教宗的足边，请求他的原谅。

圣父深情款款地将我扶起来，并且拥抱了我。”“这是多么感人的场 300
景！”韦迪耶一边在脑海中构建场景，一边感慨道，“多么温馨的画面！”[38]

皮尼亚蒂担心教宗会阻碍反犹运动的进行，他转而寻求另一个人的帮助。8 月 4 日，他来到南部的索伦托（Sorrento）半岛，莱多霍夫斯基神父正在一处耶稣会士住所养病。“我前去会见耶稣会总会长，”皮尼亚蒂后来解释道，“因为在过去……他从不向我隐瞒他对犹太人的刻骨仇恨，他认为犹太人是困扰欧洲的所有邪恶的根源。”

大使发现莱多霍夫斯基对犹太问题有着清醒的认识，并且非常赞同皮尼亚蒂的事业。他表示，“罗萨神父曾告诉我，教宗对此一无所知”，他的病痛夺走了他的思考能力，“尽管非常可怕，但事实就是如此”。教宗生病期间，他曾向天主祷告，让祂收回他的灵魂，然而“天主并没有回应他的祈祷，由此引发的结果便是，教会如今正经历一场深重的危机”。庇护“没有理性，也不会听从任何理性的建议”。帕切利枢机已经不知所措了，“教宗不再像过去那样，还能听得进他的建言。他有很多计划都背着帕切利，而且也不再提前告知他的演讲内容”。

莱多霍夫斯基表示，教宗身边的人都在担惊受怕，要是教宗的病情进一步恶化，真不知道还会发生什么事情。[39] 他敦促大使展开行动，不要让教会与法西斯政权的良好关系成为教宗胡言乱语的牺牲品。

皮尼亚蒂说道，他们无法忽视教宗的胡言乱语，因为国外媒体（尤其是法国媒体）都在利用他的话语，而世界各地的天主教徒都在倾听这些话语，“却不知道这位所有信徒的神父已经失去了思考的能力”。教宗的话语“使得世界上掀起了一股仇视意大利的狂潮，使得我国无论在道德上还是物质上都遭受了损害”。

莱多霍夫斯基表示赞同。危机已经若隐若现。在请求大使为他保
密之后，他透露道：“危机已然如此深重，我们必须找出解决方案。”[40] 301

耶稣会总会长脑海里的“解决方案”到底是什么，我们并不清楚。但在接下来的几个月里，他会竭尽所能地阻止教宗批评法西斯种族政策，阻止他冒犯纳粹党，也阻止他给予犹太人任何希望。

第二十三章

秘密协议

1938 年 7 月，四万名奥地利犹太人被集合起来，关进了“保护 302
性监禁区”。法国重申要保卫捷克斯洛伐克，不允许德国进犯分毫。
德国人的回应方式则是班师法国边境，很快举行了一场全面的军事
动员。

8 月初，在这轮奔向战争的恐怖事态中，意大利政府根据其种族宣言，颁布了一系列种族法案。第一条法案禁止所有出生在国外的犹太人在意大利上学。《公教文明》将这一措施告知其读者，并且刊登了政府的反犹理论（与这份刊物对犹太威胁的警示非常相似）：犹太人永远不会忠于他居住的国家，因为他们只忠于其他犹太人；犹太人是布尔什维克党和共济会背后的黑手；尽管意大利犹太人只占了总人口的千分之一，但他们占据了许多重要的岗位。这种情况绝不能被容忍。[1]

1938 年 8 月 4 日，教宗召来了乔瓦尼 · 蒙蒂尼。几年前，为了
讨墨索里尼开心，他曾解除蒙蒂尼公教进行会大学组织国家司铎的
职务，但是在 1937 年下半年，他决定重新启用蒙蒂尼，并将他任 303
命为帕切利手下的副国务卿。这个决定令蒙蒂尼踏上了康庄大道，

并在二十五年后登基圣彼得宝座。现下，庇护希望他能起草一封写给墨索里尼的信，向他表明教宗在犹太和公教进行会这两件事情上的立场。

次日，蒙蒂尼将草稿送给庇护，教宗仔细地审查了稿件。它写道，只要事关犹太问题，教宗便无意干涉政府“采取恰当措施，保护合法权益的职责”；但是他希望墨索里尼不会逾越基督教博爱之心所能容忍的界限。至于公教进行会的问题，教宗反对法西斯党以开除党籍的方式威胁公教进行会成员。他坚称，公教进行会只秉持宗教目标，这与其成员身兼法西斯党籍并不冲突。

帕切利枢机再度劝说教宗不要寄出这封信件，以免惹怒墨索里尼，于是，塔基·文图里前去会见领袖，亲自将教宗的想法告诉了独裁者。[2]

教宗近来对公教进行会生出担忧，缘于他从东北部城市贝加莫收到了一份报告：当地法西斯分子攻击了一个公教进行会俱乐部。当帕切利枢机向皮尼亚蒂转达这一怨言时，大使那边也是怒火冲天。梵蒂冈还指望怎么样呢？教宗对种族运动的批评激怒了法西斯激进分子，此后还可能发生更为恶劣的暴力事件。[3]

法西斯媒体控诉皮扎尔多，认为是他说服教宗对种族主义提出谴责，对此非常愤怒的皮扎尔多在两天后会见了意大利大使。皮扎尔多向皮尼亚蒂保证，自己从未向教宗提起这一事宜。然后他们的对话跳转到公教进行会上，气氛立马变得剑拔弩张，于是皮尼亚蒂提出了一个解决方案。如果该组织能够废止正式成员的组织结构，那么此举将极大地缓解双方的紧张关系。皮扎尔多对此不置可否，他表示这样的事情，决定权在教宗手里。大使怀疑皮扎尔多将鼓励教宗继续保护这个组织，不过他知道应该去哪里寻求帮助。“帕切利枢机与皮扎尔多枢机交恶的事情众所周知，而且他也不喜欢公教 304
进行会如今的组织形式，”皮尼亚蒂在这番会面的报告中写道，“那么在这件事情上，我会争取让他成为我的盟友。”[4]

那周，《公教文明》还刊登了一篇拍政府马屁的文章，进一步证明教宗愈发受到孤立。[5] 皮尼亚蒂对此感到满意。他告诉齐亚诺，当事关反犹运动时，耶稣会明显站在墨索里尼这边，不过他也提醒道：意大利的报纸最好停止鼓吹这一事实，耶稣会绝不愿意落得反对教宗的口实。[6]

当齐亚诺告诉墨索里尼，他无法预测教宗接下来可能发表什么言论时，领袖的心情变得更加忧郁。“我不会低估他的力量，”他说道，“但他也不应当低估我的实力。”难道七年前的公教进行会战役，还没有给教宗带来足够的教训吗？“只要我一声令下，”墨索里尼警告道，“就足以释放这个国家所有的反教会力量。”[7]

那个最法西斯的法西斯党人罗伯特·法里纳奇，一如既往地特别愿意帮墨索里尼给教宗施压。在总部设于克雷莫纳的《法西斯政府报》(*Il Regime fascista*)上，他对庇护十一世批评种族运动的言论提出了谴责。[8]

克雷莫纳主教急于替教宗辩护，于是给法里纳奇寄去一封长信。他解释说，教宗无意批评法西斯政府的种族项目。他所谴责的“种族主义”，指的是纳粹采纳的异端意识形态。“而当某些天主教作家声称意大利公教进行会原则上无法接受种族主义时，他们所指的也是德国种族主义。他们并不是在谈论意大利种族主义。”教宗的批评绝非意在攻击以下观点，即法西斯政府保护意大利种族的健全，免受犹太人的威胁。如果人们受到误导，以为教宗和教会反对种族运动，那无疑是因为“反法西斯人士和犹太人希望歪曲教宗的用意，好为他们的反法西斯事业服务”。[9]

法里纳奇则在报纸中作出回应。他解释道，墨索里尼发动反犹运动，完全是遵从教会的教导：“犹太人团结在一个组织有序的国 305
际机构周围，满世界宣布他们乃是反法西斯人士，因此他们也是反意大利和反天主教人士。如果教宗有亲犹太人的弱点，那么我们就必须承认，历任教宗才是法西斯先驱，指导我们如何处理种族问题。

甚至在今天，我都能明确地告诉你，在这一问题上，好些枢机并不赞同教宗和《罗马观察报》的观点。”[10]

当法里纳奇为双方的不和煽风点火时，教宗又要求塔基·文图里出面，在双方之间达成一桩协议，令这场风波像早先的公教进行会危机一样和平解决。耶稣会士在8月8日面见领袖，他随身带着一份文件，上面记录了教宗的想法。在同独裁者沟通过教宗的观点之后，他大声朗读了这份文件，并将它留给了墨索里尼。

这份文件表示，两起“非常严峻”的事件令教宗心烦意乱。第一起乃是公教进行会如今陷入了一种“痛苦”境地。意大利媒体上充斥着针对这个组织的中伤与诽谤；在一些地区，不仅组织领导人，连普通成员都有受袭之虞。许多区域的法西斯党人接到命令，如果他们还想留在法西斯党，就必须放弃公教进行会的会员身份。教宗对文图里说道，告诉墨索里尼，“我们曾经经历1931年7月那些焦灼的日子，七年后，我们会像当年那样，将你[塔基·文图里]当作我们全权信任的代表，派到他身边，他知道如何同你达成理解，也会明白那个派遣你的人”。如果墨索里尼觉得直接会面有助益，教宗补充道，自己会亲自同他会面，寻求解决方案。

这份文件罗列的第二起“痛苦”事件与“犹太问题”有关。庇护说：“我们承认，采取恰当的措施保护合法的权益乃是国家政府的职责，而我们无意对其进行干涉。”但是教宗觉得自己有责任诉诸墨索里尼“作为基督徒的使命感”，并提醒他“避免任何不人道、不符合基督教教义的措施”。他又转而谈论起那些皈依天主教的犹太人，以及在教会的许可下同天主教徒结成连理的犹太人。他提醒墨索里尼，根据宗教事务协约，仅凭教会法规就足以确保这些婚姻的合法性，他不得以任何形式侵犯这一权利。 306

最后，教宗回忆起教会的往昔岁月，那时的教宗在他们统治的领域里“谨慎地控制住以色列的孩子，并对他们的恶行采取防御性措施”，但是他们永远都不会虐待犹太人。教宗认为，即便复活节周五的严厉祷文认为犹太人“背信弃义”，但他也从未忘记，救世主耶稣基督有着犹太人的血统。[11]

会面中，塔基·文图里将所有问题都与墨索里尼一一讨论，并将领袖对各种请求的回应悉数转达给教宗。8 月 12 日，周五晚间，塔基·文图里又遵从教宗的安排，带着一份文件回到领袖身边。这一次，耶稣会士先将教宗的文件交给墨索里尼浏览，然后才开始讨论。在上一轮会面中，墨索里尼表示只要公教进行会的活动能严格限制在双方协商一致的范围内，他便无意针对它，教宗对这一结果非常满意，“而贵方表示希望在处理犹太问题时秉持克制与理性的精神”也令教宗十分振奋。这句文字之后，庇护的文件便抛开了犹太话题，主要讨论他最为关心的公教进行会问题。教宗希望双方能够重新达成一致，令公教进行会争议得到和平解决，然而在此之前，墨索里尼必须先做三件事：撤除贝加莫的反教会法西斯党首领的职务；恢复公教进行会成员被剥夺的法西斯党党籍；为那些因参加公教进行会活动而被开除的公务员复职。

“噢，领袖，没有这些前提条件，”塔基·文图里代表教宗告诉墨索里尼，“我认为我们的和平谈判不仅将给我带来极大的难处，而且也很难达到 1931 年 8 月那样令双方满意的结果。”他最后提醒墨索里尼，教会的支持对独裁者来说是多么重要，“至少体现在帮助意大利赢得了埃塞俄比亚战争”。梵蒂冈对法西斯政权的支持至
关重要，教宗特使据理力争，以至于“全世界所有尘世或地狱的反 307
法西斯力量”都不惜一切代价要阻绝这一联盟。[12]

至此，离新种族主义条款的宣布已经过去近一个月。全世界的犹太人都紧张地关注着事态的发展，他们仍然希望意大利的反犹姿态不过是纸上谈兵，不会带来多大的实际效果。意大利的四万六千名犹太人主要居住在北部和中部城市。最大的犹太人群体位于罗马，约有一万一千人，米兰位居第二，有近七千人，第三是东北部港口城市的里雅斯特（Trieste），接近五千人。犹太人的受教育程度高于

平均水准；半数意大利人都是农民，而犹太人则鲜少耕种土地。不过意大利犹太人远远没有达到共同富裕。尽管人口调查显示最普遍的犹太人职业是“商业”，但是这既包含贫寒的街头小贩，也包括富足的商人。罗马的犹太人并不富裕，许多犹太人都倚仗族人的施舍过活。[13]

然而这些或贫穷或富足的犹太人并不幸运，因为墨索里尼非常较真地要把种族条文付诸行动。不过他也明白，反犹运动完全出乎多数意大利人的预料，要让他们对运动产生热情并不容易，如果教宗公开反对它，将极大地挫伤这场运动。

教宗的耶稣会特使于次日交给帕切利枢机一份长达三页的打印文稿，其标题如是写道：《为了解决近几周的纷争，为了重建圣座与意大利政府之间的和谐关系，墨索里尼阁下与耶稣会士塔基·文图里神父于 1938 年 8 月 16 日愉快地就三个问题达成一致》。此文稿内容乃是墨索里尼口述，并由塔基·文图里记录下来的，这份协议的条款密切地回应了教宗在上周给领袖提出的三点要求。

在这份协议的三条条款中，第一条处理了犹太问题，第二条则事关公教进行会。条款二保证公教进行会有权不受干扰并全面地开 308
展其活动，而那些被剥夺法西斯党籍的公教进行会成员也将恢复他们的党籍。在第三条中，墨索里尼答应了教宗的要求，撤掉了贝加莫的法西斯党头目。

在塔基·文图里神父与墨索里尼达成的协议中，犹太人的问题在第一条中得到详细解释，其标题为《种族主义与犹太问题》。墨索里尼对新的反犹法案做出承诺，其严苛程度不会超过历任教宗几个世纪以来限制犹太人的程度，事实上，历任教宗在教宗国内落实的部分限制条款将被排除在外。这条条款写道：

> 对于犹太人，政府承诺不重新启用身份标识帽（无论什么颜色），也不会划分犹太区，更不会没收他们的财产。简而言之，我

> 们确保犹太人受到的对待，不会差于多个世纪以来历任教宗给予他们的待遇，无论是在不朽之城抑或是其他临时的住所。

这一条款实现了《公教文明》的耶稣会士的梦想，它既是塔基·文图里的梦想，也是耶稣会总会长的梦想。犹太人终于受到了诸般限制，而这么做的目标是保护基督教社会免受其恶劣影响。几十年来，梵蒂冈这份非官方期刊一直在敦促欧洲各国政府采取这类限制措施。

既然墨索里尼作出承诺，他给犹太人施加的限制会局限于教会支持的限度之内，那么作为交换，圣座也答应不再对即将落实的种族法案提出批判，所以这一部分的第三段和最后一段规定：

“既然如此[即我方已承诺将对犹太人的限制局限于教宗国的限度之内]，尊贵的政府首脑强烈希望天主教媒体、神父以及天主教发言人能够杜绝在公众场合讨论这一话题。圣尊以及神圣教宗本人并不缺乏私下的渠道同墨索里尼达成直接的相互理解，也不缺乏渠 309
道向他提供最适于解决这些敏感问题的恰当方法。”[14]

塔基·文图里对此感到满意。这份协议令人回想起往昔。1931年，教宗和墨索里尼也曾这般相互要挟，并且双方关系离彻底破解也仅有一步之遥。在其他人纷纷失败之后，他应召与墨索里尼协商和平解决方案，并代表教宗签字。这一次，法西斯对公教进行会的威胁再次得到化解。

同一周，梵蒂冈的日报刊登文章，认为政府有必要对犹太人采取行动。《罗马观察报》回顾了过去的几个世纪，历任教宗为了保护基督徒，纷纷采取限制犹太人权利的措施。在一段很快便被意大利各家报纸纷纷转载的文字里，《罗马观察报》解释道，尽管历任教宗在处理犹太人事务时总是表现出怜悯，但是这一姿态不应被误解：

> 然而我们必须直言，这不意味着犹太人可以滥用基督教国家

> 的热情好客。除去保护性措施，还应当有对应的限制令和妨碍令。世俗统治者在这一方面与教会达成共识……基督徒不得强迫犹太人皈依天主教，不得干扰犹太教堂、犹太安息日以及犹太节日；相应的，犹太人也不得担任公职（包括政府和军队），并且这一禁令也适用于皈依天主教的犹太人的子女。预防措施还涉及专业活动、教育以及贸易领域。[15]

由此，这份梵蒂冈报纸为墨索里尼三周后实施的反犹法案绘制了一幅蓝图。

8 月 18 日周四上午，塔基 · 文图里来到冈多菲堡，将这份协议呈给教宗过目。他明白自己必须非常小心地应对教宗，因为教宗的怒火在任一瞬间都有可能爆发。不过耶稣会士也明白，只要有足够 310
的耐心与时间，他总能想办法赢得教宗的支持，或至少确保他不会反对。

事实证明，耶稣会士有充足的理由担心教宗会发火。塔尔迪尼在 11 点多进入教宗书房，立即就注意到双方的火药味。有什么地方出了问题，但他不知道到底有什么东西不对劲。

在返回梵蒂冈的路上，塔基 · 文图里将协议出示给塔尔迪尼，并告诉他教宗对三条处理犹太问题条款的第一条不满意。“Quidquid recipitur pro modum recipientis recipitur.”塔基 · 文图里说道。这句出自中世纪神学的话，翻译过来便是：“人的感知基于人的感知方式。”耶稣会士抱怨道，教宗总是以阴暗的视角看待事物。协议毫不讳言地谈及历任教宗对待犹太人的方式，他显然对此非常不满。尽管在与领袖的前期沟通中，他在犹太问题上表达了完全相同的观点，但教宗不希望墨索里尼之后的做法与自己前辈的行为有任何瓜葛。[16]

虽然庇护十一世大为光火，塔基 · 文图里还是告诉塔尔迪尼，他希望教宗能冷静下来，想明白这份协议其实对教会有好处。在教宗办公室外的等候室里，他已经让皮扎尔多枢机看过协议的初稿，他希望皮扎尔多也能出手相助，说服教宗接受这份协议。[17]

无论是墨索里尼，抑或教宗身边的人，都非常希望双方能达成这份协议。法国大使夏尔–鲁在给总理的信中写道，关于种族运动的争议渐渐平息了下来，公教进行会是如今仅存的争议问题。大使写道：“意大利政府处理反犹主义的手法非常老练，使得梵蒂冈只能对该问题缄口不言。”意大利的报纸上有许多文章详述历任教宗如何在他们短暂的任期内歧视犹太人。8 月 17 日，多家报纸转载了《罗马观察报》于该周初刊登的文章，题作《历任教宗给予犹太人的对待》(“How the Popes Treated the Jews”)。[18] 在墨索里尼与 311
塔基·文图里起草协议的当天，大众文化部部长迪诺·阿尔菲耶里召集了罗马多家报纸的负责人和意大利其他城市报纸驻扎罗马的记者，想要传达如下信息：低调处理政府与梵蒂冈的争论，因为“一切争端似乎都得到了解决”。[19]

那些与梵蒂冈保持密切关系的记者之间流传着一则消息：塔基·文图里和墨索里尼已经快要达成交易了。法西斯党主席阿契尔·斯塔拉切和公教进行会主席兰贝托·维尼奥利(Lamberto Vignoli)进行了会面，进一步探讨协约的第二条和第三条。[20]

8 月 20 日,《纽约时报》在头版刊登了双方讨价还价的新闻。“梵蒂冈曾因公教进行会(意大利媒体在近几周指控该组织对种族理念抱持敌意)事宜与法西斯党剑拔弩张，随着法西斯党主席阿契尔·斯塔拉切和意大利公教进行会主席兰贝托·维尼奥利宣布双方达成和解，这一紧张关系得到缓解，使双方重新回到 1931 年 9 月和平共处的条约基础上。”《纽约时报》记者隐约得知了这份协议的核心内容。为了让墨索里尼放过公教进行会，梵蒂冈将会与政府即将展开的反犹行动保持一致：“墨索里尼与塔基·文图里神父进行谈话后，公教进行会承诺不再开展任何可以被解读为对种族政策持有敌意的活动。作为回报，法西斯党则保证不对任何同时兼有公教进行会成员身份的党员采取报复措施。”[21]

8 月 21 日，罗马的《信使报》(*Il Messaggero*)刊登了一篇题作《党与公教进行会确认达成协议》(“Accords Confirmed Between Party and Catholic Action”）的文章，以该报视角讲述了这份协约的内容。它在报道中提及了斯塔拉切和维尼奥利的会面以及双方达成的协议，并准确地描述了墨索里尼就公教进行会问题同塔基 · 文图里达成的共识：只要严格遵守 1931 年的协约条款，并将其活动约束在宗教领域内，那么它（公教进行会）就有权不受干扰地运作组织与活动。不过意大利报纸与美国报纸有所区别，前者并未提及墨索里尼希望从教宗处获得的回报。 312

教宗推迟了梵蒂冈宣布双方协议的时机，希望墨索里尼能进一步保证那些被开除法西斯党籍的公教进行会成员确确实实重获党员身份。塔基 · 文图里又与墨索里尼进行了几轮会面，教宗才最终感到满意。梵蒂冈日报在 8 月 25 日刊登了协议的消息。公教进行会的争端得到了解决。不过，文章并没有提及梵蒂冈为此付出的代价，即支持墨索里尼的反犹运动。[22]

在众多顾问的游说下，教宗渐渐接纳了由塔基 · 文图里与墨索里尼敲定的这桩交易，但是墨索里尼改投希特勒的怀抱以及他那些反基督教的种族意识形态，仍然令教宗感到不满。当世界各国的媒体纷纷刊登双方达成协议的消息时，教宗却在私下里表达了他的愤怒。教宗跟国务卿说道，让塔基 · 文图里告诉墨索里尼，如果他的目标是杀害圣父，那么他现在使用的方法非常有效。接着教宗又危言恐吓，在他死之前，他会“让全世界都知道，天主教会和圣父在意大利遭受了怎样的虐待”。[23]

在公众场合，教宗的言论更为审慎，但是他的话语中还是透露出些许怒意未消的意味。在冈多菲堡的宗座传信大学向学生发表讲话时，教宗再度提起“过分的民族主义”这一话题。皮尼亚蒂的得力助手卡洛 · 费恰 · 迪 · 科萨托（Carlo Fecia di Cossato）向上级报告了这一消息（皮尼亚蒂大概在度假休息），认为教宗曾经在 7

月 28 日在这些学生面前批评了墨索里尼的新种族政策，如今又向他们发表讲话，这绝非巧合。然而这一次，教宗的演讲更为谨慎。这位外交官表示，教宗因为言论受到了批评，于是在“红酒中掺了一点水”。教宗表示，“公正、节制的民族主义有其应得的地位，并且与所有美德相联系”，但是也有一种不健康的形式，即“过分的民族主义”；在教宗眼里，这种意识形态是一道“真正的诅咒”。科萨托对教宗演讲的主旨感到满意：“我能很清楚地看出，教宗希望 313
借这次演讲，缓和 7 月 28 日的演讲造成的恶劣影响。”[24]

对任何形式的批评都很敏感的墨索里尼则没有科萨托那么满意。[25] 他告诉齐亚诺：“其实大家对我有所误解，我是个很有耐心的人。而且，任何人最好不要逼我失去这份耐心，否则我会大发雷霆，破坏眼前的一切事物。如果教宗继续这样大放厥词，我会铲除意大利人的宗教情结，你还没来得及做出反应，我就会让所有意大利人变成反教会人士。”如果教宗以为意大利人对他的信仰胜过了对领袖的信仰，那么他就大错特错了。“梵蒂冈城里的那些人，”他告诉女婿，“不仅迟钝，而且僵化。宗教信仰已经穷途末路：人们不再愿意信仰一个只谈苦难的神明。”他多少有点渎神地说道：“如果哪个神明对科尔索大道 * 巡警的私生活感兴趣，那我可看不上这种神明。”

教宗身边的人都在努力令庇护改变态度，而台伯河对岸，齐亚诺也在努力平息岳父的怒火。“在当前困顿的国际形势下，”他在 8 月 22 日的日记里写道，“与教会发生冲突只会令双方两败俱伤。”[26]

意大利报纸进一步给教宗施加压力，在它们持续不断的报道中，法西斯的反犹运动不过是将教会长久以来针对犹太人的谆谆教导付诸实践。《意大利日报》（种族声明正是在这份报纸上首发）8 月 24

* 即翁贝托一世大道（Corso Umberto I），意大利罗马古城中心区的一条主要街道，北起人民广场，南至威尼斯广场。

日的一篇文章追述了十年前的一桩往事，“以色列之友”因违反教会有关犹太人“背信弃义”的教导，而招致教宗的解散令。臭名昭著的反犹报纸《台伯河报》（*Il Tevere*）则用同样的标题《教会与犹太人》（“The Church and the Jews”）报道了这则故事。几家报纸纷纷使用同一标题，表明政府是安排这些报道的幕后黑手。“在所有的时代，”这份报纸写道，“历任教宗在犹太人的活动范围四周树起篱笆，像防瘟疫一样防着他们。”历任教宗“意图保护子民，不受犹太人恶德的影响”，他们采取的反犹措施远比法西斯政府正在制定的严厉。在罗列了几十条呼吁教众警惕犹太威胁的教会法规后， 314
这篇报道最后写道：“意大利种族要净化自身，永远不要被这种背信弃义的异族所玷污。”[27]

教宗派出博尔贡吉尼大使，与齐亚诺商谈这一愈发紧张的局势。齐亚诺在日记中描述了这场发生在8月下旬的会面：

> 博尔贡吉尼-杜卡在教宗的命令下，前来商讨协议的宣布事宜。至少在当前，它能够结束党和公教进行会之间的纷争。经我稍稍怂恿，他就滔滔不绝地谈起教宗。他说教宗的性格非常糟糕，不仅大权独揽而且傲慢无礼。梵蒂冈所有人都害怕他，甚至博尔贡吉尼本人在进入教宗书房时都会发抖。他对每个人都十分倨傲，即便贵为枢机也不能例外。比方说帕切利枢机，当教宗将他召来时，他必须像个小秘书一样抄下庇护的所有指示。现在他又恢复了健康。每天吃煮熟的水果和一点点肉。他还适量地喝一点红酒，并在公园里进行足量的运动。他如今已经八十二岁高龄，却依然事无巨细地运作着教会的整个行政机构。[28]

如今的意大利政府正在鼓动一场大规模的反犹宣传运动，主要倚仗一份新创的半月刊《捍卫种族》。[29] 这份刊物充斥着伪造的照片和古怪的插图，记录了犹太人和非洲人的堕落历程。第一期杂志

刊登了一张人脸，其硕大无朋的鼻子耷拉在脸上，抵住了肥硕的嘴
唇。这幅人像下方有一行标签："典型的犹太人照片，清楚地展现
出这一种族的面部特征。"[30] 这本杂志对犹太威胁的描绘，与受到
梵蒂冈认可的《公教文明》如出一辙，不过这份杂志找来的作者都
有着受人尊敬的学术头衔，为那些哗众取宠的伪科学言论增加了可
信度。[31] 比如，这份杂志表示，犹太人是共产主义与资本主义背后
的黑手；《塔木德》教导他们仇视所有基督徒，总有一天要统治基
督徒；他们永远都不会对自己居住的国家效忠；他们秘密谋划着要 315
推翻教会和法西斯党。第一期《捍卫种族》有这样一篇新闻特写，
题作《〈公教文明〉五十年论战》("Fifty Years of Polemics in *La
Civiltà Cattolica*")，在结尾处写道："教会的教条与意大利表现出
来的种族主义并行不悖。"[32]

皮尼亚蒂在8月下旬避暑归来，听闻教宗近来发表的讲话于法西斯党无碍，心里松了一口气。尽管庇护十一世曾提起种族主义的话题，而意大利大使并不反对他的讲话内容，然而皮尼亚蒂还是非常紧张。他告诉齐亚诺："我们最希望的是教宗能缄口不言。他这人酷爱高谈阔论……总是令人担心会出现最糟糕的情况。"[33]

第二十四章

种族法案

9月1日，意大利政府宣布，但凡生于海外的犹太人，只要是 316
在1919年后入籍意大利，就将被政府收回其公民身份。它还命令所有非本国公民的犹太人在六个月内离境。次日，所有犹太教师（从小学一直到大学）都遭到了解雇，因为基督徒儿童不可以接受犹太人的教导。犹太儿童也不得进入任何学校学习。犹太人遭到各大艺术、文学和科学学会的驱逐。“种族法案”规定，但凡父母属于“犹太种族”的人都是犹太人，与他们是否尊奉犹太教没有关系。

《公教文明》对这些新颁布的法案没有提出任何异议，这一点都不令人吃惊，因为自1880年以来，它就一直呼吁政府采取这些措施。然而这份刊物也迫切地想要划分界限，表明自己的反犹运动和基于血统的反犹运动不同。在它看来，犹太人给意大利造成的威胁，根源并不在于他们的生理特征，而在于他们的行为。[1] 这份杂志之所以呼吁政府对犹太威胁采取行动，“其动机完全在于为基督徒搭建合法的防线，”——此处，该文以赞许的姿态引用了先前一
篇文章——“‘抵御众多民族中的那个异族，尽管它生活在众多民 317
族之间，却是它们不共戴天的敌人’”。[2]

在反犹运动早期，法西斯媒体大量引用这份梵蒂冈非官方刊物的内容，为种族法案煽风点火，获取大众的支持，而梵蒂冈则找来这份刊物的幕后灵魂人物恩里科·罗萨来厘清这一问题。他的文章《犹太问题与〈公教文明〉》（"The Jewish Question and *Civiltà Cattolica*"）尽管没有反对新颁布的反犹法案，却反对那些为了给自己摇旗呐喊而歪曲该刊物用意（虽则该刊物推荐政府限制犹太人的权利，但其原理和血统论不同）的人。

罗萨神父宣称，世事已经证明了这份刊物的先知智慧：赋予犹太人以法律上的平等地位，不仅对基督教社会来说是一种灾难，对犹太人自己也是。赋予他们平等权利反倒为他们招致了普遍的仇视，因为他们只会利用这新获的自由，为自己积累异端的权力和财富，迫害天主教会，并且压迫基督徒。[3]

许多近乎恐慌的意大利犹太人赶忙奔向教区神父，要求他们为自己施洗。在接下来的三年里，十分之一的意大利犹太人将会宣布放弃自己的信仰。博洛尼亚的一千名犹太人中，仅在 1938 年 8 月和 9 月受洗的就有五十人之多，他们这么做乃是不顾一切要躲避迫害。[4]法西斯反犹运动踏出了决定性的一步，从理论转变为实际迫害，然而这个国家的罗马天主教神职人员却几乎没有提出任何反对意见。仅有极少数神父在个别案例中表达了批评意见，而墨索里尼则直接将其报告给帕切利枢机，这些不安分的神父就会得到管教。9 月 1 日便有这样一桩案例，帕切利接到报告，在米兰北部靠近科莫湖的一个偏远村庄，有一位神父对种族运动提出了批评意见。阿布拉莫·毛里（Abramo Mauri）住在教会的一家疗养院里，试图从神经衰弱中恢复过来。当地的修女邀请他在小礼拜堂中主持一场弥撒。一个周日，他在弥撒中抱怨道："他们已经开始给这些满脸鼻涕的三岁小孩灌输一种错误的自豪感。"在场的当地法西斯领导人非常 318
愤怒，因为他非常确定地认为神父是在影射法西斯青年团体。更糟糕的是，这位神父进而还批评了种族运动，并预测它将导致战争。[5]

墨索里尼与法西斯青年团体的孩子们，1938 年

帕切利枢机要求科莫主教对此事进行调查。[6] 在一番探究之后，主教向帕切利保证，这位神父针对“满脸鼻涕的小孩”的言论遭到了误解。他表示，这些话实际上指的是被溺爱的母亲所惯坏的儿童。但是主教无法解释神父为什么要批评种族运动，因此他只能命令毛里永远不得在教堂中布道。[7]

* * * * *

与此同时，欧洲也在一步步跨入战争的泥潭。9 月 1 日，希特勒要求捷克斯洛伐克将使用德语的苏台德地区（Sudetenland）割让给第三帝国。法国则开始动员其部队。

在罗马，在一边旁观的美国大使威廉 · 菲利普斯愈发感到担忧。

墨索里尼于 7 月发表的种族宣言震惊了美国，并引起美国国务院的 319
警惕，因为这是墨索里尼试图让意大利与纳粹德国共命运的最新迹象。在菲利普斯眼里，没有多少人能够阻止这一灾难的发生，而其中最有可能的便是教宗。7 月 20 日，当教宗发表演讲，批评领袖模仿希特勒的猴急样时，他曾兴奋地向华盛顿发送报告，可是一个月之后，当读到《罗马观察报》上支持限制犹太人的文章时，他知道他的希望落空了。然而，他还没有彻底放弃，也许教宗是受了什么人的摆布。

当 9 月初宣布最新的种族法案并将犹太儿童与教师都逐出学校时，菲利普斯要求面见梵蒂冈国务院中唯一一位美国神父，约瑟夫·赫尔利（Joseph Hurley）。过去两人曾多次会面，由于美国没有正式的驻梵蒂冈大使，菲利普斯便倚仗赫尔利来获知梵蒂冈内部发生的大小事情。[8]

当天晚上，两人在美国领事馆会面，大使二话不说就直奔主题。新颁布的反犹法案令他和美国政府都惊骇不已。他们不仅自己已出离愤怒，还会引导美国民众反对意大利政府。在菲利普斯看来，反犹运动只是局部，反映的是一个更为庞大且令人担忧的整体局势。墨索里尼身边都是溜须拍马之徒，他拒绝会见那些可能给他带来不同观点的外国使节，并逐渐失去了现实感。如果事态进一步恶化，菲利普斯告诉赫尔利，“梵蒂冈也许有办法，通过审慎地介入意大利政府，来避免全面战争的灾难发生”。[9]

菲利普斯提议，如果教宗能够出言谴责新颁布的种族法案，那么作为回报，美国民众会对他好感大增，由此“解除新教派别对梵蒂冈的反对意见”。美国政府则由此可以跟梵蒂冈建立正式的外交关系。几十年以来，圣座都试图从美国获得这种认可，但迄今的美国政治局势都令这一计划难以实现。在美国人口中占据多数的新教徒持有反天主教偏见，此外，他们认为梵蒂冈其实是个宗教组织，
而非一个主权国家，所有这些因素都妨碍着双方的努力。[10] 次日， 320

赫尔利将菲利普斯的意见转达给了帕切利。

三天后，庇护十一世接见了比利时天主教电台的员工。美国大使的建议还清晰地印刻在他的脑海里，他决定抛开顾问的意见，听从自己内心的主见。当他拾起最新的种族运动话题时，他的声音充盈着情感，泪水涌上他的眼眶。“每一次，当我读到‘我们的父亚伯拉罕的牺牲’时，”教宗说道，他所指的是神父在弥撒时使用的一句祝福，“我都深深地受到触动。”他的声音开始颤抖。“基督徒绝不可能参加反犹运动。我们承认人人都有自卫的权利，有权采取必要的行动，来保卫自身合法的权益，然而我们不能认可反犹主义。在精神上，我们都是犹太人。”[11]

这番话正是莱多霍夫斯基、塔基·文图里、博尔贡吉尼以及帕切利最怕听到的言论。他们想方设法地限制这番话造成的破坏。当《罗马观察报》刊登教宗的讲话时，该报完全没有提及教宗关于犹太人的沉痛之言。[12] 教宗讲话的次日，一份警方情报报告清晰地显示出，个别天主教徒注意到梵蒂冈日报不寻常的沉默。这份报告写道：“许多天主教徒完全赞同教宗最近替犹太人说的话，却不知道如何解释梵蒂冈日报的沉默。它是唯一一份不受意大利政府审查的报纸，却没有在部长会议的决定后回应这一话题。他们认为这一沉默十分古怪。”[13]

帕切利和副国务卿多梅尼科·塔尔迪尼到底如何让梵蒂冈日报忽略教宗的爆炸性言论，这一问题如今仍然是一个谜。这几个月中，帕切利应当保留了他与教宗会面的记录，然而奇怪的是，这些记录的大部分内容都不包含在向研究人员开放的梵蒂冈机密档案中。

* * * * *

墨索里尼认为，意大利是个软弱的民族。他必须要让人们强
大起来。10月初，在通过附加种族法案的法西斯大议会上，他解 321

释道："我有责任苛责意大利人。我知道在某些角落里，有一些好逸恶劳的人，但他们不过是这个民族的边缘人群。我们会把他们剔除掉。" [14]

在许多意大利人眼里，墨索里尼具有许多神明般的品质，但是在崇拜的感情之外他们对他也有一些恐惧。法西斯文化研究院的两位会员离开总部时，撞见了年老的看门人，其中一位开玩笑地用手指着另一位，并跟糊里糊涂的看门人说："你看到那个人了吗？他是个长生不老的人。"

"你是什么意思？"老人回答道，"没有人长生不老！"

"啊！我明白了！所以你认为墨索里尼也总有一死！"

"我可没这么说！"害怕的看门人抗辩道。[15]

大约在同一时间，外交部部长齐亚诺接待了一位访客，希特勒常派他给墨索里尼传信，此人便是黑森亲王菲利普（Prince Philipp of Hesse）。当年早些时候，正是黑森亲王亲手带来希特勒的信函，将纳粹德国即将入侵奥地利的消息告知墨索里尼。黑森亲王乃德意志皇帝的嫡孙，英国维多利亚女王的曾孙，自 1930 年便加入了纳粹党。他做了大量工作，使得德国贵族支持纳粹党的事业。当天抵达齐亚诺办公室的时候，他显然十分难堪。他解释说，自己此行是为了一件私事。1925 年，黑森亲王迎娶了维托里奥·埃马努埃莱的女儿，他的岳母海伦王后要求他代表王室向领袖说情。他们希望种族法案能够对他们的犹太医生网开一面。齐亚诺在日记里写道："看来王后对驱逐令动了肝火，而且国王虽然信任医生，却不敢跟领袖提出这个要求，所以只能倚仗我来友好地出面调停。"看到这位焦虑的德国人如此低声下气，齐亚诺高兴地笑了。如果他向元首提及黑森亲王的请求，希特勒会有什么反应？他大声说出自己的疑惑，而黑森亲王的脸上迅速失去了血色。[16]

9 月初，庇护十一世让塔基·文图里起草一封写给墨索里尼的信，要求将受洗的犹太人排除在种族法案之外。教宗同意了初稿，并补 322

充了一些内容。他指示耶稣会特使，要告诉墨索里尼，意大利的种族法案很有可能“招致全世界犹太人的报复行动”。[17] 几天后，塔基·文图里给墨索里尼带去的教宗信函则言辞更为尖刻。教宗表示，作为一名意大利人，“他眼见着意大利整个审慎明辨的历史都被遗忘，反而向德国的反犹浪潮开启大门，感到真切的难过”。[18]

然而，当第一批种族法案得到公布时，最令教宗感到难过，也最令教宗身边的人感到不安的，便是这些法案不仅影响了意大利的犹太人，而且也适用于从犹太教皈依天主教的犹太人。

9 月 20 日，当塔基·文图里拜见过教宗之后，他像往常那样准备了一份文件，向墨索里尼传达教宗的意愿。他写道，那些展现出特殊美德（尤其是在第一次世界大战服役）的犹太人，并不在新法案管辖的范围内，教宗对这一例外感到欣慰，但他想知道为什么那些“与犹太教堂划清界限，要求受洗的”犹太人不能被网开一面。教会“希望每一个人都痛恨犹太人的背信弃义，并且抵制犹太教的迷信，让他们的孩子永远都不会忘记这些”。教宗特使补充道，那些皈依天主教的犹太人处境尤其危险，因为除了种族法案以外，他们的族人也对他们避之不及，认为他们都是叛徒。

塔基·文图里认为，墨索里尼一方面为那些服役的犹太人网开一面，一方面却不饶恕那些投身天主教的犹太人，这种做法完全是说不通的。前者的美德“并不如后者伟大，因为只有弃绝曾经的盲目与过错的劣根，一名犹太人才能变成真正的基督徒”。[19]

在政府发布种族法案之后，大量犹太教徒和已皈依天主教的犹太人向意大利各地的主教寻求帮助，但是主教也不确定教宗期望他们如何回应，于是便用雪花般的信函轰炸了梵蒂冈，希望得到上级的指导。9 月下旬，在一封具有代表性的信函中，都灵大主教谈及了这点。要是他们以为能够得到帮助，那么他们就错了。他在信中报告道：“我必须像往常那样克制自己，告诉他们保持冷静，等候进一步的规定，要相信政府，诸如此类。”但是，即便他能打发掉 323

犹太人，那些抛弃犹太教的天主教徒也受到了犹太人的对待，他仍觉得自己无法以同样的方式面对他们。他写下这封信，正是出于这番缘由。

塔尔迪尼在回信中表示，自己已经将大主教的信转达给教宗，并承诺一定会提请政府注意都灵大主教提及的案例。他让塔基·文图里着手处理这个问题。[20]

意大利犹太人的孤立感变得愈发强烈。时年十九岁的普里莫·莱维（Primo Levi）是都灵大学的一名学生，他在作品中回忆起种族法案颁布的最初几个月："我的基督徒同学都很有礼貌。他们和学校的教授从来不用敌意的话语或姿态针对我，但是我感到自己与他们愈发疏离……他们和我交换的每一个眼神都伴随着少许尽管微小但能够察觉到的畏缩与怀疑。你们是怎么看我的？我对你们来说算是什么？就像半年前你们当中那位不做弥撒的同胞一样，还是只是一个犹太人？"[21]

一位犹太女性在9月的日记中描写了整个家庭的处境。她的丈夫是一位科学家，他感到非常沮丧：他近来收到一封信，里面退回了他投给杂志的一篇文稿。他的妻子记载道："编辑连同稿件退回的，还有一些令人难堪的话，'这篇文章没办法刊登了，非常遗憾'，诸如此类。然后他打开了下一封信。'科学院院长根据最近收到的相关指示，建议将他的名字从会员的名单中删除'……令人害怕的空虚感再次侵入他的体内，横扫他的心灵。突然间，他第一次发现，活下去的唯一真正的理由已经被剥夺掉了。"[22]

在另一户犹太家庭，一位小女孩拒绝离开自己的房间，不想再吃任何东西。那本该是她上学的第一天，但是她没有办法与其他女孩子分享这一喜悦，因为她是个犹太人。母亲在日记里写道，她心烦意乱地进入女儿的房间，"她的心已经提到了嗓子眼"。她这样描述那个场景："年轻人的眼泪总是难以抹干……房间显得特别安静、空旷。然后我看到了她，横躺在床上，陷入了睡眠。她的脸颊依旧 324

湿润，她的手里依然攥着手帕，她的疑问依旧在这个沉寂的房间回响。”[23]

* * * * *

3月吞并奥地利之后，纳粹党人如今威胁要拿下捷克斯洛伐克的苏台德地区。9月12日，希特勒在纽伦堡的一次演讲中发誓，如果捷克斯洛伐克不主动奉上这片土地，那么德国将用武力夺取它。[24] 恐慌在欧洲散布开来。9月下旬，六十万人因为担心德国即将入侵而逃离巴黎。

在这番疯狂的混乱中，领袖抓住了一个难得的机会。英国首相内维尔·张伯伦（Neville Chamberlain）邀请他出席慕尼黑的一场和平会议，帮助调解苏台德地区的争议。

法国、英国、德国以及意大利的领导人于9月20日抵达会议地点。壮实的墨索里尼身穿贴身军装，下巴前伸，面部表情宛若恺撒，各种举动仿佛他（而不是希特勒）才是地主。同样身穿军装的齐亚诺则跟在岳父身边。张伯伦身穿一套华丽的西装，眉毛浓密，面部轮廓俊朗，双手因风湿病而蜷曲着，整个形象犹如英国邮票上的贵族外交官。穿着西装的希特勒则十分拘束，脸色有点苍白，老是动来动去。他不通外语，所以只能依靠墨索里尼，因为在所有政府首脑中只有他帮德国人说话。[25]

一张会议的照片显示，墨索里尼身穿浅色军服，头顶剃得干干净净，面带威胁地看着张伯伦，而后者则身穿深色西装和高领衬衫，似乎努力想要说服墨索里尼。对墨索里尼来说，这位打雨伞的英国首相，代表着法西斯政府试图打败的陈旧价值观念。“我可不想在我周围看到雨伞，”他曾经说过，“雨伞是资本主义的残骸，是教宗士兵挥舞的武器。打伞的人可没法建立帝国。”[26]

当领袖在慕尼黑谈判时，教宗来到梵蒂冈电台，在节目中祈 325

求世界和平。他使用的语言并非拉丁语，而是意大利语，因为他迫切想让民众消化他的意图。当向“所有天主教徒以及整个宇宙”发表讲话时，他的双眼已经因为泪水而红肿。“在我们的世界上，有数百万人活在战争、史无前例的屠杀以及家园沦为废墟的恐惧中，”他在广播中说道，“我们都有一颗父亲的心，能够体会那么多孩子的担心和恐惧，我们邀请主教、神父、宗教团体成员，以及所有信徒加入我们的行列，以最坚持、最具有希望的心，祈祷正义与仁慈能够维护和平。”[27]

回到慕尼黑的会议，墨索里尼推出了他的和平方案，或者更准确地说是推出了希特勒的和平方案，并将其占为已有。会议的结果允许德国占领苏台德地区。英法两国政府这一丢脸的绥靖行为，换来希特勒答应不再进一步扩张。此次会议并没有邀请捷克斯洛伐克的代表，却将这个国家一分为二。

墨索里尼返回意大利时受到了英雄凯旋般的欢迎。在火车铁轨两旁的田野里，农夫双膝跪地，迎接这位给欧洲带来和平的伟人。此时离种族法案的宣布已经过去一个月，而这件事不过是众多证明墨索里尼依然受大众欢迎的迹象之一。[28] 至于希特勒，他的战争要等到次年才会正式打响，但是他从这场和平会议里面获知了一个重要的信息。1939 年 8 月，当准备派兵攻打波兰时，他告诉手下的几位将军：“我们的敌人都是些小蠕虫。我在慕尼黑见识过他们的德性。”[29]

米兰的舒斯特枢机便是一个极力为墨索里尼歌功颂德的人。在一封热情洋溢的公开信中，他声称“意大利之所以自豪，是因为领袖为和平做出了如此宝贵的贡献”。他建议建造一座新的教堂，献给墨索里尼在和平一事上取得的成功。听闻这位大主教的提议后，教宗破口大骂。“简直是一场灾难！”他朝塔尔迪尼大呼小叫，“我怎么也不敢相信！我原以为他不至于蠢到这个程度！”[30]

回国几天后，墨索里尼在法西斯大议会上处理了几个反对种族

米兰大主教伊尔德方索 · 舒斯特枢机（右）与墨索里尼

法案的“顽固分子”。他坚称这个国家的反法西斯残党都是犹太人。 326
领袖被教宗的批评刺痛，认为庇护十一世是“对天主教会的未来贻害最大的一任教宗”。[31]

在会议结束后不久，领袖自负地告诉克拉拉 · 佩塔奇，教宗简直是一场“灾难”。“如今，只有我们，也只有我还支持这个教会……而他却做出这么无耻的事情，就好比在说我们都是犹太人。”领袖已然陷入了狂怒的情绪。“你都不知道他们造成了多大的麻烦，”他告诉克拉拉，尽管后者对这件事不感兴趣，“他令所有天主教徒感到失望，他总是发表一些用心险恶、令人震惊的演讲。总而言之，他作恶多端。”领袖继续一边思索一边说道，历史上被称为庇护的教宗都伴随着不幸的事件，他们都带来了灾难。庇护六世和庇护七世被拿破仑赶出了罗马城；庇护九世丢掉了罗马和教宗国；庇护十世眼看着整个欧洲爆发战争。“他正在失去整个世界，如今他还冒险毁灭他在意大利拥有的一切。啊，真是一场彻头彻尾的灾难。”他最后说道，身为一名天主教徒，“我不得不说，想要找出一位比他更差的教宗，并不是一件容易的事情”。[32] 327

法西斯大议会通过了种族法案，《公教文明》则将其连同官方的解释全文刊登，不作任何评论。政府声称：“犹太因素领导着一切反法西斯力量”，因此我们急需进一步对付他们的措施。法西斯党绝对容不下犹太人党员；他们不得拥有或管理雇员超过一百人的企业；他们不得拥有五十公顷以上的土地；他们不得在意大利军队服役。政府将很快公布其他措施，在专业领域对他们进行限制。政府将为犹太人建造特殊的中学，以补充现已得到批准的犹太人小学。[33]

教宗对种族法案发表的新一轮见解令齐亚诺十分担忧，但是当他得知一切仍将相安无事时，又松了口气。意大利驻梵蒂冈代办告诉他，只要新颁布的法案不把那些从犹太教皈依天主教的教徒当成犹太人，圣座就不会提出任何反对意见。梵蒂冈还强调政府不应当违反宗教事务协约的规定：其条款清楚无误地规定，但凡教会许可的婚姻关系，国家必须予以认可。这位意大利外交官告诉齐亚诺：“大议会的种族公告中，教会反对的只有这一条而已。”[34]

新种族法案发布当天，多梅尼科·塔尔迪尼留有一份笔记，确证了对教宗立场的这番解读。“今天晚上，在圣父的授意下，”他写道，“《罗马观察报》将刊登一篇短文，表达一些关切，并希望未来的法案能够打消我方的疑虑。”[35]

在教宗眼里，新颁布的种族法案是一项更为庞大且令人心忧的 328
谋划的缩影。墨索里尼并不打算建立一个忏悔的国度，也不希望法西斯党被天主教价值观渗透，实际上他想要另立门户，建设法西斯党自己的宗教。9月中旬，庇护十一世在接见一群法国工会成员时，道出了自己的关切。庇护十一世说，有些人认为一切都应当属于国家，他们愿意接受国家的极权统治。这样的观点太过荒谬。“如果世上应当有一个极权政府，”他对他们说，“其极权统治具有事实基础和正当性，那么这个政府只能是教会，因为所有人都完全归属于教会。”[36]

教宗甚至开始质疑，他是否应该继续支持墨索里尼和法西斯政权。尽管他的脱稿讲话依然令法西斯官员以及梵蒂冈顾问提心吊胆，但是他对具体反犹措施的反对声音依然相对克制。教宗身边的人显然不反对这些措施。意大利代办卡洛·费恰·迪·科萨托将梵蒂冈高层官员的看法透露给墨索里尼和齐亚诺，他们认为近来的种族法案，“总体上而言并没有在梵蒂冈引起反对声”，唯一的反对意见在于，种族法案侵犯了教会对合法婚姻的界定权利。“我从国务院非常事务部代部长蒙蒂尼蒙席那里确证了这些观点，尤其是圣座最关心的（尽管不是唯一关心的）改宗犹太人的婚姻问题。”

科萨托还就耶稣会士的问题补充了一条，呼应了皮尼亚蒂早先的建言。他解释道：“尽管其学说原理与我们有所不同，但耶稣会士向来都是坚定的反犹人士。”但鉴于他们不允许自己在台面上与教宗意见相左，科萨托建议道，最好让耶稣会在不引人注目的前提下妖魔化犹太人，因为“无论在暗处，还是在实际层面，他们都曾是我们最好的盟友，未来也许可能还是我们最好的盟友”。[37]

同一天晚上，科萨托会见了罗萨神父，后者论“犹太问题”的最新文章刚刚在《公教文明》上登载。罗萨告诉他，自己这篇文章得到了梵蒂冈的授意，“目的是打消读者可能持有的错误印象，错 329
以为耶稣会总是全面支持法西斯政府采取的种族措施”。不过同罗萨谈话之后，科萨托又打消了自身的疑虑，他告诉齐亚诺：“直到今天，耶稣会士仍然具有鲜明且根本的反犹信念。”[38]

* * * * *

在参加10月初法西斯大议会前不久，齐亚诺喊来了教宗大使，向他展示自己从近期一场圣体大会处收到的报告。博尔贡吉尼在纸页上看到了墨索里尼标志性的彩铅记号。好些与会神父发表了批评意见，令独裁者非常不满，其中有一则令他格外生气。那位神父警醒道："天主必将惩罚德意志人民，以及所有踏上他们道路的人。"齐亚诺表示，虽然领袖不想和教会发生冲突，但是教宗必须明白一件事情，除非他能封住这些神父的嘴，否则政府将被迫采取行动。

大使向齐亚诺保证："如果再出现言语不节制的情况，我们必将最先提醒神职演讲者注意他们身上的责任。"然而教宗并不赞同大使这番怯懦的观点。几天后，当庇护获知这些神父"不节制"的言论时，他惊呼："Benissimo！ Giustissimo！"（"太棒了！说得太对了！"）他还补充道："得有人站出来说这样的话！"

在同一场会面中，博尔贡吉尼还向齐亚诺转达了教宗的请求，希望墨索里尼能代表教会与希特勒协商。教宗心痛地得知，纳粹对教会的迫害也延伸至奥地利和苏台德地区。"很明显，除了总理阁下以外，再也没有人能对希特勒施加影响，"大使告诉齐亚诺，"我恳请您告诉墨索里尼阁下，只有他能够让元首停止迫害行动。"

然后，博尔贡吉尼又转向了贝加莫法西斯党头目的问题。他的这番话有着独特的价值，因为它们指向墨索里尼在8月中旬与教会达成的秘密协议，墨索里尼通过在公教进行会利益问题上的让步，换取教宗认可意大利的种族法案。"我要求部长［齐亚诺］处理好贝 330
加莫的事情，"大使后来向帕切利报告说，"因为他的上级已经承诺在9月底撤除此人的职务，但他如今依旧在职。"[39]

墨索里尼意识到自己还没有兑现全部的承诺，于是他召来了塔基·文图里。他表示，贝加莫一事已经耽搁了太久太久，用他绘声绘色的语言来说，就是久得已经长出了“la barba troppo lunga”（“一大把胡子”）。[40] 他会立即撤除这位地方法西斯头目的职务，与此同时，他希望教宗能够开除贝加莫公教进行会委员会的四名成员，因为他们曾经是人民党活动分子。[41]

当庇护十一世得知领袖的诉求时，表现得非常惊讶，原来有这样过往的人依旧藏身于公教进行会的领导层。他原以为他们已经全部被肃清了。[42] 教宗立即下令开除这四名成员，反倒令塔尔迪尼颇为讶异。10 月 14 日，贝加莫的报纸刊登了四位委员会成员辞职以及贝加莫法西斯党头目被撤职的新闻报道。[43]

教宗的情绪起伏依旧剧烈，这与他的健康状况也有所关联。他时而抑郁或暴怒，消停后会有几天显得相对温柔。10 月初，当他让塔尔迪尼写信处理一桩米兰修道院的事宜时，教宗开起了玩笑：“修士之事！有句俗话说得很对，‘那些身穿白罩衣头戴兜帽的家伙，从来说不出什么好话！’”[44] 几天后，他命下属在维也纳物色一名年轻神父，让他记录当地发生的事情，并向梵蒂冈提交秘密报告。他口吐妙语：“如果我还年轻，我可是很乐意接受这样的差事！”[45]

但是教宗的情绪也可能急转直下。当塔尔迪尼向他报告贝加莫新任法西斯党头目已经拍马上任时，他补充说自己希望当地的情况能有所改善。“如果他们再收走一张 [法西斯党] 党员证，”教宗的回答中又显露出过去暴躁的脾气，“我会积极介入此事！我会让它变成丑闻！我会让全世界都知道！收走党员证就意味着收走面包。”他越讲越激动：“我会给法西斯好看！人的年龄可不是虚长的！老 331
家伙总是能倚老卖老，我打算好好利用这一点！”[46]

如果说病弱的教宗对墨索里尼感到不满，那么他对本国同胞也同样不抱信心。10 月中旬，当教宗与塔尔迪尼谈及新颁布的种族法案时，教宗说道：“意大利人不过是一群绵羊。”然后他进一步说道：“在这一点上，我们倒不必对墨索里尼感恩戴德。”[47]

第二十五章

最后的战役

那个曾经帮助教宗秘密起草种族主义通谕的古斯塔夫·贡德拉 332
赫，如今已经回到了罗马，但他并不开心。9月，他与两位同仁将草稿交给了莱多霍夫斯基，以为耶稣会总会长会直接将它转给教宗。《种族科学家宣言》的刊登以及第一批种族法案的宣布，令他们坚信教宗想要尽快看到他们的初稿。然而，贡德拉赫却得知，耶稣会总会长将草稿的“删节版本”寄给了恩里科·罗萨神父，于是他急忙通知美国同仁，并让他将这一切告诉教宗。“你原本希望这份文件可以不经他人之手，这一希望如今落空了，”他告诉拉法奇，“你对老板（莱多霍夫斯基的代号）的忠诚没有获得回报。事实上，你对老板的忠诚可能阻碍了你对费希尔先生（他们给庇护十一世起的有趣代号）的忠诚，最终会让你受到斥责。”他最后说道：“与此事无关的人士，可能会认为费希尔先生直接将任务托付给你，而你做的这一切，无论是行动拖拉还是出于策略或外交的缘由，都是对这项任务的蓄意破坏。”[1]

333

* * * * *

希特勒在意大利的胜利之旅令许多美国人对领袖的印象大打折扣。如今，意大利又落实了种族法案，墨索里尼在美国的名声已然跌至谷底。意大利驻美国大使馆发给罗马的长篇报告记录了这个跌落的过程。“众所周知，美国天主教徒（始自教会高层，其中芝加哥大主教芒德莱恩枢机最具有代表性）从一开始就对纳粹官方的反天主教姿态以及某种程度上的反基督教姿态持有敌意，其怒火也是愈燃愈烈。”大使馆在报告里写道，种族法案的落实以及近期的意大利公教进行会纷争，“使得美国人更加担心意大利教会的未来，因为对于洞察力有限的公众而言，意大利教会对法西斯和纳粹一视同仁……在公众眼里，两者都是不太受欢迎的极权政府”。[2]

法西斯政府和美国政府之间的关系也在迅速恶化。意大利各家报纸无意尝试改善局面，并指控美国受到了犹太人的主宰。他们列出了一份几乎全部是犹太人的名单，声称它很有可能是下一届的美国内阁名单，总统由伯纳德 · 巴鲁克（Bernard Baruch）担任，副总统则是阿尔伯特 · 爱因斯坦（Albert Einstein）[3]，列昂 · 托洛茨基则被列为国防部部长——他既不是美国人，也不住在这个国家的事实似乎并没有给这份名单的遐想造成什么阻碍。[4]

* * * * *

墨索里尼规划的新婚姻法也令庇护十一世感到心烦意乱，因为它将禁止受洗的犹太人同其他天主教徒结成连理。他要求大使准备一份正式的意见书。[5] 教宗在脑海里构想的是一篇表达天主教原则的陈词，但博尔贡吉尼认为它应当包含更多的内容。梵蒂冈需要给种族法案的起草提供指引，这样它才不会与教会的教导相抵牾。大使说："我们必须提议一条出路。否则政府……凭自己可没办法找到出路。然后，一场大断裂毫无疑问将会发生。"[6] 在接下来的几周里，教宗大使会尽一切可能防止这场大断裂的发生。 334

博尔贡吉尼的初稿敦促政府在制定新法律时不要忽视"宗教因素"。"政府有必要将一般的犹太人和皈依天主教的犹太人区别开来，因为这些胸怀勇气和英雄主义的人已然同自身的民族根源彻底决裂。"[7]

为了让自己的提议更好被墨索里尼接受，他还偏离主题，表示梵蒂冈实则支持种族法案的抱负。"当然了，无论是出于道德的原因抑或健康的原因，[天主教会]会诉诸所有可以利用的手段，反对白人与黑人的联姻以及任何不同种族之间的结合。[8] 由此便可避免混血儿的诞生，他们会将两个种族的缺点集合到自己身上。"但是，"教会也不能将劝阻之举变成绝对的禁令"。

博尔贡吉尼给出了两个妥协方案。不符合种族法案的婚姻关系，可以通过国王的权力而得到豁免。或者换一个方案，新的法案可以增加一个条款，对于那些与法案相冲突，却受到宗教事务协约第三十四条（宗教婚姻具有民事效力）管辖的婚姻关系，只要得到教宗的审定和许可，便可以被法案所接受。[9]

教宗召来了塔尔迪尼和塔基·文图里，对往后的策略进行商讨。塔尔迪尼提及，但凡批评种族主义文章都遭到了政府的禁止，即便只批评德国种族政策也不能幸免。"但是这一切根本就是耻辱！"教宗说道，"我以意大利人而不是教宗的身份感到无地自容！意大利人民已经成为一群愚蠢的绵羊。我要大声说出我的意见，不惧怕任何后果。宗教事务协约对我来说意义重大，但是它绝没有我的良知重要……这些人全部都变成了法里纳奇。无论是作为教宗，还是一名意大利人，我都感到彻头彻尾的失望！"

可是当风暴（这是塔尔迪尼形容教宗发怒的用语）过去之后，执着的塔基·文图里不合时宜地拿出了一张教宗的照片，要求他签

名题献给墨索里尼的儿子布鲁诺（他将在几天之后举行婚礼）。教 335
宗说道："我可没兴趣在墨索里尼的姓氏下签上我的名字！"但他最后还是给那张照片签名了，而塔基·文图里也一早就预料到了这个结局。[10]

事情谈妥之后，庇护十一世和耶稣会士开始追忆往昔。塔尔迪尼回忆道："两人都已经老了，一位八十二岁，另一位七十七岁，却依然矍铄而睿智。"他们旁征博引《旧约》和《新约》的典故，为旧相识的轶事开怀大笑，其中好多人已经与世长辞。[11] 这种轻松的玩笑话是教宗很少与他人分享的。

那天晚些时候，塔尔迪尼、塔基·文图里和博尔贡吉尼相聚在多梅尼科·约里奥（Domenico Jorio）枢机的公寓里。[12] 作为礼仪及圣事部部长，约里奥负责管辖婚姻章程。教宗要求他们从僵局中求得出路，于是他们想出了一个方案，并得到了教宗的首肯。教宗大使与塔基·文图里将尝试说服政府官员，他们绝不愿意"在明显有出路可走的情况下，为了个别鲜见的[跨族婚姻]案例"而令圣座与政府的关系破裂。他们会取得拟定法案的复本，"并尝试给出恰当的修改建议"。[13]

可是当塔基·文图里提出同墨索里尼会面时，领袖拒绝了这一要求，让他把想说的话付诸文字即可。[14] 因此，耶稣会士便给领袖寄去了一封信，他在信中声称天主教会长久以来一直都反对混合婚姻。它们"非常稀少，之所以得到容忍，完全是因为人们的良知"。他向墨索里尼保证，为了同领袖达成和解，教宗愿意再退一步："圣父愿意做出承诺，这类婚姻将进一步减少，并且必须得到教宗的直接审批才可以缔结。"

塔基·文图里如此不顾一切地试图达成交易，不仅让教宗直接参与到了种族运动之中，并且掩盖了一处关键的区别：它不仅对教会至关重要，而且也是梵蒂冈在种族法案一事上的核心争议。教宗提出反对意见，并不是因为墨索里尼禁止了教会眼里的"混合婚姻"

（即犹太人和天主教徒之间的异教通婚），而是因为他禁止了教会内部的异族通婚，即婚姻一方曾是犹太教徒，或者有一位犹太家长。 336

这位耶稣会士还用他信函的最后一页为领袖歌功颂德。在信的末尾，他将自己形容作“一个热爱您和祖国的人，一个自觉无法背叛您和法西斯党（我的这番话绝无任何夸大之词）的人”。[15]

但是这一提议没能打动墨索里尼。令人生畏的内务部副部长圭多·布法里尼将如下消息传达给他们：领袖绝不会允许教宗给混合婚姻网开一面；他也绝不会让国王批阅这样的请求。[16]

*****

10 月下旬，领袖在罗马接见了纳粹外交部部长约阿希姆·冯·里宾特洛甫。里宾特洛甫此行是为了说服墨索里尼，德意日三国签订军事协定的时机已然成熟。[17] 尽管里宾特洛甫好话说尽，但他依然感觉到，墨索里尼对签署这样正式的军事联姻仍抱有疑虑；于是里宾特洛甫向他保证，有了德国的相助，总有一天，整个地中海将成为意大利的内海。不过有趣的是，在这场会面中，墨索里尼话语中的刺耳音符都同教会和教宗有关。他告诉德国外交部部长，纳粹对天主教会发动接连不断的攻势，对三方签订军事协定造成了重大的阻碍，因为在这种情况下签订协定，会令法西斯党失去意大利民众的支持。他建议在签订这份协定之前，德国政府应当想方设法与天主教会和解。墨索里尼表示，如果德国人在这方面与我们达成共识，那么与纳粹的结盟“将会大受欢迎”。教会与德国之间的冲突也将不复存在。他说道，自己近来同教宗的关系也非常紧张，他担心教宗会出面谴责这一协定，而那将置意大利天主教徒于“非常尴尬的境地”。[18]

齐亚诺在日记中以冷冰冰的措辞描绘了自己与冯·里宾特洛甫在罗马大酒店举行的会面。“他已经对战争如痴如醉，”他写道，“他 337

想打仗，一场属于他的战争。他并没有一个打仗的大体计划，也从没有谈及过它。他不将任何国家树立为敌人，也不显露任何目标，然而他想在三四年内发动战争。”当齐亚诺就军事联盟一事与里宾特洛甫进行磋商时，墨索里尼示意他应当推迟这一盟约的公布时间，“尤其是因为天主教人群具有强烈的反德情绪”。[19]

意大利的反犹运动在海外吸引了大量的负面关注，考虑到梵蒂冈与法西斯政权的密切关系，教宗认为自己也处境不佳。塔尔迪尼警醒教宗，不要试图同墨索里尼合作制定一份双方都能接受的反犹法案文本。因为这样的合作会打开批评的泄洪闸，令大家指控梵蒂冈在反犹运动中与意大利政府相互勾结。他建议，教会最好把这一切留给政府去做。假设墨索里尼一意孤行，那么梵蒂冈可以一边谴责其条款违反了宗教事务协约第三十四条，一边从受到影响的婚姻关系极为稀少的事实中求得安慰。他告诉教宗，最重要的是，宗教事务协约的其余部分依然生效。[20]

教宗一开始同意了他的建议，但是其他人都劝说他与独裁者进行合作，这番压力使他无法听从塔尔迪尼的建议。[21]

10 月 29 日，教宗避暑宅邸门前的广场上聚集起人群，他们希望能在庇护十一世离开时得到他的降福。那是一个寒冷的刮风天，冰冷的雨水混杂着冰雹和雪花，将信徒们驱赶到邻近商店的屋檐下。当雨夹雪停止时，教宗出现在宅邸的小阳台上，人们又急匆匆地赶回广场。这将是他最后一次在冈多菲堡现身。[22]

一个月前，帕切利枢机依然按照惯例前往瑞士度假，令各国驻梵蒂冈使节颇为吃惊。[23]10 月 30 日周日早晨，他搭乘夜车回到罗马，
并径直从火车站来到教宗的办公室。[24]已经到场的塔基 · 文图里报 338
告了法案一事的最新进展。教宗同意让他做最后的努力，与墨索里尼磋商寻求一个友好的解决方案。[25]

为了同领袖搭上线，耶稣会士给布法里尼送去了一张字条。字条写道，天主教会向来都支持政府，但是如果政府不打算与梵蒂冈

达成共识，便颁布新的种族法案，将会给这一关系造成巨大伤害，圣父对此感到十分痛心。它将给“操着各种语言、流着各族血脉的反法西斯人士带来无上的喜悦”。教宗相信，双方仍有充足的时间对新婚姻法进行协商，找出“令双方都满意的”措辞。[26]

尽管庇护身体不适，但在接下来的几周里，他多次接见塔基·文图里、帕切利和塔尔迪尼，为进入最后阶段的白热化协商提供指导意见。11 月 2 日，他们终于获得了法案的草案复本，在教宗的命令下，那个曾经在约里奥枢机的公寓召开会议的小团体再次碰头商议。

这份草案的第一条规定：“任何其他种族不得与意大利雅利安公民缔结婚姻关系。”为了安抚梵蒂冈，墨索里尼添加了第七条，列举了可以网开一面的婚姻关系：仅允许如下例外情况，即将死亡或设立嫡嗣。[27]

塔尔迪尼搬出早先就向教宗提过的建议：梵蒂冈应该以官方的姿态反对新法案背后的种族主义原则，并让全世界知道，梵蒂冈同这份法案的起草没有任何关系。

然而，其他人都对塔尔迪尼的恳求提出反对意见。教宗大使博尔贡吉尼担心这么做会令梵蒂冈与政府决裂，他提出的建议是：由己方宣布新法案与宗教事务协约相冲突，但如果该法案得以施行，那么己方则不要公开反对。这样，他们便得以继续在幕后游说，寻求他们想要得到的条款变更。[28]

后来，塔尔迪尼在报告中写下当天的进展：“教宗大使的主要关切显然是避免让圣座与意大利政府发生冲突。既然圣座的任何声明或者抗议（无论措辞多么缓和）都有可能被国内外（尤其是国外）
反法西斯政敌所利用，方便他们在教会与政府之间挑起冲突，那么 399
教宗大使只能设法对法案进行恰当的修改，使得圣座无需提出任何形式的抗议。”

博尔贡吉尼回忆起法西斯大议会在 10 月 6 日做出的声明：混合婚姻所生子女如果信奉其他宗教（即天主教），那么法律将不会视其为犹太人。如果梵蒂冈能够说服政府，将这一条款加入新法案，那么它将大幅减少受新法案影响的天主教徒夫妇。教宗大使认为，这足以让圣座允许新法案生效而无需提出任何反对意见。

但是教宗没有答应，因为依据这样的条款，那些从犹太教皈依的天主教徒依旧被视作犹太人。他坚持要求新法案将与天主教徒结婚的改宗犹太人也列入例外情况。[29]

塔基·文图里将修改方案带给布法里尼，不过他其实明白，教宗的提议不可能得到独裁者的首肯。在塔基·文图里的旁观下，布法里尼一边阅读修订文本，一边摇着头。他表示自己不会将其呈送给领袖，因为这只会让局势变得更糟糕。

同一天晚上，塔基·文图里收到了婚姻法的最终文本。他发现，早先文本包含的少数例外情况也被悉数删除。[30] 墨索里尼显然想打一个赌，尽管教宗多番威胁，但是到了最后关头，他赌他并不愿意同法西斯政府决裂。

第二十六章

相信国王

墨索里尼竟然这般厚颜无耻地违反了令双方都大为受益的宗教事务协约，不敢相信的教宗于是致信墨索里尼，警告其所作所为有多么愚蠢。 340

“致最亲爱的孩子”，教宗在信的开头写道。他并没有提及新法案的第一条，尽管它规定“任何其他种族不得与意大利雅利安公民缔结婚姻关系”。他反倒对第七条提出异议，认为它显然违背了宗教事务协约的条款(教会许可的婚姻具有民事效力)。教宗告诉领袖：“只要将上述条款的文本……替换成我们提供给你共事者的版本，这样一道‘伤口’就可以被轻易规避掉，然而不幸的是，我们发现你没有接受那些修订。”教宗随信附上了他对第七条的修改，而就在一天前，它曾被布法里尼愤怒地拒绝。它将允许两名天主教徒缔结婚姻，全然不论他们的“种族”。[1]

在近乎穷途末路之时，塔基·文图里给独裁者寄来了一封私人的恳求信，试图在动摇其意志方面做最后的努力。这么多年来，他一直服侍领袖，而且始终都忠心耿耿，对领袖敬爱有加，他乞求墨索里尼接受教宗的要求。[2]

墨索里尼毫不犹豫地拒绝了教宗在最后关头提出的要求，并 341
告诉他，次日上午颁布的法律将不会做出任何更改。这番断然回绝令教宗怒不可遏，他决定上诉国王。除了仪式信函外，庇护从未给维托里奥·埃马努埃莱三世写过信。如今他要求国王“用无上的权威介入此事，取得我们无法……与您的总理达成的共识”。教宗提醒国王，1929 年的条约是以他的名义庄严签署的，并且婚姻法的草案与条约条款背道而驰。他还随信附上了经过修改的第七条。[3]

几年后，当意大利熬过了这场灾难性的战争，意大利人将举行一场全民公投，决定是否保留王室。他们纷纷攻击国王，责怪他没有勇敢地与独裁者相抗衡。回顾历史，维托里奥·埃马努埃莱最懦弱也最耻辱的举动，便是同意实行墨索里尼提交的所有种族法案。当犹太人被逐出学校和职场、受到国家的污蔑并被夺去了生计时，国王却依旧签署了那些由墨索里尼在每周两次的会面中带到奎里纳尔宫的法案。更糟糕的是，国王并不赞同纳粹党人对雅利安民族的神化，也不认可墨索里尼打造的意大利变种，他只是缺乏勇气同领袖正面交锋。

11 月 7 日，国王给教宗的答复反映出了同样的懦弱。[4] 维托里奥·埃马努埃莱感谢教宗的来信，并表示已将复本抄送给墨索里尼，希望能够得出解决方案，“调和双方不同的观点”。全信到此为止。[5] 墨索里尼则再次通知教宗，表示自己不会答应他的要求，因为如果照办的话，将会破坏新婚姻法的整体意图。[6]

那周早些时候，齐亚诺与德国空军总司令赫尔曼·戈林以及希特勒麾下的规划部部长进行了会面。尽管墨索里尼的女婿对纳粹党很是迷恋，不过这位花花公子认为许多纳粹领导人都非常粗鲁，他在日记中予以戈林生动的描述：“他没有穿军装，全身一套昂贵的亮灰色西服。他打领带的方式非常老土，上面还别了一枚红宝石别 342
针。手指上也戴着几颗巨大的红宝石。他的翻领上是一只镶嵌宝石的巨大纳粹鹰。他和艾尔·卡彭（Al Capone）* 略有相似之处。”

事后，齐亚诺向岳父详细报告了同戈林的协商情况，并谈及教宗向国王求助的事情。“我不认为，”齐亚诺观察道，“领袖的决心有所动摇。”[7]

当天，齐亚诺也参加了美国驻罗马大使馆举办的一场午餐聚会。这场聚会的贵宾不是别人，正是来访梵蒂冈的芝加哥大主教芒德莱恩枢机。罗斯福总统曾在去年批评希特勒，由此引发了一场风波，为了显示自己与芒德莱恩的团结一致，他便在枢机动身出发前在白宫为他举行了一场饯别会。总统还给菲利普斯大使下达命令，在大主教逗留意大利期间，必须尽一切可能展现美国对大主教的支持。[8]

教宗大使也出席了这场午餐聚会，他注意到齐亚诺后，便穿过人群来到他身边。新婚姻法已经排上了明天的部长会议日程，而齐亚诺十分担忧。墨索里尼对这件事动了肝火，使得如今的条款比早期版本更为激进。齐亚诺思忖，如果新法律令梵蒂冈不再支持法西斯政府，那将是一场灾难。

“教宗会采取什么行动？”齐亚诺问博尔贡吉尼。

“我不清楚，因为教宗对所有人都守口如瓶，”教宗大使回答道，“不过他肯定会搞出点大动静。”

“这大动静是指外交抗议，还是公开抗议？”齐亚诺焦急地问道。

博尔贡吉尼表示自己并不知情，但既然齐亚诺是外交部部长，教宗大使建议他出面调停以挽救《拉特兰条约》。

“可是我们现在还能拿出什么提议呢？无论是圣父还是政府首脑都已经牵涉其中。像我这样的外交部部长和你这样的教宗大使根本什么都做不了。”

博尔贡吉尼认为并没有为时过晚，齐亚诺可以提议组建双边委

---

* 美国黑手党成员，曾是芝加哥犯罪集团的首领，为查理·卢西安诺（Charles Luciano）的重要盟友。

员会，专门研究此事的解决方案。当齐亚诺提问该如何说服领袖时，教宗大使再次强调，政府需要做出让步的婚姻案例其实是很少的。343
谈到最后，博尔贡吉尼认为，只要能避免与梵蒂冈进入危机，齐亚诺就愿意做任何事情。[9]

那一天是1938年11月9日，而当天的夜晚史称Kristallnacht，即纳粹德国的“碎玻璃之夜”。由于一位德国外交官在法国被一位波兰犹太青年难民刺杀，残暴的纳粹党人便以此为借口，烧毁犹太教堂，洗劫犹太商店，抓捕犹太人，并殴打他们。大量犹太人被杀害，上万人遭到逮捕，还有很多人被送去集中营。数百座犹太教堂被烧成平地，数千家犹太商店被劫掠一空。在此次暴力事件之后，德国政府宣布犹太人不得经营商店及其他产业，不得进入剧院或音乐厅，而他们余下的财产将被没收并转交给基督徒。数百名犹太人含恨自杀。意大利驻德国大使给齐亚诺发来一份长篇报告，详细地讲述了这些可怕的细节。教宗驻柏林大使也给帕切利寄来一份冗长的报告。[10]

意大利的天主教媒体并没有对降临到德国犹太人头上的恐怖事件做多少报道。威尼斯的主教管区周刊将其所有的尖酸刻薄，都指向了那名射杀纳粹外交官的犹太青年：“这名犹太人冷酷地用他的左轮手枪瞄准……他的心灵已经装满了深刻的仇恨、宿怨和敌意。”它还进一步认为：“我们坦言无法理解这样的事件，即一个人怎么能经过预先的谋划，杀害一名温和且默默无闻的政府工作人员。”至于受到德国政府支持的犹太大屠杀和大破坏，这份主教管区周刊则只字未提。[11]

当德国犹太教堂被付之一炬、德国犹太人纷纷被抓捕时，塔基·文图里神父躺在床上夜不能寐。他知道墨索里尼的部长会议将于次日召开，他正搜肠刮肚地想法子阻止两位首脑的关系破裂。他从床上起身，打开灯，起草了一封写给领袖的信函。

他写道，“我所提议的变更保全了法律的基本原则”，即意大利
人乃是雅利安人，而犹太人则不是，“它只是为一些例外留出了余 344

地”。塔基·文图里再次辩称，例外的情况非常稀少。“如果考虑到意大利微小的犹太公民数量，以及犹太人（即便皈依天主教）和基督徒对相互缔结婚姻的厌恶，我敢说配偶双方都信仰天主教的跨族婚姻不会超过一百对。”这位平日足智多谋的耶稣会士，竟然会在半夜里起床，只为了重复他早已多次向领袖提出的论据，这足以表明他的绝望之情有多么深重。[12]

与此同时，罗伯托·法里纳奇高兴地发现自己又成了梵蒂冈的眼中钉，他通过煽动大众对反犹法案的支持来为领袖提供助力。在他的宣传中，新颁措施的根基深植于罗马天主教会的教导之中。去年夏天，他曾在手下的报纸上刊登了一系列反犹文章，并引用《公教文明》的内容为运动辩护，其中一篇就题作《给天主教徒的天主教义课》（“A Lesson in Catholicism for Catholics”）。11 月 7 日，经过大量宣传之后，他在米兰做了一场题为“教会与犹太人”的讲座，大量引用了《新约》的内容，表明法西斯反犹措施的真正源头来自天主教会。他悲叹道，不幸的是，教宗近来的言论表明他正在偏离这一核心的教会教导。他质问道：“到底发生了什么事情，使得当今的教会官方如此亲犹而不是反犹？……共产党人、共济会以及民主派人士，他们都是教会不共戴天的敌人，为什么到如今，他们都转而赞美教会，并纷纷向它施以援手？”他的答案简单明了：“他们是要用教会来反对法西斯。”

《法西斯政府报》整版报道了法里纳奇的演讲，辅以一张三栏的历史活页，标题取作《数世纪以来大公会议与教宗的反犹倾向》（“The Dispositions of the Councils and the Popes Against the Jews Through the Centuries”）。[13] 许多报纸都报道了这次演讲。最先发表《种族科学家宣言》的《意大利日报》用一句话概括了这次演讲的中心思想：“尊贵的法里纳奇在热烈的掌声中发表了结语，他表示信仰天主教的法西斯党人绝不可能抛弃反犹的良知，因为它是教会在两千年的历程中凝练出来的。”[14] 345

11 月 10 日，政府的部长会议通过了新的反犹法案。领袖焦虑地等候着，担心教宗真的会履行他的威胁。尽管庇护多番恫吓，但是墨索里尼并不愿意与教会为敌。教会各级（从教宗到教区神父）的支持对他意义重大。况且现如今，他已经有了更大的野心，失去教会的支持将令他损失惨重。[15]

不过，如果说领袖的担心程度有限的话，那是因为在教宗频频发难以及双方激烈磋商和政策博弈的这几周里，无论是庇护十一世、耶稣会特使、梵蒂冈国务卿，还是教宗大使，都没有对这份旨在剥夺犹太人意大利公民身份权利的反犹法案进行总体上的谴责。梵蒂冈并不反对将犹太儿童和教师逐出学校，也不反对将犹太教授逐出大学。当政府把犹太人当作危害意大利社会的害虫时，无论是帕切利还是教宗的两位使者（正式的教宗大使以及非正式的耶稣会士）都从未提出过反对意见。如果有人想要寻求梵蒂冈人士（包括那些不知如何应对，因此寻求官方指导的教区神父和主教）对这一迫害运动的态度，他都将得到一个明确无误的答案：国家只是终于正视了多数意大利天主教媒体（从主教区周报到大型日报）、《罗马观察报》以及《公教文明》会定期重复的警告。

近期公开的梵蒂冈秘密档案使得一份报告重见天日。这份报告清楚地表明，在教会看来，塔基 · 文图里在 8 月 16 日与墨索里尼协商达成的协议（只要政府给予公教进行会以优惠待遇，圣座就承诺不批评种族法案）依然有效。这份报告由国务院在 11 月初筹备，记录了梵蒂冈与法西斯政府在反犹运动上达成的交易。报告的开头记录了庇护十一世在 7 月 28 日对“过分的民族主义”提出的谴责。346
第二部分的标题是“墨索里尼与塔基 · 文图里的协议（1938 年 8 月 16 日）”。这一部分写道，“其间，圣座指导塔基 · 文图里神父达成协议。塔基 · 文图里神父成功完成任务。1938 年 8 月 16 日协议包含三点”，并进而概括描述了每一点。[16]

墨索里尼认为双方的联盟给圣座带来了丰厚的回报，对方绝不

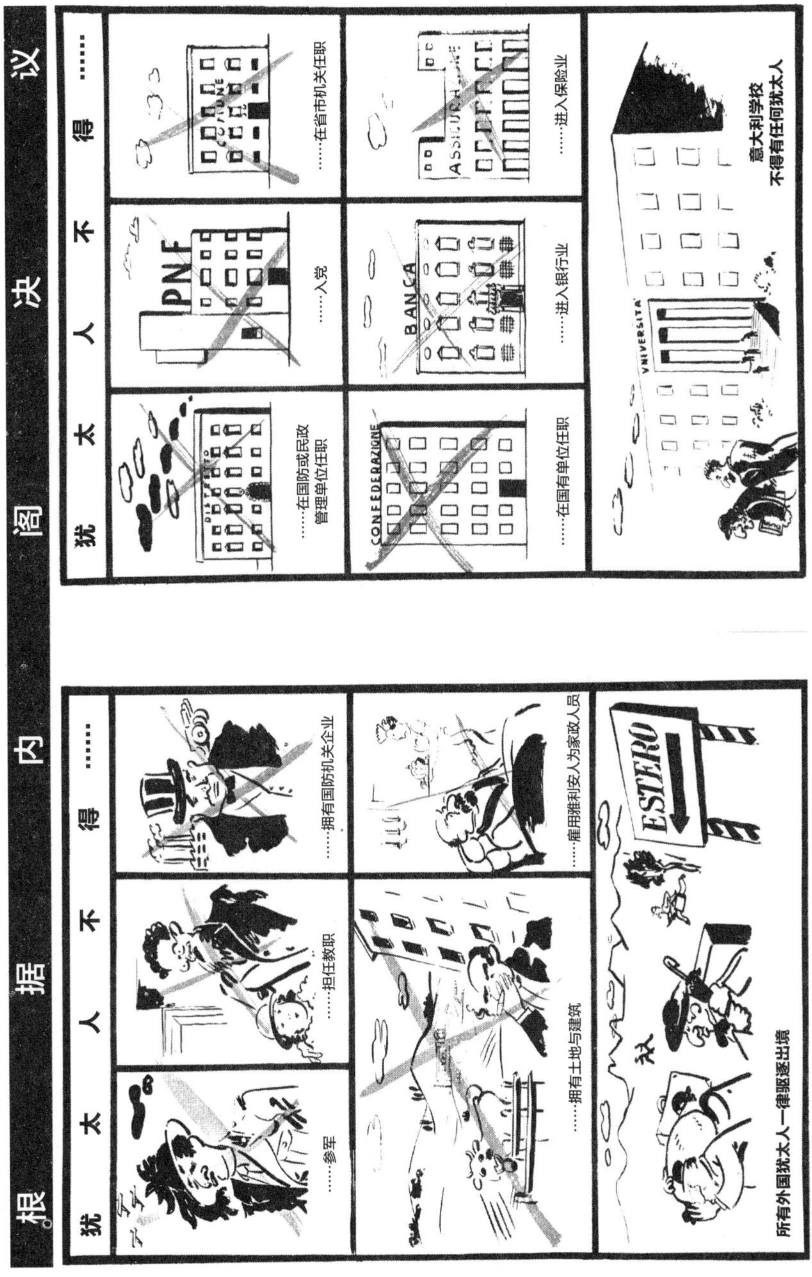

《捍卫种族》展示的种族法案，1938年11月20日

愿意破坏这一盟约。多年以来，梵蒂冈正是凭借政府这座靠山，才能查抄冒犯教会的图书和杂志，才能阻止新教徒传教，才能推行教会的女性正派标准。墨索里尼毕竟是“天主派来的圣人”，他确保每一个法西斯青年团体都配备了神父，用意大利人的税收报销了教会的支出，还在所有国家盛事中为天主教神职人员颁发荣誉。

婚姻法通过的第二天，帕切利枢机就给世界各地的教宗大使发
去了机密电报，如果墨索里尼查看过这封电报，他就会明白自己赌 347
赢了。帕切利通知他们，政府颁布的新法案禁止天主教徒缔结跨种族婚姻，显然违反了宗教事务协约。教宗大使该如何领会这一法令，他们应该怎样回答别人的问询？帕切利尽全力弱化了其中牵涉的争议：“应当注意的是，违反宗教事务协约的案例数量非常有限……也就几十例，而意大利每年举行的宗教婚礼超过三十万场，它们将继续举行，并且按照常规登记。[17]

梵蒂冈官方呈交给意大利政府的抗议信软弱极了。教宗决定不发表任何意见。尽管他多番恐吓，但是说到底，他不愿意让这场争议破坏法西斯政府与教会之间的互惠关系。教宗命令帕切利起草这封信函，这封信的收信人不是国王，甚至不是墨索里尼或齐亚诺，而是意大利大使皮尼亚蒂。

这封信首先表明，新婚姻法违反了宗教事务协约的第三十四条。帕切利先表示教会欢迎任何种族，接着却试图弱化教会对政府种族理论的抗议声。他写道，教会对种族混合的担忧也由来已久。“教会始终扮演了慈母的角色，”这位未来的教宗解释道，“通常会建议子女规避那些可能带来缺陷后代的婚姻，因此在神权的限度内，教会倾向于支持世俗权威，来达成这一良善的目标。”但是在教会的劝阻下，两位异族天主教徒依然坚持要缔结婚姻关系时，教会无法拒绝为他们举行这一圣礼。

帕切利的表述采纳了法西斯（以及纳粹）的观点，即认为犹太人是个自成一体的民族。政府认为意大利天主教徒和犹太人的“种

族混合”可能带来有害的生理后果，而帕切利完全没有试图矫正这一错误观念，只是试图弱化新法案将会产生的负面影响。他写道， 348
与皈依天主教的犹太人结婚的天主教徒极其稀少，“无论天主教徒抑或犹太人都普遍厌恶与其他种族的人通婚，而他们也对这种情况的稀少程度感到满意”。

国务卿在信的末尾写道，教会有必要就政府违背宗教事务协约一事表示抗议，他对此感到遗憾，但他的结语依然走向了积极的一面。他希望政府能够做出必要的适当调整，来修补与教会的和谐关系。[18]

所谓的公开抗议刊登在 11 月 15 日的《罗马观察报》上，这篇头版文字的标题轻描淡写，就叫作《关于新法令》(“Regarding a New Decree-Law”)。帕切利在刊登前仔细审读了这篇文章。塔尔迪尼记载道：“他希望呈现的是一种冷静、安详的口吻，谈及了诸多复杂的原因，认为法案在未来仍有改善的可能，最终给双方的冲突画上句号。”[19] 这篇文章的文字与帕切利在正式抗议信中的用语如出一辙。文章在最后仍然希望双方能够达成共识，处理“受到影响的稀少案例”。[20]

但是，这番轻描淡写的公开抗议背后却有一个戏剧性的故事。当天上午 10 点 20 分，方脸的非常教务部部长塔尔迪尼蒙席收到了一条紧急消息：庇护十一世要求立即同他见面，并需他携带《罗马观察报》那篇文章的底稿材料。塔尔迪尼心有惴惴，赶忙拿起文件赶赴教宗的办公室。他回忆道：“见到教宗时，我发现他满脸通红、神情激动。”教宗的手里拿着一份当天的报纸。

教宗问道，为什么这篇文章缺少了最为重要的一个部分，明明前一天他才审阅并批准了那一部分内容？教宗希望这篇文章能包含他写给墨索里尼和国王的信函，他尤其想突出国王的回信。庇护十一世坚称，维托里奥 · 埃马努埃莱的回信很明确，他让墨索里尼回应教宗的关切，对婚姻法进行修改。教宗想让全世界知道，墨索里尼漠视了王室的要求。

塔尔迪尼试图让庇护冷静下来。他表示，教宗确实告诉过他们要刊登这些信件，但他肯定已经忘记，帕切利枢机在昨天晚上已经 349 说服他不要这么做。帕切利认为，公开外交信函通常需要得到另一方的许可，而且令人尴尬的是，教宗看重的国王回信实际上语义含糊，到最后不会有任何效用，刊登这封回信只会让全世界知道国王“一文不值”。帕切利不愿意刊登国王的回信，实际上还有另一个原因：它会让人们注意到墨索里尼甚至都懒得回信，这将令领袖陷入不利的境地。当帕切利提出这一点时，教宗开口打断了他：“外交礼节岂能同极大的恶行相提并论！”但是帕切利毫不畏惧地坚持了他的立场。他坚称凸显墨索里尼在回信一事上的失礼，可能会招致政府的报复行为。

尽管塔尔迪尼提醒庇护十一世回想昨晚发生的那段对话，但这并没有浇灭教宗的怒火。塔尔迪尼曾向旁人表示，曾经细致入微的教宗近来变得愈发健忘。他之所以对《罗马观察报》的这篇文章火冒三丈，正是因为他已经完全把昨晚与国务卿的谈话抛到了脑后。当塔尔迪尼提及，帕切利希望墨索里尼能有所行动，好减轻新法案的负面影响时，教宗再次怒上眉梢。“可是，到底是谁给了你们这些奢望？”教宗思忖，如果这些奢望还有根据的话，那也只能是因为国王要求墨索里尼采取行动，但他们恰恰把文章中的这一要求删掉了。

谈话进行到此，帕切利枢机也加入进来，教宗对他发动了猛攻。庇护表示，他们对这篇文章的任意删改令他不适。帕切利对教宗的健康表示关心，因为近来他一直状况不佳，睡眠不好，但这种转移教宗注意力的伎俩并不能奏效。

教宗问道：“这篇文章是谁写的？”

塔尔迪尼回答道：“是我，圣父。”

庇护答道：“我一点都不喜欢这篇文章。”

帕切利枢机不愿意袖手旁观，让塔尔迪尼独自承受指责，于是插话道：“圣父，我审读了那篇文章，所有的责任由我来承担。” 350

这时候的教宗已经稍稍冷静下来，不过他坚持要求他们做出弥补，在下一期《罗马观察报》上刊登国王的回信，但帕切利和塔尔迪尼都不愿意这么做。于是塔尔迪尼找来了塔基·文图里，他有可能说服教宗，让他改变主意。耶稣会士匆忙赶来梵蒂冈。

塔基·文图里以愉悦的口吻告诉庇护，他已经跟墨索里尼的亲信谈过了，那天《罗马观察报》克制的口吻给领袖留下了极好的印象。可是耶稣会士错了，这个消息并不能取悦教宗。教宗打断了他的话：“难怪我会这么不高兴！就今天晚上，我要安排他们刊登一篇全新的新闻稿！”塔基·文图里大为惊慌，但是他的恳求没能让教宗回心转意。[21] 不过在教宗发泄完怒火之后，帕切利枢机及其同仁再一次达到了他们的目的，《罗马观察报》从未刊登过国王的回信。[22]

当时的意大利人认为梵蒂冈支持法西斯的反犹运动。尽管这种想法情有可原，但至少有一位重要的意大利高级神职人员发表了反对意见。他的反对声出乎所有人的意料：因为米兰大主教伊尔德方索·舒斯特枢机一度是墨索里尼最公开、最热切的拥趸。仅仅在一年前，法国驻圣座大使还在报告中写道，舒斯特“对法西斯理念的同情众所周知”，他在法西斯神秘主义学校发表讲话时，称赞墨索里尼建立了一座新的天主教罗马帝国。[23]1930 年，大主教曾收到一封联名信，米兰的三百名天主教徒斥责他不加批评地接纳法西斯观点，这件事情发生之后，政府当局要求他上交签名人的名单。[24] 1937 年 9 月，一位警方线人在报告里写道，舒斯特不太可能接替病弱的庇护十一世，他遭到意大利国外许多枢机的反对，他们认为舒斯特与法西斯政府走得太近。[25]

但是在 11 月 13 日周日，在米兰主教座堂发表讲话时，舒斯特 351
做了一件在梵蒂冈无人敢做的事情：他谴责意大利的种族法案是新异端意识形态的产物，并认为教会永远无法接受它们。“在宗教和祖国之间建立和谐关系的企图，只能沦为无用之功。法西斯国家正在自造的伦理体系，与宗教观念没有半点关系。”他进而对墨索里尼提出指控，认为他像奴隶一样对希特勒亦步亦趋，而他接纳的种族意识形态则有着异端的日耳曼根源。

仅仅因为这一场讲话，舒斯特从米兰法西斯党的宠儿变成了法西斯党领导层眼中的头号敌人。直到 1951 年，米兰的主教管区刊物才终于刊登了他的讲话内容，但是，在演讲两天后的 11 月 15 日，天主教报纸《意大利报》（*L'Italia*）就对其进行报道，引发了热烈的讨论，也令许多人感到惊讶。米兰的一位警方线人在报告中写道，大主教发出警告，在未来的某一天，纳粹的种族主义意识形态将把矛头指向意大利人民，这尤其令许多人胆寒。线人写道：“在这个问题上，舒斯特枢机表现出来的恐惧心理在意大利北部非常盛行。”[26]

尽管帕切利致信政府，对婚姻法提出抗议，政府却没有做出任何回应。11 月 22 日，也即法案正式公布的三天后，帕切利又给皮尼亚蒂发去一封简短的信；他在信中表示，梵蒂冈要求的例外情况没有被包含在新婚姻法中，他对此感到失望。[27] 一周后，皮尼亚蒂回信表示，尽管政府试图解决双方在新法案文本上的分歧，并且愿意包含一些例外情况，但是梵蒂冈却只会要求政府承认所有天主教徒（不管他们的种族）之间的婚姻关系，不愿意做出任何让步。法西斯政府没有办法做出这样单方面的让步。皮尼亚蒂指出，梵蒂冈之前承认国家对种族问题的关切具有“良好的道德基础”，并建言政府“禁止那些容易诞下缺陷子女的婚姻”。[28]

如果说梵蒂冈对种族法案的抗议非常有限且不为公众所知的话，那来自美国的谴责声浪则与之完全相反。考虑到意大利人与美 352
国的紧密关系，墨索里尼担心他们可能会受其摆布。法西斯媒体迅速予以回击。报纸解释道，美国批判种族法案，是因为他们的政府和媒体都掌控在犹太人手中。

罗马的一家报纸控诉说，犹太人已经“扼住了这个国家的咽喉”。它声称这个国家最重要的七十五个政府职位中，有五十二个被犹太人所占据，他们还控制着美国 75% 的工业项目。报纸报道说：“这股盛行于英国、法国和苏俄的神秘力量已经在华盛顿占据了绝对的统治地位。反法西斯运动和民主人士的谋划（它们是犹太人和共济会的同义词）正是在华盛顿协调行动的。”它指控罗斯福总统“本质上就是个犹太人”，他是“全世界犹太人的教宗”，报纸质问意大利人，何时才能意识到这个可怕的真相。[29]

与此同时，梵蒂冈的氛围也变得愈发不确定。国际形势迅速恶化，而教宗的健康状况也一日不如一日。11 月 25 日，教宗突发心脏病。尽管他再度康复过来，但大家都觉得他肯定活不久了。[30]

* * * * *

在梵蒂冈，帕切利枢机仍然是墨索里尼最强大的盟友。舒斯特大主教的言语攻伐出乎所有人的意料，皮尼亚蒂担心其他人也会跟从他的脚步，于是面见梵蒂冈国务卿，要求他给意大利所有主教下达书面指示，告诉他们不得批评反犹运动。

在意大利大使看来，帕切利虽然赞同他的意见，却没有着急允诺。皮尼亚蒂写道：“枢机认为，口头传达我所提出的建议会很方便，但付诸书面就会变得很困难。”大使知道他可以给帕切利施压，于是接着游说。“到最后，”皮尼亚蒂告诉齐亚诺，“国务卿告诉我，类似的安排已经在罗马主教管区实行了。此外，他会记下我的要求，研究出最恰当的办法，将它下达到意大利其他主教管区。”[31] 353

有迹象显示，种族法案有可能伤害了意大利人民对政府的热爱之情，这令墨索里尼十分忧虑。从拥有大量犹太公民的城市发回的警方报告显示，当地弥漫着严重的不满情绪。根据一位米兰警方线人的观察，有些人全盘接受了反犹宣传，“但是绝大多数人认为许多措施太过夸张，并将罪责归给政府首脑和法西斯大议会，认为他们之所以做出这样的决议，是由于德国将反犹列为罗马—柏林轴心国的必要条件”。实施这些措施的法西斯党人在剥夺犹太人的职务之后任人唯亲，这样的状况令很多人感到心寒，此外，他们还用低廉的价格买下了犹太人的财产。[32]

意大利犹太人丢掉了工作和财产，他们的孩子被逐出学校，陷入了绝望的境地。过去友好的天主教邻居如今面色紧张，不愿意跟他们打招呼。纳粹计划建立集中营的消息也传得满天飞。犹太人自杀事件成倍增长。著名编辑和诗人安杰洛·福尔米吉尼（Angelo Formiggini）在给同事的信中写道，尽管他是一名优秀的意大利人，但他没法面对这接连不断的迫害。在写给妻子（并不是犹太人）的信中，他解释道，只有他的死亡能够令她免遭虐待。寄出这些信件之后，他爬了一百九十级阶梯，登上了摩德纳（Modena）中心广场的中世纪塔，纵身跳了下去。他残缺的躯体在四周的鹅卵石上淌出了一池血水。

“他死得像一个犹太人，”党主席阿契尔·斯塔拉切在听闻这个消息时讥讽道，“抠门到为了节省一枚子弹，从高塔上跳了下来。”[33]

第二十七章

死得正好

十六年来，墨索里尼一直培育着他与梵蒂冈的合作关系，可是 354
现在，他却让狂妄自大、对第三帝国的迷醉以及战无不胜的错觉干扰了自己的政治判断。教宗感到自己被人利用了，但是他的身体愈发孱弱，他明白自己大限将至。

教廷枢机也开始产生不满情绪，因为一方面意大利的宗教事务协约遭到了破坏，另一方面德国教会也不断地遭到迫害。皮尼亚蒂在 12 月中旬告诉齐亚诺：“我方针对种族问题，尤其是针对犹太人的态度在罗马教廷引起了强烈的反响；现如今，教廷大部分人已不再对法西斯党抱有好感。”各位枢机担心墨索里尼可能会效仿希特勒，发起运动钳制教会在意大利的影响力。

意大利独裁者依旧目中无人。在庇护看来，他在面对教宗时完全缺乏应有的尊重。希望破灭之后，教宗担心自己的所作所为对不住天主交付给他的神圣嘱托。作为一名意大利人，他曾经被爱国情怀遮蔽了判断力，而现在他发誓要利用余下的有限时间，尽全力弥补自己的过错。

听闻教宗的最新决心之后，皮尼亚蒂变得警觉起来。在写给齐 355

亚诺的报告中，他用下划线强调指出："教宗威胁要在死前做点事情，他会让意大利长久地铭记他。"他提醒道，在即将到来的《拉特兰条约》十周年庆祝仪式上，庇护十一世可能会对"法西斯主义发动彻底的谴责"。[1]

墨索里尼在听闻这一警告时大为光火。庇护怎么还不快点死？难道他没有意识到领袖为他做了多少事情么？意大利人早就对教会的权势抱有怨念。正是他，墨索里尼，才让那些批评教会的人受到遏制。如果教宗要玩这场游戏，那么他会奉陪到底，因为他知道该如何"激发人民的反教会情感"。教会早就走上了衰落的道路，就是因为他花力气推上一把，才暂时收住了颓势。如果说意大利人依旧出席弥撒，那完全是因为领袖要求他们参加。在这样生了一通气之后，独裁者最终平静下来，并且不情愿地（毫无疑问是在齐亚诺的鼓励下）承认，现在这个关头，可不能让教宗呼吁天主教徒背弃他。他需要想方设法，防止双方关系破裂。[2]

12月中旬，一位到访罗马的法国主教拜见了教宗，却发现他伤心、气馁、焦躁不安，仍旧抱怨着墨索里尼没有就婚姻法一事给他回信。庇护告诉这位法国高级教士："你还年轻，你的一生中还将看到许多恐怖的事情，它们的恐怖程度将远远超过之前的几个世纪。"[3]

圣诞节前一天，枢机们来到梵蒂冈，团聚到教宗身边，接受他每年一度的降福。帕切利、塔尔迪尼以及庇护的其他随从都紧张不已，因为通常情况下他都会把演讲稿提前发给国务院，但这一次却没有。

教宗坐在圣彼得宝座上，颤抖的手中攥着手写的纸稿。讲话的开头十分温暖。他提醒诸位主教，2月11日将是宗教事务协约的十周年纪念日，我们应当向"最高贵的君主以及他盖世无双的总理表达谢意，他们配得上这样的赞美，因为他们为重要且有益的事业戴上了善果和喜人成就的皇冠"。

但是在夸赞墨索里尼之后，他旧事重提，再度说出了几个月前 356

激怒领袖的话语："近来，耶稣十字架的敌人在罗马被封圣。"他进而认为，卐字符号拜访不朽之城，同宗教事务协约近期受到的违背以及公教进行会成员受到的迫害有关联。[4]

忧心忡忡的帕切利枢机试图说服教宗，把那段冒犯纳粹德国的卐字符号言论从公开版中删除。他认为，这段话同教宗的主要观点毫不相干，因为他谈论的是意大利，而不是德国。但是庇护清楚自己在发表什么样的言论，他要提醒意大利人留心纳粹党人。塔尔迪尼回忆道，帕切利的恳求完全是一番徒劳："教宗没有动摇。"《罗马观察报》在次日全文刊登了他的讲话。[5]

墨索里尼再度发火，他认为教宗的言论是对罗马—柏林轴心的又一轮攻击。[6] 即将来临的《拉特兰条约》周年庆很显然要成为双方最后的较量。教宗认为摆在墨索里尼面前的只有两个选项：他可以借用那一天向全世界证明他依然信守协约的约定；或者他可以冷落教宗，向梵蒂冈宣战。教宗大使急于缓和双方剑拔弩张的关系，提议让领袖在纪念日当天拜访庇护十一世，但是独裁者拒绝了这个建议。他已经朝贡过一次。这样的事不会发生第二次。[7]

领袖核心集团的成员则担心墨索里尼已经与现实脱节了。他有时会明确承认教会支持的重要性，甚至批评希特勒与教会作对的举措，但他也变得越来越鲁莽。那年年末，他来到罗马涅的海边寓所，思索接下来的几个月需要做出的重大决策。法国驻意大利大使的描述准确地捕捉了那个场景："独裁者的那些好友，他的那些至交……最先确认他愈发将自己包围在无法穿透的谜团中，他不再是曾经的他，他已经变了个人，不再接见任何人。如今，也许除了齐亚诺以外，再也没人知道他准备做些什么，以及打算实现什么样的目标。"[8]

* * * * * 357

领袖与克拉拉·佩塔奇的风流韵事也愈发成为旁人讥讽的话题，

他却不愿意放弃她。两个月前，曾经服侍过他的一位女仆前来向他求助。他给了她点钱，但是在离开前，她略显胆怯地问他知不知道整个罗马都在说他些什么。他不情愿地让她只管开口。“他们说，”她告诉他，“您现在包养的那位年轻情妇是梵蒂冈一位大人物的女儿。”

“不过是寻常的捕风捉影，完全是空谈。”这么回答的领袖其实并不高兴。在过去几年里，他有过很多情妇，但从来不担心人们关于她们的闲言碎语会有损他的声名。实际上，他认为她们有助于提升他的形象。但是，通过这种方式和梵蒂冈扯上关系，却令他很不是滋味。[9]

墨索里尼在元旦回到办公室，并于上午 9 点 15 分给克拉拉打了一通电话，下午 2 点 15 分之前又给她打了三通电话，表示自己已经准备同她团聚。当她抵达那个昏暗的房间时，他正坐在扶手椅上，身边只留了一盏小灯。他已经睡着了。当他醒来时，他让她坐在他膝盖上，然后做爱。他穿衣服时吃了一个橘子，晚上 7 点 30 分返回办公室。他在一大堆文件面前坐下，一边翻阅一边口吐各种贬损之辞：“这些法国猪！听听这个……简直是蠢货！”他来回踱步，心情因为这些文件变得很糟糕，他告诉克拉拉自己有多么讨厌她，他常常这么做，并且紧接着就用爱的宣言将她淹没。“我从来没有爱过任何人，”他说道，“我有过许多女人，不过她们就像是一扇扇旋转门。”他告诉克拉拉，自己现在没有过去那么放荡了，只跟另外两个女人还保持关系，那两个女人她都认识，罗米尔达·鲁斯皮（Romilda Ruspi）和艾丽斯·帕洛泰利（Alice Pallottelli），并且只是因为她们给他生过孩子。他承认自己曾经爱过玛格丽塔·萨尔法蒂，但那份爱只维系了几年时间，并且他也常常对她不忠。他们打开了留声机，听贝多芬的第五交响曲，把克拉拉的毛皮大衣盖在身上。“我的脑袋靠在他的胸膛上，他紧紧拥抱着我，非常温柔地爱抚着我，”克拉拉在日记里写道，“但他总是有点心不在焉。”[10]

次日，领袖喊来了齐亚诺和皮尼亚蒂，同他们讨论最近的事态 358
发展。他仍然琢磨着教宗的话语，庇护在圣诞节讲话中称他是“盖世无双的总理”。他确信教宗在讽刺他，把他当成傻瓜。“我们不想制造冲突，”他告诉这两人，“但我们也不会回避冲突，真要对抗起来，我们将唤醒所有沉睡的反教会敌意。”皮尼亚蒂担心墨索里尼的怒意会导致可怕的后果，于是出言为教宗辩护；齐亚诺也认为冒险与教会作对乃是疯狂之举。但是墨索里尼想要施压，于是准备了一纸言辞尖刻的警告，安排大使交给梵蒂冈国务卿。[11]

次日，皮尼亚蒂将领袖的警告信交给帕切利。枢机坚称“盖世无双的总理”乃是情真意切的赞美，墨索里尼为意大利和教会做了这么多善事，教宗不过是想要表达自己的欣赏之情。皮尼亚蒂回答说，政府与圣座的关系正处在危险的断裂边缘，他警告道，如果教会不谨慎行事，将给自己带来麻烦。[12]

过去的几个月对教宗而言非常痛苦，他曾经梦想将意大利变成忏悔的国度，在这个国度里，极权政府的机器将为教会所用，但如今他发现自己的梦想太过天真。他确实前无古人，做到了许多现代教宗做不到的事情：让政府将教会的意愿强加于人民身上。如今天主教神职人员在许多国家机构（从学校到政治资助的青年团体）中起到了积极的作用，而在此之前，这些机构都是他们触碰不到的。但是，婚姻法所引发的拉锯战已经清楚地表明，只要是墨索里尼认为对政府至关重要的事情，他必然会大权独揽，不会让教宗帮他做决定。

伦敦《每日邮报》（*Daily Mail*）驻罗马记者发布了一则报道，称庇护十一世正打算秘密召见枢机，对种族主义发起强有力的谴责。有传言称，教宗也在筹备一篇秘密通谕，目的如出一辙。帕切利枢机否认了这些报道，却告诉意大利大使，教宗曾警告说，他“还有
更多话要说，到了他这个年纪，他已经什么都不怕了”。在向齐亚 359
诺转述教宗的话语时，皮尼亚蒂焦虑地回想起庇护曾经说过的豪言

壮语："他要在死前做点事情，他会让意大利长久地铭记他。"[13]

* * * * *

教宗对种族主义的批评给其他教会领导人松了绑，他们也有可能会提出自己的批评意见。米兰的舒斯特枢机便是最不消停的案例。其他高级教士也可能会学习他的榜样，这种可能性令墨索里尼和他的助手们感到忧虑。[14]

罗伯托·法里纳奇带头对舒斯特发起攻击，他在《法西斯政府报》上刊文质疑，一位曾经的"超级法西斯党人"怎么就突然走向了另一个极端。法里纳奇认为，这种转变肯定同天主教会没有任何关系，因为与犹太人作战的法西斯主义是在"同基督教的敌人作斗争，那些犹太人曾经冒犯和侮辱了基督"。[15] 法里纳奇于是向极具权势的圣心天主教大学校长求助。按照计划，杰梅利神父将在博洛尼亚做一场大型的公开演讲。

离演讲日期还有两天，法里纳奇致信墨索里尼，告诉领袖他近来说动克雷莫纳主教乔瓦尼·卡扎尼（Giovanni Cazzani）在布道中发表支持反犹运动的言论。他还进一步说道："我希望能说服杰梅利神父，让他在博洛尼亚也做一场类似的演讲。"

一周后，《罗马观察报》登载了克雷莫纳主教的布道词，这篇文章以梵蒂冈的立场支持了反犹法案。报纸编辑在引语中解释，意大利的所有主教在对待犹太人一事上达成了共识，他们的观点与教宗和谐一致。

卡扎尼主教警醒道："德国人的种族观点太过夸大，其信条与天启真理相违背。"但是，纳粹反犹运动的出发点存在谬误，并不意味着意大利的种族法案就不正当。纳粹的种族主义涉嫌夸大，是因为它把天主教徒也纳为迫害对象。主教说道："教会始终认为， 360
与犹太人（只要他们信奉犹太教）同住对天主教徒的信仰与平静非

常危险。出于这个原因，教会法规和纪律中有一种古老而悠久的传统，旨在限制犹太人在基督教群体中的行动和影响力，限制他们同天主教徒的接触，孤立犹太人，不允许他们操持任何可能主宰或影响基督徒精神、教育和习俗的职业或行业。”他坚称教会遭到了不公正的指控，教会从未反对过反犹法案。教会谴责的乃是“德国过分的种族主义”，它“从来不会谴责以政治手段保卫种族繁荣与完整性的举措，也不会谴责以司法手段提醒人们注意本国过度且有害的犹太影响的考量”。[16]

1 月 9 日，杰梅利神父来到博洛尼亚，参加当地纪念一位 14 世纪外科医生的庆祝活动。这位外科医生并非犹太人，但是在杰梅利神父讲话的末尾，他牵强地将话题转到犹太人身上。他告诉台下那些卓有成就的听众：今天的意大利人民“最深重的苦难，来自教会与国家之间的冲突，这都是由于犹太—共济会阴谋，旨在将宗教贬作私人事务”。多亏了罗马当局的决心，意大利人民“才得以在血脉、宗教、语言、习俗、希冀和理想上达成一致”。与此同时，“那个作出错误决定的民族，他们招致的可怕判决将得到执行，他们将在全世界流浪。他们无法求得家乡的安逸，这可怕罪恶的后果将永远跟随他们，直至天涯海角”。[17]

博洛尼亚的《意大利未来报》是意大利最具影响力的天主教报纸，它用大量的版面报道了杰梅利的讲话。从这场讲话中我们得知，“枢机和主教无时无刻不在同异邦的种族主义作斗争，但它们都与意大利的种族政策无涉”。一周后，这份报纸再度提起这场讲话，361
它告诉读者“杰梅利神父的演讲和卡扎尼蒙席的布道词……是对天主教教条权威且庄重的阐释，教会从上到下，以及永远不会犯错的至高无上的教宗，都在主张并教导这些内容”。[18]

* * * * *

多年以来，教宗对教会实行着铁腕统治，但如今日渐虚弱的他显现出失控的颓势。身边的人不断地阻挠他，不让他阻止意大利追随纳粹德国的脚步。当庇护读到杰梅利的讲话稿时，他崩溃得哭了起来，他把帕切利赶了出去，好让自己一个人待着。[19] 而在同一周，梵蒂冈报纸还刊登了克雷莫纳主教的布道词，赞许地为种族法案提供辩护。[20] 虽然杰梅利的讲话令庇护失望，但他们两人的密切关系似乎没有受到影响。教宗依然给予他特殊的通行许可，并在 1 月 22 日接见了他。[21] 对于那些发觉法西斯国和梵蒂冈存有争执的意大利人来说，双方争议的焦点并非反犹法案（因为梵蒂冈也认可这些观念），而是墨索里尼与纳粹种族意识形态暧昧不明的关系，正是这种意识形态违背了教会的教条及其普世的诉求。

教宗自认命不久矣，所以即将到来的《拉特兰条约》十周年纪念日将是他向全体主教（其中三分之二都由他委任）发表讲话的最后机会。[22] 他感到自己肩负着神圣责任，于全世界面临的所有危险中，于基督教价值观面临的所有胁迫中，将天主的意志传达给诸位主教。

教宗很想知道，当他在圣彼得大教堂发表演讲时，墨索里尼会不会在场。帕切利枢机表示自己并不清楚，但认为领袖不太可能在场。“如果他不打算庆祝十周年纪念日，”教宗回答道，“那么我就自己来庆祝。”[23]

梵蒂冈弥漫着一种确定无疑的感受，一个时代即将终结了。历
经十七年后，一任新的教宗应当快要诞生。流言在欧洲各国不胫而 362
走。法国报纸报道说，虚弱的教宗对墨索里尼非常愤怒，想要离开意大利，奔赴法国，他现在正在掂量到底是阿维尼翁好，还是枫丹白露更适宜。伦敦的《每日邮报》以及多家电台则宣布，当教宗把

天主教世界交代给继任者后，计划在仲夏搬到冈多菲堡，用最后的遗言谴责这个时代的所有过错。梵蒂冈报纸《罗马观察报》刊登了一篇题作《神话故事》（“Cronache della Befana”）的文章，讥讽了这些流言，并报道说教宗“健康状况极佳”。[24]

墨索里尼还在生教宗的气，因为后者在圣诞节致辞中对意大利公教进行会受到的迫害提出抗议，而外国媒体则引用这些话语，大肆宣扬教宗对政府的不满之情。[25] 意大利大使将领袖表达的不满报告给帕切利枢机。帕切利回答说，没人能够阻止教宗发表激进的言论。“圣父易怒的性情简直一天比一天严重，”大使在给齐亚诺的报告里写道，“使其共事者的工作变得极其困难。”

据皮尼亚蒂所言，教宗认定政府在迫害公教进行会团体。他着眼于一些微小的事件，然后把它们变成了严重的问题。最近会见塔尔迪尼时，教宗询问了公教进行会的近期新闻，当塔尔迪尼回答近期没有重大的事件发生时，教宗大发雷霆。他把一叠信件甩在倒霉的塔尔迪尼面前，大吼道：“你什么都不知道。好好读读他们都给我写了什么。”

皮尼亚蒂告诉齐亚诺：“只要现任教宗不退位，恐怕我们就没什么好事可以期待。”他进一步说道，庇护十一世患有“病理性大脑刺激”，这种疾病随着年岁的增加而愈发严重。

教宗死后，事态可能会得到改善，但是国家不能听凭命运的摆布。政府应当与意大利各位枢机谨慎合作。他建议：“在未来的枢机团里，应当有一大批枢机能够权威地确证，法西斯政府依然忠于 363
协议以及协议背后的精神内涵。关于混合婚姻的法案不过是小事一桩，完全是因为教宗阴晴不定的性情才被搞大。”[26]

墨索里尼则面临两难的抉择。他担心这场纪念活动将是梵蒂冈的奢华作秀，所有的注意力都将集中在教宗身上；但是这份条约是他政治生涯的一大成就，不参与这场纪念活动等于向别国示弱，仿佛教会已经不再支持他了。[27]

墨索里尼传话给帕切利枢机，他愿意讨论庆祝仪式的组织形式。他提出了一系列以他为中心的活动，跟他日常主持的法西斯庆祝活动如出一辙。他和教宗将分别发表讲话，互致贺词，然后举行弥撒仪式。墨索里尼想把弥撒仪式安排在罗马运动场，这个场所正是为了向他致敬而兴建的。他绝不踏足圣彼得大教堂。他还希望举办宴会，招待前来罗马的意大利主教。

次日，帕切利将领袖的提议传达给教宗，即他希望能让世人认为这场庆祝活动是由圣座和意大利王国合办的。但是教宗再次发了火，怒斥墨索里尼没有就婚姻法问题给他回信。然后，回到墨索里尼有关庆祝活动的提案时，教宗表示他可以接受双方互致贺词，但不允许主教参加威尼斯宫的宴会。邀请他们前来罗马的人是他，而不是墨索里尼。如果墨索里尼想在罗马其他地方主持一场弥撒，那么它将和教宗没有任何瓜葛。

教宗愈思索墨索里尼的提案，就愈发心烦意乱。两天后，他告诉帕切利，自己改变了主意，不愿意同墨索里尼互致贺词。他表示《拉特兰条约》是以国王的名义签署的，如果庆祝活动需要这样的安排，那么与教宗互致贺词的应该是国王，而不是领袖。[28]

* * * * *

七个月前，教宗曾秘密地将拉法奇神父召至冈多菲堡，命他起草一篇批判种族主义与反犹主义的通谕，但时至今日，他依然没有收到任何稿件。教宗明白自己已经无法对助手们保密，于是把这事告诉了塔尔迪尼，要他去找莱多霍夫斯基，看看这位美国耶稣会士的任务到底完成得怎么样了。 364

几个月前，当莱多霍夫斯基将通谕初稿寄给罗萨时，他随稿件附上了一张便条："我给阁下送上拉法奇神父的稿件，祈祷您能亲自审阅，并告诉我……这份稿件现下的形式能否作为初稿呈送给圣父。”莱多霍夫斯基很快就自问自答地写道：“我对此表示深切的怀疑！”到最后，罗萨也没有完成他的修改工作。[29]11 月 26 日周六晚，这位《公教文明》前主编在书桌前突发心脏病去世，享年六十八岁。[30]

此时，莱多霍夫斯基依然没有把这份通谕初稿呈送给教宗。1 月，当他极不情愿地将它交给教宗时，他随稿附上了一封信件。他竟然认为这篇通谕的主题是“民族主义”，而不是种族主义，更不可能是反犹主义。莱多霍夫斯基告诉教宗：“在罗萨神父和我看来，这份稿件的提纲跟圣父的要求不符。”罗萨神父试图重新拟出一份提纲，但是在完成之前便匆匆过世。至于罗萨过世后，他自己对这份材料做了怎样的处理，莱多霍夫斯基并没有做任何解释，但他表示只要教宗需要，他愿意提供协助，撰写出一个更合意的版本。[31]

不知何故，关于这篇谴责种族主义的秘密通谕的消息泄露了出来，引发了墨索里尼及其幕僚的担忧。1 月下旬，一位警方线人发来一份长篇报告，揭发一位高级教士批判纳粹种族主义及其意大利效仿物。这位威尼斯大主教（报告称他为长老）近来在主显节上发表布道，并且将其刊登在《罗马观察报》上。乔瓦尼·皮亚扎（Giovanni Piazza）枢机表示，“过分地赞扬某些种族”永远都是不正当的，既没有科学根基，也违背教会的教导。[32]

线人提醒，越来越多的高级教士发出反对种族主义的声音，“考虑到这些发言人的权威地位、民众之间广泛的天主教会情感以及天 365
主教媒体（其发行量不断增大，各个社会阶层都大面积地阅读它们）强大的宣传能力，他们将成为一股强大的涌流，给公众舆论带来可观的影响”。[33]

皮尼亚蒂在评论这起事件时表示，这些问题在某种程度上也是己方所造就的。如果不是法西斯媒体热情地赞扬皮亚扎枢机早先赞许反犹法案的观点，他也许就不会出言谴责种族主义。大主教感到自己有必要“澄清”他的观点。皮尼亚蒂认为“任何高级教士，哪怕他职位再高，也不敢反对教宗，因为他知道只要自己逾越了界限，就会彻底被打倒”。如今只剩下一个希望，“只有一任新的教宗（我已经在过去反复提及这一点）才能另辟蹊径，与种族问题达成和解”。[34]

教宗开始准备他的演讲，或者说是系列演讲，因为他打算将庆祝活动延长至两天（2 月 11 日至 12 日）。在 11 日周六，他将会在政府高官和外交要员的见证下，与诸位主教庆祝《拉特兰条约》十周年纪念日。次日上午，聆听他讲话的听众将仅仅包括主教和其他高级神职人员。[35]

齐亚诺非常焦躁，害怕教宗会发表骇人的演讲。“十周年庆祝活动的氛围变得非常阴郁”，他在日记里写道。[36]

墨索里尼也予以强硬的回应。他告诉帕切利，除非教宗保证不借此机会批评政府，否则任何政府官员都不得参加庆祝活动。[37]

教宗一方也在不断施压。他让帕切利警告领袖：如果国家领导人抵制周年庆祝活动，将会震动意大利全国人民。他警告墨索里尼，如果政府最高层不出席庆祝活动，那么他将不得不在讲话中谈及这一缺席。

帕切利枢机将教宗新一轮的威胁转达给皮尼亚蒂，并补充道，领袖没有就婚姻法一事给教宗回信，教宗仍然在生这个气。
恼怒的皮尼亚蒂提醒他说，国王写给教宗的回信是由墨索里尼口 366
述的，所以领袖认为自己已经回过信了。他警告帕切利，如果教宗打算利用周年仪式批评政府，“意大利教会将面临德国教会类似的处境”。[38]

皮尼亚蒂希望双方能各退一步。他知道自己没法让墨索里尼出席圣彼得大教堂的教宗演讲，但如果齐亚诺出席，可能就足以避免教宗发表任何真正破坏双方关系的言论。[39]

领袖好战的气焰越来越盛，他相信战争已经近在咫尺，而意大利（以及他个人）的伟业将很快在血腥的战场上得到实现。在法西斯大议会的一场会议中（同一天，帕切利与皮尼亚蒂商讨政府该派谁来出席周年仪式），墨索里尼公布了他最新的口号：“向海洋进军！”他告诉各位同仁，意大利困囿于地中海“监狱”里，必须获得公海的入海口。他的第一个目标是科西嘉岛（Corsica），如果为了夺取这个岛屿必须和法国开战，那么他已经准备就绪。仅仅在一周前，佛朗哥的部队在意大利人的帮助下占领了巴塞罗那（最后一个落入他们手中的西班牙大城市）。欧洲的版图即将被彻底改写。[40]

领袖答应让齐亚诺代表自己出席圣彼得大教堂的周年庆祝活动，王储皮埃蒙特亲王则代表王室出席。[41] 随后，意大利所有报纸都报道了这场即将在周末举行的盛大庆祝活动，并预告意大利外交部部长和亲王都将出席。

随着盛会的迫近，教宗的健康状况进一步恶化。他的心律不齐，原本便不通畅的血液循环变得愈发阻塞，甚至发起烧来。1 月 30 日晚，他开始起草周六的讲话稿。31 日，巴黎大主教让 · 韦迪耶枢机前来看望他时，被他虚弱的外表震惊。“那副形象真令人难过，”他回忆道，“老教宗的身躯已经是一座废墟。他变得更瘦了，面庞塌缩下去，367
满是皱纹。”但教宗的头脑依旧清醒，声音也依旧清晰。他语速很快，仿佛知道自己时日无多，却还有很多话没讲。[42]

次日清晨，曾是图书馆馆长的庇护谨慎地查看了书桌抽屉里的文件，确保一切都井井有条。在完成上午的接见后，他又开始朗读讲话稿。他非常投入，以至助手不得不求他停下来午休一下，因为当时已经是下午 3 点钟，但是他仍没法放下稿子，眼里噙着泪水，大声地朗读着。最后，他将稿子交给孔法洛涅里蒙席，由他在打字机上打出来。在去往楼上公寓的电梯里，他遇见了自己的看护福斯蒂诺（Faustino）神父，他苍白的脸色和虚弱的身体令神父大为惊慌。福斯蒂诺帮庇护把了把脉搏，惊恐地发现教宗的心率已经跌到每分钟四十下。[43]

当教宗卧床不起时，帕切利给他带来了齐亚诺和亲王将参加庆祝仪式的好消息。近几周来，教宗反复说道：“于我而言，墨索里尼是个多么粗野无礼、背信弃义的人呐！”[44] 现在，他总算感受到些许平静。

帕切利枢机劝说教宗推迟庆祝仪式，等他恢复体力再办不迟，可是教宗明白自己剩下的时间已经很短了。2 月 7 日，他给《罗马观察报》口述了一则新闻，开头是“圣父身体状况良好”。那天晚些时候，帕切利又劝说病痛难忍的教宗推迟庆祝仪式，庇护回答说：“可今天上午，我们不是宣布过教宗身体状况良好么？”[45]

次日，教宗的大限仿佛随时都会到来。他的呼吸开始变得费力，服了很多药，心率却依然不齐。但他没有忘记那场对他意义重大的演讲，要求由帕切利代为朗读。枢机提出了几条微小的建议。稿件被送去梵蒂冈印刷厂，打算将复印件分发给诸位主教。[46]

每周五，德 · 罗马尼斯（De Romanis）蒙席都会前来听取教宗的告解，但这一周，胆小的蒙席周三就来到了教宗的床前。教宗先是告诉他，他肯定出了差错。当羞赧而结巴的蒙席怎么也解释不清 368
楚他为什么提早两天出现时，教宗突然明白了他来访的缘由。“我明白了，”教宗说道，“帮我告解吧。”

2 月 9 日周四，庇护十一世觉得自己好了一点，他再次询问庆祝活动的讲话稿是否已经印好，随时可以发放给主教。[47] 他躺在床上，同两位自米兰时期起就一直服侍他的助手一起念诵了玫瑰经。接着，他要求他们念诵那篇他孩提时学会的祷告：

> 耶稣，约瑟夫和玛利亚，我把心和灵魂都交予你们，
> 耶稣，约瑟夫和玛利亚，在最后的时刻陪伴着我，
> 耶稣，约瑟夫和玛利亚，望我的灵魂能安详地与你们会合。

当天晚上，皮尼亚蒂把教宗病危的消息告诉了齐亚诺，而后者则把消息转达给了墨索里尼，领袖只是耸了耸肩。齐亚诺顾虑重重。如果周年庆祝仪式还没结束，教宗就匆匆过世，那么由此产生的“教宗选举会议将对我方目的保有极大的敌意”。度过忧心忡忡的几周

后，他终于相信梵蒂冈在圣彼得大教堂举行的宏大仪式将有助于缓解双方的紧张关系，它将向意大利天主教徒展示，圣座与法西斯政府之间的关系依然情比金坚，但是如果庆祝仪式忽然取消，“我们可能会遭遇糟糕的意外情况”。[48]

当晚，卧倒在床的教宗病情加重，临终仪式也再度搬了出来。2月10日周五凌晨，他必须依靠氧气罩才能够维持呼吸。凌晨4点，帕切利枢机和其他住在近旁的人员收到紧急通知，赶忙过来参加这悲伤的最后时刻。他们一边哭泣，一边央求教宗做最后的祝福。庇护用尽全身力气才睁开双眼，但是他虚弱的身体已经没法吐出清晰的话语，他喃喃地说了几个词，停下来，又说了几个词。大部分人都听不清他的话语，但是靠得最近的人后来表示，他最先说的是“天主保佑你们，我的孩子”，然后用更微弱的气息说“愿人世和平”。[49]

凌晨5点31分，坚忍的教宗咽下了最后一口气。根据传统，教宗名誉侍从帕切利枢机将负责核实这一死讯。他跪倒在床前，揭 369
开了覆盖在教宗脸上的面纱，一边大声地用他的洗礼名阿契尔呼唤他，一边用银锤轻轻地叩着他的额头。教宗一动都不动。帕切利根据仪式宣布道：“教宗真的走了。”他褪下了教宗冰冷手指上的渔人权戒*。[50]

这场周年庆祝仪式对教宗而言无比重要，它寄托了齐亚诺的诸多希望，却令墨索里尼感到害怕。此时，参加仪式的意大利各地主教都已经赶到罗马。教宗的书桌上放着一个文件夹，里面是拉法奇神父起草的通谕：《统一的人类》。这篇通谕认为，一名虔诚的基督徒不应当抱持种族主义观念，它要求各国立即停止对犹太人的迫害。庇护十一世热切地希望这份声明能够公之于众，但是那些依然留存人世的下属却要将它同教宗一起埋葬。[51]

---

* 每位教宗都会用黄金铸一枚新权戒，代表他至高的地位。

第二十八章

乌云消散

尽管法国大使多次拜见庇护十一世，但他从未见过教宗的私人 370
寓所。如今离教宗去世已经过去几个小时，他来到宗座宫殿的顶楼，加入了哀悼的人群。他进到一个宽敞的高顶房间，思忖着，墙上这些乱七八糟、毫不协调的二流艺术品破坏了这个房间的宏伟景象。“其中一幅颇具异域风情的刺绣作品格调庸俗”，大概是来自修女的供奉，其他样式各异的物品装点了余下的墙面，都是世界各地的代表团送给教宗的礼物。

在宾客留名簿上签过字后，夏尔-鲁穿过狭窄的走廊，向教宗的卧室走去。教宗的遗体摆放在铁架床上，身上套着一件白色修士袍，头顶的红绒帽一直戴到耳边。他的脑袋枕在一个简朴的枕头上，胸前摆着一个十字架，手里则放着念珠。法国大使观察道：“生命已经抛弃了他，只余下这具可怜的躯体。”他的脸庞已经彻底改变，“一副被人蹂躏过的败容”。床的四个角上都点着巨大的蜡烛，两侧各站着一位贵族卫兵，手里紧握着佩剑。

当夏尔-鲁回到接待厅时，眼前的景象令他惊愕。其他等候轮 371
岗的贵族卫兵正三三两两地同高级教士和平信徒官员闲聊。他们讲

帕切利枢机陪同加莱亚佐·齐亚诺，与庇护十一世的遗体告别，1939 年 2 月 10 日

话的声音很高，脸上没有任何悲伤或肃穆的神色。[1]

齐亚诺在 2 月 10 日的日记里写道："教宗死了。领袖对这个消息完全无动于衷。"那天下午，齐亚诺来到梵蒂冈吊唁。帕切利枢机接待了他，并将他一路送到西斯廷教堂。教宗瘦弱的遗体也刚刚抵达那里。它被摆在一个高高的平台上，上方穹顶覆盖着米开朗基罗的壁画。从下往上望，齐亚诺只能看见教宗的白色便鞋和修士袍的边沿。齐亚诺回忆道，当他们步回庭院时，帕切利"向我谈起了国家与教会的关系，他的脸上挂着愉悦又充满希望的表情"。[2]

墨索里尼心里依旧愤愤不平，而当他自恋情绪高涨的时候，助手必须对他进行脸部按摩才能令他展现出哀悼的神色。梵蒂冈希望领袖能够参加当天在西斯廷教堂举行的守灵仪式，但是他并没有现身。一位吊唁者在日记里记录了他的缺席："今天，国王在晚上 7 点左右前来同遗体告别。墨索里尼却没有来，也许是因为他不屑于这么做；又或许是因为他不想因此惹怒希特勒。"[3]

皮尼亚蒂和齐亚诺对当前的局势思索良多。尽管墨索里尼有时声称，自己对即将到来的教宗选举会议毫不关心，但是他们两人却明白选举结果至关重要，下一任教宗应当是一位愿意和他们合作的人。他们的担心已经成为一场挥之不去的梦魇，新任教宗的所作所为可能会让意大利天主教徒站出来反对他们。[4]

尽管领袖对教宗选举会议的结果兴趣寥寥，但依然有一些消息令他感到担心。在清理教宗房间的过程中，梵蒂冈官员在他桌上发现了一份秘密档案。他们立即将文档交给了帕切利枢机。2月12日，墨索里尼要求齐亚诺调查文档的内容。齐亚诺将这一任务转交给皮尼亚蒂，自己则趁着这异常温暖、阳光明媚的二月天，前往高尔夫 372
球俱乐部消遣。[5] 墨索里尼也有自己的安排。当天下午4点30分，克拉拉·佩塔奇带着一些三明治和一束紫罗兰，来到了他们位于威尼斯宫的寓所，她惊讶地发现，她的情人已经事先抵达，正坐在扶手椅里浏览着文件。她怀疑墨索里尼比她先到，是为了确保现场没留下他近来偷腥的罪证。领袖说道："过来吻我，坐到我的膝头上。"在接下来的几个小时里，信徒在梵蒂冈排队同教宗的遗体告别，而他们则行了两轮云雨之事。[6]

当领袖这般忙碌之时，皮尼亚蒂正在路上，他要前去会见教宗大使博尔贡吉尼，一方面询问教宗留下的那份秘密档案，另一方面则要询问一份令他忧心的报告。一家国外报纸报道说，当意大利主教于周六（教宗过世次日）上午聚集在梵蒂冈时，他们每人都收到了一份谴责法西斯的秘密文档。教宗留下遗愿，如果自己挨不到演讲当日，没法亲口向他们讲述，这份演讲稿就要分发给他们。博尔贡吉尼向这位意大利大使保证，这则消息绝对是子虚乌有，因为当天上午，他就跟主教们待在一起。他猜测道，之所以有这一传言，可能是因为诸位主教离开梵蒂冈时，每人手上都拿着一个大信封。教宗在临终时曾下令，给每位主教分发一千里拉，好报销他们的旅途费用，并在信中向他们发出倡议，回家后以周年纪念的名义举行 373
一场弥撒。那些记者看到的信封里装的实际上就是这些东西。[7]

如今我们无法清楚获知，教宗将要谴责法西斯的传言，是否跟教宗打算发表批判种族主义的秘密通谕的消息遭到泄露有关。所有迹象都表明，尽管一切努力都付诸东流的结果令拉法奇神父和贡德拉赫感到不满，但是他们信守了保密的承诺，而莱多霍夫斯基和罗萨显然也不愿意让外人获知教宗的这项计划。庇护十一世在过世前三周才收到通谕文稿，他并没有机会将它发布出来。

得知墨索里尼的心头大患后，帕切利迅速地行动起来。2 月 15 日，他给教宗的秘书下达命令，将教宗准备演讲稿时写下的所有材料都收集起来。他还给梵蒂冈印刷厂下达指令，销毁它印出来的所有演讲稿复印件（庇护原本打算把它们分发给诸位主教）。印厂副主任向帕切利保证，他会亲自将它们销毁，连“一个逗号都不留”。齐亚诺害怕教宗的演讲稿可能泄露出去，而帕切利从得知此事到把事情全部办妥，只花了两天时间。他还收走了莱多霍夫斯基在三周前给教宗发来的材料（即后来才为人所知的谴责种族主义的秘密通谕），好确保外人对此一无所知。

只要帕切利还活在人世，那么教宗在过世前最后几天耗费心力准备的讲话内容就永远无法得见天日。直到时间流逝了整整二十年，等到帕切利过世四个月后，教宗若望二十三世（John XXIII）才发布了这份演说的节选内容。但是他依然删除了那些批评法西斯政府的段落，大约是为了保护帕切利，因为他怀疑帕切利为了不惹怒墨索里尼和希特勒，将这份演讲稿雪藏了。直到梵蒂冈在 2006 年开放了庇护十一世执政期间的档案，完整版本才得以公之于众。

这份演讲稿对法西斯政府提出的批评其实并不十分尖锐，但是让它传入意大利主教耳中，然后被全世界的人阅读到，依然会令领袖感到不快。教宗抱怨说，有人试图阻碍或者误导他的演讲，他提醒诸位主教,在与政府“所谓的高层”谈话时要保持警惕。“要小心， 374
最亲爱的信基督兄弟，不要忘记我们周围有很多密探和线人（我们最好管他们叫间谍），他们或出于自愿，或领受使命，要偷听你的话语来对你进行谴责，其实他们完全没有明白你们的话语，甚至做出了完全相反的理解。”他进而哀叹，“某些伪天主教徒认为自己发现两位主教乃至主教与教宗之间存在分歧，而因此沾沾自喜”。然后他要求，当主教不希望自己的话语落入旁人耳中时，他一定不能使用电话，因为他们很可能被窃听了。（教宗曾自豪地表示：“这么多年来，我从未使用过电话，哪怕一次都没有。”）

庇护十一世简短地为遭受迫害的德国教会感到悲痛，并痛斥了否认这一现象的人。他的结束语表明了他最想传达给诸位主教的信息：他期望有一天，“所有人、所有国家、所有种族都能齐聚一堂，在真正的信仰中合为一体，他们身上流淌着同样的血液，都来自伟大的人类大家庭”。[8]

除了周六的讲话稿外，帕切利记录到，教宗还为周日的讲话做过准备。尽管这些记录的原文没有找到，但是塔尔迪尼看到过这些材料并且留下了描述。教宗这番讲话的要点中，有三点会令领袖不满：公教进行会；德国的宗教处境；“禁止雅利安人与非雅利安人通婚给宗教事务协约带来的伤害”。[9]

墨索里尼永远都不会知道，下令压下教宗生前最后几项工作的人是帕切利。他所听闻的版本是，枢机团的一场特别会议认为演讲稿对墨索里尼抱有敌意，因此决定将它埋葬。皮尼亚蒂在报告中写道：各位枢机（至少是占据多数的意大利枢机）如今希望将选票投给一位对法西斯政府持有和解意向的候选人。[10]

墨索里尼倒是希望皮尼亚蒂的观察是正确的，但他依然有担心 375
的理由。对于最有可能的继任人选，各种猜测五花八门，有人猜是魁北克大主教让·维尔纳夫（Jean Villeneuve，据说他是最有可能的非意裔人选），也有人猜是近来与墨索里尼作对的舒斯特枢机。《波士顿环球报》登载了舒斯特枢机和威尼斯大主教乔瓦尼·皮亚扎枢机的照片，认为他们是最有可能的人选。[11]《纽约时报》认为皮亚扎最有可能接掌圣彼得宝座，并按照当选可能性的顺序罗列了其他八位枢机，欧金尼奥·帕切利位于这张清单的末尾。他没有教区经验（其他枢机都曾经管理过主教教区），并且梵蒂冈自古便有一种传统，教宗人选不宜从国务卿和教宗名誉侍从中选择，而帕切利同时担任了这两个职务。[12]

尽管许多局外人都认为帕切利当选的可能性很渺茫，但是墨索里尼从警方线人处收到的报告则显示，帕切利一直在这场竞争中占据先机。据称，庇护十一世认为国务卿是最有资格继承宝座的人。确实，墨索里尼也被告知，教宗数次派遣帕切利出国（法国、南非、美国以及其他地区）访问，好令他赢得当地大主教的支持。对于领袖而言，这些都是好消息。一年前，曾有一份警方线人报告称，帕切利是一个“拥有内在美德的人，一个出色的意大利人，政府的真诚挚友”。它进一步提出了一些建议：出于这个原因，“与我们为善的梵蒂冈人士热切地希望政府能展现出应有的智慧，尤其是在这个关头，我们应当完全杜绝（哪怕是很牵强的）拥护帕切利枢机的姿态”。[13]

在教宗死后的这段时间里，类似的报告纷至沓来。一位警方线人同安杰洛·多尔奇（Angelo Dolci，曾任教宗大使）谈话后，发现多尔奇也认为帕切利是最有可能继任的人选。“多尔奇是位优秀的意大利人，他不仅支持法西斯，还特别崇拜领袖，”这位线人在报告里写道，“他始终坚信，如果帕切利成为教宗，必将成为法西斯政府的挚友。”佛罗伦萨大主教达拉·科斯塔枢机也有不小的当选几率，人们认为他能够施行奇迹，因此将他看作是圣人。如果这两人获得高票，那么教宗选举会议将很快得出结果；如果他们都没有占据优势，那么选举会议将旷日持久。[14]

政府将教宗葬礼的日期定为法定节日，给学校、办公室和剧院 376
都放了假。墨索里尼不情不愿地同国王、王后以及其他政府高官前往罗马的圣安德烈大教堂，参加了追思弥撒。[15]

墨索里尼和其他法西斯领导人有一种奇妙的感受，仿佛一觉醒来，某种长年以来一直折磨他们的恼人恨事奇迹般地消失了。帕切利的雷厉风行可以从许多方面看出来。在梵蒂冈和意大利天主教媒体献给庇护十一世的笔墨海洋中，几乎没有一个字提及他与政府之间的冲突，甚至连他同希特勒和纳粹党人的冲突都不见踪影。意大利报纸很快就领会了其中的含义。在他们对庇护十一世任职生涯的大规模报道中，首要关注的是他与政府达成的和解，即便教宗曾经批评过墨索里尼和法西斯，如今这些话语也都被故意遗忘了。[16]

教宗过世当日，皮尼亚蒂向外交部提交了一份名单，上面是所有参加教宗选举会议的枢机以及他们的年龄，最老的是八十八岁的皮尼亚泰利 · 迪 · 贝尔蒙特（Pignatelli di Belmonte）枢机，最小的有年仅五十五岁的蒂斯朗枢机。六十二名枢机团成员中，有三十四人是意大利人。[17]

2 月 18 日，枢机齐聚罗马，德国驻圣座大使迭戈 · 冯 · 柏尔根前去找意大利同侪谈话。他急于要向皮尼亚蒂透露帕切利枢机近来同他的谈话：希特勒的悼念信令枢机深受感动，要求柏尔根向元首转达自己的感谢之情以及整个枢机团的谢意。帕切利还想告诉希特勒，他希望第三帝国和圣座之间有达成和解的可能性。这一消息令纳粹政府满意。

“大使告诉我说，”皮尼亚蒂描述道，“如果教宗选举会议的结果花落帕切利枢机头上，那么他将会想尽一些办法同德国和解，而且他有很大可能取得成功。”

为了帮助双方达成各自的使命，这位意大利大使给柏尔根提供了一些建议。他认为，只要德国政府逐渐改善双方的外交氛围，第 377
三帝国与梵蒂冈的关系就可以得到修复。德国报纸应当首先减少对梵蒂冈的批评。诸位枢机都密切注意外国媒体的言论，抱持敌意的文章只会令双方的关系进一步恶化。[18]

皮尼亚蒂还敦促德国大使，尽一切努力让四位德国枢机对即将到来的教宗选举会议持和解态度。他警示道，如果他们宣扬要对纳粹政府发动圣战，“那么一切就都输掉了”。关键在于，纳粹政府要向其他枢机传达如下信息，教会依然有可能与纳粹德国达成相互理解。柏尔根表示，他会立即给柏林发电报，要求他们终止在媒体上的论战，至于德国枢机的问题，他表示自己非常乐观。[19]

对于意大利大使而言，德国枢机在教宗选举会议如何表现是一个极其重要的问题，不能完全交给柏尔根去解决。2 月 21 日，他拜访莱多霍夫斯基，向他寻求帮助，耶稣会总会长表示自己会尽可能地帮忙。[20]

随着教宗选举会议的迫近，皮尼亚蒂再度同德国大使馆核对信息，同柏尔根的副手弗里茨·门斯豪森（Fritz Menshausen）进行了交谈。皮尼亚蒂在报告中指出，这位德国使节“反复坚持推举帕切利为教宗，并让泰代斯基尼（Federico Tedeschini，前教宗驻西班牙大使）担任国务卿。对德国来说，这将是最好的方案，并且很有可能会缓和第三帝国与圣座之间的关系”。[21]

皮尼亚蒂奔忙不休地拜访各位意大利枢机，试图说服他们，选择一位与法西斯政府为善且不公开谴责纳粹党人的教宗将是明智之举。德国枢机已然支持帕切利，如果再拉拢法国枢机，他相信余下的非意大利裔枢机也会从善如流。至于意大利枢机则情况有别。他们对帕切利吹毛求疵，认为他“性格有缺陷，太容易受人影响，并且有时会犯下错误，这是软弱之人的通病”。皮尼亚蒂将这些观点转达给齐亚诺，并补充道：“在我看来，这些看法都很有根据。”[22]

博德里亚枢机坐上从巴黎出发的火车，于 2 月 20 日抵达罗马。378
他深深地爱戴庇护十一世，因此当听到有这么多同仁批评他时，心里非常恼怒。这位法国枢机观察道：“在这个国家，一个人这么快就从神坛上跌落下来。”抵达两天后，他前去拜见了帕切利枢机，后者经过一番犹豫，谈起了在即将来临的教宗选举会议中自己当选的可能性。博德里亚预言道：“到最后，他会倾向于调停与和解。”[23]

法国枢机中拒不合作的人主要是欧仁·蒂斯朗，他认为帕切利对德国人太过谄媚，他心目中更合适的人选是前教宗驻法国大使路易吉·马廖内（Luigi Maglione）。诸位法国枢机讨论了这一事宜，并达成了妥协：由帕切利坐拥圣彼得宝座，由马廖内担任国务卿。蒂斯朗前去拜访了帕切利，后者显然不知道蒂斯朗对他有所保留，竟然毫不隐瞒地透露了自己的紧张之情。他认为教廷的意大利枢机对他没有好感，不会给他投票。“我还不如准备好护照，选举结束后直接动身去瑞士”，帕切利指的是他通常度假的地方。

蒂斯朗宽慰他说：“法国枢机是你坚强的后盾，无论如何，他们已经做出了一致决定，而且如果你计划将马廖内任命为国务卿的话，他们的决心会更加坚定。”

“我向你们保证”，帕切利回答道，双方就此达成协议。[24]

* * * * *

“伟大的日子已经来临。”那一天是3月1日，周三，教宗选举会议即将开始。博德里亚在上午5点半起床，主持过弥撒之后便奔赴罗马。他同其他枢机一起更衣，然后一同行至保禄小堂，在这里举行过弥撒后，将会安排一场“极其缓慢、无聊的”几乎谁也听不懂的拉丁文布道。当天晚上，最后三位枢机——波士顿大主教威廉·奥康奈尔、里约热内卢大主教塞巴斯蒂昂·勒梅（Sebastião Leme）以及布宜诺斯艾利斯大主教圣地亚哥·科佩略（Santiago Copello）——也都纷纷抵达，他们的轮船于当天上午停靠在那不勒斯。[25]

当其他枢机都挤在使徒宫的小房间里时，作为教宗名誉侍从的 379
帕切利枢机则有权待在自己的公寓里，因为那间寓所正好位于会议限制的活动区域内。其他枢机都一同用餐，而帕切利则独自用餐。[26]

次日上午，枢机们排队进入西斯廷教堂，一些年老的枢机步履艰难。每个人都找到自己的指定席位，前面各有一张加盖的桌子，在教堂里面对面排成两行。现如今，局势已经非常明朗，要么庇护十一世的继承人欧金尼奥·帕切利迅速胜出，要么他的对手成功阻止他当选，然后选举会议将持续数日。

会议先抓阄选出三位枢机，他们将负责计票。沉默笼罩着教堂，而诸位枢机则用钢笔吸足墨水，在纸条上写下了自己的选择。他们一个个从座位上起身，排成一条长队。每一位枢机走到祭坛前时，都会跪倒在地，念诵一段祷告词，然后用拉丁文发誓，再把折叠好的选票放到祭坛上。

在第一轮投票中，帕切利获得三十二票，刚刚超过六十二位在场枢机的半数。佛罗伦萨大主教达拉 · 科斯塔获得了九票，前教宗驻法国大使马廖内获得了七票。帕切利想要达到三分之二的得票率，还须拉到十票。历史上的热门人选常常在获得多数选票后，因为最后无法拉到足够的选票而惨败。曾有老话说，“召开会议时以为要成为教宗的人，最后还只是个枢机”，这番话不是没有历史根据的。

枢机们又一次坐到桌前，在纸上写下他们的选择，然后把纸条折好。他们又一次排成长队，遵循着古老的仪式，将他们的选票交到祭坛处。这一次，帕切利多得了八票，但还是不够。于是，选票里又得混入潮湿的稻草，在壁炉里烧出黑烟，升腾到使徒宫的上空。上午的两轮投票已经结束。教宗还没有选出来。枢机们都休憩，去享用午餐了。

午餐过后，枢机们再度聚头，进行第三轮投票，结果令那些希 380
望挫败帕切利的人大失所望。只有十四名枢机依然在负隅顽抗。担任了国务卿并服侍庇护十一世九年之后，欧金尼奥 · 帕切利收获了四十八票，超过了会议要求的三分之二选票，并且还多出了六票。那一天也是他六十三岁的生日。[27]

在枢机团向全世界宣布新任教宗的诞生前，他首先要正式接受这一结果。高大枯瘦又庄严虔诚的帕切利浑身颤抖，但是根据博德里亚的观察，“他没法假装做出拒绝这一职务的姿态，因为他已经渴求了很久很久”。枢机执事卡米洛 · 卡恰 · 多米尼奥尼踏步走出了房间，来到圣彼得大教堂的阳台上，向激动的人群发表讲话，而自从白烟升起，下面的人就死死地盯着这道阳台门。他高声吟道："教宗诞生。"十五分钟后，新任教宗将出现在阳台上，祝福底下狂热的群众。他取名号为庇护十二世，不仅是为了纪念那个他服侍多年的人，还为了纪念庇护九世和庇护十世，他们都是守护教会传统的英雄。[28]

当天晚上，皮尼亚蒂将这一消息传达给齐亚诺。他认为帕切利 381
之所以能够成功当选，是因为他向同仁们证明，作为国务卿的他能够忠诚地执行教宗的指令，并且能够以和衷共济的姿态处理好与德国和意大利的关系。[29]

在从华沙回国的路上，齐亚诺收到了这个好消息。在日记中，他回忆起教宗过世当天，他同帕切利进行的对话："他是个倾向于调停的人，与此同时，他似乎能够改善教会与德国的关系。实际上，在此前一日，皮尼亚蒂就表示德国人倾向于让这位枢机当选。"次日下午回到罗马后，齐亚诺前去面见墨索里尼，领袖也对帕切利的当选感到满意。他告诉齐亚诺，自己会帮新任教宗出谋划策，让他更为有效地管理教会。墨索里尼给媒体下达指令，让其发声赞美新任教宗，这条命令写道："以赞同的口吻报道新任教宗的当选，回忆他的敬虔、修养以及丰富的从政经验。"[30]

当选仅仅四十八小时，帕切利教宗就在 3 月 5 日上午召见了德国大使。庇护十二世急于向纳粹政府保证，他会在双方之间达成新的理解，完全有别于过去的时代。他先告诉柏尔根，多年出使柏林和慕尼黑的经历，令他对德国人民有着特殊的亲切感，接着他进入了主题。他明白不同的国家选择不同的政府形式，而教宗不应当擅自评判他国所采纳的政体。他提醒柏尔根，他们两人已经交好达三十年之久，他希望这一关系不会出现变故。[31]

尽管柏尔根对此感到满意，却一反常态地提醒纳粹政府，这一乐观前景并不现实。他在三天后致信德国外交办公室："不仅梵蒂冈密切关注我国媒体对新任教宗的态度，意大利方面也是如此，不

新任教宗庇护十二世降福圣彼得广场上的群众，1939 年 3 月。教宗的左侧是卡恰 · 多米尼奥尼枢机。

过他们对我们的报道非常满意。”他给庇护十二世送去了好几份刊物，上面都有报道他当选消息的正面新闻，希望借此说服教宗结束《罗马观察报》的反纳粹口径。但是他依然提醒外交部注意：“自从 382
上任教宗过世，双方的紧张关系已确定无疑地得到缓解，这使得有些人士产生了过分乐观的心理，希望能够尽早地解决德国和梵蒂冈之间的分歧。”为了避免“过分乐观的期望”，且得以“克服大量的困难”，他建议“除去善意之外，还需要耐心与时间”。[32]

一周后（3 月 12 日），四万人拥向圣彼得广场，目睹新任教宗的加冕仪式。一列庄严的队伍开进了广场，其中有两千名身穿华袍的高级教士和各路贵宾（其中有不少人身穿外交官服或军装）。一列身穿礼服、手持闪亮长戟的瑞士侍卫队在前方带路，后面跟着一长排来自各个宗教团体的代表、数百位主教，以及身穿红色教士袍、外披白色和金色罩衫的枢机。最后出现的是形象庄严的新任教宗，他头戴装点着璀璨宝石的主教法冠，被几名身穿红色法兰绒制服的轿夫抬在宝座上。他的身后是两名高级教士，手持巨大的鸵鸟羽毛扇，并轻柔地扇动着。再后面则是贵族卫队和瑞士侍卫队，这些卫队的指挥官都穿着闪亮的银色铠甲，头上戴着羽毛头盔。[33]

只有卡恰·多米尼奥尼枢机拥有将教宗三重冕戴在帕切利头上的殊荣。梵蒂冈和法西斯警察似乎通过某种方法，掩盖了这位枢机的一连串娈童指控。意大利警方文档中的最新记录距今并不遥远。前一年 8 月，当一位警察在罗马搭乘公交车时，被一位跑腿小男孩手上的几盒外国香烟吸引了注意力。疑心的他发现这些香烟上并没有盖意大利的税收章。当他询问这个男孩这些走私香烟都是哪里来的时候，男孩回答说是梵蒂冈某位大人物给他的。警察进一步施压，男孩便说出了卡恰枢机的名字。当警察致电枢机核对男孩的说辞时，卡恰表示这番描述属实，并要求警察放过这个男孩。这位警方线人总结道："卡恰·多米尼奥尼似乎很享受娈童的恶名，他们还说， 383
他给男孩送香烟的理由显而易见。"[34]

当约瑟夫·肯尼迪（罗斯福总统派去参加加冕仪式的私人特使）站在身穿军装的齐亚诺身边，走过圣彼得大教堂的走道时，他注意到身边弥漫着另一种性趣味。他后来评论道："我这辈子可从没见过这么自大浮夸的蠢货。"当齐亚诺经过大教堂时，他不断地行法西斯礼，步履趾高气扬，仿佛"要同教宗分享这一荣耀"。在向加冕仪式致敬的茶会上，齐亚诺始终都在调戏富有魅力的女性，并且在晚宴上"都没法跟人说上五分钟话"，因为主办方为了邀请他过来，专门找了两三位女孩，他一直担心这几个女孩子会跑出他的视线。鉴于对齐亚诺的观察以及对墨索里尼性癖的耳闻，肯尼迪"可以放心地离开了，我认为我们可以派遣十几位歌舞女郎出使罗马，她们要比一帮外交官和一队飞机管用多了"。[35]

* * * * *

3 月 15 日，也即教宗加冕三天后，德国军队占领了捷克斯洛伐克的余下领土。次日，希特勒在布拉格宣布，该国已经成为德国的受保护国。[36] 谁也无法否认，欧洲即将迎来另一场可怕的战争。

元首在布拉格发表胜利讲话次日，齐亚诺与新任教宗进行了初次会晤，并且满意地发现他一点都没有改变，还是那个“亲切、谦恭、仁慈的人”。庇护十二世对德国的处境表示关切，他告诉齐亚诺，自己计划对第三帝国采取更为调和的外交策略，希望能够改善梵蒂冈与柏林的关系。他表示，如果这些举措取得成功，那么纳粹政府也应当尽到自身的责任。这番姿态令齐亚诺欢欣鼓舞，他表示墨索里尼一定会出面说服希特勒，让他同教会合作。至于梵蒂冈与意大利政府近日发生的争端，齐亚诺写道，新任教宗“宣称自己对此非常乐观”。他承诺撤除皮扎尔多枢机公教进行会国家司铎的职务，并将组建一个大主教委员会，负责指导公教进行会的运作。墨 384
索里尼一直都想撤掉皮扎尔多，但是庇护十一世从来都不答应这一要求。

近期，梵蒂冈曾询问意大利主教，他们主教管区的公教进行会团体是否仍然与地方政府或法西斯党官员保持着紧张的关系。在庇护十一世过世后的几周里，各地的答复纷纷抵达。除了米兰（舒斯特枢机表示当地存在困难）以外，整体情况非常好。几乎所有主教管区都表示双方关系极佳。新任教宗也以身作则，给达拉·托雷下达指令，要求《罗马观察报》不得刊登任何可能“惹恼”意大利或德国政府的文章。无论是墨索里尼还是其他人，都希望回到过去快乐的岁月，那时梵蒂冈与法西斯政府的合作亲密无间，如今的事态令大家感到似乎所有乌云都消散了。[37]

第二十九章

奔向灾难

4 月 7 日是耶稣受难日，墨索里尼派遣意大利部队闯入了阿尔巴尼亚境内。迫于国际压力，新任教宗本该谴责这一侵略行为，他却对此保持沉默。一位杰出的法国天主教知识分子抱怨道："他竟然对这个血腥的耶稣受难日只字不提。"[1] 梵蒂冈的新氛围令意大利驻圣座大使十分宽慰。皮尼亚蒂在两周后告诉齐亚诺："如今已经非常明确，庇护十二世为人类吁求的和平，并不是罗斯福的和平，而是领袖的和平。"[2] 385

两任教宗差距甚大，那些与他们熟识的人对此心知肚明。美国记者托马斯·摩根不仅在罗马旅居多年，而且曾频繁地同两位教宗见面，他认为两人在性情上可谓截然相反。庇护十一世"目中无人，居高临下，坚定不妥协，且好与人争论"，他的继任者则"循循善诱、言辞动人，愿意用调解和安慰打动别人"。或者如法国大使夏尔–鲁所说，一位米兰的登山客被罗马的中产阶级所取代；一位心直口快的人被一位谨慎的外交官所取代。[3]

新任教宗尝试弥补庇护十一世给德国人造成的伤害，这一点令纳粹政府感到满意。德国外交办公室负责人恩斯特·冯·魏茨泽克

（Ernst von Weizsäcker，他即将接替柏尔根担任德国驻圣座大使） 386
在回忆录里写道，“如果冲动而又精力旺盛的庇护十一世再多活些时日，那么第三帝国和教廷很可能已经关系破裂”。[4] 不过事实却是，在4月20日希特勒的生日那天，教宗驻柏林大使给元首送去了新任教宗的诚挚祝福。德国上下的教堂都敲钟庆祝。当帕切利教宗热情地恭喜佛朗哥及其同胞夺取西班牙的壮举时，德国报纸对他的这番表态大加褒奖。这些报纸特别指出，教宗在共产主义和民主之间画了等号。意大利驻柏林大使在呈交给齐亚诺的报告里写道，新任
教宗的上任正逢最恰切的时机。全世界都在谴责纳粹对捷克斯洛伐 387
克的入侵，也许“这是第三帝国第一次需要教会的支持，需要它不出声反对”。[5]

5月，教宗会见了朱塞佩·博塔伊，他不仅是意大利教育部部长，而且是墨索里尼的一大心腹。尽管办公室还是庇护十一世使用的那一间，它的变化却令博塔伊印象深刻。在庇护十一世任期之初，他的办公室犹如斯巴达人一般简朴，但是随着教宗年岁的增长，办公室里的纪念品和常用参考书越积越多。在博塔伊的描述里，年老的庇护十一世被“杂七杂八的家具、装饰品、小摆件、文件、报纸、图书”包围在中间。庇护十二世则与此相反，坐拥一片“细致的秩序和整洁”。他的书桌上只有一些不可或缺的物件。与话多易怒、确信天主在指引自己行动的庇护十一世相比，这位继任者最显著的特色便是，他全身散发出一种静穆感以及能够胜任工作的专业素养。[6]

在接下来的几个月里，墨索里尼愈发确信，一个崭新的幸福时代已然来临。在众多纷至沓来的好消息中，教宗又在7月向墨索里尼通告了自己的决定，要重新和右翼组织“法兰西行动”建立关系。其首领夏尔·莫拉斯（Charles Maurras，一个法西斯主义拥护者，以及法国最激进的反犹分子）给庇护十二世发来了请求信，而帕切利在回信中一改庇护十一世于1926年下达的禁令，允许天主教徒加入这一组织。这一举措不仅激怒了法国政府，还惹恼了法国许多

L'ELEZIONE DI EUGENIO PACELLI
A SOMMO PONTEFICE
NEL CONCLAVE DELL'1-2 MARZO 1939 ANNO XVII

教宗庇护十二世，1939 年 3 月

极具影响力的神职人员。[7]

皮尼亚蒂在报告中写道，庇护十二世不仅仅是一位保守派，而且“骨子里赞同贵族阶层的观点，我几乎可以说，这就是他的弱点”。罗马贵族非常欣慰。帕切利的前任出身平凡，不仅不尊重罗马贵族，多年来还一直在削减他们的特权。帕切利则出身黑色贵族，他很快就恢复了他们曾经拥有的特权。[8]

新任教宗的改弦更张令墨索里尼欢欣鼓舞，而这一点还得到了教宗驻瑞士大使的确证。这位教宗大使刚刚返回罗马，皮尼亚蒂就同他进行了详谈。教宗大使表示，梵蒂冈的氛围已然“彻底改变”，仿佛“吹入了一股新鲜空气”。圣父“对法西斯主义表现出极大的 388

认同，并且对领袖怀着诚挚的崇拜之情”。他深信通过重组意大利的公教进行会，可以移除教会与政府之间一项主要障碍。至于德国，新任教宗迫不及待地想要在双方之间达成共识。[9]

教会内部的许多人士也对风气的改变感到满意。在被固执、好战的庇护十一世统治多年之后，他们终于在与庇护十二世的接触中体会到一种轻松的感受。与庇护十一世的冗长独白不一样，新任教宗总是留心倾听访客的话语，从来不会忘记他们告诉他的话。在用餐方面，新任教宗延续了庇护十一世的传统，总是独自用餐。帕切利的膳食甚至比前任更为简朴，并且在用餐时，他喜欢观赏餐厅鸟笼里上下跳跃的金丝雀。庇护十一世从不愿意跟来访的小团体合影，认为这有损他的尊严，但是庇护十二世总是热情地允诺这种请求；此外，他也不像庇护十一世那样排斥电话。“你好，我是帕切利”，当弗朗西斯·斯佩尔曼被委任为纽约大主教时，新任教宗打来的这通电话令他吓了一跳。[10]

经历过拉蒂教宗生前最后几个月的剑拔弩张，教会—法西斯政府的所有要素都渐渐回归意大利，最具代表性的莫过于 1940 年 4 月在罗马一座大教堂举行的仪式。在神父的指导下，国家的法西斯女孩协会长久以来都组织各类宣传活动，试图把圣凯瑟琳立为意大利的守护圣徒。帕切利成为教宗不久后，这些女孩终于得偿所愿，为了庆祝这个新立的国家法定节日，负责监督这个法西斯女孩协会的主教特地为此主持了一场弥撒。两千名女孩每人手里拿着一朵白玫瑰，一个接着一个地将玫瑰放在教会的祭坛边。[11]

但是，罗马正常的生活乐趣即将被战争的现实所驱赶。1939 年 9 月 1 日清晨，德国军队入侵波兰。许多天主教神父被他们或关押或谋害，但是教宗只是笼统地呼吁和平与弟兄情谊。他不想站在纳粹的对立面，尤其当纳粹有很高胜算的时候。[12] 两天后，英国和法 389
国对德宣战。次月，在阿道夫·艾希曼（Adolf Eichmann）的监管下，德国军队开始将奥地利和捷克斯洛伐克的犹太人送到波兰的集中营。第二次世界大战和种族大屠杀已然开始。

1940年春，德国军队所到之处战无不胜，攻无不克。墨索里尼急于从纳粹的胜利分一杯羹，于是在6月10日对英法宣战。他匆忙地将意大利部队派至法国南部，好赶在德国军队占领全境之前拿下这片土地。士气高涨的意大利人以为战争很快就会结束。塔基·文图里预测它将在圣诞节前打完。[13]

意大利犹太人生活在绝望之中，他们被丑化成国家公敌，数千人下岗，他们的孩子也被赶出了学校。政府依然主要依赖天主教会的意象，引述它的文本来支撑反犹运动，并且仍主要通过双月刊《捍卫种族》来传播反犹情绪。该杂志的大部分内容都直接摘抄了天主教的反犹材料，1939年4月的那一期尤为典型，上面刊登了一篇题为《〈塔木德〉里的基督和基督徒》（“Christ and Christians in Talmud”）和另一篇《法国的天主教徒和犹太人》（“Catholics and Jews in France”）。类似《罗马的永世敌人》（“The Eternal Enemies of Rome”）这些文章，告诉读者，教会为了保护天主教徒免受犹太人的掠夺，一直把后者当作二等公民。法国大革命不仅是圣座的敌人，也是《捍卫种族》的敌人，它既是自由党人造成的恶果，也是共济会和犹太人的阴谋。[14]

墨索里尼又开始利用塔基·文图里神父。新任教宗加冕的两周后，领袖召来耶稣会士，希望他帮忙传达如下信息，即墨索里尼希望教宗能指导西班牙天主教神职人员，以更强烈的姿态支持佛朗哥。[15]他希望教宗能指点克罗地亚神父，让他们鼓励信徒支持意大利，而不是德国；他还要求教宗动员拉美的天主教神父，与当地的亲美情绪作斗争。[16]

与此同时，受梵蒂冈监督的《公教文明》也在摇旗呐喊，敦促 390
天主教徒支持种族法案。1940年11月，杂志刊文褒奖了一本政府读物，该书不仅解读了意大利版的种族主义，还认为它相较于德国的种族主义更为优越。意大利的运动忠实地遵从天主教会的教导，而德国则立基于可疑的生物理论。当罗马大学前校长（一位皈依天主教的犹太人）致信梵蒂冈对该文提出抗议时，塔尔迪尼蒙席在回信中为该文作了辩护。[17]

* * * * *

意大利军队的命运很快就证明，墨索里尼的虚张声势有多么空洞。意大利军人装备寒酸、缺乏训练、指挥不力，在战场上几乎一无是处。最具代表性的事例莫过于意大利宣战三周后，法西斯头号飞行员伊塔洛·巴尔博在利比亚的意大利机场降落时，误被己方炮兵部队击落。

先是入侵阿尔巴尼亚，接着攻打希腊，然后又同德国人在北非和东部苏俄前线会师，意大利人每一次都只能依靠德国人来救援。1942 年秋，北非的意大利部队和德国友军在盟军的进攻下撤退。那年冬天，二十万意大利部队在东部前线与德国人并肩作战，却陷入了惨烈的斯大林格勒战役。近半数军人阵亡或被俘。形势已经改变，轴心国的败相变得越来越明显。意大利人在战争伊始时的热情已经消散。1943 年 7 月初，盟军登录西西里岛，意大利人几乎没有做太多抵抗。7 月 19 日，一千九百架盟军飞机轰炸罗马，它们瞄准军事目标，却炸死了数千平民。

7 月 24 日周六，法西斯大议会召开了最后一次会议。墨索里尼像往常那样，坐在世界地图厅尽头的书桌后，从他两侧排开的长桌边则坐着意大利法西斯党的诸位权贵。会议在下午 3 点左右开始，391
傲慢的墨索里尼先是激动地发表了一番长篇大论，将近来的军事失利怪罪到无能的将军头上，他尤其嘲笑了西西里人，竟然把盟军当作救星。

衣冠楚楚、蓄有山羊胡须的迪诺·格兰迪就坐在领袖身边；作为政府中的有识之士，他起身发表了一番领袖闻所未闻的讲话。格兰迪宣称，这个国家如今陷入如此悲催的境地，墨索里尼要承担全部的责任。“自从意大利跟随德国的脚步，”先是出任墨索里尼的外交部部长，然后被派去英国担任大使的格兰迪说道，“墨索里尼就背叛了意大利人民。”他控诉道，墨索里尼“将我们卷入了一场违背荣誉、违背意大利人民利益和感情的战争”。

格兰迪呼吁弹劾墨索里尼，重新引入议会民主制。目瞪口呆的领袖被这番话动摇了自信，他虽然试图打断格兰迪的讲话，气势却变得越来越弱。然后，格兰迪转身直面墨索里尼：“你以为意大利人民还依然爱戴你么？自从你把意大利托付给德国的那天起，你就失去了人民的敬仰。你以为自己是名军人：可自从你戴上指挥官肩章的那天起，意大利就走向了衰亡。几十万母亲在哭喊：墨索里尼害死了我的儿子！”

长桌边上的一些大议会成员又惊又怒，起身咒骂格兰迪，其中一人喊道：“你这个卖国贼，你要为此付出你的项上人头！”那些赞同格兰迪的人则思忖是否要支持他的主张，这将意味着弹劾墨索里尼，将意大利军队的控制权交还给国王，恢复原先的宪法秩序。他们急切地想要知道，如果投票支持格兰迪将会面临什么样的命运。

时间过得飞快，一下子就过了午夜，来到了 1943 年 7 月 25 日。在数小时的激烈争论之后，他们终于要进行这一决定命运的投票。尽管担心自己见不到明天的太阳，但是二十七名大议会成员中仍有十九人赞成弹劾墨索里尼。当他们离开房间时，法西斯民兵并没有现身阻拦他们，他们松了一口气，也可能有一点惊讶。

墨索里尼也动身回家，他虽然愤愤不平，但自信会得到国王的支持。那天晚些时候，他打算面见国王，告诉他事情的进展，但他的妻子雷切尔试图阻止他。她并不信任国王。如今的局势已经明朗，392
墨索里尼已成为战败的一方，懦弱的国王一定会将所有过错都抛给他，想尽一切办法推卸责任，虽则这场灾难里也有他重要的一笔。雷切尔的直觉是正确的。国王下令逮捕了墨索里尼，并将埃塞俄比亚战争的功臣彼得罗 · 巴多格里奥将军任命为紧急政府的首脑。

接下来的几周可谓一片混乱。那个统治意大利长达二十多年的政府倒台了，但接下来的形势还不甚明朗。国王和其他意大利领导人急于摆脱希特勒的控制，但仍有数千名意大利军人正在东欧与纳粹友军并肩作战，西西里岛和意大利半岛其他区域也部署着纳粹的军队，想要同德国人撇清关系绝非易事。

塔基·文图里从中看到了机遇。8 月 10 日，在混乱不堪的罗马，他致信马廖内枢机，提醒他尽管政府认为改宗的犹太人仍然是犹太人，但是梵蒂冈曾为他们奋力争取。不过令人惊讶的是，他到现在仍在为墨索里尼美言。他写道，墨索里尼认为，种族法案令皈依天主教的犹太人陷入了“痛苦”的境地。他声称，早在 1941 年 7 月，领袖就在筹备新的法案以缓解这一问题，如果不是突然爆发了战争，这一法案早就得到实施了。

他还告诉马廖内，耶稣会特使在内务部有许多门路，这些内务部官员愿意响应梵蒂冈的要求，采纳后者呼吁已久的改变。他希望教宗能够许可他向政府提出三条要求。第一条，要求政府将混合家庭（即包含改宗犹太人的家庭）视作“完整的雅利安家庭”。第二条，要求政府将 1938 年 1 月 1 日前皈依天主教且在之后受洗的犹太人视作基督徒。第三条，要求政府认可犹太出身的天主教徒与普通天主教徒的婚姻关系。[18]8 月 18 日，马廖内在回信中表示，庇护十二 393
世许可了这一行为。[19]

之后，塔基 · 文图里会见了内务部部长，向他提出了己方的要求。[20]后来他给马廖内提交的一份报告为我们披露了颇多内情，这份报告显示，他所提出的要求也局限于教宗许可的内容。他还非常谨慎，并未要求政府取缔种族法案，在递交给国务卿枢机的报告中，他就此写道：“根据天主教会的原则和传统，部分条款应当废除，但它也确实包含其他值得批准的条款。”[21]

即使在墨索里尼被捕之后，罗马的政治形势陷入一片混乱，但是无论是狡猾的塔基·文图里或政治经验丰富的马廖内枢机，还是庇护十二世本人，竟然都没有意识到己方长期支持的反犹法案已经难以为继，这一对国际形势的迟钝令我们感到吃惊。

9月8日，国王宣布他将同盟军签订停战协议。担心德国军队的进逼，他同巴多格里奥极不体面地逃往南方，来到受盟军控制的亚得里亚海城市布林迪西（Brindisi），将群龙无首的意大利军队抛在了身后，没有给他们留下任何指示。早在墨索里尼倒台的那一刻起，希特勒就为这一天做好了准备，他派遣军队迅速冲进意大利半岛。充满戏剧意味的是，德国军队救出了身陷囹圄的墨索里尼，并将他立为意大利社会共和国的傀儡首脑，首都定在北方的萨罗(Salo)。一场血腥的内战打响了，盟军不断向北推进，穿过了一片又一片修罗场。

9月10日，纳粹部队抵达罗马，并且攻下了这座城市。德军的一项首要任务便是抓捕意大利犹太人，并将他们送到北方的死亡营。当月晚些时候，代表意大利的巴多格里奥元帅和代表盟军的德怀特·D. 艾森豪威尔（Dwight D. Eisenhower）将军在英国的一艘海军战舰上签署协约，使得意大利加入了盟军的行列。在艾森豪威尔坚持的诸多条款中，有一条要求意大利政府废除种族法案，并释放仍然关押在意大利集中营里的犹太人。[22]

10月16日上午，纳粹军队包围了罗马古老的犹太区，并一家 394
家地搜捕犹太人。当时留守罗马的犹太人约有七千名，尽管大部分都成功逃脱，一部分躲藏在城市的修道院和女修道院里，却仍然有一千零十五个人被捕并关押在梵蒂冈附近的一栋建筑里，等候命运的安排。

马廖内枢机收到警报后急忙联络了德国大使恩斯特·冯·魏茨泽克，替被关押的犹太人求情。国务卿表示，仅仅因为某人属于特定的人群而遭受如此磨难，令圣父于心不忍。

德国大使问道："如果这一事态继续下去，圣座会采取什么行动？"

马廖内回答道："圣座并不希望陷入不得不提出反对意见的境地。"

魏茨泽克说道，在过去的四年里，他一直欣赏梵蒂冈的态度，它在处理与交战双方的关系时，总是积极地"保持完美的平衡"。他问道，梵蒂冈拥有这么优秀的履历，难道这一次真的要将它同德国的关系置于危险之中？大使明确表示，他直接受命于希特勒，国务卿难道真的希望他向政府报告，因为德国驱逐罗马犹太人的行为，梵蒂冈打算发起抗议？

马廖内记载了这番令人不安的谈话："我记得自己试图唤醒他的人道本能，来调停这一事件。我由他自己去判断，是否该向政府提及我们这番友好的谈话。"他接着告诉纳粹大使："在这场可怕的战争中，我认为圣座一向非常谨慎，不希望德国民众认为，教会的希冀和所作所为与德国的利益背道而驰。"

"与此同时，我必须重申，"马廖内枢机这么告诉德国大使，"阁下曾告诉我，会想方设法帮助可怜的犹太人。我为此向您表示感谢。至于余下的事项，我尊重您的判断。如果您认为不提及我们这番谈话更为合宜，那就这样罢。"[23]

在邻近的那栋关押犹太人的建筑里，担惊受怕的母亲正试图安 395
抚啼哭的孩童。两天后，德国人会把他们赶上火车，送往奥斯维辛。这一千多人中只有十六人幸存下来。在接下来的两个月中，纳粹占领的意大利境内还会有七千名犹太人被捕，而那些忠于墨索里尼与萨罗共和国的意大利人则是这一行动的帮凶。从 1938 年第一批反犹法案的公布到七年后第二次世界大战的结束，有约六千名意大利犹太人为了获得教会的保护，为了避免降临到他们同胞身上的厄运，而改宗皈依了基督教。而纳粹部队及其意大利友军将总共七千五百名意大利犹太人送往了奥斯维辛，能够活下来的寥寥无几。[24]

后记

当犹太人被带去波兰赴死时，墨索里尼的第一任驻梵蒂冈大 396
使切萨雷·德·维基则藏身于慈幼会神父的庇护之下，自从政府于1943年倒台后，他们便收容了他。在最后一届大议会上，德·维基给墨索里尼投了反对票，从此便生活在恐惧之中，不仅害怕即将到来的盟军，也害怕从北方南下的纳粹党人。战争结束后，当幸存的法西斯领导人纷纷走上审判席，他却逃过了抓捕，依然受到慈幼会神父的包庇。神父们担心这位逃亡者会暴露形迹，于是为他办理了巴拉圭的护照，并将他送上了驶往阿根廷的轮船。他一直受庇于当地的慈幼会神父，直到1949年的特赦令使他得以重返家乡。十年后，他在罗马逝世。[1]

自从墨索里尼在1943年被捕之后，加莱亚佐·齐亚诺发觉自己地位不稳。大街小巷里挤满了喜气洋洋的人群，他们相互拥抱，撕碎领袖的照片，一起欢庆法西斯政府的倒台。他们将发起灾难性战争的罪名平分给墨索里尼与齐亚诺。一边是南下的德国人，另一边是从西西里向北进军的盟军，赞成弹劾岳父的他不确定自己落在哪一方手里下场会好一些。

齐亚诺和妻子埃达·墨索里尼前往梵蒂冈寻求庇护，但他们的 397
请求遭到了拒绝。由于这一时期的梵蒂冈档案尚未公开，所以我们并不清楚梵蒂冈是否慎重考虑过这一事宜。[2]8月27日，齐亚诺一家避开了意大利警方的盘查，登上了一班飞机，他们原以为会降落在西班牙的安全场所，结果却来到了德国。几周后，齐亚诺被派去意大利北部的维罗纳，此地下辖于萨罗共和国，即纳粹为墨索里尼设置的傀儡政府。当他发现机场里接待他的是几位法西斯民兵时，似乎没有太过讶异。他们将他塞进一辆汽车，送到附近的一座监狱，同其他大议会成员关在一起，他们都在那场命运攸关的会议上给墨索里尼投了反对票。

1944年1月11日上午，在简短的审判之后，齐亚诺与其他共同被告乘车来到了维罗纳附近的一个军事靶场。两天前，他的妻子、墨索里尼的女儿埃达穿过了瑞士边境。动身之前，她分别给父亲和希特勒寄去了最后通牒，告知对方如果他们不放过她丈夫，那么她将出版齐亚诺的秘密日记。她表示，这份日记所披露的真相将令领袖和元首难堪。当面朝瑞士边境行走在一片开阔的土地上时，她把日记绑在腰间，时刻准备着被德国士兵捉拿。

埃达的最后通牒并没有救下丈夫。在靶场上，齐亚诺和他的同党踏过结着白霜的土地，然后被强行摁在一排摇晃的木质折叠椅上，他们反身坐着，面对着墙壁。他的身边坐着埃米利奥·德·博诺将军，这位七十二岁的老人曾经统领意大利的武装部队，下巴留着标志性的山羊胡子。将军身穿黑色西装，头戴一顶黑帽，落座时双腿分开，双手则被绑在身后。两人要求直面行刑官，但都遭到了拒绝。齐亚诺背部中了五枪，但依然没有断气。他躺倒在地上，但双腿仍然尴尬地跨坐在椅子上，大声地求救。行刑队的指挥官冲到他的身旁，从枪套里拔出手枪，朝“小领袖”的脑袋上又开了一枪。目睹这一场景的德国外交官表示：“这一幕仿佛是在宰猪。”[3]

雷切尔从来都不喜欢这位女婿，并且认为这是他应得的下场， 398

但是墨索里尼和他的妻子不同，他从未因为齐亚诺的惨死而感到快慰。也许是因为他已经预感到，自己的大限也不远了，并且下场之凄惨恐怕有过之而无不及。1945 年 4 月中旬，盟军突破了博洛尼亚南部的山区。他们不断向北挺近，而残余的德国部队只能节节败退。4 月 24 日，随着盟军脚步的逼近，威尼斯、热那亚、米兰三地都爆发了民众叛乱。墨索里尼过去一周都待在米兰。4 月 25 日，舒斯特枢机主持会议，邀请了领袖和中央抵抗委员会的代表，希望令双方避免诉诸血腥的屠杀。墨索里尼得知，德国人正瞒着他同抵抗军进行协商，他评论道：“他们始终把我们当仆人使唤。”墨索里尼面色惨白、气色消沉，仿佛已经能够预见自己的死亡，他要求抵抗军保障法西斯同胞及其家人的安全，但是抵抗军领导人断然拒绝了这一请求，表示己方只接受无条件投降。墨索里尼要求再宽限一个小时。他明白自己可能要走上“人民法庭”，于是决定逃跑。

通过雷切尔的描述，我们得知墨索里尼抵达了科莫湖西南角的科莫镇，停下来给她写了一封信。他随身带着一支粗壮的蓝铅笔。“亲爱的雷切尔。如今的我已经抵达了人生的最后阶段，翻到了我这本书的最后一页。也许我们再也无法见面……我希望你能原谅我对你做过的所有坏事，我并不是有意为之。可是你知道的，你是我唯一真正爱过的女人。”

次日凌晨 3 点，他与其他法西斯领导人一道在一个车队的护送下驶向北方，却没有下定决心，到底是穿过瑞士边境逃逸，还是在意大利阿尔卑斯山寻找藏身处。天气非常糟糕，他们希望能得到增援，于是暂歇在湖边的一个小镇，墨索里尼外出在雨中散步，陪在他身边的是前来与他会合的女儿埃莱娜 · 库尔蒂。克拉拉 · 佩塔奇追着她的爱人出来，却发现他与一位迷人的红发女郎沿湖散步，她大发脾气，伤到了自己的膝盖。

27 日清晨，一支达两百人的德国分遣队途经此地。墨索里尼及 399
其党卫军认为，加入这支分遣队是他们最好的机会。墨索里尼换上了德国军装，拉上了女儿和克拉拉·佩塔奇，坐进了一辆装甲车直奔边境。他们没开多远，就被一支游击队拦下。尽管德国人的数量远远大于他们的敌人，却再也没有勇气战斗，提出要进行和谈。六小时后，他们达成了一桩协议。游击队不予阻挠，任由德国人穿过边境，条件是他们要检查车辆，看看里面有没有藏匿意大利人。尽管墨索里尼穿着德国军装，戴着深色眼镜，他还是被认出来并遭到逮捕，其他法西斯同胞也一样落了网。

地方游击队首领被他抓获的俘虏所震惊，急忙向米兰的抵抗军总部打了报告，要求获得指示。日薄西山的墨索里尼则仅仅要求同克拉拉道别，直到此时，游击队成员才知道俘虏中还有她。克拉拉坚守在情人身边，要同他共赴厄运，两人在近旁的一处农舍共度了最后一个无眠的夜晚。与此同时，米兰也下达了指示。次日上午，两位俘虏被塞进汽车，沿着科莫湖被送到了离此地不远的梅泽格拉(Mezzegra)。他们停在一座不大不小的别墅前，被喊下车，站在一堵墙跟前。天下着雨，克拉拉仍然穿着毛皮大衣，正在哭哭啼啼。“我跟随你走到了最后，你快乐吗？”她问道。墨索里尼没有回答，他也许根本就没有听到她说了什么，无动于衷地认了命。当游击队瞄准两人时，克拉拉挣扎着挡在墨索里尼身前，尽最后一次徒劳的努力，要保护她的爱人。

次日上午，游击队将两人的尸首装进卡车，运送至米兰。领袖及其情妇连同其他十五名命运相似的法西斯领导人被暴尸于洛雷托广场。去年 8 月，德国人也曾经击毙十五名被俘的游击队员，并将他们的尸体陈列在同样的广场上，报复盟军的轰炸以及抵抗军的突袭。此举正是以牙还牙，以眼还眼。长达二十三年的法西斯统治突然结束了，这座城市摆脱了德国军队和党卫军的控制。于狂热与愤 400
怒之中，越聚越多的民众将复仇的恨意倾泻在这些尸体上，吐痰、咒骂、棍击、拳打脚踢。一位女性对墨索里尼的尸体开了五枪，她说这是为她的五个儿子报仇，他们都是因他而死。

为了不让狂热的民众过分破坏尸体，游击队员将它们搬到广场一侧的加油站，一个个头朝下地吊到脚手架上。脑髓从墨索里尼脑袋上的伤口里渗出来，滴到地上。他的身边吊着克拉拉·佩塔奇，她一直唤他“贝尼”。一位顾虑体面的人士用一条绳子将她的裙子绑在腿上，这样即便她倒吊着，裙子也不至于盖住她的头。[4]

多年以来，阿契尔·斯塔拉切都是墨索里尼个人崇拜的舞台监督，如今的他也吊在墨索里尼身边。近些年来，这是他离领袖最近的一次。1939 年秋，墨索里尼撤除了斯塔拉切党主席的职务，他认为面对即将爆发的战争，法西斯党人需要不同的领导人。1945 年春，领袖面前这条曾经骄傲的比特犬身无分文，在米兰过着无人问津的生活，每天穿着便装和破烂的便鞋在街头游荡。抵抗军解放米兰之后，一群游击队员还是认出了他，虽然他无意的乔装要比墨索里尼更为完整。那天，他只接受了二十分钟的审判就被枪决了，尸体被吊上了洛雷托广场加油站的脚手架。[5]

墨索里尼那长期受苦却依然好胜的妻子雷切尔以及两个最年幼的孩子则被盟军抓获，关在了那不勒斯湾的伊斯基亚岛（Ischia）上。后来，她将回到普雷达皮奥小镇，这是她与贝尼托初识的地方。经过多年的努力，她终于在 1957 年将他的遗体争取回来，埋在了他出生的地方。和丈夫不同，她一直活到了老年，死于 1979 年。

直到最后，罗伯托·法里纳奇都是忠诚的法西斯党人，他在
1943 年 7 月墨索里尼被罢黜的当天逃离罗马，飞赴慕尼黑。他被径 401
直带到希特勒的总部，在先见过里宾特洛甫之后见到了元首。当墨索里尼被立为北部萨罗共和国的首脑后，法里纳奇回到了他在克雷莫纳的封地，仍然认为纳粹会取得胜利。1945 年 4 月下旬，当盟军部队作势要攻入城市时，他和一小批下属赶忙钻进汽车，溜之大吉。当他们试图突破米兰北部的一处路障时，遭遇了射击。司机被射杀，法里纳奇被抓获。游击队将俘虏带到邻近的一座小镇，很快把他送上了“人民法庭”。审判只持续了一个小时，他被判处死刑。

在行刑的小镇广场上，他要求给他指派一名神父，后者聆听了

他的告解并宽恕了他的罪孽。他们要蒙住他的双眼，让他面对墙壁，对他背后开枪，但是法里纳奇誓死抵抗。在游击队的狂殴之下，他屈服了。可是当行刑队打算扣动扳机时，法里纳奇突然转过身来，举起手臂行法西斯礼，高喊“意大利万岁！”，随即胸膛被子弹击穿。他们没有着急收拾尸体，给路人足够的时间对它吐痰和拳打脚踢。配枪的人对着这具最法西斯的法西斯党人的尸体射击泄愤。[6]

与教宗大使和塔基·文图里频繁会面的圭多·布法里尼，一直到最后都深得领袖的信任。在那场命运攸关的法西斯大议会上，他是给墨索里尼投赞成票的少数派，当巴多格里奥的新政府组建之后，他遭到了逮捕，但随即又被德国人释放。来到萨罗之后，他成了意大利傀儡政府的内务部部长，根据希特勒的命令围捕犹太人。1945 年 4 月 25 日，他也身在米兰，并且和墨索里尼一样想要穿越瑞士边境，抓获他的游击队将他送到米兰接受审判，他比领袖多活了三天，行刑队在 4 月 31 日取走了他的性命。*[7]

墨索里尼被枪决的时候，彼得罗·塔基·文图里神父已经年高八十三岁，此时的他决定重新埋头写书。1951 年，耶稣会史的最后一卷面世，此时离这套经典著作第一卷的出版已经过去了四十一年。当他在 1956 年 3 月过世时，《纽约时报》和《华盛顿邮报》都刊登了简 402
短的讣告。两家媒体都认为是他促成了《拉特兰条约》的签订，但是在帮助庇护十一世和墨索里尼进行磋商的人当中，他只能居功第二。[8]

登上圣彼得宝座之后，庇护十二世决定留任弗兰切斯科·博尔贡吉尼，让这位虔诚而不谙世事的神父继续担任教宗大使。他在这个岗位上坚持到了战后，直到 1953 年，也就是他过世的前一年，才被教宗任命为枢机。

阿戈斯蒂诺·杰梅利神父在 1939 年发表的反犹演讲获得了法里纳奇的高度赞扬，作为圣心天主教大学的创始人和校长，后来他继续

---

* 原书如此。布法里尼被捕于 4 月 25 日，之后被判处死刑，于 7 月 10 日被行刑队枪决。——编注

巴结国内的当权者。[9] 战争结束之后，意大利当局成立了一个委员会，专门制裁那些具有影响力的法西斯主义者，如果他们的职务具有相当的社会影响力，则一律予以撤职。[10]1933 年，杰梅利的两位学生曾参与反法西斯运动，而杰梅利向警方举报了他们的行为，当他面临多项类似的指控时，作为校长的他被停了职，等候进一步的听证。

次年，第二届委员会继续开展第一届的工作，该届委员会的主席正是任教于圣心天主教大学文学系的埃齐奥·弗兰切斯基尼（Ezio Franceschini）教授。新一届的委员会赦免了杰梅利，并允许他重新担任校长。此后，杰梅利将弗兰切斯基尼任命为文学院院长，并最终成为这所大学的校长。[11] 如今，杰梅利在罗马依旧享有殊荣，这座城市最好的天主教医院和一座火车站都是以他命名的。

国王的遭遇则相对凄惨。1939 年 8 月下旬，美国驻罗马大使从罗斯福总统处收到紧急指示：向国王传达总统的个人吁求，希望他能尽一切可能避免意大利参战。当时，维托里奥 · 埃马努埃莱正在皮埃蒙特的山间度假，菲利普斯于是搭乘火车前往都灵。当大使的座驾抵达偏远的营地时，国王穿着寻常乡下人的衣服以及一顶棕色软帽等候着他。他陪大使来到一座小木屋，菲利普斯传达了罗斯福 403
在最后关头提出的吁求。

当大使说话的时候，维托里奥 · 埃马努埃莱保持着沉默。当他说完，国王开始讲话了。他解释道，自己不过是个立宪君主。“在这种情况下，我能做的也只是将这一请求传达给政府。”菲利普斯非常失望。两人之间升起一阵厚重的沉默。美国大使不知道还能说些什么，于是询问国王钓鱼收获可好，国王的脸上马上浮现出笑容。他骄傲地说道，自己已经钓到七百条鲑鱼，但按照惯例，他会在这个营地一直待着，直到钓到一千条为止。大使表示这个世界恐怕要陷入恐怖的战争，国王是否会返回罗马，埃马努埃莱给出了否定的回答，他计划前往比萨附近的农场，并进一步说道，“你知道的，我讨厌宫殿”。[12]

1939 年 4 月，意大利攻陷了毫无防备的阿尔巴尼亚，国王又增添了阿尔巴尼亚国王的头衔，可是当意大利部队接连失利之时，维托里奥·埃马努埃莱却想尽办法撇除自己的责任。战争结束之时，他与法西斯政府的密切关系令他声名扫地，国王宣布退位，妄想把王位留给儿子翁贝托。1946年，意大利举行了全民公投，驱逐了意大利王室。战后的意大利将以共和国为政体。

庇护十二世的命运与国王截然不同，他逃过了所有指责，没有人将意大利的受难怪罪到他头上。事实上，许多人为他打造了一幅与法西斯政府为敌的英雄形象。所谓的“庇护保卫战”[13]（即有关庇护十二世的激烈讨论）主要关注他与希特勒的关系，而不是他与墨索里尼的关系。当纳粹党人及其同谋（其中许多人都自认为是天主教徒）屠戮欧洲的犹太人时，庇护是否要为没有出声讨伐大屠杀而承担责任？约翰·康韦尔（John Cornwell）曾撰写了一部具有争议性的作品，将庇护十二世称作“希特勒的教宗”，这部作品引发了热议，也可能导致了一些误解，帕切利是否真是如此？[14]批评他的人指控他是个懦夫，背叛了教宗作为先知的责任；而为他辩护的人则认为，他是犹太人的挚友。

有趣的是，迄今为止学界都鲜少关注，在走向战争的那几年里，欧金尼奥·帕切利在意大利扮演了什么样的角色？他与法西斯政府有着怎样的关系？当年老而易怒的庇护十一世打算破坏梵蒂冈与法 404
西斯政府的合作关系时，他是否出手阻拦这种情况的发生？

庇护十二世于1958年过世。他的继任者若望二十三世召开了第二次梵蒂冈大公会议，彻底改变了教会的路线：犹太人不再被妖魔化；教会鼓励不同宗教之间达成理解，而不再予以蔑视；教会赞同宗教自由和言论自由，不再对其进行攻击。

当第二次梵蒂冈大公会议的光辉逐渐褪去，无论是教宗若望二十三世还是会议本身，都受到教会内部怀旧派的质疑。庇护十二世成了他们心目中的英雄，捍卫着教会永恒的正确性，而他的前任庇护十一世则几乎淡出了人们的记忆。

作者按

按照通常的说法，罗马天主教会英勇地同意大利法西斯党作斗 405
争。两任教宗都反对独裁，因为它剥夺了人民的权利。教会的平信徒
组织意大利公教进行会是制衡政府的中坚力量。在这一粉饰太平的叙
述中,法西斯于 1938 年颁布的“种族法案”引发了梵蒂冈的愤然抗议，
教会谴责政府给予犹太人不人道的待遇。

不幸的是，正如读者在本书中看到的，这种说法与实际情况相
去甚远。法西斯政府得以掌权并维护其统治地位，梵蒂冈起了核心
作用。意大利公教进行会与法西斯当局亲密合作，延伸了警察镇压
民众的触手。政府将犹太人当作二等公民，教会不仅没有提出反对
意见，还为墨索里尼采取严苛措施提供了强大的理论根据。正如本
书所示，梵蒂冈与墨索里尼达成了秘密协议，并没有对意大利臭名
昭著的反犹“种族法案”提出任何批评，而是作为交换让公教进行
会受到优待。尽管本书罗列了诸多证据，但是这在意大利几乎不为
公众所知，我相信许多人定然会否认这一事实。领袖及其下属倚仗
教宗身边的人，控制庇护十一世对墨索里尼和希特勒日益加深的疑
虑，这一事实太令教会难堪，这其中固然有许多原因，但最重要的 406

原因恐怕是，制衡庇护十一世的核心人物乃是欧金尼奥·帕切利枢机，也就是那个接掌圣彼得宝座的人。在今天，对于教会因循守旧的人士而言，确保帕切利（教宗庇护十二世）的圣徒形象可谓是至关重要的使命。

2006年，梵蒂冈开放了涵盖这一戏剧性时期的档案，这些年月的全部故事终于可以得到讲述，它们是那么丰富而跌宕起伏，包含那么多出人意料的史料。帕切利枢机每天记录着他与教宗的会面情形，还有数万份其他档案为我们照亮了这段历史，这些资料如今都可以在梵蒂冈秘密档案中找到。其他新近开放的关于这段时期的教会档案也包含了许多珍贵的资料，比如耶稣会总部的档案。我们正是在那里找到了关于彼得罗·塔基·文图里神父的大量文件，为我们揭示了这位教宗—墨索里尼特使的隐藏身份。

尽管教会档案帮助我们取得了许多珍贵的洞见，但是它所讲述的故事并不完整，还有许多内容需要从法西斯政府的记录中挖掘出来。幸亏我们掌握了这些文件，任何其他历史记录都不可能对梵蒂冈的密谋有如此生动的描述，也不可能对其丑闻有这么形象的记载。这份厚重的法西斯警方档案记录了诸多人物的丑行，其中一位乃是教宗的门徒，尽管受到一系列娈童指控，却依旧一路晋升至枢机。也正是这份警方档案令我们获知，塔基·文图里神父原来多次遭遇诡异的暗杀，以及他拼命想要保守的一个秘密。所有这些都归功于法西斯政府广布的间谍网络，线人发回的报告装满了政府的那许多档案盒，暴露了教会高层的权力斗争，这是任何梵蒂冈档案都不会予以记录的。它令我们得以窥见教宗调查所披露的诸多难堪之事，而正式文件至今仍然安全地锁在梵蒂冈的“个人”档案之中，不为大众所知。

为了撰写这本书，我整整做了七年档案研究，在这个过程中，我从所有这些资源中搜罗出两万五千页档案，并将它们汇编成电子文档。我还研读了数千页出版资料，包括意大利、法国、英国、美国和德国的外交函件、日记和回忆录。这项工作鲜少沉闷，因为我常常为自己的发现感到震惊。将来自不同档案的文件交织在一起，用以解决成型已久的谜团是一项并不轻松的挑战，但我沉醉其中。 407

本书两位超群的主角之间有着令人诧异的共谋关系，其复杂程度远远超出我原先的设想。墨索里尼和教宗有许多分歧，事实上他们的分歧在许多方面可谓无法调和，但是他们也有许多共同点。他们都有火爆的脾气，一旦受人摆布，两人都会火冒三丈。他们都要求下属无条件地服从自己，那些可怜的人往往双膝颤抖，生怕招惹两位主子生气。到最后，他们都对另一方彻底失望，却害怕如果解除盟约，可能会招致可怕的后果。

这么说来，这些书页记录了两位巨人的故事，他们于同一年在罗马掌权，而他们的合作关系改变了 20 世纪的历史走向。虔诚、学究气且派头十足的庇护十一世将大部分的成年时光都扑在老旧的手稿上，他渴望回到中世纪，那时候的教会手握无可置疑的真理。墨索里尼则是新时代的信徒，他惯于煽动乌合之众，不仅是个欺凌弱小的恶霸，还发自肺腑地反对教会。正如本书读者了解到的，他们的这段关系并没有善终。庇护十一世一度赞扬墨索里尼是天主派来的人，临终时却感到自己惨遭领袖利用。墨索里尼并不比教宗更高兴，他曾告诉法西斯大议会的成员，教宗这人对他而言简直是一场灾难。

致谢

2002 年，教宗若望保禄二世授权开放了庇护十一世执政时期的 409
档案，也正是这一年，我决定撰写本书。2003 年，关于梵蒂冈与德国外交关系的材料向学者开放，三年后，庇护十一世执政时期的档案全面公开。这一时期充满了戏剧元素，梵蒂冈在许多重大事件中到底扮演了何种角色，这一问题引发了诸多热烈的争议，而我也难以拒绝摆在我面前的这一挑战。

我把 2004 年至 2005 年的学术休假安排在意大利，也由此开始一心扑在这项研究上。尽管彼时，涉及教宗与法西斯政府关系的教会档案的主体仍未公开，但是另一方（意大利法西斯政府）的档案已经公之于众。我梳理了意大利的档案，主要包括国家中央档案馆和意大利外交部的档案。三年后，梵蒂冈和其他地区的教会档案向公众开放，许多新的原始资料和新的洞见变得唾手可得。

如今，我在这本书上已经花去十年时间，也在很多地方欠下了人情。我亏欠最多的是亚历山德罗·维萨尼。他基本上从项目一开始就与我共事，我们肩并肩地研读了意国档案的函件和回忆文字，
然后又一头钻进卷帙浩繁的教会档案。维萨尼拥有这段历史时期的 410

博士学位，不仅为我带来了出色的档案研究技能，还对这个涉及大西洋两岸的项目投入了极大的热忱，他的热情感染了我。

此外，我也非常幸运，在布朗大学拥有一批天资聪颖的研究助理（既有博士生，也有硕士生），为本书的研究提供了助力。在这些人当中，我要感谢斯蒂芬·马特、西蒙娜·波利安德里、哈里·卡斯丹、安迪·牛顿和莫妮卡·法基尼。我还要感谢安妮–克莱尔·伊尼亚斯，在巴黎期间，她帮助我完成了法国外交部的档案工作。我还须感谢为我的工作提供便利和支持的布朗大学在校职工：马蒂尔德·安德雷德、凯瑟琳·汉尼、凯瑟琳·格里马尔迪和玛乔丽·萨格鲁。此外，我还须感谢布朗大学为保罗·杜比教职提供了研究经费。

2011 年至 2012 年的学术休假，我来到法国和意大利，当地的同仁和机构为我提供了许多帮助，使我能更好地写作本书，也令整个过程更加愉悦。我要特别感谢若望二十三世在博洛尼亚组建的宗教科学基金会，及其董事阿尔贝托·梅洛尼；感谢洛克菲勒基金会研究中心，及其常驻董事皮拉尔·帕拉奇亚；感谢罗马的美国学会，及其董事克里斯·切伦扎和主席阿黛尔·查特菲尔德–泰勒；感谢巴黎高等师范学校的吉勒·佩库。

许多同仁极其友好地解答了我的疑问，并提供了各种各样的帮助。在这些人当中，我尤其想要感谢布朗大学意大利研究院的同事马西莫·里瓦，因为我常常拿各种事情劳烦他，比如意大利文学史的问题，意大利方言和文学文本的英译等。在其他提供帮助的朋友和同事中，我要感谢阿尔贝托·梅洛尼、埃米利奥·真蒂莱、伊夫林·林肯、莱斯利·里瓦、罗纳尔多·马丁内斯、查尔斯·加拉格尔、S.J.、罗伯特·马里克斯、约翰·A. 戴维斯、乔瓦尼·皮佐鲁索、马泰奥·圣菲利波、雷达·本斯迈亚、达格玛·赫尔佐格、露西娅·波齐和阿尔贝托·瓜斯科。

我要特别感谢毛罗·卡纳利，他是意大利法西斯政权史的世界 411
级顶尖专家，帮助我梳理了国家中央档案馆的资料，并同我讨论了那个时期的意大利历史。我还要感谢博尼法乔·皮尼亚蒂，他是20世纪30年代意大利驻圣座大使的孙子，他允许我从他们家的档案中取用一张大使的照片。

我的好友兼著作代理人温迪·施特罗特曼值得我特别向她表示感谢。她对图书和出版的深刻理解、她的文字判断力以及她的强力支持对我意义重大。我还有幸由兰登书屋的戴维·埃贝尔霍夫担任此书编辑。他本身便是一位兼具才气和成就的作家，这对编辑来说非常难能可贵，戴维敏锐的文字眼光，以及他对本书具有重要价值的肯定，都给我提供了很大助益。他令本书更为出色。我还要感谢戴维的助理凯特琳·麦克纳，感谢聪颖的她在编辑方面所做的努力。我还感谢兰登书屋给予的其他支持，并尤其要感谢丹尼斯·安布罗斯、米歇尔·贾丝明、苏珊·卡米尔、迈克尔·金泰尔和包田拉尼，感谢他们所做的一切。

最后，我要感谢我的妻子苏珊·达娜·科泽，这么多年来，她与本书朝夕相处，与我分享了旅居意大利的喜悦。她始终提醒我不要忘记写作的目标，一本书不仅要写给专家看，还要让那些对历史所知不多的大众也有阅读的兴趣。如果足够幸运的话，她参加的某个读书会也许会读它。

注释

档案资料与缩写

（以下缩写均用于尾注）

档案资料

ACDF：信理部档案，梵蒂冈

S.O. 罗马宗教裁判所

ACS：国家中央档案馆，罗马

MCPG 大众文化部，内阁

MCPR 大众文化部，报告

MI 内务部，公共安全总局

DAGR 公共安全总局，综合与机密事务处

DAGRA 公共安全总局，综合与机密事务处—年度

FP 公共安全总局，政治警察处，个人档案

PS 公共安全总局

PP 公共安全总局，政治警察处，“事件”

SPD 领袖私人秘书

CO 领袖私人秘书，日常通信

CR 领袖私人秘书，机密通信

CV 领袖私人秘书，“文件袋”

ARSI：耶稣会档案，罗马

TV 塔基·文图里文档

ASMAE：历史档案，外交部，罗马

APG 政治事务，1931—1945，德国

APIN 政治事务，1919—1930，意大利

APSS 政治事务，1931—1945，圣座

APNSS 政治事务，1919—1930，圣座
AISS 意大利驻圣座大使馆
Gab. 内阁

ASV：梵蒂冈机密档案，梵蒂冈城
ANI 驻意大利教宗大使档案
AESE 国务院，非常教务部，西班牙
AESG 国务院，非常教务部，德国
AESI 国务院，非常教务部，意大利
AESS 国务院，非常教务部，神职人员
AESU 国务院，非常教务部，匈牙利

法国外交部，巴黎

MAEI 外交部，政治与商业事务处，意大利
MAESS 外交部，政治与商业事务处，圣座

NARA：**美国国家档案和记录管理局，科利奇帕克，马里兰州**
（所有档案都取自国家档案馆微缩胶片出版系列）

LM142 美国国务院中央机密文件，意大利，外交事务，1940—1944
LM192 美国国务院中央机密文件，德国，外交事务，1930—1939
M530 美国国务院意大利与其他国家政治关系记录，1910—1929
M561 美国国务院教宗国国内事务记录，1910—1929
M563 美国国务院教宗国与其他国家政治关系记录，1910—1929
M1423 美国国务院意大利国内事务记录，1930—1939

已经出版的外交文件

DBFP　英国外交政策文件
DDF　法国外交文件
DDI　意大利外交文件
DGFP　德国外交政策文件
FCRSE　南欧事务文书，英国外交部

其他缩写

ADSS　关于第二次世界大战的圣座法令与文件
BG　《波士顿环球报》
CC　《公教文明》
CDT　《芝加哥每日论坛报》
LAT　《洛杉矶时报》
NYT　《纽约时报》
OR　《罗马观察报》
PNF　国家法西斯党
PPI　意大利人民党
WP　《华盛顿邮报》

第一章 新任教宗

1. Salvatorelli 1939, p. 9; Pizzuti 1992, p. 99; Pollard 1999, p. 14. 415
2. Pollard 1999, p. 16. 美国记者安妮·麦考密克（1957，p. 17）对于教宗德拉·基耶萨也有类似的观察："本笃十五世看起来就像是一个反派教宗，他的位高权重更令他显得矮小，而战火纷飞的时势则将他压得死死的。曾有人在梵蒂冈见他参与公共仪式，头上的三重冕令他萎靡不堪，庄严的刺绣长袍令他更显消瘦，他显然是不堪自身威严的重负。"
3. ASV, AESS, pos. 515, fasc. 529, ff. 59r–94r.
4. 1919 年 12 月 1 日，在新一轮议会的第一场会议上，当维托里奥·埃马努埃莱三世致开幕词时，社会党代表起身走出会议室，高喊"社会主义共和国万岁！" Milza 2000, pp. 284–285.
5. Fornari 1971, p. 50.
6. 条件是该党须向公众明示，梵蒂冈并未介入该党的管理。有关卡洛·斯福尔扎对这场会面的描述，见 Scoppola 1976, pp.22–23。另见 De Rosa 1958; De Rosa 1959; Molony 1977。斯图尔佐在他的余生里，每逢本笃十五世的忌日，都会为了纪念他而举行弥撒。Pollard 1999, pp. 172–174.
7. 意大利外交部的档案中包含一个文件夹，里面装有许多加密电报，发自世界各地的大使馆，报告各国枢机的投票意向。其中包含许多个名字。ASMAE, APIN, b. 1268. 416
8. 后一条评语出自比利时大使。Beyens 1934, pp. 102–103. 而有关加斯帕里不在意着装的评语则出自英国大使亚历克·兰德尔爵士，转引自 Pollard 1999, p. 70。我对加斯帕里的描述参考了后来英国大使的报告，出自 C. Wingfield, Annual Report 1934. January 12, 1935, R 402/402/22, in Hachey 1972, pp. 15, 285–287, sections 126–136, and Roberti 1960, pp. 6–7; Morgan 1944, pp. 15, 136–137; and De Vecchi 1983, p. 143。
9. Aubert 2000, p. 230[基于梅尔切尔（Mercier）枢机的日记]；Lazzarini 1937, pp. 160–161; Beyens 1934, pp. 83–84。
10. Vavasseur- Desperriers 1996, p. 141.
11. Venini 2004, p. 128.
12. Chiron 2006, pp. 20–25.
13. Puricelli 1996, pp. 28, 36; Durand 2010, p. 4; Aradi 1958, p. 21.
14. Aradi 1958, p. 43. 教宗深信，终有一天，曼佐尼会受到认可，成为像但丁一样伟大的作家；Venini 2004, p. 181。
15. Aradi 1958, pp. 65–66.
16. 在他当选教宗之后，阿尔卑斯俱乐部将他一系列登山见闻编纂成一本小册子（Ratti 1923）。1923 年 2 月，这本小册子的英文版分三期刊登在《大西洋宪法报》上，题为《登山家神父》（3 月 4 日、11 日、18 日）。拉扎里尼（1937, pp. 69–71）给出了一份他的登山详单。
17. 法国驻圣座大使弗朗索瓦·夏尔—鲁（1947, pp.21–22）报告说，拉蒂教宗在和他对话时提过他攀登阿尔卑斯的过往。
18. Tisserant 1939, pp. 393–394; Chiron 2006, p. 86.

19. 多梅尼科·塔尔迪尼曾写信给孔法洛涅里，谈及他关于庇护十一世的回忆录的出版工作，并在信中提及这一误解。Confalonieri 1993, p. 276.

20. Lazzarini 1937, pp. 35–36

21. 我在 Kertzer 2001 里讲过这个故事。

22. CC 1880 IV, pp. 108–112.

23. 《犹太人的全球革命》，CC 1922 IV, pp. 111–121;《犹太—共济会的社会主义运动要统治奥地利》，CC 1922 IV, pp. 369–371。

24. Morozzo della Rocca 1996, p. 108; 另见 Kertzer 2004, pp. 247–249。

25. ASV, ANI, b. 192, 6. 534r–538r, Achille Ratti a Pietro Gasparri, 24 ottobre 1918.

26. 阿契尔·拉蒂致彼得罗·加斯帕里的信，1919 年 1 月 9 日，载 Wilk 1997, pp. 3:250–261。就拉蒂出使波兰时对犹太人的看法，可在下文中找到更为全面的描述：Kertzer 2004, pp.245–262.

27. Pizzuti 1992, p. 110; Chiron 2006, pp. 111–112.

28. 勒维兰（1996, p. 8）写道："拉蒂先生晋升至圣安波罗修主教教座，乃是罗马对整个动乱大环境的一种反馈。"

29. 拉蒂离开波兰，返回罗马，究竟有着怎样的背景故事，可在如下文献中找到更为全面的描述：Morozzo della Rocco 1996。加斯帕里本人对这起事件有过描述，并留下了一份打印稿，收于 ASV, AESS, pos. 515, fasc. 530, 6. 35r–36r。关于拉蒂在波兰的履历，如下文献颇为详细，参见 Pease 2009, chap. 2。

30. 加斯帕里对于这段对话的回忆，收于 Spadolini 1972, pp. 259–260。加斯帕里写道，告诉他这件事情的正是拉蒂教宗本人。

31. Pizzuti 1992, pp. 12–13.

32. 不同的资料来源对于投票的轮数给出了不同的数字。我使用的是目前最完整的版本，收于 Aradi 1958, p. 127。据说拉蒂当选，背后有加斯帕里在起作用，这方面的论述参见 Falconi 1967, pp. 152–154。法尔科尼以及其他资料还详细记载了狂热派将原本投给梅里·德尔瓦尔的选票，转投给守旧的威尼斯大主教彼得罗·拉封丹（Pietro La 417
Fontaine），他在第十一轮投票中获得了二十四票，而拉蒂则获得了二十五票。梅尔切尔枢机当天的日记也提供了有用的信息，收于 Aubert 2000, and Lazzarini 1937, pp. 160–163。

33. Fogarty 1996, p. 549. 由于这次的教训，庇护十一世更改了主持教宗选举会议的规则，给予欧洲之外的枢机更多时间赶来参加会议，当他在 1939 年过世时，这些主教也确实享受了这一待遇。

34. Aubert 2000, p. 200.

35. 本笃十五世患病的消息在天主教界引发了广泛的担忧。在纽约城，在天主教区学校里上学的 96000 个孩子都在 1 月 20 日被带去当地的教堂，为本笃的健康祈祷。许多人在迅速康复的祷告之外还加上了一段"或者蒙受恩典，在幸福中死去"，这一情况表明他们对教宗的病情并不是很乐观。《96,803 个孩子为教宗祈祷》，NYT, January 21, 1922, p. 1。第二天，教宗逝世的消息就传到了正在开会的德国国会主席耳中，议程中断，全体成员起立，主席则即兴发表了一番悼词。《国会主席悼念教宗》，NYT, January 22, 1922, p. 2。

36. 那些于 2 月 5 日（庇护十一世当选前一天）在圣彼得广场守候白烟的人群中就有贝尼托·墨

索里尼。Gentile 2010, p. 95.

37. Aradi 1958, p. 128.

38. 到底拉蒂是自行决定来到阳台上将首次祝福施予信徒，抑或这一行动出自更通世故的加斯帕里枢机之建言，这一问题尚存争议。博洛尼亚大主教马里奥·纳萨利·罗卡枢机认为这是加斯帕里的主意（Chiron 2006，P.138n），然而孔法洛涅里（1957,P.24) 坚持认为这是拉蒂自己的主意。这些事件的描述收于 Aradi 1985，P146-147,and cc 1922 1, pp.371-372。

第二章 进军罗马

1. E. Mussolini 1957, p. 135.

2. 报告最后给出的总结颇令我们感到吃惊：他的面相非常和善。Baima Bollone 2007, p. 22；另参见 Ludwig 1933, p. 37。

3. Bosworth 2002, p. 62. 墨索里尼发表的第一篇文章《天主并不存在》的英语译文收于 Seldes 1935, pp. 387–390。1908 年的文章被下文引用：Gentile 2010, p. 84。

4. Rhodes 1974, p. 27.

5. Baima Bollone 2007, pp. 23, 27.

6. 他因为《前进！》的这篇文章被起诉，后来以煽动暴力的罪名接受审讯。Cannistraro and Sullivan 1993, pp. 96–97.

7. E. Mussolini 1957, pp. 31–32.

8. Motti 2003, p. 198.

9. Cannistraro and Sullivan 1993, p. 97. 很多文献都遗漏了墨索里尼的这个孩子。尽管在某些情况下，绯闻、婚生子和现实之间的分隔线非常模糊，但我没有任何理由怀疑坎尼斯特拉罗和苏利文在这方面出现了判断失误。他们还谈及墨索里尼在 1918 年同另一个女人生下的儿子。这个女人叫比安卡·韦内齐安娜（Bianca Veneziana），墨索里尼断断续续地跟她私通了好些年（1993, p. 275）。

10. Rafanelli 1975.

11. Cannistraro and Sullivan 1993, p. 137. 雷切尔·墨索里尼在她自己的回忆录里（1974, pp. 74–75）写下了自己对这场婚礼的回忆。后来，达尔塞不断公开要求墨索里尼承认她是他的妻子，并且想尽办法要让全世界知道小贝尼托是他的儿子，这些事情令墨索里尼非常难堪。他在位高权重之后，便把伊达送进了疯人院，她一直待在那里，直到 1937 年去世。小贝尼托的命运则更为惨淡。自从他母亲被带走，他 418
就受到密切监视，后来他实在给墨索里尼带来太多隐患，于是也被送去了疗养院，一直待在那里，直到 1942 年去世，死时年仅 26 岁。出处同上；Festorazzi 2010, p. 49。

12. 墨索里尼是怎么找到资金，野心勃勃地创办这份报纸的，这个问题仍然争议不断。部分资金似乎来自墨索里尼的诸位情妇，其中包括伊达·达尔塞，她显然卖掉了自己的美容院，兑换成现金资助墨索里尼。除此之外，尽管墨索里尼宣称自己与金钱不共戴天，宣称要铲除资产阶级，他却从那些想让意大利参战从而发战争财的人手里接受金钱资助。他还秘密地从法国政府以及英国政府处得到资金，这两个国家都迫切想让意大利参战。

Bosworth 2002, pp. 105–107.

13. 出处同上，pp. 106–107。

14. 《革命运动法西斯组织向意大利工人发出呼吁》，《意大利人民报》，1916 年 1 月 6 日，第 1 版。

15. Festorazzi 2010, p. 37; Cannistraro and Sullivan 1993, p. 96.

16. Milza 2000, p. 257. 然而在 1918 年 2 月，玛格丽塔遭遇了第一桩人生悲剧，她的第一个孩子罗伯托尽管只有十七岁，却坚持要入伍，并在前线阵亡。当墨索里尼叛出社会党，谴责他们对意大利战事的破坏，以及对意大利士兵的不敬时，玛格丽塔心中也有一条深深的伤口，敦促她与墨索里尼一同前行。Urso 2003, p. 119. 他们会亲密合作，在意大利部队的牺牲和英雄主义上打造一个新的神话。

17. Cannistraro and Sullivan 1993, p. 178.

18. Margiotta Broglio 1966, pp. 79–81; Gentile 2010, p. 87.

19. 墨索里尼成功地说服了米兰的两位文化名人，同他一起代表法西斯党参选，一位是阿尔图罗 · 托斯卡尼尼（Arturo Toscanini），他是斯卡拉大剧院的总经理，他不久就对这一决定感到后悔；另一位是菲利波 · 马里内蒂（Filippo Marinetti），他是未来主义运动的领航先锋。

20. Cannistraro and Sullivan 1993, pp. 215–216.

21. Galeotti 2000, pp. 20–23.

22. De Felice 1966, pp. 115–116.

23. Lyttleton 1987, p. 53; Ebner 2011, pp. 23, 30–31.

24. De Felice 1966, pp. 87, 92.

25. De Felice 1966, p. 128; Scoppola 1996, p. 186; Kent 1981, pp. 5–6.

26. Gentile 2010, p. 92.

27. Venini 2004, p. 22.

28. CC 1922 I, p. 558; CC 1922 II, pp. 178, 372. 在这个时期，《罗马观察报》刊登的法西斯分子攻击神父、意大利人民党总部、天主教团体的事例包括：《人民党党员受到法西斯分子棒打》，1922 年 3 月 29 日，第 4 版；《一位神父和一位律师被法西斯分子袭击》，1922 年 4 月 27 日，第 4 版；《法西斯分子袭击了格雷戈里神父》，1922 年 6 月 6 日，第 4 版；《法西斯分子和人民党党员发生冲突》，1922 年 6 月 21 日，第 4 版；《仇恨爆发》1922 年 7 月 26 日，第 4 版；《天主教团体遭受打击》，1922 年 8 月 20 日，第 4 版；《法西斯分子袭击了一位神父》1922 年 8 月 22 日，第 2 版；《米兰天主教团体遭法西斯分子纵火》，1922 年 9 月 2 日，第 4 版；《卡塔尼亚天主教徒遭法西斯分子攻击》1922 年 9 月 12 日，第 4 版；《天主教徒遭法西斯分子袭击》，1922 年 9 月 14 日，第 4 版；《法西斯分子和天主教徒在维罗纳发生对峙》，1922 年 9 月 23 日，第 4 版；《法西斯分子再度于维罗纳袭击天主教徒》，1922 年 9 月 24 日，第 4 版；《下诺切拉人民党总部遭法西斯分子破坏》，1922 年 10 月 4 日，第 4 版；《法西斯分子要挟神父，令其在 48 小时内扔掉教士袍》，1922 年 10 月 8 日，第 4 版；《两位神职人员受法西斯党人辱骂》，1922 年 10 月 10 日，第 4 版；《佛罗伦萨的法西斯分子集会对 G 姓教区主教以及当地人民党党员展开敌对行动》，1922 年 10 月 14 日，第 4 版；《佛罗伦萨教区青年会发起抗议》，1922 年 10 月 17 日，第 4 版；《法西斯分子与天主教团体发生冲突》，1922 年 10 月 18 日，第 4 版。 419

29. 法里纳奇的传记有很多，包括 Fornari 1971，Festorazzi 2004，and Pardini 2007。因诺琴蒂（1992, pp. 147–150）的讲述通俗易懂又面面俱到，很好地把握了法里纳奇的一生。
30. Milza 2000, p. 326; De Felice 1966, pp. 222–223.
31. Chiron 2006, pp. 256–257.
32. 后一个版本，即担惊受怕的墨索里尼和情妇一同藏在瑞士边境，见于 Festorazzi (2010, pp. 69–70)。德·费利切所著的多卷本墨索里尼权威传记（1966, pp. 373–374）认为当时他和他的妻子身在米兰的歌剧院。
33. Cannistraro and Sullivan 1993, p. 276; Festorazzi 2010, p. 78.
34. 彼得罗·巴多格里奥，转引自 Milza 2000, p. 332。
35. Milza 2000, pp. 332–333.
36. Lyttleton 1987, p. 89.
37. De Felice 1966, p. 359.
38. McCormick 1957, pp. 7–9.
39. CC 1922 IV, pp. 354–355.
40. Bosworth 2002, p. 172.
41. De Felice 1966, p. 311.
42. 他们的谈话发生在 1922 年 11 月初。Beyens 1934, pp. 136-137.
43. Navarra 2004, p. 15.
44. 出自 Salandra，Memorie politiche, 转引自 De Felice 1966, p. 462。
45. Lamb 1997, pp. 59–60.
46. 这段描述出自 Morgan (1941, pp. 81–85)，他也参加了这次晚宴。

第三章　命运攸关的结盟

1. Tisserant 1939, pp. 389, 397; Chiron 2006, p. 151.
2. Beyens 1934, p. 102.
3. Confalonieri 1957, pp. 116–117. 关于庇护十世，参见 Pollard 1999, p. 78。
4. 转引自 Rhodes 1974, p. 19; Biffi 1997, p. 74。
5. Aradi 1958, pp. 65–66; Venini 2004, p. 23.
6. Chiron 2006, p. 126.
7. 出处同上，p. 141。
8. 意大利人把四楼叫作三楼，把一楼叫作底楼。
9. 但丁和曼佐尼是这个阅览架上的常客。Confalonieri 1957, pp. 173, 270–271.
10. Confalonieri 1969, p. 36; Charles- Roux 1947, p. 10.
11. Aradi 1958, p. 138.
12. Lazzarini 1937, p. 319.

13. Confalonieri 1957, pp. 71–72; Chiron 2006, pp. 141–146. 还有几张教宗在公园里散步，旁边停着座驾马车的照片，收于《意大利画报》，1922 年 10 月 8 日，第 2–3 版。
14. Potter 1925, pp. 9, 242–247, 254–255; MacKinnon 1927, pp. 44–45, 189–190.
15. Potter 1925, p. 164.
16. 恩里科 · 罗萨，《意大利的统一与意大利人的分裂》，CC 1922 IV, p. 106。
17. De Rosa 1999.
18. Sale 2007, p. 26. 莱多霍夫斯基在 1922 年 10 月 31 日写给罗萨的信，收于《公教文明》档案，而作为编辑委员会成员的萨莱可以查阅这份档案。
19. 英国驻梵蒂冈大使在他的年度报告（写于 1922 年 10 月 25 日）中写道："教宗对俄国共产主义的恐惧似乎主宰了梵蒂冈的一切。" Rhodes 1974, p. 18. 420
20. 转引自 Sale 2007, p. 25。
21. 萨莱在《公教文明》总部查看过罗萨的档案，然后总结道，教宗似乎就是那个命令罗萨刊登那篇更为友好的社论的人，尽管他没有提供文字细节。出处同上，p. 27。
22. 恩里科 · 罗萨，《政府危机与权威危机》，CC 1922 IV, p. 204。
23. Sale 2007, pp. 27–28 用充分的证据得出这一结论。
24. Beyens 1934, pp. 136–139. "进军罗马事件" 几天后，国务卿加斯帕里向法国大使解释道，国王拒绝动用军队是一个正确的决策。他说，法西斯主义 "已经成为一种必需品"。Sale 2007, p. 10.
25. 通谕是教宗对重要事项的高调声明，通常写给一个特定国家的主教，而这一篇通谕则写给全世界所有主教。
26. 《奥秘何在》的英语译文刊登在梵蒂冈的官方网站：http://w2.vatican.va/content/pius-xi/en/encyclicals/documents/hf_p-xi_enc_23121922_ubi-arcano-dei-consilio.html。
27. Milza 2000, p. 343.
28. 出处同上，pp. 345–346。
29. Motti 2003; Falconi 1967, p. 185; Sale 2007, p. 37; Milza 2000, pp. 354, 401. 关于宗教课本需要得到教会许可的规定，参见 DDI, series 7, vol. 2, n.155, 1 agosto 1923。关于墨索里尼的巡视以及给地方神职人员发放经费，参见 Morgan 1941, p. 239。
30. 转引自 Molony 1977, p. 152。枢机在参加一场婚礼时说出了这句评语，而墨索里尼当时在场。墨索里尼特别中意这些话，于是将其发送给意大利所有外国大使馆。第二天意大利驻英国大使传来电报，报告说英国的许多报纸都报道了万努泰利的评语。伦敦的《泰晤士报》宣称枢机的评语绝不仅仅是他的个人观点，而是忠实地传达了圣座的意见。DDI, series 7, vol. 1, n. 535, 22 febbraio1923; DDI, series 7, vol. 1, n. 544, 23 febbraio 1923.
31. ASV, AESS, pos. 515, fasc. 523, 6. 8r–9r.
32. Molony 1977, pp. 190–191; Falconi 1967, p. 187.
33. 圣图奇和阿切尔博的描述转载于 Pirri 1960。
34. 萨莱（2007, pp. 36, 54–55）指出，尽管许多历史学家决定将塔基 · 文图里被指定为双方的秘密中间人的时间认定为墨索里尼和加斯帕里在 1 月举行的这次秘密会面，然而并没有档案证据证明这种观点。不过 2 月初时，塔基 · 文图里确实已经开始行使这项职责。

35. Scaduto 1956, p. 47; Maryks 2012, pp. 302–305; Martina 2003, pp. 234–235; Tramontin1982, p. 631. 第一次世界大战期间，塔基 · 文图里时常和警方接触，以获取前往瑞士的许可，而莱多霍夫斯基的办公室便设在瑞士。战争刚刚结束，他就反复在意大利政府当局走动，试图为莱多霍夫斯基以及其他被放逐的耶稣会士获取返回罗马的许可。塔基 · 文图里在战时和战后同警方的联络信息收于 ACS, MI, PS,1919, b. 1, “Curia Generalizia della Compagnia di Gesù”。

36. 一份由法西斯警方安插在梵蒂冈内部的线人撰写的简报认为他是一个反改革分子，不过他的主要目标在于为耶稣会谋求利益。ACS, MI, DAGR, b. 1320, informatore, Città del Vaticano, 23 aprile 1930.

37. 在塔基 · 文图里身后留下的浩瀚材料里有一张小小的明信片。正面是圣母玛利亚和幼年耶稣的画像。另一面的钢笔字迹显示出这张明信片来自当时出使华沙的拉蒂，内容是感谢塔基·文图里在他晋牧时发来了恭贺的消息，日期是 1919 年 10 月 28 日。ARSI, TV, b. 421
29. 关于 1899 年的相逢，参见 Maryks 2012, p. 305。

38. 据贝尼托 · 墨索里尼所言，阿纳尔多的妻子曾经向塔基 · 文图里告解。DeBegnac 1990, p. 591.

39. Tisserant 1939, pp. 398–399; Martina 2003, p. 236.

40. 《维琴察主教就针对神职人员的暴力行为发表声明》，OR, 21 novembre 1922,p. 4。然而似乎从未有任何法西斯分子因为对教会人士施暴而被驱逐出教会。

41. 《针对神职编辑人员的暴行》，OR, 24 novembre 1922, p. 4。

42. 《奥斯塔天主教团体遭遇破坏行动》，OR, 13 dicembre 1922, p. 4。

43. 《青年天主教徒惨遭暴力》，OR, 15 dicembre 1922, p. 4。

44. 《针对维琴察附近神职人员的暴行》，OR, 20 dicembre 1922, p. 4.

45. 几则例子 :《法布里亚诺的法西斯暴行》，OR, 10 aprile 1923, p. 4 ;《皮亚琴蒂诺宗教节日受法西斯分子干扰》，OR, 19 aprile 1923, p. 2 ;《皮亚琴察教区委员会出言抗议》，OR, 20 aprile 1923, p. 2 ;《法西斯党要挟破坏圣体大会》，OR, 16 maggio 1923, p. 4 ;《塞孔迪利亚诺天主教团体遭法西斯党破坏》，OR, 26 maggio 1923, p. 4。在佩林（2011, p. 183）对韦内托教区每周新闻的分析中，她发现这些报纸都不认为墨索里尼应当对这些暴行负责。在梵蒂冈认可墨索里尼政府的合法地位之后，这种报道形式变得越来越明显。

46. Sale 2007, pp. 92–94; Pollard 1985, p. 24.

47. Poggi 1967, p. 21; Casella 1996, pp. 606–607, 620. 教宗说出这句话的时间是 1922 年 9 月。而公教进行会新任国家主席路易吉·科隆博（Luigi Colombo）也非常清楚他的职责，“我不会遵从自己的意见，我会服从圣父威严的指令”，Zambarbieri 1982b, p. 114。

第四章 天生教宗

1. OR, 17 marzo 1923, 转引自 Coppa 1999, p. 89;《自由主义之痛》，CC 1923 II pp.209–218。

2. 《自由主义之痛》，CC 1923 II pp. 209–218。我们并没有直接证据证明《罗马观察报》的报道乃是顺从教宗的意愿，但是考虑到梵蒂冈立场的急剧转变，任何其他解释都站不住阵脚。

3. 尽管梵蒂冈公开否认了这一猜测，表示恩里科 · 普奇蒙席的文章仅仅代表他的个人意志，但后来一份法西斯警察的秘密简报则认为普奇当时发表这篇文章，“不过是在严格按照国务卿的指示行事”。ACS, MI, FP “Pucci,” f. 19, n.d. 教会曾发表过一份半公开的声明，否认普奇呼吁斯图尔佐引退跟教会有任何关系，参见 CC 1923 III,p. 184。

4. 教宗通过加斯帕里传达了这项旨意，后者在 7 月 5 日致信塔基 · 文图里，开篇就写道：“出于某些不必坦言的原因，圣父允许斯图尔佐神父推迟他的答复……现下，在天主面前长久深思之后，圣父认为在意大利当前的局势之下，由一位神父领导一个政党（尤其是反对当前政府的政党），必然会给教会带来损害，只会令共济会窃喜。” ASV, AESI, pos. 617, fasc. 50, f. 5, Gasparri a Tacchi Venturi, 5 luglio 1923. 这些文档转引自 Sale 2007, pp. 80–84，并附有深入的讨论。
5. 转引自 Sale 2007, p. 82。
6. 收到教宗命令后，斯图尔佐安排了一场人民党理事会紧急会议，时间定在 7 月 10 日，他不希望在自己告知理事会成员之前，就让教宗的命令泄露出去。
7. 详细到斯图尔佐引退消息公开的确切时间。ASV, AESI, pos. 617, fasc. 50, 6. 14–15. 而且，塔基 · 文图里也迫切地想要墨索里尼做出承诺，不去伤害斯图尔佐神父。 422
8. Sale 2007, pp. 69–70.
9. Molony 1977, pp. 172–173; Bedeschi 1973.
10. Sale 2007, pp. 74–75.
11. Beyens 1934, pp. 167–169.
12. Navarra 2004, p. 42.
13. Baima Bollone 2007, pp. 24–26.
14. E. Mussolini 1957, p. 121.
15. R. Mussolini 1974, p. 96.
16. 出处同上。
17. Milza 2000, pp. 354–355.
18. Festorazzi 2010, pp. 74–77.
19. Cannistraro and Sullivan 1993, pp. 273–274; E. Mussolini 1957, p. 32; Navarra 2004, p.48.
20. 转引自 De Felice 1966, pp. 472–473。
21. 克雷莫纳的这番描述出自莫内利（1953, p. 102）。在法西斯政府运用的象征、仪式和神话方面，秦梯利（1993, pp. 160–172; 2001）是最具影响力的学者。仪式对于政治运动来说非常重要，关于其中的原因以及仪式起作用的方式，参见 Kertzer 1988。
22. Gentile 1993, pp. 281–282.
23. Beyens 1934, p. 245.
24. DDI, series 7, vol. 2, n. 155, Mussolini a Gentile, 1 agosto 1923; Talbot 2007, p. 27; Sale2007, pp. 37, 96; Gentile 2010, p. 107; Milza 2000, p. 432.
25. ASV, AESI, pos. 573, fasc. 22, 15, 25 settembre 1923, 转引自 Sale 2007, pp. 320–322。
26. CC 1924 I, p. 175, 还包含一段来自《意大利人民报》的节选。
27. Sale 2007, p. 333; CC 1924 I, p. 80.
28. 包括将政府发放给主教的酬金从每年 6 000 里拉提高到每年 12 000 里拉，将发放给教区神父的报酬从每年 1 500 里拉提高到每年 2 500 里拉。CC 1924 II, p. 82.

29. Ebner 2011, p. 38.

30. 转引自 Sale 2007, p. 130。

31. 出处同上，pp. 134–137。这份印刷传单收于 ASV, AESI, pos. 617, fasc. 50, 6. 30r,30v; 命其不得寄送的批示写在 f. 47r。

32. Chiron 2006, p. 152; Confalonieri 1957, p. 172.

33. Lazzarini 1937, pp. 309–310. 拉扎里尼并没给出教宗约见卡雷尔的时间，但表示这次约见发生在他的作品《教宗》(1924) 付梓不久之后。

34. Confalonieri 1957, p. 172; Charles- Roux 1947, p. 14.

35. Chiron 2006, p. 151.

36. Durand 2010. 梅里·德尔瓦尔在 1927 年如此评价教宗，这句话后来又传回到教宗耳朵里，教宗把他召到面前，用叱责的话语羞辱了他。他描述这次召见时写道："教宗骂我的方式简直像是在训斥年幼的学生。" Durand 2010, pp. 48–49.

第五章 置之死地而后生

1. 贾科莫 · 马泰奥蒂，《谴责选举骗局的众议院演说》(1924)，http://it.wikisource.org/wiki/Italia_-_30_maggio_1924,_Discorso_alla_Camera_dei_Deputati_di_denuncia_di_brogli_elettorali。

2. Milza 2000, pp. 365–367; De Felice 1966, p. 620. 有关谋杀马泰奥蒂事件及其余波的详尽考量，参见 Canali 2004b。

3. Milza 2000, p. 370; CC 1924 III, pp. 80–89. 423

4. De Felice 1966, p. 630.

5. Milza 2000, p. 378.

6. De Felice 1966, p. 644. 后来，当墨索里尼回想马泰奥蒂遇害后的几周时，他说道："那些时日，我有一种孤绝的感受，因为基吉宫通常都人满为患，现在却如此冷清，仿佛暴风雨刚刚肆虐过。"

7. Navarra 2004, pp. 25–27.

8. Cannistraro and Sullivan 1993, p. 295.

9. CC 1924 III, pp. 85–87.

10. ASMAE, Gab., b. 32, Tacchi- Venturi a Mussolini, 27 giugno 1924.

11. Baima Bollone 2007, p. 96.

12. Sale 2007, p. 162.

13. 出处同上，pp. 162–168。

14. 6 月末，一位人民党反对派议员代表呼吁国王重新任命一位总理，以恢复民主自由，并且禁止私人组建武装部队；CC 1924 III, pp. 179–180。7 月中旬，人民党省级领导在罗马举行会议，通过了一项计划。他们坚称，推翻法西斯党统治，不会像墨索里尼的支持者所说的那样，让意大利退回到 1922 年的政府瘫痪和社会混乱，而是会建成一个由人民党，不满现状的自由党，以及怀有民主思想的社会党组成的稳固联盟。参见 Ferrari 1957, p.

70; Sale 2007, pp. 169–171。

15. ASMAE, Gab., b. 32, Tacchi Venturi a Mussolini, 20 luglio, 1924；出处同上，Paulucci de' Calboli a Tacchi Venturi, 22 luglio 1924。墨索里尼手写的便条字迹就盖在塔基 · 文图里写给他秘书保卢奇 · 德 · 卡尔博利男爵（Baron Paulucci de' Calboli）的附信上。出处同上，Tacchi Venturi a Paulucci de' Calboli, 20 luglio 1924。

16. 教宗密切地审查了这篇文章，有关这一情况，有一份详细且不多见的描述，收于耶稣会士费利切 · 里纳尔迪，《记〈天主教党派不应参与意大利政党纷争〉一文的写作》，1924 年 8 月 11 日，藏于《公教文明》档案，刊于 Sale 2007, pp. 477–478。另参见萨莱在 pp.172–182 的讨论。

17. 《天主教党派不应参与意大利政党纷争》，CC 1924 III, pp.297–306。

18. 后来，加斯帕里向比利时大使透露，他根本不知道这些念珠对她们来说有什么用。Beyens 1934, pp. 235–236.

19. 转引自 Sale 2007, p. 182–183。教宗的这番言论，令国内外反法西斯人士都十分愤慨。有些人称，庇护在这样的政治议题上发表的观点仅代表他个人，而不是教宗绝无错误的观点。一周后，《罗马观察报》刊文反击了这种观点。这份梵蒂冈日报向天主教界宣告，教宗的话语代表的是一种“绝对的命令”。有些人声称天主教徒可以在这件事上遵从自己的良知，他们的观点大错特错；转引自 Sale 2007, p. 184。

20. 这些课程安排在卡尔莫德希修道院，和墨索里尼位于罗马涅的避暑别墅隔着一条托斯卡纳大区边界，碰巧的是，当时年事已高的万努泰利枢机正在那里避暑。没过多久，墨索里尼就去修道院拜访，并且求见了万努泰利。在修道院主事神父为孩子们举行首次圣餐礼后，他立即询问枢机，后者是否愿意亲自主持他们的坚信礼。所以在 9 月 8 日，墨索里尼的孩子们在上午举行了首次圣餐礼，又在中午由枢机主持了坚信礼。万努泰利的书信收于梵蒂冈秘密档案，转载于 Sale 2007, pp. 345–346。

21. 有趣的是，教宗没有直接将这一决定告诉斯图尔佐。9 月 16 日，加斯帕里致信斯图尔佐的哥哥（西西里的一位主教），告诉他此乃“圣父的意愿，不对，是命令”，并且让他向 424
斯图尔佐神父转达教宗的决定。斯图尔佐的哥哥非常愤怒，拒绝了加斯帕里，使得他只好另寻门道，将这一决定传至前任人民党首领的耳中。

22. 梵蒂冈国务院档案中包含一张由斯图尔佐的律师开出的手写收据，日期为 10 月 17 日，确认从皮扎尔多蒙席处收到一万里拉，用于斯图尔佐出国的开销。尽管斯图尔佐对这些经费心怀感激，却认为如果换成英镑会更好用一些。此外还有一张由斯图尔佐亲自手写的纸条，日期为 10 月 20 日，告知皮扎尔多，明天他会派同一个人过来兑换英镑。ASV, AESI, pos. 617,fasc. 50, 6. 26r, 27r; Molony 1977, p. 192.

23. Cannistraro and Sullivan 1993, p. 296; Monelli 1953, p. 109; De Felice 1966, p. 716.

24. 此处是我对 De Felice 1966, p. 717；1968, pp. 50–51 解读的展开。

第六章 独裁统治

1. 有些人在民兵部队里十分活跃，很有组织性，而有些人则只是递交了加入民兵部队的书面申请，考虑到这些人之间的区别，法西斯民兵（即国家安全志愿民兵）的确切数据目前还无法获知，不过活跃成员应该远远超过十万人，而总数也许是活跃人数的两到三倍。

2. Milza 2000, pp. 386–387.
3. Fornari 1971, pp. 101–111.
4. 塔基·文图里给墨索里尼写信时打的草稿，日期标注为 1925 年 9 月 18 日，收于《公教文明》档案中一系列未经整理列出的文档中，发表于 Sale 2007, pp. 364–365。在国家中央档案馆的墨索里尼档案中，我并没有找到这封信的原件或者任何复印件，所以我没有找到任何证据证明这封信确实送到了墨索里尼手里。弗兰齐内利（1998, p. 45）给出了婚礼的日期。米尔扎（2000, p. 401）表示雷切尔·墨索里尼对于迟来的受洗仪式毫无热情。婚礼的描述出自 R. Mussolini 1974, pp. 123–124。
5. 他于 1925 年 6 月 21 日在法西斯党全国代表大会上所做的演讲就非常典型：“那些领导革命的人，他们肩负的责任犹如那些指挥战争的将军”，《1925 年 6 月 21 日讲话》，http://www.dittatori.it/discorso21giugno1925.htm。
6. 转引自 Baima Bollone 2007, p. 28。
7. 强势的领袖并没有吓住法里纳奇，这一点在这位法西斯头目第二天的回信中就可以看出来：“今天上午，您的信使为我送来了您日常的‘发火信’，”法里纳奇写道，“我兑现了我在罗马做出的承诺，可是您却说我将它们都抛开了，这令我非常震惊……这场审判已经变成政治事件了吗？它早就是一场政治事件了，不然我怎么会来到基耶蒂。”
8. Fornari 1971, pp. 119–125, 135. 美国国家档案馆的国务院文件中包含一批 1934 年的文档，为马泰奥蒂一案提供了十分有趣的事后观。这起凶杀案的罪魁祸首阿梅里戈·杜米尼曾给圣安东尼奥市的一位律师发去一个加密包裹，他告诉这位律师，自己正有生命危险，他点名意大利警察总长阿尔图罗·博基尼正是威胁他性命的首要敌人。他表示，他必须让他的敌人们知道，一旦他有生命危险，那么这个包裹里的文档就会被公之于众，有了这个筹码，他就能保住自己的性命。这位律师根本就不知道杜米尼是谁，于是就询问了他的一位朋友，这位朋友是当时得克萨斯州的参议院议员。在这位议员的请求之下，美国驻佛罗伦萨领事给国务院发回了一份报告，写明了杜米尼在马泰奥蒂谋杀案中的身份。国务院认为领事的这封信函过于敏感，不可以转发给那位得州律师。于是国务院跟议员简要说明了情况，并让他谨慎地告知这位律师他所面对的是一个什么样的人物。NARA, M1423, reel 1, Arnold Cozey, San Antonio, to Joseph Haven, U.S. Consul in Florence, March 1, 425
1934; et seq.
9. 乌尔索（2003, pp. 160–165）认为，萨尔法蒂在引入罗马帝国英雄和大搞领袖崇拜方面都起到了作用。在国内出版一年前，这本书曾用另一个标题在国外出版。
10. Duce 读作“杜切”。
11. 转引自 Falasca- Zamponi 1997, pp. 64–65。
12. 转引自 Baima Bollone 2007, p. 78。
13. O. Russell, Annual Report 1925, April 21, 1926, C 5004/5004/22, in Hachey 1972, pp.74, 77–78, sections 3, 14–18; Chaline 1996, p. 162; Agostino 1991, pp. 44–45; Morgan 1939, p. 205.
14. ACS, MI, DAGRA, b. 129, Vice Questore, Borgo, al Signor Questore, 21 gennaio 1925;Venini 2004, pp. 24–25.
15. 教宗曾在罗马建城日（4 月 21 日）宣告：“除非你是一名天主教徒，否则你就不是一个完整的基督徒；除非你是一个罗马人，否则你就不是一个完整的天主教徒。”参见 Baxa 2006, p. 116。

16. 数以千计的朝圣者得以亲吻教宗的手，于是在圣年年中，梅里 · 德尔瓦尔枢机担心教宗会因此染上传染病，就建议他以后佩戴手套，教宗则应允了这项提议。A.C. 雅各布森，医学博士，《保护被虔诚朝圣者亲吻的双手》，《华盛顿邮报》，1925 年 11 月 15 日，第 8 版。
17. 教宗宪兵队共有一百人，其中有五名士官，他们同瑞士侍卫兵一同掌管梵蒂冈的治安。
18. Bosworth 2011, p. 180.
19. 马丁纳（Martina）神父是天主教会最重要的历史学家之一，他（1978, pp. 226–227）认为教宗在《那些首先的》中表达的观念过分抱残守缺。另参见 Bouthillon1996; Verucci 1988, pp. 35–37; Chiron 2006, pp. 233–234。
20. 《那些首先的》英语译文收于：http://www.vatican.va/holy_father/pius_xi/encyclicals/documents/hf_p-xi_enc_11121925_quas-primas_en.html。正文引语引自第 33 段（一共有 34 段）。
21. 《路德会教徒反对教宗的节日通谕》，NYT, March 21, 1926, p. 12。
22. 塞尔迪斯（1934, p. 128）表示教宗确实说过这番话，尽管它听起来像是由他人捏造的。
23. 比阿特丽斯 · 巴斯克维尔，《教宗如何度过他的 24 小时》，BG, November 1, 1925, p.C5。
24. 这一事件的描述来自“梵蒂冈一位出名的线人”，他还补充说，教宗是个“麻木的自我主义者”。ACS, MCPG, b. 155, 20 marzo 1926.《波士顿环球报》登过一篇对庇护十一世充满溢美之词的文章，但是该文作者同样指出，“在那些更亲近本笃十五世的教士眼中，庇护十一世多少有一点冷漠”。巴斯克维尔，《教宗如何度过他的 24 小时》，p. C5。
25. 这些由墨索里尼的线人撰写的报告，现今收于罗马的国家中央档案馆。这些线人中，有很多都会提供未经证实的传言，或者因为个人恩怨而抹黑仇人。这一法西斯情报网所提供的讯息，为我们展示出一幅关于梵蒂冈权力斗争、背后中伤、个人冲突和丑闻的庞大图景，比历史上任何时期都更为丰富多彩。在新近增加的警察机构中，最令人闻风丧胆的莫过于“监视和镇压反法西斯组织”（OVRA，奥夫拉），这一组织是一种精英型的政治间谍机构。Fiorentino 1999; Canali 2004a. 有关1925年至1926年间引入的其他镇压措施，有很多文献，尤其参见 Milza 2000, pp. 394–396; Gentile 2002, p. 153–154; CC1926 IV, pp. 459–465, 560。
26. ACS, MCPG, b. 155, n.d. [1926]. 这位“梵蒂冈出名的线人”的报告里写满了各种抱怨，都是高级教士们抱怨教宗专横的性格，以及受到的粗鲁对待。1927 年 10 月 28 日的一则报告非常典型：“一位经常有机会晋见教宗的蒙席告诉我，日子一天天过去，教宗变得 426
越来越可怕，越来越强横，令人不敢跟他说话。” ACS, MCPG, b.156.
27. 大使欧仁 · 贝恩，1925 年 2 月 10 日，转引自 Ruysschaert 1996, pp. 252–253;Beyens 1934, pp. 286–287。
28. 切萨雷 · 帕西尼，《配枪的图书馆馆长》，OR, 19–20 novembre 2007, p. 5。
29. De Felice 1968, pp. 200–201; Cannistraro and Sullivan 1993, pp. 326–327. 吉布森虽然试图刺杀墨索里尼，但她原先的刺杀对象显然是教宗。
30. Baima Bollone 2007, p. 53.
31. 《墨索里尼被奇迹所挽救！》，《法西斯政府报》，1926 年 4 月 9 日，第 1 版。
32. 这次袭击几小时后，塔基 · 文图里便来到基吉宫，向墨索里尼递交了教宗恭喜他身体安康的私人信件。ARSI, TV, b. 7, fasc. 431, Tacchi Venturi a Monsignor Pizzardo, 11 settembre 1926; De Felice 1968, p. 202.

33. De Felice 1968, pp. 204–208.
34. 转达这一消息的是塔基 · 文图里。DDI, series 1, vol. 4, n. 473, Grandi, Roma, a Mussolini, a Forlì, 1 novembre 1926.
35. 审查在此之前便开始了，但是力度没有这么大。1923 年 7 月 15 日通过的法律规定，如果报纸出版的内容破坏了意大利、国王、教宗或者天主教的声誉，那么警察就有权力开除报纸的主编，并且没收付梓的报纸。参见 Talbot 2007, p. 27。
36. 《公教文明》对这一举措表示了赞许，尽管《罗马观察报》没有对此做出评论，它却报道了司法部长在国会上发表的讲话，在这段讲话中，该部长表示天主教会对这一举措持赞成态度。CC 1926 IV, pp. 459–462; Rogari 1977,p. 174.

第七章　刺客、变童者与间谍

1. 这一系列委托中较为出名的一次发生在 1928 年 7 月。阿尔契德 · 加斯贝利（Alcide De Gasperi，他取代斯图尔佐神父担任人民党主席，并在第二次世界大战后成为意大利总理）因为在未取得许可的情况下试图离开意大利，而在 1927 年被捕，并被投入监狱。第二年的大赦令他重获自由，他却被告知不能离开罗马。他很想前往意大利东北部和妻儿团聚，于是准备向墨索里尼求取许可。由于加斯贝利是一位出名的反法西斯人士，他的朋友劝告他说，墨索里尼绝对不会同意他的请求，除非他能够说动塔基 · 文图里亲自帮他转达。加斯贝利尽管并不情愿，但还是向耶稣会士求助，然而这位教宗的特使拒绝向他伸出援手。在加斯贝利打算呈交给领袖的请求书上，页边沿写了一行字："塔基神父没有接受，因为这份请求书没有向大赦表示感激，用词也缺乏足够的敬意！"参见 De Gasperi 2004, p. 94。
2. ACS, MI, DAGR, b. 1320, informatore n. 204, Roma, 28 ottobre 1928.
3. Maryks 2012, p. 308.
4. 除此之外，他还提及了所谓"内部解体"的威胁。
5. ARSI, TV, b. 7, fasc. 430a, no date.
6. 这本手册即 Filippo Maria Tinti，Sionismo e Cattolicismo (Bari, 1926)。ASMAE,Gab., b. 32, Tacchi Venturi a Marchese Giacomo Balucci, capo di gabinetto, 6 settembre1926. 巴鲁奇答复说，墨索里尼收到书后表达了感谢。ASMAE, Gab., b. 32. 一方面，犹太人带来了许多威胁，开展了许多阴谋活动；另一方面，教会在推行其道德准则时遭遇到很多困难，塔基 · 文图里认为这两个方面存在联系。在一份和加斯帕里有关的建议书（12 月 1 日）里，他提出了好几种方法，来应对意大利"反宗教"活动所带来的威胁。他告诉加斯帕里，每一个天主教徒，在看到法西斯政府努力为天主教会谋求福利，将教会和国家更加紧密地绑 427 在一起时，都应该感到高兴。然而墨索里尼的努力却在各个省份遭到抵制，地方官员常常会无视他的指令。这位耶稣会士忠告说，这场宗教情感的复兴运动所面临的绊脚石是"犹太人、新教徒、共济会和布尔什维克主义者，他们常常强有力地联合起来，抵抗宗教、抵抗教会、抵抗国家政府"。在这份建议书里，塔基 · 文图里再一次指出，这些共谋活动不仅针对梵蒂冈，还针对墨索里尼和法西斯政府。塔基 · 文图里知道墨索里尼非常忌惮英国的力量，他还补充说，犹太人及其盟友正残忍地削弱天主教会，他们代表的是"盎格鲁—撒克逊霸权"。他警告道，"他们正在实施一项征服意大利的计划，今天看似只关乎宗教，明天就要踏入政治的领域"。ARSI, TV, b. 8, fasc. 446, Tacchi Venturi a Gasparri, 1 dicembre

1926, lettera con allegati.

7. 线人表示，他没法担保诗句的准确用词，甚至没法肯定整个故事是不是捏造的，但这个事情确实传开了。实际上其他地方也出现了这个事情的其他版本，每一版的语句措辞都稍有不同。ACS, MI, DAGRA, b. 1320, 1927.

8. 《梵蒂冈耶稣会士遇刺》，NYT, February 29, 1928。

9. 《罗马刺杀事件暴露反墨索里尼阴谋》，WP, March 1, 1928, p. 3。

10. 一位警方线人在报告里写道："塔基·文图里神父认为这起针对他的刺杀，同几个月前的一份名单有关，在那份刺杀名单上，他的名字紧跟在领袖后面。据说这份名单由法国的共济会成员和意大利流亡人士草拟。他们谴责过他，明明身为耶稣会成员，却建议领袖采取措施，镇压共济会，于是他们就此给他判了死刑。" ACS, MI,DAGR, b. 1320, informatore, Roma, n.d.

11. 警方并不相信耶稣会士的名字会高居刺杀榜第二位，而在此之后，塔基·文图里提交的秘密报告则给出了一种解释：萨尔韦米尼告诉这位线人，"耶稣会完全就是法西斯党，而且他们是法西斯主义得以存在的一大支柱"，这番话令警方感到颇为有趣。

12. 警察局局长写道："这份文件陈述的内容异想天开、非常粗糙、自相矛盾，显示出杜撰者连最基本的政治形势都不懂。" ACS, MI, DAGR, b. 59, pp. 15–16. 萨尔韦米尼后来移居美国，并于 1934 年在哈佛大学获得教职。

13. 两年前，当维奥莱特·吉布森企图刺杀墨索里尼的时候，此人就试图欺骗警方，说这位爱尔兰妇女是整个阴谋的一个环节，而他对这个阴谋了如指掌。当时他正因为诈骗罪被关在佛罗伦萨的监狱，而警方也确确实实怀疑他有可能为了重获自由，而捏造了这个故事。可是在这样一桩严重的案件中，任何可能的线索都不能放过。在与警方的谈话中，他声称这起刺杀事件由一个爱尔兰女性政治团体策划，她们之前一直在地下秘密活动，并且与流亡法国的意大利反法西斯分子勾结在一起。警察并没有相信这一套说辞。后来，他又因为向法国军方兜售秘密武器而惹上了麻烦。他声称这种武器可以让敌方的飞机引擎在半空中停转。这所谓的武器自然也是假的。

14. ACS, MI, DAGR, b. 1320, Roma, 20 marzo 1928.

15. 出处同上，Roma, dal direttore, Capo Divisione Polizia Politica, 30 marzo 1928, p. 29。

16. 警察局局长认为，为了阻止警方找出袭击者，塔基·文图里给警方提供了错误的外貌描述，跟门房的版本相差甚远。耶稣会士表示，两者的不吻合，是因为门房年事已高，头脑也不清楚了。"尽管塔基·文图里神父一再表示门房非常糊涂，注意力一点都不集中"，但是警察局局长认为，此人没有他说得那么不堪。ACS, MI,DAGR, b. 1320, informatore, n.d.

17. 警察局局长在结项报告中写道："考虑到这位先生尊崇的地位，我自然拒绝相信那些即便算不得非常可鄙，也十分荒谬的意见，即那些声称受害人和袭击者存在不正当关系的意见。" ACS, MI, DAGR, b. 59, p. 13. 428

18. 塔基·文图里是否真的同男孩或者小伙子有恋爱关系，进行性行为，或者对他们进行性虐待，我们目前还只能猜测。尽管我们持有的证据非常诱人，但是远远不能盖棺定论。几年后，一位警方的长期线人发来一份报告，称塔基·文图里"对一位小伙子亲切有加，而此人并非他的亲属。那人也许是他的年轻秘书……但有人向我确证说，那人是他的真爱"。ACS, MI, DAGR, b. 1320, informatore n. 590 (=Eduardo Drago), Roma, maggio 1936. 我依靠 Canali 2004a，得以通过线人的代码来识别他们的身份。

19. ACS, CR, b. 68, 4 maggio 1928.

20. 在那个时代，娈童（pederast）意指一位男性同男孩或者小伙子发生性关系。

21. 据墨索里尼“一位出名的线人”称，这两个人都觊觎哪一天能晋升枢机，并且他们都利用自己的职务之便抹黑加斯帕里枢机，因为他们认为正是加斯帕里令教宗反感他们。教宗最终将这位老国务卿排除在最重要的决策之外，卡恰和桑佩尔都起到了一部分作用。ACS, MCPG,b. 155, noto informatore vaticano, 1926. 这张便条很有可能是在6月末写下的，因为它提到，新近任命的枢机中没有桑佩尔，这令他感到非常失望，而枢机会议的召开日期是 1926 年 6 月 21 日。

22. ACS, MCPG, b. 157, noto informatore vaticano, 23 luglio 1928. 桑佩尔甚至不是意大利人，而是哥伦比亚人。有位线人曾在 6 月 22 日和 30 日的报告中提到过教宗的秘密调查。而桑佩尔的突然撤职在下文中有提及：The Cardinals of the Holy Roman Church, Biographical Dictionary (1902–2012)，可以在如下网址上找到：http://www2.fiu.edu/~mirandas/bios-s.htm。夏尔 · 卢瓦索（1960，p.102）曾在 1914 年至 1918 年间担任法国非官方的驻梵蒂冈使节，他在回忆录中带着深情回忆起桑佩尔（当时他还是本笃十五世的管家），说他“是一位年轻、富有、英俊的高级教士，深受本笃十五世的喜爱”。很久之后，他才得知桑佩尔“尊严扫地，他们因为某些微妙的原因将他赶出了梵蒂冈……不管是什么原因”，卢瓦索补充道，“我仍然对他怀有美好的记忆”。法国大使丰特奈（Fontenay）也曾在 1928 年 12 月 17 日发回巴黎的报告上谈到过这一神秘的撤职，转引自 Chiron 2006, p. 152n57。

23. “梵蒂冈出名的线人”还报告说，卡恰还请出了教宗的谈判专家弗朗切斯科 · 帕切利帮他开脱。ACS, MCPG, b. 157, noto informatore vaticano, 30 giugno 1928.

24. Canali 2004a, p. 288.

25. 这一结论出自德 · 费利切（1968, p. 464），他将博基尼同残酷成性的纳粹党党卫队头目海因里希 · 希姆莱和莱因哈德 · 海德里希（Reinhard Heydrich）相比较。这两个纳粹党人都非常尊重博基尼，并曾就技术问题向博基尼取过经。美国记者托马斯·摩根（Thomas Morgan）和博基尼有过私交，据他所言，墨索里尼和纳粹党走得越来越近，这令博基尼非常失望；他在 1940 年 11 月过世，当时仍旧是意大利的警察总长，并且身体非常健康，摩根怀疑很有可能是德国人使了什么肮脏的手段。Morgan1941, p. 236.

26. De Felice 1968, p. 465.

27. Canali 2004a, pp. 283–284.

28. 出处同上，p. 766n840。普奇提交的大多数情报都由普佩斯基经手转交，而她在秘密报告中的代码是 35 号。1929 年，普佩斯基报告说，曾有一位枢机恳求教宗把普奇赶出梵蒂冈，然而教宗回答道，他在媒体方面是把好手，而且自己不会给他委派任何机密任务，教宗还进一步说道，“而且我们知道该怎么监视住他”。ACS,MI, FP “Cerretti,” 429
informatore n. 35 (=Bice Pupeschi), Roma, 25 ottobre 1929.

29. 这位高大、英俊的神父常常身穿华丽的蒙席长袍，嘴里吐露轻柔的话语，令他显得尊贵非凡；他在那些报道梵蒂冈新闻的国外记者圈里也非常有名，他会向他们提供有偿的情报，并且他那里总有各种讲不完的传闻逸事。参见 Alvarez 2002, pp. 156–157; Canali 2004a, p. 195;Franzinelli 2000, pp. 259–260, 701–703。摩根（1944, pp. 31–36）曾用很长的篇幅描写过脾气温厚、受人欢迎的普奇，他总有办法让美国新闻机构争相向他购买情报，由此获得了颇为丰厚的收入。

30. 由于这些报告的作者明显别有用心，所以这些内容劲爆、满篇闲话的报告非常不可靠，解读它们的时候要特别留心。正如我在上文提及，这位“梵蒂冈出名的线人”的真实身份仍旧是一个谜。有人猜测说他就是梵蒂冈的非正式新闻官恩里科 · 普奇蒙席本人，他能够在梵蒂冈自由出入，并且同许多梵蒂冈高层关系密切。但我对此持有疑虑。来自他的第一份报告早在博基尼担任警察总长之前，从那时起一直到 1934 年，这位线人连续不断地提供了大量长篇报告，内容直指梵蒂冈最高层。他有时候也会谈论普奇，如果他谈论的是自己，那么其中的措辞方式就太过奇怪了；譬如 ACS, MCPG, b. 155, 20 marzo 1926，以及出处同上 , ca. aprile 1926，报告了哥伦布骑士会的相关内容。这位“梵蒂冈出名的线人”常常诋毁加斯帕里枢机。在 1927 年 4 月的一份报告中，他颇为传神地引用了加斯帕里责骂墨索里尼的话语，不断地说墨索里尼“应该去拉泡屎”。ACS, MCPG, b. 156, 12 aprile 1927. 然后加斯帕里却在回忆录中表达了他对普奇的喜爱，普奇如果这么迫切地想破坏墨索里尼对加斯帕里的印象，那未免有点奇怪。

31. ACS, MCPG, b. 157, noto informatore vaticano, 22 e 30 giugno 1928. 在丑闻平息之前，为了让卡恰出去躲上一阵子，教宗让他代表自己出席奥地利的圣体大会。但是几个月后，这位蒙席回到罗马，各种流言就再次死灰复燃；ACS, MI, PS, Polizia Politica, b. 210, informatore n. 35, Roma, 27 settembre 1929。这份报告还包含一张手写便条，表明这份报告的复件还抄送给时任外交部部长的迪诺 · 格兰迪。

第八章 《拉特兰条约》

1. 我在 Kertzer 2004 中讲述过历任教宗试图收复罗马的故事。在第一次世界大战后，本笃十五世试图和意大利政府达成一项协议，却因为时运不济而没能成功。参加巴黎和会的意大利总理曾经记述过这件事情，参见 Orlando1937, pp. 140–146。教宗代表也曾提及这件事情，出处同上，pp. 177–186。维托里奥 · 埃马努埃莱三世对这项协议的反对意见，记录在 Margiotta 1966, pp. 56–58。

2. 后来这一特别委员会的情况被报纸披露出来，教宗命《罗马观察报》刊文声明，“这个特别委员会的运作及其三名教会法律顾问的任命和选拔，都同教会高层没有任何关系”。然而一份由墨索里尼签署、写给司法部部长的指令的复件却道出了真相。“关于之前的协议，”墨索里尼这样下笔写道，“我要告诉阁下，圣座指定如下人士参加教会立法改革委员会。”在两位梵蒂冈高层官员和一位罗马宗座大学的法律教授的名字和职位后面，紧跟的是，“这跟圣座提供给我的指示一模一样，其中还列出了几个要点，乃是圣座希望能够囊括在这次改革中的”。墨索里尼附上了一份由塔基 · 文图里代表教宗转达的指示，列出了六项教宗希望能够得到采纳的措施。ASV, AESI, pos. 628, fasc. 56, 6. 91r–93r, 3 agosto 1924. 德 · 费 430
利切（1995, p. 106–110）在梵蒂冈档案对外公开之前，就写过这些事件；他的描述同我们目前获知的情形基本吻合。另参见 Margiotta 1966, pp. 131–133。

3. 教宗这封手写公开信收于 ASV, AESI, pos. 702, vol. 1, 6. 14r–16v。

4. DDI, series 7, vol. 4, n. 308. 1926 年 5 月 16 日，塔基 · 文图里给墨索里尼写信道，几天前他同领袖会面之后又跟加斯帕里谈了谈，得知梵蒂冈已经做好准备，同墨索里尼直接对话，来解决罗马问题；DDI, series 7, vol. 4, n. 312。

5. NARA, M530, reel 2, U.S. ambassador Henry F. Fletcher, Rome, to secretary of state,October 4, 1927, n. 1410.

6. 对他来说，即便再小的机遇也值得把握。在一位尊贵的神父下葬后，其家庭成员拜访了墨索里尼，并将这位蒙席佩戴在胸前的十字架送给了他，解释道，其中含有圣十字架的圣物。墨索里尼亲吻了它，对这个煽动群情反对教会的罗马涅土著来说，这绝不是一件能够轻易做到的事情，然后他告诉神父亲属，他会始终将这个遗物带在身边。教宗听闻这个故事，非常高兴。“很好，很好”，他说道。ACS, MCPG, b. 155, 5 luglio 1926.

7.《梅里·德尔瓦尔的讲话》,《法西斯政府报》,1926 年 10 月 7 日，第 1 版；Franzinelli 1998, p.54。

8. Franzinelli 1998, p. 68.

9.《黑色贵族》,《20 世纪报》, 1929 年 2 月 20 日，第 11 版刊登了一张弗朗切斯科 · 帕切利的照片，他是这一派系的代表人物。Bosworth 2011, p. 26.

10. 文中提及的芝加哥报纸即《芝加哥每日新闻报》。1926 年 11 月的一份秘密警察报告称，美国的哥伦布骑士会正在为购买土地筹集资金；ACS, MI, DAGRA, b. 113, n. 52199。

11. 这位耶稣会士为此联络了内务部部长路易吉 · 费代尔佐尼（Luigi Federzoni）。警方报告披露这两个组织的总部位于同一栋建筑里，而且该地人民党负责人曾经是一位神父。

12. 他还补充道，除反对法西斯党以外，人民党还愿意同社会党人结盟，该党可是“所有基督教原则不共戴天的敌人”，这尤其令人震怒。Tacchi Venturi to Gasparri, AESI, pos. 611, fasc. 46, 6. 23r–23v；警方报告位于 6. 25r–30r。

13. ASV, AESI, pos. 734, fasc. 241, 6. 4r–5v, Tacchi Venturi a Gasparri, 8 gennaio 1926. 这位耶稣会士还补充了费代尔佐尼对布雷西亚主教的看法：“尽管他尊重加贾（Gaggia）蒙席的田园生活美德、宗教学识以及文化修养，然而他认为，正因为加贾蒙席年事已高，他没能意识到有一大批人打着公教进行会的名头，却从事着颠覆政府的秘密活动，不择手段地要将教会高层拖下水。”

14. 巴利拉是一位小英雄的姓氏，据说他曾经在 1746 年激发热那亚人民反抗奥地利部队。Gibelli 2003, p. 267.

15. SV, AESI, pos. 667, fasc. 129, 6. 68r–69r.

16. ACS, MCPG, b. 157, noto informatore vaticano, 29 aprile 1928.

17. Coco 2009, pp. 164–165.

18. Rhodes 1974, p. 41. 这番描述基于德国驻罗马大使的证言。

19. Pacelli 1959, p. 99. 就在几个月前（3 月 1 日），当弗朗切斯科 · 帕切利转达政府的意见，想让教宗放弃将多里亚 · 潘菲利别墅纳入梵蒂冈的版图时，教宗大为光火。当时庇护十一世非常坚定，他宁愿不签订这项条约，也不愿将这片土地排除在条约之外。出处同上，p. 82。

20. 巴罗内补充道：“不接受这样的条件，就相当于……他们不想结束两方之间的冲突，但
我可以向你保证，墨索里尼肯定不会这么想。”出处同上，p. 100。帕切利在日记中写道： 431
“巴罗内还向我透露，国王曾在多个场合表示自己对解决罗马问题不是很有热情。”

21. R. Mussolini 1974, p. 154; Bosworth 2002, pp. 347–349; Milza 2000, p. 537.

22. Navarra 2004, p. 16.

23. “梵蒂冈出名的线人”在其 1927 年的一连串报告中，谈及教宗缺席加斯帕里的周年庆典，并由此产生的影响。ACS, MCPG, b. 155.

24. ACS, MCPG, b. 157, noto informatore vaticano, 1 gennaio 1928; 出处同上，5 gennaio 1928; 出处同上，12 gennaio 1928。

25. DDI, series 7, vol. 7, n. 240; 阿纳尔多 · 科特西，《明天仅有九人见证条约签订仪式》, NYT, February 11, 1929, p. 3。

26. 转引自 Gannon 1962, p. 62。两天后，斯佩尔曼蒙席形容教宗“对任何事情都感到高兴”。出处同上，p. 63。博尔贡吉尼是加斯帕里手下的两位部长之一，他在三年前将斯佩尔曼调来罗马，帮忙处理英语文件以及美国教会的事务。当时墨索里尼安插在梵蒂冈的主要线人和博尔贡吉尼的关系不好，他声称这位教宗驻意大利大使想要讨好美国的哥伦布骑士会，该会是梵蒂冈重要的资金来源。在 1926 年末，教宗早已听说过这位年轻的美国神父，尤其是他看似无穷无尽地从美国筹集资金的能力，于是他便要求单独接见斯佩尔曼。没过多久，教宗就开始称呼他为“珍贵蒙席”。ACS, MCPG, b.155, noto informatore vaticano, 1926（没有给出具体日期）; and MCPG, b. 155, noto informatore vaticano, 5 gennaio 1927. 斯佩尔曼非常高兴地将教宗对自己的昵称告诉了母亲。Gannon 1962, pp. 57–59.

27. 最后一项争议涉及宗教裁判所。这座宏伟的 16 世纪建筑位于梵蒂冈的城墙边上，东边是圣彼得广场，前门开向一条公用街道。教宗想将这栋建筑以及正对面的街道都纳入新梵蒂冈城的版图。然而，国王反对划更多的土地给教会，教宗最终只好做出了妥协。最后，这条街道仍然不受教宗掌控，但是这座宫殿就像罗马的其他许多教会建筑一样，尽管并非梵蒂冈的领土，却被赋予特殊的法律地位。ASMAE, Gab., b. 718, Roma,10 febbraio 1929.

28. 这一条款见于撒丁王国 1848 年制定的法规，后来又被刚刚建国的意大利王国于 1861 年沿用，天主教也由此被看作是“自由国家的自由教会”。

29. Toschi 1931.

30. Bosworth 2011, p. 171.

31. 基于 Nenovsky et al. 2007 中 1929 年意大利里拉和美元的汇率。

32. Grandi 1985, pp. 254–255.

33. Martini 1960b, p. 113. 后来，加斯帕里告诉夏尔—鲁，那一天他哭了五次：分别是进教宗书房和出来的时候，抵达签约地点拉特兰宫的时候，签约仪式的过程中，以及向教宗报告当天情况的时候。Charles-Roux 1947, p. 48.

34. Reese 1996, p. 11.

35. 斯佩尔曼于 1929 年 2 月 10 日写给母亲的信，收于 Gannon 1962, p. 63。

36. 墨索里尼从车里出来的照片刊登在《20 世纪报》，1929 年 2 月 20 日，第 7 版。

37. 《在君士坦丁大帝的宫殿中举行签约仪式》，NYT, February 11, 1929, p. 2。

38. 《斯特凡尼论〈拉特兰条约〉和〈宗教事务协约〉》，OR, 13 febbraio 1929, p. 2。

39. 阿纳尔多 · 科特西，《梵蒂冈和意大利签署条约重建教宗国；六十年敌对关系结束》，NYT, February 12, 1929, p. 1; Casella 2005, p. 24. 皮扎尔多行法西斯礼一事记录在 NARA, M530, reel 2, n. 2140, February 15, 1929, Alexander Kirk, chargé d'affaires ad interim of the 432
U.S. embassy in Rome, report to the U.S. secretary of state in Washington, p. 5。

40. Grandi 1985, p. 255.

41. 在过去的几年里，墨索里尼频频采取行动，为教会谋取福利，然而教宗的信心并非全部来自这些行动；莫罗认为，墨索里尼将教会当作统治工具的态度也给教宗增添了信心。这将回归（至少教宗是这么希望的）教会在旧制度中和各种独裁统治者曾经有过的共谋关系，那个时候，西欧还没有经历民主观念和政教分离观念所带来的变革。此外同样重要的是，墨索里尼认可的基本原则与教宗赞同的原则在很多方面非常契合，他们都寻求秩序、纪律以及自上而下的威权统治，他们都排斥人们应当依据良心进行自决的观念。只有那些不为自身利益行动，而是为了更大的善而行动的人才具有美德。何谓更大的善，这将由最高的权威来决定。Moro 1981, pp. 192–193. 莫罗的这些观点是在 Giovanni Miccoli (1973, 1988) 的基础上发展起来的。而墨索里尼权威传记作者德 · 费利切则认为，只有在签订《拉特兰条约》之后，法西斯政府才真正确立了自身的地位。

42. 转引自 Confalonieri 1957, p. 215。

43. 省督报告收于 ACS, MI, DAGRA, b. 187, 11 febbraio 1929。

44. 一份杂志刊文恭贺了这一历史事件，它写道，这项协约简直是一个奇迹，“源自教会和法西斯政府在方针方面……完美的契合，提升了人民的道德和精神水平。这项事业绝不可能由议会制政体达成”。朱塞佩 · 贝维奥内，《意大利和梵蒂冈达成具有极高价值的条约》，《20 世纪报》，1929 年 2 月 15 日，第 7 版。梵蒂冈日报《罗马观察报》转载了《人民期刊》对这个事件的报道，认为“法西斯政府之所以能够解决‘罗马问题’，原因在于它将意大利从民主派的议会制谎言以及反教会谎言中解放出来”。《写在圣座与意大利签订条约之后》，OR, 15 febbraio 1929, p. 1。

45. 阿纳尔多 · 科特西，《二十八万人恭贺教宗》，NYT, February 13, 1929, p. 1；H. G. Chilton,Annual Report 1929, March 27, 1930, C 2470/2470/22, in Hachey 1972, p. 165, section99;《奎里纳尔宫外的集会》，OR, 14 febbraio 1929, p. 1。罗马之外类似欢庆集会的报道可见《意大利城市为这一喜庆的和解事件而狂喜》，《意大利未来报》(博洛尼亚的天主教报纸)，1929 年 2 月 12 日，第 4 版，以及接下来数日的《罗马观察报》。

46. 《纽约时报》的头版头条就非常典型:“六十年敌对状态结束……人群走上街头高声欢呼”，阿纳尔多·科特西，《梵蒂冈和意大利签署条约重建教宗国》，NYT, February 12, 1929, p. 1。

47. 这些话语出自多梅尼科 · 塔尔迪尼 (1988, p. 294)，当时他在梵蒂冈国务院供职，在弗朗切斯科 · 博尔贡吉尼手下工作。

48. NARA, M530, reel 2, n. 2140, February 15, 1929, p. 8; Caviglia 2009, p. 94.

49. ACS, CR, b. 6, 13 febbraio VII [1929]. 这份长达三页的报告上留有手写铅笔记号“达 · 罗萨蒂”。

第九章　救世主

1. Morgan 1939, p. 174.

2. 阿纳尔多 · 科特西，《教宗接待会为墨索里尼欢呼》，NYT, February 18, 1920, p. 5. 罗马贵族似乎没有经历任何困难就适应了法西斯党的统治。此外墨索里尼的一系列行动也很说明问题，从 1926 年到 1943 年倒台，领袖前后将四位亲王任命为罗马市长，这个由贵族把持的职位只在 1935 年至 1936 年间短暂地中断过，当时担任这一职务的是朱塞佩·博塔伊。Insolera 1976, p. 119. 433

3. 国会在 1928 年通过了新的选举系统；Milza 2000, p. 415。流程的第一步，先由法西斯大议会从各种由政府控制的团体中收集一千个提名，每一位被提名人须有“无可置疑的法西斯信仰”；最终的候选人将由大议会决定，它还能将未被提名的人直接纳入候选人名单。德菲利斯 (1995, p. 437) 讨论了政府使用“公民表决”时所指代的具体含义。

4. 梵蒂冈这篇呼吁文章的署名人是公教进行会全国执行委员会，转引自 Scoppola 1976, pp.

195–196。另参见 De Felice 1995, p.445。

5. 2 月 17 日，加斯帕里枢机通过弗朗切斯科 · 帕切利转交给墨索里尼一份最后通牒，令领袖颇为惊诧 :“圣座非常赞赏和满意墨索里尼阁下为教会赢得的极大好处，同时也非常强烈地感到，即将到来的选举将具有重大的价值，这场公民表决将表明民众是多么支持与赞赏领袖以及由他组建并体现他意志的政权。”圣座非常迫切地希望,这次选举能够提供“真正庄严和具有说服力的证据，表明意大利天主教徒和墨索里尼阁下的政府志同道合”。帕切利转交这封信时,在信封上表明它来自加斯帕里,但实际上是帕切利自己“忠实”的转述。ACS, CR, b. 68, Roma, 17 febbraio 1929.

6. 教宗给加斯帕里枢机说明了自己的指示，然后加斯帕里将这封信口述给弗朗切斯科 · 帕切利，最后再由帕切利把信转交给墨索里尼。ACS, CR, b. 68.

7. 转引自塔基 · 文图里的亲口描述。ASV, AESI, pos. 630a, fasc. 63, 6. 88r–89v, Tacchi Venturi a Gasparri, Roma, 21 febbraio 1929. 显然，教宗的这位耶稣会特使有权力把虔诚的基督教徒加入墨索里尼候选人名单的消息不胫而走。他的这些文档中还包含来自各色人士的信件,吹嘘自己乃是一位“虔诚的天主教徒”,央求塔基·文图里将他们添加到候选人名单里。加斯帕里交给塔基 · 文图里几个人名，让他添加到名单里。ARSI, TV, fasc. 1037.

8. 1923 年 2 月，法西斯大议会将共济会确认为一个威胁法西斯党的组织，并宣布其成员不得参加法西斯党。黑衫军洗劫并烧毁了全国各地的共济会场所。《公教文明》刊文赞扬了法西斯大议会的行动，并且警示道，教会长期责难的犹太—共济会阴谋如今不仅仅把矛头指向天主教会，它的敌人还包括墨索里尼。它还进一步指出，政府还应该对意大利犹太人采取行动，他们人数虽然不多，却产生了极为巨大的恶劣影响。CC 1923 I p. 464，转引自 Sale 2007, pp. 42–43。另参见 Molony 1977, p. 152。

9. 意大利中部地区的一位主教给他教区的所有神父都发放了通知，这则通知反映了教会高层对整个天主教会的动员。他教导道,“所有天主教徒,无一例外都肩负神圣的职责”为“天主派来的人”投出他们的赞成票,这个人不仅密切地和教宗合作,“还将天主归还给意大利,将意大利归还给天主”。主教写道，所有神父必须尽全力说服他们的教区居民前往投票站投票。坎波巴索主教阿尔贝托 · 罗米塔（Alberto Romita）蒙席，转引自 Piccardi 1995, p. 50。公教进行会全国主席路易吉 · 科隆博也下发了类似指令，公开地呼吁该组织成员给政府投赞成票。《科隆博主席的讲话》, OR, 13 marzo 1929, p. 4。

10. Binchy 1970, p. 199.

11. CC 1929 II, pp. 184–185.

12. 这首诗似乎基于圣奥古斯丁《忏悔录》的第十一章。

13. 亚奇尼对晋见教宗的这番描述记录在 Fonzi 1979, pp. 676–678。有关亚奇尼的更多内容，参见 Ignesti 2004。

14. 《公教文明》(1929 II, p. 473）就这次演讲刊登了一篇短评，并以批评的口吻引用了这个段落。 434

15. 墨索里尼在众议院和参议院发表的两篇演讲稿集结成书（Mussolini 1929）。

16. 签字完成之后，加斯帕里宣读了教宗发来的电报，收信人是维托里奥 · 埃马努埃莱三世 :“我们从梵蒂冈城发来的第一封电报是要告诉您，感谢天主，双方批准《拉特兰条约》的手续刚刚完成……这封电报还想给陛下、您可敬的配偶、所有王室成员、意大利乃至整个世界,送去一份真诚、深切的教宗降福。庇护十一世。”历史在这一瞬间改变了。庇护九世曾经将维托里奥 · 埃马努埃莱二世驱逐出教 ; 从此往后，再也没有哪位教宗曾给意大利国王降福，甚至连书信都不曾有过，Pacelli 1959, pp.144–154；《圣座与意大利签订了〈拉特兰条约〉》, CC 1929 II, pp. 544–545。

17. ACS, CR, b. 4, Roma, 1 maggio 1923, Mussolini a De Vecchi. 在墨索里尼私人秘书的文件里，收有德·维基的服役记录复件。在第一次世界大战中，他的长官都给予他最高的评价，赞扬他的军旅精神以及作为炮兵长官的作战技巧。ACS,CR, b. 4.

18. Grandi 1985, p. 175 (25 ottobre 1922).

19. “要说德 · 维基是个傻瓜可不对，”其中一个笑话这么讲道，“恰恰相反，他是个非常早熟的孩子。他五岁的时候已经具备了他五十岁时拥有的思想。”在他担任驻圣座大使十年之后，恩里科 · 卡维利亚将军（他是持有意大利最高军阶的意大利陆军元帅，并且长期担任参议院议员）精辟地指出，德 · 维基是个“自负的怪胎”。De Begnac 1990, pp. 232, 469; Bosworth 2002, pp.182–183; Innocenti 1992, p. 154; Caviglia 2009, p. 301; Romersa 1983, p. 5.

20. NARA, M530, reel 2, n. 2362, Rome, June 27, 1929, Henry P. Fletcher, U.S. Embassy, to secretary of state, Washington; CC 1929 III, pp. 170–172; De Vecchi 1983, pp. 136–137。

21. De Vecchi 1998, pp. 14–16.

22. 转引自 Casella 2010, pp. 74–75。

23. De Vecchi 1998, pp. 23–25.

24. 实际的意大利语表达更为生动：aveva un diavolo per capello，意思是教宗的“头发里有一个恶魔”；Casella 2010, p. 82。

25. 这次接见的日期是 1929 年 11 月 15 日。ASMAE, APNSS, b. 7, De Vecchi a Dino Grandi, Minstro per gli Affari Esteri, 22 novembre 1929. 另参见下文的描述：De Vecchi 1983, pp. 162–164。

26. De Vecchi 1983, p. 141. 在教宗和墨索里尼开始协商的时候，他曾经将这件事情告知教廷的枢机，然而直到协商结束，却再也没有知会过他们一声。法典条文解释委员会秘书朱塞佩 · 布鲁诺（Giuseppe Bruno）蒙席比起他的同仁来说更有勇气，却少了一些审慎，他决定直接向庇护十一世表达他的不满。在一次私下的接见中，他告诉教宗，如果在宗教事务协约协商过程中教宗曾经咨询过他的建议，那么他肯定会向教宗提出一系列条约中完全没有提及但是非常重要的担保条款。教宗简短地回答说，为了解决罗马问题，他们不得不忽略了许多事情。布鲁诺仍然不满意，于是便拜访了教廷中具有很大影响力的多纳托 · 斯巴雷蒂枢机，希望能够赢得他的支持。然而斯巴雷蒂很懂得审时度势，明白不应该站错队和教宗作对，于是便建议布鲁诺不要再管这件事情。谁都对此无能为力。那个向警方报告这一切细节的线人说道：“没有人胆敢真的对拉蒂教宗提出反对意见，因为他们害怕失去他的青睐。”ASMAE, AISS, b. 2, fasc. 6, Roma, 14 luglio 1929.

27. 警方线人报告，转引自 Coco (2009, p. 168)。切雷蒂枢机使用的措辞并不容易翻译：“il papa si è fatto mangare da Mussolini la pappa in testa.”

28. ASMAE, AISS, b. 2, fasc. 6, Roma, 14 luglio 1929. 关于蓬皮利以及这番争论，参见 Fiorentino 1999, pp. 131–133。

29. De Vecchi 1983, p. 141. 435

30. ASMAE, AISS, b. 2, fasc. 6, Roma, 10 agosto 1929. 复本收于 ACS, MI, FP “Pompili.” 这个线人被标成 39 号，并且附有一张字条：“抄送给格兰迪阁下和大使” ASMAE, AISS, b. 2, f. 6, Roma, 12 novembre 1929。

31. ACS, MI, FP "Pompili," Città del Vaticano, 19 novembre 1929. 根据警方线人提供的情报，这番说辞的来源是蓬皮利的私人秘书帕斯库奇（Pascucci）蒙席。

32. ACS, MI, FP "Pompili," informatore n. 35, Città del Vaticano, 30 marzo 1930.

33. 根据线人提供的消息，在蓬皮利过世之前，当这位罗马神父担心自己的健康状况时，教宗却感到宽慰，认为他很快就能摆脱掉一个噩梦。ACS, MI, FP "Pompili," informatore n. 40 (=Virginio Troiani di Merfa), Città del Vaticano, 25 aprile 1931. 另参见 Fiorentino 1999, pp. 131–138。

34. ACS, MI, FP "Pizzardo," informatore n. 40, Città del Vaticano, 9 luglio 1931.

35. 四年之后，另一位线人报告说，皮扎尔多在梵蒂冈有一个非常出名的绰号，唤作"拉斯普京"。ACS, MI, FP "Pizzardo," informatore n. 35, Roma, 13agosto 1929; ACS, MI, FP "Pizzardo," informatore n. 390, Milano, 6 giugno 1933. 我在上文提过，这些警方线人的报告必须审慎对待。

36. ACS, MI, FP "Pizzardo," informatore n. 52 (=Filippo Tagliavacche), Roma, 21 luglio1933; Casella 2000, pp. 176–177.

37. O. Russell, Annual Report 1924, February 28, 1925, C 3342/3342/22, in Hachey 1972,p. 71, section 60. 当时的英国只有两名枢机。波拉德（2012）详细说明了那些年间，美国资金对于梵蒂冈的重要意义。芒德莱恩是美国历史上第一位教区不在东海岸的枢机，关于其任命的缘由和意义，参见 Kantowicz 1983, pp. 165–166。

38. Fogarty 1996, p. 556.

39. ACS, MI, FP "Pizzardo," informatore n. 40, Roma 14 novembre 1929. 在接下来的几年里，梵蒂冈常常有流言说皮扎尔多即将被教宗任命为大使。德国、美国和波兰都曾作为出使国家出现在这些流言之中。参见 ACS, MI, FP "Pizzardo"。但是每一次，皮扎尔多都说服教宗，令自己留在了梵蒂冈。

40. 博尔贡吉尼自己对这份新工作的描述为我们披露了更多内容："在外交界，人们靠口述撰写文书。圣父口述给枢机 [国务卿]，枢机口述给我，而我则口述给我的助手。"转引自 Guasco 2012。马丁纳神父(2003, p. 237)同样认为博尔贡吉尼的个人能力"中规中矩"，并且指出，当教宗需要向墨索里尼派出更为"权威"的信使时，他会派遣塔基 · 文图里。

41. FCRSE, part XIV, p. 72, Perth to Halifax, April 26, 1938, R 4359/280/22.

42. ACS, MI, PP, b. 154, informatore n. 40, Città del Vaticano, 20 ottobre 1930. 在 1930 年 6 月同皮扎尔多蒙席的一场会面中，德 · 维基抱怨说他已经担任大使整整一年了，然而教宗仍然没有赐给他任何名号。他还曾在日记中记到，自己第二天要向博尔贡吉尼提出这个问题；参见 De Vecchi 1998, pp. 216–217。

43. 然而博尔贡吉尼不会这么就被糊弄过去，他进一步提出，政府近期没收了一大批教会报纸，教宗对此也感到不满。他用来和墨索里尼对质的观点正是塔基 · 文图里长期以来一直使用的。大使告诉领袖，他曾"多次听圣父谈及，教会的敌人恰恰也是法西斯党的敌人，那些同教会作对的人不可能是法西斯党的朋友"。ASV, ANI, pos. 23, fasc. 1, 6. 8r–18r. 在《拉特兰条约》宣布不久之后，教会的高层人员曾发出警告，表示各种邪恶的"教派"致力于毁坏罗马天主教会以及法西斯政权。条约签订时间是 2 月 11 日，不到两周内，帕多瓦主教埃利亚 · 达拉 · 科斯塔（他将在两年之后被庇护十一世晋升为枢机）感谢天主赋予墨索里尼"极大的智慧和极大的勇气"。2 月 24 日，他在帕多瓦教堂里做了布道，其间他告诉教民墨索里尼需要全力以赴，"才能够抵挡住所有教派、天主的敌人以及意 436

大利的敌人的阴谋诡计”。转引自 Perin 2010, p. 152。

第十章　步步紧逼

1. ASV, ANI, pos. 22, fasc. 10, 6. 2r–3r, Borgongini a Mussolini, 12 settembre 1929.
2. ASMAE, AISS, b. 2, Mussolini a Borgongini, 15 settembre 1929.
3. 当墨索里尼表示这个节日对所有人都有重大的意义时，博尔贡吉尼辩称，“所有教宗，从庇护九世到庇护十一世，他们的看法都与您的观点背道而驰，而所有天主教徒也是这么认为的”。ASMAE, AISS, b. 2, Borgongini a Mussolini, 18 settembre 1929.
4. Cannistraro and Sullivan 1993, p. 328.
5. E. Mussolini 1957, pp. 40–50, 103; De Felice 1974, pp. 19–20; De Felice 1981, p.274n38; Morgan 1941, pp. 109–111, 138–139; Festorazzi 2010, pp. 80–81; Motti 2003, pp.198–199; E. Mussolini 1957, p. 39.
6. CC 1929 IV, pp. 548–552;《意大利国王和王后庄严地拜访圣父》, OR, 6dicembre 1929, p. 1。梅里·德尔瓦尔枢机曾担心博尔贡吉尼（“此人什么事都做得出来”）会向政府的施压低头，说服教宗拜访王室成员，在这位前任国务卿看来，这样的行为有损教宗的尊严。Tardini 1988, p. 450n32. 接下来的一周将迎来《拉特兰条约》的周年纪念日，《罗马观察报》追述起这一事件，称其是“圣父的仁慈、国王的智慧，以及政治家的天才”的产物。《2 月 11 日》, OR, 11 dicembre 1929, p. 1。
7. E. Mussolini 1957, p. 135.
8. Confalonieri 1957, p. 160; CC 1930 I, pp. 80–81. 尽管许多枢机（包括两名美国枢机）为了参加圣年的闭幕庆典而来到罗马，但是他们对这场出行活动均不知情，也就没有亲眼看见。NARA, M561, reel 1, JohnW. Garrett, U.S. embassy in Rome, to secretary of state, December 20, 1929;《475 000 人来到罗马庆祝教宗晋铎五十周年》, CDT, December 19, 1929, p. 35。
9. Baudrillart 2003, pp. 381–383 (6 décembre 1929), 转引自 Durand 2010, p. 44。
10. R. Mussolini 2006, p. 97.
11. Moseley 1999, p. 5.
12. E. Mussolini 1957, pp. 122–124.
13. E. Mussolini 1975, p. 64; Caracciolo 1982, pp. 102–105; Innocenti 1992, p. 14; Moseley 1999, pp. 4, 7, 11; Morgan 1941, p. 114.
14. CC, 1930 II, p. 284. “教宗送给这对新人的礼物，” 德 · 维基（1998, pp. 147–148）在那一天的日记里写道，“不仅在意大利国内产生了非常良好的舆论影响，而且在全世界都产生了不小的震动。” 之后，加莱亚佐于同年被任命为意大利驻中国大使，在他和埃达动身赶赴中国之前，教宗亲自接见了他们，并送给他们一本托马斯 · 肯皮斯（Thomas Kempis）的《效仿基督》(*Imitation of Christ*)，这本皮面装订的书上还有教宗的亲笔签名。《领袖的女婿和女儿与教宗亲切交谈》, CDT, September 9, 1930, p. 31。
15. Moseley 1999, p. 15.
16. DDI, series 7, vol. 9, n. 231, 26 agosto 1930. 博尔贡吉尼这封书信的手稿带有修改痕迹，收于 ASV, ANI, pos. 23, fasc. 2, 6. 165r–169r。

17. 领袖下令拆毁了这些具有历史意义的宫殿和教堂，用一位历史学家的话来说，“这些建筑犹如覆盖罗马城的火山熔岩，令这座鼎盛时期的庞贝城毁于一旦”。De Felice 1974, pp. 52–53; Insolera 1976, pp. 128, 132–133; Painter 2005, pp. 22–23.

18. Navarra 2004, pp. 17, 44; De Felice 1968, pp. 55–56; Festorazzi 2010, p. 94; Cannistraro and 437
Sullivan 1993, p. 298.

19. R. Mussolini 1974, p. 97.

20. “从逻辑上来说，您完全正确，”墨索里尼告诉大使，大使的观点是《拉特兰条约》要求政府废除这个具有争议的节日，“可是从解决问题的角度来说，我也不是完全错误的。”

21. “不是的，您是一个信徒，”大使回答道，“主很明显在帮助阁下。”参见博尔贡吉尼对这场会面的描述，收于他写给新国务卿欧金尼奥·帕切利的信。ASV, ANI, pos. 22, fasc. 10, 6. 23r–34r, 4 settembre 1930.

22. ASV, ANI, pos. 23, fasc. 10, 6. 53r–62r, Borgongini a Pacelli, 15 settembre 1930.

23. 关于博尔贡吉尼和墨索里尼的两次会晤，描述资料收于 ASV, ANI, pos. 23,fasc. 2, 6. 204r–213r, Borgongini a Eugenio Pacelli, segretario di stato, 15 settembre 1930。

24. 许多历史学家认为，此时的墨索里尼正在意大利打造一种公民宗教。法西斯分子便使用这一术语：1930 年，墨索里尼的一位亲信便将法西斯主义称作是一种“公民和政治的宗教……意大利的宗教”。到 20 世纪 20 年代末，法西斯党总书记奥古斯托·图拉蒂(Augusto Turati) 仿照天主教会，设计出一套仪式和神话的体系。他号召所有意大利人“就像信仰神灵一样”，无条件信任领袖和法西斯主义。在《拉特兰条约》之后，图拉蒂出版了一本法西斯教义书；其主要的信仰条款中，有一条规定“每一个人都要顺从领袖的意志”。这种个人崇拜将墨索里尼视作教宗一般的存在，他绝不可能会在判断和信仰的事宜上出错，他就像教宗一样是不容置疑的。这位“神选之人”明白什么样的事情对他的人民最有利。Gentile 1995, pp. 144–145; Gentile 1993, pp.124, 293–294.

25. Mack Smith 1982, p. 168. 1933 年 2 月，法西斯党总书记阿契尔·斯塔拉切宣布，从今往后，所有政府法案包含的领袖字眼都必须大写。Falasca- Zamponi 1997, p. 61.

26. Gentile 1995, pp. 144–145; Gentile 1993, pp. 124, 293–294.《意大利人民报》(墨索里尼手下的报纸) 一位驻中国的记者曾经代为传达一项特殊的请求，Wei Chou (不明确，可能指汶川县威州镇，也可能是温州的笔误) 的几位天主教传教士想要一张领袖的亲笔签名照。这位记者解释道：“这些人面对着闻所未闻的困难和危险，他们同中国人谈起墨索里尼时，仿佛他就是天主，由此提高了意大利的声望。”收到签名照后，传教士队伍中的领头人感恩戴德，以如下话语表达了他的谢意，“我们的领袖乃是天主所选，引领着祖国奔向伟大的前程”。Franzinelli and Marino, 2003, p. xii.

27. MacKinnon 1927, p. 81

28. 出处同上，p. xv。

29. Navarra 2004, p. 65.

第十一章　土生子归来

1. 一位英国大使在回顾这些年时，表示经验丰富的加斯帕里能够非常良好地适应教宗“专横的做事方式”，这令他感到非常惊讶。C. Wingfield, Annual Report 1934, January 12, 1935, R

402/402/22, in Hachey 1972, p. 286,section 133.

2. Ottaviani 1969, pp. 502–503.

3. Rhodes 1974, p. 40.

4. Morgan 1944, p. 137. 这个出名的句子（也印在《罗马观察报》报头）改自《马太福音》16：18，耶稣曾说“我要把我的教会建造在这磐石上，阴间的权柄不能胜过他”。

5. ACS, MI, DAGRA, b. 113, 8 novembre 1926; ACS, MCPG, b. 155. 这些报告要谨慎阅读，因为这位“梵蒂冈出名的线人”显然非常讨厌加斯帕里。根据秘密警察 1927 年 12 月的报告，438 加斯帕里同样不信任塔基 · 文图里，他指责耶稣会士是个两面派，将梵蒂冈的机密信息透露给领袖；ACS, MI, DAGR, b. 1320。当所谓针对塔基 · 文图里的假刺杀案引发骚动时，加斯帕里曾试图令教宗同耶稣会士反目，他告诉教宗，这一事件是耶稣会士捏造出来的，背后有一些不可告人的目的。ACS, MI, DAGR, b. 1320, 5 settembre 1928. 加斯帕里排挤塔基 · 文图里的进一步证据还出现在 1928 年提交给墨索里尼的警方报告中，这份报告告诉领袖，加斯帕里反对让耶稣会士插手罗马问题的协商过程；ACS, CR, “Appunto,” 关于皮尼亚泰利亲王的报告，未标明日期。警方线人还报告说，卡恰蒙席和德 · 桑佩尔蒙席（分别是教宗的内务管理处总长典礼长和教宗管家）都将自己没有晋升枢机的原因怪罪给加斯帕里，并且常常在教宗面前诋毁他。

6. 这封信刊于 Martini 1960b, pp. 129–130。

7. ACS, MI, FP “Pietro Gasparri,” Città del Vaticano, 8 ottobre 1929. 近来，由于博尔贡吉尼被任命为教宗驻意大利大使，皮扎尔多也就取代了他原先的位置，被任命为非常教务部部长。

8. De Vecchi 1983, p. 144. 10 月，当葡萄牙驻圣座大使来看望他时，加斯帕里透露说自己已经提出了引退申请，然而教宗还没有接受它。他补充道，墨索里尼已经成为教宗心头“可怕的梦魇”，他对公教进行会青年团体受到的压迫非常愤怒，并将领袖称作是“天主教青年的迫害者”。ACS, MI, FP “Pietro Gasparri,” Città del Vaticano, 23 ottobre 1929.

9. 早在 1928 年 11 月，《纽约时报》就曾经报道过，不仅仅有传言称加斯帕里将会卸任，而且取代他的会是欧金尼奥 · 帕切利。《据称教宗大使将得到提拔》, NYT, November 19, 1928, p. 2。

10. Informatore n. 35, Rome, 2 ottobre 1929, in Fiorentino 1999, p. 238.

11. Coco 2009, pp. 176–177. 在这轮决策中，教宗可能也考虑过其他因素。有传言称，当切雷蒂担任驻巴黎大使的时候，他身边常常有女人陪伴。

12. ACS, MI, FP “Cerretti,” informatore n. 35, Roma, 14 dicembre 1929.

13. 大使总结说，要找到一个与他相当的人来接任教宗驻柏林大使的职位可不容易。ASMAE, AISS, b. 4, n. 6361, Berlino, 10 dicembre 1929.

14. Coppa 2011, pp. 20–21; O’Shea 2011, p. 81.

15. Coppa 2011, p. 1; O’Shea 2011, pp. 74–80.

16. 沃尔夫（2010, p. 36）发掘出强有力的证据，证明在这些年间，帕切利同翁贝托 · 贝尼尼（Umberto Benigni）的情报网络有关系，但是他非常机智，并没有令“自己同贝尼尼及其‘情报系统’的关系暴露出来，由此保全了自己的名声”。

17. Coppa 2011, p. 30.

18. Noel 2008, pp. 38–39.

19. Wolf 2010, p. 74. 德国教会许多不正统的做法是帕切利想要废除掉的，比如说举行大弥撒时，他们允许女性参加教堂唱诗班；出处同上，p. 61。

20. 出处同上，pp. 75–79。

21. Ventresca 2013, p. 55. 1929 年 9 月，斯佩尔曼蒙席访问伦敦；欧金尼奥 · 帕切利去火车站接他，并且安排了他的饮食起居。这位美国神父对他的魅力印象深刻，他在 9 月 8 日寄给母亲的信件里写道："每十个人里面，有七个人觉得他最有可能是下一任圣父。"这个预见非常引人注目，因为当时已经五十二岁的帕切利甚至还不是枢机。Gannon 1962, pp. 66–67.

22. Papin 1977, p. 42.

23. Charles-Roux 1947, pp. 74–77.

24. 出处同上，p. 77。

25. Papin 1977, pp. 42–43. 439

26. McCormick 1957, p. 75.

27. 帕切利要求帕斯卡利娜尽最大的努力，将他已经习惯的德国居住环境复制到罗马。当他听闻，德国主教为了恭贺他当选国务卿，打算给他送一个新的胸前十字架时，他便告诉他们，他更想要德国家具。然后帕斯卡利娜负责挑选了家具，并安排将它们从德国寄送过来。在这位新国务卿的办公桌上，拜访者将会看到一方小银牌，上面刻着所有为这张办公桌出钱的德国主教的姓名；Schad 2008, pp. 53, 62–65。

28. 有关帕切利"听写卡片"的更多内容，参见 Pagano 2010。

29. Charles- Roux 1947, pp. 74–75, 197; Ottaviani 1969, pp. 502–504.

30. Tornielli 2007, p. 164.

31. 出处同上，pp. 164–165。

32. ACS, MI, PP, b. 154, informatore n. 35 (=Bice Pupeschi), Città del Vaticano, 5 marzo1930.

33. O. Forbes, Annual Report 1930, February 13, 1931, C 1077/1077/22, in Hachey 1972, p.196, section 147.

34. 转引自 Ventresca 2012, p. 288。

35. Martin 1996, pp. 18–19.

36. 正如沃尔夫（2010, p. 138）所说："教宗生性冲动易怒，有时会毫不顾忌地中伤他人。他的国务卿则是个完美的外交官，他总是能够予以制衡，他主要致力于避免火上浇油。"

37. ACS, MI, FP "Gasparri," informatore n. 42 (=Bianca D' Ambrosio), Roma, 21 gennaio1930.

38. ACS, MI, FP "Gasparri," informatore n. 35, Città del Vaticano, 15 febbraio 1930.

39. ACS, MI, FP "Gasparri," informatore n. 35, Città del Vaticano, 4 marzo 1930.

40. ACS, MI, FP "Cerretti," informatore n. 35, Città del Vaticano, 29 maggio 1930. 1929 年秋天，斯佩尔曼蒙席在柏林给母亲写信，提到帕切利和皮扎尔多互为好友；参见 Gannon 1962, pp. 66–67。梵蒂冈的一位警方线人在 1929 年秋天报告说："皮扎尔多的手腕，令人想起黎塞留（Richelieu）枢机，他通过教宗的宽厚仁慈，用阿谀奉承赢得了教宗的青睐，可以用任何他愿意的方式操控教宗。"据这位线人所言，皮扎尔多深谙梵蒂冈的处世之道，通过"逢迎和阴险的狡猾"赢得了最重要的几位枢机的保护；参见 Fiorentino 1999, pp. 89, 224–225。然而他的手下并没有完全臣服于他。1934 年，梵蒂冈国务院所有主要人物都受邀前往罗马大酒店，参加为来访美国主教接风洗尘的午宴。皮扎尔多的首席助手多梅尼科·塔尔迪尼出席了午宴，而奥塔维亚尼和博尔贡吉尼也都在场。然而皮扎尔多却没有出现，他实际上忙于给公教进行会的一批教会助理做演讲。塔尔迪尼写道："如果他不去做演讲，而是参加午宴，可能对他和……这些公教进行会助理来说会更有好处。"塔尔迪尼日记，ca. 1934，转引自 Casula 1988；省略号为原文所有。

41. 《意大利将白色教士袍赠予教宗》，NYT, February 12, 1930, p. 5。

42. De Vecchi 1998, pp. 182–183 (30–31 maggio 1930).

43. 出处同上，pp. 194–195 (11 giugno 1930)。6 月 24 日周二，墨索里尼在参议院会议上碰到了德·维基，并询问最近在梵蒂冈的工作是否顺利。大使回答说，总体来说一切顺利，但是"教宗一如既往，还是非常难相处"。墨索里尼询问了教宗的健康状况，德·维基回答说，法国大使曾透露，教宗的前列腺给他造成了一定困扰，但是医生认为即便动手术也很难改善病情。当墨索里尼表示自己为这个消息感到难过时，德·维基告诉他说， 440
如果真是如此，教宗发生点变故也许不是坏事。墨索里尼显然已经从报告中获知教宗前列腺有恙，他没有理会德·维基的那番议论，转而询问教宗是不是真的要求为他准备一个装置，好让他在西斯廷教堂的漫长仪式中能够放松自己。出处同上，pp.209–210。

44. 出处同上，pp. 212–214 (27 giugno 1930)。

第十二章 帕切利苦苦支撑

1. 《教宗肖像遭法西斯党人践踏；梵蒂冈进入警戒状态》，NYT, May 28, 1931, p. 1。第二天，《纽约时报》继续在头版发表文章，报道此次危机，文章题作《墨索里尼制止反天主教暴动》。

2. 阿纳尔多·科特西，《法西斯党人控诉天主教干涉世俗事务》，NYT, May 27, 1931, p. 1;Casella 2010, p. 137。

3. ASV, AESS, b. 430a, fasc. 342, 6. 37, 23 maggio 1931. 教宗心头还有另一件烦心事。5 月初，帕切利告诉教宗，赫尔曼·戈林即将访问罗马，他想趁这个机会拜见教宗。当时，戈林是纳粹议会代表团的团长。教宗拒绝了这一请求，并告诫帕切利，他也不得同戈林会面，然而帕切利仍然安排了副国务卿皮扎尔多与戈林会面。Wolf 2010, pp. 148–149.

4. De Vecchi 1998, p. 225. 在接下来的几天里，来自各地省督的报告记录了公教进行会青年团体被关停的情况，以及来自地方主教的抗议声音。ACS, CR, b. 33.

5. Falconi 1967, pp. 201–202.

6. 阿纳尔多·科特西，《庇护十一世控诉法西斯党的憎恨和暴力；博洛尼亚发生四起爆炸事件》，NYT, June 1, 1931, p. 1。后来，梵蒂冈日报报道说，被关停的公教进行会男性青年组织有五千多个，而被关停的女性组织则高达一万个，此举一共影响了八十万人。《争议旁记》，OR, 10 luglio1931, p. 1。

7. 当意大利南部的个别教区不顾教宗的命令，仍旧举行庆祝仪式时，教宗命其神父中断教会的所有公共职能，直到获得进一步的指示。阿纳尔多·科特西，《教宗变更公教进行会地方领导人，并惩罚了数个教区》，NYT, June 11, 1931, p. 1。

8. ASMAE, AISS, b. 2, fasc. 6, Il segretario particolare di S.E. Il Capo del Governo a De Vecchi, 13 aprile 1931. 配套的"前期记录"日期为 1931 年 4 月 9 日。

9. Martini 1960a, pp. 578–579.

10. Coco 2009, pp. 214–215.

11. 该报还声称有数位枢机反对教宗的一些近期行动，它列出了四位枢机的姓名，其中便有彼得罗 · 加斯帕里。教宗对此十分愤怒。他让塔尔迪尼蒙席立即乘车拜访四位枢机。每个人都必须公开否认该报的声明，并刊登在梵蒂冈的报纸上。加斯帕里枢机写道："我一直都拥护教宗，并将永远拥护教宗。" Coco 2009, pp. 217–218.

12. 出处同上，pp. 222, 242–243。

13. 他还进一步说道："显然，会晤时同样在场的博尔贡吉尼蒙席站在另一边。"

14. MAESI, vol. 266, 80–81, 10 juillet 1931.

15. Coco 2009, pp. 241–242.

16. DDI, series 7, vol. 10, n. 322. "我不希望发生这样的状况，" 德 · 维基（1998, pp. 267–268, 1931 年 7 月 11 日）后来引用了帕切利就教宗与墨索里尼之间的危机升级所说的话，"那是我上级的意愿。" 迪诺 · 格兰迪的日记提到帕切利和塔拉莫进行了会面。Coco 2009, p. 239.

17. 这一期报纸的发行比平日早了五个小时，当政府官员发觉这期报纸刊登了通谕的时候， 441
报纸已经卖得差不多了，他们只能没收余下的一小部分；Binchy 1970, pp. 522–523。宾奇指出数百份通谕复本通过一架飞机偷偷运到巴黎，其飞行员正是未来的纽约大主教弗朗西斯 · 斯佩尔曼。我们尚不清楚宾奇何以认为这架飞机的驾驶员是斯佩尔曼，因为这种可能性非常低。摩根（1939, pp. 186–187）就此事采访了斯佩尔曼。他的描述确证了教宗曾经将斯佩尔曼喊到他的书房，将通谕的复本交给他，并指示他确保让这份通谕在国外刊行，而斯佩尔曼也确实将它们带过法国边境，带到巴黎，然后将这些复本交给美国的各家通讯社。德 · 维基的日记（1998, p. 257）指出，据皮扎尔多蒙席所言，"教宗近来非常痛苦，他吃不下东西，也很少睡觉；每天都生活在焦虑和担忧中"。

18. 转引自刊登在 CC, 9 luglio 1931 III, pp. 97–122 上的通谕。

19. 教宗庇护十一世通谕《我们不需要》的英语译文可以参见 http://www.vatican.va/holy_father/pius_xi/encyclicals/documents/hf_p-xi_enc_29061931_non-abbiamo-bisogno_en.html. 这篇译文漏掉了原文中包含的"也为政府"，而我已经在正文中将它补充回去。方括号内起说明作用的"法西斯"出现在梵蒂冈官方的译文中。有关教宗努力澄清他并不反对法西斯政府，另参见 Moro 2008, p. 423。

20. Garzonio 1996, pp. 58–59.

21. 墨索里尼同样迫切地想要把这场争执抛到身后。除了个别情况外，法西斯报纸基本上以克制和敬重的口吻回应了这篇通谕。《法西斯劳动报》是法西斯党极端反教会的一派，它就属于例外情况，控诉教宗为国际反法西斯运动服务。它还为一则广为传播的谣言背书，认为这场危机源于皮扎尔多蒙席想要取代帕切利国务卿一职的野心。依据这种观点，皮扎尔多（负责监督公教进行会的梵蒂冈官员）与《罗马观察报》主编朱塞佩 · 达拉 · 托雷狼狈为奸，他们代表了反法西斯力量，而帕切利则拥护教宗和法西斯政府的合作关系；MAESI, vol.266, ff. 64–66。

22. 法国驻梵蒂冈代办让蒂（Gentil）当时在场，他向法国外交部长报告了这场仪式的情况，收录于 MAEI, vol. 266, 110–112, 20 juillet 1931。

23. ASV, AESI, pos. 849, vol. 3, fasc. 519, f. 79r. 7 月中旬，双方都在努力结束这场争执。在 7 月 17 日凌晨 2 点钟，一枚炸弹在梵蒂冈引爆，惊醒了梵蒂冈城里的许多人（尽管教宗没有被惊醒）以及罗马靠近梵蒂冈区域的数千人。据说炸弹爆炸时，听到爆炸声的帕切利仍然在办公室工作。爆炸前夕，梵蒂冈的一位侍者曾在圣彼得大教堂中发现了这枚藏在布道坛里的简易炸弹，教宗宪兵检查了这个金属圆筒，但由于没听到嘀嗒声，便以为这可能是个恶作剧。在决定怎么处置这枚“假”炸弹之前，为了保险起见，他们将它放在梵蒂冈内的一处林地上。它在那里发生爆炸，将树木连根拔起，炸到二十码外的地方。法西斯媒体将这枚炸弹归咎给反法西斯人士，认为他们想要令政府和梵蒂冈之间的冲突进一步恶化，梵蒂冈则没有反对这个观点。阿纳尔多·科特西，《炸弹在夜间爆炸，惊醒梵蒂冈》，NYT, July 18, 1931, p.1。

24. ASV, AESI, pos. 849, vol. 3, fasc. 519, 6. 80r–80v.

25. ACS, CR, b. 68, Tacchi Venturi a Mussolini, 25 luglio 1931. 前一天，教宗已经告诉帕切利，他通过塔基·文图里给墨索里尼传达了信息，提醒领袖教宗非常克制，没有谴责他本人以及法西斯本身，他只想从僵局中寻求一条令他满意的出路。教宗告诉帕切利，即便在共济会当道的法国，那里的天主教徒也比在意大利享有更多的自由。ASV,APAC, b. 430a, fasc. 343, ff. 21.

26. 加斯帕里显然认为他的继任者无法胜任这项任务，于是还在信中附了一张字条，帮助他游说教宗。上面写着：“最有福的神父，我是您最谦卑的子孙，来到您面前，希望让您知道我良知的感受。我们同墨索里尼的协商陷入僵局，这令我感到极度难过。圣父曾经说过，他不愿意令任何人受辱，在我看来他可以像慈父一般命令塔基·文图里神父不要再坚持那个不可欠缺之条件，您照我这张字条说的去做，就能够一劳永逸地结束这场冲突。” ASV, AESI, pos.849, vol. 3, fasc. 519, 6. 91r–92v. 442

加斯帕里一方面试图让教宗对自己提出的要求松口，另一方面也自作主张地向墨索里尼提出了不少建议。7 月 14 日，加斯帕里自称是领袖的“朋友和崇拜者”（他把这几个字写在了署名的前面），他请求墨索里尼不要再给冲突煽风点火。ASV, AESS, pos. 515, fasc. 530, p. 83r, Gasparri a Mussolini, 14 luglio 1931. 然后，在一封明显是他见过塔基·文图里之后写给领袖的信中，加斯帕里告诉墨索里尼他刚刚获知耶稣会士接下来肩负着什么样的任务。他自称是“阁下的崇拜者和朋友”，恳求墨索里尼抓住这个新的机会结束教会和政府之间的冲突。ASV, AESS, pos.515, fasc.530, pp. 80r–80v, Gasparri a Mussolini, n.d. 多梅尼科·塔尔迪尼的注释表明这封信的日期是 7 月末或者 8 月初，至于它有没有被寄送给墨索里尼，我们则没有证据。

27. 有趣的是，法国大使认为，帕切利难以对教宗施加影响，是因为教宗对他的兄长不满。宗教事务协约没有预见政府会对公教进行会采取行动，也就没有列出明确的条款来保护这个组织，教宗将这一疏忽怪罪到弗朗切斯科·帕切利头上。MAEI, vol. 266, 122–124, 6 août 1931, Gentil au Ministre des Affaires Étrangères. 还有四处流传的谣言称这场公教进行会的危机一结束，国务卿的位置马上就要换人。《梵蒂冈有人称帕切利很快就要出局》，NYT, August 13, 1931, p. 8。

28. 墨索里尼私人文件中这份协约的打印版将“庇护十一世”称作“庇护九世”，也许只是一个无心之失。ACS, CR, b. 68, Roma, 2 settembre 1931.

29. 《圣座和意大利政府就公教进行会签订协约》，CC 1931 III, pp.549–552。协约的第二段照顾的是墨索里尼的反对意见，许多公教进行会团体与特定的行业有关，他们有可能会跟法西斯行业协会形成竞争关系，由此破坏了该协会对劳动力组织的垄断。这些行业公教进行会团体必须将他们的活动限制在宗教范围内，并且全力支持本行业的法西斯政府行业组织。最后一点规定地方公教进行会团体不得参与任何体育活动，这并不是一件无关紧要的小事，因为体育活动是将男孩吸引入地方公教进行会团体的重要筹码；参见 De Felice 1974, p. 275。

30. De Felice 1974, p. 263.

31. 弗朗切斯科 · 费拉里（Francesco Ferrari），转引自 Malgeri 1994, p. 57。意大利最权威的法西斯史学家也得出了相近的结论。“在我们看来，”伦佐 · 德 · 费利切（1974, pp. 270–271）写道，“在当时，这一协约对教会来说毫无疑问是一场失利。”

32. MAEI, vol. 266, 153–155, Gentil au Ministre des Affaires Étrangères, 8 septembre 1931. 不过从避暑归来之后，丰特奈在报告里写道，在 9 月 3 日，教宗召集十一位枢机开了一场秘密会议，并将加斯帕里从山区避暑地召回到罗马，而这十一位枢机中，有十位对这份协约表示支持。MAEI, vol. 266, 174–180, Fontenay au Ministre des Affaires Étrangères,29 septembre 1931. 考虑到教宗强势的个性，以及当一位枢机惹怒教宗时将引起多么严重的后果，我们尚不明确这一“站队”结果能够揭露出多少真相。

33. MAEI, vol. 266, 167–169, Gentil au Ministre des Affaires Étrangères, 17 septembre 1931. 443

34. ASV, ANI, pos. 23, fasc. 3, 6. 46r–48r, Borgongini- Duca, handwritten memorandum, “Dopo il conflitto,” n.d.

第十三章　墨索里尼永远正确

1. De Vecchi to Mussolini, January 18, 1933，转引自 De Vecchi 1998, p. 53n60。一位线人认为奇里亚奇是“一个聪明、有能力的人，能够适应并顺从自己的工作，使得由他主持的大公教组织和法西斯国家机构互通有无”。ACS, MI, FP “Ciriaci,” informatore no. 390, “Orientamento in senso nazionale e verso il Regime da parte del Comm. Ciriaci,” 18 gennaio 1933.

2. Moro 1981, pp. 289–291. 莫罗写道，法西斯政府鼓励这种道德教化的运动，但正如笔者在本章中所阐发的那样，这种观点只有片面的正确性。有几次教会的道德教化运动便超出了政府想要控制的范围。教会呼吁地方公教进行会成员向地方政府举报冒犯教会的行为，这一举措始于 20 世纪 20 年代。公教进行会中央道德秘书处出版了一本题作《为道德一辩》（*Per la difesa della moralità*）的小册子，篇幅达 72 页，到 1928 年已修订至第 4 版。“自由已然堕落为放纵”，它褒奖了法西斯政府与“自由的灾难性后果”作斗争的努力和行动，还提供了文字样板，供地方团体用来向地方政府告发那些不道德的事物和行为。ASV, AESI, pos. 929, vol. 1, fasc. 615, f. 35.

3. 法西斯媒体注意此事后刊出报道，将其称作是庇护十一世“对有违道德的女性时尚的神圣抗争”。《教宗反对女性时尚》,《法西斯政府报》, 1926 年 6 月 22 日，第 2 版。

4. 这些控制措施被纳入海滨设施的营业执照，得到强制执行。ARSI, TV, b. 7, fasc. 393, “Circolare per tutti i prefetti dal Ministero dell’Interno, 18 giugno 1926; Oggetto: bagni.” 6 月 27 日，部长给塔基 · 文图里写信，附上了这道政令的复件，向他表明政府非常重视教宗关心的事情。当月，在接见一个天主教女孩团体时，教宗呼吁发起全国性质的改革运动，抵制女性的不道德着装。在接见女性团体时，他每每谴责当前的女性时尚，6 月，他警告一个女性团体，外面的世界正在尽全力诱骗女性，令她们将哪怕最基本的女性尊严感都抛到脑后。《教宗反对女性时尚》,《法西斯政府报》, 1926 年 6 月 22 日，第 2 版。1928 年，在教宗的指示下，塔基 · 文图里频繁地游说政府的各位部长，要求他们将女孩着装的限制扩展到学校以及公众场合。他认为，不体面的女性着装是堕落的一大源头。如果政府通过立法程序，令法律禁止那些长度不超过膝盖的女性服装，“将会给基督的代理人带来莫大的安慰”。ARSI, TV,b. 15, fasc. 1067, 26 novembre 1928. 塔基 · 文图里的字条上带有他自己的标注 :“呈给 S.E.(Sua Eccellenza，即阁下)，1928 年 11 月 26 日”，它可能是指墨索里尼，但也可能指某位部长。布雷桑(1980, pp.106–108)写道，《罗马观察报》长篇累牍地探讨“不道德”的问题，并给政府当局施加压力，要求他们采取更为激进的措施。

5. ACS, CR, b. 68, Tacchi Venturi a Mussolini, 3 febbraio 1929. 塔基 · 文图里这封信的复件收录在他自己的档案中 : ARSI, TV, b. 16, fasc. 1133。

6. 《公教文明》(1928 II, pp. 367–372)解释道，培养健康的女性“不必训练她们跳出四米远”。美国驻罗马大使和英国驻圣座大使都认为有必要向政府报告教宗反对女性参加体育竞赛的事宜。NARA, M530, reel 2, Henry Fletcher to secretary of state, n. 1691, May 11, 1928; H. G. 444 Chilton, Annual Report 1928, May 9, 1929, C 3397/3397/22, in Hachey 1972, p. 142, section 55.

7. CC 1930 I, pp. 460–461. 在 1932 年下半年的一次会面中，博尔贡吉尼把最近一期《公教文明》交给墨索里尼，而领袖摆了摆手表示不必，他说自己知道上面写了什么，还补充道:“这本杂志我总是读得非常仔细。” ASV, ANI, pos.23, fasc. 4, 6. 47r–48r, Borgongini a Pacelli, 22 novembre 1932.

8. “如果我禁止了这项赛事，” 墨索里尼回到原先的话题继续说道，“然后人们发现我依据的是圣父的命令，那么这件事情就会闹得不可收拾。” ASV, ANI, pos. 23, fasc. 3, 6. 28r–34r, Borgongini to Pacelli, 14 febbraio1931. 他拒绝了教宗的这一要求。教宗之前对女生体育活动也有颇多反对，参见 CC 1928 II, pp. 367–372; ASV, AESI, pos. 773, fasc. 317, 6.77r–85r, 28 settembre 1929; CC 1930 I, p. 460。实际上，法西斯政府对待女性的政策比较混杂 ; 有的同教会的教导相一致，比如反对节育，以及阻拦女性离家工作的一些措施 ; 其他一些措施则支持那些受到教会反对的女孩和女性娱乐活动。关于法西斯和女性的文献有很多，其中可参见 De Grazia 1992。

9. ASV, AESI, pos. 902, fasc. 596, 6. 49r–50r.

10. 出处同上，f. 51r, 16 settembre 1932。

11. 这位主教第二次写信呼吁国家采取行动的时候，直接把信寄给了朱塞佩 · 皮扎尔多蒙席(教宗的亲信)以及当时负责公教进行会的梵蒂冈官员 :“今年比去年更糟糕。从白天到夜里，在每一条街上和每一个广场上，有许多女性(尤其是外国人和意大利北方人)的穿着如此不体面，给本地带来了非常恶心的景象……难道政府高层就不能对此有所作为吗? ” ASV, AESI, pos. 902, fasc. 596, f. 52r, 20 agosto 1933.

12. 1933 年 2 月 23 日，公教进行会全国主席奥古斯托 · 奇里亚奇直接致信墨索里尼，赞扬他至今为止所做的一切，并且指出仍有一些区域需要贯彻更为严苛的措施。奇里亚奇写道，公教进行会将继续同政府合作，为祖国的伟大贡献一份力量。政府应该禁止那些令人反感的电影和戏剧，没收那些有违道德的杂志和书籍，并且要求女性穿着端庄的服饰。“我们不要求另立新法，” 奇里亚奇在这封信的末尾写道，“我们只要求现有的好法令(它们得以存在，在很大程度上是因为阁下的智慧和力量)能够得到尊重，并且得到有效的应用。” ASV,AESI pos. 929, vol. 1, fasc. 616, 6. 31r–36r. 在 20 世纪 30 年代，教宗反对暴露着装的抗争同墨索里尼鼓励生育的运动相吻合，领袖认为女性从传统的家庭生活中解放出来是造成生育率下滑的一个原因。例如在 1933 年 7 月 11 日，政府告知各家报纸，不得刊登裸体女性的照片，“因为它们会阻碍人口的增长”。两年后，齐亚诺抱怨说，有很多杂志刊登了女性穿着暴露泳衣的照片，他这一怨言的根据也是它们会“阻碍人口的增长”。Tranfaglia 2005, pp.171, 177.

教宗为公众场合的庄重体面所发起的抗争，其准星还瞄向舞会所引发的“公愤”，这些男男女女在跳舞时常常有肢体接触。1933 年 6 月，在教宗的要求下，帕切利给意大利北方（教会认为这个区域的问题尤为严重）的所有主教写信，要求他们报告各自主教教区的情况。米兰大主教在回信中表示，他希望教会能够说服内务部部长，让他“听到意大利北方的主教教区在这一事宜上的声音”。为了表明这一问题的严重性，他附上了一封近期收到的信函，来自克雷莫纳主教，报告说地方法西斯组织（尤其是那些组织业余活动的社会团体）令舞会活动成了“一项有组织的事业”。主教抱怨道，警方很少采取 445
行动。他麾下的一位教区神父曾试图说服这类组织的负责人，希望他们减少舞会的频率，但是却被告知，许多男人正是因为这些舞会活动才参加组织的。ASV, AESI, b. 935, fasc. 628, 6. 02r–03v. 梵蒂冈反对舞会的行动一直持续到庇护十一世过世，令法西斯高层颇为烦恼。最为典型的哀叹之言出自博尼法乔 · 皮尼亚蒂，他在 1935 年取代切萨雷 · 德 · 维基出任意大利驻圣座大使时说：“不幸的是，教会上下对舞会的态度毫不动摇，没有任何改变的希望。” ASMAE, APSS, b. 42, Pignattia Starace, 10 settembre 1938.

13. ASV, AESS, pos. 430b, fasc. 360, f. 115, 14 marzo 1934. 德 · 维基提及的政府对神父的不道德行为保持沉默，可能来自政府的间谍报告，其中涉及了数位枢机和男孩、男青年以及女孩的亲密关系。裸露的皮肤下面不必有真实的血肉，就能吸引教宗的注意或引得他采取行动。1937 年 10 月，教宗得知近来有一座博物馆展出了一系列裸体雕像，于是派遣塔基·文图里去处理它们。博物馆馆长得知教宗的反对意见后，向塔基·文图里保证，“贵方所不喜的那四五尊男性雕像已经立即被撤掉，并盖上了许多无花果叶”。

14. 教宗通过塔基 · 文图里提出了他的要求。ACDF, S.O., 1930, 1413/30i, Tacchi Venturi a Cardinale Donato Sbarretti, S.O., 13 aprile 1933. 之后（同年），塔基 · 文图里给警察总长阿尔图罗 · 博基尼递交了一份由公教进行会中央办公室整理出来的清单，上面列出的都是教宗想要禁掉的国外杂志。在查看清单之后，博基尼表示自己没法禁止清单上的所有条目，但承诺会查禁其中一部分。在向皮扎尔多报告此事时，塔基 · 文图里提醒他注意警察总长的承诺：如果塔基 · 文图里继续向他提交希望禁掉的杂志，警方会非常谨慎地考虑他在审查方面提出的要求。塔基 · 文图里最后说道，他高昂的情绪令他一反常态地用上了感叹号，“我们利用这句承诺的机会可有不少！” ESI, pos. 929, vol. I, fasc. 617, 6. 2r–3r. 具有很大影响力的《意大利百科全书》（*Enciclopedia italiana*）中有许多文章的主题牵涉教会的利益，塔基 · 文图里居中调停，使其内容获得了教会的认可，关于他起到的作用，参见 Turi 2002。

15. ASV, AESI, pos. 669, fasc. 132, 6. 34r–35r, Tacchi Venturi a Gasparri, 23 gennaio 1929. 梵蒂冈还给政府施加压力，禁止在公立学校中出现性教育的内容，皮扎尔多曾在 1935 年 4 月 25 日给意大利驻圣座大使打过一通电话，内容被政府截取到，其谈话内容就牵涉了上述话题。ACS, MCPG, b. 165, n. 3093. 当时，戏剧作品如果冒犯教宗，或者鼓吹对“宗教情感”的鄙夷，就会遭禁。Talbot 2007, pp. 148–149.

16. 《意大利禁止包含性意味的电影》，LAT, March 20, 1931, p. 4。1 月 19 日，博尔贡吉尼曾敦促墨索里尼，对电影和戏剧采取更为严苛的审查标准；不过他发现墨索里尼不太认同他的观点。ASV, ANI, b. 23, fasc. 3, Borgongini a Pacelli, 20 gennaio 1931.

17. 尽管我在下文中谈到的例子都是大学教授，但是那些在公立学校谋得教职，并且引起教宗注意，令其向墨索里尼抱怨的离教神父大多都任教于小学。教宗坚持要求学校将他们解雇。

18. 在短暂的回归之后，他最终在 1926 年 1 月被彻底驱逐出教会。在做出这个决定之前，罗马宗教裁判所曾要求杰梅利神父考察博纳尤蒂，并就此提出看法；参见 Martina 2003,

p. 238; Zambarbieri 1982a。杰梅利返回给梵蒂冈的报告上写道，这位教授是个现代主义者，“教士之道已经无法将其疗救，他需要的是那些救助精神病患者的专业人士”。转引自 Luzzatto 2010, p.142。

19. 早在 1924 年，塔基 · 文图里就曾与当时的教育部部长乔瓦尼 · 秦梯利会面，要求他开除博纳尤蒂。Sale 2007, p. 335.

20. ARSI, TV, b. 9, fasc. 527, Tacchi Venturi a Gasparri. 446

21. 向墨索里尼报告会面情况的时候，费代莱向领袖建言，这样屈从于教宗的压力，并且任由他插手大学教职人员的委任，将会带来一场灾难。DDI, series 7, vol. 5, n. 11, Fedele a Mussolini, 11 febbraio 1927. 在该年余下时间里，教宗不断地通过塔基 · 文图里施压，费代莱只好将博纳尤蒂喊来，向他解释了具体情况，并要求他离开教职，转而接受专职研究的任务。博纳尤蒂非常生气，他指出这般阻挠他开展教学是没有法律依据的，但他还是勉为其难地接受了。费代莱向墨索里尼报告这件事情时写道：“政府对圣座做出了巨大的让步！” ACS, CR, b. 68, Fedele a Mussolini, 17ottobre 1927.

22. 博纳尤蒂曾抨击法西斯，认为他们推行的国家崇拜是一种异端。Zambarbieri 1982a, p. 64; Goetz 2000.

23. 1931 年，博尔贡吉尼和时任外交部部长的迪诺 · 格兰迪一同协商过这个问题。ASV, ANI, pos. 23, fasc. 2, 6. 99r–101r, Borgongini a Pacelli, 4 giugno 1930; ASMAE, APSS, b. 6, Borgongini a Grandi, 17 aprile 1931; 格兰迪没有标明日期的回复也收录于此。教育部部长就萨伊塔一事向格兰迪提出的建议收录并刊于 DDI, series 7, vol. 10, n. 342, 19 giugno 1931。

24. Petacci 2010, pp. 129–130; R. Mussolini 2006, p. 88–89.

25. Navarra 2004, p. 52.

26. Mack Smith 1983, p. 6.

27. C. Drexel interview, December 1934, in De Felice 1974, p. 866.

28. H. Massis interview, September 1933, 出处同上，p. 854。

29. 1932 年 3 月，时年五十一岁的路德维希对领袖进行了一系列采访，而在此之前，他就已经因为采访其他国家领导人 [从现代土耳其缔造者穆斯塔法 · 阿塔土克（Mustafa Atatürk）到约瑟夫 · 斯大林（Joseph Stalin）] 而名声卓著。

30. Ludwig 1933, p. 62.

31. 出处同上，pp. 126–127。

32. Cannistraro and Sullivan 1993, pp. 383–384; Urso 2003, pp. 193–194.

33. Cannistraro and Sullivan 1993.

34. Ludwig 1933, pp. 222–223.

35. Bosworth 2002, p. 243.

36. Monelli 1953, pp. 119–126. 这位独裁者如今散发着这般神圣的力量，他的助手纳瓦拉已经很难找到能够为他理发的理发师了。负责墨索里尼安保工作的一位警卫透露道，曾有一位理发师答应接下这份差事，可当他把剃刀伸向领袖的脸时，他的手开始不受控制地颤抖。Navarra 2004, pp. 39–40.

37. 转引自 Franzinelli and Marino 2003, p. xi。

38. De Vecchi 1983, pp. 223–224.
39. 转引自 Franzinelli and Marino 2003, p. xii。
40. Bosworth 2002, pp. 44–46.
41. 转引自 Navarra 2004, p. 21。
42. De Felice 1974, pp. 174, 300–303.
43. 秦梯利（1993, pp. 283–285）从 1932 年 3 月 24 日的《意大利人民报》中摘录了几段节选。墨索里尼的演讲近似于宗教仪式，关于其性质和影响的分析参见 Galeotti 2000, pp. 49–50。
44. Franzinelli 1995, pp. 171–172. 这一人数采用了 1934 年的数据。1928 年 4 月，塔基 · 文图里因近期颁布的用于指导所有法西斯女青年团体的八条戒律（第三条：热爱领袖）而向法西斯党总书记表示祝贺。但他指出这份戒律中有一项重大疏忽：它没有提及天主；为了对此做出弥补，他提议增设第九条戒律："敬畏并热爱天主，祂是一切善的源泉。" ARSI, TV, b. 13, fasc. 878, Tacchi Venturi a Augusto Turati, 28 aprile 1928. 图拉蒂表示这条戒律没 447
有增设的必要，因为它已经包含在现有戒律之中："所有准则以基督和大公精神为指引"。出处同上，Turati a Tacchi Venturi, 2 maggio 1928。
45. 弗兰齐内利（1995, p. 140）指出，如果不是因为这些神父的行为表明，他们对"神圣领袖"的卑躬屈膝到了什么样的程度，这些事情本该非常好笑。
46. Brendon 2000, p. 133. 米兰主教座堂的领袖肖像一事参见 Gentile 1993, p. 173。
47. ASV, AESI, pos. 812, fasc. 444, 6. 7r–13r, Pizzardo a Cazzani, 21 novembre 1932. 在这一事件中，主教乔瓦尼 · 卡扎尼坚持了自己的立场，他在信中表示，让这位神父按照梵蒂冈吩咐的去做，会令他受到莫大的羞辱。
48. 参见 Wolff 1985, pp. 239, 245; Bendiscioli 1982。
49. Goetz 2000; Falasca- Zamponi 1997, pp. 110, 203–204.
50. 转引自 Reineri 1978, p. 183。
51. 在符合资格的选民中，96% 的人参与了投票。参见 De Felice 1974, p. 313。

第十四章　新教敌人与犹太人

1. 据德 · 维基所说，这次访问差点在最后关头取消，因为访问前一天的《罗马观察报》完全没有提及这次访问，令墨索里尼大为光火。皮扎尔多蒙席从中调停，安排这份梵蒂冈日报在当天下午发行了刊登这则新闻的特刊，才帮助德 · 维基安抚好墨索里尼，按照原定计划继续这次访问。De Vecchi 1983, pp. 219–221.
2. 一周后，又有一篇报道称这一访问"几乎确定"将安排在本周。阿纳尔多 · 科特西，《墨索里尼访问教宗安排确定……甚至可能就在今天》，NYT, September 17, 1931, p. 13。法国大使在报告中表示，这一访问已经确定安排在 9 月 19 日，然而墨索里尼在最后关头退出了，因为 9 月 20 日的节日近几年才取消，而把访问安排在这个节日的前夕，"可能会被看作是一种投降"。MAEI, vol. 266, 178, Fontenay au Ministre des Affaires Étrangères, 29septembre 1931.
3. MAEI, vol. 266, 209–211, Fontenay au Président du Conseil, Ministre des Affaires Étrangères,

17 janvier 1932.

4. 11 月 27 日，帕切利枢机在跟塔基 · 文图里谈话之后，在自己的笔记中记录了这一安排。ASV, AESS, pos. 430b, fasc. 357, f. 68. 1931 年 12 月 19 日，一张标注为“由圣父复述给最显赫的帕切利”的字条指示塔基 · 文图里告知墨索里尼，教宗（“在经过沉思之后”）决定同意将访问安排在 2 月 11 日。他还告诉墨索里尼，教宗将这一安排作如下解读，即最近墨索里尼在对待公教进行会方面损害了宗教事务协约，领袖希望借此表达自己做出弥补的意愿。“我必须把这些话说出来，因为墨索里尼前来访问的那天，教宗会接待他，让他坐下，面带笑容地告诉他，他很乐意接受这样日期的安排……因为他认为 [墨索里尼] 秉着值得称赞的目的，希望能够改正错误，弥补对第 43 条和第 44 条（宗教事务协约的这两条许可公教进行会自由地开展活动）的侵犯。” ARSI, TV, b. 20, fasc. 1524, Pacelli a Tacchi Venturi, 19 dicembre 1931.

5. 几天前，博尔贡吉尼曾在教宗的命令下前去奎里纳尔宫，将基督最高爵士领环（the Collar of the Supreme Order of Christ）授给国王维托里奥 · 埃马努埃莱三世，《基督最高爵士领环授予意大利国王》, OR, 7–8 gennaio 1932,p. 1。然后为了一视同仁，教宗大使还将庇护大十字勋章（the Great Cross of the Piano Order）授给切萨雷 · 德 · 维基和外交部部长迪诺 · 格兰迪。《庇护大十字勋章授予意大利部长格兰迪和大使德 · 维基》, OR, 12 gennaio 1932, p. 2。法国驻圣座大使提前就知道教宗打算为国王、墨索里尼等人颁发勋章的消息。 448
他误以为教宗之所以授予他们这些勋章，是因为墨索里尼曾给帕切利、博尔贡吉尼和塔基 · 文图里颁发过勋章，但是梵蒂冈却没有任何回馈，由此引发了政府的不满。MAEI, vol.266,202–204, Fontenay au ministre des affaires étrangères, 8 janvier 1932.

6. 《我方消息》, OR, 12 febbraio 1932, p. 1。关于那名遭到驱赶的女性，参见摩根（1939, pp. 190–197）的描述，当时他受邀在场，目睹了发生的一切。但是梵蒂冈或意大利的媒体都没有提及这件事。

7. 这幅插画刊登在 1932 年 2 月 21 日《星期日邮报》的头版。埃米尔 · 路德维希对墨索里尼的长篇采访集结成册，翻译成意大利语出版，而这本书有好几个段落都冒犯了教宗，其中一段是领袖谈论他如何拒绝向教宗鞠躬以及亲吻他的戒指。这一段以及其他令教宗反感的段落（墨索里尼在其中一段谈到，他认为人民有权自行决定如何敬拜天主）都在意大利语版的新版中被删除了。MAEI, vol. 266, 255, Charles- Roux à président du conseil, 29 juillet 1932；出处同上，291–292, 27 ottobre 1932; Chiron 2006, p. 293。7 月，据意大利驻圣座大使馆的德 · 维基副手所言，墨索里尼曾说，“这个老犹太人背叛了我”，竟然把他关于教会的评论都出版出来。ASV, AESI, pos. 887, fasc. 593, f.42r, 15 luglio 1932. 11 月 10 日，塔基 · 文图里高兴地报告说，路德维希采访的新版已经付梓了，篇幅缩减了五页，“罗马与天主教会”那一部分中所有令教会不快的内容都已经删除了。ASV, AESI, pos. 667, fasc. 128, f. 48r.

8. 大卫 · 达拉，《教宗与领袖在友好条约下紧握双手》, CDT, February 12,1932, p. 10；阿纳尔多 · 科特西，《教宗与墨索里尼在梵蒂冈会面，双方气氛友好》, NYT, February 12, 1932, p. 1。

9. 墨索里尼亲笔撰写了与教宗会面的报告，并呈送给国王，这份报告收于 ACS, CV, b. 1, fasc. 34；这一报告后来被刊登出来，复本收于 DDI, series 7, vol. 11, n.205。关于这场会面的声势浩大，相关描写参见 CC 1932 I, pp. 480–481。

10. 《墨索里尼先生与教宗》,《泰晤士报》, 1932 年 2 月 12 日，第 12 版。

11. E. Mussolini 1957, p. 135.

12. 然而法国驻圣座大使丰特奈担心，双方这样互赠勋章会给意大利天主教徒造成一种错误的印象，让他们以为“圣座已经认同了法西斯主义”。MAEI, vol. 266, 229–231, Fontenay à président du conseil, ministre des affaires étrangères, 4 mars 1932; and vol. 232–233, 10 mars 1932. 塔基 · 文图里曾致信墨索里尼，就勋章一事向他表示感谢，这封信收于 ACS, CR, b. 68, 7 marzo 1932。在写给耶稣会总会长的信中，塔基 · 文图里写道，德 · 维基曾告诉他，墨索里尼想要表彰整个耶稣会，感谢他们所做的一切，令意大利政府和天主教会增进了理解。ARSI, TV, b. 20, fasc. 1534, Tacchi Venturi a Ledóchowski, 3 marzo 1932.

13. 教宗做出这番言论是在 1932 年末。MAEI, vol. 266, 298–299, Charles- Roux à président du conseil, 15 decembre 1932.

14. ASMAE, AISS, b. 4, protocollo 24, De Vecchi a Mussolini, Roma, 21 luglio 1929; DeVecchi 1998, pp. 15–16.

15. 阿纳尔多 · 科特西，《七十五岁的教宗庇护：学者与领导人》，NYT Magazine, May 29, 1932,p. 3。

16. C. Wingfield, Annual Report 1934, January 12, 1935, R 402/402/22, in Hachey 1972, pp.287–288, sections 138–140.

17. Tardini 1988, p. 296 (entry for 13 febbraio 1934); Charles- Roux 1947, p. 62.

18. Papin 1977, pp. 56, 62; Confalonieri 1957, p. 188; Ottaviani 1969, pp. 504–505.

19. 皮埃尔 · 凡 · 帕森，《面见教宗的那一天》，BG, February 11, 1934, p. C5.

20. Tardini 1988, p. 313; Charles- Roux 1947, p. 23. On Tardini, see Riccardi 1982 and Casula 449
1988.

21. Tardini 1988, p. 355.

22. Confalonieri 1969, pp. 42–43.

23. R. H. Clive, Annual Report 1933, January 1, 1934, R 153/153/22, in Hachey 1972, p.259, sections 117, 118; Agostino 1991, p. 19.

24. ARSI, TV, b. 8, fasc. 442, 446. 在签订《拉特兰条约》之后，塔基 · 文图里代表教宗不断地在这一方面施加压力。1930 年 5 月，他给墨索里尼发去了一份清单，上面罗列了所有新教教堂的具体位置。ARSI, TV, b. 19, fasc. 1408, “Protestanti. Lasituazione in Italia nel 1930,” with draft of Tacchi Venturi a Mussolini, 3 maggio 1930.

25. ASV, ANI, pos. 23, fasc. 2, 6. 129r–130r, 4 giugno 1930.

26. 皮扎尔多蒙席在 1931 年 2 月告知教宗大使，“圣父向我透露，意大利人的宗教团结和民族团结正面临着严重的威胁，它来自愈演愈烈的新教传教活动，然而政府却没有充分意识到，这一威胁也危及他们自身”。教宗认为，墨索里尼“想要维护这个民族的精神团结”的热忱值得赞扬，但是他应该“把足够的精力拿来反对上述异端、异族的传教活动”。博尔贡吉尼在与德 · 维基的会面中传达了教宗的这一要求。ASV, ANI, pos. 49, fasc. 2, f. 21r,15 febbraio 1931.

在两次世界大战之间，梵蒂冈发起了猛烈的反新教运动。Moro 2003, p. 317. 教宗在 1928 年主显节发表的通谕《现世可死亡的心灵》为这一运动定下基调，它禁止天主教徒参加任何鼓励不同基督教团体相互对话的组织或会议。“所以，可敬的教友们，罗马教廷为何从来不允许信徒参加任何非天主教集会，原因已经再清楚不过：曾有一些教派在过去离开了唯一真正的基督教会，只有推动这些教派回归唯一真正的基督教会，我们才能够推动基督教徒的联合。我们所有人都能够得见，出于创世主的意愿，唯一真正的基督教会仍然是他创立之初的那个教会。”这篇通谕的英语译文收录在 http://www.papalencyclicals.net/Pius11/P11MORTA.HTM。另参见 Perin 2011, p. 151。

27. ASV, ANI, pos. 49, fasc. 2, 6. 122r–122v, 14 maggio 1931, Alanna. 新教徒意图在意大利设立教堂，然而此举遭到了天主教会的公然抗议，它还给政府官员施压，要求他们阻止新教教堂的建设。这方面的讨论参见 Rochat 1990, pp.218–222。1931 年 4 月 8 日，公教进行会的冲突正愈演愈烈，博尔贡吉尼告诉德 · 维基，教宗希望政府能“积极地阻止这一疯狂的传教活动”。德 · 维基试图让大使冷静下来，并提醒他注意宗教事务协约允许其他宗教的成员和平地开展宗教活动。但他也知道教宗对公教进行会近来遭受的暴行愈发恼火，所以大使想了个办法平复教宗的怒火。他告诉教宗大使，一旦双方关系回到“正常的轨道”，政府会想办法满足教宗，禁止新教在意大利开展传教活动。ASV, AESI, pos.794, fasc. 389, f. 55r, 9 aprile 1931. 几个月后，《公教文明》刊登了一篇长文，题作《面对新教在意大利传教时，天主教徒肩负何等责任》。它开篇首先提出问题，意大利是否真的面临“新教的威胁”，并对这个问题做出了极其肯定的答复。这份由梵蒂冈监管的期刊告诉其读者，新教意味着“去基督化”。它还将新教敌人同其他敌人（比如自由主义，该文称它“完全出自新教的源头”）联系起来。这份期刊还呼吁读者采取行动。在“撕下敌人的面具！”一节，它警告读者，一场庞大的新教阴谋已然展开。这份期刊还告诉读者，幸运的是领袖站在了罗马天主教这一边，因为他也意识到，如果意大利人背离了天主教，将会给民族团结造成巨大的风险。《面对新教在意大利传教时，天主教徒肩负何等责任》，CC 1932 IV pp. 328–343。在 1932 年的一篇文章中，《罗马观察报》将瓦勒 450
度派（意大利最大的新教团体，主要集中在东北部）描述作一个犯罪团体（un'associazione a delinquere），这个词如今主要用来形容黑手党。Spini 2007, p. 133.

28. ASV, ANI pos. 23, fasc. 4, 6. 47r–47v, 博尔贡吉尼，《给政府首脑的建言》，1932 年 11 月 22 日。

29. ASV, ANI, pos. 23, fasc. 5, 6. 15r–19r, Borgongini a Pacelli, 18 marzo 1933. 博尔贡吉尼与墨索里尼的会面日期是 3 月 14 日。

30. 这些年间，天主教会到处推销这套阴谋理论。1931 年 5 月，由于梵蒂冈要求意大利各地主教报告当地的新教活动，于是莫诺波利（靠近意大利南部的巴里）主教便诉苦说，他的教区中有一群新教徒。他在报告里写道，这些人受到了美国移民的指使。他全盘接受了教会的理论，认为新教徒企图颠覆天主教会和法西斯政权，所以又呼吁政府当局出面阻止这些人的阴谋。但是他担心政府会顾忌美国方面的感受，而不愿意采取必要的行动，毕竟美国掌控在犹太人和共济会的手里，也正是他们主导了破坏天主教会的新教活动。Perin 2010, pp. 147–148.

31. 省略号为原文所有。

32. ASV, AESI, pos. 855, fasc. 548, 6. 38r–39r.

33. 《世界革命和犹太人》，CC 1922 IV, pp. 111–121。

34. 在本书第三部分，我会探讨在意大利引入“种族法案”时，梵蒂冈如何为其奠定了基础。

35. 《犹太—共济会社会主义在奥地利施行暴政》，CC 1922 IV, pp. 369–371。

36. 长久以来，梵蒂冈一直把共济会看作是它最危险的敌人。这个组织初创于伦敦，并于七年后（1724 年）在罗马成立了第一个小组。自 1738 年，也即教宗克雷芒十二世（Clement XII）起，历任教宗都将那些加入共济会的天主教徒驱逐出教，谴责他们令天主教徒堕落到跟新教徒、犹太人和非信徒同流合污的地步。共济会被看作是世俗化运动的源头，也跟以教会为中心的社会形态相违背。教会将法国大革命、意大利王国的统一以及教宗国的灭亡都怪罪到它的头上。

教宗利奥十三世在 1884 年发表通谕《人类》(*Humanum genus*)，发起了一场全新的反共济会运动，将其贬作是“魔鬼的犹太会堂”。在 19 世纪的最后二十年里，《公教文明》以及其他天主教出版物都不断地发出警告，演绎这番犹太—共济会阴谋论。很快它们又在这个魔鬼计划中增添了第三个敌人：社会主义。它们表示，一场庞大的犹太—共济会—社会主义阴谋企图颠覆欧洲优秀的基督教传统，并让世界遵守由犹太人制定的秩序。1917 年的新版教会法规确定将共济会成员驱逐出教。Vian 2011, pp. 106–116. 意大利第一个全国性质的共济会组织与意大利王国的军事力量同时兴起，它建立于 1859 年，并且很快就在全国各地拥有了会所。在共济会成员眼里，天主教会是反动政权的主要堡垒，它深深地扎根在腐朽的中世纪，于是共济会十分坚定地支持取代教宗国的意大利新政府。他们呼吁宗教平等，于是发起运动要将神父赶出公办学校。在当时，共济会最具代表性的杰出会员是朱塞佩 · 加里巴尔迪，他不仅仅是统一意大利的大英雄，还是梵蒂冈和教会力量最尖锐的批评者。Conti 2006.19 世纪末，意大利共济会总会长阿德里亚诺·莱米 (Adriano Lemmi) 有一番非常出名的言论，他将教宗世俗权势的终结看作是“世界历史上最值得纪念的事件”。该组织的成员大多都是中产阶级，但也包含意大利最显赫的几位政客。第一次世界大战时期，意大利最大的共济会组织在全国设有 486 个会所，共有两万名会员。尽管其成员大多来自天主教家庭，但考虑到意大利的新教徒和犹太人数量十分稀少，后两者在该组织所占的比例相当高。Conti 2005.

37. 最为常见的一种人祭控诉，是《塔木德》要求犹太人杀害信仰基督教的儿童，用他们的 451
鲜血制作逾越节薄饼。

38. 纳尔代利 (1996, pp. 40–50) 研究了罗马涅的这份公教进行会杂志，而我的描述则基于他的研究。

39. 帕多瓦主教教区的周刊在 1927 年也刊登了一篇这样的文章，它斥责美国新教徒不再信仰真正的宗教，还进一步说道，新教牧师“不如学犹太人去崇拜金牛犊，反倒显得更实诚一点”。Perin 2011, p. 185.

40. 梅里 · 德尔瓦尔复述了会面时教宗所说的话语，转引自 Deffayet 2010, p. 97。

41. 后续发展证明教宗确实有先见之明，因为替教宗辩护的那些人确实在后来援引这份要求“以色列之友”解散的教令，证明教宗具有反对反犹主义的立场。沃尔夫 (2010, p. 121) 表示教宗的这一策略“通过谴责现代反犹主义而达成了一种预防性防御”，然而沃尔夫认为“这是道德贫乏的体现，因为他很随意地批判了其他人对犹太人的仇视，却完全不改正自己的反犹行径”。

42. 《犹太人的威胁与“以色列之友”》，CC 1928 II, pp. 335–344。

43. 这位耶稣会士生前收到的最后一批信件中，有一封来自萨尔法蒂，写于他 1956 年逝世前一个月，她在这封信中署名为“对基督最虔诚的玛格丽塔·萨尔法蒂”。马里克斯 (2011, pp. 309–310) 在塔基 · 文图里的档案中找到了这封信，此外还有这位耶稣会士的档案员写下的字条，指出萨尔法蒂乃是“墨索里尼的情妇，由 T.V.[塔基 · 文图里] 施洗皈依天主教，她的儿子 [阿米迪奥] 和女儿 [菲亚梅塔] 亦是如此”。另参见 Cannistraro and Sullivan 1993, pp. 344–345。

44. 《利古里亚人民报》，1933 年 7 月 1 日，转引自 Starr 1939, p. 113。

45. Kent 1981, pp. 128–129.

46. “狂热”一词出现在 MAESS, vol. 37, 36–38, Charles- Roux à Monsieur le Président du

Conseil, 16 octobre 1932。夏尔—鲁在 7 月 19 日（MAESS, vol. 37, 12–13）和 7 月 23 日（MAESS, vol. 36, 14–15）提交的报告中也提及了教宗针对布尔什维克主义有着强烈的忧患意识。

47. ASV, AESS, pos. 474, fasc. 476, 6. 58r–58v, Pacelli a Monsignor Pietro Fumasoni- Biondi,2 gennaio 1933.

48. 博尔贡吉尼想要说服部长，让他明白这一问题的严重性以及深远的影响，于是他便将自己准备好的一本小册子呈交给他，题作《意大利新教徒的传教活动》。它解释了为什么新教是天主教会与法西斯政权的共同敌人。它开篇写道："新教派别反对等级制度。他们的原则声称每个个体都可以解读天主的启示，因此都可以通过阅读《圣经》自由地形成自己的解读。从自由主义到社会主义再到无政府主义，这一原则是所有这些民主错误的根基。" ASV, ANI, pos. 49, fasc. 2, 6. 281r–282r, Borgongini a Pacelli, 22 marzo 1935. 这本小册子收于出处同上，284r。引言出自 p. 25。这本小册子用二十页的篇幅罗列了意大利境内的每一座新教教堂。

49. 帕切利进一步补充道："不过我全然相信，明智的贵方一定希望免除这等丑事。" ASMAE, AISS, b. 21, Pacelli a De Vecchi, 22 marzo 1933.

50. ASMAE, AISS, b. 21, De Vecchi a Pacelli, 7 aprile 1933.

51. 请告诉德 · 维基，教宗跟帕切利说道，"圣父得知这些新闻，感到十分高兴"。ASV, AESS, pos. 430a, fasc. 348, f. 25, 8 aprile 1933.

第十五章　墨索里尼、希特勒与教宗

1. E. Mussolini 1957, p. 143; Kershaw 1999, p. 343. "进军罗马事件" 几天后，希特勒手下的一位得力中尉赫尔曼 · 埃塞尔（Hermann Esser）面对人头攒动的人群宣称，"德国的墨索里尼名叫阿道夫 · 希特勒"。Kershaw 1999, p. 180.

2. DDI, series 7, vol. 13, n. 61, Renzetti a Chiavolini, 31 gennaio 1933.

3. DBFP, 1919–1939, series 2, vol. 5, n. 444, Graham to Wellesley, October 11, 1933; DDF,series 1, vol. 4, n. 293, Chambrun à Paul- Boncour, 11 octobre 1933. 452

4. 帕切利同法国大使夏尔—鲁谈话的笔记收于 ASV,AESS, pos. 430b, fasc. 359, f. 35, "L'Ambasciatore di Francia.," 1 febbraio 1933。墨索里尼的内阁大臣在一份报告中引用了一条二手消息，称帕切利曾在谈话中认为希特勒 "为德国做出了巨大贡献，因为他一手扶植了一个强大的政府"，但他又补充道，他认为希特勒不会掌权太久。DDI, series 7, vol.13, n. 13.

5. 1931 年，《公教文明》曾刊出一篇文章，好几位德国主教在文中对极端国家主义的纳粹意识形态表示担忧 :《德国的 "国家社会主义"》, CC 1931, II, pp.309–327。

6. ASV, AESS, pos. 430b, fasc. 359, f. 55, "L'Ambasciatore di Germania," 24 febbraio 1933.

7. 当丰特奈最后一次以法国大使的身份拜见教宗时，后者对他说出了这番话语。MAESS,vol. 37, 3–4, Fontenay à président du conseil, 14 juin 1932.

8. MAESS, vol. 37, 63–66, Charles- Roux à ministre des affaires étrangères, 7 mars 1933.

9. "教宗认为，教会当前面临的最严峻、最直接的威胁来自共产主义的传播。他最为关切的便是如何与这种恶势力作斗争，并且他已然尽全力在所有国家展开这一行动。" FCRSE,

C2887/2887/22, Mr. Kirkpatrick, British legation to the Holy See, to Sir John Simon, London, March 20, 1933.

10. Kent 1981, pp. 154–155. 沃尔夫（2010, pp. 155–168）检视了教宗决策背后的证据，他正是通过这一决策令德国各位主教在 1933 年 3 月转而支持希特勒的。

11. MAESS, vol. 37, 70–77, Charles- Roux à ministre des affaires étrangères, 20 mai 1933.

12. Wolf 2010, pp. 174–175.

13. 作为一位骄傲的天主教徒，冯 · 巴本早在几年前就已经同帕切利成为好友。他常常在卫兵骑士俱乐部招待帕切利，并且在那里将他引荐给数位德国保守党领袖。CC 1933 IV, p. 89; Wolf 2010, pp. 174–175; Ventresca 2013,p. 62.

14. Ventresca 2013, pp. 75–79.

15. Wolf 2010, p. 178.

16. 出处同上，pp. 227–228。

17. ASMAE, AISS, b. 77, "Il punto di vista cattolico di fronte al sistema Tedesco di concepirela Chiesa," 19 ottobre 1933.

18. 记录在帕切利的笔记中。ASV, AESS, fasc. 430a, fasc. 349, 6. 27r–27v, 30 dicembre1933. 意大利驻德国大使也在 12 月的报告中写道，天主教会和德国政府之间的冲突不断升级，尤其是在青年问题方面。ASMAE, APG, b. 13, "S. Sede e Governo germanico," 27 dicembre 1933.

19. 据意大利驻柏林大使所言，奥尔塞尼戈已经同纳粹领导人达成共识。他正倾尽全力，扫清梵蒂冈—纳粹合作的障碍（既来自纳粹高层，也来自梵蒂冈高层）。ASMAE, AISS, b. 35, 6. 70–71, ministero degli affari esteri a De Vecchi, 25 gennaio 1934.

20. 乔治 · 安杰洛齐 · 加里博尔迪（Giorgio Angelozzi Gariboldi），转引自 Biffi 1997, p. 99。

21. ACS, MCPG, b. 157, 19 maggio 1928.

22. 奥尔塞尼戈的生平细节取自比菲（1997），另参见 Godman 2004, pp.30–31。

23. 帕切利反对这一举措，认为它弊大于利。Wolf 2010, pp.245–252; Godman 2004, pp. 48–50.

24. 墨索里尼毫不惧怕正面批评纳粹党人，1934 年 12 月，他在接受《费加罗报》的采访时大谈自己同梵蒂冈的密切关系，并且就错误的宗教政策指责了纳粹党。MAESI, vol. 267, 49–53, Charles- Roux au ministère des affaires étrangères, 26 décembre 1934.

25. 5 月 25 日，教宗命帕切利转告领袖，他日夜都为墨索里尼祈祷。教宗希望墨索里尼能让 453
希特勒认可教会有权为年轻人提供道德和精神的教导。ASV, AESS, pos. 430a, fasc.350, f. 29.

26. ASMAE, AISS, b. 35, "Udienza dal Cardinale Segretario di Stato— Venerdì 1 giugno1934," "Udienza da S.E. il Capo del governo— Lunedì 4 giugno 1934," "Udienza dal Cardinale Pacelli— Martedì 5 giugno 1935." 那句戈培尔写的文字取自他的小说《迈克尔》（Steigmann-Gall 2003, pp. 20–21）。法乌尔哈贝尔的报告转引自 Wolf 2010,pp. 162–163。6 月 15 日，也即两位独裁者会面的那一天，德 · 维基拜访了帕切利，向他确保墨索里尼定然会强有力地提出教宗的要求。ASV,AESS, pos. 430b, fasc. 361, 6. 32/33, "L'Ambasciatore d'Italia," 15 giugno 1934.

27. 墨索里尼的顾虑中还包含上阿迪杰区那些讲德语的国民，这个地区是意大利通过第一次世界大战得到的，这些人是否忠于意大利还要打上一个问号。

28. DDI, series 7, vol. 14, n. 112, "Colloqui fra il capo del governo,. Mussolini, e il cancelliere federale austriaco Dollfuss, Riccione, " 19–20 agosto 1933; Lamb 1997, pp. 100–101.

29. DDI, series 7, vol. 14, n. 246, "Appunto," 3 ottobre 1933.

30. Kershaw 1999, p. 282. 关于墨索里尼如何在政治舞台上运用他的身体，参见卢扎托（1998）那本特别出色的著作。

31. Rauscher 2004, pp. 193–194.

32. 德 · 费利切（1974, p. 494）反驳了一种通常的观点，即认为墨索里尼的德语非常糟糕，听不懂希特勒在讲什么，他引用了希特勒的意大利语译者的话："领袖说德语时口音很重、语速很慢，总是小心谨慎地发出每一个音节，不过很明显的是，他很愿意用德语沟通。"

33. Milza 2000, pp. 694–696.

34. De Felice 1974, p. 505.

35. ASV, AESS, pos. 430b, fasc. 361, 6.52/53, "L'Ambasciatore d'Italia," 6 luglio 1934.

36. DDI, series 7, vol. 15, n. 469, "Colloquio fra il Capo del Governo… e… De Vecchi," 2 luglio 1934.

37. ASMAE, AISS, b. 35, Mussolini a De Vecchi, 22 giugno 1934.

38. Lamb 1997, pp. 106–107.

39. ACS, MCPG, b.158, "Riservato, da fonte Vaticana," Roma, 26 luglio 1934.

40. Ventresca 2013, p. 85.

41. 转引自 Fattorini 2007, p. 110n8。据奥尔塞尼戈所言，德国大主教并没有对希特勒的这番宣言提出异议。Duce 2006, pp. 32–33，基于奥尔塞尼戈在 1933 年 3 月 7 日提交给帕切利的报告。奥斯纳布吕克主教表示，希特勒在会上"完全没有说过教会的坏话，他只表达了对各位主教的倾慕"。纳粹党人中伤犹太人的方法（Herf 2006, pp. 37–41）基本上跟梵蒂冈非官方期刊《公教文明》所用的方法如出一辙。自 20 世纪 20 年代起，希特勒和他的老同伙约瑟夫 · 戈培尔便警告世人，犹太人正酝酿着阴谋要颠覆西方文明，而且他们还控制了高端金融、媒体以及布尔什维克党。他们的全部目标就是要让基督徒向犹太人俯首称臣。

42. ASV, AESG, pos. 643, fasc. 158, 6. 14r–19r. 另参见胡贝特 · 沃尔夫（2010, pp. 184–190）对这起事件的讨论。

43. Wolf 2010, p. 190.

44. "反犹运动已经沾染了政府的官方色彩。圣座代表的任何干涉行为都等同于向政府法律发起抗议。" ASV,AESG, pos. 643, fasc. 158, f. 5r. 以及几天后，"很不幸的是，反犹原则已经被整个政府接受和许可，而更不幸的是，这一事实将作为一块很不光彩的污点留在德国国家社会主义党（尽管他们也有优点）正在书写的历史开篇上！" ASV, AESG, pos. 643, fasc. 158,6r–6v, 11 aprile 1933.

45. 大使维托里奥 · 翟录第（Vittorio Cerruti）与墨索里尼在 1933 年 3 月底、4 月初的一系 454
列精彩通信为我们披露了这些疯狂的事情。ASMAE, Gab., b.668. 墨索里尼发给翟录第的电报复件收于 DDI, series 7, vol. 13, n. 327, Mussolini a Cerruti, 30 marzo 1933。包含领袖给希特勒建言的电报收于 ASMAE 文件，标签为"绝对优先级，致翟录第阁下的私人电报"。翟录第的妻子是个匈牙利人，在维也纳与他相知，尽管她从未在自己的回忆录中提及身世问题，但她显然出身犹太家庭。Cerruti 1953. 帕切利看在眼里，觉得教宗应该代领袖提出这些批评才对。

46. ASV, AESG, pos. 643, fasc. 158, f. 5r, Orsenigo a Pacelli, 9 aprile 1933. 关于墨索里尼建言的那张（未标明日期的）字条收于 AESG, pos. 643, fasc.158, f. 8r。墨索里尼在 4 月面见了犹太复国运动领导人哈伊姆 · 魏茨曼（Chaim Weizmann）。魏茨曼向他讲述了在希特勒统治的最初几周，犹太人遭到了怎样的迫害，他还道出了自己的计划，想要获得许可带领大批德系犹太人移居巴勒斯坦。DDI, series 7, vol. 13, n. 480, “Colloqui fra il capo del governo…Mussolini e Chaim Weizmann,” 26 aprile 1933. 接下来的那个月，意大利驻德国大使向墨索里尼发回报告，称纳粹领导人开始重新考虑反犹运动，因为它造成了极坏的公众效果。他写道：“无论是在过去还是最近，我都将领袖的思想清晰无误地传达给希特勒，而这一思想开始显现出它的正确性。”他很可能认为希特勒会放松对犹太人的限制，如果情况确实如此，那么犹太人就应该感谢墨索里尼。DDI, series 7, vol. 13, n.595, Renzetti a Chiavolini, Berlino, 14 maggio 1933.

不过令人瞩目的是，当德国副总理弗朗茨 · 冯 · 巴本于 4 月 10 日在罗马和领袖会面时，他明确告诉墨索里尼，他承认“反犹运动是一场错误”。墨索里尼也利用此次会面机会，强调了新纳粹政权同圣座保持良好关系的重要性。DDI, series 7, vol. 13, n. 401, “Colloquio fra il Capo del Governo e Ministo degli Esteri, Mussolini, e il Vice Cancelliere del Reich, Papen,” Roma, 10 aprile 1933. 第二天，希特勒的亲信、国会议长赫尔曼 · 戈林与巴本一起前往梵蒂冈拜见了教宗。这次会面双方到底谈了些什么，目前没有任何记录;《罗马观察报》只是简短地报道说有这么一场会面发生，没有任何评论也没有任何解释。《我方消息》，OR, 13 aprile 1933, p. 1。

47. 无论是梵蒂冈，还是德国主教的组织都没有对《纽伦堡法案》提出反对意见；而纳粹党人对犹太人的新一轮妖魔化也没有遭遇教会的任何反对。Wolf 2010, p. 217.

48. 在 1935 年的纽伦堡党代会上，戈培尔提到这个话题，表示犹太人有一项秘密的计划，“目的是使犹太人在全世界称霸”。Herf 2006, pp. 41–42.

49. 莱多霍夫斯基把这封信寄给帕切利，希望他能说服教宗发表这篇通谕。在当时，纳粹政府正高调审判一起耶稣会案件，指控他们非法地将资金转移海外，但是令人吃惊的是，耶稣会领导人反倒为希特勒说话。莱多霍夫斯基在 7 月份与皮尼亚蒂谈话时，就这一问题谴责了戈培尔和罗森堡（这两人都立场鲜明地与天主教会为敌），然而他告诉这位意大利大使，他认为希特勒并没有许可这起当时正在进行的、针对耶稣会的案件。ASMAE, APG, b. 33,fasc. 1, Pignatti al ministero degli affari esteri, “Processi antireligiosi in Germania,” 14 luglio 1936.

50. 斐迪南 · 拉萨尔（Ferdinand Lassalle）是 19 世纪德国社会主义运动的发起人之一。

51. Fattorini 2007, pp. 64–69.

52. 犹太人怎么能既控制资本主义，又控制共产主义，这种明显的悖论该如何解释？这份耶稣会期刊给出的答案是，两者产生的土壤“都是对这个世界作物质主义的经济构想，都出自犹太—清教的源头”。但是这一切的背后还有更为邪恶的机制在运作，撇开社会主义的表面，它实际上是犹太人的工具，“顺从国际金融的谋划，是一件具有毁灭力量的 455
武器”。

53. 《犹太问题》，CC 1936 IV, pp. 37–46。

54. CC 1936 IV, pp. 83–85.

55. 赫尔夫（2006, pp. 95–96）在这个议题上引用了 Pinkus 1988 这本重要文献。另参见 AJC 1939, pp. 56–59。苏联政府成员名单收录在 1935 年和 1938 年的《政治家年鉴》（*The Statesman's Year Book*）。1936 年下半年，希特勒依然在对犹太—共产主义的威胁发动攻势，《公教文明》则向其读者推荐了阿尔弗雷多·罗斯马尼尼（Alfredo Rosmanini）的《犹太人、基督教和法西斯》（*Ebrei, cristianesimo, fascismo*），对其影响恶劣的反犹法西斯恶毒攻击表示赞赏，认为它"笔触真挚，透露出信仰的温暖"。它"可以给民众带来好处"。这篇热情洋溢的书评开篇写道："这是一本论述共产主义、无神论和灭顶之灾的文章合集，其中犹太人占了很大的篇幅，它还赞扬了法西斯守卫宗教秩序和社会秩序的功绩。"它接着写道："我们注意到一小撮犹太剥削者有着非常强大的影响力，这一点几乎众所周知。"这篇文章还提及本刊曾在近期就这一议题刊登的另一篇文章。CC 1936 IV, p. 252. 卡利马尼（2007, p.235）认为罗斯马尼尼的这本书是法西斯政府反犹运动所产生的第一本集大成的反犹作品。

第十六章 逾越雷池

1. 法国大使弗朗索瓦·夏尔–鲁在 1935 年 2 月 15 日提交报告，表示达拉·托雷向他说起教宗担心会发生入侵事件。夏尔–鲁在当时认为墨索里尼不会这么鲁莽地发起进攻。DDF, series 1, vol. 9, n.226.
2. 3 月，墨索里尼将两个师派遣到意属索马里兰，他们在出发时接受了数位意大利枢机的祝福，法国驻梵蒂冈代办在报告中写道，这个事件引发了诸多评论。DDF, series 1, vol. 9, n. 400, Truelle à Laval. 关于军事建设，参见 Del Boca 2010, pp. 90–92。
3. ACS, MCPG, b. 172, Zanetti, 25 giugno 1935.
4. Bosworth 2011, p. 171.
5. Tardini 1988, p.332; C. Wingfield, Annual Report 1934, January 12,1935, R 402/402/22,in Hachey 1972, pp. 287–288, sections 138–140.
6. ACS, MCPG, b. 172, Zanetti, 19 giugno 1935.
7. McCormick 1957, pp. 69–76.
8. DDF, series 1, vol. 11, n. 348, Charles- Roux à Laval, Ministre des Affaires Étrangères, 24 juillet 1935. 早几个月的时候（2 月），《罗马观察报》主编达拉·托雷曾告诉法国大使，教宗对于墨索里尼入侵埃塞俄比亚的计划有着很深的忧虑。DDF, series 1, vol. 9, n. 226, Charles- Roux à Laval, 15 février1935. 代办塔拉莫在 6 月末的报告中提及了《意大利未来报》的那篇文章，他认为该文反映了梵蒂冈对埃塞俄比亚的处境持有何种态度。DDI, series 8, vol. 1, n. 450,Talamo a Mussolini, 27 giugno 1935.
9. Ceci 2008, p. 297; Ceci 2010, p. 43. 教宗对埃塞俄比亚抗意战争的立场在前后有很大转变，Ceci 2010 对此作出了非常出色的分析。
10. 一段时间之后，英国驻梵蒂冈大使在一份简要的描述中这么谈论皮扎尔多："他为人友善且乐于提供帮助，但显然操劳过度，且能力也算不上一流。" R5802/5802/22, FCRSE, pt. 14, p. 155, Osborne to Halifax, June 21, 1938.
11. 公教进行会全国主席齐里亚奇为了将这番言论造成的伤害降至最低，在那天清晨赶到塔拉莫住处，将这番讲话的内容告诉了他。那一年早些时候，德·维基被任命为教育部部长，塔拉莫便暂时担任代理大使一职。

456

12. Tardini 1988, p. 385.
13. 出处同上，pp. 385–386。
14. 伦敦的《泰晤士报》尤其关注了教宗的如下话语，“侵略战争是一种进犯，是一场不正义的战争，它的恐怖令人无法言说”。《教宗论阿比西尼亚》,《泰晤士报》, 1935 年 9 月 2 日，第 2 版。同一天,《华盛顿邮报》在头版刊登文章，题作《教宗向领袖发出请求，希望他能在战争一事上悬崖勒马》，然而令人感到不解的是，这篇文章认为塔基 · 文图里起到了非常关键的作用,将教宗的想法传达给墨索里尼。第二天,该报又登出一则社论，谈论了教宗对于和平的呼号,并将一句来源可疑的话归功于塔基·文图里。《教宗致国王》, WP, September 3, 1935, p. 8。
15. ASMAE, AISS, b. 56, fasc. 1, sf. 1b, Pignatti a Mussolini, 30 agosto 1935.
16. 韦迪耶的描述收于 Papin 1977, p. 63。
17. 出处同上，pp. 56, 62。
18. Bosworth 2002, pp. 304–305.
19. MAEI,vol.266,269–271,Charles-Roux à president du conseil, 17 septembre 1932. 然而教宗也有所不为，他不接见身穿黑衫或者军装的法西斯儿童，因为儿童身穿戎装的景象令他感到厌恶。De Rossi dell'Arno 1954, p.46.
20. 《庆祝意大利“进军罗马”十周年纪念日》, OR, 3 novembre 1932, p. 1；讨论参见 MAEI, vol.266,294–297, Charles-Roux à president du conseil, 3 novembre 1932。这篇文章的背后还有一则有趣的故事。当国务卿请求该报主编朱塞佩 · 达拉 · 托雷（他是唯一一位敢于身穿非正式服装拜见教宗的平信徒）撰写这篇歌功颂德的文章时，他显然拒绝了这一请求。Agostino 1991, p. 153. 墨索里尼长久以来都认为达拉 · 托雷对他怀有敌意，而这种怀疑是很有根据的。夏尔–鲁在获取教宗言论的内幕消息方面特别倚仗达拉 · 托雷，而在埃塞俄比亚危机期间，达拉 · 托雷曾透露过他对博尔贡吉尼和塔基 · 文图里的看法，教宗和墨索里尼之间的这两位信使简直是领袖那边的人，他们总会将教宗的批评过滤掉，以此来取悦墨索里尼。DDF,series2,vol.1,n.107, Charles-Roux à Flandrin, minister des affaires etrangères, 27 janvier 1936. 帕切利知道奥古斯都 · 奇里亚奇非常想讨好法西斯政权，于是就拜托他来撰写这篇文章。奇里亚奇照做了。终稿还按照庇护十一世的意思增添了很多内容。ASMAE, AISS, b. 21, fasc. 8, De Vecchi a Mussolini. 并不是教会的每一个人都认可这样歌颂墨索里尼，持异议的还包括达拉 · 托雷在《罗马观察报》的一些同事。接下来还会怎么样？他们问道。《罗马观察报》是否还会将教宗三重冕替换成法西斯标志？ ASMAE, AISS, b. 21, f. 8, Città del Vaticano, 3 novembre 1932.
21. ASMAE, AISS, b. 56, fasc.1, sf. 1c, Pacelli a Mussolini, 14 settembre 1935. 根据一位线人的报告，当英国对墨索里尼的战争计划提出强烈反对时，教宗打算秘密地将塔基 · 文图里派往英国，游说当地天主教徒，让他们支持意大利政府。但是没有任何证据显示这项秘密差事最后得到了执行。ACS, DAGR, b. 1320, informatore n. 52, Roma, 12 settembre 1935.
22. ASV, AESS, pos. 430a, fasc. 352, ff. 49, 20 settembre 1935.
23. ASV, AESI, pos. 967, vol. 1, ff. 156r–159r. 9 月 27 日，当接见夏尔–鲁时，教宗再度提起如果领袖按照他的计划入侵埃塞俄比亚，他害怕灾难即将降临意大利和墨索里尼头上。他告诉法国大使，他曾提议同墨索里尼进行秘密会晤，讨论如何由他出面，帮助领袖免除这场战争，但是墨索里尼拒绝了。DDF, series1,vol.12,n.254,Charles-Roux à Laval, 27

septembre 1935.

24. 转引自 Milza 2000, p. 724。

25. ACS, CR, b. 68, Tacchi Venturi a Mussolini, 3 ottobre 1935.

26. DDF, series 1, vol. 12, n. 412, Charles-Roux à Laval, 10 octobre 1935 (footnote 1).

27. 帕切利打算交给国王的这封信，无论是信封还是内文，原件都收藏在梵蒂冈档案馆，而不是伦敦的皇家档案馆。这一事实本身就不言自明。这份梵蒂冈档案附有一张手写说明， 457
"致英国国王的信，由帕切利枢机签署，1931 年 10 月 3 日。注：对方一开始接收了此信，但是后来却由英国大使馆退回"。ASV, AESI, pos. 967, vol. I, ff. 201r–208r. 在英国首相看来，教宗就外交问题直接同国王进行沟通有违外交礼仪。

28. Del Boca 2010, pp. 104–107.

29. Federico 2003, p. 590.

30. ACS, MCPG, b. 159, 1 febbraio 1935. 德 · 维基卸任时受到了教宗的褒奖，教宗授予他金质勋章，并对他大加赞扬。CC 1935 I, pp. 423–424, 647. 据一位线人表示，教宗很喜欢德 · 维基，也正是他要求梵蒂冈日报刊登一篇赞美这位卸任大使的文章。ACS, MCPG, b. 159, informatore, Roma, 5 febbraio 1935. 早在 1932 年，帕切利枢机就已经听闻德 · 维基将要卸任，并开始猜测到底谁会接任他的职务。他明确表示德 · 维基的能力非常平庸。MAEI, vol.266,250–254,Charles-Roux au president du conseil, 25 juillet 1932.

31. ASV, AESI, pos. 985, fasc. 658, ff. 23r–27r. 关于皮尼亚蒂的外交经验，参见 Casella 2010, p. 185n1. 德 · 维基继任人选的小道消息传遍了罗马城。政府里最为显赫的几个名字都曾被提及，从费代尔佐尼到阿尔弗雷多 · 罗科，再到墨索里尼的女婿加莱亚佐 · 齐亚诺。在任命皮尼亚蒂之前，墨索里尼曾经征求教宗的许可。教宗则联系了圣座驻法国大使路易吉 · 马廖内蒙席，大使表示这位伯爵是个不错的人选，他聪明、谦逊、正直，是一名热心的天主教徒和一位优秀的父亲。ACS, MI, PP, b. 168, informatori, relazioni, 3 marzo, 22 marzo, 27 marzo.

32. 这位新任大使总结道，简而言之，"圣父的言谈表明他是一位积极正面的意大利人"。ASMAE, APSS, b. 25, fasc. 2, 13 ottobre 1935; Casella 2010, p. 189.

33. H. Montgomery, Annual Report 1935, January 9, 1936, R 217/217/22, in Hachey 1927, pp. 322–323, sections 161–164; MAESS, vol. 37, 188–189, Charles-Roux, télégramme, Affaires étrangères,17 décembre 1935.

34. Garzonio 1996; Rumi 1996, pp. 38–39; De Vecchi 1983, p. 219.

35. 这位线人警告说，这位大主教的行为是一种投机取巧，而不是理念使然，他还补充道："我们最好不要太信任他，因为只有当法西斯党对他有利时，他才会尊奉我们的理念。" ACS, MI, FP "Schuster," informatore n. 52, Milano, 3 gennaio 1935.

36. Saresella 1990, p. 460.

37. Ceci 2010, pp. 86–87.

38. 转引自 Baudrillart 1996, pp. 193–194 (5 mai 1936)。

39. 在 10 月 24 日的会面中（意大利试图阻止经济制裁的外交活动都失败了），墨索里尼告诉塔基 · 文图里，教宗竟然希望法国能出面调停争端，简直是大错特错。领袖说，你告诉教宗，我们和法国人的友谊已经到头了。唯有纳粹德国才是意大利的朋友。墨索里尼补充道："谁能想到，二十年前的朋友……如今却成了敌人，而那个时候的敌人却成了我们如今的朋友，未来的事情只有天主知道。” ASV, AESI, pos. 967, vol. 2, ff. 80r–80v, “Udienza col Capo del Governo,” 24 ottobre 1935, P.T.V.

40. DDI, series 8, vol. 2, n. 664, Pignatti a Mussolini, 19 novembre 1935.

41. Diggins 1972, pp. 279–282.《纽约时报》这篇社论的发表日期是 1937 年 10 月。Diggins 1972, pp. 276–278, 290–291, 317.

42. 示威游行于 11 月 10 日举行。Ceci 2012, p. 95; Diggins 1972, p. 107.

43. 纽约城美国意大利联盟的意裔法西斯党主席曾致信时任媒体和宣传部副部长的迪诺 · 阿莱里，向他强调考夫林神父的作用有多么重要。尽管大多数美国人都反对意大利侵略埃塞俄比亚，但是意裔美国人却予以强力支持，并且他们与考夫林通力合作，使得罗斯福没能通过制裁法案。当电影院播放战争的新闻节目时，每当墨索里尼出现在大荧幕上，人们揶揄讥讽，朝他吹口哨；每当大荧幕上出现埃塞俄比亚人，人们则雀跃欢呼，这些景象令他感到厌恶。ACS,MCPR, b. 21. 458

皮尼亚蒂在 11 月 22 日同帕切利会面时曾强调，将石油（英国代表和个别其他国家代表提议将其纳入制裁范围）从制裁行动中排除出去非常重要，以及阻止美国加入制裁行动也同样重要。他再次要求帕切利调动圣座的外交网络，为战事提供助力。他指出教会可以在美国开展许多工作，并夸奖了考夫林神父的工作。帕切利向这位意大利大使保证，梵蒂冈正全力以赴地帮忙，并且补充道，考夫林“已经出言反对英国和制裁行动，没有必要催促他把事情做过火”。ASV, AESS, b.430a, fasc. 362, f. 136. 这番消息也在 11 月 28 日传到媒体和宣传部副部长的耳中，让他知道考夫林起到了很有价值的作用，令美国天主教神职人员支持埃塞俄比亚战争。ACS, MCPR, b. 21, “Appunto per S.E. il Sottosegretario di stato.” 意大利大使又在 12 月 6 日同帕切利会面，他告诉枢机自己已经听闻考夫林神父在美国煽动天主教徒反对制裁行动，他对此表示非常满意。ASV, AESS, pos. 430b, fasc. 362, 6. 145/146. 有关考夫林的故事以及他同圣座的关系，参见 Fogarty 2012。

44. 1935 年，费城大主教多尔蒂枢机抱怨说考夫林“已经超出了教会的控制”。他补充道，考夫林已经成为“无产阶级，尤其是那群犹太出身或者信奉社会主义或共产主义的乌合之众心目中的英雄”。考虑到考夫林的反犹倾向，这番评价显得非常奇怪。Fogarty 2012, pp. 108–110. 本书对考夫林的描述部分基于意大利驻华盛顿大使馆发给罗马的一份报告。ASMAE, AISS, b. 33, “Oggetto: Padre Coughlin,” 22 ottobre 1936.

45. Luconi 2000, pp. 11–12. 在意裔美国人群体中，支持埃塞俄比亚战争的态度非常普遍。1936 年 4 月，意大利驻罗德岛普罗维登斯的副领事身穿黑衫，发放了七百枚铁质婚戒。那座城市收到的金质婚戒捐赠实在是太多了，这位副领事后来又准备了四百多枚用于发放。Ceci 2012, pp. 95–96.

46. 转引自 Franzinelli 1995, pp. 311–312。

47. De Felice 1974, p. 761. 主教的这番话刊于 1935 年 12 月 19 日的《意大利人民报》。

48. De Rossi dell’ Arno 1954, pp. 69–70. 后一个月，文蒂米利亚（Ventimiglia）大主教在给他的教区妇女做演讲时，认为“意大利的敌人，其伟大和前途的敌人”是“俄国布尔什维克党人、共产党、国际共济会和英国新教”（pp. 105–108）。

49. ASV, AESI, pos. 967, vol. 2, 6. 187r–88v, Tacchi Venturi, “Relazione dell’udienza avutacol Capo del Governo,” 30 novembre 1935. 伦佐 · 德 · 费利切（1981, p. 291n85）总结道，墨索里尼能够认同一场“国际犹太”阴谋正针对他在埃塞俄比亚的战事，这其中很可能有

塔基·文图里的功劳。

50. ASV, AESI, pos. 967, vol. 2, 6. 257r–260r, Tacchi Venturi, “Relazione dell’udienza avutacon S.E. Mussolini,” 14 dicembre 1935.

第十七章　共同的敌人

1. 转引自 Franzinelli 1998, p. 137; Franzinelli 2008, p. 258。
2. ASV, AESI, pos. 967, vol. 5, f. 186r, “Memoria d’archivio,” 28 novembre 1935.
3. Brendon 2000, p. 426 459
4. ASV, ANI, pos. 23, fasc. 7, 6. 24r–27r, Borgongini a Pacelli, 18 dicembre 1935. 双方会面发生在墨索里尼发表这番言论的前一天。
5. ASV, AESI, pos. 967, vol. 5, f. 201r, “Istruzioni per Monsignor Roveda da impartire verbalmente ai vescovi d’Italia,” 30 novembre 1935.
6. 博洛尼亚大主教纳萨利·罗卡（Nasalli Rocca）枢机便是其中一位对此感到不安的人。“除了放弃我的金戒指令我不太高兴以外，”他致信帕切利，“这件事还显然没有更改的余地，我只能就祝福一事提出我的疑问。”帕切利把纳萨利的信带到教宗面前，他说教区神父可以为戒指祝福，但是枢机应该避免这种事情。ASV, AESI, pos. 967, vol. 5, ff. 217r–218r.
7. Ceci 2010, p. 97. 曼托瓦当地的报纸还刊登了主教的建议：“献给祖国就是献给天主！”公教进行会全国主席奥古斯托·奇里亚奇还大张旗鼓地将自己的金手表（这是公教进行会男性组织在其十周年纪念活动中送给他的）捐给了法西斯党主席阿契尔·斯塔拉切。Terhoeven 2006, p. 102. 更多的细节参见 Terhoeven 2006 and Ceci 2010, pp.94–101。
8. 教宗大约会对舒斯特感到不满，因为大主教不可以将圣所的圣物捐赠给国家，这种行为触犯了禁忌，教宗认为这不符合教会应当采取的立场。据警方的一位线人所言，梵蒂冈支持从民众处收集金戒指，而且“主教捐赠普通金制品也受到鼓励……但是捐献胸前十字架却受到反对……因为它具有神圣的意味”。ACS, MCPG, b. 172, informatore, 11 dicembre 1935.
9. Terhoeven 2006, pp. 102, 104, 105; Ceci 2012, p. 92. 诺比利（2008, pp. 271, 275–276）也给出了一些例子，伦巴第大区也有几位主教将金质圣物捐献给国家。曾有一张纪念信念之日的明信片十分流行，上面画着一双手，其中一只手正从另一只手上取下婚戒，而上方的空中则飘着身穿长袍、蓄有胡须、留着长发的耶稣，顶部有一行文字：“为了一桩圣洁的事业。”Falasca-Zamponi 1997, fig. 20.
10. 国王和王后带头将金饰放在罗马胜利纪念碑的无名烈士坟前。剧作家路易吉·皮兰德娄（Luigi Pirandello）捐出了诺贝尔金质奖章，意大利其他文化名流也有样学样。Milza 2000, p. 731.
11. Terhoeven 2006, pp. 118–119. 为了给当天的捐献仪式增添一些戏剧性效果，墨索里尼准备把《拉特兰条约》签订当日教宗送给他的金质纪念奖章捐出来。但是当他们查验这枚奖章时，却发现它的材质实际上是一种廉价金属，只是外面镀了一层金而已。这个情报在罗马的法西斯办公室引发了恐慌，他们焦急地讨论要不要将这一事实告诉墨索里尼。他们最后决定征求党主席斯塔拉切的意见，而他显然将此事告诉了领袖。Terhoeven 2006, p. 82.

12. 例如，都灵主教区周刊便发出警告，共济会正同布尔什维克党和新教徒合谋，“这一残暴的联盟要与意大利为敌，不仅要打倒意大利，还要打倒圣座和天主教会”。转引自 Reineri 1978, pp. 170–171。4 月 25 日，皮扎尔多再次提醒皮尼亚蒂，“一场犹太—共济会运动……以同样的方式对抗天主教和法西斯”。ASMAE, AISS, b. 81, fasc. 1, sf. 1, Pignatti, “Congresso dei ‘Senza Dio’ in Praga.”

13. 出于和美国相同的原因（遭到国内占大多数的新教徒的反对），加拿大并未和梵蒂冈建立正式的外交关系，因此也就没有相应的教宗大使。

14. ASV, AESI, pos. 967, vol. 5, ff. 129r–131r, Pizzardo a Monsignor Andrea Cassulo, delegato apostolico, Ottawa, 26 dicembre 1935; 出处同上, ff. 132r–134r, Cassulo a Pizzardo, 11 gennaio 1936。皮扎尔多在 2 月 1 日将驻加拿大领事的报告展示给皮尼亚蒂，迫切地想 460
要表明梵蒂冈在幕后做了多少工作，帮助墨索里尼赢得这场战争。他还提醒意大利大使，梵蒂冈早就给这位驻加拿大领事下达命令，要求加拿大“支持那些对我们有利的天主教徒运动”。当皮尼亚蒂向墨索里尼报告这次谈话时，他急匆匆地表示，领袖可能会对另一件事情感兴趣。渥太华的嘉布遣会领导人从埃塞俄比亚的同侪处收到一份报告，抱怨说他们试图为意大利的侵略战争赢得支持，却遭到“犹太人和共济会的反意宣传”的阻挠。DDI, series 8, vol. 3, n. 158, Pignatti a Mussolini, 1 febbraio 1936. 在收到驻加拿大领事这份报告的不久后，梵蒂冈国务卿又从渥太华收到了另一份报告，指出当地又一桩针对意大利和教会的阴谋，然而其幕后人物却令人感到惊讶。加拿大总理麦肯齐·金（Mackenzie King）“从拉帕洛的某位 E. 庞德（E. Pound）处”收到一封信，告诉他“制裁行动的幕后人物是一个国际犹太人团体，他们想要由此引发一场欧洲大战”。加拿大总理表示，在此之前，他从未考虑过犹太人在加拿大具有多大的影响力，但是获取这份情报之后，他会谨慎地研究这个问题。根据这份梵蒂冈文件，他开始相信“无论是在英国还是在美国，无论是在政府还是在公众舆论中，犹太人都具有非常强大的影响力”。ASV, AESI, pos. 967, vol. 2, f. 396r, “Appunto,” Roma, 4 febbraio 1936. 从加拿大总理的这份报告中，我们无法确知他有没有意识到这位 E. 庞德就是著名诗人埃兹拉·庞德（Ezra Pound）。

15. 来自意大利驻柏林大使的报告，复本则由外交部转发给意大利驻圣座大使馆。ASMAE, APSS, b. 27, fasc. 1, 9 dicembre 1935. 英国驻圣座大使也感到非常不满。他在发给伦敦的报告中写道：“这次的枢机任命所引发的一个后果在很多人看来都很遗憾……那便是它重新调整了教廷人员的国籍平衡，使得意大利大为受益。”他还补充道：“如果任何人还抱有残余的希望，认为下一任教宗将会出自意大利国外，那么他的这份希望如今可以彻底打消了。” H. Montgomery, Annual Report 1935, January 9, 1936, R 217/217/22, in Hachey 1972, p. 322–323, sections 161–164.

16. Montgomery, Annual Report 1935, sections 161–164, 347; MAEI, vol. 267, 61–63, Charles-Roux à Flandrin, 14 mars 1936. 在其谈及二十名新任枢机的报告中，皮尼亚蒂也注意到威斯敏斯特大主教的缺席非常惹人眼目，并认为这是由于这位大主教对意大利战事的批评以及对教宗的评头论足为梵蒂冈所不喜。ASMAE, APSS, b. 25, Pignatti al ministro degli affariesteri, “Concistoro,” telespresso n. 7748/26, 22 novembre 1935. 罗马教廷曾一度减少到只有四十九名枢机，在补充新鲜血液之后，离满员人数七十人只差了一个人。

17. ACS, MCPG, b. 172, Roma, 21 novembre 1935. 巴西政府派遣大使向帕切利提出抗议，表示巴西的天主教徒人数是美国的两倍，而枢机中竟然连一个巴西人都没有，却有四个美国人。帕切利回答说，他不会接受政府的传话要求，不会将其意见转达给教宗，因为教宗“有权不容抗争地保护他选择枢机的权力和自由，因此不容许任何人在这一事宜上表示‘失望’或提出任何‘请求’，也不允许国家之间相互攀比”。ASV, AESS, pos. 430b,

fasc.363, 6. 2/3, 3 gennaio 1936. 在这一次的任命中，教宗利用庞大的人数，悄悄地将一个很久之前他就想要提拔却又不想惹人耳目的人选塞了进去：卡恰 · 多米尼奥尼蒙席；早在教宗担任米兰大主教的时代，卡恰便是庇护的下属，而这位助手也确确实实在他身旁服侍了十三年之久，这一次他终于戴上了枢机帽。

18. 然而教宗没有告诉塔基 · 文图里，莱多霍夫斯基曾劝阻教宗，让他不要提拔这位特使。塔基 · 文图里在梵蒂冈的影响力日渐增长，甚至威胁到这位耶稣会总会长，这令他十分恼火，他不能容许这位耶稣会同侪获得如此崇高的地位。Martina 1996, pp. 103–108; 2003, pp. 271–272. 461

19. ACS, MI, PS, Polizia Politica, b. 210, informatore n. 35, Città del Vaticano, 26 novembre 1929. 线人比切 · 普佩斯基声称在前一晚同卡恰谈话时，直接听到他出言抱怨。

20. ACS, MI, PS, Polizia Politica, b. 210, informatore n. 52, Città del Vaticano, 21 ottobre 1930.

21. 出处同上，informatore n. 293, Città del Vaticano, 27 marzo 1931。卡恰将自己遭遇的坎坷怪罪到皮扎尔多头上，认为是他向教宗揭发了自己的丑行。1931 年夏天，当卡恰就公教进行会的领导事宜对皮扎尔多进行批评之后，他又遭遇了一连串的检举和揭发。皮扎尔多为了还击卡恰，又抖落出一件他的陈年往事，卡恰显然在性趣味上非常兼容并包（如果这次的揭发值得取信的话），他和城里的一位女店主育有一子。为了证实他的指控，皮扎尔多指出这个男孩的眼睛患有神经性痉挛，和卡恰一模一样。ACS, MI, PS, Polizia Politica, b. 210, informatore n. 40, Cittàdel Vaticano, 30 agosto 1931.

22. ACS, MI, PS, Polizia Politica, b. 210, informatore n. 40, Roma, 12 settembre 1933. 第二年，那位"梵蒂冈出名的线人"对教宗在罗马愈发低落的声望提出了证词，他表示大家都认为教宗"很不近人情"，尽管教宗有时候知道某些高级教士身体有恙，却从未表示过任何关心。ACS, MCPG, b. 158, luglio 1934.

23. 根据一位线人的报告，正是国务卿帕切利说服教宗提拔这位私生活混乱的蒙席。ACS, MI, PS, Polizia Politica, b. 210, informatore n. 40, Città del Vaticano, 12 agosto 1934.

24. ACS, MI, PS, Polizia Politica, b. 210, informatore n. 390, Milano, 15 ottobre 1934.

25. FRSCE, n. 350, Osborne to Halifax, June 21, 1938.

26. 教宗通过圣座驻意大利大使向墨索里尼提出了这个建议。皮尼亚蒂在 12 月 28 日致信墨索里尼，报告说自己最近一次去梵蒂冈国务院时，对方向他保证梵蒂冈正竭尽全力，鼓励爱尔兰和美国的天主教会游说民众，为埃塞俄比亚战争中的意大利说好话。一位梵蒂冈官员（很有可能是皮扎尔多）表示，爱尔兰天主教徒之所以在埃塞俄比亚战争中支持墨索里尼一方，是因为"英国新教徒的反战宣传，而他们觉得自己有必要站在相反的立场"。ASMAE, AISS, b. 56, Pignatti al ministro degli affair esteri, "Cattolici in Irlanda Stati Uniti e Canadà," n.8048/126.

27. 墨索里尼还让博尔贡吉尼告诉教宗，由于领袖破坏了共济会的会所，并且与天主教会签订和平共处的条约，共济会已经将他视作不共戴天的敌人。墨索里尼说道："他们首先要对我进行报复打击，然后他们才能对付教会。"但是"他们不会取得胜利"。SV, AESI, pos. 967, vol. 2, ff. 343r–346r, Borgongini, "Relazione dell'udienza avuta con S.E. Il Capo del Governo," 3 gennaio 1936.

28. 《考夫林痛斥国际联盟》,《拉丁顿每日新闻》, 1935 年 11 月 25 日，第 1 版。1935 年 11 月中旬，美国意大利联盟主席的一封信告知墨索里尼，考夫林具有非常重要的价值，而且美国天主教徒在反对制裁行动方面起到了非常积极的作用。ACS, MCPR, b. 21,

Casagrande di Villaviera, New York, a Dino Alfieri, 15 novembre 1935.

29. 乔治·赛尔迪斯（George Seldes）在 1935 年出版了墨索里尼传记《纸糊的恺撒》（*Sawdust Caesar*），对这位独裁者提出了诸多批评，杰勒德 · 弗朗西斯 · 耶茨（Gerard Francis Yates）曾为这本书撰写书评，他在结论处写道："无论是那些因为头脑迟钝的人，还是那些反感议会体制的喧嚣而希望独裁统治（法西斯抑或无产阶级）能够治愈国家病痛的人，都应该读读这本书。"《美国》54，n.16（January 25，1936），p. 382。

30. 《耶稣会新任领导人是个波兰人》，NYT, February 12, 1915, p. 11; Pagano 2009, pp.401–402n。

31. Von Bülow 2007, pp. 279–280. 耶稣会领导人手里掌握着非常大的权力，关于此事的另一处证据体现在如下事实：耶稣会总会长通常被称作"黑教宗"，这一意象不仅仅指耶稣 462
会简朴的黑色着装，还指两者形象的反差（至少那些具有阴谋论倾向的人是这么想的）：一边是圣洁的白教宗，一边是诡计多端的黑教宗。

32. Muñoz 1942, pp. 5–6.

33. 请读者们回忆一下，早在 1922 年 10 月，当《公教文明》主编恩里科 · 罗萨撰文攻击法西斯的时候，莱多霍夫斯基就曾经向罗萨表达他的不满。1929 年夏天，在刚刚签订《拉特兰条约》之后，教宗对墨索里尼非常恼火，这位耶稣会总会长便责怪罗萨，说是他为教宗的不满情绪煽风点火。根据一位秘密警察的报告，他打发罗萨前往西班牙参加教会年会，好让他不要待在罗马碍事，并且让教宗能够平息他的怒火。ASMAE, AISS, b. 2, "Roma, 12 agosto 1929," and "Roma, 7 agosto 1929.

34. 因为墨索里尼的要求而被解雇的人是耶稣会士威尔弗里德·帕森斯（Wilfrid Parsons, S.J.），他担任这份耶稣会周刊主编已达十一年之久。他将查尔斯 · 考夫林视作眼中钉。接替帕森斯职务的人是耶稣会士弗朗西斯 · 塔尔博特（Francis Talbot, S.J.），此人既是考夫林的拥趸，又特别鼓吹法西斯。Gallagher 2012.

35. 莱多霍夫斯基还进一步发出警告，表示英国外交部部长安东尼 · 艾登受到犹太人的指使，尤其是罗斯柴尔德家族。ASMAE, AISS, b. 102. 附有皮尼亚蒂签名的同一份报告的复本收于 ASMAE, APSS, b. 30。1936 年 5 月 12 日，世界天主教媒体展览会在梵蒂冈召开；开幕式过后，皮尼亚蒂遇见了莱多霍夫斯基，后者的心情非常愉悦，因为教宗在他的演讲中强调了共产主义的威胁。皮尼亚蒂在报告中写道："莱多霍夫斯基神父认为犹太人与布尔什维克的联盟是当世之恶的源头，并且对我们的文明造成了极大的威胁。"ASMAE, APSS, b. 33, fasc. 1, 13 maggio 1936.

36. De Felice 1974, p. 701.

37. Ventresca 2013, p. 104.

38. Mockler 2003, pp. 74–85.

39. Brendon 2000, p. 324. 2 月 7 日，博尔贡吉尼与领袖会面时，发现他"心情不佳"，正对法国发火。是的，英国也是意大利的敌人，他说道，然而法国与他们积怨更深，因为法国曾背叛过他们。由于左翼在近期选举中获胜，法国的新一届外交部"是那头叫曼德尔（Mandel）的猪在他的共济会会所里组建的，这家伙实际的名号是杰里波安 · 德 · 罗斯柴尔德（Jereboam de Rothschild），却管自己叫曼德尔。他是个犹太人，把自己出卖给了英国，那也是意大利不共戴天的敌人"。领袖继续咆哮道："整个政府由十三名共济会成员和三名犹太人组建。犹太共济会——《锡安长老会纪要》（*The Protocols of the Elders of Zion*）早就记载了，'甚至会令狗 [天主教徒] 堕落'——已经成功地将法国人都变成了白痴。” ASV, ANI, pos. 23, fasc. 8, 6. 4r–8r.

40. DDF, series 2, vol. 1, n. 447, Charles-Roux à Flandin, 17 mars 1936.

41. Milza 2000, pp. 726–727. 最法西斯的法西斯党人、号称天主教会灾难的罗伯托 · 法里纳奇也达成了他的心愿，加入了意大利部署在埃塞俄比亚的空军。他于 2 月抵达埃塞俄比亚，却没能在那里待上多久。在轰炸无力反击的部落民众的间隙，他跑到一个小湖边钓鱼。可是他又没有渔具，于是他和他的战友就决定用手榴弹炸鱼。也许是在与战友谈笑的时候分了心，他手握手榴弹太久，结果它在手里爆炸了。法里纳奇在几周后回到了意大利，受到了英雄式的欢迎，换了条更顺手的金属义肢。政府则放话说，这位英勇的领导人是在一场军事演习中受了伤。Fornari 1971, p. 161; Bottai 2001, p. 102.

42. Mockler 2003, pp. 133–142.

43. 那周晚些时候，夏尔—鲁在报告中写道，塔基·文图里跟独裁者是 ami personnel（私交）。DDF, series 2, vol. 2, n. 185, Charles-Roux à Flandrin, 8 mai 1936.

44. ACS, CR, b. 68, Tacchi Venturi a Mussolini, Roma, 6 maggio1936.

45. Ojetti 1939, pp. 116–120; Morgan 1941, pp. 188–191. 463

46. DDF, series 2, vol. 2, n. 287, Chambrun à Delbos, 10 juin 1936.

47. 《八十周岁临近，教宗放弃所有体育锻炼》，以及《梵蒂冈迎来多年以来最安静的复活节》，BG, April 13, 1936, p. 2.

48. ASMAE, APSS, b. 31, Mussolini a Ambasciata presso la Santa Sede, Roma, telegramma in partenza, 14 maggio 1936.

49. ASV, AESS, pos. 430b, fasc. 363, f. 57, “Il Ministro d’Inghilterra,” 15 maggio 1936.

50. DDI, series 8, vol. 4, n. 78, Pignatti a Mussolini, 19 maggio 1936. 皮尼亚蒂总结道：“我也会留意圣座的行动，确保（如果需要的话）它与总理的指示相一致。” DDF, series 2, vol. 2, n. 287, Chambrun à Delbos, ministre des affaires etrangères, 10 juin 1936.

51. De Felice 1974, pp. 756–757.

52. DDI, series 8, vol. 4, n. 40, Pignatti a Mussolini, 14 maggio 1936.

53. Navarra 2004, p. 86.

54. 转引自 De Felice 1974, p. 759。

55. 独裁者也在变得愈发不容置疑。任何妨碍到他的人都会被消灭掉。领袖在 1936 年 5 月告诉一位国外记者，意大利人需要音乐和旗帜的激励。“在听从纪律，得到指引之前，群众就像一群没有组织、十分散漫的动物，” 墨索里尼用起了他最喜欢的意象之一，“他们不需要知识，他们需要信仰，因为只有信仰能移动山峦……事实的真相在于，现代人向信仰臣服的倾向简直令人难以置信！” 转引自 De Felice 1974, p. 799。

56. Galeotti 2000, pp. 29–30.

第十八章 光荣之梦

1. Chiron 2006, p. 371.

2. 转引自帕切利的笔记，ASV, AESS, pos. 430a, fasc. 352, f. 81, 30 dicembre1935。关于电铃，

参见 Charles-Roux 1947, p. 13。

3. DGFP, C 4b, n. 482, Ambassador Bergen to Foreign Minister Neurath, Rome, January 4, 1936. 由于帕切利尤其不想惹怒希特勒，所以他总是很热心地帮德国大使解决问题。至于其他人，他偶尔也会发火。1935 年，荷兰国家社会主义党主席安东 · 米塞特（Anton Mussert）前来与帕切利会面；为了向梵蒂冈国务卿示好，他告诉帕切利有两大力量在有效地阻止布尔什维克党向欧洲进军：墨索里尼和希特勒。帕切利毫不客气地予以反驳，他简单粗暴地表示墨索里尼确实如此，然而他对希特勒却不抱有类似的好感。后来，当帕切利重述这次谈话时，他非常激动，脖子上的青筋都暴了出来。DDI, series 8, vol. 4, n. 316, Pignatti a Ciano, 19 giugno 1936.

4. DDF, series 2, vol. 3, n. 114, Charles-Roux à Delbos, ministre des affaires étrangères, 9 août 1936.

5. 在 8 月中旬的马德里，那些还没有遭到洗劫或烧毁的教堂都被“红军”占领了。Canosa 2009, pp. 63–69.

6. 西班牙政府采取了诸多举措，包括颁布新的法律对教会财产进行控制，将耶稣会士驱逐出境，并禁止宗教团体涉足公立教育领域。

7. Kent 1981, pp. 140–141.《罗马观察报》刊登过许多文章，对西班牙反教会运动的诸多方面表示悲叹。

8. 大使虽然承认“事态有些失控”，但是他辩称在很多情况下，反叛军都藏身教堂和修道院内，而军事叛变使得政府别无选择，只能给平民提供用于自卫的武装，由此造成了一些令枢机感到悲哀的局面。ASV, AESS, pos. 340b, fasc. 363, f. 102, appunti di Pacelli,12 agosto 464
1936. 另参见 Brendon 2000, pp. 374–375。几天后，帕切利从教宗驻马德里大使处收到一份报告。所有教堂都停止运转了，共和党部队占领了大主教的大本营（神学院）以及所有天主教报刊媒体。大主教已经躲到无人知晓的藏匿处，而神父也纷纷到亲戚朋友家避难，他们不得不常常搬家，避免“落到红军的手里”。许多神父都被当作人民公敌而遭到屠戮。其他人则锒铛入狱。著名的耶稣圣心碑已然遭到玷污和破坏。还有一些私人住宅在秘密地举行弥撒仪式，但是他们这么做冒着极大的风险。ASV, AESE, pos. 889, fasc. 263, ff. 30r–32r, Silvio Sericano, Madrid, 20 agosto 1936.

9. ASV, AESE, pos. 889, fasc. 264, ff. 74r–76r, Borgongini a Pacelli, 28 novembre 1936.

10. De Felice 1981, pp. 358–389.

11. De Felice 1981, pp. 390–391.

12. 10 月，沮丧而又疲惫的教宗告诉夏尔–鲁，墨索里尼在与英法两国的战争边缘游戏（译注：通过将危险事件推向武装冲突的边缘而赢得战略优势的行为）中威胁要将意大利的命运和德国绑在一起，他认为这是在玩火自焚。MAESS, 38, 28–34, Charles-Roux à Delbos, ministre des affaires étrangères, 22 octobre 1936.

13. Micheler 2005, pp. 113–114. 愤怒的帕切利告诉意大利大使，如果耶稣会士因此走上法庭，将会在教会产生巨大反响，由此“撼动整个德国”。DDI, series 8, vol. 4, n. 613, Pignatti a Ciano, 24 luglio 1936. 教宗希望墨索里尼能代表耶稣会介入调停。帕切利枢机刚刚同皮尼亚蒂会面，第二天又将他喊来，让他传达自己刚刚从教宗处得到的指示：墨索里尼切不可提到自己是受教宗所托。DDI, series 8, vol. 4, n. 636, Pignatti a Ciano, 27 luglio 1936. 之后的那个月，意大利驻柏林大使在罗马的指示下代表奥地利修女以及耶稣会士提出申诉，帕切利对此表示感谢。DDI, series 8, vol. 5, n. 150, L’Incaricato d’affari presso la Santa

Sede, Cassinis, a Ciano, 2 ottobre 1936.

14. 格兰迪（1985, pp. 410–411）写道：齐亚诺“在德国人手里就是个可以随便使唤的工具”。参见 Innocenti 1992, pp. 14–16; Moseley 1999, pp. 4–9; Morgan 1941, p. 265; De Felice 1974, p. 804; Brendon 2000, p. 559。格兰迪的评语要谨慎对待，毕竟他认为齐亚诺取代自己成了墨索里尼眼中的红人。关于两人之间的冲突，参见伦佐·德·费利切为齐亚诺（2002, p. xiv）日记撰写的前言。

15. Rauscher 2004, p. 220.

16. 后来，美国记者托马斯·摩根（1941, p. 265）对齐亚诺有过一番描述：“当他开始变胖的时候（这可是个危险的预兆，因为他父母的体重都相当可观），他采用了领袖只吃鱼禽和水果的饮食方案。”

17. Milza 2000, p. 737. 然而菲利普斯（1952, p. 188）观察到，齐亚诺实在难以服众，因为“想让他保持几分钟的注意力都非常困难”，他的眼睛时刻都在注意周围有没有美女。意大利驻德国大使的妻子伊丽莎白·翟录第（Elisabetta Cerruti）对此有一番精彩的描述：“尽管他并不好看，就他的年龄来说太过肥胖，气色也不健康，他却有某种未经雕琢的英气，认为女士对他全无抵抗之力……即便是最漂亮的女人都要公然追求他，互相争风吃醋，只为他的一个笑颜。此类场景实在令人不忍直视。”转引自 Moseley 1999, p. 30。

18. Phillips 1952, pp. 189–191.

19. 转引自 De Felice 1981, p. 273。

20. Bottai 2001, pp. 109–110.

21. Baratter 2008.

22. 朱塞佩·巴斯蒂亚尼尼（Giuseppe Bastianini）对这番仪式的生动描述转引自 De Felice 1981, p. 283。

23. Navarra 2004, pp. 64–65, 97.

24. 在意大利，对领袖的信仰开始同对耶稣基督的信仰形成抗衡的态势。例如，阿斯科利皮 465
切诺的法西斯政府在其杂志《战吼》（*Eja*，1936 年 8 月 22 日）中建议：“永远要心怀信仰。心怀你奉献给墨索里尼的信仰，因为这份信仰非常神圣……经过领袖确认的均为真理。任何人不得妄议领袖的话语……在每天早上向天主念诵‘信经’之后，我们也要向墨索里尼念诵‘信经’。”转引自 Gentile 1993, p. 127。

25. Bottai 2001, p. 115; De Felice 1981, p. 267.

26. 仅 1938 年，她就写满了 1 810 页活页纸。她和墨索里尼通电话的记述非常详细，故而当意大利国家档案局的监察长审视这些文件时，他怀疑她曾经给电话安装过录音设备。Petacci 2010, p. 5; Festorazzi 2012, p. 308.

27. Milza 2000, p. 528; Monelli 1953, pp. 153–156; Petacci 2011, p. 423.

28. 此处的部分观点最早见于德·费利切的著作（1981, p. 277）。

29. 美国教会的重要性越来越大，但是罗马依然需要一些时间来适应这种变化，因为长久以来，圣座都将美国看作是一潭死水。几十年前，美国教会同梵蒂冈的事务还不像那些欧洲国家一样由国务院负责处理，而是由传信部管辖，这个圣部下辖的区域主要是亚洲和非洲，教会在这些偏远地区肩负着传教的任务，还远远没有在当地扎根立足。然而到 20 世纪 30 年代，美国已经确立了自身的地位，它不仅是罗马天主教的一个重要且繁荣的中心，同时还是圣座最大的经济来源。Pollard 2012.

30. 阿纳尔多·科特西，《教宗国务卿来访；意图如何在罗马引起猜测》，NYT, October 1, 1936, p. 1；科特西，《据称帕切利出于反共目的向美国寻求援助》，NYT, October 2, 1936, p. 1。关于此次访问的动机有许多传闻，而意大利驻华盛顿大使馆将这些传闻都报告给齐亚诺，提及连梵蒂冈宗座代表也非常吃惊、困惑，对此次访问有些警觉。DDI, series 8, vol. 5, n. 151, L'Incaricato d'affari a Washington, Rossi Longhi, al ministro degli esteri, Ciano, 3 ottobre 1936；以及出处同上，n. 160, Rossi Longhi a Ciano, 6 ottobre 1936。皮尼亚蒂推测帕切利有当教宗的野心，关于这方面的信息参见 DDI, series 8, vol. 5, n. 170, Pignatti a Ciano, 7 ottobre 1936。1934 年 11 月，帕切利曾代表教宗出席布宜诺斯艾利斯的国际圣体大会，他在那里吸引了大批民众。回来的路上，他停靠巴西，用葡萄牙语在巴西国会和最高法院发表了演说。Blet 1996, p. 202.

31. 授予帕切利名誉学位的学校包括：乔治城大学（《帕切利推进世界和平，为多人祝福》，WP, October 23, 1936, p. 1），福坦莫大学，以及圣母大学（《教宗助手获圣母大学名誉学位》，NYT, October 26, 1936, p. 18）。

32. 考夫林的政党（全国社会正义联盟）就有一名与罗斯福（这位神父则称呼他为“富兰克林·叛徒·罗斯福”）竞选的候选人。Fogarty 2012, p. 110.

33. 9 月，考夫林呼吁用“子弹”对付总统（后来遭遇舆论压力，他为此道歉），并进而表示罗斯福是个亲共的“独裁者”。达莱西奥（2012, pp. 133–134）引用了两封由奇科尼亚尼（Cicognani）写给帕切利的信件，分别写于 10 月 9 日和 10 日。

34. 约瑟夫·肯尼迪（Joseph Kennedy，一位天主教商业大亨，以及未来总统的父亲）帮忙安排了这次会面。帕切利对共产主义威胁的忧虑很有可能因为他对西班牙内战的关注而变得愈发强烈。罗斯福在海德公园的一场晚宴上向弗洛伦斯·克尔（Florence Kerr）讲述了这次会面，转引自 Gallagher 2008, pp. 87–88。

35. Gannon 1962, pp. 106–116; Fogarty 2012, p. 115; and D'Alessio 2012, pp. 131–135 均审视了帕切利的这趟美国之旅。帕斯科利娜修女曾在两年前陪伴帕切利前往布宜诺斯艾利斯， 466
这次她则陪他去了美国。然而出于礼节问题的考量，她此行乘坐了另一艘船，并且没有在人前露面。Schad 2008, pp. 81–87.

36. ASMAE, APSS, b. 36, Ciano al ministero dell'interno, telespresso n. 691938, 7 dicembre 1936; Falconi 1967, p. 226; Confalonieri 1957, pp. 334–338.

37. Baudrillart 1996, p. 364 (6 décembre 1936). 教宗的老朋友阿戈斯蒂诺·杰梅利亲自给教宗做过心电图后，便常常来探望他。Venini 2004, p. 201. 据拉扎里尼（1937, pp. 142–143）记载，并没有人从杰梅利神父口中听闻，教宗对食物有任何怨言。但是杰梅利曾用米兰方言问过教宗，是否需要他为教宗做一顿饭，教宗的双眼里立即有了神采。据说杰梅利不仅是一位出色的医生，还是一位妙手厨师。他在附近找了一间厨房，回来时手里端着一盘放了藏红花，并且嚼劲十足的米兰风味意大利烩饭。教宗一边愉快地吃下这盘烩饭，一边说道：“还是家乡的菜肴最为可口。”

38. 塔尔迪尼在帕切利的教宗会面记录页边写下了这些病床前公事的情况。ASV, AESS, b. 560, fasc. 592, f. 16r, 9 dicembre 1937.

39. 韦尼尼（2004, pp. 182–187）和博德里亚（1996, pp. 364, 371, 378–379）都曾在日记中写过这些事情。

40. CC 1937 I, pp. 182–183; OR, 4–5 gennaio 1937. 英国大使记录了梵蒂冈发布的所有早期健康状况报告：D. G. Osborne, Annual Report 1936, January 1, 1937, R 57/57/22, in Hachey 1972, p. 365, section 101。

41. Confalonieri 1957, pp. 349–350.

第十九章　讨伐希特勒

1. ACS, MCPG, b. 172, ff. 57–59, 28 gennaio 1937.
2. 用皮尼亚蒂的话来说，“德国枢机、一大部分北美枢机和英国枢机，以及几乎全部法国枢机都不会给认同法西斯政权的候选人投票”。DDI, series 8, vol. 6, n. 456. 法国大使夏尔—鲁在 3 月中旬发给巴黎的报告中回忆道，自从 1931 年因为公教进行会而发生的那场“短暂却激烈”的冲突后，圣座与法西斯国的关系就一直很平稳，因为梵蒂冈官员“除了个别例外，几乎都是意大利人”，而意大利神职人员几乎万众一心地热衷于支持墨索里尼。MAEI, vol. 267, 78–79, Charles-Roux à Ministre des Affaires Étrangères, 19 mars 1937. 在这份长篇报告中，夏尔—鲁用很大一部分篇幅，谈论了枢机团以及圣座行政人员和外交人员的国际化问题，希望梵蒂冈能从意大利人的压倒性支配中解脱出来。关于德国的天主教媒体，参见 Conway 1968, p. 171。
3. 正如往年在圣彼得大教堂举行的复活节弥撒，驻梵蒂冈的各国大使几乎全部到场，只有德国驻圣座大使因为抵制这一仪式而缺席。Baudrillart 1996, pp. 456, 464–465 (22 mars 1937; 28 mars 1937)；《教宗在圣彼得大教堂落泪》，BG, March 29, 1937, p. 1。
4. Confalonieri 1957, pp. 367–368; Venini 2004, pp. 203, 208–209; Chiron 2006, p. 414.
5. 出自阿斯维洛 · 格拉韦利（Asvero Gravelli），转引自 Bosworth 2002, p. 339。
6. MAEI, vol. 70, 64–70, Charles-Roux à Delbos, ministre des affaires étrangères, 17 mars 1937.
7. 他写道，在美国，“人们普遍对纳粹党怀有厌恶之情，而犹太人（他们在媒体、政坛以及金融业都占据了重要的地位）自然就对此加以利用”。DDI, series 8, vol. 6, n. 126, Suvich a Ciano, 4 febbraio 1937.
8. Luconi 2004, p. 159. 米兰大主教区（意大利最重要的大主教区）领袖舒斯特枢机的案例最能够代表教会对法西斯政权强烈、高度的支持。舒斯特在想尽办法煽动教众支持埃塞俄比亚战争之后，又在次年培养同米兰法西斯党的密切关系。1937 年 1 月，米兰法西斯党领 467
袖以党的名义给他颁发了一枚奖章，而当地民众认为，本市的法西斯领导人在做出任何重大决定之前都会征求这位枢机的意见。ACS, MI, FP “Schuster,” Milano 7 gennaio 1937. 2 月，在一场听众包含米兰法西斯高层以及军方领导人的演讲中，舒斯特再一次称赞墨索里尼是天主的使者，并将他比作君士坦丁大帝（第一位皈依基督教的罗马皇帝）。ACS, MI, FP “Schuster,” Milano, 27 febbraio 1937.
9. 对墨索里尼的采访刊登在 1937 年 1 月 19 日的《人民观察家报》头版。美国驻德国大使威廉 · 多德（William Dodd）节选了部分文章，翻译成英文发给国务卿，NARA, LM192, reel 6, January 23, 1937, no. 3265。
10. ASV, AESI, pos. 855, fasc. 551, ff. 38r–39v, Tacchi Venturi a Pio XI, 2 marzo 1937.
11. Godman 2004, pp. 133–154. 在《极度关切》发表的一周前，教宗还发表了一篇谴责共产主义的通谕，即《赎世主》。
12. 历史学家彼得 · 戈德曼（Peter Godman）写道：为了同希特勒和平共处，“教宗绝不会采用宗教裁判所准备的版本，不对种族主义、人权以及相关问题作直接和详细的批评。庇护十一世强调他希望‘与德国重新建立真正的和平关系’，于是他便在宗教事务协约的祭坛上牺牲掉了罗马本该在 1937 年对纳粹发起的总攻。Godman 2004, pp. 146–147. 这篇通谕的官方英文和德文版译文收于 www.vatican.va。意大利文版译文收于 CC 1937 II, pp. 216–230。

13. Godman 2004, p. 149; Fattorini 2007, p. 132.

14. 奥尔塞尼戈在写给帕切利的信中谈及柏林主教和布雷斯劳大主教烧毁档案的决定，而其他德国主教因此询问是否应该照做，他回答说他们应该自行作出判断。在奥尔塞尼戈来信的边缘，帕切利写下了一行字："圣父认为这种回答太弱了……他指示，你应该回答说他们**毫无疑问**应该烧毁所有可能引发问题的文件。"转引自 Fattorini 2011, pp. 123, 236n；强调符号为帕切利原文所有。

15. 皮尼亚蒂传达了这一消息；他的记载没有明示这段话由帕切利转述，只是对此有所暗示："圣座不希望意大利媒体在评论这篇通谕时强调它反映梵蒂冈反对纳粹主义。"ASMAE, APSS, b. 35, Ministero degli Affari Esteri, "Appunto."

16. 皮尼亚蒂谈及他经常能够见到的帕切利时，表示这位梵蒂冈国务卿"不想令双方的关系破裂，并且近来十分振奋，因为他发现另一方也犹豫是否要将冲突推向更激烈的程度"。ASMAE, AISS, b. 67, fasc. 9, Pignatti a Ciano, "Le tre Encicliche Pasquali," 1 aprile 1937. 意大利代办在次日写给齐亚诺的报告中分析了德国方面对这篇通谕的反应。DDI, series 8, vol. 6, n. 388, Magistrati a Ciano, Berlino, 2 aprile 1937. 4 月 17 日，齐亚诺在写给意大利驻柏林大使的报告中，提及帕切利枢机不希望希特勒将这篇通谕看作是对纳粹主义的讨伐；他附上了皮尼亚蒂的报告复本，详细记录了皮尼亚蒂同帕切利的谈话内容。齐亚诺评论道，德国各位主教给教宗施加压力，令他准备了这篇通谕，而教宗在据此行动时"没有充分考虑到可能引发的后果"。墨索里尼和他的女婿最担心的后果便是，教宗对纳粹党人的谴责会令他们与第三帝国进一步结盟的计划受到影响。但是他们仍然相信教宗是支持墨索里尼的，并且教宗会抵制那些国外教会人员的意见，这些人一直希望庇护能够将法西斯主义和纳粹主义放在一起批评。正如皮尼亚蒂所言："我从一位权威人士处获知，教宗身边的一些顾问希望通谕能够批判所有极权政府。然而庇护十一世排除了这些建言。"

在齐亚诺寄往柏林的信中，皮尼亚蒂的报告写道："国务卿枢机没有特地要求阁下介入柏林的这一事件，但是他也没有向我隐瞒他的愿望，圣座在这个时间段需要我们的帮助，避免双方关系的破裂，并且令事情得到迅速的调解。"然后齐亚诺直截了当地告 468
诉驻柏林大使："我祈祷阁下能够权衡这次机会，在国务卿枢机建议的范畴和意义内，在德国政府处开展一定行动。"ASMAE, APG, b. 38, Ciano a Regia Ambasciata, Berlino, telegramma in partenza n. 740, 7 aprile 1937. 在《波士顿环球报》的报道中，领袖敦促希特勒不要因为这篇通谕而冒险同梵蒂冈断绝关系；但是这则报道有一处奇怪的地方，因为是塔基 · 文图里"将意大利总理的调停恳求传达给希特勒"。《领袖出手调停纳粹与梵蒂冈争端》, BG, April 16, 1937, p. 11。舍诺（2005）提供了大量证据，表明帕切利枢机在这个阶段"从未停止强调同一个信息"，即《极度关切》没有谴责纳粹国家或纳粹党的意味，并且"与德国政府寻求权宜之计仍然是圣座对德政策的主要目标"（p. 264）。4 月 30 日，帕切利给柏尔根寄去一封长信，拒绝德国政府对这篇通谕做出具有敌意的解释。DGFP, series D, vol. 1b, n. 649.

17. DGFP, series D, vol. 1b, n. 650, "Memorandum by the Foreign Minister, Baron von Neurath," Rome, May 4, 1937.

18. 《领袖与赫尔 · 弗兰克的对话，威尼斯宫》, 1936 年 9 月 23 日，转引自 Muggeridge 1948,

pp. 47–48。

19.《芒德莱恩就教会受到的冲击对希特勒发起抨击》, CDT, May 19, 1937, p. 7。

20. 芒德莱恩生于纽约，长于纽约，他的父亲出身德国家庭，母亲则是个爱尔兰裔美国人。他在 1914 年被委任芝加哥大主教一职，时年仅仅四十二岁。他曾在 1924 年前往罗马领受枢机帽，也曾因其他场合前往这座不朽之城。芒德莱恩与教宗十分熟络，庇护对他源源不断地从芝加哥带来的经济援助感到满意。芒德莱恩还同富兰克林 · 罗斯福有私交，自从罗斯福在 1933 年担任美国总统起，芒德莱恩就公开对他表示支持。1934 年，在前往罗马的路上，芒德莱恩在海德公园拜访了总统。在接下来的几年里，他还会定期拜访罗斯福。罗斯福认为，芒德莱恩（美国枢机中只有他位于美国东北部以外的地区）在他获取天主教支持的事宜上具有非常重要的作用。Kantowicz 1983, pp. 220–236.

21. 芒德莱恩的这番讲话内容由德国外交部传达给德国驻圣座大使。DGFP, series D, vol. 1c, n. 652, 21 maggio 1937. 帕切利要求芒德莱恩对讲话内容做出解释，后者致信梵蒂冈驻华盛顿宗座代表："这一次，我实在被每天在媒体上重复的所谓发生在德国的道德审判案所激怒……所以我仓促地写下了当时脑海里闪过的内容，然后把写下的东西交给了诸位神父。"转引自 Trisco 2012, p. 159。这些审判案始于 1935 年，1936 年因柏林奥运会而中断，并在希特勒的命令下于 1937 年 4 月 7 日得以恢复；待到芒德莱恩发表讲话内容的时候，这些审判案已经在德国造成了巨大的影响。数百名天主教神父以及宗教团体人士走上了审判席，被指控发生"不自然的性关系"或者诱奸儿童。报纸的头版头条对天主教神职人员和"那些身穿教士服、玷污青年的家伙"的"道德堕落"做出警示。神父和修士受到中伤，媒体表示他们利用职务之便，将儿童带入"不自然的通奸关系"。考虑到德国政府一直都试图终结天主教会对自身势力范围内教育和青年活动的控制，这场宣传运动对于纳粹来说具有重大的价值。German foreign ministry to the German embassy to the Holy See, DGFP, series D, vol. 1b, n. 642, 7 aprile 1937; Trisco 2012, p. 153; Micheler 2005, pp. 113–114. 历史学家几乎异口同声地认为，这些审判案是纳粹政府迫害天主教会的证据，也是纳粹憎恶同性恋的证据。Micheler 2005, p. 113. 纳粹确然既迫害天主教会又 469
憎恶同性恋，但是这些遭受指控的行径到底有多少事实根据并没有得到系统的研究。

22. DGFP, series D, vol. 1c, n. 655, Bergen to the German foreign minister, Vatican, May 25, 1937; 出处同上，n. 657, Bergen to the German foreign minister, Vatican, May 26, 1937; 出处同上，n. 658, Neurath to the German embassy to the Holy See, May 27, 1937。

    在芒德莱恩枢机发表那番讲话的两周前，芝加哥的意大利总领事曾拜访过他。在友善的谈话中，大主教表达了"对领袖以及法西斯主义的钦慕，声称当今的意大利乃是一个教会能够真正倚仗的国家"。在回答总领事的问题时，芒德莱恩承认部分美国天主教神父听信了反法西斯的宣传，但他保证这些人的数量并不多。ASMAE, APSS, b. 35, "Visita del R. Console Generale in Chicago al Cardinale Mundelein," telespresso 215383, 8 maggio 1937.

23. 帕切利将这些想法告诉了法国枢机博德里亚。Bauldrillart 1996, p. 476 (7 avril 1937).

24.《教宗的声音同健康状况一起下滑》, NYT, May 19, 1937, p. 9；《教宗在八十周岁生日遇挫》, NYT, June 1, 1937, p. 25。一位线人在谈及教宗挥之不去的病情时，认为他"比平日更易怒、更阴沉"。ACS, MCPG, b. 172, fasc. 23, informatore, 15 maggio 1937.

25. Baudrillart 1996 p. 536 (21 juin 1937).

26. 墨索里尼将这些意见告诉了塔基 · 文图里。ARSI, TV, b. 25, fasc. 1950, Tacchi Venturi a Pizzardo, 31 maggio 1937.

27. Fattorini 2007, p. 95. 1936 年 12 月，帕切利代表梵蒂冈对佛朗哥表示支持，他希望大元帅能够取得“迅速且全面的”胜利。出处同上，p. 96。

28. 卡洛 · 罗塞利的兄弟内洛（Nello）当时不巧正拜访卡洛，因此也在袭击中遇害。墨索里尼很有可能知晓并许可了这次刺杀行动，尽管我们目前尚未掌握任何证据。德 · 费利切（1981, pp. 420–421）在讨论这起谋杀案时也承认墨索里尼很可能批准了此次行动，但他也提出，墨索里尼有可能在事后才获知此事。我认为这种可能性很低。关于这三起刺杀案，参见 Mack Smith 1983, p. 8。

29. “在罗马，人们认为 [皮扎尔多所占据的] 主导作用将会在教宗过世后结束。他尽管办事勤恳，但是据他们说，无论是在天资抑或眼界上，他都不配担任他的职务。”一位警方线人报告说，在病重的教宗前往冈多菲堡休憩期间，皮扎尔多才是梵蒂冈“真正的头目”。ACS, MCPG, b. 172.

30. 他尤其要求加强结束语的赞美力度。皮扎尔多在谈及梵蒂冈和法西斯政权在过去几年间的摩擦时，应该去掉“显著”一词：双方根本没有发生任何摩擦，无论是显著的或者不那么显著的。他想要更改的第二处是将“[梵蒂冈和墨索里尼双方] 甚至还常常进行成果丰硕的合作”替换为“双方高层已经将彼此成果丰硕的合作变成一种常态”。

31. 那份杂志是天主教周报《碑铭》（*The Tablet*），而那篇文章的作者希拉里·卡彭特（Hilary Carpenter）神父是牛津黑衣修士修道院的道明会长老。ASV, AESS, pos. 555, fasc. 588, 3r, ff. 5r, 23r–43r. 这份文件还包括卡彭特臣服于教会高层要求的回信，表示他会刊文撤回自己的反法西斯观点。这位修士的文章撤回公告发表在 8 月 7 日的《碑铭》上。“教会高层告知我犯了如下错误，我不应将法西斯和纳粹相提并论，仿佛二者应当受到同样的谴责……自 1931 年的宗教事务协约以来 [原文如此]，教会高层和意大利政府不仅再也没有任何摩擦，并且在极大程度上达成了成果丰硕的合作，我原先学养不够，未能领会上述观点，恳求读者诸君允许我在此予以更正。”转引自 Chadwick 1986, pp. 12–13。

32. 精神状况不那么稳定，有时会突然发作的丰唐热跟踪法国驻意大利大使夏尔 · 德 · 尚布伦（Charles de Chambrun），一直来到巴黎北站。她在那里举起一把左轮手枪，朝他开了两枪。幸运的是，她的刺杀技术没有其他手艺那么精练，只让他受了轻伤。Tronel 2007; De Felice 1974, p. 303n1.

33. 玛格达·丰唐热，《我与墨索里尼的情事》（此处标题与正文中的标题不符，不知何故），《自 470
由》，1940 年 8 月 17 日，第二部分，第 40 页。文章描写的时间段是 1936 年 4 月。

34. 转引自 De Felice 1981, p. 276n41。1927 年，墨索里尼在给姐姐的信中写道，最近因为胃疼，他基本上只能吃流质食物，不过他进一步说道：“因为暴食的原罪从来都不是我的弱点，所以禁食对我来说无关紧要。”E. Mussolini 1957, p. 121. 墨索里尼到底将多少肉体奉献给魔鬼，他的各位传记作者（尽管对性不敏感的作者可能会忽略这个问题）对此有所争论。其中比较极端的有尼古拉斯 · 法雷尔（Nicholas Farrell），在他写于 2000 年的传记《墨索里尼：新生》（*Mussolini: A New Life*，转引自 Baima Bollone 2007, pp. 118–119）中，他估计墨索里尼同五千名女性发生过性关系，即便他是一匹种马，这个数字也已经非常高了。其他估算数字似乎看起来准确一些，杜伊利奥 · 苏斯梅尔（Duilio Susmel，转引自 Cannistraro and Sullivan 1993, p. 602n）统计出一百六十九位情妇。

35. 当地教区神父听说这位贵客的来访，连忙赶到海边的节庆场地。墨索里尼见到这位身穿教士服的人，第一反应是觉得他会对舞会嗤之以鼻，于是便向他保证这些舞蹈无伤大雅。然而这位神父却另有想法，他邀请墨索里尼参观了他的教堂，并向他指出教堂的管风琴已经年久失修。慷慨的独裁者递给神父一大把钞票，用于管风琴急需的维修，神父的脸上因此堆满了笑容。Bottai 2001, pp. 119–120 (4 settembre 1937).

第二十章　领袖万岁！

1. “反对柏林就拉拢不了罗马，反对罗马也拉拢不了柏林！”领袖宣称道（Rauscher 2004, p. 224）。他出访德国时重申了这句话。DGFP, series C, vol. 6b, n. 568, Hassell to Weizsäcker, October 7, 1937.
2. 希特勒对齐亚诺发表这番言论的日期是 10 月 24 日。Kershaw 2000, p. 25.
3. Milza 2000, p. 754.
4. Caviglia 2009, pp. 204–205.
5. Rauscher 2004, p. 226.
6. 9 月 17 日，皮尼亚蒂同帕切利枢机会面，后者要求大使敦促墨索里尼，让希特勒改进德国政府同天主教会的关系。ASMAE, APG, b. 47, Pignatti a Ciano, “S. Sede e Reich,” 17 settembre 1937. 这番谈话内容泄露了出来，成了 9 月 23 日《芝加哥每日论坛报》第二版的头条：《领袖将代表教宗同希特勒协商教会冲突问题》。
7. “如果圣座希望墨索里尼的这趟德国之旅也能为教会谋得好处，那么梵蒂冈最好打消这个念头，因为墨索里尼对我方与梵蒂冈的关系问题闭口不谈。”DGFP, series D, vol. 1d, n. 682.
8. Baudrillart 1996, pp. 624–625 (1 octobre 1937).
9. ASMAE, APSS, b. 34, Pignatti a regio ministero degli affari esteri, telespresso, 4 ottobre 1937. 皮尼亚蒂引自 M. 巴尔贝拉（M. Barbera）发表在 CC, quaderno 2095 上的文章。教宗依旧同墨索里尼保持良好的关系。双方开展了许多合作，其中一个迹象便是圣彼得广场外一个庞大建设项目的开工。一年前，墨索里尼宣布用这个项目纪念《拉特兰条约》，它将把台伯河和圣彼得大教堂之间两条窄街上人口稠密的建筑、街道和教堂统统拆毁，代之以宽阔的大道，名叫和解大道。建设项目在获得教宗首肯之后才得以开工，而墨索里尼 471
从德国返回后不久，教宗还亲自视察了项目。Insolera 1976, pp. 130–131; Painter 2005, pp. 68–70.
10. 皮扎尔多将教宗的意思转达给意大利代办，而后者在转达给齐亚诺时还补充了另外一个顾虑：“意大利将面临如下风险，以后选出来的教宗在脾气上可能会跟拉蒂教宗很不一样。”DDI, series 8, vol. 7, n. 424, Venturini a Ciano, 12 ottobre 1937. 齐亚诺命人将自己的指示寄送给意大利驻德国大使。ASMAE, APG, “S. Sede Reich e Fascismo,” 14 ottobre 1937.
11. 12 月下旬，正值教宗每年接见各国大使的日子，皮尼亚蒂在教宗办公室外等候时告诉夏尔–鲁，教宗依然对墨索里尼贸然访问柏林感到“愤怒”。DDF, series 2, vol. 7, n. 393, Charles-Roux à Delbos, 29 décembre 1937.
12. 蒂斯朗这番言论的听众乃是法国大使。DDF, series 2, vol. 7, n. 393, Charles-Roux à Delbos, ministre des affaires étrangères, 29 décembre 1937.
13. 这番讲话也得到了意大利媒体的报道。教宗驻意大利大使的档案中有一张剪报：《庇护十一世对教廷的讲话》，剪自 1937 年 12 月 25 日的《罗马人报》，ASV, ANI, b. 24, fasc. 14, f. 20r。几天后，当教宗接见意大利大使时，尽管他好像更加消瘦，头脑却依然敏锐如初，在他们短短五分钟的圣诞问候中，庇护还是找出机会告诉他，“你没法指望从德国那里获得任何好处”。ASMAE, AISS, b. 115, Pignatti a Ciano, 28 dicembre 1937.

14. DDF, series 2, vol. 7, n. 374, Charles-Roux à Delbos, 20 décembre 1937; Baudrillart 1996, p. 703 (28 décembre 1937).

15. Baudrillart 1996, p. 731 (17 janvier 1938). 西班牙大使透露了德国外交办公室负责人恩斯特 · 冯 · 魏茨泽克的观点：“帕切利完全无法制衡庇护十一世，因为他完全没有意志力和个性。” Rhodes 1974, pp. 222–223.

16. De Felice 1974, p. 299; De Felice 1981, p. 280; Deakin 2000; Innocenti 1992, p. 169.

17. “我们处于同英法开战的前夕，”布法里尼告诉他，“政府必须确保国家的团结。因此政府不能容忍年轻的天主教徒到处去说意大利同德国的结盟是违反自然的。” ASV, ANI, pos. 24, fasc.14, ff. 6r–11r. Borgongini a Pacelli, 31 dicembre 1937.

18. 齐亚诺补充道，梵蒂冈和法国政府（自 1936 年起，法国政府就落入了社会主义和共产主义的人民阵线的手里）的关系似乎在回暖，这种迹象也令墨索里尼感到不快；法国在纳粹德国和法西斯意大利眼里都是难以和解的仇敌。齐亚诺告诉大使，在西班牙，德国的飞机和军人与意大利人并肩作战，“为天主教会抵御红色西班牙”，而后者的武装来自法国政府。博尔贡吉尼在回答中向齐亚诺指出，意大利政府在 1929 年同教会签订的条约为政府带来了“大量好处，尤其是在埃塞俄比亚战争中，而且最重要的是，它提升了意大利人的国际声望”。齐亚诺没有反驳他，并答应第二天同领袖谈谈，看看能够做些什么。博尔贡吉尼提出，如果他直接去见领袖有所助益的话，他很愿意去，但是齐亚诺反对这个意见。齐亚诺和博尔贡吉尼都明白，墨索里尼觉得和塔基 · 文图里打交道更有利可图，然而两人都没有提及这一层面。ASV, ANI, pos. 24, fasc. 14, ff. 53r–58r., Borgongini a Pacelli, 4 gennaio 1938.

19. 一封后续信件（一周后发出）对诸位神父提出警告，如果他们拒绝参加，他们的缺席将被“误解”。这两封信的抬头都是“粮食和农场神父全国竞赛”，收于梵蒂冈档案 ASV, AESI, pos. 1044, fasc. 722, ff. 60r–61r and 48r–48v。

20. ASV, AESI, pos. 1044, fasc. 722, f. 45r, Francesco Niccoli, vescovo di Colle, a Mons. Domenico Tardini, Sostituito per gli Affari Ordinari, Segreteria di Stato, 16 dicembre 1937.

21. 在做出最终决定之前，教宗还要先联络乌迪内大主教，因为邀请函宣称他将担任这场活
动的主要发言人；教宗想知道他为何答应扮演如此显眼的角色。帕切利将教宗的要求转 472
达给罗西，并补充道，在过去的几年里，各地主教始终都在参加这类活动，这没有任何问题。罗西枢机与帕切利之间的通信收于 ASV, AESI, pos. 1044, fasc. 722, ff. 52r, 56r, 57r, 63r–64r。“新闻是真的，”大主教诺加拉答复道，但是“在我答应参加并发表讲话之前，我联系了皮扎尔多蒙席（如今已是枢机）”——皮扎尔多在前一个月刚刚晋升枢机——“他说自己已经询问过圣父，并征得圣父的同意”。诺加拉有点担心地补充道：“我希望这不会带来任何复杂的意味。”出处同上，p. 70r。皮扎尔多大概是征求过教宗的许可，教宗也予以许可，大概那几天他确实是这么认为的，然后就忘得一干二净。

22. 12 月 30 日，又一波焦虑的主教来信征求意见，于是教宗告知罗西枢机，那些从新闻工作者处收到邀请函的主教“无需接受邀请”。ASV, AESI, pos. 1044, fasc. 723, f. 4r.

23. 出处同上，ff. 16r–17r, “Appunto,” 30 dicembre 1937，留有铅笔字迹评论：“原先准备寄给意大利大使，然后决定扣留下来。”意大利大使相信教宗得知罗西枢机反对主教参加那场法西斯仪式后，一定会否决他的建议。在呈交给齐亚诺的同一份报告中，皮尼亚蒂重申了他的观点，他认为庇护十一世是梵蒂冈中最“意大利的”人。对于法西斯党以及

政府官员来说，“意大利的”就意味着支持墨索里尼。不仅教宗本人不曾阻止神职人员参加这场集会，并且那些从地方省督手里接过邀请函的神职人员，也被告知不能拒绝它。一位西西里的主教抱怨说，他明明同谷物之战没有丝毫关系，却还是收到了邀请，他还可怜地补充道，“我连一把土地丈量尺都没有”。尽管如此，他写道，“考虑到他们反复再三地邀请，我有责任接受它，并赶赴罗马出席集会”。出处同上，p. 31r., vescovo di Agrigento, 30 dicembre 1937。

24. De Rossi dell' Arno 1954, pp. 138–143. 英国驻圣座大使观察道：“墨索里尼抓住机会，将天主教旗帜插在了法西斯旗杆上。” FCRSE, part XIII, p. 11, Osborne to Eden, January 12, 1938, R 495/495/2.

    威尼斯宫集会的三天后，教宗主持集会，接待了为此赶来罗马的神父和主教。这件事令教宗极为难堪。因为发给神父和主教的原版邀请函表示会安排教宗接待他们，然而实际上当时根本没有这样的安排。教宗就此事咨询了主教部，后者通过其秘书长罗西枢机建议教宗不要出面接待这群人，因为他们担心这般接纳墨索里尼的庆祝仪式，会给教会在海外带来负面影响。但是教宗忽略了这个建议，并决定对神职人员的这次行为表示支持，而他明白这样的行动会令墨索里尼高兴。ASMAE, AISS, b. 115, Pignatti al Ministero degli Affari Esteri, 15 gennaio 1938. 他祝福了这些神父，对他们出色的教区工作提出表扬，并称赞了《拉特兰条约》所带来的一切好处。CC 1938 I, pp. 277–279.

25. 这句话引自《人民观察家报》，收于梵蒂冈档案 ASV, AESI, pos. 1044, fasc. 723, f. 56r；意大利驻柏林大使将同样的话寄给意大利外交部和大众文化部。ASMAE, APG, b. 47, 11 gennaio 1938.《新闻报》的话摘自 p. 53r。

26. 这个称谓来自因诺琴蒂（1992, p. 93），前外交部部长、法西斯政府要员迪诺·格兰迪（1985, p. 360）也对斯塔拉切做出了精妙的描写：“智力不足，显然文化全无，无法区分重要的事情和那些流于表面的（甚至有害的）事情，他助长了对墨索里尼的疯狂崇拜，并且每天早晨向墨索里尼做简报时，都会像着了迷一样全神贯注聆听领袖的那些长篇大论。

27. De Felice 1974, pp. 216–217; Innocenti 1992, pp. 94–95; Petacci 2011, p. 37. 473

28. Conway 1968, pp. 158–159; Johnson 1999, pp. 212–214.

29. 三份由皮尼亚蒂发给齐亚诺，再转发给意大利驻柏林大使的电报记录了这次会面。ASMAE, APG, b. 46, Ciano, “Questione religiosa Germania-Vaticano,” telespresso n. 210989, 26 marzo 1938.

30. DDI, series 8, vol. 8, n. 130, Pignatti a Ciano, 10 febbraio 1938.

第二十一章 希特勒访问罗马

1. DDF, series 2, vol. 8, n. 422, Puaux, ministre de France à Vienne, à Paul-Boncour, ministre des affaires etrangères, 14 mars 1938.
2. NYT, March 16, 1938, p. 8;《奥地利灭亡了》, NYT, March 14, 1938, p. 14; Times, March 15, 1938, p. 14。
3. Charles-Roux 1947, p. 122; Passelecq and Suchecky 1997, pp. 50–51. Chiron 2006, p. 448.
4. CC 1938 II, p. 189.
5. 墨索里尼一开始让部长通知意大利媒体，只对这次入侵做最低限度的报道。主编被告知

"不要惹人耳目"。但是第二天，也就是 3 月 12 日，随着墨索里尼渐渐适应了新局势，他决定以最大的程度对其加以利用，并且帮助意大利民众适应新的态势。所以，3 月 12 日的指令是这么写的："新闻报道应当客观，对事务的新情况表示认可。" Tranfaglia 2005, p. 248.

6. 墨索里尼访问德国后归来，曾就此向国王做过报告。DDI, series 8, vol. 7, n. 393, 4 ottobre 1937. 1937 年，帕切利和皮扎尔多都曾向法国大使确认，墨索里尼绝不会情愿让希特勒接管奥地利，然而大使却对此不那么确定。DDF, series 2, vol. 5, n. 232, Charles-Roux à Delbos, 8 avril 1937，以及出处同上，n. 297, Charles-Roux à Delbos, 17 avril 1937。
7. Lamb 1997, pp. 206–207.
8. 博德里亚将自己同教宗的谈话报告给夏尔—鲁。DDF, series 2, vol. 9, n. 209, Charles-Roux à Georges Bonnet, ministre des affaires étrangères, 20 avril 1938. 另参见 Charles-Roux 1947, p. 121。
9. DDI, series 8, vol. 8, n. 437, Pignatti a Ciano, 2 aprile 1938.
10. "诸天哪，聆听我要说的话，"教宗在梵蒂冈电台的第一次节目中宣告，"让大地侧耳听我嘴里的话。诸国哪，聆听这些事情，世界的全部住民，侧耳倾听。" Confalonieri 1957, pp. 147–149; Agostino 1991, pp. 66–67.
11. DGFP, series D, vol. 1d, n. 700, Bergen to the German foreign minister, April 4, 1938.
12. 博德里亚枢机向教宗报告说，因尼策急忙要赶回维也纳的原因是为了同希特勒约见。DDF, series 2, vol. 9, n. 209, Charles-Roux à Georges Bonnet, ministre des affaires étrangères, 20 avril 1938.
13. 在他们等候枢机的到来时，教宗告诉帕切利，如果大主教以引退相逼，庇护就会接受他的辞呈。Durand 2010.
14. 柏尔根总结道："这件事情也表明，教宗已然完全放任自己，现在的他完全被自己对德国的病态愤怒所控制。" DGFP, series D, vol. 1d, n. 702, Bergen to the German foreign minister, April 6, 1938. 这份撤回声明的德语原版于 4 月 7 日发表在《罗马观察报》上；其意大利语版则于次日刊登：《奥地利主教的声明》, OR, 8 aprile 1938, p. 1。
15. DDF, series 2, vol. 9, n. 125, Rivière, chargé d' affaires de France à Rome Saint-Siège, à Paul-Boncour, 6 avril 1938.
16. Baudrillart 1996, p. 809 (3 avril 1938). 维也纳大主教在不愉快的罗马之行后匆忙赶回家，参加 4 月 10 日的全民公投。不曾悔改也不愿意屈服的他带领大家来到投票站，举起手臂行纳粹礼，并将自己支持将奥地利纳入德意志帝国的选票投入了票箱。即便虚弱 474
的教宗对纳粹领土上的高级教士有任何控制能力，这种能力也在不断减退。ASMAE, APSS, b. 39, ministero degli affari esteri a R. Ambasciata S. Sede, "Il plebiscito del 10 aprile," telespresso n. 217705, 23 maggio 1938. 到 4 月底，新政府（受到了枢机和主教的热情支持）下令将奥地利的犹太老师和学生逐出学校，将犹太医生从医院里解雇，吊销犹太律师的营业资格，解雇新闻报纸的犹太主编，赶走犹太工厂主，开除剧院里的犹太导演和演员。犹太人名下商店的前窗上都张贴了"犹太商店"的标识。如果有天主教顾客胆敢无视这种警告，他们将被迫在后背挂一张写有"我是雅利安猪"的标牌。意大利驻维也纳总领事在 4 月 26 日将这一情况报告给齐亚诺。DDI, series 8, vol. 9, n. 10.
17. 墨索里尼也意识到，教宗可能会忌惮这样的举措，因为他担心破坏纳粹政府会削弱反共的力量，此外他也承认，将希特勒驱逐出教，会令某些教会的敌人欢欣鼓舞。然而，他补充道："然而这些理由丝毫不能减损这一行动的必要性。"

18. 梵蒂冈于 2006 年开放了庇护十一世档案，才使得关于这次对话的唯一记载得到曝光，我们在其中找到了帕切利枢机就这次会见所做的手写记录。ASV, AESS, pos. 430a, fasc. 355, f. 41, 10 aprile 1938.

19. ASMAE, APSS, b. 39, ministero degli affari esteri, Roma, a R. Ambasciata presso S. Sede, "Contrasti fra Hitler e Vaticano," telespresso n. 200305, 5 gennaio 1932.

20. 1 月中旬，帕切利枢机告诉法国大使，目前为止，梵蒂冈并未从德国政府收到任何会面请求。考虑到双方之间紧张的关系，他认为对方可能不会提出这种请求。在另一次谈话中，塔尔迪尼告诉夏尔—鲁，如果希特勒要求得到教宗的接见，他认为教宗不会拒绝接见他。DDF, series 2, vol. 8a, n. 5, Charles-Roux à Delbos, ministre des affaires étrangères, 18 janvier 1938. 1 月下旬，皮尼亚蒂也重复了这种观点：如果希特勒要求拜见教宗，梵蒂冈肯定会予以安排，不会有任何为难之处。ASMAE, AISS, b. 87, "Riservato," unsigned typed report, 24 gennaio 1938. 德国驻圣座大使柏尔根在报告中写道，帕切利曾试探希特勒是否会前来拜见教宗；想要得到教宗的接见，只要"双方达成共识，并由希特勒发表声明，予以天主教徒和天主教会公平的对待"。柏尔根表示："教宗肯定希望能接见元首。"但是"尽管他们多番试探"，他在报告里写道，"我还是根据上头的指示予以应答，并没有让他们疑心这场会面完全不可能发生"。DGFP, series D, vol. 1, n. 708, Bergen to Weizsäcker, May 18, 1938. 后来，他又报告说，教宗期望希特勒能够来拜见他，"并且一直坚持这份希望到最后时刻"。出处同上，May 23, 1938, n. 710。

21. ASMAE, AISS, b. 87, Pignatti a Regio Ministero degli Affari Esteri, "Germania e Santa Sede," 21 gennaio 1938.

22. 在希特勒来访之前的最后几周，教宗仍旧时不时地敦促领袖代表教会同希特勒协商调停解决的方案。3 月 16 日，帕切利致信墨索里尼，告诉他教宗因为"您与德国总理希特勒先生的调解行动，以及您出手阻止宗教迫害政策在德国进一步蔓延"，而向您表示谢意。帕切利进一步说道，考虑到希特勒的来访已经近在眼前，教宗尤其感激墨索里尼在这个时刻仍然能出面干预。ASMAE, APG, b. 46, Pacelli a Mussolini, 16 marzo 1938. 帕切利这封信的手写稿附有一定修改意见，收于 ASV, AESG pos. 735, fasc. 353, f. 4r。塔基 · 文图里告诉墨索里尼，当教宗听闻墨索里尼会竭尽全力确保宗教迫害（即对天主教会的迫害）不会在奥地利重演时，他"contentissimo"（"大喜过望"）。ACS, CR, b. 68, n. 028790, 17 475
marzo 1938.

23. 法国大使深信，如果希特勒希望得到接见，教宗就会接受这样的请求。他的观察指出："对于圣座来说，有一个层面的考虑超过了其他所有层面，即纳粹政府中的极端分子始终在寻找梵蒂冈与德国交恶的机会，圣座绝不能给他们这样的借口，使得双方的关系进一步恶化。" DDF, series 2, vol. 8, n. 41, Charles-Roux à Delbos, ministère des affaires étrangères, 26 janvier 1938. 尽管墨索里尼希望希特勒能与庇护十一世会面（仿佛他能确保这一过程会进展顺利），但是元首却极不希望看到这样的情况发生。德国外交部则极其狼狈地试图解释希特勒为什么不打算遵照传统拜见教宗。2 月中旬，新任德国外交部部长里宾特洛甫提出了一个也许派得上用场的借口：希特勒是接受意大利国王的邀请访问罗马，他认为"元首不应当借此机会，去一处不属于意大利的领土，访问另一个主权国家"。他提议，当他们使用这个借口的时候，不要使用其他人提供的另一个理由：即他们实际上并没有从教宗那里收到邀请。"我们不建议指出目前为止我们并没有收到任何邀请，毕竟这种借口有风险，梵蒂冈有可能因此向我们发出邀请。" DGFP, series D, vol. 1d, n. 691, "Memorandum,"，由马肯森签署，基于他同里宾特洛甫的对话，1938 年 2 月 14 日。

24. ASMAE, APSS, b. 39, Ciano a Pignatti, "Viaggio in Italia di S.E. il Cancelliere Hitler," 26 marzo 1938, and Pignatti a Ciano, "Viaggio in Italia del Fuehrer," 2 aprile 1938.

25. ASMAE, APSS, b. 39, Pignatti a Ciano, telegramma n. 2022, 7 aprile 1938. 教宗以及国务卿迫切地想要意大利的各位枢机明白，如果希特勒访问罗马期间没能与教宗会面，那不是因为教宗拒绝接见他，而是因为希特勒从未提出会面的请求。希特勒抵达罗马当天，帕切利带着这个目的给各位枢机发去了一份消息，并随信附了一份博尔贡吉尼的报告复本，内容是教宗大使在 5 月初与布法里尼的会面，表示教宗愿意接见希特勒。ASV, AESG, pos. 735, fasc. 353, ff. 26r–27r, "Circa l'omissione di una visita del Cancelliere del Reich Germanico al Santo Padre," marked "Sub secreto pontificio," 3 maggio 1937. 尽管教宗愿意接见希特勒，但他也明确表示，只有希特勒表达出愿意遵守由他签署的宗教事务协约的意思，庇护才会同意接见他。

26. 帕切利与皮尼亚蒂的会面记录，1938 年 3 月 25 日，收于 Casella 2010, pp. 210–211。

27. ASMAE, AISS, b. 87, Pignatti a Ciano, 28 aprile 1938; CC 1938 II, p. 368.

28. Confalonieri 1957, p. 372.

29. Rauscher 2004, p. 241.

30. Milza 2000, p. 759; Gallagher 2008, p. 71; Cerruti 1953, p. 240. 美国驻意大利大使对维托里奥·埃马努埃莱三世更为宽容，他认为国王是"一个瘦小、腿短的男人，一脸心烦意乱的表情，嘴上是竖立的髭须，尽管他其貌不扬，身上却透露出威严感"。Phillips 1952, p. 192. 齐亚诺（2002, pp. 86, 88–89）在日记里透露了希特勒对国王的个人观点。齐亚诺抱怨说，国王在元首访问过程中"一无是处，只会制造麻烦"。美国大使后来多次讲述了一个传遍罗马城的故事（并对其真实性做出保证）：当希特勒初抵奎里纳尔宫并看到自己的房间时，他询问为自己铺床的是一位男侍从还是一位女侍从。当他听闻铺床的是一位男侍从时，他坚持要求找一位女性为他重新铺床。他绝不会在男人铺的床上睡觉。Phillips 1952, p. 214.

31. DDI, series 8, vol. 9, n. 53, Pignatti a Ciano, 5 maggio 1938.

32. 近期，佛朗哥的部队在西班牙取得了一系列胜利，并在上一个月使得西班牙第二共和国一分为二，由此进一步增添了希特勒来访的胜利氛围。引人注目的是，恰恰是在希特勒访问罗马的期间，圣座正式宣布指派教宗大使，出使佛朗哥政府，而佛朗哥也在不久后派遣大使出使梵蒂冈。Kent 1986, p. 457. 墨索里尼派遣军队帮助佛朗哥作战的决议使得 476
意大利牺牲了四千人。De Felice 1981, p. 465.

33. 希特勒将他尴尬的处境怪罪到里宾特洛甫头上，后者则开除了纳粹的礼仪长。Kershaw 2000, p. 98.

34. 美国领事还补充道，发给四位女性的晚宴邀请函被撤回，因为她们"有犹太血统，或者与犹太人交往甚密"。然而，其中一名女性"对此做出了强烈抗议，证明自己并不是犹太人 [原文如此]，于是政府便不再要求她回避晚宴"。NARA, LM192, reel 5, John Putnam, U.S. consul general, Florence, to William Phillips, May 21, 1938.

35. 墨索里尼是一个完全不喜欢逛博物馆的人，他曾经在 1922 年表示，自己这辈子从来没去过博物馆。Boswell 2011, p. 201.

36. Ciano 2002, p. 89.

37. NARA, LM192, reel 5, William Phillips, U.S. ambassador, Rome, to U.S. secretary of state, Rome, "Hitler's Visit to Italy," 12 page report plus attachments, May 13, 1938. 美国驻佛罗

伦萨领事描述过在佛罗伦萨举办的庆祝活动，"Memorandum of Visit of Their Excellencies Adolf Hitler and Benito Mussolini, May 9, 1938," May 18, 1938, appendix to report of John Putnam, consul general, 转引自本章注释 34。英国的外交评估报告也得出了相同的结论：FCRSE, pt. 14, R 4789/43/22, p. 93, Earl of Perth to Viscount Halifax, May 9, 1938。

38. DDF, series 2, vol. 9, n. 346, Charles-Roux à Georges Bonnet, 15 mai 1938.

39. CC 1938 II, pp. 376–377.

40. ASV, AESG, pos. 735, fasc. 353, ff. 59r–60r, Il delegato vescovile, Curia ecclesiastica generale di Orte, alla segreteria di stato, Vaticano, 15 maggio 1938.

第二十二章 惊人的任务

1. 教宗大概是通过《公教文明》的书评获知了它的内容：M. 巴尔贝拉，《"种族" 之间的正义》，CC 1937 IV, pp. 531–538。1932 年，《罗马观察报》也曾刊登一篇文章，谈到拉法奇在《美国》上发表的一篇文章，内容是共产党人试图向非裔美国人抛出橄榄枝：《成为共产主义黑人？》，OR, 5 giugno 1932, p. 4。有关他家庭的详细信息参见 Eisner 2013。

2. 我们从一份文件中得知了耶稣会总会长的反应，收于未经整理的《公教文明》档案，转引自 Sale 2009, p. 37。

3. 他写道，第一种反犹主义不符合基督教教义，因为它基于种族有别的观念。与之相反的是，"第二种反犹主义用道德和法律的手段反对犹太人口在经济、政治、舞台、影院、媒体、科学和艺术领域造成真正有害的影响，这种反犹主义是得到容许的"。贡德拉赫认为，最危险的就是那些吸纳了自由主义思想的犹太人，"因为他们大多有道德虚无主义的倾向，切断了任何民族与宗教的纽带，他们通过世界富豪财团和国际共产主义运作活动，由此将那些被祖国放逐的犹太人的阴暗品质释放出来"。仁慈的教会一向反对对犹太人进行不公的迫害，但长久以来也支持那些保护欧洲免受犹太人有害的经济影响和知识影响的举措。英语译文收于 Passelecq and Suchecky 1997, pp. 47–49。本文有关拉法奇与教宗以及莱多霍夫斯基会面的描述便是基于帕斯莱克和苏凯奇的出色研究。另参见 Eisner 2013。

4. 转引自 Starr 1939, p. 118。5 月 27 日，都灵的《新闻报》也刊登了一篇反犹文章，提醒人们注意犹太人带来的威胁，它从贝洛克的著作中引用了同样的文字：《数量与金钱》，《新闻报》，1937 年 5 月 27 日，第 1 版。

5. 这份耶稣会期刊后来还讨论了一本近期出版的重要图书：《以色列，它的过去，它的将来》（*Israel, son passé, son avenir*），作者是著名的荷兰天主教徒赫尔曼·德·弗里斯（Herrmann De Vries）。在被放逐之后，德·弗里斯写道，犹太人已经经历了五个历史时期，不断重复着他们既往的历史，被一个国家扫地出门，逃离到另一个国家去。一开始，犹太人受到欢迎；然后人们对他们只剩下忍耐。在第三个历史时期，他们变得十分富有，激发了人们的嫉妒心理。这使得大众都要出来反对他们，也就导向了第五个历史时期：人们试图消灭他们，或者将他们彻底赶走。 477

6.《犹太问题与复国运动》，CC 1937 II, pp. 418–431。

7. CC 1938 I, p. 460. 次月，《公教文明》再度重复了它的警示，认为犹太人有统治世界的意图。它将古往今来的犹太教做了比对，早期犹太教曾催生了基督教，而当今的犹太教"实际上是一门烂到骨子里的宗教"。它告诉读者，"对金钱和统治世界政治的致命狂热……是使得犹太教成为骚乱的源泉，并永远威胁着世界的真正深层原因”。防御性举措十分有必要。最佳路径便是遵从历任教宗的传统办法，将宽容与“谨慎且适当的举措（即适用于我们时代的种族隔离形式）结合起来”。次月，这份刊物又提醒读者，“每一次，犹太人都是自招祸殃，他们太过频繁地滥用权力，憎恨耶稣、基督教以及他的天主教会，人们对他们的厌恶再正当不过了”。《非天主教徒论“现代种族理论”》，CC 1938 III, pp. 62–71，引自 p. 68。

8. 奥兰迪蒙席的文章《犹太人也入侵了意大利》(《教士之友》，vol. 20, no. 3, 1938）主要转引自 Miccoli 1988, p. 866。

9. 马里奥 · 巴尔贝拉，《匈牙利犹太问题》，CC 1938 III, pp. 146–153。1938 年 4 月 12 日，教宗驻布达佩斯大使就新法律一事，给帕切利发来了一份报告；这一新法律规定犹太人在金融、商业以及专业领域只能占有固定的份额。有一件事情令他十分担忧，他写道，那些在 1919 年之后受洗皈依天主教的犹太人，以及他们一出生就受洗的孩子，也受到了和普通犹太人一样的对待。大学学生协会（匈牙利的天主教大学学生几乎都属于这个团体）还在次要法规上补充了一个条款，它“并不会无条件地将受洗的犹太人及其后代看作是匈牙利人”。5 月初，帕切利在给这位大使的回信中表示自己对此也十分担忧：“普罗大众似乎认为，1919 年之后皈依天主教的犹太人用心不诚，这一现象在我看来十分奇怪且武断，与匈牙利人民的宽宏大量形成了强烈反差。”帕切利最后写道：“我们尤其希望，在保护马扎尔民族正当利益的同时，政府不应当堕落到对犹太人动用如此过分的措施，在同样的情况下，匈牙利天主教徒则在这一事宜上表现出理性的节制。”ASV, AESU, b. 77, fasc. 57, ff. 6r–9v, Angelo Rotta, nunzio, a Pacelli, Budapest, 12 aprile 1938；出处同上，ff. 10r–10v, Pacelli a Rotta, 8 maggio 1938。

10. Maiocchi 2003; Bottai 2001, p. 125; Gillette 2001, 2002a, 2002b.

11. 在 7 月 18 日的一场外交晚宴上，博塔伊（2001, p. 125）向墨索里尼提起了宣言的话题，后者大发感慨地解释道：“总有人说我们这个诞生过但丁（Dante）、马基雅维利（Machiavelli）、拉斐尔（Raffaello）、米开朗基罗（Michelangelo）的种族，祖先是非洲人，这种话我已经受够了。”

12. Cannistraro and Sullivan 1993, pp. 218–219. 最杰出的墨索里尼法语传记作者认为，墨索里尼之所以在第一次世界大战后转变观念，支持由年轻的退伍军人发动民族主义革命，萨尔法蒂乃是背后影响力最大的人。当他刚刚担任意大利总理时，她令墨索里尼相信自己将成为意大利的第二位恺撒大帝。Milza 2000, pp. 257, 354. 关于萨尔法蒂对墨索里尼的影响，另参见 Urso 2003。

13. Festorazzi 2010, p. 96; Navarra 2004, p. 68.

14. Ludwig 1933, pp. 69–70. 在墨索里尼于 1937 年 9 月访问德国，并且与元首的盟友关系更加坚固之后，意大利犹太人开始担心，他可能会模仿希特勒的反犹运动。许多犹太人给 478
齐亚诺寄去了言辞激动的请求信，后者则写道，德国人从来没有向他提出过同样的问题。“我也不认为在意大利发动反犹运动能够给我们带来好处。意大利并不存在犹太问题。他们人数稀少，而且除了个别例外，他们都是善良的人。”Ciano 2002, p. 32. 迟至 1938 年 2 月，墨索里尼仍然给意大利外交部部长写过字条，否认政府在策划反犹运动。DDI, series 8, vol. 8, n. 162, “Nota n. 14 dell’informazione diplomatica,” 16 febbraio 1938.

15. Grandi 1985, pp. 443–444. 然而劳舍尔（2004, p. 225）断言，早在 1937 年，当墨索里尼访问德国时，他就告诉希特勒，自己打算在意大利引入反犹措施。

16. 许多著作探讨过墨索里尼为何在 1938 年发动反犹运动的问题。法布雷（2005）认为，墨索里尼是个从一而终的反犹分子。然而德 · 费利切（1981, pp. 312–313）认为，墨索里尼从来都不是一个反犹分子；只因埃塞尔比亚战争，他才终于相信一场针对他的国际犹太阴谋正在酝酿之中。于是他就走上了反犹政客的道路。关于其他观点，参见 Israel 2010, pp. 159–170; Matard Bonucci 2008; and Vivarelli 2009, p. 748。

17. CC 1938 III, pp. 275–278.

18. 这位《公教文明》的笔杆子是安杰洛 · 布鲁库莱里（Angelo Brucculeri）神父。许多天主教出版物都转载了布鲁库莱里赞美新种族政策的文章，其中便有威尼斯主教管区的《宗教周刊》（*La Settimana religiosa*）。Perin 2011, pp. 200–201.

19. 《法西斯主义与种族问题》，OR, 16 luglio 1938, p. 2。关于布鲁库莱里的文章，参见 Miccoli 1988, p. 871。曼齐尼在 1960 年至 1978 年间担任《罗马观察报》主编；De Cesaris 2010, p. 139。罗马天主教对反犹主义的接纳引发了热烈的争论。许多人试图在教会以宗教为基础的"反犹主义"和以种族为基础、并导致种族屠杀的"反犹主义"之间划出一条分明的界限；我在 Kertzer 2001 中涉及了这一争论。《公教文明》以及其他天主教媒体在那些年间通常将犹太人称作一个"种族"。举一个典型的例子，在 1938 年复活节的主教信中，威尼斯大主教阿德奥达托 · 乔瓦尼 · 皮亚扎枢机便将犹太人称作是一个"种族"，这一集体应当为谋害耶稣负责。他声称，被诅咒的犹太人只能在世界上流浪，"他们涉身最阴暗的派系之中，从共济会到布尔什维克党"。转引自 Perin 2011, pp. 216–217。

20. 政府的窃听器捕捉到这段通话内容。ACS, MCPG, b. 166, wiretap n. 5102, Roma, 14 luglio 1938. 对话采用的语言是德语。

21. 德国媒体对意大利种族运动予以热情的报道，其中几例被收入报告，送到了圣座的办公桌上，参见 ASMAE, AISS, b. 102, "Servizio speciale," Monaco, 15 luglio 1938。

22. ACS, MCPG, b. 151, ministro di cultura popolare a Mussolini, 19 luglio 1938.

23. 有趣的是，当埃米尔 · 路德维希在 1933 年近距离见到墨索里尼时，他认为领袖与波吉亚十分相像："现在他面对着我坐在桌子对面。佣兵队长切萨雷 · 波吉亚（这位罗马涅英雄，我曾刻画过他在罗马宫殿里的形象）仿佛起死回生，尽管身穿一套深色日常西装，打着黑色的领带。Ludwig 1933, p. 23.

24. 教宗通过帕切利向博尔贡吉尼传达了这一指令。波吉亚教宗曾是梵蒂冈严格审查的话题。1934 年，教宗得知一部名为《卡特琳娜 · 斯福尔扎》（*Caterina Sforza*）的戏剧描绘了亚历山大六世的所有堕落行为，并即将于 4 月在罗马上演，于是他派遣塔基 · 文图里阻止这部剧的上演。政府让剧作者将第一幕彻底删除，并大幅修改了其他冒犯教会的内容。ASV, AESI, pos. 855, fasc. 549, ff. 4r–24r.

25. ASV, ANI, pos. 47, fasc. 2, ff. 124r–129r.

26. 出处同上，ff. 132r–134r, Tacchi Venturi a Tardini, 15 giugno 1938。

27. 帕切利在寄给博尔贡吉尼的信中，表示自己听闻这一消息非常高兴。ASV, ANI, pos. 47, fasc. 2, ff. 135r–136r, Pacelli a Borgongini, 22 giugno 1938. 公教进行会继续在向警方报告为教会所不喜的图书、杂志、戏剧和电影方面扮演着重要的角色。这一全国组织给主教管区的道德秘书处发放了详细的指示，指导他们组织线人网络，确保那些冒犯教会的作品无法逃过警方的注意。ASV, AESI, pos. 773, fasc. 356, ff. 104r–115r. 至于出版商里佐利则幸存了下来，创立了一个集出版与书店于一体的帝国，并在战后继续同梵蒂冈作对。1960 年，它出品了一部由费德里科·费里尼（Federico Fellini）执导的电影《甜蜜的生活》（*La Dolce Vita*），受到了《罗马观察报》的指摘，一开始还在意大利受到审查。 479

28. NARA, M1423, reel 1, n. 991, William Phillips to U.S. secretary of state, Washington, "Physical Fitness Tests for High Fascist Party Officials," July 7, 1938.

29. Petacci 2010, pp. 131, 370.

30. 帕切利尤其告诉皮尼亚蒂，如果一位天主教徒与一位从犹太教皈依天主教的信徒结婚，他们的婚姻不应受到阻拦。帕切利有理由担心这方面的问题，因为1935年的《纽伦堡法案》便在德国出台了这样的规定。帕切利引述了宗教事务协约的条款，它规定教会婚姻与民事婚姻一样有效，他还提醒齐亚诺，"教会法规认可受洗双方婚姻的合法性（教会法规1012），而无须考虑任何其他因素"。ASMAE, AISS, b. 102, Pignatti al ministro degli affari esteri, 20 luglio 1938.

31. ASMAE, APSS, b. 40, Pignatti, "Notizie sulla salute del Pontefice," telespresso n. 1818/678, 11 luglio 1938. 普奇关于教宗健康状况的描述基于他同杰梅利神父的谈话，后者近来拜访过教宗。

32. DDI, series 8, vol. 9, n. 336, Pignatti a Ciano, 26 luglio 1938.

33. 出处同上，n. 337, Pignatti a Ciano, 26 luglio 1938。

34. "La parola del Sommo Pontefice Pio XI agli alunni del Collegio di Propaganda Fide," OR, 20 luglio 1938, p. 1, republished in CC 1938 III, pp. 371–376.

35. ASV, AESI, pos. 1054, fasc. 732, f. 19r.

36. Ciano 2002, p. 113 (July 30, 1938). 博尔贡吉尼告诉意大利驻圣座大使，教会从来都反对跨种族婚姻，认为"混血儿结合了两个种族的缺点"。至于反犹运动，教宗并不担心政府以后会对付真正的犹太人，却担心意大利可能会遵从德国的做法，不加任何区别地把皈依天主教的犹太人也仅当作犹太人来对待。皮尼亚蒂没有做出直接回应，只是向教宗大使保证，意大利的种族运动与纳粹德国不同。ASV, AESI, pos. 1054, fasc. 728, ff. 46r–48r, Borgongini a Pacelli, 2 agosto 1938. 次日，博尔贡吉尼将这一对话直接转述给教宗。

37. ASMAE, AISS, b. 115, Pignatti a Ciano, 31 luglio 1938.

38. 转引自 Papin 1977, p. 62。

39. "根据我的记忆，"莱多霍夫斯基写道，"从来没有哪位教宗像他这样失去理性。" ASMAE, Gab. b. 1186, Pignatti a Ciano, 5 agosto 1938.

40. 出处同上。

第二十三章　秘密协议

1. CC 1938 III, pp. 377–378.

2. ASV, AESI, pos. 1007c, fasc. 695, ff. 70r–75r, "Progetto di una lettera del S. Padre a Mussolini circa Ebrei e Azione Cattolica," agosto 1938.

3. 帕切利想要平息皮尼亚蒂的怒火，便告诉他教宗刚刚派塔基·文图里给墨索里尼送去一封信。尽管该信对近期公教进行会遭受的暴力表示悲痛，但它依然满怀尊敬，"表达了对领袖的赞美与崇敬之情"。ASMAE, AISS, b. 102, Pignatti a Ciano, 6 agosto 1938.

4. 出自皮尼亚蒂 8 月 8 日的报告，转引自 Casella 2010, pp. 268–269。 480

5. 该文详细地引用了墨索里尼为反犹运动辩护的说辞，甚至包括如下言论："认为法西斯是在模仿某人或某事，这种观念荒谬透顶……没有人可以质疑，如今发动法西斯种族主义的时机已经成熟了。”该刊对墨索里尼的话语没有做出任何评价。CC 1938 III, pp. 376–378.

6. 皮尼亚蒂建议，当耶稣会能够“执行他们最擅长的秘密行动时”，便能达成最好的效果。ASMAE, AISS, b. 102, Pignatti a Ciano, 7 agosto 1938.

7. 然而齐亚诺则更为乐观，他相信教宗身边的人正逐渐令他明白事理。“至于种族的事宜，教宗如今已经明白这件事的问题所在，他已经开始缴械投降了。” Ciano 2002, p. 113.

8. 法里纳奇控诉道，那个说服教宗批评种族运动的人是皮扎尔多枢机。8 月 3 日，法里纳奇致信墨索里尼，再度提起了这一控诉。他在信的最后向墨索里尼提问：“亲爱的总理，教宗的母亲真的是犹太人吗？”他还补充道：“如果此事不假，那简直就是个笑话！” ACS, CR, b. 44, Roberto Farinacci, direttore, Il Regime fascista, Cremona, a Mussolini, 3 agosto 1938. 法里纳奇大概是从德国媒体那里，引述了教宗是犹太人的控诉，当时这种论调在德国广为传布。

9. ASV, AESI, pos. 1060, fasc. 749, ff. 14r–21r, Monsignor Giovanni Cazzani, vescovo di Cremona, a Farinacci, 17 agosto 1938.

10. ASV, AESI, pos. 1060, fasc. 749, ff. 22r–26r, Farinacci a Cazzani, 18 agosto 1938.

11. 法布雷（2012, pp. 109–110）近期出版并分析了这份文件，该文件收于塔基 · 文图里的档案中。ARSI, TV, f. 2143

12. ASV, AESI, pos. 1007c, fasc. 695, ff. 37r–39r, “Nota da me presentato al Duce la sera di venerdì 12 Agosto,” Tacchi Venturi, 12 agosto 1938.

13. Sarfatti 2006, pp. 19–41; Sarfatti 2005, pp. 67–68. 截至 1938 年，意大利境内的犹太人约有 21% 是其他国家的难民，为了躲避迫害才来到意大利。

14. ASV, AESI, pos. 1054, fasc. 730, ff. 40r–41r. 早在梵蒂冈庇护十一世档案开放的许多年前，耶稣会士安杰洛 · 马丁尼（Angelo Martini）神父就获准访问了这些文档，并向外界指出这份文件的存在。尽管他引用了文本（Martini 1963），但他给出的背景知识很少，并判断“它太过泛泛而谈，基本上不可取信”。当米科利（1988, pp. 847–848）谈及马丁尼的发现以及他的评判时，这批档案仍未公开，但是他认为这份文件十分重要，并反对马丁尼弱化其重要性的观点。直到 2006 年，当梵蒂冈档案馆开放这部分文档，以及与其相关的资料后，其显而易见的重要性才为人们所知。德 · 切萨里斯（2010, pp. 160–161）认为，这份文件的起草人必然是墨索里尼，或者是他在政府中的亲信，而不是塔基 · 文图里，或者任何梵蒂冈人士。我认为，这种观点试图拉开教宗及梵蒂冈与这份提案之间的距离，它并不能令人信服。这份文件直截了当地向我们表明，早在双方起草协议之前，教宗已经向墨索里尼提出了许多方案。

15. 《犹太人与梵蒂冈》, OR, 14 agosto 1938, p. 2。我使用的英语译文来自美国大使，梵蒂冈似乎决定不再反对意大利的种族运动，这一事实令他扼腕叹息。NARA, M1423, reel 12, Ambassador William Phillips to U.S. secretary of state, “Progress of Racial Movement in Italy,” August 19, 1938. 美国国务卿曾与意大利大使写信交流教宗对意大利反犹运动的反应，关于这些信件的分析，参见 Kertzer and Visani 2012。

16. 法布雷（2012, p. 119）对 8 月 16 日的协议做了最为详尽的研究，他为教宗发火所推测的原因与我的结论相同。

17. ASV, AESI, pos. 1007c, fasc. 695, ff. 41r–42r，手写未署名的三页备忘，18 agosto 2011。当月晚些时候，塔尔迪尼与法国大使馆人员谈论教会就公教进行会与政府发生的冲突时，他认为墨索里尼无可指责。他表示犯错的是法西斯党“左翼”，尤其是当主席的阿契尔·斯塔拉切。MAEI, vol. 267, 126, Charles-Roux à Bonnet, 29 août 1938. 481

18. MAEI, vol. 267, 94, Charles-Roux, 17 août 1938；以及出处同上，95–96, 18 août 1938。

19. MAEI, vol. 267, 97, Charles-Roux, 18 août 1938. 部长还补充道，他们不必顾虑传信部的言论，因为这些人并不代表梵蒂冈在种族运动上的立场；他们不过是年老的教宗一时心情不佳所导致的产物。Tranfaglia 2005, p. 151.

20. MAEI, vol. 267, 102–103, Charles-Roux, 20 août 1938.

21. 《教宗与法西斯党人就公教进行会达成新协议》NYT, August 21, 1938, p. 1。当天，《洛杉矶时报》也刊登了一则类似的消息，开头写道：“通过七十七岁的耶稣会神父彼得罗·塔基·文图里的居中调停，墨索里尼总理与教宗庇护十一世再度在天主教会与法西斯党之间的分歧上达成共识。《教宗与领袖再次共筑和平》，LAT, August 21, 1938, p. 2。

22. 《关于意大利公教进行会与国家法西斯党的关系》，OR, 25 agosto 1938, p. 1。《信使报》的剪报收于 AESI, pos. 1007c, fasc. 695, f. 64r。教宗与法西斯政府的最后一轮协商，记录于科萨托的报告中。ASMAE, AISS, b. 102, Cossato, 23 agosto 1938；以及出处同上，24 agosto 1938。

23. ASV, AESS, pos. 430, fasc. 355, f. 70, 27 agosto 1938.

24. ASMAE, AISS, b. 102, Cossato, 22 agosto 1938.

25. 他喊来塔基·文图里，要他转告教宗自己有多么生气。墨索里尼与耶稣会士的会面记录在他的日程表上，时间为 8 月 22 日晚 7 点 30 分。ACS, CO, b. 3136.

26. Ciano 2002, pp. 117–118. 近期，墨索里尼引入了一道新要求，政府雇员在工作期间必须穿制服，此事引发了不少怨言。在被告知下层的不满时，他回答道：“给我记住，教士之所以是教士，就是因为他穿了教士袍！” Bottai 1989, p. 131.

27. 剪报收于 ASV, AESI, pos. 1054, fasc. 728, ff. 19r, 20r。

28. Ciano 2002, p. 119. 当年教宗实际上是八十一岁。

29. 其负责人塔莱西奥·因泰兰迪（Talesio Interlandi）由墨索里尼亲自任命，多年以来他都建议领袖学习希特勒的榜样，对意大利犹太人发起反犹运动。

30. 圭多·兰德拉，《意大利的种族观》，《捍卫种族》，第 1 期（1938），p.10。

31. 令人遗憾的是，第一期的许多作者（包括上文引用的那篇骇人听闻的文章）都是意大利的人类学家。

32. 政府要求所有大学的图书馆都征订《捍卫种族》，并呼吁所有教授都仔细研读它、将其内容分享给学生。意大利的各家报纸也受命转载它的文章，并将其故事材料用在自身的报道中。《〈公教文明〉五十年论战》，《捍卫种族》，第 1 期，1938 年 8 月 5 日，pp. 31–33。另参见 Mughini 1991, pp. 145–146. Israel 2010, pp. 203–204; Cassata 2008, p. 116; Tranfaglia 2005, p. 152。

33. ASMAE, AISS, b. 102, Pignatti a Ciano, 29 agosto 1938.

第二十四章　种族法案

1. “各家报纸都在引述《公教文明》，因为它在当今的反犹运动中占据了显著的位置，尤其是它在 1890 年发表的三篇文章，”这份刊物的耶稣会作者写道，“说实话，我们必须明白的一点是，这场富有活力的运动（由犹太人的侵略和傲慢所引发）不能归功于‘明白如何用法西斯的手段解决种族问题’……《法西斯政府报》(8 月 28 日)就是这么一套说辞。”CC 1938 III, pp. 559–561.

2. 出处同上。
3. 恩里科 · 罗萨，《犹太问题与〈公教文明〉》，CC 1938 IV, pp. 3–16。 482
4. Matard-Bonucci 2008, p. 309; Onofri 1989, p. 153.
5. ASV, AESI, pos. 985, fasc. 671, f. 47r, “Appunto,” 1 settembre 1938.
6. 帕切利还致信舒斯特枢机（他是米兰大主教，对科莫主教有管辖权），以及毛里上头的都灵大主教。ASV, AESI, pos. 985, fasc. 671, f. 49r, Pacelli al Cardinale Schuster, 2 settembre 1938.
7. ASV, AESI, pos. 985, fasc. 671, f. 53r, Alessandro Macchi, vescovo di Como, 15 settembre 1938；出处同上，f. 54r, Sac. A. Negrini, Como, 15 settembre 1938。在后来的一份报告中，帕切利得知了这桩事件的始末。原来这位法西斯党领导人在阿普里卡拥有一家旅馆，并且一直跟住在隔壁的修女有冲突。在这份描述中，这位法西斯领导人夸大了毛里的说辞，目的在于让那些修女难堪。ASV, AESI, pos. 985, fasc. 671, f. 60r, “Circa l’ incidente sollevato in occasione del discorso tenuto in Aprica.”
8. Gallagher 2008, pp. 72–73. 请读者诸君回忆，美国并不承认梵蒂冈是个主权国家，所以也就没有跟梵蒂冈建立正式的外交关系。
9. 菲利普斯还深信，墨索里尼既不了解美国，也不明白美国的重要性。在他的回忆录中，他复述了一封罗斯福总统在 1938 年 9 月 15 日寄给他的信件，罗斯福在信中向他透露了自己的观点。罗斯福表示，墨索里尼及其身边的人对美利坚合众国的无知，令他想起了幺子约翰尼同意大利财政部部长的一番对话。当部长建议总统访问墨索里尼时，罗斯福之子则建议也许领袖也可以来华盛顿访问他的父亲。部长的表情似乎有点古怪，“约翰尼便非常礼貌地告诉他，美国的人口是意大利的三倍，资源则是意大利的十倍，把整个意大利装进得克萨斯州都绰绰有余”。Phillips 1952, p. 219.
10. ASV, AESI pos. 1054, fasc. 731, ff. 8r–10r, “Appunto,” Hurley, 3 settembre 1938.
11. Sale 2009, pp. 88–89; Fattorini 2012, p. 390. 教宗在这段话里提及一个国家拥有自卫的权利，其具体意涵参见 Kertzer 2001, pp. 279–280。教宗呼吁抵制种族法案的当天，电台神父查尔斯 · 考夫林致信墨索里尼，表示自己愿意提供帮助。考夫林邀请墨索里尼为他的杂志《社会正义》(*Social Justice*）撰写一篇文章，这份杂志的读者有数百万人，领袖的文章可以“厘清”他“对犹太人的态度”。考夫林最后写道：“祝天主保佑阁下安康，祈祷意大利帝国在您的带领下粉碎共产主义。”墨索里尼最后决定不写这篇文章。ACS, MCPR, b. 3, Coughlin a Mussolini, 6 settembre 1938; ACS, MCPR, b. 3, stampa estera, telegramma n. 16848 a R. Ambasciata d’ Italia, Washington, 18 ottobre 1938.
12. 梵蒂冈只用一段话报道了这次接见，完全没有提及关于种族或反犹主义的讲话。《圣父赞扬了比利时青年的朝圣之旅》，OR, 9 settembre 1938, p. 1。
13. ACS, MCPG, b. 164, “Notizia fiduciaria,” Roma, 7 settembre 1938.
14. Bottai 2001, p. 137 (7 ottobre 1938).
15. 出处同上，p. 133 (8 settembre 1938)。

16. Ciano 2002, p. 124 (September 10, 1938); Lamb 1997, pp. 206–207. 两天后，国王为了医生的事情，直接找内务部副部长布法里尼 · 圭多谈话。国王对种族法案的懦弱默许再次暴露无遗。国王非常不安，因为好些军功卓著的犹太军官联系到他，对新近的反犹运动提出抗议。当布法里尼告诉他，法案规定对这类人网开一面时，国王回答说，“总理 [墨索里尼] 这般区别对待，承认这些犹太人对祖国的忠心可圈可点，令我感到十分高兴”。他进一步说道 :“我确信总理强大的洞察力、深刻的直觉力和豪气的慷慨必然会导向这样 483
的作为。” 转引自 De Felice 1981, p. 492。

17. ASV, AESI, pos. 1054, fasc. 727, f. 48r, 6 settembre 1938, Consegnato dal P. Tacchi Venturi perriferire al S. Padre, 6 settembre 1938; 出处同上，f. 46r, 7 settembre 1938, Segreteria di Stato di Sua Santità, 7 settembre 1938。

18. 教宗补充道，教会总是教导教徒，基督徒和犹太人都是亚伯拉罕的子孙，而亚伯拉罕则是所有人的祖先。教宗的这些指令是通过帕切利枢机传达的。本信内容由帕切利手写，收于他与教宗的会面记录中，但没有同其他国务卿记录放在一起。ASV, AESI, pos. 1054, fasc. 727, f. 45r, “Udienza del 9 settembre 1938.” 容纳这些谈话记录的梵蒂冈文件名透露了很多信息。尽管教宗对这个问题的想法会有所不同，但是帕切利麾下的国务院则重点明确 :“给塔基 · 文图里神父的指导意见，用于同政府首脑商谈种族问题。有关皈依天主教的犹太人问题。” ASV, AESI, pos. 1054, fasc. 727, f. 40r, settembre 1938. 就在塔基 · 文图里与墨索里尼商讨种族法案的同一天，皮尼亚蒂也会见了帕切利。他们讨论的问题是：法西斯党为那些有工薪阶层女孩参加的公共舞会提供资助，教宗已经多次就此提出怨言。ASMAE, APSS, b. 42, Pignatti a Starace, 10 settembre 1938.

19. ASV, AESI, pos. 1054, fasc. 727, ff. 41r, 43r, 20 settembre 1938.

20. 出处同上，fasc. 732, ff. 48r–48v, Cardinal Fossati, arcivescovo di Torino, a Domenico Tardini, 28 settembre 1938; 出处同上，f. 49r, Tardini a Fossati, 1 ottobre 1938; Tardini a Tacchi Venturi, 1 ottobre 1938。

21. 普里莫 · 莱维，《周期表》，转引自 Cavarocchi and Minerbi 1999, p. 483。

22. 引自西尔维娅 · 隆布罗索（Sylvia Lombroso）的日记，Nidam-Orvieto 2005，p. 162。

23. 出处同上，pp. 162–163。

24. Lamb 1997, p. 221.

25. 法国驻柏林大使安德烈 · 弗朗索瓦—蓬塞（André François-Poncet）对这次会议留有一份极佳的描述。转引自 De Felice (1981, p. 528)。爱德华 · 达拉第（Édouard Daladier）则是法国出席这次会议的代表。

26. Lamb 1997, figs. 12–13; Navarra 2004, p. 38. 英国人尽管打伞，却依然建立了一个相当巨大的帝国，不过纳瓦拉认为最好不要提及此事。

27. 《当数百万人》，1938 年 9 月 29 日，http://www.vatican.va/holy_father/pius_xi/speeches/documents/hf_p-xi_spe_19380929_mentre-milioni_it.html。庇护十一世对慕尼黑协议并不满意。他向夏尔—鲁抱怨说，法国人没有给捷克斯洛伐克足够的支持，而且英法两国没让捷克斯洛伐克的代表坐上谈判桌，就将其领土割让给德国，这简直太过无耻。9 月 30 日接见两位意大利议员时，教宗发表了自己的这番观点，并传到了墨索里尼耳里。领袖大发雷霆。他怒道，教宗显然还在自讨苦吃。MAESS, vol. 38, 209–210, Charles-Roux, 5 octobre 1938.

28. Milza 2000, pp. 762–763, Rauscher 2004, pp. 261–264; Grandi 1985, pp. 452–453; De Felice

1981, p. 530. 近来有许多著作挑战了固有观念，认为种族法案并没有在意大利受到排挤，也并未导致政权支持率的下降：Rigano 2008; Pavan 2010; Israel 2010。米科利（2004, p. 25）否认种族法案降低了意大利天主教徒对墨索里尼的支持率，而是将这一支持率的下降时机定在 1942 年，当时正值战事开始恶化。

29. Kershaw 2000, p. 123.

30. ASV, AESS, pos. 560, fasc. 592, f. 98v, Tardini, diario, 2 ottobre 1938. 许多神父都称赞墨索里尼是天主派来拯救意大利和欧洲的人物，而舒斯特不过是这众人中的一位。最令人反 484
胃的一篇颂词来自坎波巴索大教堂大司祭，他在 10 月 7 日的布道中将墨索里尼称为新的摩西。Piccardi 1995, pp. 218–220.

31. Bottai 2001, p. 136. 博塔伊的日记记录下墨索里尼的话语，并对种族法案表示强烈的支持。

32. 转引自 Petacci 2010, p. 421。

33. CC 1938 IV, pp. 269–271.

34. DDI, series 8, vol. 10, n. 238, l' incaricato d' affari presso la Santa Sede, Fecia di Cossato, al ministro degli affari esteri, Ciano, 7 ottobre 1938.

35. ASV, AESI, pos. 1063, fasc. 755, ff. 10r, 12r, 7 ottobre 1938.

36. 转引自 Guasco 2010, pp. 94–95。

37. DDI, series 8, vol. 10, n. 252, l' incaricato d' affari presso la Santa Sede, Fecia di Cossato, al ministro degli affari esteri, Ciano, 10 ottobre 1938.

38. ASMAE, AISS, b. 102, l' incaricato d' affari presso la Santa Sede, Fecia di Cossato, al ministro degli affari esteri, Ciano, 11 ottobre 1938. 早先，科萨托也提交过许多报告，表明耶稣会强烈支持政府的反犹运动，科萨托在此提及了他在 8 月 5 日和 17 日提交的报告。这些日期非常重要，因为正是在这几周内，墨索里尼制定了第一批反犹法案，并迫切地希望教会明确支持他的反犹运动。

39. ASV, ANI, pos. 24, fasc. 14, ff. 160r–163r, Borgongini a Pacelli, 10 ottobre 1938. 梵蒂冈国务院的文件中有一张日期为 1938 年 10 月 7 日的纸条，同样指向了墨索里尼与塔基 · 文图里在 8 月 17 日达成的秘密协议，并认为它已经生效。ASV, AESI, pos. 1060, fasc. 747, f. 6r.

40. Tacchi Venturi a Monsignor A. Bernareggi, vescovo di Bergamo, 11 ottobre 1938, published in Presenti 1979, p. 562.

41. 塔基 · 文图里意图为领袖美言，于是在次日告知教宗："他用一副非常抱歉的神情告诉我这些话，他对这个问题耽搁了这么久表示抱歉，并希望以最大的善意重新解决这个问题。" ASV, AESI, pos. 1060, fasc. 747, f. 4r, Tacchi Venturi a Pio XI, 11 ottobre 1938.

42. ASV, AESS, pos. 560, fasc. 592, f. 107r, 10 ottobre 1938. 教宗对塔尔迪尼下达指令，要求他尽快宣布开除贝加莫法西斯党头目以及公教进行会委员会成员的消息。当塔尔迪尼建议把日期选在 15 日周六时，教宗回答说："不行，太迟了！况且那是周末。把两件事都安排在 14 日周五。" ASV, AESS, pos. 560, fasc. 592, ff. 107v–108r, 11 ottobre 1938. 贝加莫这四名优秀而又受人尊敬的公教进行会委员会成员遭到开除，令贝加莫主教非常不满。塔基 · 文图里在安抚他时告诉他，作为虔诚的天主教徒，这些人应当愿意尽最大的努力为公教进行会谋求好处。他补充道："我还认为，稍稍调整党卫军（这里他使用了法西斯术语）人选，不会给机构造成伤害。" Tacchi Venturi a Monsignor A. Bernareggi, vescovo di Bergamo, 11 ottobre 1938, in Presenti 1979, p. 562.

43. ASV, AESI, pos. 1060, pos. 747, f. 17r, l' incaricato d' affari presso la Santa Sede, Conte Carlo Fecia di Cossato, consigliere dell' ambasciata d' Italia presso la Santa Sede, a Domenico Tardini, 12 ottobre 1938; 出处同上，18r–19r, Tardini a Fecia di Cossato, 13 ottobre 1938; ASV, AESS, pos. 560, fasc. 592, f. 108v, 12 ottobre 1938。

44. 出自塔尔迪尼的笔记。ASV, AESS, pos. 560, fasc. 592, f. 106r, Tardini, 9 ottobre 1938. 教宗的话语采取了意译的手法，英语译文感谢莱斯莉·里瓦(Lesley Riva)，意大利原文是："Roba da frati! È proprio vero che: cappuccio e cotta sempre borbotta!"

45. ASV, AESS, pos. 560, fasc. 592, f. 109r, 14 ottobre 1938.

46. 出处同上，f. 112r, 15 ottobre 1938。

47. 出处同上，f. 114r, 16 ottobre 1938。

第二十五章　最后的战役

1. Passelcq and Suchecky 1997, p. 69. 485

2. ASMAE, APSS, b. 39, fasc. 1, Cosmelli, R. Ambasciata Washington, a Ciano, "Stati Uniti e Cattolicesimo," 20 ottobre 1938. Discussed further in Kertzer and Visani 2012.

3. 巴鲁克曾是一位华尔街大亨，当时的他是一名慈善家，以及富兰克林·罗斯福的"智囊团"成员。

4. 美国大使将这一情报报告给华盛顿，并且补充说特里雅斯特的警察阻止当地民众庆祝哥伦布日（译注：10 月 12 日或 10 月的第二个周一，纪念哥伦布在 1492 年首次登上美国大陆）。他怀疑他们是从罗马接到命令，原因在于他们认为哥伦布是个犹太人，也体现出美国对种族法案的抗议令墨索里尼感到不快。NARA, M1423, reel 12, Phillips to U.S. secretary of state, "Anti-Jewish measures in Italy," n. 1120, October 21, 1938.

5. ASV, AESS, pos. 560, fasc. 592, f. 117r, Tardini notes, 19 ottobre 1938. 塔尔迪尼写道："官方的备忘录十分必要，这样能确保留下证据，证明圣座曾经警告意大利政府，考虑新法案可能带来的后果。" ASV, AESI, pos. 1063, fasc. 755, f. 15r, Tardini appunti, 19 ottobre 1938.

6. 听到博尔贡吉尼这番评论的人是塔尔迪尼。ASV, AESS pos. 560, fasc. 592, ff. 119r–119v, Tardini appunti, 20 ottobre 1938.

7. ASV, AESI, pos. 1063, fasc. 755, ff. 20r–21r, Borgongini, Nunziatura Apostolica d' Italia, "Progetto di appunto," n. 6480, n.d.

8. 塔尔迪尼在此处用铅笔在"不同"之前加上了"过分"一词。

9. 博尔贡吉尼急于要达成这份协议。他进一步说道，如果两种方案都被政府拒绝，那么在新法案宣布之前，梵蒂冈和政府必须以其他方式达成一致。ASV, AESI, pos. 1063, fasc. 755, ff. 22r–23r, Borgongini, Nunziatura Apostolica d' Italia, "Progetto di appunto," n. 6481, undated.

10. 有关此次商讨，塔尔迪尼留下了两份略有不同的描述。ASV, AESI, pos. 1063, fasc. 755, f. 36r, 23 ottobre 1938; AESS, pos. 560, fasc. 592, ff. 123v–125r, 23 ottobre 1938.

11. ASV, AESI, pos. 560, fasc. 592, f. 125v, 23 ottobre 1938.

12. 礼仪及圣事部秘书长弗朗切斯科 · 布拉奇（Francesco Bracci）蒙席也在场。

13. 阿尔弗雷多 · 奥塔维亚尼蒙席（他担任替补国务卿直至 1935 年，然后成为罗马宗教裁判所的顾问）也出席了这次商讨。与会人员决定，他们应当与政府沟通三个问题：其一，混合婚姻（无论是天主教徒与非天主教徒，还是两个不同种族的天主教徒之间）是少数情况，“至于未来该怎么办，圣父已经安排了审定的日程”；其二，政府应当承认这些少数的婚姻关系，必要时应当运用王室的豁免权；其三，在任何情况下，政府都应当承认，如果当局惩罚那些出于良知而举行这类婚礼的人，那么它将严重冒犯宗教情感（当教宗审阅至此处时，他还补充了“和自然法”四个字）。ASV, AESI, pos. 1063, fasc.755, f. 40r, Tardini appunti, 23 ottobre 1938，附有他对当天会议的详细记录：41r–45r。关于教宗对这一方案的首肯，参见 ASV, AESI, pos. 1063, fasc. 755, ff, 49r–50r, Tardini appunti, 24 ottobre 1938。

14. ASV, AESI, pos. 1063, fasc. 755, f. 53r, Tardini appunti, 25 ottobre 1938.

15. 出处同上，ff. 56r–59r, Tacchi Venturi a Mussolini, 26 ottobre 1938。

16. 出处同上，ff. 61r–64r, Adunanza presso l' E.mo Sig. Cardinale Jorio, 27 ottobre 1938。次日，当受到教宗的接见时，塔尔迪尼拿出了一份数据，表明双方探讨所涉及的都是极少数案例。他告诉教宗，在去年，意大利超过 377 000 对新婚夫妇中，仅有 61 对天主教徒与非 486
天主教徒的婚姻需要得到教会的许可。此外，也鲜少有婚姻涉及皈依天主教的犹太人。出处同上，f. 72r, Tardini appunti, 28 ottobre 1938。

17. 纳粹党曾担心宣布这样的军事协定可能会在美国造成负面影响，但是现如今，这位德国外交部部长已经不再有类似的顾虑，因为近期的苏台德危机表明，美国的孤立主义者具有非常强大的势力。他唯一的顾虑便是，宣布这样的军事协定可能会引发美国犹太人的怒火，但是“犹太人在美国发起的针对德国和意大利的宣传攻势只在东部非常强势，越往西则攻势越弱。然而在外交政策上占据主导地位的却是美国的西部地区。DGFP, series D, vol. 4, n. 400, “Conversation between the Reich foreign minister, Herr von Ribbentrop, and the Italian foreign minister, Count Ciano,” Rome, October 28, 1938.

18. 引自齐亚诺的外交文件，《领袖与第三帝国外交部部长冯 · 里宾特洛甫的谈话，齐亚诺伯爵也在场，罗马，1938 年 10 月 28 日》，载 Muggeridge 1948, pp. 242–246。

19. 转引自 Ciano 2002, 148–149。

20. ASV, AESI, pos. 1063, fasc. 755, ff. 71r–83r, Tardini, “Appunto per l' Ufficio. Letto al Santo Padre,” 29 ottobre 1938.

21. ASV, AESI, pos. 1063, fasc. 755, ff . 76r–76v, Tardini appunti, 29 ottobre 1938.

22. CC 1938 IV, pp. 371–372; Confalonieri 1957, p. 379.

23. MAESS, vol. 38, 196–197, Charles-Roux, 27 septembre 1938.

24. ASV, AESI, pos. 1063, fasc. 755, ff. 88r–89v, 30 ottobre 1938.

25. 塔尔迪尼在当天的观察里记载道，塔基 · 文图里“尽管与墨索里尼频繁会面，却依然惊叹于他的良好品质，并始终对他持有深切的好感”。如今墨索里尼却拒绝与他会面，这位耶稣会士已然坐立不安。塔尔迪尼实际上是在稍后的时日里写下了当天的见闻，这也给我们的解读带来了困难。他进一步说道：“尽管他多番尝试 [同领袖见面]，墨索里尼却貌似不再信任 P.T.V[彼得罗 · 塔基 · 文图里]。之后领袖还会偶尔接见他，但是频率很低，并且态度总是冷冰冰的。到最后墨索里尼彻底拒绝与他见面了。” ASV, AESI, pos. 1063, fasc. 755, ff. 129r–129v, 31 ottobre 1938.

26. ASV, AESI, pos. 1063, fasc. 755, ff. 130r–131r, 31 ottobre 1938. 塔基 · 文图里关于这次会

面的记录收于 ARSI, TV, b. 28, fasc. 2159, “Promemoria da me letto a S. E. Buffarini il 31 ottobre 1938.” 在墨索里尼和梵蒂冈陷入僵局的过程中，德国外交档案中的一页资料记录下一个令人惊异的小插曲。11 月 1 日，当墨索里尼和里宾特洛甫搭乘火车前往维罗纳时，领袖提出了一个特别的要求：外交部部长能不能想办法改善德国与德国天主教会的关系。他透露道，因为新近颁布的种族政策，意大利政府与梵蒂冈的关系变得十分紧张，但他又迫切地希望改善轴心国与天主教会的关系。由于他着重强调了这一点，里宾特洛甫便命令外交部准备一份报告，看看该如何改善德国与梵蒂冈的关系。墨索里尼的要求还达到了另一个效果：里宾特洛甫决定让柏尔根留在罗马，继续担任驻圣座大使。几个月来，帕切利都担心德国会安排一个强硬的纳粹党人来接替柏尔根。DGFP, series D, vol. 4, n. 468, “Memorandum by the Director of the Political Department,” Woermann, Vienna, November 3, 1938.

27. ASV, ANI, pos. 9, fasc. 5, ff. 140r–141r, “Provvedimenti per la tutela della razza italiana.”
28. 塔基 · 文图里还告诉他们，圣礼部传达给意大利天主教徒的婚姻指示也应重新修订。在他提出的新版指示中，当婚姻关系被新颁布的种族法案所明令禁止时，神父不得为双方举行宗教婚礼，除非其中牵涉“严肃的良知理由”。但是塔基 · 文图里并没有给出最后一句话的确切含义。所有在场人士都表示赞同。ASV, AESI, pos. 1063, fasc. 755, ff. 487 139r–141r, “Adunanza presso l' E.mo sig. Card. Jorio,” 2 novembre 1938.
29. 塔尔迪尼观察道：“很显然，如果补充了这样的内容，就表明政府完全接受了圣座的原则，也就意味着宗教观念将高于种族观念。” ASV, AESI, pos. 1063, fasc. 755, ff. 149r–150v, Tardini appunti, 3 novembre 1938.
30. ASV, AESI, pos. 1063, fasc. 755, ff. 162r–164r, “Relazione del colloquio avuto con S.E. Buffarini il 3 novembre 1938,” Tacchi Venturi; 出处同上，f.171r, Tardini appunti, 4 novembre 1938。

第二十六章　相信国王

1. ASV, AESI, pos. 1063, fasc. 755, ff. 177r–178r, Pio XI a Mussolini, 4 novembre 1938.
2. 出处同上，ff. 180r–181r, Tacchi Venturi a Mussolini, 4 novembre 1938。为了显示出教宗和领袖之间的密切关系，塔基 · 文图里还补充说，教宗本打算按照条约的规定，直接写信给国王，但是考虑到领袖为教会所做的一切，他决定给墨索里尼一个机会，把事情都解决好。
3. 在教宗的要求下，寄给国王和墨索里尼的信件都由帕切利起草。给国王的这封公开信收于 DDI, series 8, vol. 10, n. 360, “Sua Santità Pio XI a Re Vittorio Emanuele III,” 5 novembre 1938；帕切利的手写原稿（附有修改）则收于 ASV, AESI, pos. 1063, fasc. 755, ff. 184r–184v。
4. 几年后，曾担任意大利外交部部长并于当时担任意大利驻英国大使的迪诺 · 格兰迪，回顾了国王与领袖之间的关系。他观察道：“二十年来，国王和墨索里尼眼中的对方犹如击剑场上的两名对手，两人都举着剑。” 尽管格兰迪捕捉到双方戒备的状态，但是他的描述没能突出双方不平等的关系：国王一直都害怕令领袖不满。尽管他们的背景和脾气千差万别，尽管国王卑躬屈膝，但是两人都身处深刻的孤独之中，出人意料地惺惺相惜，并且对本国人民感到失望。De Felice 1981, pp. 14–15.

5. ASV, AESI, pos. 1063, fasc. 755, f. 186r.

6. 墨索里尼通过布法里尼转达了他的意思。ASV, ANI, pos. 9, fasc. 5, f. 141r, Buffarini a Tacchi Venturi, 7 novembre 1938.

7. Ciano 2002, pp. 151–152.

8. Fogarty 1996, p. 562. 罗斯福还命令部署在法国海域的美国海军舰队将旗舰派往那不勒斯，协助举办款待芒德莱恩的仪式，而菲利普斯也参加了这艘旗舰上由一名海军少将主持的午餐聚会。"在这个特殊的时刻，当宗教迫害愈演愈烈，连意大利都不能幸免时，"罗斯福告诉菲利普斯，"我希望做到的事情将具有重大的意义，不仅意大利人会明白，而且我认为它们必将带来正面的效果。" Phillips 1952, pp. 222–223.

9. 在双方结束谈话之前，本次聚会的贵宾也加入了他们的谈话之中。芒德莱恩枢机告诉齐亚诺，他希望敦促政府兑现对圣座的承诺，他的这番话代表了所有美国天主教徒的心声，"以及许多美国非天主教徒的心声"。ASV, AESI, pos. 1063, fasc. 755, ff. 200r–202v, Borgongini a Pacelli, 9 novembre 1938.

10. ASMAE, APG, b. 46, R. Ambasciata, Berlino, a Regio Ministero degli affari esteri, "Reazioni anti-Semite in Germania," 26 novembre 1938. 教宗大使切萨雷 · 奥尔塞尼戈也就此次屠戮给梵蒂冈发去了一份详细报告，但没有任何记录显示圣座曾就此事提出谴责和抗议。Wolf 2010, pp. 205–206. 此次暴力事件得到《公教文明》的报道：CC 1938 IV, pp. 476–478。

11. Perin 2011, p. 207.

12. ASV, AESI, pos. 1063, fasc. 755, ff. 203r–204r, Tacchi Venturi a Mussolini, 10 novembre 488
1938.

13. Fornari 1971, pp. 185–186; Il Regime fascista, 8 novembre 1938, p. 3.

14. 《法里纳奇演讲中的教会与犹太人》,《意大利日报》, 1938 年 11 月 9 日。

15. DDI, series 8, vol. 10, n. 390, Pignatti a Ciano, 12 novembre 1938.

16. 这份档案的作者可能是塔尔迪尼，档案名是《圣座就种族问题采取的行动》。ASV, AESI, pos. 1054, fasc. 738, ff. 34r–39r. 文档并没有标注日期，但是它提及了 1938 年 9 月 21 日的一桩事件，因此不可能写于 9 月下旬之前。此外，在梵蒂冈秘密档案里，排在它前面的文档日期是 1938 年 11 月 4 日的，这表明它可能写于 11 月上半月。

17. ASV, AESI, pos. 1063, fasc. 755, ff. 212r–213r, Pacelli, telegramma per Parigi, San Sabastiano, Londra, 11 novembre 1938.

18. ASV, ANI, pos. 9, fasc. 5, ff. 162r–166r, Pacelli a Pignatti, 13 novembre 1938. 次日，帕切利给教廷的诸位枢机送去了报告，向他们说明了当前的情况，并附上了几份文件，包括塔基 · 文图里寄给墨索里尼的两封谄媚信件、新法案的文本、教宗写给墨索里尼和国王的信件（建议对新法案草案第 7 条的措辞进行修改）、国王的回复，以及帕切利于 11 月 13 日写给皮尼亚蒂的抗议信。ASV, ANI, pos. 9, fasc. 5, ff. 143r–161r.

19. 转载于 Sale 2009, p. 286

20. 《关于新法令》, OR, 14–15 novembre 1938, p. 1。11 月 16 日，英国驻意大利大使达西·奥斯本（D'Arcy Osborne）对教宗发表的抗议进行了分析，并将其寄给伦敦的哈利法克斯（Halifax）子爵。他先是概括了《罗马观察报》的文章，以及它就政府违背宗教事务协约一事提出的抗议，然后表示"这份抗议会带来怎样的后果将是一个有趣的话题，因为它将表明墨索里尼先生到底是更重视法西斯极端分子和纳粹同盟的观点和影响力，还是更重视意大利天主教徒的观点和影响力。我怀疑政府的回应不会考虑梵蒂冈意见本身的价值，而是出于纯粹功利的目的。如果顺从法西斯原则和纳粹实践的考量没有占得上风，我将会又惊又喜”。FCRSE, pt. 16, October to December 1938, n. 58.

21. 次日，庇护十一世向塔尔迪尼谈起了他同老耶稣会士的对话：“昨天，塔基 · 文图里神父来到梵蒂冈，只是为了告诉我那篇文章给政府留下了极好的印象。不过我让他吃了顿苦头！”

22. 帕切利到底是等到教宗把这件事给忘了（考虑到他日渐衰退的记忆力），还是说服了教宗，让他明白这么做并不明智，我们已经无法从塔尔迪尼的描述中获知，而这份描述是我们进入这番谈话的唯一入口。塔尔迪尼简单地写道，帕切利“成功地阻止了它”。塔尔迪尼这份关于 1938 年 11 月 15 日的描述写于稍晚的时日，收于 ASV, AESI, pos. 1063, fasc. 755, ff. 321r–321v, 329r。

23. Charles-Roux, 27 février 1937，转引自 LaCroix-Riz 1994, p. 55。

24. ASMAE, AISS, b. 5, fasc. 1, sf. 5, “Lettera aperta a S. E. il Cardinale Schuster Arcivescovo di Milano,” marzo 1930. 关于这一事件的更多细节，参见 ACS, MI, FP “Schuster”。

25. ASMAE, APSS, n. 314682, Ministero degli Affari Esteri, “Appunto per la Dir. Gen. A.E.M. Uff. V,” 1 settembre 1937.

26. Ferrari 1982, p. 590. ACS, MI, FP “Schuster,” informatore n. 553, 27 novembre 1938. 这位线人在报告里写道，舒斯特枢机的言语鞭挞之所以震惊了米兰城，是因为“人们普遍相信，这位枢机……完全同法西斯党站在一起，因此也会遵从政府的种族政策”。出处同上，30 novembre 1938。另参见出处同上，informatore n. 37, 2 dicembre 1938。

27. ASV, ANI, pos. 9, fasc. 5, ff. 168r–169r, Pacelli a Pignatti, 22 novembre 1938.

28. 出处同上，ff. 170r–171r, Pignatti a Pacelli, 29 novembre 1938。 489

29. 这份报纸是《意大利人民报》。同一天，米兰那份享有声望的《晚邮报》声称，罗斯福在美国已经渐渐不得人心了，并预测说“那些倾向于美国中立原则或者反对白宫被背信弃义的犹太人主宰的人士很快就要站起来反对他了”。两篇报纸文章都由里德转自 NARA, M1423, reel 1, Edward L. Reed, chargé d’affaires ad interim, Rome, to secretary of state, Washington, n. 1184, December 2, 1938。

30. Confalonieri 1957, p. 379.

31. DDI, series 8, vol. 10, n. 510, Pignatti a Ciano, 6 dicembre 1938.

32. ACS, MI, DAGR, b. B7-G, #81980-3, Milano, 4 dicembre 1938.

33. ACS, MI, DAGR, b. B7-G, #81984-5, Milano, 5 dicembre 1938; Israel 2011, p. 62; Matard-Bonucci 2008, p. 293.

第二十七章　死得正好

1. DDI, series 8, vol. 10, n. 539, Pignatti a Ciano, 12 dicembre 1938. 这句话在原文中有下划线。

2. Ciano 2002, pp. 165–166.

3. Baudrillart 1996, pp. 902–903.

4.《圣父的话语》, OR, 25 dicembre 1938, p. 1。

5. 帕切利为了说服教宗，还向蒙蒂尼寻求帮助。ASV, AESI, pos. 1063, fasc. 755, ff. 479r–479v, Tardini appunti, 24 dicembre 1938.

6. 在一场会面中，齐亚诺透露了领袖发怒的内情，而博尔贡吉尼则为教宗辩护。教宗大使将近期的紧张关系归咎于墨索里尼对纳粹主义的全盘接受，政府近期通过禁止混合婚姻而违反宗教事务条约的行径，其动机令人无法理解。他认为，教宗向枢机发表的那番宽宏大量的演讲，意在修复双方都想要维系的和谐关系。现在轮到墨索里尼迈出属于他的那一步了。ASV, ANI, pos. 24, fasc. 5, ff. 2r–6r, Borgongini to Pacelli, 28 dicembre 1938.

7. Ciano 2002, p. 171 (January 1, 1939).

8. François-Bonnet, December 31, 1938, 转引自 De Felice 1981, pp. 571–572。

9. Petacci 2010, pp. 445–446.

10. Petacci 2011, pp. 21–35.

11. Ciano 2002, p. 172 (January 2, 1939).

12. DDI, series 8, vol. 11, n. 6, Pignatti a Ciano, 3 gennaio 1939. 同样是在 1 月 3 日，齐亚诺与墨索里尼会见了美国大使，商讨一份由罗斯福总统发来的提议。在这封日期标注为 12 月 7 日的信函中，罗斯福表示，欧洲有大量的犹太人背井离乡、无家可归，他要求领袖帮忙处理这一人道危机。罗斯福提议由意大利在埃塞俄比亚辟出一个犹太难民区。Foreign Relations of the United States, vol. 1, pp. 858–859, "President Roosevelt to the Chief of the Italian Government (Mussolini)," December 7, 1938; 以及出处同上，pp. 859–860, "Memorandum Elaborating the Points Referred to in President Roosevelt' s Letter to the Chief of the Italian Government, December 7, 1938"。墨索里尼回答说，基于意大利政府在犹太问题上的态度，他没法考虑扮演这样的角色，不过他半开玩笑地告诉菲利普斯大使，美国拥有大片领土，他质问美国为什么不划出一个区域，接纳来自欧洲的犹太难民。DGFP, series D, vol. 4, n. 424, ambassador in Italy to foreign ministry, January 4, 1939; NARA, M1423, reel 1, Edward Reed, Rome, to secretary of state, January 6, 1939, no. 1238; DDI, series 8, vol. 11, n. 47, Vitetti ai Direttori Generali degli Affari Transoceanici, Roma, 11 gennaio 1939.

13. DDI, series 8, vol. 11, n. 26, Pignatti a Ciano, 7 gennaio 1939; ASMAE, AISS, b. 95, fasc. 1, 490
sf. 1, Pignatti, 7 gennaio 1939.

14. 在意大利的枢机和主教中，以批评政府种族法案而出名的要数舒斯特枢机，可即便是他，也仍然相信法西斯政府本质上是善良的，雷纳托 · 莫罗（2005, pp. 51–55）对此提出了颇具洞见的分析。舒斯特认为，出问题的只是个别党内趋势，它要将异端的纳粹意识形态引入意大利法西斯主义。

15. 夏尔–鲁在 1938 年 12 月 31 日给法国外交部部长发去一份报告，引用了前一天的报纸文字。MAEI, vol. 267, 152–153.

16. 主教关于犹太人的讲话分为两个部分，刊登在梵蒂冈的日报上：《克雷莫纳主教布道词：〈教会与犹太人〉》, OR, 15 gennaio 1939, p. 2;《克雷莫纳主教布道词:〈为何要控诉教会〉》, 16–17 gennaio 1939, p. 2。《罗马观察报》在刊登主教的四旬斋布道词时，对其言辞进行了弱化处理，删去了如下语句："教会从来没有为保护犹太人和犹太教而说过任何话，做过任何事。" 关于这些文字更改的讨论，参见 Binchy 1970, pp. 622–623，以及 Bocchini Camaiani 1989, pp. 62–63。加利纳（1979, pp. 523–524）引用了克雷莫纳省督于 1 月 8 日就布道词一事发给布法里尼的一部分报告，认为这一布道词强烈支持法西斯的反犹运动。

17. Bocci 2003, pp. 501–505. 法里纳奇想到让极具影响力的杰梅利出面，证明教会强烈支持反犹运动，这一想法并不出人意料。杰梅利在博洛尼亚的讲话核心内容，都来自他在圣心天主教大学 1938—1939 学年开学典礼上发表的讲话。他不仅将“犹太—共济会阴谋”当作敌人来炮轰，而且对墨索里尼的赞颂也已经达到了无以复加的地步：“我们必须构筑新的意大利，构筑墨索里尼时代的意大利，这些‘墨索里尼手下的年轻人’敢于放下书本，拿起步枪，为他们的祖国冲锋陷阵。”此文刊登在杰梅利主管的期刊《生活与思考》(*Vita e pensiero*)，15, n.1, pp. 5–12, 1939，讨论参见 Bocchini Camaiani 1989, p. 48n14。杰梅利对于犹太人的看法同《公教文明》以及耶稣会总会长极其一致。自从建立圣心天主教大学起，他时不时地就犹太问题大发陈词。就在博洛尼亚演讲的几个月前，他在写给一个朋友的信中谈及，所谓西方民主不过是“犹太—共济会”阴谋的障眼法。Bocci 2003, p. 523n14.

杰梅利是个讨人厌的家伙，他自己也承认这一点。他凭借一己之力创办了圣心天主教大学，为之抗争，为之战斗，并且将它当作是自己的封地。在这番事业中，他得到了教宗和法西斯当局的强力支持。他曾在 1931 年告诉听众：“我有许多缺点，对此我不会否认。我很暴力，会欺侮别人，有时候很糊涂。”他继续说道，但是天主明白让人们的缺点为祂所用。“必须要有像我这样的人，乃至一位暴君，才能创办一所大学。”Cosmacini 1985, p. 203.

杰梅利慷慨激昂的反犹演讲非常及时地给法里纳奇帮了大忙，因为后者正试图证明，政府的反犹法案与教会的教导协调一致。然而杰梅利的讲话可能有着非常卑劣的动机，因为有证据表明，他希望通过履行法里纳奇的意愿，获得意大利学会（意大利最负名望的荣誉学会）主席一职。若果真如此，那么法里纳奇至少尝试去兑现他的承诺。3 月 19 日，他敦促墨索里尼将杰梅利聘为意大利学会主席。法里纳奇深信杰梅利很快就会晋升为枢机，所以他告诉领袖，如果我们能将卧底安插到离新教宗如此接近的位置，将为我们带来极大的便利。ACS, CR, b. 44, n. 033912, Farinacci a Mussolini, 19 marzo 1939. 墨索里尼回答说“时机尚未成熟”，所以没有做出这一委任。而杰梅利也没有成为枢机。关于这一事件的讨论，参见 Bocci 2003, pp. 506–508。

18. MAEI, vol. 267, 158–159, Charles-Roux à Georges Bonnet, 19 janvier 1939.

19. ACS, MI, FP “Gemelli,” informatore n. 390 (=Arrigo Pozzi), “Gli umori del nuovo papa 491
verso padre Gemelli. Una scena pietosa con Pio XI,” Milano, 10 marzo 1939.

20. 在 1939 年初，《公教文明》还刊登了一篇文章，再度指控共济会成员是基督教文明的大敌，他们的盟友是“四海一家的犹太人，这些人不会效忠于任何国家”。安东尼奥·梅西内奥，《世界国际主义与国家身份》，CC 1939 I, pp. 7–20, 转引自 Vian 2011, pp. 131–132。

21. Venini 2004, p. 251. 韦尼尼没有提及教宗与杰梅利之间有任何摩擦。

22. Riccardi 1996, p. 536. 意大利共有二百七十四个主教管区，受到主教或者大主教的管辖。

23. 帕切利将这番对话告诉了皮尼亚蒂，后者直接向齐亚诺做了报告，并要求双方进行会面和商讨。ASMAE, AISS, b. 101, fasc. 1, Pignatti a Ciano, 11 gennaio 1939.

24. 墨索里尼很在意教宗是否对意大利政府感到不满，对此心知肚明的蒙蒂尼蒙席给皮尼亚蒂送去了这一期的梵蒂冈报纸。但是皮尼亚蒂并不满意，告诉他这个话题不应该用幽默的形式处理掉。梵蒂冈应该发布正式声明，否认这些流言的真实性。ASMAE, APSS, b. 44, fasc. 2, Pignatti a Ciano, 11 gennaio 1939. 1 月 11 日至 14 日，英国首相和外交部长访问罗马，使得齐亚诺和墨索里尼无法分心旁骛。DBFP, 1919–1939, series 3, vol. 3, n.

500, pp. 517–530, R 431/1/22, “Conversations between British and Italian Ministers, Rome, January 11–14, 1939,” and n. 502, pp. 531–540, R 546/1/22, “The Earl of Perth (Rome) to Viscount Halifax (Received January 23),” January 19, 1939. 两位英国来访者在 1 月 13 日与教宗进行了简短的会晤。张伯伦表示教宗“健康状况相当良好”。《英国政治家与教宗进行会晤》, NYT, January 14, 1939, p. 5。

25. 《纽约时报》在圣诞节当天刊登了一篇题为《庇护十一世谴责法西斯敌对行为，披露诸多内情》的文章（December 25, 1938, p. 1）。这篇文章并不完全准确，因为美国、法国和英国的报纸都急于为教宗打造一副与种族法案和法西斯政权不共戴天的形象，所以删去了教宗在抗议中做出的一些区分。

26. DDI, series 8, vol. 11, n. 56, Pignatti a Ciano, 14 gennaio 1939.

27. 19 日，博尔贡吉尼询问墨索里尼的内务部副部长布法里尼，政府打算如何庆祝十周年纪念日。这位法西斯高官厉声说道：“考虑到如今的事态，我们凭什么要庆祝？”可是当教宗大使指出，早在十年前，双方的和解给意大利人民带来多么强烈的喜悦，他们必将期待一场盛大的纪念仪式时，布法里尼承认道：“是的，是的，你说得对，我们是得搞点活动。” ASV, ANI, pos. 24, fasc. 14, ff. 174r–177r, Borgongini a Pacelli, 19 gennaio 1939.

28. 这些事件记录在塔尔迪尼的描述中：ASV, AESS, pos. 576, fasc. 607, ff. 15r–15v, 17r。

29. Sale 2009, p. 45.

30. 我们并不清楚初稿（以及罗萨在过去的几周内所做的修改）如何回到莱多霍夫斯基手里。罗萨神父很有可能将这个秘密告诉了接替他的杂志主编，当他过世后，此人便立即把材料收集起来，交给了莱多霍夫斯基。如果事实并非如此，那么在听闻罗萨的死讯时，耶稣会总会长定然是传令将这份稿件带回到他身边。

31. Sale 2009, pp. 45–47. 萨莱神父在其 2009 年的专著中首先指出了这封通信的存在，但他为莱多霍夫斯基和罗萨辩护，认为他们没有阻止教宗发布谴责种族主义和反犹主义的通谕。他认为（Sale 2009, p. 47）他们觉得这份初稿的问题主要在于拉法奇对教宗通谕的特定文风不熟，因此没有采用恰当的措辞形式。他们在意的主要问题竟然是文风，这种说法令人难以置信。

32. 《威尼斯大主教布道词》, OR, 19 gennaio 1939, p. 2。 492

33. ASMAE, AISS, b. 102, “Notizia fiduciaria,” Roma, 19 gennaio 1939.

34. DDI, series 8, vol. 11, n. 102, Pignatti a Bastianini, 24 gennaio 1939.

35. ASV, AESS, pos. 576, fasc. 607, ff. 22r–23v, Tardini appunti, 22 gennaio and 1 febbraio 1939.

36. Ciano 2002, p. 184 (February 1, 1939).

37. 墨索里尼通过皮尼亚蒂转达了他的意见。ASMAE, AISS, b. 101, Pignatti a Ciano, n. 414/133, 3 febbraio 1939. 帕切利对此次会面的描述收于 ASV, AESS, pos. 576, fasc. 607, f. 19r, 3 febbario 1939。

38. ASV, AESS, pos. 576, fasc. 607, f. 20r, 4 febbraio 1939.

39. 皮尼亚蒂建议齐亚诺：“如果在你到场的情况下，教宗依然听凭自己的坏脾气发作，那么即便教宗发表了粗鲁的回应，整个天主教世界，以及所有头脑正常的人都会明白，政府在这一事件上是正确的。” ASMAE, AISS, b. 101, Pignatti a Ciano, n. 439/144, 4 febbraio 1939.

40. Bottai 1989, p. 141.

41. ASV, AESS, pos. 576, fasc. 607, f. 21r, 6 febbario 1939. 夏尔–鲁在 2 月 8 日发给巴黎的报告中回顾了派遣齐亚诺出席活动的决定。MAEI, vol. 267, 165–166.
42. Papin 1977, p. 49.
43. Confalonieri 1957, pp. 385–386.
44. 塔尔迪尼记录了教宗的话语。ASV, AESS, pos. 576, fasc. 607, f. 102r.
45. 出处同上。
46. Fattorini 2007, p. 213.
47. Venini 2004, p. 254.
48. Ciano 2002, p. 187 (February 9, 1939).
49. 卡米尔 · 钱法拉,《教宗庇护在梵蒂冈过世，享年八十一岁，多位枢机守在床前》，NYT, February 10, 1939, p. 1。这类关于教宗遗言的二手报告自然是极其不可靠。
50. 《教宗过世》,《泰晤士报》, February 11, 1939, p. 12。
51. 希龙（2006, 463–464）讲述了教宗的临终场面。

第二十八章　乌云消散

1. Charles-Roux 1947, pp. 243–244.
2. Ciano 2002, p. 188 (February 10, 1939). 教宗极具戏剧性的死亡时间激发了许多阴谋理论，因为这恰恰是在他向意大利主教发表讲话的前一天，而墨索里尼担心庇护会对他提出谴责。在这番猜测中，最核心的人物是克拉拉 · 佩塔奇的父亲弗朗切斯科（Francesco），一位梵蒂冈的资深外科医生。出于各种原因，弗朗切斯科很有可能受到了胁迫（不仅是因为克拉拉，还有可能是因为她的兄长，此人利用家族同墨索里尼的关系，陷入了一系列存疑的经济纠纷中）。这一阴谋理论的拥趸注意到，教宗的私人医生阿明塔·米拉尼（Aminta Milani）在教宗临终那几天生病卧床，他们认为老佩塔奇可能利用职务的便利，赶在教宗于《拉特兰条约》十周年纪念日发表那番令法西斯党人忌惮的讲话前，将病重的他送去见了天主。在 1972 年的头版上，《泰晤士报》在报道中写道，蒂斯朗枢机曾经告诉关系密切的同事，他认为教宗遭到谋杀，并怀疑佩塔奇便是元凶。此外，据说那个为教宗整理遗容的人也是佩塔奇，所以他得以移除所有投毒的迹象，这成了控诉他的进一步证据。《教宗 1939 年遇害理论的证据》,《泰晤士报》, June 23, 1972, p. 1。2005 年，意大利历史学家彼得罗·梅洛格拉尼（Piero Melograni）重新提起了这个理论。安东尼奥·卡廖蒂,《疑点重重的庇护十一世死因。领袖将要背负起罪名》,《晚邮报》, 11 luglio 2005, p. 25。尽管 493
教宗死亡的时机为这桩事情本身带来了疑点，但是目前没有充分的证据证明他死于任何非自然原因。但这种故事实在太过轰动，所以它依然反复出现，近来主要由毛罗 · 苏托拉（Mauro Suttora）所推动。《庇护十一世是否被克拉拉的父亲所谋杀？》,《晚邮报》, 17 maggio 2012。
3. Caviglia 2009, p. 227 (10 febbraio 1939).
4. 在过去的几周里，皮尼亚蒂建议政府不要助长枢机之间反法西斯势力的气焰。可即便是在教宗病危期间，法西斯党主席阿契尔 · 斯塔拉切依然要求政府发起新一轮的抗议：个别公教进行会团体依然涉嫌组织政治活动。教宗过世次日，皮尼亚蒂致信斯塔拉切，告诉他不要在这个关头找梵蒂冈的麻烦。在教宗缺位的情况下，圣座事务将由枢机团来决定，而下一任教宗也将由这帮人投票选出。很显然，即便狂热如斯塔拉切，也认同了大使的办事逻辑，并在当晚发来电报，表示自己明白了。ASMAE, APSS, b. 42, Pignatti a Starace, 11 febbraio 1939, n. 545; 出处同上，Pignatti a Ciano, 12 febbraio 1939, n. 553。

5. Ciano 2002, p. 189 (February 12, 1939).

6. Petacci 2011, pp. 52–53 (12 febbraio 1939).

7. ASV, ANI, pos. 1, fasc. 7, ff. 7r–9r, Borgongini a Monsignor Vincenzo Santoro, segretario del Sacro Collegio, 13 febbraio 1939. 温琴佐 · 桑托罗（Vincenzo Santoro）在两天后确认，诸位主教并没有收到任何秘密文档。出处同上，f. 10r, Santoro a Borgongini, 15 febbraio 1939。皮尼亚蒂也向帕切利求证了这一传言，并得到了同样的否定答案。ASMAE, AISS, b. 101, Pignatti a Ciano, 13 febbraio 1939, n. 557.

8. 法托里尼在她早先的著作（2007, pp. 240–244）中发布了这番演讲后，又在后来的著作（2011, pp. 210–215）中提供了全文的英文译文。她分析了帕切利雪藏这份演讲稿的决定，参见英文版 pp. 187–193。文档收于 ASV, AESS, pos. 576, fasc. 606, ff. 147r–153r。

9. ASV, AESS, pos. 576, fasc. 607, f. 165r, appunto Tardini, "Materiale preparato da S.S. Pio XI per l' adunanza del 12 febbraio 1939," 12 gennaio 1941.

10. ASMAE, AISS, b. 101, Pignatti a Esteri-Gabinetto, 22 febbraio 1939, n. 23.

11. 《继任教宗的几位候选人》, BG, February 11, 1939, p. 3。《洛杉矶时报》认为帕切利和舒斯特最有可能接掌教宗的职务。《可能成为教宗继任者的意大利人》, LAT, February 11, 1939, p. 1。

12. 《九大候选人》, NYT, February 12, 1939, p. 43。次日，《纽约时报》（《五位枢机可能在教宗选举中获胜》, February 13, 1939, p. 1）又深挖了这一话题，认为"教廷将候选人推上教宗宝座的可能性很低"，并进一步认为："如果说下一任教宗碰巧从他们之中诞生，那么可能性最大的是马西米（Massimi）枢机和泰代斯基尼枢机。"《泰晤士报》则认为，新任教宗最有可能是一名意大利人，但可能会从那些"不涉足政治"的人中诞生。此外，教宗不可能出自教廷，而是从地方大主教中产生。《教宗选举》,《泰晤士报》, March 1, 1939, p. 15。

13. ACS, MCPG, b. 169, Roma, 16 febbraio 1937.

14. ACS, MCPG, b. 170, Roma, 24 febbraio 1938. 关于达拉 · 科斯塔施行奇迹的能力，参见韦迪耶枢机的评论，收于 Papin 1977, pp. 53–54。

15. ASV, ANI, pos. 1, fasc. 7, Borgongini a Santoro, 16 febbraio 1939; 出处同上，f. 15r, Cardinal Belmonte a Borgongini, 18 febbraio 1939。

16. 法托里尼（2007, pp. 221–222）也指出了这一点。

17. 位居第二的法国远远落在后面，仅有六名枢机。德国有四名；西班牙和美国各有三名；其他所有国家最多只有一名枢机，而在这些人当中，只有四人来自欧洲以外的地区：一名加拿大人，一名阿根廷人，一名巴西人和一名叙利亚人。枢机团的权柄明显集中于罗马： 494
二十四名枢机生活在此地，而这些人（只有欧仁 · 蒂斯朗不是意大利人）都处于梵蒂冈权力的中心，在教廷中持有重要的职务。ASMAE, AISS, b. 95, 10 febbraio 1939; Annuario Pontificio 1940, pp. 71–72. 庇护十一世提拔了七十七名枢机，其中十四名来自梵蒂冈的外交系统，还有二十名则来自教廷。余下的大部分都是大主教管区的地方大主教，而这些地区的大主教通常都会成为枢机。教宗选举会议召开时，并不是所有枢机都在世。阿戈斯蒂诺（1991, pp. 29–30）认为住在罗马的枢机有二十七名，但我在本书中使用的数据

（二十四名）来自我对 1940 年年鉴收录的住址的统计。

18. 纳粹报纸近来刊登的一系列批评文章令蒙蒂尼蒙席感到不快，他决定要安排《罗马观察报》登载文章对它们进行批驳。但是当皮尼亚蒂向帕切利枢机提出抗议时，后者出手阻止了这一文字的登载。柏尔根听从了皮尼亚蒂的建议，这一点可以从当天晚些时候他发给德国外交部的电报上看出来，他报告了这番对话，并要求德国媒体避免批评近来过世的教宗，以及那些能够为他们所用的枢机。DGFP, series D, vol. 4, n. 470, Bergen to foreign ministry, February 18, 1939.

19. 柏尔根之所以乐观，一大原因在于，自庇护十一世过世之后，他发现梵蒂冈的合作态度更加鲜明。许多枢机都明确表示，他们希望能同第三帝国达成协议。ASMAE, AISS, b. 95, Pignatti a Ciano, 18 febbraio 1939；也刊于 DDI, series 8, vol. 11, n. 197。皮尼亚蒂就这场谈话发给齐亚诺的报告也抄送给墨索里尼。

20. ASMAE, AISS, b. 95, Pignatti, 21 febbraio 1939.

21. 出处同上，Pignatti a Ciano, 25 febbraio 1939。

22. 出处同上，Pignatti a Ciano, 26 febbraio 1939。2 月 28 日，皮尼亚蒂与德国大使会面，相互比对了手头的记录。近期，有两位德国枢机向柏尔根保证，他们会对教宗选举会议抱持和解的态度。而帕切利近来与其中一位德国主教谈话时，曾“明确无误地表达了自己”与意大利和德国政府的“和解意图”。皮尼亚蒂又问及，纳粹政府怎么看待帕切利当选教宗。柏尔根回答说，他已经告知德国外交部，自己强烈地偏向于帕切利，“并且没有收到任何与之相反的指示”。他从这一点推出，德国政府看好这位前国务卿。意大利大使则透露了自己的顾虑，也即意大利枢机在教宗选举会议中的可能表现。他表示自己拜访了许多位，但他们都不特别喜欢帕切利。ASMAE, AISS, b. 95, Pignatti a Ciano, 27 febbraio 1939.

23. Baudrillart 1996, pp. 963–965, 968 (20 février, 22 février, 24 février 1939).

24. 这番对话来自韦迪耶的描述，收于 Papin 1977, pp. 56–57。

25. 有两位枢机健康状况不佳，没能来到西斯廷教堂，于是他们就待在梵蒂冈卧室中投出他们的选票。关于北美和南美枢机的抵达，参见《轮船即将起航》，NYT, February 11, 1939, p. 1；卡米尔 · 钱法拉，《六十二位枢机就位，梵蒂冈大门关闭，教宗选举会议开始投票决选教宗》，NYT, March 2, 1939, p. 1。

26. Ventresca 2013, p. 136.

27. 许多教宗心腹都证实过，庇护十一世希望帕切利能接替他担任教宗。其中便有帕切利本人，在选举会议结束不久后，他向韦迪耶枢机透露：“庇护十一世曾两次告诉我，‘你接替我的位置’。我认为我应该提出异议，但是圣父讽刺地说道：‘我们都知道我们在说什么。’新任教宗接着又告诉韦迪耶，他认为教宗派他出国访问，是为了帮助他赢得选举。Papin 1977, p. 62.

28. Baudrillart 1996, pp. 973–976 (1 mars, 2 mars 1939); NARA, M1423, reel 2, Phillips to U.S. secretary of state, report n. 1316, March 3, 1939.

29. DDI, series 8, vol. 11, n. 240, Pignatti a Ciano, 2 marzo 1939.

30. Ciano 2002, pp. 195–196 (March 2 and 3, 1939); Tranfaglia 2005, p. 159. 495

31. 庇护十二世还提醒柏尔根，他曾在去年布达佩斯的圣体大会上做过如下发言：帕切利用德语说道，“当一个国家遭遇紧急事态，为了克服困难而招致世俗纷争，或改弦更张，适应新的政体时，教会不应当偏袒任何一方。”DGFP, series D, vol. 4, n. 472, Bergen to

foreign ministry, March 5, 1939.

32. DGFP, series D, vol. 4, n. 473, Bergen to foreign ministry, March 8, 1939.

33. Morgan 1944, pp. 159–160.

34. ACS, MI, PS, Polizia Politica, b. 210, informatore n. 52, Roma, 15 agosto 1938. 在半年后的一份报告中，571 号线人补充了另一条指控："在梵蒂冈圈子里，最出名的娈童者是皮扎尔多枢机和卡恰 · 多米尼奥尼枢机。据说皮扎尔多和来自特拉斯泰韦雷的几位小伙子交往甚密。" ACS, MI, FP, FP "Pizzardo," 20 febbraio 1939. 就我所知，这是唯一一位对皮扎尔多枢机提出娈童指控的线人，所以它应当是没有根据的。

35. NARA, M1423, reel 2, Joseph Kennedy, London, to U.S. secretary of state [Cordell Hull], March 17, 1939. 美国驻意大利大使威廉 · 菲利普斯在回忆录中记载到，每年冬天他都会专门设宴款待齐亚诺和他的妻子埃达 · 墨索里尼。菲利普斯（1952, p. 218）回忆道，尽管有那么多最高外交官在场，齐亚诺的注意力却完全落在了受邀的年轻美女身上，"完全不关心在场的大使、大使夫人或者其他意大利贵宾"。

36. 迪诺 · 格兰迪（1985, p. 459）写道："在这关键的几年里，所有的'事件'中就属这一件最为关键。"

37. Ciano 2002, pp. 203–204 (March18, 1939); Chenaux 2005, p. 273; De Cesaris 2010, pp. 251–253; Casella 2010, p. 290. 次月，夏尔—鲁在报告中写到了新任教宗撤销皮扎尔多职务以及设立大主教委员会的决定，他观察到，罗马人认为教宗的这一举措是"为了向法西斯政权示好"。MAEI, vol. 267, 172–173, Charles-Roux à Bonnet, 13 avril 1939. 各地主教关于法西斯当局和公教进行会团体之间关系的报告收于 ASV, AESS, pos. 576, fasc. 607, ff. 179r–190v。

第二十九章　奔向灾难

1. Emmanuel Mounier, 转引自 Ventresca 2013, p. 149。

2. ASMAE, APSS, b. 42, Pignatti a Ciano, 21 aprile 1939.

3. Morgan 1941, pp. 241–242; Chadwick 1986, p. 56.

4. Fattorini 2007, p. ix.

5. ASMAE, APSS, b. 42, Ministero degli Affari Esteri a Pignatti, 26 aprile 1939. 与此同时，齐亚诺的办公室也从意大利驻慕尼黑领事处收到一份报告，讲述了当地媒体对新任教宗的态度大为改变的情况。领事在报告里写道，在此之前，德国媒体对帕切利持有疑虑，认为他与那些在他出使慕尼黑和柏林时结实的中央党老领导层走得太近，并且对教会昔日的辉煌怀念不已。在那个年代，教会在巴伐利亚拥有占主导地位的政治影响力。在如今的媒体眼中，教宗上任后的首批行动带来了积极的曙光。ASMAE, APSS, b. 42, "Atteggiamento nazionalsocialista nei confronti del nuovo Pontefice," Munich, 27 aprile 1939.

6. Bottai 2001, p. 148 (19 maggio 1939).

7. 大量文献记载了教宗与"法兰西行动"抗衡的历史。普雷沃塔（2001）对此进行了全面的研究。斯帕多利尼（1972, pp. 291–296）则引用了加斯帕里对这番抗衡的讲述。

8. ASMAE, APSS, b. 44, Pignatti a Ciano, 17 luglio 1939. 496

9. 庇护十二世还告诉教宗大使，当他担任国务卿的时候，曾竭尽全力不让庇护十一世在希特勒访问罗马期间，抱怨罗马城到处都是卐字符号，但是没有起到任何作用。ASMAE, APSS, b. 43, Tamaro, R. Legazione d' Italia, Berna, al R. Ministero degli Esteri, telespresso n. 3461/1236, 21 luglio 1939.

10. Papin 1977, p. 67.

11. Parsons 2008, p. 92.

12. Ventresca 2013, pp. 153–154, 166.

13. ACS, MI, DAGRA, b. 1320, Roma, 11 novembre 1940.

14. 萨尔瓦托雷 · 科斯坦扎，《罗马的永世敌人》，《捍卫种族》2:16 (20 giugno 1939), p. 30；马里奥 · 德 · 巴尼，《〈塔木德〉里的基督和基督徒》，《捍卫种族》2:14 (20 maggio 1939), pp. 8–9；卡洛 · 巴尔杜齐，《法国的天主教徒和犹太人》，《捍卫种族》2:14 (20 maggio 1939), pp. 26–27；Cassata 2008, p. 127。

15. 4 月 1 日（也即墨索里尼提出要求的四天后），教宗庇护十二世给佛朗哥将军发去了一份祝贺电报。"把我们的心向天主高举，我们同阁下一样，为天主教西班牙取得的可喜胜利感到高兴。"新任教宗在电报的最后降福佛朗哥和西班牙人民。Franzinelli 1998, p. 173. 两周后，教宗又向西班牙人民发表了电台讲话："我们怀着巨大的喜悦向你们发表讲话，最亲爱的天主教西班牙的孩子们，你们在如此巨大的苦难中表现出如此虔诚的信仰和仁慈，天主将胜利的皇冠戴在你们头上，并予以你们和平的礼物，对此我们表示衷心的祝贺。" Fattorini 2007, p. 104.

16. ARSI, TV, b. 28, fasc. 2228, Tacchi Venturi a Luigi Maglione, 28 marzo 1939. 意大利大使在 11 月中旬同新任教宗会面后，也表达了他对帕切利当选的喜悦和满意之情。他告诉齐亚诺，教宗"说过，我们国家令他非常满意。他赞扬了意大利人的虔诚精神、高尚道德和勤勉苦干，强调自己对一切都感到满意"。Casella 2010, p. 343.

17. Antonio Messineo, in CC 1940 IV, pp. 216–219. 这封来自乔治 · 德尔 · 韦基奥（Giorgio Del Vecchio）的抗议信和塔尔迪尼的回信收于该杂志的档案，相关讨论参见 Sale 2009, p. 149。

18. ADSS, vol. 9, 1974, n. 289, Tacchi Venturi au Cardinal Maglione, 10 août 1943.

19. ADSS, vol. 9, 1974, n. 296, Cardinal Maglione au Père Tacchi Venturi, 18 août 1943.

20. ARSI, TV, 36, n. 2660, Tacchi Venturi a Umberto Ricci, 24 agosto 1943. 这封信还刊于 DSS vol. 9, annex to n. 317。

21. ADSS, vol. 9, 1974, n. 317, Tacchi Venturi au Cardinal Maglione, 29 août 1943.

22. Caretti 2010, pp. 148–149.

23. ADSS, vol. 9, n. 368, Cardinal Maglione, notes, Vatican, 16 octobre 1943.

24. Gilbert 1985, pp. 622–623; http://www.ushmm.org/wlc/en/article.php?ModuleId=10005189. 战争时期的意大利犹太人包括三万五千名本土意大利犹太人和近期从纳粹控制区域逃难而来的一万名犹太人。1938 年至 1943 年间，意大利犹太人皈依天主教的估计数字来自"意大利犹太人 04：种族大屠杀时期 1938—1945"，在线《犹太百科全书》，http://www.geschichteinchronologie.ch/eu/it/EncJud-juden-in-Italien04-holocaust1938-1945-ENGL.html。

后记

1. Santarelli 1991; Romersa 1983, pp. 269–273.
2. 在最后的几个月里，齐亚诺担任了意大利驻圣座大使的职务。
3. Moseley 1999, pp. 176–247.
4. 墨索里尼最后的几日催生了大量的文献。我的描述大体上基于米尔扎（2000, pp. 935–947）
和博斯沃思（2002, pp. 410–412）。根据相关研究，墨索里尼从科莫镇写给妻子的信很有 497
可能是雷切尔杜撰的。关于这方面的研究，参见 Luzzatto 1998。
5. Innocenti 1992, pp. 116–117.
6. Pardini 2007, pp. 439, 455–459; Festorazzi 2004, pp. 260–261.
7. Innocenti 1992, pp. 169–170.
8. NYT, March 19, 1956, p. 31.《华盛顿邮报》(March 19, 1956, p. 26）报道说，尽管这位耶稣会士死时无籍籍名，但正是他“策划了 1929 年的《拉特兰条约》”。
9. 杰梅利悼念教宗的文章刊登在他名下的杂志《生活与思考》上，可以说是庇护十一世悼文中法西斯色彩最浓厚的一篇。尤其令人不快的是，这篇讣告的结尾并没有赞美那位它理应悼念的人，而是赞美了墨索里尼，并回顾了“意大利天主教徒亏欠这位无可比拟之人的感激之情，在庇护十一世眼里他是天主派来与自己相会的人”。Ranfagni 1975, p. 216. 考夫林神父同杰梅利不谋而合，也在庇护十一世死后，为他打造了一副极度亲法西斯的形象。《考夫林神父宣传，庇护十一世从红军手里救下了西方文明》, BG, February 12, 1939, p. 8；《考夫林认为教宗是欧洲的救星》, NYT, February 13, 1939, p. 2。当盟军部队在 1944 年 6 月将德国人赶出了罗马，并且一路向北挺进时，杰梅利神父和其他类似的人都不顾一切地试图说服胜利方，自己从来都不是一个法西斯主义者。7 月，当与多梅尼科 · 里戈尼（Domennico Rigoni，一位他在墨索里尼上台前就交往的旧相识）聊天时，他道出了自己即将用于人前的说辞：如果他曾经讨好过墨索里尼和其他法西斯领导人，那只是因为他为了保护圣心天主教大学而被迫如此；他实际上是个反法西斯人士，一位基督教民主党人士，里戈尼阻止他说：“没用的，我的朋友，你就是个法西斯主义者，你怎么否认都没有用。” ACS, MI, FP “Gemelli,” Milano, 10 luglio 1944.
10. Bocci 2003, p. 505.
11. 玄妙的是，委员会处理杰梅利问题的文件都丢失了。关于杰梅利在战后试图保住自己职位的努力，以及梵蒂冈给予他的支持，参见 Parola 2003。
12. Phillips 1952, pp. 231–233.
13. Ventresca 2013.
14. Cornwell 1999.

参考文献

（对当时报纸、杂志和期刊的所有引用都已在尾注中完整列出）

Agostino, Marc. 1991. *Le pape Pie XI et l'opinion* (1922–1939). Rome: Ecole française de Rome.

Alvarez, David. 2002. *Spies in the Vatican: Espionage and Intrigue from Napoleon to the Holocaust*. Lawrence: University of Kansas Press.

Amal, Oscar L. 1985. *Ambivalent Alliance: The Catholic Church and the Action Française*, 1899–1939. Pittsburgh: University of Pittsburgh Press.

Annuario Pontificio per l'anno 1940. 1940. Vatican City: Tipografia Vaticana.

Aradi, Zsolt. 1958. *Pius XI, the Pope and the Man*. New York: Hanover House.

Aubert, Roger. 2000. "Le Cardinal Mercier aux conclaves de 1914 et de 1922." *Bulletin de la Classe des lettres et des sciences morales et politiques* 11:165–236.

Baima Bollone, Pierluigi. 2007. *La psicologia di Mussolini*. Milan: Mondadori.

Baratter, Lorenzo. 2008. *Anna Maria Mussolini: L'ultima figlia del Duce*. Milan: Mursia.

Baudrillart, Alfred. 1996. *Les carnets du cardinal Baudrillart (20 novembre 1935–11 avril 1939).* Edited by Paul Christophe. Paris: Éditions du Cerf.

——. 2003. *Les carnets du cardinal Baudrillart (26 décembre 1928–12 février 1932).* Edited by Paul Christophe. Paris: Éditions du Cerf.

Baxa, Paul. 2006. "A Pagan Landscape: Pope Pius XI, Fascism, and the Struggle over the Roman Cityscape." *Journal of the Canadian Historical Association* 17:107–124.

Bedeschi, Lorenzo. 1973. *Don Minzoni il prete ucciso dai fascisti.* Milan: Bompiani.

Bendiscioli, Mario. 1982. "Paolo VI (Giovanni Battista Montini)." In *Dizionario storico del movimento cattolico in Italia*,vol.2. Edited by Francesco Tranello and Giorgio Campanini, pp. 2:448–453. Milan: Marietti.

Beyens, Eugène-Napoléon. 1934. *Quatre ans à Rome, 1921–1926; fin du pontificat de Benoît XV—Pie XI—les débuts du fascisme*. Paris: Plon.

Biffi, Monica. 1997. *Mons. Cesare Orsenigo nunzio apostolico in Germania (1930–1946).* Milan: NED.

Binchy, David A. 1970. *Church and State in Fascist Italy*. London: Oxford University Press.

Biocca, Dario. 2012. "Casa Passarge: Gramsci a Roma (1924–1926)." *Nuova storia contemporanea* 26 (1): 17–36.

Blet, Pierre. 1996. "Le Cardinal Pacelli, secrétaire d' état de Pie XI." In *Achille Ratti pape Pie XI: Actes du colloque organisé par l' École française de Rome, Rome 15–18 mars 1989*. Edited by Philippe Levillain, pp. 197–213. Rome: École française de Rome.

Bocchini Camaiani, Bruna. 1989. "Chiesa cattolica italiana e leggi razziali." *Qualestoria* 17:1:43–66.

Bocci, Maria. 2003. *Agostino Gemelli rettore e francescano: Chiesa, regime, democrazia*. Brescia: Morcelliana.

Bosworth, R. J. B. 2002. *Mussolini*. London: Arnold.

——. 2011. *Whispering City: Modern Rome and its Histories*. New Haven, Conn.: Yale University Press.

Bottai, Giuseppe. 1949. *Vent' anni e un giorno*. Milan: Garzanti.

——. 2001. *Diario: 1935–1944*. Edited by Giordano Bruno Guerri. Milan: Biblioteca Universale Rizzoli.

Bouthillon, Fabrice. 1996. "D'une théologie à l' autre: Pie XI et le Christ-Roi." In *Achille Ratti pape Pie XI: Actes du colloque organisé par l' École française de Rome, Rome 15–18 mars 1989*. Edited by Philippe Levillain, pp. 293–303. Rome: École française de Rome.

Brendon, Piers. 2000. *The Dark Valley: A Panorama of the 1930s*. New York: Knopf.

Bressan, Edoardo. 1980. "Mito di uno stato cattolico e realtà del regime: Per una lettura dell' *Osservatore romano* alla vigilia della Conciliazione." *Nuova rivista storica* 64:81–128.

Calimani, Riccardo. 2007. *Storia del pregiudizio contro gli ebrei*. Milan: Mondadori.

Canali, Mauro. 2004a. *Le spie del regime*. Bologna: Il Mulino.

——. 2004b. *Il delitto Matteoti*. Bologna: Il Mulino.

Cannistraro, Philip V., and Brian R. Sullivan. 1993. *Il Duce' s Other Woman*. New York: Morrow.

Canosa, Romano. 2009. *Pacelli: Guerra civile spagnola e nazismo*. Rome: Sapere 2000.

Caracciolo, Nicola. 1982. *Tutti gli uomini del Duce*. Milan: Mondadori.

Caretti, Paolo. 2010. "Il corpus delle leggi razziali." In *A settant' anni dalle leggi razziali*. Edited by Daniele Menozzi and Andrea Mariuzzo, pp. 117–157. Rome:

Carocci.
Carnahan, Ann. 1949. *The Vatican: Behind the Scenes in the Holy City*. New York: Farrar, Straus.
Casella, Mario. 1996. "Pio XI e l' Azione Cattolica Italiana." In *Achille Ratti pape Pie XI: Actes du colloque organisé par l' École française de Rome, Rome 15–18 mars 1989*. Edited by Philippe Levillain, pp. 605-40. Rome: École française de Rome.
——. 2000. "La crisi del 1938 fra stato e chiesa nella documentazione dell' archivio storico diplomatico del ministero degli affari esteri." *Rivista di storia della chiesa in Italia* 54:1:91–186.
——. 2005. *Stato e chiesa in Italia dalla conciliazione alla riconciliazione (1929–1931)*. Galatina: Congedo Editore.
——. 2009. *Gli ambasciatori d' Italia presso la Santa Sede dal 1929 al 1943*. Galatina: Congedo Editore.
Cassata, Francesco. 2008. *"La Difesa della razza" : Politica, ideologia e immagine del razzismo fascista*. Turin: Einaudi.
Casula, Carlo F. 1988. *Domenico Tardini (1888–1961): L' azione della Santa Sede nella crisi fra le due guerre*. Rome: Studium.
Caviglia, Enrico. 2009. *I dittatori, le guerre e il piccolo re: Diario 1925–1945*. Edited by Pier Paolo Cervone. Milan: Mursia.
Ceci, Lucia. 2008. " 'Il Fascismo manda l' Italia in rovina' : Le note inedite di monsignor Domenico Tardini (23 settembre–13 dicembre 1935)." *Rivista storica italiana* 120:294–346.
——. 2010. *Il papa non deve parlare: Chiesa, fascismo e guerra d' Etiopia*. Rome: Laterza.
——. 2012. "The First Steps of 'Parallel Diplomacy' : The Vatican and the U.S. in the Italo Ethiopian War (1935–1936)." In *Pius XI and America*. Edited by David Kertzer, Charles Gallagher, and Alberto Melloni, pp. 87–106. Berlin: LIT Verlag.
Centerwall, Bror. 1926. "An Audience with the Pope." *Living Age* (May 22), pp. 408–411.
Cerruti, Elisabetta. 1953. *Ambassador' s Wife*. New York: Macmillan.
Chadwick, Owen. 1986. *Britain and the Vatican During the Second World War*. Cambridge: Cambridge University Press.
Chaline, Nadine-Josette. 1996. "La spiritualité de Pie XI." In *Achille Ratti pape Pie XI: Actes du colloque organisé par l' École française de Rome, Rome 15–18 mars 1989*. Edited by Philippe Levillain, pp. 159–170. Rome: École française

de Rome.
Charles-Roux, François. 1947. *Huit ans au Vatican, 1932–1940*. Paris: Flammarion.
Chenaux, Philippe. 2005. "Il cardinale Pacelli e la questione del nazismo dopo l' enciclica 'Mit brennender Sorge' (1937)." *Annali del Istituto storico italo-germanico in Trento* 31:261–277.
Chiron, Yves. 2006. *Pio XI: Il papa dei patti lateranensi e dell' opposizione ai totalitarismi.* Cinisello Balsamo: Edizioni Paoline.
Ciano, Galeazzo. 1980. *Diario 1937–1943.* Edited by Renzo De Felice. Milan: Rizzoli.
——. 2002. *Diary 1937–1943.* Translated by R. L. Miller and U. Coletti-Perucca. Coedited by S. G. Pugliese. New York: Enigma Books.
Coco, Giovanni. 2009. "L'anno terribile del caridinale Pacelli " *Archivum historiae pontificiae* 47:143–276.
Confalonieri, Carlo. 1957. *Pio XI visto da vicino*. 3rd ed. Milan: Edizioni Paoline.
——. 1969. "Pio XI intimo." In *Pio XI nel trentesimo della morte (1939–1969): Raccolta di studi e di memorie*. Edited by Carlo Colombo, Ernesto Basadonna, Antonio Rimoldi, and Virginio Rovera, pp. 21–58. Milan: Opera diocesana per la preservazione e diffusione della fede.
——. 1993. *Pio XI visto da vicino*. Cinisello Balsamo: Edizioni Paoline.
Conti, Fulvio. 2005. "Adriano Lemmi." *Dizionario biografico degli Italiani,* 64:345–348.
——. 2006. "Massoneria e sfera pubblica nell'Italia liberale, 1859–1914." In *Storia d' Italia, Annali 21, La Massoneria*. Edited by Gian Mario Cazzaniga, pp. 579–610. Turin: Einaudi.
Conway, John S. 1968. *The Nazi Persecution of the Churches 1933–1945*. New York: Basic.
Coppa, Frank J. 1999. "Mussolini and the Concordat of 1929." In *Controversial Concordats.* Edited by Frank J. Coppa, pp. 81–119. Washington, D.C.: Catholic University Press.
——. 2011. *The Policies and Politics of Pope Pius XII: Between Diplomacy and Morality.* New York: Peter Lang.
Cosmacini, Giorgio. 1985. *Gemelli: Il Machiavelli di Dio.* Milan: Rizzoli.
D'Alessio, Giulia. 2012. "The United States and the Vatican (1936–1939)." In *Pius XI and America.* Edited by David Kertzer, Charles Gallagher, and Alberto Melloni, pp. 129–154. Berlin: LIT Verlag.
De Begnac, Yvon. 1990. *Taccuini Mussoliniani.* Edited by Francesco Perfetti. Preface by Renzo De Felice. Bologna: Mulino.

De Cesaris, Valerio. 2010. *Vaticano, razzismo e questione razziale.* Milan: Guerini.
De Felice, Renzo. 1966. *Mussolini il fascista.* Turin: Einaudi.
——. 1968. *Mussolini il fascista: L' organizzazione dello stato fascista, 1925–1929.* Turin: Einaudi.
——. 1974. *Mussolini il duce: Gli anni del consenso, 1929–1936.* Turin: Einaudi.
——. 1981. *Mussolini il duce: Lo stato totalitario, 1936–1940.* Turin: Einaudi.
——. 1995. *Mussolini il fascista: L' organizzazione dello stato fascista, 1925–1929*, 2nd ed. Turin: Einaudi.
——. 2010. *Mussolini il rivoluzionario, 1883–1910.* Milan: Mondadori.
De Gasperi, Maria Romana. 2004. *De Gasperi: Ritratto di uno statista.* Milan: Mondadori.
De Grazia, Victoria. 1992. *How Fascism Ruled Women.* Berkeley: University of California Press.
De Rosa, Gabriele. 1958. *Storia del Partito popolare.* Bari: Laterza.
——. 1959. "Una lettera inedita di Cardinale Gasparri sul Partito Popolare." *Analisi e prospettive* 1:568–573.
De Rosa, Giuseppe. 1999. *La Civiltà Cattolica: 150 anni al servizio della Chiesa, 1850–1999.* Rome: La Civiltà Cattolica.
De Rossi dell' Arno, Giulio. 1954. *Pio XI e Mussolini.* Rome: Corso.
De Vecchi, Cesare M. 1983. *Il Quadrumviro scomodo: Il vero Mussolini nelle memorie del più monarchico dei fascisti.* Edited by L. Romersa. Milan: Mursia.
——. 1998. *Tra papa, duce e re: Il conflitto tra Chiesa cattolica e Stato fascista nel diario 1930–1931 del primo ambasciatore del Regno d' Italia presso la Santa Sede.* Rome: Jouvence.
Deakin, F. W. 2000 [1962]. *The Brutal Friendship: Mussolini, Hitler and the Fall of Italian Fascism.* London: Phoenix Press.
Deffayet, Laurence. 2010. "Pie XI et la condemnation des Amis d' Israël (1928)." In *Pie XI et la France*. Edited by Jacques Prévotat, pp. 87–102. Rome: École française de Rome.
Del Boca, Angelo. 2010. *La Guerra d' Etiopia*. Milan: Longanesi.
Diggins, John. P. 1972. *Mussolini and Fascism: The View from America*. Princeton: Princeton University Press.
Duce, Alessandro. 2006. *La Santa Sede e la questione ebraica (1933–1945).* Rome: Edizioni Studium.
Durand, Jean-Dominique. 2010. "Lo stile di governo di Pio XI." In *La sollecitudine ecclesiale di Pio XI*. Edited by Cosimo Semararo, pp. 44–60. Vatican City: Libreria Editrice Vaticano.

Ebner, Michael R. 2011. *Ordinary Violence in Mussolini' s Italy*. Cambridge: Cambridge University Press.

Eisner, Peter. 2013. *The Pope' s Last Crusade*. New York: Morrow.

Fabre, Giorgio. 2005. *Mussolini razzista: Dal socialismo al fascismo: La formazione di un antisemita*. Milan: Garzanti.

——. 2012. "Un 'accordo felicemente conchiuso.' " *Quaderni di storia* 76:83–154.

Falasca-Zamponi, Simonetta. 1997. *Fascist Spectacle.* Berkeley: University of California Press.

Falconi, Carlo. 1967. *I papi del XX secolo*. Milan: Feltrinelli.

Fattorini, Emma. 2007. *Pio XI, Hitler e Mussolini, la solitudine di un papa*. Turin: Einaudi.

——. 2011. *Hitler, Mussolini and the Vatican: Pope Pius XI and the Speech that Was Never Made*. Translated by Carl Ipsen. Cambridge, UK: Polity Press.

——. 2012. "The Repudiations of Totalitarianisms by the Late Pius XI." In *Pius XI and America.* Edited by David Kertzer, Charles Gallagher, and Alberto Melloni, pp. 379–396. Berlin: LIT Verlag.

Federico, Giovanni. 2003. "Sanzioni." In *Dizionario del fascismo.* Edited by Victoria de Grazia and Sergio Luzzatto, pp. 2:590–592. Turin: Einaudi.

Ferrari, Ada. 1982. "Ildefonso Schuster." In *Dizionario storico del movimento cattolico in Italia.* Edited by Francesco Traniello and Giorgio Campanini, pp. 2:586–591. Milan: Marietti.

Ferrari, Francesco L. 1957. *L' Azione Cattolica e il "regime."* Florence: Parenti.

Festorazzi, Roberto. 2004. *Farinacci, l' antiduce*. Rome: Il Minotauro.

——. 2010. *Margherita Sarfatti.* Costabissara: Colla.

——. 2012. *Clara Petacci.* Bologna: Minerva.

Fiorentino, Carlo M. 1999. *All' ombra di Pietro: La Chiesa cattolica e lo spionaggio fascista in Vaticano, 1929–1939*. Florence: Le Lettere.

Fogarty, Gerald P. 1996. "Pius XI and the episcopate in the United States." In *Achille Ratti pape Pie XI: Actes du colloque organisé par l' École française de Rome, Rome 15–18 mars 1989.* Edited by Philippe Levillain, pp. 549–564. Rome: École française de Rome.

——. 2012. "The case of Charles Coughlin: The view from Rome." In *Pius XI and America*. Edited by David Kertzer, Charles Gallagher, and Alberto Melloni, pp. 107–128. Berlin: LIT Verlag.

Fonzi, Fausto. 1979. "Il colloquio tra Pio XI e Jacini il 25 marzo 1929." In *Chiesa e società dal IV secolo ai nostri giorni: Studi storici in onore del P. Ilarino da Milano,* pp. 2:651–679. Rome: Herder.

Fornari, Harry. 1971. *Mussolini's Gadfly: Roberto Farinacci.* Nashville, Tenn.: Vanderbilt University Press.

Franzinelli, Mimmo. 1995. *Stellette, croce e fascio littorio: L'assistenza religiosa a militari, balilla e camicie nere (1919–1939).* Milan: F. Angeli.

——. 1998. *Il clero del duce/il duce del clero: Il consenso ecclesiastico nelle lettere a Mussolini (1922–1945).* Ragusa: La Fiacciola.

——. 2000. *I tentacoli dell'Ovra.* Turin: Bollati Boringhieri.

——. 2008. "Il clero italiano e la 'grande mobilitazione.'" In *L'impero fascista: Italia e Etiopia (1935–1941).* Edited by Riccardo Bottoni, pp. 251–266. Bologna: Il Mulino.

Franzinelli, Mimmo, and Emanuele Marino. 2003. *Il duce proibito: Le fotografie di Mussolini che gli italiani non hanno mai visto.* Milan: Mondadori.

Galeotti, Carlo. 2000. *Mussolini ha sempre ragione: I decaloghi del fascismo.* Milan: Garzanti.

Gallagher, Charles R. 2008. *Vatican Secret Diplomacy: Joseph P. Hurley and Pope Pius XII.* New Haven, Conn.: Yale University Press.

Gallina, Giuseppe. 1979. "Il vescovo di Cremona Giovanni Cazzani e il suo atteggiamento di fronte al fascismo durante il pontificato di Pio XI." *In Chiesa, Azione Cattolica e Fascismo nell'Italia settentrionale durante il pontificato di Pio XI (1922–1939).* Edited by Paolo Pec- orari, pp. 505–525. Milan: Vita e Pensiero.

Gannon, Robert I. 1962. *The Cardinal Spellman Story.* Garden City, N.Y.: Doubleday.

Garzonio, Marco. 1996. *Schuster.* Casale Monferrato: Piemme.

Gentile, Emilio. 1993. *Il Culto del Littorio.* Rome: Laterza.

——. 1995. *La via italiana al totalitarismo: Il partito e lo stato nel regime fascista.* Rome: La Nuova Italia Scientifica.

——. 2002. *Fascismo, storia e interpretazione.* Rome: Laterza.

——. 2010. *Contro Cesare: Cristianesimo e totalitarianismo nell'epoca dei fascismi.* Milan: Feltrinelli.

Gibelli, Antonio. 2003. "Opera nazionale ballila." In *Dizionario del fascismo.* Edited by Victoria de Grazia and Sergio Luzza,vol. 2–71. Turin: Einaudi.

Gilbert, Martin. 1985. *The Holocaust: A History of the Jews of Europe During the Second World War.* New York: Henry Holt.

Gillette, Aaron. 2001. "The Origins of the 'Manifesto of Racial Scientists.'" *Journal of Modern Italian Studies* 6:305–323.

——. 2002a. *Racial Theories in Fascist Italy.* London: Routledge.

——. 2002b. "Guido Landra and the Office of Racial Studies in Fascist Italy." *Holocaust and Genocide Studies* 16:357–375.

Godman, Peter. 2004. *Hitler and the Vatican.* New York: Free Press.

Goetz, Helmut. 2000. (German orig., 1993). *Il giuramento rifiutato: I docenti universitari e il regime fascista.* Translated by Loredana Melissari. Milan: La Nuova Italia.

Grandi, Dino. 1985. *Il mio paese: Ricordi autobiografici.* Edited by Renzo De Felice. Bologna: Il Mulino.

Guasco, Alberto. 2010. "Un termine e le sue declinazioni: Chiesa cattolica e totalitarismi tra bibliografia e ricerca." In *Pius XI: Keywords.* Edited by Alberto Guasco and Raffaella Perin, pp. 91–106. Berlin: LIT Verlag.

——. 2013 "Tra segreteria di stato e regime fascista: Mons. Francesco Borgongini Duca e la nunziatura in Italia." In *Le gouvernement pontifical sous Pie XI: Pratiques romaines et gestion de l'universel.* Edited by Laura Pettinaroli. In preparation.

Hachey, Theodore. 1972. *Anglo-Vatican Relations, 1914–1939: Confidential Annual Reports of the British Ministers to the Holy See.* Boston: G. K. Hall.

Herf, Jeffrey. 2006. *The Jewish Enemy: Nazi Propaganda During World War II and the Holocaust.* Cambridge, Mass.: Harvard University Press.

Hermet, Guy. 1996. "Pie XI, la République espagnole e la guerre d'Espagne." In *Achille Ratti pape Pie XI: Actes du colloque organisé par l'École française de Rome, Rome 15–18 mars 1989.* Edited by Philippe Levillain, pp. 499-527. Rome: École française de Rome.

Hibbert, Christopher. 2008. *Mussolini: The Rise and Fall of Il Duce.* Basingstoke: Palgrave Macmillan.

Hilaire, Yves-Marie. 1996. "Le Saint-Siège et la France, 1923–1939: Charles-Roux, un ambassadeur de politique étrangère." In *Achille Ratti pape Pie XI: Actes du colloque organisé par l'École française de Rome, Rome 15–18 mars 1989.* Edited by Philippe Levillain, pp. 765-773. Rome: École française de Rome.

Ignesti, Giuseppe. 2004. "Jacini, Stefano." *Dizionario biografico degli italiani* 61:767–779.

Innocenti, Marco. 1992. *I gerarchi del fascismo: Storia del ventennio attraverso gli uomini del Duce.* Milan: Mursia.

Insolera, Italo. 1976. *Roma moderna.* Turin: Einaudi.

Israel, Giorgio. 2010. *Il fascismo e la razza: La scienza italiana e le politiche razziali del regime.* Bologna: Il Mulino.

Johnson, Eric A. 1999. *Nazi Terror: The Gestapo, Jews, and Ordinary Germans.*

New York: Basic Books.

Kantowicz, Edward R. 1983. *Corporation Sole: Cardinal Mundelein and Chicago Catholicism.* Notre Dame: University of Notre Dame Press.

Kent, Peter C. 1981. *The Pope and the Duce: The International Impact of the Lateran Agreements.* London: Macmillan.

——. 1986. "The Vatican and the Spanish Civil War." *European History Quarterly* 16:441–464.

Kershaw, Ian. 1999. *Hitler: 1889–1936 Hubris.* New York: Norton.

——. 2000. *Hitler: 1936–1945 Nemesis.* New York: Norton.

Kertzer, David I. 1988. *Ritual, Politics, and Power.* New Haven, Conn.: Yale University Press.

——. 2001. *The Popes Against the Jews: The Vatican's Role in the Rise of Modern Anti-semitism.* New York: Alfred A. Knopf.

——. 2004. *Prisoner of the Vatican.* Boston: Houghton Mifflin.

Kertzer, David I., and Alessandro Visani. 2012. "The United States, the Holy See and Italy's Racial Laws." In *Pius XI and America.* Edited by David Kertzer, Charles Gallagher, and Alberto Melloni, pp. 327–341. Berlin: LIT Verlag.

Lacroix-Riz, Annie. 1994. "Le rôle du Vatican dans la colonisation de l'Afrique (1920–1938): De la romanisation des missions à la conquête de l'Ethiopie." *Revue d'histoire moderne et contemporaine* 41:29–81.

Lamb, Richard. 1997. *Mussolini and the British.* London: John Murray.

Lazzarini, Luigi. 1937. *Pio XI.* Sesto San Giovanni: Edizioni Barion.

Ledóchowski, Włodzimierz. 1945. *Selected Writings of Father Ledóchowski.* Chicago: American Assistancy of the Society of Jesus.

Levillain, Philippe. 1996. "Achille Ratti Pape Pie XI (1857–1939)." In *Achille Ratti pape Pie XI: Actes du colloque organisé par l'École française de Rome, Rome 15–18 mars 1989.* Edited by Philippe Levillain, pp. 5–13. Rome: École française de Rome.

Loiseau, Charles. 1960. "Ma mission auprès du Vatican (1914–1918)." *Revue d'histoire diplomatique* 74:2: 100–115.

Luconi, Stefano. 2000. *La "diplomazia parallela" : Il regime fascista e la mobilitazione politica degli italo-americani.* Milan: Angeli.

——. 2004. "Fascist Antisemitism and Jewish-Italian Relations in the United States." *American Jewish Archives Journal* 56:151–177.

Ludwig, Emil. 1933. *Talks with Mussolini.* Boston: Little Brown.

Luzzatto, Sergio. 1998. *Il corpo del duce.* Turin: Einaudi.

——. 2010. *Padre Pio: Miracles and Politics in a Secular Age.* Translated by

Frederika Randall. New York: Henry Holt.
Lyttleton, Adrian. 1987. *The Seizure of Power: Fascism in Italy 1919–1929*. 2nd ed. Princeton: Princeton University Press.
Mack Smith, Denis. 1982. *Mussolini*. New York: Vintage.
——. 1983. "Mussolini cent' anni dopo: quale eredità?" In *Mussolini, il Duce: Quattrocento immagini della vita di un uomo e di vent' anni di storia italiana.* Edited by Denis Mack Smith, pp. 5–10. Milan: Gruppo Editoriale Fabbri.
MacKinnon, Albert G. 1927. *Things Seen in Rome.* London: Seeley, Service & Co.
Maiocchi, Roberto. 2003. "Manifesto degli Scienziati razzisti." In *Dizionario del fascism*, vol. 2. Edited by Victoria de Grazia and Sergio Luzzattvol. 2–88. Turin: Einaudi.
Malgeri, F. 1994. "Chiesa cattolica e regime fascista." *Italia contemporanea* 194:53–63.
Margiotta Broglio, F. 1966. *Italia e Santa Sede dalla grande guerra alla Conciliazione: Aspetti politici e giuridici.* Bari: Laterza.
Martin, Jacques. 1996. "Témoignage sur le pontificat de Pie XI." In *Achille Ratti pape Pie XI: Actes du colloque organisé par l' École française de Rome, Rome 15–18 mars 1989.* Edited by Philippe Levillain. Rome: École française de Rome.
Martina, Giacomo. 1978. *La Chiesa nell' età dell' assolutismo, del liberalismo, del totalitarismo,* vol. 4, *La chiesa nell' età del totaritarismo.* Brescia: Morcelliana.
——. 1996. "La mancata nomina cardinalizia del P. Tacchi Venturi. Relazione dell' interessato." *Archivium historicum Societatis Iesu* 129:101–109.
——. 2003. *Storia della Compagnia di Gesù in Italia (1814–1983).* Brescia: Morcelliana.
Martini, Angelo. 1960a. "Gli accordi per l' Azione Cattolica del 2 settembre 1931." *Civiltà cattolica* I, pp. 574–591.
——. 1960b. "Pietro Gasparri Cardinale della Conciliazione." *Civiltà cattolica* I, pp. 113–131.
——. 1963. "L' ultima battaglia di Pio XI." In *Studi sulla questione romana e la conciliazione.* Edited by Angelo Martini. Rome: Cinque Lune.
Maryks, Robert A. 2011. *Pouring Jewish Water into Fascist Wine.* Leiden: Brill.
——. 2012. "The Jesuit Pietro Tacchi Venturi and Mussolini' s Racial Laws." In *Pius XI and America.* Edited by David Kertzer, Charles Gallagher, and Alberto Melloni. Berlin: LIT Verlag.
Matard-Bonucci, Marie-Anne. 2008. (French orig. 2007.) *L' Italia fascista e la persecuzione degli ebrei.* Translation by Andrea De Ritis. Bologna: Il Mulino.

McCormick, Anne. 1957. *Vatican Journal 1921–1954.* New York. Farrar, Straus and Cudahy.

Miccoli, Giovanni. 1973. "La Chiesa e il fascismo." In *Fascismo e società italiana.* Edited by Guido Quazza, pp. 185-208. Turin: Einaudi.

——. 1988. "Santa sede e chiesa italiana di fronte alle leggi antiebraiche del 1938." *Studi Storici* 29:821–902.

——. 2004. "Chiesa cattolica e totalitarismi." In *La Chiesa cattolica e il totalitarismo.* Edited by Vincenzo Ferrone, pp. 1–26. Florence: Olschki.

Micheler, Stefan. 2005. "Homophobic Propaganda and the Denunciation of Same-Sex-Desiring Men Under National Socialism." In *Sexuality and German Fascism.* Edited by Dagmar Herzog, pp. 95–130. New York and Oxford: Berghahn.

Milza, Pierre. 2000. (French orig. 1999.) *Mussolini.* Translated by Gian Carlo Brioschi and Filippo Scarpelli. Rome: Carocci.

Mockler, Anthony. 2003 [1984]. *Haile Selassie's War.* New York: Olive Branch Press.

Molony, John N. 1977. *The Emergence of Political Catholicism in Italy: Partito Popolare 1919–1926.* London: Croom Helm.

Monelli, Paolo. 1953. *Mussolini: An Intimate Life.* London: Thames and Hudson.

Morgan, Thomas B. 1939. *A Reporter at the Papal Court: A Narrative of the Reign of Pope Pius XI.* New York: Longmans, Green.

——. 1941. *Spurs on the Boot: Italy Under her Masters.* New York: Longmans, Green.

——. 1944. *The Listening Post: Eighteen Years on Vatican Hill.* New York: Putnam.

Moro, Renato. 1981. "Azione Cattolica, clero e laicato di fronte al fascismo." In *Storia del Movimento Cattolico in Italia.* Edited by Francesco Malgeri, pp. 87–378. Rome: Poligono.

——. 2003. "Cattolicesimo e italianità. Antiprotestantismo e antisemitismo nell'Italia cattolica." In *La Chiesa e l'Italia.* Edited by A. Acerbi, pp. 307–339. Milan: Vita e Pensiero.

——. 2005. "Religione del trascendente e religioni politiche: Il cattolicesimo italiano di fronte alla sacralizzazione fascista della politica." *Mondo contemporaneo* 1:9–67.

——. 2008. "Le chiese e la modernità totalitaria." In *Le religioni e il mondo moderno,* vol. 1, *Cristianesimo.* Edited by Giovanni Filoramo and Daniele Menozzi, pp. 418-51. Turin: Einaudi.

Morozzo della Rocca, Roberto. 1996. "Achille Ratti e la Polonia." In *Achille Ratti pape Pie XI: Actes du colloque organisé par l'École française de Rome, Rome 15–18 mars 1989.* Edited by Philippe Levillain, pp. 95–122. Rome: École française de Rome.

Moseley, Ray. 1999. *Mussolini's Shadow: The Double Life of Count Galeazzo Ciano.* New Haven, Conn.: Yale University Press.

Motti, Lucia. 2003. "Mussolini, Rachele." In *Dizionario del fascismo.* Edited by Victoria de Grazia and Sergio Luzzatto, pp. 197–200. Turin: Einaudi.

Muggeridge, Malcolm, ed. 1948. *Ciano's Diplomatic Papers.* London: Odhams Press.

Mughini, Giampiero. 1991. *A Via della Mercede c'era un razzista: pittori e srittori in camicia nera ... lo strano "caso" di Telesio Interlandi.* Milan. Rizzoli.

Muñoz, Antonio. 1942. "Ricordo del padre Ledóchowski." *L'Urbe* 7 (11–12): 2–7.

Mussolini, Benito. 1929. *Gli Accordi del Laterano.* Rome: Libreria del Littorio.

Mussolini, Edvige. 1957. *Mio fratello Benito.* Firenze: La Fenice.

Mussolini, Rachele. 1974. *Mussolini: An Intimate Biography by His Widow, as told to Albert Zarca.* New York: Morrow.

Mussolini, Romano. 2006 [2004]. *My Father, il Duce.* San Diego: Kales Press.

Nardelli, Fabio. 1996. *I periodici cattolici bolognesi e gli ebrei durante il periodo fascista.* Tesi, Università di Bologna, Facoltà di Scienze Politiche (relatore: Mauro Pesce).

Navarra, Quinto. 2004 [1946]. *Memorie del cameriere di Mussolini.* Naples: L'ancora del mediterraneo.

Nenovsky, Nikolay,Giovanni Pavanelli, and Kalina Dimitrova. 2007. "Exchange Rate Control in Italy and Bulgaria in the Interwar Period: History and Perspectives." Paper no. 13, Second Conference of the South-Eastern European Monetary History Network.

Nidam-Orvieto, Iael. 2005. "The Impact of Anti-Jewish Legislation on Everyday Life and the Response of Italian Jews, 1938–1943." In *Jews in Italy Under Fascist and Nazi Rule, 1922–1945.* Edited by Joshua D. Zimmerman, pp. 158–181. Cambridge: Cambridge University Press.

Nobili, Elena. 2008. "Vescovi lombardi e consenso alla guerra: il cardinale Schuster." In *L'impero fascista: Italia e Etiopia (1935–1941).* Edited by Riccardo Bottoni, pp. 267–285. Bologna: Il Mulino.

Noel, Gerald. 2008. *Pius XII: The Hound of Hitler.* London: Continuum.

Onofri, Nazario Sauro. 1989. *Ebrei e fascismo a Bologna.* Crespellano (BO): Grafica Lavino.

O'Shea, Paul. 2011. *A Cross Too Heavy: Pope Pius XII and the Jews of Europe.* New York: Palgrave Macmillan.

Ojetti, Ugo. 1939. *Cose viste 1934–1938,* vol. 7. Milan: Mondadori.

Orlando, Vittorio Emanuele. 1937. *Rome v/s Rome: "A Chapter on My War Memoirs."* Translated by Clarence Beardslee. New York: Vanni.

Ottaviani, Alfredo. 1969. "Pio XI e i suoi Segretari di Stato." In *Pio XI nel trentesimo della morte (1939–1969): Raccolta di studi e di memorie.* Edited by Carlo Colombo, Ernesto Basa- donna, Antonio Rimoldi, and Virginio Rovera, pp. 491–508. Milan: Opera diocesana per la preservazione e diffusione della fede.

Pacelli, Francesco. 1959. *Diario della Conciliazione: Con verbali ed appendice di documenti.* Edited by Michele Maccarrone. Vatican City: Libreria Editrice Vaticano.

Pagano, Sergio. 2009. "Dalla porpora al chiostro. L'inflessibilità di Pio XI verso il cardinale Louis Billot." In *La Papauté contemporaine, XIXe–XXe siècles—Il Papato contemporaneo, secoli XIX–XX: Hommage au chanoine Roger Aubert.* Edited by Roger Aubert, Jean-Pierre Delville, Marko Jačov, Luc Courtois, Françoise Rosart, and Guy Zelis, pp. 395–410. Louvain-la-Neuve-Leuven: Collège Érasme.

——. 2010. "Presentazione." In *I «Fogli di Udienza» del Cardinale Eugenio Pacelli Segretario di Stato.* Edited by Marcel Chappin, Giovanni Coco, and Sergio Pagano, pp. xi–xxv. Vatican City: Archivio Segreto Vaticano.

Painter, Borden. 2005. *Mussolini's Rome: Rebuilding the Eternal City.* New York: Palgrave Macmillan.

Papin, Chanoine. 1977. *Le dernier étage du Vatican: Témoignage de Pie XI à Paul VI.* Paris: Albatross.

Pardini, Giuseppe. 2007. *Roberto Farinacci ovvero della rivoluzione fascista.* Florence: Le Lettere.

Parola, Alessandro. 2003. "Epurare l'Università Cattolica? Il processo per filofascismo a carico di Agostino Gemelli." *Passato e presente* 21/60: 81–91.

Parsons, Gerald. 2008. "A National Saint in a Fascist State: Catherine of Siena ca. 1922–1943." *Journal of Religious History* 32:76–95.

Passelecq, Georges, and Bernard Suchecky. 1997. *The Hidden Encyclical of Pius XI.* Translated by Steven Rendall. New York: Harcourt Brace.

Pavan, Ilaria. 2010. "Fascismo, antisemitismo, razzismo. Un dibattito aperto." In *A settant'anni dalle leggi razziali.* Edited by Daniele Menozzi and Andrea Mariuzzo, pp. 31–52. Rome: Carocci.

Pease, Neal. 2009. *Rome's Most Faithful Daughter: The Catholic Church and Independent Poland, 1914–1939.* Athens: Ohio University Press.

Perin, Raffaella. 2010. "Pregiudizio antiebraico e antiprotestante: Alcuni riflessi sull'atteggiamento della chiesa verso il fascismo." *In Pius XI: Keywords.* Edited by Alberto Guasco and Raffaella Perin, pp. 147–162. Berlin: LIT Verlag.

——. 2011. "La Chiesa veneta e le minoranze religiose (1918–1939)." *In Chiesa cattolica e minoranze in Italia nella prima metà del Novecento.* Edited by Raffaella Perin, pp. 133–223. Rome: Viella.

Petacci, Clara. 2010. *Mussolini segreto: Diari 1932–1938.* Edited by Mauro Suttora. Milan: Biblioteca Universale Rizzoli.

——. 2011. *Verso il disastro: Mussolini in guerra: Diari 1939–1940.* Milan: izzoli.

Phillips, William. 1952. *Ventures in Diplomacy*. Boston: Beacon.

Picardi, Luigi. 1995. *Cattolici e fascismo nel Molise (1922–1943).* Rome: Studium.

Pincus, Benjamin. 1988. *The Jews of the Soviet Union.* New York: Cambridge University Press.

Pirri, Pietro. 1960. "Per una storia del Card. Pietro Gasparri." In *Il cardinale Pietro Gasparri.* Edited by L. Fiorelli, pp. 31–61. Rome: Pontificia Università Lateranense.

Pizzuti, G. M. 1992. "Da Benedetto XV a Pio XI. Il Conclave del febbraio 1922 nel suo signifi- cato politico-religioso e nei suoi riflessi sulla storia d'Europa del ventesimo secolo." *Humanitas* 47:99–115.

Poggi, Gianfranco. 1967. *Catholic Action in Italy: The Sociology of a Sponsored Organization.* Stanford, Calif.: Stanford University Press.

Pollard, John F. 1985. *The Vatican and Italian Fascism, 1929–1932.* Cambridge: Cambridge University Press.

——. 1999. *The Unknown Pope: Benedict XV and the Pursuit of Peace.* London: Wellington House.

——. 2012. "American Catholics and the Financing of the Vatican in the Great Depression: Peter's Pence Payments (1935–1938)." In *Pius XI and America.* Edited by David Kertzer, Charles Gallagher, and Alberto Melloni, pp. 195–208. Berlin: LIT Verlag.

Potter, Olave. 1925. *The Colour of Rome.* With illustrations by Yoshio Markino. London: Chatto and Windus.

Presenti, Antonio. 1979. "I contrasti tra il fascismo e la Chiesa nella diocesi di Bergamo negli anni 1937–1938." In *Chiesa. Azione Cattolica e Fascismo nell'Italia settentrionale durante il pontificato di Pio Xi (1922–1939): Atti del quinto convegno di storia della chicsa, Torreglia, 25 27 marzo 1977.* Edited by

Paolo Pecorari, pp. 535–563. Milan: Vita e Pensiero.

Prévotat, Jacques. 2001. *Les catholiques et l'Action Française: Histoire d'une condamnation 1899–1939.* Paris: Fayard.

Puricelli, Carlo. 1996. "Le radici brianzole di Pio XI." In *Achille Ratti pape Pie XI: Actes du col- loque organisé par l'École française de Rome, Rome 15–18 mars 1989.* Edited by Philippe Levillain, pp. 25–52. Rome: École française de Rome.

Rafanelli, Leda. 1975. *Una donna e Mussolini.* Milan: Rizzoli.

Ranfagni, Paolo. 1975. *I clerico-fascisti: Le riviste dell'Università cattolica negli anni del regime.* Florence: Cooperativa editrice universitaria.

Ratti, Achille. 1923. *Climbs on Alpine Peaks.* Translated by J. Eaton. Boston: Houghton Mifflin.

Rauscher, Walter. 2004. (German orig. 2001.) *Hitler e Mussolini.* Translated by Loredana Battaglia and Maria Elena Benemerito. Rome: Newton and Compton.

Reese, Thomas J. 1996. *Inside the Vatican: The Politics and Organization of the Catholic Church.* Cambridge, Mass.: Harvard University Press.

Reineri, Mariangiola. 1978. *Cattolici e fascismo a Torino 1925–1943.* Milan: Feltrinelli.

Rhodes, Anthony. 1974. *The Vatican in the Age of the Dictators, 1922–1945.* New York: Holt, Rinehart and Winston.

Riccardi, Andrea. 1982. "Tardini, Domenico." In *Dizionario storico del movimento cattolico in Italia, 1860–1980.* Edited by Francesco Traniello and Giorgio Campani, vol. 3. Casale Monferrato: Marieti.

——. 1996. "Pio XI e l'episcopato italiano." In *Achille Ratti pape Pie XI: Actes du colloque organisé par l'École française de Rome, Rome 15–18 mars 1989.* Edited by Philippe Levillain, pp. 529–548. Rome: École française de Rome.

Rigano, Gabriele. 2008. "Note sull'antisemitismo in Italia prima del 1938." *Storiografia* 12:215–267.

Roberti, Francesco. 1960. "Il Cardinal Pietro Gasparri—L'uomo—Il sacerdote—Il diplomatico—Il giurista." In *Miscellanea in memoriam Petri Card.* Gasparri, pp. 5–43. Rome: Pontificia Universitas Lateranensis.

Rochat, Giorgio. 1990. *Regime fascista e chiese evangeliche: Direttive e articolazioni del controllo e della repressione.* Turin: Claudiana.

Rogari, Sandro. 1977. *La Santa Sede e fascismo dall'Aventino ai Patti lateranensi.* Bologna: Forni.

Romersa, Luigi. 1983. "Premessa" and "Conclusione." In *Cesare De Vecchi, Il Quadrumviro scomodo.* Edited by Luigi Romersa, pp. 5–13, 265–273. Milan: Mursia.

Rumi, Giorgio, and Angelo Majo. 1996. *Il cardinal Schuster e il suo tempo.* 2nd ed. Milan: Massimo-NED.

Ruysschaert, José. 1996. "Pie XI, un bibliothécaire devenu pape et resté bibliothecaire." In *Achille Ratti pape Pie XI: Actes du colloque organisé par l'École française de Rome, Rome 15–18 mars 1989.* Edited by Philippe Levillain, pp. 245–253. Rome: École française de Rome.

Sale, Giovanni. 2007. *Fascismo e Vaticano prima della Conciliazione.* Milan: Jaca Books.

——. 2009. *Le leggi razziali in Italia e il Vaticano.* Milan: Jaca Books.

Salvatorelli, Luigi. 1939. *Pio XI e la sua eredità pontificale.* Turin: Einaudi.

Santarelli, Enzo. 1991. "De Vecchi, Cesare Maria." *Dizionario biografico degli italiani* 39:522–531.

Saresella, Daniela. 1990. "Le riviste cattoliche italiane di fronte alla guerra d'Etiopia." *Rivista di storia contemporanea* 19:447–464.

Sarfatti, Michele. 2005. *La Shoah in Italia: La persecuzione degli ebrei sotto il fascismo.* Turin: Einaudi.

Scaduto, Mario. 1956. "Il P. Pietro Tacchi Venturi, 1861–1956." *Civiltà cattolica* II, pp. 47–57.

Schad, Martha. 2008. *La signora del Sacro Palazzo: Suor Pascalina e Pio XII.* Cinisello Balsamo: San Paolo.

Scoppola, Pietro. 1976. *La Chiesa e il fascismo: Documenti e interpretazioni.* Bari: Editori Lat- erza.

——. 1966. "La Chiesa e il fascismo durante il pontificato di Pio XI." In *Coscienza religiosa e democrazia nell'Italia contemporanea.* Edited by Pietro Scoppola, pp. 362–418. Bologna: Il Mulino.

Seldes, George. 1935. *Sawdust Caesar: The Untold History of Mussolini and Fascism.* New York: Harper.

Spadolini, Giovanni, ed. 1972. *Il card. Gasparri e la questione romana, con brani delle memorie inedite.* Florence: Le Monnier.

Spini, Giorgio. 2007. *Italia di Mussolini e protestanti.* Preface by Carlo Azeglio Ciampi. Edited by Stefano Gagliano. Turin: Claudiana.

Starr, Joshua. 1939. "Italy's Antisemites." *Jewish Social Studies* 1:105–124.

Steigmann-Gall, Richard. 2003. *The Holy Reich: Nazi Conceptions of Christianity, 1919–1945.* Cambridge: Cambridge University Press.

Sturzo, Luigi. 1926. *Italy and Fascism.* Translated by Barbara Carter. New York: Harcourt.

Talbot, George. 2007. *Censorship in Fascist Italy, 1922–1943.* New York: Palgrave

Macmillan.

Tardini, Domenico. 1988. "Diario Inedito (1933–1936)." In *Domenico Tardini, 1888–1961: L'azione della Santa Sede nella crisi fra le due guerre.* Edited by Carlo Felice Casula, pp. 291–390. Rome: Studium.

Terhoeven, Petra. 2006. *Oro alla patria: Donne, guerra e propaganda nella giornata della fede fascista.* Bologna: Il Mulino.

Tisserant, Eugène. 1939. "Pius XI as Librarian." *Library Quarterly* 9:389–403.

Tornielli, Andrea. 2007. *Pio XII: Eugenio Pacelli, un uomo sul trono di Pietro.* Milan: Mondadori.

Toschi, Umberto. 1931. "The Vatican City State from the Standpoint of Political Geography." *Geographical Review* 21:529–538.

Tramontin, Silvio. 1982. "Pietro Tacchi-Venturi." In *Dizionario storico del movimento cattolico in Italia.* Edited by Francesco Tranello and Giorgio Canpanini, pp. 31–33. Milan: Marietti.

Tranfaglia, Nicola. 2005. *La stampa del regime 1932–1943: Le veline del Minculpop per orientare l'informazione.* Milan: Bompiani.

Trisco, Robert. 2012. "The Holy See and Cardinal Mundelein's Insult of Hitler (1937)." In *Pius XI and America.* Edited by David Kertzer, Charles Gallagher, and Alberto Melloni, pp. 155–194. Berlin: LIT Verlag.

Tronel, Jacky. 2007. "Magda Fontages, maîtresse du Duce, écrouée à Mauzac (Dordogne)." *Arkheia, Revue d'histoire*, pp. 17–18.

Turi, Gabriele. 2002. *Il mecenate, il filosofo e il gesuita.* Bologna: Il Mulino.

Urso, Simona. 2003. *Margherita Sarfatti: Da mito del dux al mito americano.* Venice: Marsilio.

Vavasseur-Desperriers, Jean. 1996. "La presse française à l'avant-veille du Conclave (24–28 janvier 1922)." *In Achille Ratti pape Pie XI: Actes du colloque organisé par l'École française de Rome, Rome 15–18 mars 1989.* Edited by Philippe Levillain, pp. 125–145. Rome: École française de Rome.

Vecchio, Giorgio. 1996. "Achille Ratti, il movimento cattolico, lo stato liberale." In *Achille Ratti pape Pie XI: Actes du colloque organisé par l'École française de Rome, Rome 15–18 mars 1989.* Edited by Philippe Levillain, pp. 69–88. Rome: École française de Rome.

Venini, Diego. 2004. *Venini, collaboratore di Pio il Grande: Diari 1923–1939.* Edited by Franco Cajani. Milan: GR Edizioni.

Ventresca, Robert A. 2012. "Irreconcilable Differences? Pius XI, Eugenio Pacelli, and Italian Fascism from the Ethiopian Crisis to the Racial Laws." In *Pius XI and America.* Edited by David Kertzer, Charles Gallagher, and Alberto Melloni, pp. 285–302. Berlin: LIT Verlag.

——. 2013. *Soldier of Christ: The Life of Pope Pius XII.* Cambridge, Mass.: Harvard Univer- sity Press.

Verucci, Guido. 1988. *La Chiesa nella società contemporanea.* Bari: Laterza.

Vian, Giovanni. 2011. "La Santa Sede e la massoneria durante il pontificato di Pio XI." *In Chiesa cattolica e minoranze in Italia nella prima metà del Novecento.* Edited by Raffaella Perin, pp. 105–132. Rome: Viella.

Vivarelli, Roberto. 2009. "Le leggi razziali nella storia del fascismo italiano." *Rivista storica italiana* 121:738–772.

Von Bülow, Bernhard. 2007. *Memoirs of Prince Von Bulow.* Edited by Geoffrey Dunlop. Wilmington, Ohio: Frazer Press.

Wilk, Stanislaus, ed. 1995–2000. *Achille Ratti (1918–1921), Acta Nuntiaturae Polonae.* Tomus 57, vols. 1–6. Rome: Institutum Historicum Polonicum.

Wolf, Hubert. 2010. *The Pope and the Devil.* Translated by Kenneth Kronenberg. Cambridge, Mass.: Harvard University Press.

Wolff, Richard J. 1985. "Giovanni Battista Montini and Italian Politics, 1897–1933: The Early Life of Pope Paul VI." *Catholic Historical Review* 71:228–247.

Zambarbieri, Annibale. 1982a. "Buonaiuti, Ernesto." In *Dizionario storico del movimento cattolico in Italia 1860–1980.* Edited by Francesco Traniello and Giorgio CampaniMilan: Marietti.

——. 1982b. "Colombo, Luigi." *In Dizionario storico del movimento cattolico in Italia 1860–1980.* Edited by Francesco Traniello and Giorgio Campanini, pp. 2:112–117. Milan: Marietti.

图片来源

（条目前的页码为原书页码，参见本书边码）

iv Archivio Bruni/Gestione Archivi Alinari (Mussolini)；Archivi Alinari, Firenze (Pius XI).

15 L'Illustrazione Italiana, February 19, 1939.

30 Mondadori/Mondadori/Getty Images.

35 L'Illustrazione Italiana, November 5, 1922.

42 Raccolte Museali Fratelli Alinari (RMFA)-collezione Malandrini, Firenze.

44 L'Illustrazione Italiana, October 8, 1922.

52 L'Illustrazione Italiana, February 17, 1929.

54 Archivum Romanum Societatis Iesu, Institutum Historicum Societatis Iesu, Archivio Fotografico Lamalle.

70 Archivio Bruni/Gestione Archivi Alinari, Firenze.

82 109 Caulfield McKnight Collection, Art, Architecture and Engineering Library Special Collections, University of Michigan.

122 Su concessione del Ministero per i Beni e le attivita culturali, Archivio Centrale dello Stato, Fototeca, PNF, Ufficio propaganda, Attivita del Duce, 1929.

124 L'Illustrazione Italiana, June 30, 1929.

129 L'Illustrazione Italiana, February 17, 1929.

132 L'Illustrazione Italiana, July 14, 1929.

136 Raccolte Museali Fratelli Alinari (RMFA), Firenze.

138 Ullstein Bild/Archivi Alinari.

183 Caulfield McKnight Collection, Art, Architecture and Engineering Library Special Collections, University of Michigan.

184 La Domenica del Corriere, Fondazione Rizzoli Corriere della Sera.

187 DeA Picture Library, concesso in licenza ad Alinari.

234 Archivum Romanum Societatis Iesu, Institutum Historicum Societatis Iesu, Archivio Fotografico Lamalle.

248 Ullstein Bild/Archivi Alinari.

250 L'Illustrazione Italiana, March 5, 1939.

267 Su concessione del Ministero per i Beni e le attività culturali, Archivio

Centrale dello Stato, Fototeca, PNF, Ufficio propaganda, Attività del Duce, 1937.

269 L'Illustrazione Italiana, November 7, 1937.

270 Su concessione del Ministero per i Beni e le attività culturali, Archivio Centrale dello Stato, Fototeca, PNF, Ufficio propaganda, Attivita del Duce, 1937.

273 L'Illustrazione Italiana, March 6, 1938.

274 Su concessione del Ministero per i Beni e le attività culturali, Archivio Centrale dello Stato, Fototeca, PNF, Ufficio propaganda, Attività del Duce, 1934.

279 L'Illustrazione Italiana, April 17, 1938.

281 Istituto Luce, Gestione Archivi Alinari, Firenze.

284 Raccolte Museali Fratelli Alinari (RMFA), Firenze.

295 Keystone/Hulton Archive/Getty Images.

299 Reproduced with the permission of the Archivio Famiglia Pignatti Morano.

318 Su concessione del Ministero per i Beni e le attività culturali, Archivio Centrale dello Stato, Fototeca, PNF, Ufficio propaganda, Attività del Duce, 1938.

326 Mondadori/Mondadori/Getty Images.

346 La Difesa della Razza, November 20, 1939.

372 L'Illustrazione Italiana, February 19, 1939.

380 Stringer/Hulton Archive/Getty Images.

386 L'Illustrazione Italiana, March 12, 1939.

索 引

（按汉语拼音顺序排列，页码见本书边码）

J

O

Q